LECCIONES DE DERECHO PÚBLICO AUTONÓMICO, ESTATAL Y EUROPEO

VICENTE ÁLVAREZ GARCÍA
FLOR ARIAS APARICIO
ENRIQUE HERNÁNDEZ DIEZ

LECCIONES DE DERECHO PÚBLICO AUTONÓMICO, ESTATAL Y EUROPEO

CONCEPTOS FUNDAMENTALES, SISTEMA DE FUENTES Y ORGANIZACIÓN

SEGUNDA EDICIÓN

tecnos

Diseño de cubierta:
J. M. Domínguez y J. Sánchez Cuenca

1.ª edición, 2018
2.ª edición, 2025

Valentín Beato, 21 - 28037 Madrid

PAPEL DE FIBRA CERTIFICADO

ISBN: 978-84-309-9183-9
Depósito Legal: M-750-2025

Printed in Spain

A la memoria del Profesor Jesús Leguina Villa,
en su calidad de gran Maestro e inmenso Humanista y,
sobre todo, de excelente Persona y extraordinario Amigo.

ÍNDICE

PARTE II

EL ORDENAMIENTO JURÍDICO ADMINISTRATIVO Y SUS FUENTES

PARTE III

LAS ADMINISTRACIONES PÚBLICAS TERRITORIALES: SU ORGANIZACIÓN Y SU FUNCIONAMIENTO

PRÓLOGO A LA SEGUNDA EDICIÓN

Hace ahora ocho años veía la luz la primera edición de estas *Lecciones de Derecho Público autonómico, estatal y europeo*, obra que publicábamos con el modesto propósito de disponer de unos materiales que sirvieran de guía para ayudar a nuestros estudiantes de la Facultad de Derecho de la Universidad de Extremadura a comprender y aprender los fundamentos del Derecho Administrativo actual. Con este sencillo objetivo iniciábamos entonces una línea de trabajo dirigida a elaborar recursos que de manera estructurada y sistemática contuvieran los elementos esenciales de las principales instituciones de nuestra disciplina. En el marco de esta misma aventura, publicamos en el año 2020 las *Lecciones sobre el acto y sobre el procedimiento administrativo* (Servicio de publicaciones de la Universidad de Extremadura), obra que revisamos y ampliamos en 2022 y que publicó la editorial Iustel bajo el título *Lecciones elementales sobre el acto, el procedimiento y el control judicial de la actividad de la Administración*. Si estas obras iniciales contaron con la imprescindible colaboración de la Profesora Flor Arias Aparicio, ya en el propio año 2022 se integraron en este quehacer manualístico otros miembros de mi equipo universitario (en concreto, las Profesoras María Matilde Sánchez Gutiérrez y Ana Belén Lucas Tobajas, así como el Profesor Enrique Hernández Diez), profundizando con ellos en este camino de facilitar el aprendizaje y la comprensión del Derecho Administrativo con la publicación por el Servicio de publicaciones de nuestra Universidad extremeña de otros dos manuales más avanzados: las *Lecciones sobre la actividad administrativa y la contratación pública* y las *Lecciones sobre los medios materiales y personales de la Administración y el orden público*.

La nueva edición de estas *Lecciones de Derecho Público autonómico, estatal y europeo* ha contado con la inestimable colaboración del Profesor Enrique Hernández. Además de su revisión para actualizarla al derecho vigente, la obra presenta como novedades principales dos nuevas lecciones, la novena, dedicada a explicar la tipología de documentos normativos españoles y europeos que regulan especificaciones técnicas como fuente del Derecho Administrativo, así como la duodécima, consagrada al estudio general de las Administraciones y de los órganos administrativos.

La máxima de Cicerón con la que iniciábamos el Prólogo a la primera edición de esta obra («Una cosa es saber y otra saber enseñar») sigue siendo nuestro norte, porque, efectivamente, una cosa es saber, aunque cada vez es más complejo aprehender los contornos de nuestro Derecho Público actual, y otra saber enseñar, al menos sentar sus bases, presentar sus pilares, mostrar la estructura de sus fundamentos esenciales, que es, ni más ni menos, lo que pretendemos con este modesto manual, y con el resto de las obras de esta naturaleza que le han seguido.

VICENTE ÁLVAREZ GARCÍA
Catedrático de Derecho Administrativo

PRÓLOGO A LA PRIMERA EDICIÓN

«Una cosa es saber y otra saber enseñar», dice el filósofo; aunque, en verdad, parece que ambas tareas deben ser complementarias. En los tiempos en que vivimos, la máxima de Cicerón contiene más verdad, si cabe, dada la complejidad que, en nuestros días, supone explicar cualquier ciencia o materia por la transversalidad de las ideas, la interconexión del conocimiento, la vastedad, en definitiva, de los saberes. A esta dificultad no es ajena la enseñanza y el aprendizaje del Derecho Administrativo, no solo por la estrecha vinculación que lo une con otras ramas jurídicas, sino por la imposibilidad de establecer límites y poner fronteras entre éste y otras áreas especializadas del Derecho (estoy pensando en el Derecho Constitucional, en el Derecho Comunitario, en el Derecho Autonómico...). Y es que, no en vano, el Derecho es uno, más allá del margen desde el que nos acerquemos y la arista desde la que lo abordemos.

Consciente de todo ello, estas *Lecciones de Derecho Público* surgen con un propósito modesto y sencillo. Su objetivo no es otro que sentar las bases, presentar los pilares, mostrar la estructura de los fundamentos del Derecho Público actual con todas las implicaciones que su aprehensión requiere. En ello estriba, precisamente, la particularidad de estas *Lecciones* en las que quedan evidenciados de forma concisa y esquemática los principales contenidos del Derecho Público teniendo en cuenta las tres vertientes, o fuentes jurídicas, que, esencialmente, lo conforman: el Derecho Europeo, el Derecho Estatal y el Derecho Autonómico (en esta obra, y como no puede ser de otra forma por el lugar donde está concluida, con una especial referencia al Derecho Público extremeño).

La sencillez del objetivo tiene su razón de ser en el origen y en los destinatarios que han motivado su elaboración. Los orígenes de las *Lecciones de Derecho Público* radican, ciertamente, en los esquemas de los que, durante muchos años, me he servido en mis clases; unos esquemas que, a modo de guion desarrollado de cada tema objeto de estudio, he utilizado como soporte de mis explicaciones en las distintas asignaturas que sobre Derecho Administrativo o Derecho Autonómico he impartido, y que, por la «magia» de los planes de estudios hoy en día vigentes (al menos en Extremadura), van dirigidas a estudiantes del primer año (a lo sumo del segundo) de los actuales Grados en Derecho y en Gestión y Administración Pública. En todo este tiempo de docente, la utilización de estas fichas, en las que de manera estructurada quedan recogidas las principales ideas de un tema, me ha facilitado, de un lado, la exposición de las enseñanzas; de otro lado, he podido constatar que ayudan al alumno a seguir mejor, a no perder(se) o incluso a encontrar(se), el hilo discursivo de las clases. Este es el fundamento principal sobre el que se asienta esta obra, esto es, ayudar a los alumnos que se inician en el estudio del Derecho Público en general, y del Derecho Administrativo en particular, a aprenderlo y comprenderlo con, y desde, la sistemática de sus elementos esenciales: la ley, en sentido amplio, y la jurisprudencia.

A todos los estudiantes que se asoman por primera vez al Derecho Público están destinadas estas *Lecciones*. En ellas se realiza un tratamiento singular y pormenorizado de los aspectos fundamentales del Derecho Público a partir de su estructuración en tres grandes bloques temáticos. En una primera parte introductoria, se acomete el estudio de los conceptos básicos y de la historia más reciente del Derecho Público español y europeo. Se inicia la obra, en efecto, con la noción de Derecho Administrativo y con el repaso de sus fundamentos más esenciales (Lección primera), para presentar, a continuación, y de una forma breve, sus bases históricas, hasta llegar al actual momento de evolución en el que se encuentra el Derecho Público común europeo, pasando por la configuración de nuestro particular modelo de Estado Autonómico (Lección segunda). Se completa esta parte introductoria con un capítulo dedicado al proceso histórico-jurídico de integración europea (Lección tercera). En un segundo bloque, se procede al examen del ordenamiento jurídico administrativo y de su sistema normativo. Tras el estudio de la estructura y de la dinámica del ordenamiento jurídico administrativo en el espacio y en el tiempo (Lección cuarta), se analizan las fuentes del Derecho Público: la Constitución, los Tratados internacionales, las leyes y las normas con rango de ley y los reglamentos (Lecciones quinta, sexta y séptima). Un tratamiento pormenorizado merece el ordenamiento jurídico europeo y las fuentes normativas que lo integran (Lección octava). Se cierra este bloque temático con el examen de los principios y reglas que ordenan las relaciones entre esta pluralidad de ordenamientos jurídicos que coexisten en nuestro país y de cuya maraña de normas todos nosotros somos destinatarios (Lecciones novena y décima). Por último, en la tercera parte se profundiza en la organización y en el funcionamiento de las Administraciones Públicas Territoriales en este primer cuarto del siglo XXI: la Administración General del Estado (Lección undécima); la organización de las Comunidades Autónomas y su sistema administrativo (Lección duodécima); la Administración Local (Lección decimotercera); y el sistema institucional de la Unión Europea (Lección decimocuarta).

La intención es modesta y sencilla, decía al principio. Consciente de todas las limitaciones (temporales y espaciales, de forma y fondo, de materia y contenido...) de estas *Lecciones de Derecho Público*, que, ciertamente, encierran una minúscula parte del saber jurídico, cada lección propone la consulta de estudios generales sobre Derecho Administrativo, Derecho Constitucional y Derecho de la Unión Europea, elaborados por brillantes e insignes profesores universitarios de todas estas áreas de conocimiento. De igual modo, en cada lección se relaciona la normativa citada en ella, pues la comprensión del Derecho requiere del debido conocimiento y del uso apropiado de las normas que lo componen; como también exige la lectura de las resoluciones judiciales, españolas y europeas, dictadas en el ejercicio de la función de enjuiciamiento de los asuntos litigiosos por parte de los órganos judiciales. Finalmente, se sugiere la lectura de algunas obras emblemáticas o de estudios de referencia sobre cada materia específica, con la finalidad de proporcionar una ayuda para que los alumnos puedan adentrarse en la lógica, en el conocimiento y en la expresión del buen Derecho. Todas ellas (y muchas otras que por su volumen no son fáciles de citar individualizadamente en una obra como esta) me han permitido adentrarme en el conocimiento del Derecho. Por este motivo, agradezco a sus autores el enorme trabajo que hay tras ellas y, sobre todo, agradezco a mi incomparable e insuperable Maestro, el profesor Santiago Muñoz Machado, al profesor Juan Francisco Mestre Delgado, en su triple calidad de gran jurista, hombre sabio y bueno y gran amigo, y al desaparecido profesor Jesús Leguina Villa, siempre presente en mi corazón y en mi cabeza, y de quien tanto he aprendido, su ejemplo y sus enseñanzas, jurídicas y humanas.

En la composición de todas estas ideas, en su traducción en hechos y en su concreta plasmación en estas *Lecciones de Derecho Público* he contado con la ayuda inestimable de mi más estrecha colaboradora, la profesora Flor Arias Aparicio. Mi agradecimiento más sincero para ella por su infatigable capacidad de trabajo, por sus extraordinarios conocimientos jurídicos, por su excelente buen hacer diario y, en definitiva, por su ordenada y sabia cabeza. Confiamos los dos en que el resultado final dé los frutos con los que han sido concebidas estas modestas *Lecciones*.

VICENTE ÁLVAREZ GARCÍA
Catedrático de Derecho Administrativo

ABREVIATURAS

ANT	Administración No Territorial
art.	Artículo
AT	Administración Territorial
AUE	Acta Única Europea
BOE	*Boletín Oficial del Estado*
CC	Código Civil
CCAA	Comunidades Autónomas
CDFUE	Carta de los Derechos Fundamentales de la Unión Europea
CE	Constitución Española
CECA	Comunidad Europea del Carbón y del Acero
CEDH	Convenio Europeo para la Protección de los Derechos Humanos y de las Libertades Fundamentales
CEE	Comunidad Económica Europea
CEEA	Comunidad Europea de la Energía Atómica
CP	Código Penal
EAC	Ley Orgánica 6/2006, de 19 de julio, de reforma del Estatuto de Autonomía de Cataluña
EACV	Ley Orgánica 1/2006, de 10 de abril, de Reforma de la Ley Orgánica 5/1982, de 1 de julio, de Estatuto de Autonomía de la Comunidad Valenciana
EAEx	Ley Orgánica 1/2011, de 28 de enero, de reforma del Estatuto de Autonomía de la Comunidad Autónoma de Extremadura
EEE	Espacio Económico Europeo
FEMP	Federación Española de Municipios y Provincias
FFJJ	Fundamentos Jurídicos
FJ	Fundamento Jurídico
LAASE	Ley 17/2009, de 23 de noviembre, sobre el libre acceso a las actividades de servicios y su ejercicio («Ley paraguas»)
LASE	Ley 2/2014, de 25 de marzo, de la Acción y del Servicio Exterior del Estado
LBRL	Ley 7/1985, de 2 de abril, reguladora de las Bases del Régimen Local
LCARUE	Ley 2/1997, de 13 de marzo, por la que se regula la Conferencia para Asuntos relacionados con las Comunidades Europeas
LCMUE	Ley 8/1994, de 19 de mayo, por la que se regula la Comisión Mixta para la Unión Europea
LF	Ley 50/2002, de 26 de diciembre, de Fundaciones
LG	Ley 50/1997, de 27 de noviembre, del Gobierno
LGAEx	Ley 1/2002, de 28 de febrero, del Gobierno y de la Administración de la Comunidad Autónoma de Extremadura
LGAMEx	Ley 3/2019, de 22 de enero, de garantía de la autonomía municipal de Extremadura
LGS	Ley 14/1986, de 25 de abril, General de Sanidad
LGT	Ley 58/2003, de 17 de diciembre, General Tributaria
LGUM	Ley 20/2013, de 9 de diciembre, de garantía de la unidad de mercado
LJCA	Ley 29/1998, de 13 de julio, reguladora de la Jurisdicción Contencioso-Administrativa
LOACE	Ley Orgánica 10/1985, de 2 de agosto, de Autorización para la Adhesión de España a las Comunidades Europeas

LOAES	Ley Orgánica 4/1981, de 1 de junio, de los estados de alarma, excepción y sitio
LOCE	Ley Orgánica 3/1980, de 22 de abril, del Consejo de Estado
LOCJ	Ley Orgánica 2/1987, de 18 de mayo, de Conflictos Jurisdiccionales
LOEPSF	Ley Orgánica 2/2012, de 27 de abril, de Estabilidad Presupuestaria y Sostenibilidad Financiera
LOIMH	Ley Orgánica 3/2007, de 22 de marzo, para la igualdad efectiva de mujeres y hombres
LOPJ	Ley Orgánica 6/1985, de 1 de julio, del Poder Judicial
LOREG	Ley Orgánica 5/1985, de 19 de junio, de Régimen Electoral General
LOSU	Ley Orgánica 2/2023, de 22 de marzo, del Sistema Universitario
LOTC	Ley Orgánica 2/1979, de 3 de octubre, del Tribunal Constitucional
LPAC	Ley 39/2015, de 1 de octubre, del Procedimiento Administrativo Común de las Administraciones Públicas
LPAP	Ley 33/2003, de 3 de noviembre, del Patrimonio de las Administraciones Públicas
LRJSP	Ley 40/2015, de 1 de octubre, de Régimen Jurídico del Sector Público
LTAI	Ley 25/2014, de 27 de noviembre, de Tratados y otros Acuerdos Internacionales
OCDE	Organización para la Cooperación y el Desarrollo Económicos
OTAN	Organización del Tratado del Atlántico Norte
RBEL	Real Decreto 1372/1986, de 13 de junio, por el que se aprueba el Reglamento de Bienes de las Entidades Locales
RJ	Razonamiento Jurídico
ROF	Real Decreto 2568/1986, de 18 de noviembre, por el que se aprueba el Reglamento de Organización, Funcionamiento y Régimen Jurídico de las Entidades Locales
RPD	Real Decreto 1690/1986, de 11 de julio, por el que se aprueba el Reglamento de Población y Demarcación Territorial de las Entidades Locales
RRIDUE	Real Decreto 515/2013, de 5 de julio, por el que se regulan los criterios y el procedimiento para determinar y repercutir las responsabilidades por incumplimiento del Derecho de la Unión Europea
RSCL	Decreto de 17 de junio de 1955, por el que se aprueba el Reglamento de Servicios de las Corporaciones Locales
SME	Sistema Monetario Europeo
STC	Sentencia del Tribunal Constitucional
STJCE	Sentencia del Tribunal de Justicia de las Comunidades Europeas
STJUE	Sentencia del Tribunal de Justicia de la Unión Europea
TCE	Tratado de la Comunidad Europea
TCECA	Tratado de la Comunidad Europea del Carbón y del Acero
TCEE	Tratado de la Comunidad Económica Europea
TCEEA	Tratado de la Comunidad Europea de la Energía Atómica (Tratado EURATOM)
TEDH	Tribunal Europeo de Derechos Humanos
TFUE	Tratado de Funcionamiento de la Unión Europea
TRHL	Real Decreto Legislativo 2/2004, de 5 de marzo, por el que se aprueba el texto refundido de la Ley Reguladora de las Haciendas Locales
TRLSC	Legislativo 1/2010, de 2 de julio, por el que se aprueba el Texto Refundido de la Ley de Sociedades de Capital
TRRL	Real Decreto Legislativo 781/1986, de 18 de abril, por el que se aprueba el Texto Refundido de las disposiciones legales vigentes en materia de Régimen Local
TUE	Tratado de la Unión Europea

BIBLIOGRAFÍA

I. Bibliografía general: manuales y tratados de Derecho público

Las obras que se relacionan a continuación constituyen trabajos de referencia para el estudio del ordenamiento jurídico público en general, y administrativo en particular. Se trata, fundamentalmente, de estudios generales sobre Derecho Administrativo, Derecho Constitucional y Derecho de la Unión Europea, elaborados por profesores universitarios de todas estas áreas de conocimiento —cuyo deslinde en la actualidad es más que difícil, cuando no directamente imposible—, que se editan y se actualizan periódicamente al albur de las novedades legislativas y jurisprudenciales y que aquí aparecen citados en las últimas ediciones que hemos podido manejar.

Alonso García, R., *Derecho de la Unión Europea. Textos y materiales*, Thomson-Civitas, Madrid, 2010.

— *Sistema Jurídico de la Unión Europea*, Thomson-Civitas, Madrid, 4.ª edición, 2014.

Aja, E., *El Estado Autonómico. Federalismo y hechos diferenciales*, Alianza Editorial, Madrid, 2.ª edición, 2003.

— *Estado autonómico y reforma federal*, Alianza, Madrid, 2.ª edición, 2014.

Aragón Reyes, M. (dir.), y Aguado Renedo, C. (codir.), *Temas básicos de Derecho Constitucional*, Vols. I y II, Aranzadi, 2.ª edición, 2011.

Balaguer Callejón, F. (coord.), *Manual de Derecho Constitucional*, Vol. I, *Constitución y fuentes del Derecho. Derecho Constitucional Europeo. Tribunal Constitucional. Estado autonómico*, Tecnos, Madrid, 19.ª edición, 2024.

Bermejo Vera, J., *Derecho Administrativo básico. Parte general*, Aranzadi-Thomson, Madrid, 13.ª edición, 2019.

Biglino, P., Bilbao, J. M., Rey, F., Matia, J., y Vidal, J. M. (coords.), *Lecciones de Derecho Constitucional*, Vol. II, Lex Nova-Thomson Reuters, 3.ª edición, 2022.

Cano Campos, T. (coord.), *Lecciones y Materiales para el Estudio del Derecho Administrativo*, Tomos II a VIII, Iustel, Madrid, 2009.

Cosculluela Montaner, L., *Manual de Derecho Administrativo*, Civitas, Madrid, 31.ª edición, 2020.

Entrena Cuesta, R., *Curso de Derecho Administrativo*, Tecnos, Madrid, 13.ª edición, 1999.

Esteve Pardo, J., *Lecciones de Derecho Administrativo*, Marcial Pons, Madrid, 11.ª edición, 2024.

Fernández Farreres, G., *Sistema de Derecho Administrativo*, Vol. I, Civitas, Madrid, 6.ª edición, 2022.

Gamero Casado, E., y Fernández Ramos, S., *Manual básico de Derecho Administrativo*, Tecnos, Madrid, 21.ª edición, 2024.

García de Enterría, E., y Fernández Rodríguez, T. R., *Curso de Derecho Administrativo*, Vol. I, Civitas-Thomson, Madrid, 21.ª edición, 2024.

Garrido Falla, F., Palomar Olmeda, A., y Losada González, H., *Tratado de Derecho Administrativo*, Vol. I, Parte general, Tecnos, Madrid, 15.ª edición, 2010.

Garrorena Morales, A., *Derecho Constitucional: teoría de la Constitución y sistema de fuentes*, Centro de Estudios Políticos y Constitucionales, Madrid, 4.ª edición, 2020.

López Guerra, L. y Espín, E. (dirs.), *Manual de Derecho Constitucional*, Vol. I. *La Constitución y las fuentes del Derecho | Derechos fundamentales y garantías*, Tirant lo Blanch, Valencia, 1.ª edición, 2022.

MANGAS MARTÍN, A., y LIÑÁN NOGUERAS, D. J., *Instituciones y Derecho de la Unión Europea*, Tecnos, Madrid, 10.ª edición, 2020.

MORELL OCAÑA, L., *Curso de Derecho Administrativo*, Tomo I, Aranzadi, Pamplona, 1999.

MUÑOZ MACHADO, S., *Derecho Público de las Comunidades Autónomas*, Vol. I, 1982, y Vol. II, Civitas, Madrid, 1984. La segunda edición de ambos volúmenes está publicada por la editorial Iustel en el año 2007.

— *Derecho Administrativo y sistema de fuentes*, Tomo I, de la obra colectiva *Lecciones y Materiales para el Estudio del Derecho Administrativo*, Iustel, Madrid, 2009.

— *Tratado de Derecho Administrativo y Derecho Público General*, 14 Tomos, Boletín Oficial del Estado, 4.ª edición, Madrid, 2015.

PARADA VÁZQUEZ, R., *Derecho Administrativo*, Vol. I, Marcial Pons, Madrid, 26.ª edición, 2019.

PAREJO ALFONSO, L. J., *Lecciones de Derecho Administrativo*, Tirant lo Blanch, Valencia, 12.ª edición, 2022.

REBOLLO PUIG, M., y VERA JURADO, D. (dirs.), *Derecho Administrativo*, Vol. I. *Conceptos fundamentales, Fuentes y Organización*, Tecnos, Madrid, 5.ª edición, 2023.

RIVERO ORTEGA, R., *Derecho administrativo económico*, Marcial Pons, Madrid, 9.ª edición, 2021.

SÁNCHEZ MORÓN, M., *Derecho Administrativo. Parte General*, Tecnos, Madrid, 20.ª edición, 2024.

SANTAMARIA PASTOR, J. A., *Principios de Derecho Administrativo General*, Vol. I, Iustel, Madrid, 6.ª edición, 2023.

— *Fundamentos de Derecho Administrativo*, Centro de Estudios Ramón Areces, Madrid, 1988.

SARMIENTO, D., *El Derecho de la Unión Europea*, Marcial Pons, Madrid, 4.ª edición, 2022.

II. Obras de consulta: trabajos recopilatorios de términos jurídicos

El conocimiento básico y la comprensión de las instituciones y de los conceptos esenciales del Derecho Público también se pueden alcanzar mediante la consulta de las definiciones y de las explicaciones que de los mismos realizan los diccionarios especializados (a veces, ciertamente, enciclopedias jurídicas). En este sentido, es particularmente útil el *Diccionario panhispánico del español jurídico*, elaborado por la Real Academia Española y por el Consejo General del Poder Judicial, y dirigido por Santiago Muñoz Machado, tanto en su formato en papel (editado por Espasa, Madrid, 2017), como en su acceso electrónico (https://dpej.rae.es/). Asimismo, son especialmente ilustrativos los dos volúmenes del *Diccionario de Derecho Administrativo*, Iustel, Madrid, 2005, dirigidos por el profesor Santiago Muñoz Machado; los cuatro volúmenes de la *Enciclopedia Jurídica Básica*, publicada por la editorial Civitas en el año 1995; y los dos volúmenes del *Diccionario jurídico* de la Real Academia de Jurisprudencia y Legislación, editados por Aranzadi en 2016.

III. La legislación: el manejo de las normas jurídicas españolas y europeas

Un adecuado conocimiento y comprensión del Derecho Público en general requiere el debido uso de las normas que lo componen. Entre las recopilaciones normativas al uso pueden destacarse, con carácter indicativo, la que prepara anualmente el profesor Luis Martín Rebollo, *Leyes administrativas* (Aranzadi, Pamplona), así como los compendios legislativos editados por Iustel, Civitas y Tecnos. De mucha mayor extensión, y destinada fundamentalmente a profesionales del Derecho, ha sido el *Código de las Leyes Administrativas*, de Eduardo García de Enterría, Santiago Muñoz Machado y Juan Francisco Mestre Delgado (Civitas, Madrid). Igualmente valiosa en este sentido ha sido la recopilación dirigida por Santiago Muñoz Machado y Juan Francisco Mestre Delgado, y coordinada por Vicente Álvarez García, *Sistema Administrativo* (5 volúmenes, con hojas intercambiables, y de actualización trimestral, y que se ha venido publicando durante más de veinticinco años por la editorial La Ley —Wolters Kluwer—).

Resulta de extraordinaria utilidad la página web de la Agencia Estatal Boletín Oficial del Estado: www.boe.es. En ella, además de la consulta diaria del *Boletín Oficial del Estado* (*BOE*), son del máximo interés sus códigos legislativos en la red, así como la pestaña «Legislación». A través de esta página web se puede acceder, asimismo, a los diarios oficiales provinciales, autonómicos y de la Unión Europea. En todo caso, la consulta específica de la legislación extremeña puede efectuarse en la página web del *Diario Oficial de Extremadura*, que es www.doe.gobex.es.

Con independencia de estas bases de datos públicas, existen bases de datos privadas de contrastada calidad como, entre otras, las de las editoriales Iustel (www.iustel), Thomson/Reuters Aranzadi (www.aranzadidigital.es) o Lefebvre-El Derecho (www.elderecho.com).

IV. La jurisprudencia: las resoluciones dictadas en el ejercicio de la función de enjuiciamiento de los asuntos litigiosos por parte de los órganos judiciales

La consulta de las resoluciones judiciales españolas y europeas puede efectuarse a través de las bases de datos privadas apuntadas más arriba. En todo caso, puede accederse a la jurisprudencia europea a través de la página web del Tribunal de Justicia de la Unión Europea (www.curia.europa.eu); las resoluciones de nuestro Tribunal Constitucional son accesibles a través de su página web (www.tribunalconstitucional.es) y las sentencias de los jueces y tribunales de lo contencioso-administrativo pueden consultarse a través de la base de datos del Centro de Documentación Judicial (CENDOJ) del Consejo General del Poder Judicial (www.poderjudicial.es). Téngase en cuenta, de manera complementaria, que los diferentes preceptos de nuestra Constitución están comentados, con referencia a las resoluciones más importantes de nuestro Tribunal Constitucional sobre los mismos, en la obra colectiva dirigida por Casas Baamonde, M.ª E., y Rodríguez-Piñero, M., y publicada bajo el título *Comentarios a la Constitución Española. XL Aniversario*, Fundación Wolters Kluwer, Madrid, 2018. Asimismo, una selección comentada de resoluciones de la Sala de lo Contencioso-Administrativo del Tribunal Supremo español puede encontrarse en la obra colectiva dirigida por Bandrés Sánchez-Cruzat, J. M., y Parejo Alfonso, L., *Las Sentencias fundamentales del Tribunal Supremo en materia contencioso-administrativa*, Iustel, Madrid, 2017.

V. El lenguaje jurídico: la forma y la expresión del Derecho

Saber escribir correctamente y utilizar el lenguaje jurídico de manera apropiada constituyen requisitos imprescindibles para el estudio y para el ejercicio del Derecho en general. En la línea de mejorar y de «superar algunos usos inadecuados del lenguaje, poniendo a disposición de jueces, abogados, procuradores, ciudadanos y administraciones, una herramienta moderna y de gran utilidad para procurar cierta homogeneización de la producción jurídica escrita», proponemos a nuestros alumnos el manejo del *Libro de estilo de la Justicia*, obra elaborada por la Real Academia Española y por el Consejo General del Poder Judicial, dirigida por Santiago Muñoz Machado, y coordinada por Salvador Gutiérrez Ordónez, Espasa, Madrid, 2017.

PARTE I

INTRODUCCIÓN AL DERECHO ADMINISTRATIVO: CONCEPTOS BÁSICOS E HISTORIA

LECCIÓN 1

LA NOCIÓN DE DERECHO ADMINISTRATIVO Y SUS FUNDAMENTOS EN LA SOCIEDAD ACTUAL

> Es, en fin, la gran transformación social y la sustancial variación de las demandas ciudadanas que se opera en el período de entreguerras, y más vertiginosamente, después de la segunda, la que produce mutaciones tan esenciales en las estructuras, los medios y las formas de acción administrativas, que dan al traste con todos estos intentos de identificar la sustancia de la tarea de administrar en torno a una nota única.
>
> SANTIAGO MUÑOZ MACHADO, «Las concepciones del Derecho Administrativo», *Revista de Administración Pública*, núm. 84, 1977.

ESTRUCTURA:

- I. Introducción a los conceptos de Administración Pública y de Derecho Administrativo.
- II. La tipología básica de las Administraciones Públicas.
- III. El funcionamiento de las Administraciones Públicas.
- IV. Las garantías de los ciudadanos frente a las Administraciones Públicas.
- V. La estructura básica del ordenamiento jurídico.
- VI. Las formas de la actividad administrativa.
- VII. Introducción a las normas esenciales del Derecho Administrativo español. En particular, la normativa reguladora del Gobierno y de las Administraciones Públicas a nivel estatal y extremeño.

NORMATIVA DE REFERENCIA:

- I. Constitución Española (CE).
- II. Normativa europea.
    1. Tratado de la Unión Europea (TUE).
    2. Tratado de Funcionamiento de la Unión Europea (TFUE).
    3. Carta de los Derechos Fundamentales de la Unión Europea (CDFUE).
- III. Normativa estatal.
    1. Ley Orgánica 6/1985, de 1 de julio, del Poder Judicial (LOPJ).
    2. Ley Orgánica 1/2011, de 28 de enero, de reforma del Estatuto de Autonomía de la Comunidad Autónoma de Extremadura (EAEx).
    3. Ley 7/1985, de 2 de abril, Reguladora de las Bases del Régimen Local.

4. Ley 50/1997, de 27 de noviembre, del Gobierno (LG).
5. Ley 29/1998, de 13 de julio, reguladora de la Jurisdicción Contencioso-Administrativa (LJCA).
6. Ley 58/2003, de 17 de diciembre, General Tributaria (LGT).
7. Ley 25/2014, de 27 de noviembre, de Tratados y otros Acuerdos Internacionales.
8. Ley 39/2015, de 1 de octubre, del Procedimiento Administrativo Común de las Administraciones Públicas (LPAC).
9. Ley 40/2015, de 1 de octubre, de Régimen Jurídico del Sector Público (LRJSP).
10. Real Decreto Legislativo 781/1986, de 18 de abril, por el que se aprueba el texto refundido de las disposiciones legales vigentes en materia de Régimen Local.
11. Real Decreto Legislativo 2/2004, de 5 de marzo, por el que se aprueba el texto refundido de la Ley Reguladora de las Haciendas Locales.

IV. Normativa extremeña.
1. Ley 1/2002, de 28 de febrero, del Gobierno y de la Administración de la Comunidad Autónoma de Extremadura (LGAEx).
2. Ley 17/2010, de 22 de diciembre, de mancomunidades y entidades locales menores de Extremadura.
3. Ley 4/2013, de 21 de mayo, de Gobierno Abierto de Extremadura.
4. Ley 1/2014, de 18 de febrero, de regulación del estatuto de los cargos públicos del Gobierno y la Administración de la Comunidad Autónoma de Extremadura.
5. Ley 4/2015, de 26 de febrero, de regulación del proceso de transición entre gobiernos en la Comunidad Autónoma de Extremadura.
6. Ley 3/2019, de 22 de enero, de garantía de la autonomía municipal de Extremadura.

Bibliografía complementaria:

Muñoz Machado, S. (dir.), *Diccionario panhispánico del español jurídico*, Real Academia Española/Consejo General del Poder Judicial/Espasa, Madrid, 2016.

Muñoz Machado, S., *Tratado de Derecho Administrativo y Derecho Público General*, Tomo IV. *El ordenamiento jurídico;* Tomo X. *La Administración del Estado;* Tomo XI. *Instituciones autonómicas y locales*, Boletín Oficial del Estado, Madrid, 4.ª edición, 2015.

Rebollo Puig, M., y Vera Jurado, D. (dirs.), *Derecho Administrativo*, Tomo I. *Conceptos fundamentales, Fuentes y Organización*, Tecnos, Madrid, 5.ª edición, 2023.

Santamaria Pastor, J. A., *Principios de Derecho Administrativo General*, Tomo I, Iustel, Madrid, 6.ª edición, 2023.

Lecturas recomendadas

García de Enterría, E., «Sobre la formación del Derecho Administrativo español contemporáneo», *Revista de Administración Pública*, núm. 174, 2007, pp. 23-29.

García Pelayo, M., *Las transformaciones del Estado contemporáneo*, Alianza Editorial, Madrid, 3.ª edición, 1992.

Garrido Falla, F., «Sobre el Derecho Administrativo y sus ideas cardinales», *Revista de Administración Pública*, núm. 7, 1952, pp. 11-50.

Martin Rebollo, L., «La Administración en la Constitución (arts. 103-107)», *Revista de Derecho Político*, núm. 37, 1992, pp. 51-82.

Mestre Delgado, J. F., «El régimen de la autotutela ejecutiva en el ordenamiento constitucional», *Revista General de Derecho Administrativo*, núm. 11, 2006.

Muñoz Machado, S., Voz «Derecho Administrativo», *Diccionario de Derecho Administrativo*, Tomo I, dirigido por S. Muñoz Machado, Iustel, Madrid, 2005.

I. INTRODUCCIÓN A LOS CONCEPTOS DE ADMINISTRACIÓN PÚBLICA Y DE DERECHO ADMINISTRATIVO

1. El art. 103.1 CE establece: «La Administración Pública sirve con objetividad los intereses generales y actúa de acuerdo con los principios de eficacia, jerarquía, descentralización, desconcentración y coordinación, con sometimiento pleno a la ley y al Derecho».

2. La Administración Pública como conjunto de organismos y dependencias incardinadas en el Poder Ejecutivo del Estado, que está al servicio de la satisfacción del interés general, ocupándose de la ejecución de las leyes y de la prestación de servicios a los ciudadanos (*Diccionario panhispánico del español jurídico*).

3. Sobre la noción de interés general: el mantenimiento del orden público y el aseguramiento de los servicios esenciales para la comunidad. En este contexto, y entre el elenco de funciones que realiza la Administración en la actualidad, se encuentran las siguientes:

   A. La función de regulación de ciertos sectores económicos (electricidad, telecomunicaciones, mercado de valores…).

   B. La prestación de ciertos servicios a los ciudadanos: los servicios prestacionales (educación, sanidad…).

   C. La función de regulación y de limitación de derechos de los particulares.

   D. El ejercicio de funciones de control y de sanción de las actuaciones contrarias al derecho de los particulares.

   E. El ejercicio de la función de fomento (ayudas públicas, subvenciones…).

4. La Administración Pública actúa «con sometimiento pleno a la ley y al Derecho». La Administración está sujeta tanto al Derecho público como al Derecho privado, esto es, al conjunto del ordenamiento jurídico, entendido como «conjunto de reglas escritas, principios y valores que regulan la organización del poder, las

relaciones de los ciudadanos y las garantías de los derechos y las relaciones entre estos» (*Diccionario panhispánico del español jurídico).*

5. El contenido del Derecho Administrativo: conjunto de normas destinadas a regular la organización de las Administraciones Públicas, los medios y las formas de la actividad administrativa y las relaciones jurídicas de éstas con otros sujetos, tanto de naturaleza pública como privada.

II. LA TIPOLOGÍA BÁSICA DE LAS ADMINISTRACIONES PÚBLICAS

1. Un esquema clasificatorio de las Administraciones Públicas.

    A. Las Administraciones Territoriales.

        a. La Administración General del Estado (AGE).

        b. Las Administraciones de las Comunidades Autónomas (CC.AA.).

        c. Las Administraciones Locales (AA.LL.).

    B. Las Administraciones No Territoriales.

        a. Las Administraciones Institucionales.

        b. Sobre las Administraciones Corporativas.

2. Las Administraciones Territoriales.

    A. La Administración General del Estado.

        a. La Administración Central.

            a.1. El Gobierno.

                a.1.1. Órganos unipersonales: el Presidente, el(los) Vicepresidente(s) y los Ministros.

                a.1.2. Órganos colegiados: el Consejo de Ministros y las Comisiones Delegadas del Gobierno.

            a.2. La estructura de la Administración.

                a.2.1. Los órganos superiores (establecen «los planes de actuación de la organización situada bajo su responsabilidad», art. 55.9 LRJSP).

1) Los Ministros.

2) Los Secretarios de Estado.

a.2.2. Los órganos directivos (desarrollan y ejecutan los planes establecidos por los órganos superiores).

1) Los Subsecretarios.

2) Los Secretarios Generales.

3) Los Secretarios Generales Técnicos.

4) Los Directores Generales.

5) Los Subdirectores Generales.

a.2.3. Las unidades administrativas («son los elementos organizativos básicos de las estructuras orgánicas», art. 56.1 LRJSP).

1) Los Servicios.

2) Las Secciones.

3) Los Negociados.

b. La Administración Periférica.

b.1. El nivel provincial: el Subdelegado del Gobierno en la Provincia.

b.2. El nivel autonómico: el Delegado del Gobierno en la Comunidad Autónoma.

B. Las Administraciones de las Comunidades Autónomas. En particular, el modelo de la Comunidad Autónoma de Extremadura.

a. La Administración Central.

a.1. El Gobierno de las Comunidades Autónomas.

a.1.1. Los órganos unipersonales: el Presidente, el(los) Vicepresidente(s) y los Consejeros.

a.1.2. Los órganos colegiados: el Consejo de Gobierno y las Comisiones Delegadas. En el caso extremeño, la Junta de

Extremadura «es el órgano colegiado que ejerce las funciones propias del gobierno de la Comunidad» (art. 31.1 EAEx).

a.2. La estructura de la Administración autonómica extremeña.

a.2.1. Los órganos superiores: los Consejeros.

a.2.2. Los órganos directivos.

1) Los Secretarios Generales.

2) Los Directores Generales.

a.2.3. Las unidades administrativas.

1) Los Servicios.

2) Las Secciones.

3) Los Negociados.

b. La Administración Periférica: las Direcciones Territoriales en Badajoz y en Cáceres.

C. Las Administraciones Locales.

a. Los municipios como entidades locales básicas de la organización territorial del Estado.

a.1. El gobierno y la administración de los municipios corresponde a los Ayuntamientos.

a.2. La organización básica de los Ayuntamientos.

a.2.1. Los órganos unipersonales: el Alcalde, los Tenientes de Alcalde y los Concejales.

a.2.2. Los órganos colegiados: el Pleno del Ayuntamiento y la Junta de Gobierno Local.

b. Las provincias como entidades locales determinadas por la agrupación de municipios.

b.1. El gobierno y la administración de las provincias corresponde a las Diputaciones.

b.2. La organización básica de las Diputaciones Provinciales (u otras Corporaciones de carácter representativo).

b.2.1. Los órganos unipersonales: el Presidente de la Diputación, los Vicepresidentes y los Diputados Provinciales.

b.2.2. Los órganos colegiados: el Pleno de la Diputación y la Junta de Gobierno.

c. Las Islas en los archipiélagos balear y canario.

d. Otros entes locales: comarcas, mancomunidades y áreas metropolitanas. Sobre las entidades locales menores.

3. Las Administraciones No Territoriales.

A. Las Administraciones Institucionales.

a. La técnica de la descentralización funcional: 1) Una Administración para gestionar una tarea administrativa; 2) La idea de gestión frente a la toma de decisiones políticas; 3) La relación de instrumentalidad entre la Administración matriz y la Administración institucional por ella creada; y 4) La diferencia entre instrumentalidad e independencia del Ejecutivo.

b. Su tipología básica.

b.1. Las llamadas «Administraciones Independientes» o «Autoridades Administrativas Independientes».

b.2. Los Organismos Públicos: los organismos autónomos, las agencias estatales y las entidades públicas empresariales.

B. Las llamadas Administraciones Corporativas. Introducción a su concepto: agrupaciones o asociaciones sectoriales de base privada que tienen como objetivo primario la defensa de los intereses de sus miembros, pero que, en determinadas circunstancias, tienen encomendada por una Administración Territorial la realización de alguna tarea de naturaleza pública.

4. *Excursus* sobre los conceptos de «sector público» y de «sector público institucional» (art. 2 LPAC y art. 2 LRJSP).

A. El «sector público» está integrado por:

a. La Administración General del Estado.

b. Las Administraciones de las Comunidades Autónomas.

c. Las Entidades que integran la Administración Local.

d. El sector público institucional.

B. Sobre las entidades que integran el sector público institucional y su régimen jurídico:

a. Cualesquiera organismos públicos y entidades de derecho público vinculados o dependientes de las Administraciones Públicas.

b. Las entidades de derecho privado vinculadas o dependientes de las Administraciones Públicas, que quedarán sujetas a lo dispuesto en las normas de la LPAC y de la LRJSP que específicamente se refieran a las mismas, en particular a los principios generales rectores de la actividad administrativa y, en todo caso, cuando ejerzan potestades administrativas. Sobre las sociedades mercantiles estatales, en particular.

c. Las universidades públicas que se regirán por su normativa específica y supletoriamente por las previsiones de la LPAC y de la LRJSP.

III. EL FUNCIONAMIENTO DE LAS ADMINISTRACIONES PÚBLICAS

1. Introducción: el ordenamiento jurídico atribuye una serie de prerrogativas o de privilegios exorbitantes a las Administraciones Públicas (de los que carecen los sujetos privados), que se justifican por la función que constitucionalmente tienen encomendada. Como contrapartida a este tipo de poderes, las Administraciones están sometidas a una serie de límites que operan en beneficio de los particulares.

2. El principio de legalidad: las dos vertientes —positiva y negativa— del principio de legalidad.

A. Las posibles significaciones del principio de legalidad.

a. Entendiendo «ley» como «norma elaborada por el Legislador»: la Administración está vinculada en su actuación por las decisiones previamente tomadas por el Parlamento mediante «leyes formales».

b. Entendiendo «ley» como «norma escrita»: la Administración está vinculada en su actuación por el «bloque de legalidad» compuesto tanto por las normas con rango de ley como por las normas reglamentarias.

c. Entendiendo «ley» como «el conjunto del ordenamiento jurídico»: en este sentido, el principio de legalidad significaría «principio de juridicidad», esto es, el sometimiento de la Administración al conjunto de todo el «bloque jurídico», es decir, no tan sólo a la ley formal, ni tan siquiera al resto de las normas jurídico-positivas, sino que el bloque jurídico estaría integrado por el ordenamiento jurídico en su conjunto (configurado por las normas positivas —tanto las que tienen rango de ley como las que poseen valor reglamentario—, y por aquellas otras no escritas —los principios generales del Derecho y la costumbre—).

B. Las relaciones de la Administración con la «legalidad».

a. La tesis de la vinculación positiva (habilitación): la Administración sólo puede hacer aquello para lo que resulte habilitada por la «legalidad». Debe existir una autorización previa por la «legalidad» para que la Administración actúe.

b. La tesis de la vinculación negativa (límite): la Administración puede hacer todo aquello que no esté prohibido, siempre que su acción se dirija a la satisfacción de los intereses generales, y sin necesidad de una habilitación previa por parte del ordenamiento jurídico. En este sentido, la Administración se situaría frente al Derecho en un plano similar al que se encuentran los particulares.

3. Las potestades administrativas.

A. El concepto de potestad en general: poder jurídico otorgado por el ordenamiento jurídico a un sujeto para la realización de un fin, pero no en beneficio propio, sino de un tercero. En este sentido, por ejemplo, la patria potestad es un poder jurídico otorgado por el ordenamiento jurídico a los padres, no en su propio beneficio, sino en el de sus hijos no emancipados, para su cuidado y el desarrollo de su personalidad.

B. El concepto de potestad administrativa: poder jurídico de actuación otorgado a la Administración por el ordenamiento jurídico para la realización de una finalidad de interés general predeterminada por la propia norma, y, por lo tanto, no en beneficio de la propia Administración (o de sus agentes), sino de la colectividad social a la que dicha Administración sirve.

C. Cuatro ejemplos:

a. La potestad reglamentaria: el poder jurídico que se atribuye al Poder Ejecutivo por el ordenamiento jurídico para dictar normas escritas de rango inferior a la ley, llamadas reglamentos.

b. La potestad expropiatoria: el poder jurídico otorgado a la Administración por el ordenamiento jurídico para la privación singular a los ciudadanos de sus bienes, derechos o intereses legítimos cuando concurran causas de utilidad pública o interés social (art. 33.3 CE), pero siempre con la compensación de dicha privación mediante la correspondiente indemnización, llamada justiprecio.

c. La potestad sancionadora: el poder jurídico que se atribuye a la Administración por la Constitución (art. 25 CE) y por la ley para castigar (mediante la imposición de las correspondientes sanciones) a los ciudadanos que cometan infracciones previamente tipificadas por una ley.

d. La potestad tributaria: el poder jurídico que se atribuye a la Administración por la Constitución (art. 133.1 CE) y por la ley para establecer y recaudar tributos en aras a la obtención de los recursos económicos necesarios para realizar los intereses generales a que viene obligada constitucionalmente la Administración (art. 103.1 CE).

El concepto legal de tributos: «Los tributos son los ingresos públicos que consisten en prestaciones pecuniarias exigidas por una Administración pública como consecuencia de la realización del supuesto de hecho al que la ley vincula el deber de contribuir, con el fin primordial de obtener los ingresos necesarios para el sostenimiento de los gastos públicos» (art. 2.1 de la Ley 58/2003, de 17 de diciembre, General Tributaria).

4. Los privilegios de las Administraciones Públicas. En particular, la autotutela declarativa y la autotutela ejecutiva.

A. La diferencia entre la autotutela y la heterotutela.

a. Sobre el concepto de autotutela: «prerrogativa de las Administraciones Públicas según la cual sus decisiones son ejecutorias, en el sentido que obligan a sus destinatarios cuando se cumplen los requisitos formales para su perfeccionamiento y notificación» (*Diccionario panhispánico del español jurídico)*.

b. La heterotutela como la protección o el «cuidado» de una persona y de sus bienes, dispensado por un tercero (Jueces y Tribunales).

B. La autotutela declarativa: la presunción de validez de los actos administrativos.

a. El art. 39.1 LPAC dispone: «Los actos de las Administraciones Públicas sujetos al Derecho Administrativo se presumirán válidos y producirán efectos desde la fecha en que se dicten, salvo que en ellos se disponga otra cosa».

b. La naturaleza de la presunción: es una presunción *iuris tantum* de validez.

c. Su significación: los particulares están obligados al cumplimiento del acto, en tanto no se demuestre su invalidez, trasladando a los ciudadanos la carga de su impugnación en vía administrativa o/y en vía contencioso-administrativa.

C. La autotutela ejecutiva.

a. Planteamiento general: en la medida en que los actos administrativos se presumen válidos, y desde que se dictan producen efectos, los particulares quedan obligados a cumplirlos (esto es, son ejecutivos —arts. 38, 39 y 98 LPAC—).

a.1. El cumplimiento voluntario de los actos administrativos.

a.2. La ejecución forzosa. Si los particulares no los cumplen voluntariamente, la Administración puede imponerlos por sí misma de manera forzosa (ejecución forzosa —art. 99 LPAC—). El art. 99 LPAC establece: «Las Administraciones Públicas, a través de sus órganos competentes en cada caso, podrán proceder, previo apercibimiento, a la ejecución forzosa de los actos administrativos, salvo en los supuestos en que se suspenda la ejecución de acuerdo con la Ley, o cuando la Constitución o la Ley exijan la intervención de un órgano judicial».

b. La excepción: la intervención de los órganos judiciales cuando la ejecución de los actos administrativos afecte a los derechos fundamentales.

c. El caso particular de la entrada en el domicilio: el art. 18.2 CE, el art. 91.2 LOPJ y el art. 8.6 LJCA.

c.1. El reconocimiento constitucional de la inviolabilidad del domicilio como un derecho fundamental. El art. 18.2 CE dispone: «El domicilio es inviolable. Ninguna entrada o registro podrá hacerse en él sin consentimiento del titular o resolución judicial, salvo en caso de flagrante delito».

c.2. El art. 100.3 LPAC prevé: «Si fuese necesario entrar en el domicilio del afectado o en los restantes lugares que requieran la autorización de su titular, las Administraciones Públicas deberán obtener el consentimiento del mismo o, en su defecto, la oportuna autorización judicial».

c.3. El juez competente para autorizar la entrada en el domicilio cuando sea necesaria para la ejecución de un acto administrativo. El art. 8.6 LJCA establece: «Conocerán también los Juzgados de lo Contencioso-administrativo de las autorizaciones para la entrada en domicilios y restantes lugares cuyo acceso requiera el consentimiento de su titular, siempre que ello proceda para la ejecución forzosa de actos de la Administración pública, salvo que se trate de la ejecución de medidas de protección de menores acordadas por la Entidad Pública competente en la materia».

c.4. Los límites a la obligación por parte de la Administración de obtener autorización judicial para entrar en un domicilio: la autorización judicial expresa es necesaria para ejecutar un acto administrativo (SsTC 22/1984, de 17 de febrero, o 76/1992, de 14 de mayo); no es necesaria, sin embargo, para ejecutar una Sentencia contencioso-administrativa ni tampoco, consecuentemente, el acto administrativo confirmado por una de dichas Sentencias (STC 160/1991, de 18 de julio).

D. El tradicional modelo de autotutela en el Derecho Administrativo continental europeo frente al sistema anglosajón de la heterotutela de la Administración. Hauriou *versus* Dicey.

IV. LAS GARANTÍAS DE LOS CIUDADANOS FRENTE A LAS ADMINISTRACIONES PÚBLICAS

1. Cuatro ejemplos de garantías: el procedimiento administrativo; la responsabilidad patrimonial de la Administración; el sistema de recursos; y otros tipos de mecanismos de control.

2. El procedimiento administrativo.

   A. Su concepto: es el cauce formal de producción por parte de la Administración de las disposiciones generales y de las resoluciones o actos singulares.

   B. La doble finalidad del procedimiento administrativo.

      a. Ofrece, por un lado, pautas de comportamiento a la Administración, que contribuyen a garantizar la necesaria legalidad y objetividad en su actuación, que está orientada a la satisfacción de los intereses públicos (art. 103.1 CE).

      b. Contribuye, por otro lado, a la garantía de los derechos e intereses de los ciudadanos, que pueden intervenir en la toma de las decisiones administrativas (art. 105 CE).

3. La responsabilidad patrimonial de la Administración: el derecho a la indemnización de los daños causados a los particulares por el funcionamiento (normal o anormal) de los servicios públicos.

a. El art. 106.2 CE prevé: «Los particulares, en los términos establecidos por la ley, tendrán derecho a ser indemnizados por toda lesión que sufran en cualquiera de sus bienes y derechos, salvo en los casos de fuerza mayor, siempre que la lesión sea consecuencia del funcionamiento de los servicios públicos».

b. El art. 32.1 LRJSP establece: «Los particulares tendrán derecho a ser indemnizados por las Administraciones Públicas correspondientes, de toda lesión que sufran en cualquiera de sus bienes y derechos, siempre que la lesión sea consecuencia del funcionamiento normal o anormal de los servicios públicos salvo en los casos de fuerza mayor o de daños que el particular tenga el deber jurídico de soportar de acuerdo con la Ley».

4. El sistema de recursos.

A. El concepto de recurso dentro del Derecho Administrativo: es un medio o mecanismo de impugnación a través del que los administrados legitimados solicitan de la Administración o de los órganos de la jurisdicción contencioso-administrativa la anulación o la modificación de los actos administrativos lesivos de sus derechos o intereses legítimos al considerarlos contrarios al ordenamiento jurídico.

B. La doble vía de impugnación de los actos administrativos.

a. Los recursos administrativos: la impugnación de los actos administrativos ante la propia Administración autora del acto.

b. Los recursos contencioso-administrativos.

b.1. La aproximación al concepto: la impugnación de los actos administrativos ante los Juzgados y Tribunales integrantes del orden jurisdiccional contencioso-administrativo.

b.2. Introducción a la jurisdicción contencioso-administrativa.

b.2.1. Introducción a los conceptos de Juzgado y de Tribunal. Los jueces y los magistrados.

b.2.2. Los diferentes órdenes jurisdiccionales. En particular, el orden contencioso-administrativo como jurisdicción especializada en el control de las Administraciones Públicas.

b.2.3. La planta judicial en el orden contencioso-administrativo (art. 6 LJCA):

1) Juzgados de lo Contencioso-administrativo.

2) Juzgados Centrales de lo Contencioso-administrativo.

3) Salas de lo Contencioso-administrativo de los Tribunales Superiores de Justicia.

4) Sala de lo Contencioso-administrativo de la Audiencia Nacional.

5) Sala de lo Contencioso-administrativo del Tribunal Supremo.

5. Otros tipos de mecanismos de control: por ejemplo, el Defensor del Pueblo (art. 54 CE) o el Tribunal de Cuentas (art. 136 CE).

V. LA ESTRUCTURA BÁSICA DEL ORDENAMIENTO JURÍDICO

1. La Constitución.

2. Las normas con rango de ley.

A. Las normas con rango de ley en el ámbito estatal.

a. Las normas elaboradas por las Cortes Generales: las leyes formales estatales.

a.1. Las leyes orgánicas.

a.2. Las leyes ordinarias.

b. Las normas con rango de ley aprobadas por el Gobierno de la Nación.

b.1. Los reales decretos-leyes.

b.2. Los reales decretos legislativos.

b.2.1. Los textos refundidos.

b.2.2. Los textos articulados.

c. La particular naturaleza jurídica de los Estatutos de Autonomía de las Comunidades Autónomas.

c.1. La participación del Estado y de los representantes de los territorios que iban a constituirse en Comunidades Autónomas en su elaboración: la definitiva aprobación de las Cortes Generales mediante Ley Orgánica.

c.2. El Estatuto de Autonomía como «norma institucional básica» de cada Comunidad Autónoma, aprobada «(D)entro de los términos de la presente Constitución» (art. 147.1 CE).

c.3. El Estatuto de Autonomía de Extremadura: la Ley Orgánica 1/2011, de 28 de enero, de reforma del Estatuto de Autonomía de la Comunidad Autónoma de Extremadura.

B. Las normas con rango de ley a nivel autonómico. El modelo de la Comunidad Autónoma de Extremadura.

a. Las normas elaboradas por los Parlamentos Autonómicos: las leyes formales autonómicas. En concreto, las leyes de la Asamblea de Extremadura.

a.1. Las leyes aprobadas por mayoría cualificada.

a.2. Las leyes ordinarias.

b. Las normas con rango de ley dictadas por los Gobiernos Autonómicos. En concreto, las normas con rango de ley emanadas de la Junta de Extremadura.

b.1. Los decretos-leyes.

b.2. Los decretos legislativos. Las peculiaridades de los decretos legislativos en Extremadura.

3. Las normas con valor reglamentario.

A. Las normas reglamentarias dictadas en el ámbito de la Administración General del Estado. Sus formas de aprobación.

a. Los reales decretos.

b. Las órdenes ministeriales.

c. Las disposiciones de rango inferior: circulares, instrucciones y órdenes de servicio.

B. Las normas reglamentarias de ámbito autonómico. Sus formas de aprobación.

a. Los decretos.

b. Las órdenes de los Consejeros autonómicos.

c. Las disposiciones inferiores: circulares, instrucciones y órdenes de servicio.

4. Las normas de las Administraciones Locales: su valor reglamentario. En particular, las ordenanzas municipales.

5. La posición dentro del sistema de fuentes del Derecho de los Tratados Internacionales.

A. Los tratados según la Constitución (arts. 93 a 96).

B. El art. 31 («Prevalencia de los tratados») de la Ley 25/2014, de 27 de noviembre, de Tratados y otros Acuerdos Internacionales, prevé que: «Las normas jurídicas contenidas en los tratados internacionales válidamente celebrados y publicados oficialmente prevalecerán sobre cualquier otra norma del ordenamiento interno en caso de conflicto con ellas, salvo las normas de rango constitucional».

6. Introducción a las fuentes del Derecho comunitario europeo.

A. El Derecho originario: los tratados. De las originarias Comunidades Europeas (Comunidad Europea del Carbón y del Acero, Comunidad Económica Europea y Comunidad Europea de la Energía Atómica) a la actual Unión Europea (Tratado de la Unión Europea, Tratado de Funcionamiento de la Unión Europea y Carta de los Derechos Fundamentales de la Unión Europea).

B. El Derecho derivado: las instituciones europeas pueden adoptar «reglamentos, directivas, decisiones, recomendaciones y dictámenes» (art. 288 TFUE).

a. Introducción: las instituciones esenciales de la Unión Europea (el Consejo, la Comisión y el Parlamento) y su poder normativo.

b. Las normas fundamentales de derecho derivado: los reglamentos y las directivas.

b.1. Los reglamentos europeos.

b.1.1. Su regulación: «El reglamento tendrá un alcance general. Será obligatorio en todos sus elementos y directamente aplicable en cada Estado miembro».

b.1.2. Su efecto directo: los reglamentos europeos, desde su entrada en vigor, generan por sí mismos derechos y obligaciones para todos los ciudadanos de la Unión con independencia del Estado miembro del que sean nacionales.

b.1.3. No deben confundirse los reglamentos europeos con los reglamentos dictados por el Poder Ejecutivo (español o autonómico) ni con los Reglamentos de las Cámaras legislativas (esto es, el Reglamento del Congreso de los Diputados, el Reglamento del Senado o los Reglamentos de los diecisiete parlamentos autonómicos).

b.2. Las directivas europeas.

b.2.1. Su regulación: «La directiva obligará al Estado miembro destinatario en cuanto al resultado que deba conseguirse, dejando, sin embargo, a las autoridades nacionales la elección de la forma y de los medios».

b.2.2. Su funcionamiento: las directivas se dirigen y obligan a los Estados, que deben transponerlas al derecho interno nacional dentro del plazo máximo establecido por las propias directivas. Una vez transpuestas al derecho nacional es cuando generan derechos y obligaciones para los ciudadanos de los diferentes Estados de la Unión.

c. Las decisiones europeas.

c.1. Su regulación: «La decisión será obligatoria en todos sus elementos. Cuando designe destinatarios, sólo será obligatoria para éstos».

c.2. La particular naturaleza de las decisiones: en ocasiones tienen carácter general y abstracto (son verdaderas normas); y en otras ocasiones se dirigen únicamente a sujetos concretos (son actos administrativos singulares).

d. Las recomendaciones y los dictámenes no son normas jurídicas obligatorias: «Las recomendaciones y los dictámenes no serán vinculantes». Concepto de derecho indicativo o de *softlaw*.

C. Los principios generales del Derecho comunitario elaborados por el Tribunal de Justicia de las Comunidades Europeas (en la actualidad, el Tribunal de Justicia de la Unión Europea). En particular, los principios de:

a. El efecto directo: las normas comunitarias generan derechos y obligaciones para los particulares (STJCE «Van Gend & Loos»).

b. La primacía del Derecho comunitario: las normas europeas prevalecen o priman sobre cualquier norma de Derecho interno que se les oponga, de manera tal que las normas comunitarias deben aplicarse con preferencia cualquiera que sea el rango de la norma interna y con independencia de que haya sido aprobada con posterioridad a la norma comunitaria (SsTJCE «Costa/ENEL» y «Simmenthal»).

7. Los principios de relación entre los distintos ordenamientos jurídicos.

A. Introducción a los arts. 9.3 y 149, apartados 1 y 3, CE y al art. 5 TUE.

B. El principio de jerarquía normativa. Su filosofía: una norma está situada en el ordenamiento jurídico (estando supraordenada o infraordenada en relación con otra) en función de la autoridad de la que emane (y del momento en que se dicte). Este principio tiene dos subprincipios que operan de forma sucesiva:

a. El principio de la *lex superior* («la norma de rango superior deroga la norma de rango inferior»). Este principio opera dotando a unas normas de mayor rango que a otras, de tal forma que en caso de conflicto se aplican las normas superiores en rango en detrimento de las que tienen un valor jurídico inferior.

b. El principio de la *lex posterior* («la norma posterior en el tiempo deroga la anterior del mismo rango»). Este principio es un complemento del principio anterior, sirviendo para ordenar la sucesión en el tiempo de normas del mismo rango.

C. El principio de competencia. Este principio parte de la idea de que el conjunto del poder es divisible en parcelas. Pues bien, este principio supone la distribución de materias (o de funciones) entre dos Administraciones (por ejemplo, el Estado y las Comunidades Autónomas; o el Estado y la Unión Europea), implicando la atribución a cada concreta Administración de la potestad de regular (de manera exclusiva o compartida) cada materia, así como la potestad de realizar las tareas ejecutivas ligadas a cada materia, con exclusión de las otras Administraciones. Sobre las materias y las funciones (legislativa y ejecutiva).

D. El principio de prevalencia o primacía. Este principio parte de la idea de que no siempre el principio de competencia permite resolver los conflictos entre normas de dos ordenamientos jurídicos (por ejemplo, del Estado y de las Comunidades Autónomas), y resuelve el problema (el conflicto normativo) añadiendo un «plus» al principio de competencia: la jerarquización de los contenidos de los dos ordenamientos jurídicos parciales o secundarios en conflicto (uno de estos ordenamientos tiene más valor que el otro):

a. El Derecho del Estado prima sobre el Derecho de las Comunidades Autónomas (art. 149.3 CE).

b. El Derecho comunitario europeo prevalece sobre el Derecho estatal (SsTJCE «Costa/ENEL» o «Simmenthal»).

E. El principio de supletoriedad. Este principio parte de la idea de que en el derecho no se pueden producir vacíos normativos que impidan resolver un conflicto litigioso, por lo que posibilita la circunstancia de que, en el caso de que un ordenamiento jurídico carezca de una norma que pudiese ser de aplicación a un supuesto de hecho concreto, se pueda recurrir a una norma de otro ordenamiento, «dejando así a salvo la finalidad de plenitud reguladora que tiene el derecho».

F. El principio de subsidiariedad. Este principio parte de la idea de que siempre debe actuar la Administración más próxima a los ciudadanos que tenga la capacidad suficiente para conseguir en cada caso el objetivo pretendido. En este sentido, el art. 5 TUE establece: «En virtud del principio de subsidiariedad, en los ámbitos que no sean de su competencia exclusiva, la Unión intervendrá sólo en caso de que, y en la medida en que, los objetivos de la acción pretendida no puedan ser alcanzados de manera suficiente por los Estados miembros, ni a nivel central ni a nivel regional y local, sino que puedan alcanzarse mejor, debido a la dimensión o a los efectos de la acción pretendida, a escala de la Unión».

VI. LAS FORMAS DE LA ACTIVIDAD ADMINISTRATIVA

1. La actividad normativa: la elaboración de disposiciones generales y abstractas por parte de la Administración, que de manera unilateral generan derechos y obligaciones para los ciudadanos, y cuyo incumplimiento produce efectos jurídicos (en muchos casos de naturaleza punitiva).

2. La adopción de actos administrativos: declaraciones singulares de voluntad, de juicio, de conocimiento o de deseo realizadas de manera unilateral por la Administración Pública en ejercicio de una potestad administrativa (Zanobini). En particular, los actos administrativos singulares.

3. La contratación por parte de las Administraciones Públicas. Introducción a la idea de contrato: acuerdo entre dos o más sujetos, que genera derechos y obligaciones entre ellos.

4. La planificación administrativa. En particular, los planes urbanísticos y medioambientales.

5. La actividad material, fáctica o informal de la Administración.

VII. INTRODUCCIÓN A LAS NORMAS ESENCIALES DEL DERECHO ADMINISTRATIVO ESPAÑOL. EN PARTICULAR, LA NORMATIVA REGULADORA DEL GOBIERNO Y DE LAS ADMINISTRACIONES PÚBLICAS A NIVEL ESTATAL Y EXTREMEÑO

1. La normativa reguladora del Gobierno.

A. La regulación del gobierno estatal.

a. El Título IV («Del Gobierno y de la Administración» —arts. 97 a 102, en concreto—) de la Constitución Española de 1978.

b. La Ley 50/1997, de 27 de noviembre, del Gobierno.

B. La regulación de los gobiernos autonómicos. En particular, la normativa reguladora de la Junta de Extremadura y de su Presidente.

a. El art. 152.1, párrafo primero, de la Constitución.

El párrafo primero del art. 152.1 CE dispone: «En los Estatutos aprobados por el procedimiento a que se refiere el artículo anterior, la organización institucional autonómica se basará en una Asamblea Legislativa, elegida por sufragio universal, con arreglo a un sistema de representación proporcional que asegure, además, la representación de las diversas zonas del territorio; un Consejo de Gobierno con funciones ejecutivas y administrativas y un Presidente, elegido por la Asamblea, de entre sus miembros, y nombrado por el Rey, al que corresponde la dirección del Consejo de Gobierno, la suprema representación de la respectiva Comunidad y la ordinaria del Estado en aquélla. El Presidente y los miembros del Consejo de Gobierno serán políticamente responsables ante la Asamblea».

b. Los Estatutos de Autonomía. En particular, el Capítulo II («Del Presidente de Extremadura» —arts. 24 a 30—) y el Capítulo III («De la Junta de Extremadura y de la Administración» —en concreto, arts. 31 a 36—) del Título II («De las Instituciones de Extremadura») del Estatuto de Autonomía de Extremadura.

c. Las leyes autonómicas del gobierno (y de la administración). En particular, la Ley 1/2002, de 28 de febrero, del Gobierno y de la Administración de la Comunidad Autónoma de Extremadura (LGAEx).

2. La normativa reguladora del procedimiento administrativo y del régimen jurídico de las Administraciones Públicas.

A. La normativa estatal.

a. Evolución histórica.

a.1. Los años cincuenta del siglo xx: la regulación separada del procedimiento administrativo y del régimen jurídico de las Administraciones Públicas.

a.1.1. Ley de 20 de julio de 1957, sobre régimen jurídico de la Administración del Estado.

a.1.2. Ley de 17 de julio de 1958, sobre Procedimiento administrativo.

a.2. La regulación unitaria del procedimiento administrativo común y de las bases del régimen jurídico de las Administraciones Públicas: la Ley 30/1992, de 26 de noviembre, de Régimen Jurídico de las Administraciones Públicas y del Procedimiento Administrativo Común.

b. La nueva legislación administrativa en materia de procedimiento administrativo y de régimen jurídico de las Administraciones Públicas de 2015: la vuelta a una regulación separada.

b.1. Ley 39/2015, de 1 de octubre, del Procedimiento Administrativo Común de las Administraciones Públicas.

b.2. Ley 40/2015, de 1 de octubre, de Régimen Jurídico del Sector Público.

b.3. Los dos ejes fundamentales de la reforma: la nueva regulación de las relaciones *ad extra* y *ad intra* de las Administraciones Públicas.

b.3.1. Las relaciones *ad extra* entre las Administraciones y los ciudadanos pretenden regularse en un cuerpo normativo único constituido por la Ley 39/2015, de 1 de octubre, del Procedimiento Administrativo Común de las Administraciones Públicas. Esta norma legal regula la actividad administrativa ligada a:

1) La elaboración de los actos administrativos.

2) La potestad reglamentaria.

3) La iniciativa legislativa.

b.3.2. Las relaciones *ad intra* de la Administración (esto es, «internamente con el resto de Administraciones e instituciones del Estado») se regulan en la Ley 40/ 2015, de 1 de octubre, de Régimen Jurídico del Sector Público.

B. La normativa reguladora de las Administraciones autonómicas. En particular, la normativa específica para la Comunidad Autónoma de Extremadura.

a. Los Estatutos de Autonomía. En particular, el Capítulo III («De la Junta de Extremadura y de la Administración» —en concreto, arts. 37 a 39—) del Título II («De las Instituciones de Extremadura») del Estatuto de Autonomía de Extremadura de 2011.

b. Las leyes autonómicas (del gobierno y) de la administración. En particular, la Ley 1/2002, de 28 de febrero, del Gobierno y de la Administración de la Comunidad Autónoma de Extremadura.

c. Otras leyes autonómicas extremeñas fundamentales para la regulación del Poder Ejecutivo.

c.1. La Ley 4/2013, de 21 de mayo, de Gobierno Abierto de Extremadura.

c.2. La Ley 1/2014, de 18 de febrero, de regulación del estatuto de los cargos públicos del Gobierno y la Administración de la Comunidad Autónoma de Extremadura.

c.3. La Ley 4/2015, de 26 de febrero, de regulación del proceso de transición entre gobiernos en la Comunidad Autónoma de Extremadura.

LECCIÓN 2

FUNDAMENTOS HISTÓRICOS DEL DERECHO ADMINISTRATIVO

> La ley es la expresión de la voluntad general. Todos los ciudadanos tienen derecho a contribuir a su elaboración, personalmente o por medio de sus representantes. Debe ser la misma para todos, ya sea que proteja o que sancione. Como todos los ciudadanos son iguales ante ella, todos son igualmente admisibles en toda dignidad, cargo o empleo públicos, según sus capacidades y sin otra distinción que la de sus virtudes y sus talentos.
>
> Artículo 6 de la *Declaración de los Derechos del Hombre y del Ciudadano*, de 26 de agosto de 1789.

Estructura:

- I. La formación histórica del Derecho Administrativo.
- II. Los primeros pasos del constitucionalismo español.
- III. La evolución de los principios revolucionarios.
- IV. En particular, la vigente ordenación territorial de España: el Estado de las Autonomías.
- V. La tendencia hacia la formación de un Derecho Administrativo común europeo y hacia la armonización de los Derechos públicos nacionales.

Normativa de referencia:

- I. Constitución Española (CE).
- II. Normativa estatal.
  1. Ley Orgánica 6/1985, de 1 de julio, del Poder Judicial (LOPJ).
  2. Ley Orgánica 2/1987, de 18 de mayo, de Conflictos Jurisdiccionales.
  3. Ley Orgánica 1/2006, de 10 de abril, de Reforma de la Ley Orgánica 5/1982, de 1 de julio, de Estatuto de Autonomía de la Comunidad Valenciana.
  4. Ley Orgánica 6/2006, de 19 de julio, de reforma del Estatuto de Autonomía de Cataluña.
  5. Ley Orgánica 1/2011, de 28 de enero, de reforma del Estatuto de Autonomía de la Comunidad Autónoma de Extremadura (EAEx).

6. Ley 7/1985, de 2 de abril, reguladora de las Bases del Régimen Local (LBRL).
7. Ley 20/2013, de 9 de diciembre, de garantía de la unidad de mercado.

Bibliografía complementaria:

García de Enterría, E., y Fernández Rodríguez, T. R., *Curso de Derecho Administrativo*, Tomo I, Civitas-Thomson, Madrid, 21.ª edición, 2024.

Muñoz Machado, S., *Tratado de Derecho Administrativo y Derecho Público General*, Tomo I. *Historia de las instituciones jurídico-administrativas-1;* Tomo II. *Historia de las instituciones jurídico-administrativas-2*, Boletín Oficial del Estado, Madrid, 4.ª edición, 2015.

Santamaria Pastor, J. A., *Principios de Derecho Administrativo General*, Tomo I, Iustel, Madrid, 6.ª edición, 2023.

Lecturas recomendadas:

Aragón Reyes, M., «Significado e influencia de la Constitución de 1812», *Revista Anthropos*, núm. 236, 2012, pp. 13-24.

Chevalier, J. J., *Los grandes textos políticos. Desde Maquiavelo a nuestros días*, Aguilar, Madrid, 1981.

García de Enterría, E., *Revolución francesa y Administración contemporánea*, Civitas, Madrid, 4.ª edición, 1994.

Leguina Villa, J., «La transición política y la Constitución de 1978», *Revista Española de Derecho Administrativo*, núm. 148, 2010, pp. 689-700.

Muñoz Machado, S., *El problema de la vertebración del Estado en España (Del siglo xviii al siglo xxi)*, Iustel, Madrid, 2006.

Muñoz Machado, S., *La reserva de jurisdicción*, La Ley, Madrid, 1989.

Nieto García, A., *Los primeros pasos del Estado constitucional: Historia Administrativa de la Regencia de María Cristina de Borbón*, Ariel, Barcelona, 1996.

Orduña Rebollo, E., *Historia del Estado español*, Marcial Pons, Madrid, 2015.

Santamaria Pastor, J. A., *Sobre la génesis del Derecho Administrativo español en el siglo xix (1812-1845)*, Iustel, Madrid, 2006.

Requejo Pagés, J. L., *El sueño constitucional*, KRK ediciones, Oviedo, 2016.

I. LA FORMACIÓN HISTÓRICA DEL DERECHO ADMINISTRATIVO

1. La Revolución Francesa supuso la renovación de las bases sobre las que se había asentado el poder público durante el Antiguo Régimen: 1) Los cambios en el modo de producir el Derecho: el principio de legalidad; 2) Las transformaciones en la forma de concebir las relaciones entre el Derecho y los poderes públicos: el principio de separación de poderes, y 3) La nueva forma de organización territorial del Estado: la centralización.

2. El principio de legalidad.

   A. Antiguo Régimen: la monarquía absoluta (*rex legibus solutus*). La libertad real para crear leyes y modificarlas, sin estar vinculado por ellas.

   B. Los cambios teóricos propiciados por la Revolución Francesa.

a. Los filósofos de la Revolución: Montesquieu (*Del espíritu de las leyes*) y Rousseau (*El contrato social*).

b. La sumisión de los poderes públicos a la Ley —expresión de la voluntad general— elaborada por una asamblea legislativa. ¿Quiénes forman parte del nuevo parlamento? El auge de la burguesía.

3. El principio de separación de poderes.

A. La finalidad de la fragmentación del poder: «Una sociedad en la que la garantía de los derechos no está asegurada, ni la separación de poderes determinada, no tiene Constitución» (art. 16 de la *Declaración de los Derechos del Hombre y del Ciudadano* de 1789).

B. El papel teórico de cada uno de los tres poderes del Estado.

a. El Poder Legislativo: elabora la ley como «expresión de la voluntad general».

b. El Poder Ejecutivo: ejecuta la ley.

c. El Poder Judicial: juzga y hace ejecutar lo juzgado.

C. La cuestión de la relación entre la Administración y el Poder Judicial. ¿Quién debe controlar a la Administración: los jueces ordinarios —como sucede con cualquier ciudadano— o debe existir un sistema específico de control?

a. Las claves de la decisión: 1) La desconfianza hacia la justicia ordinaria proveniente del Antiguo Régimen; 2) La necesidad de una Administración vigorosa que pueda asentar los principios revolucionarios.

b. El triunfo de la tesis de Thouret («Juzgar a la Administración es también administrar»): la Administración no es controlada por los tribunales sino que se autocontrola.

Las causas que provocaron esta decisión fueron diversas. La primera fue el papel decisivo que, sin duda, jugó la desconfianza de los revolucionarios con respecto a los Tribunales ordinarios. La segunda, la intención de los revolucionarios de procurar a la Administración una libertad de acción y unas condiciones de vitalidad e independencia de la que no había gozado durante el *Ancien Régime*: «Era preciso impedir que la jurisdicción ordinaria, al juzgar contenciosos, pudiera hacer administración». La tercera se cifraba en los principios tradicionales del Antiguo Régimen: la centralización monárquica y el carácter diferente, jurídicamente exorbitante, de los litigios que traban a la Administración y a los ciudadanos (Chevalier; Muñoz Machado).

D. El poder normativo del Rey (Poder Ejecutivo): el significado de la sanción regia y el poder reglamentario del monarca.

La Constitución francesa de 1791 permitió al monarca hacer «proclamations» para ordenar la ejecución de las leyes: «El Poder Ejecutivo no puede hacer ninguna ley, ni siquiera provisional, sino sólo proclamaciones conformes a las leyes para ordenar o exigir su ejecución» (art. 6). El reconocimiento positivo de una potestad normativa de la Administración se produjo con la promulgación de la Constitución napoleónica de 1799, en cuyo art. 44 se disponía: «El Gobierno propone las leyes y elabora los reglamentos necesarios para asegurar su ejecución». La Carta otorgada de 1814 atribuyó al rey la potestad de dictar reglamentos y ordenanzas para la ejecución de las leyes, pero también para la seguridad del Estado, con lo que junto a la reglamentación de ejecución se reconocía al Rey la posibilidad de dictar reglamentos independientes en materia de policía (Muñoz Machado).

4. La organización territorial del Estado: el recurso a la técnica de la centralización.

A. La justificación: la necesidad de extender los principios revolucionarios y de articular un sistema administrativo que hiciese posible el gobierno desde París.

B. La adaptación del territorio nacional a la fórmula centralizadora: la división del territorio en Departamentos con el objeto de que las normas lleguen y se apliquen en todo el territorio.

C. La reordenación del aparato administrativo: el Prefecto como jefe administrativo del Departamento. Sus relaciones con la Administración Central. Las autoridades subordinadas: el Subprefecto (en el Cantón) y el Alcalde (con su doble naturaleza —estatal y local— en el municipio).

II. LOS PRIMEROS PASOS DEL CONSTITUCIONALISMO ESPAÑOL

1. Planteamiento general: las razones de la influencia francesa.

2. El papel de las Cortes de Cádiz.

A. El principio de legalidad.

a. La filosofía de los constituyentes de Cádiz (del mismo tenor que los revolucionarios franceses de 1789).

b. Los vaivenes de la historia española del primer tercio del siglo XIX. La Regencia de María Cristina.

B. El principio de separación de poderes. Sobre la cuestión del control de la Administración, en particular.

a. La idea originaria de los constituyentes de que la Administración tenía que estar sometida al mismo régimen de control que los ciudadanos. La separación originaria del modelo francés y la aproximación al modelo británico. La desaparición inicial de las jurisdicciones especiales existentes en el Antiguo Régimen.

b. La realidad subsiguiente: la implantación del modelo francés de que juzgar a la Administración es también administrar; esto es, el autocontrol por parte de la Administración, descartando el control de los Tribunales.

C. La organización territorial del Estado: la recepción en España de la técnica centralizadora.

a. La Constitución de Cádiz: la regulación del «territorio de las Españas» en el Capítulo I de su Título II (arts. 10 y 11).

a.1. El territorio de las Españas en 1812 (art. 10):

> «El territorio español comprende en la Península con sus posesiones e islas adyacentes, Aragón, Asturias, Castilla la Vieja, Castilla la Nueva, Cataluña, Córdoba, Extremadura, Galicia, Granada, Jaén, León, Molina, Murcia, Navarra, Provincias Vascongadas, Sevilla y Valencia, las islas Baleares y las Canarias con las demás posesiones de África.
>
> En la América septentrional, Nueva España, con la Nueva Galicia y Península de Yucatán, Guatemala, provincias internas de Oriente, provincias internas de Occidente, isla de Cuba con las dos Floridas, la parte española de la isla de Santo Domingo, y la isla de Puerto Rico con las demás adyacentes a éstas y al continente en uno y otro mar.
>
> En la América meridional, la Nueva Granada, Venezuela, el Perú, Chile, provincias del Río de la Plata, y todas las islas adyacentes en el mar Pacífico y en el Atlántico.
>
> En el Asia, las islas Filipinas, y las que dependen de su gobierno».

a.2. El aplazamiento de la ordenación territorial de las Españas (art. 11):

> «Se hará una división más conveniente del territorio español por una ley constitucional, luego que las circunstancias políticas de la Nación lo permitan».

b. La implantación del sistema centralizador durante la Regencia de María Cristina.

b.1. La justificación: el establecimiento de una división territorial racional y de un aparato administrativo que haga posible que las normas lleguen y se apliquen en todo el territorio.

b.2. La división territorial del país: 1) El fracaso de los proyectos iniciales; 2) El Decreto de división provincial de Javier de Burgos (RD de 30 de noviembre de 1833).

b.3. El aparato administrativo: el Subdelegado de Fomento (Provincia). Sus relaciones con los órganos administrativos superiores y con los inferiores (el Alcalde: su doble naturaleza).

III. LA EVOLUCIÓN DE LOS PRINCIPIOS REVOLUCIONARIOS

1. El principio de legalidad.

A. El Antiguo Régimen: *Rex legibus solutus.*

B. La Revolución Francesa en su modelo teórico: el Legislador elabora las leyes; y el Poder Ejecutivo (esto es, el Gobierno y la Administración) ejecuta lo ordenado por el Legislador. En otras palabras, el principio de legalidad (la Ley) tiene como objetivo limitar el poder del Gobierno y de la Administración: la Administración está sujeta a las leyes (que son «expresión de la voluntad general» y libre del «pueblo» soberano manifestada a través del Parlamento), y es precisamente esta sujeción a la Ley la garantía de la libertad y de la propiedad de todos los ciudadanos. O en otros términos: todas las actuaciones de la Administración deben estar justificadas en una Ley formal previa que, en la medida en que resulta ser expresión de la voluntad general, legitima aquellas actuaciones.

C. El principio de legalidad en la actualidad.

a. Las dos caras de la legalidad (o sobre la relación de la Administración con la «legalidad»).

a.1. La vertiente de la vinculación positiva del principio de legalidad: la Administración sólo puede hacer aquello para lo que resulte habilitada por la «legalidad». Debe existir una autorización previa por la «legalidad» para que la Administración actúe.

a.2. La vertiente de la vinculación negativa del principio de legalidad: la Administración puede hacer todo aquello que no esté prohibido, siempre que su acción se dirija a la satisfacción de los intereses generales, y sin necesidad de una habilitación previa por parte del ordenamiento jurídico. En este sentido, la Administración se situaría frente al Derecho en un plano similar al que se encuentran los particulares.

b. El legislador no es el único poder que elabora normas escritas, sino que el Ejecutivo dispone de: 1) Poder para dictar normas con rango de ley, y 2) Poder reglamentario para hacer normas de naturaleza meramente ejecutiva de las leyes (reglamentos ejecutivos) o para elaborar normas sobre cuestiones no reguladas por el legislador (reglamentos independientes y reglamentos de necesidad).

c. Hoy, el principio de legalidad puede tener varias acepciones:

c.1. Entendiendo «ley» como «norma elaborada por el Legislador»: la Administración está vinculada en su actuación por las decisiones previamente tomadas por el Parlamento mediante «leyes formales».

c.2. Entendiendo «ley» como «norma escrita»: la Administración está vinculada en su actuación por el «bloque de legalidad» compuesto tanto por las normas con rango de ley como por las normas reglamentarias.

c.3. Entendiendo «ley» como «el conjunto del ordenamiento jurídico»: en este sentido, el principio de legalidad significaría «principio de juridicidad», esto es, el sometimiento de la Administración al conjunto de todo el «bloque jurídico», es decir, no tan sólo a la ley formal, ni tan siquiera al resto de las normas jurídico-positivas, sino que el bloque jurídico estaría integrado por el ordenamiento jurídico en su conjunto (configurado por las normas positivas —tanto las que tienen rango de ley como las que poseen valor reglamentario—, y por aquellas otras no escritas —los principios generales del Derecho y la costumbre—).

2. El principio de división de poderes.

A. La configuración teórica del principio de división de poderes (Locke, Montesquieu y Rousseau).

B. Poder Judicial y Administración.

a. La Revolución Francesa: a la Administración no le juzga en primera instancia el poder judicial, sino la propia Administración («*juger l'Administration, c'est encore administrer*»). En otras palabras, controlar (o juzgar) a la Administración entra dentro de las funciones administrativas.

b. En la actualidad, la Administración es controlada por el Poder Judicial. Ahora bien, como regla general, por un orden jurisdiccional especializado: el contencioso-administrativo.

c. Persisten, no obstante, restos del autocontrol de la Administración pública por parte de la propia Administración: los recursos administrativos.

c.1. Los recursos administrativos obligatorios antes de poder acceder a los órganos jurisdiccionales: el recurso de alzada (la resolución del recurso por el superior jerárquico del órgano que dictó el acto administrativo impugnado).

c.2. Los recursos administrativos potestativos o voluntarios antes de poder acceder a los órganos jurisdiccionales: el recurso de reposición (la resolución del recurso por el mismo órgano administrativo que dictó el acto impugnado).

d. Existen en ocasiones conflictos de jurisdicción entre los Juzgados y Tribunales y la Administración, en los que unos y otra reivindican su competencia para resolver. Estos conflictos son resueltos por el Tribunal de Conflictos de Jurisdicción, con una composición mixta: su presidente es el Presidente del Tribunal Supremo y del Consejo General del Poder Judicial; dos magistrados de la Sala Tercera del Tribunal Supremo; y tres Consejeros Permanentes de Estado (art. 38 Ley Orgánica 6/1985, de 1 de julio, del Poder Judicial, y Ley Orgánica 2/1987, de 18 de mayo, de Conflictos Jurisdiccionales).

C. El Poder Ejecutivo.

a. Este poder no sólo ejecuta la ley, sino que dispone de la capacidad de dictar normas jurídicas tanto con rango de ley como con valor reglamentario.

b. Las normas dictadas por el Poder Ejecutivo con rango de ley: 1) Los decretos-leyes; 2) Los decretos legislativos.

c. Las normas dictadas por el Poder Ejecutivo con valor reglamentario. Tipología.

D. El Poder Legislativo.

a. Este poder no sólo dicta disposiciones generales y abstractas con forma de ley. Tipología de normas legales dictadas por el Parlamento.

b. A veces dicta también disposiciones de naturaleza singular (también con forma de ley), y que son materialmente, por tanto, verdaderos actos administrativos singulares. Un par de ejemplos: el asunto Rumasa y la Ley expropiatoria canaria de edificios para la ampliación del Parlamento autonómico. Introducción a la problemática jurídica ligada a las «leyes singulares».

3. La descentralización política de España: el Estado Autonómico español.

   A. La crisis de los Estados centralizados.

      a. La justificación: 1) La perspectiva técnica: el aumento del volumen y de la complejidad de los asuntos gestionados por los Estados; 2) Las aspiraciones políticas e históricas.

      b. Descentralización funcional (departamentalización; administraciones institucionales; administraciones corporativas) *versus* descentralización territorial o política.

      c. La descentralización política en Europa.

         c.1. Los Estados federales (los ejemplos de Alemania, Austria o Suiza). La simetría y la asimetría federal.

         c.2. Los Estados regionales (Italia).

         c.3. El caso portugués: un Estado centralizado con dos regiones autónomas (Madeira y Azores).

         c.4. La vía francesa hacia la regionalización.

   B. El modelo autonómico español de la Constitución de 1978.

IV. EN PARTICULAR, LA VIGENTE ORDENACIÓN TERRITORIAL DE ESPAÑA: EL ESTADO DE LAS AUTONOMÍAS

1. Los antecedentes.

   A. El primer intento de una descentralización política: la Primera República y el proyecto de Constitución Federal de 1873. El cantonalismo: las pretensiones de establecer una España federal por la vía de los hechos (desde abajo hacia arriba).

   B. El fallido ensayo de la descentralización territorial durante la Segunda República: el «Estado integral» de la Constitución de 1931.

2. Las bases constitucionales del Estado Autonómico. En particular, el art. 2 y el Título VIII de la Constitución.

   A. Los principios constitucionales esenciales para la organización territorial de España establecidos por el art. 2 CE: la unidad, la autonomía y la solidaridad.

El art. 2 CE dispone, literalmente, que: «La Constitución se fundamenta en la indisoluble unidad de la Nación española, patria común e indivisible de todos los españoles, y reconoce y garantiza el derecho a la autonomía de las nacionalidades y regiones que la integran y la solidaridad entre todas ellas».

B. El contenido del Título VIII de la Constitución.

3. La unidad: «La Constitución se fundamenta en la indisoluble unidad de la Nación española, patria común e indivisible de todos los españoles».

A. El Estado integra todas las entidades territoriales que lo conforman (Comunidades Autónomas y Entidades Locales), ocupando dicho Estado una posición de superioridad sobre los entes que lo integran.

B. Las manifestaciones del principio de unidad del Estado.

a. La unidad política: el «pueblo español» (que habita en el conjunto del Estado) es el único titular de la soberanía. El art. 1.2 CE dispone: «La soberanía nacional reside en el pueblo español, del que emanan los poderes del Estado».

b. La unidad jurídica.

b.1. El Estado tiene competencia exclusiva para legislar en las principales ramas del ordenamiento jurídico (art. 149.1.6.º, 7.º y 9.º) o en las principales materias de cada una de dichas ramas (art. 149.1.8.º y 18.º).

El art. 149.1 CE estable que: «El Estado tiene competencia exclusiva sobre las siguientes materias:

[...]

6.ª Legislación mercantil, penal y penitenciaria; legislación procesal, sin perjuicio de las necesarias especialidades que en este orden se deriven de las particularidades del derecho sustantivo de las Comunidades Autónomas.

7.ª Legislación laboral, sin perjuicio de su ejecución por los órganos de las Comunidades Autónomas.

8.ª Legislación civil, sin perjuicio de la conservación, modificación y desarrollo por las Comunidades Autónomas de los derechos civiles, forales o especiales, allí donde existan. En todo caso, las reglas relativas a la aplicación y eficacia de las normas jurídicas, relaciones jurídico-civiles relativas a las formas de matrimonio, ordenación de los registros e instrumentos públicos, bases de las obligaciones contractuales, normas para resolver los conflictos de leyes y determinación de las fuentes del Derecho, con respeto, en este último caso, a las normas de derecho foral o especial.

9.ª Legislación sobre propiedad intelectual e industrial.

[...]

18.ª Las bases del régimen jurídico de las Administraciones públicas y del régimen estatutario de sus funcionarios que, en todo caso, garantizarán a los administrados un tratamiento común ante ellas; el procedimiento administrativo común, sin perjuicio de las especialidades derivadas de la organización propia de las Comunidades Autónomas; legislación sobre expropiación forzosa; legislación básica sobre contratos y concesiones administrativas y el sistema de responsabilidad de todas las Administraciones públicas».

b.2. La igualdad esencial de derechos y de obligaciones de los españoles en el conjunto del territorio del Estado: el art. 139.1 CE garantiza el que «(T)odos los españoles tienen los mismos derechos y obligaciones en cualquier parte del territorio del Estado», y el art. 149.1.1.ª CE establece que «(E)l Estado tiene competencia exclusiva sobre las siguientes materias: 1.ª La regulación de las condiciones básicas que garanticen la igualdad de todos los españoles en el ejercicio de los derechos y en el cumplimiento de los deberes constitucionales».

b.3. La existencia de un poder judicial único para todo el Estado, en cuya cúspide se encuentra el Tribunal Supremo (arts. 117, 123 y 152.1, párrafos 2 y 3, CE).

En relación con el Tribunal Supremo, en particular, el art. 123.1 CE dispone: «El Tribunal Supremo, con jurisdicción en toda España, es el órgano jurisdiccional superior en todos los órdenes, salvo lo dispuesto en materia de garantías constitucionales».

b.4. El órgano máximo para garantizar la unidad jurídica a nivel del conjunto del Estado es el Tribunal Constitucional.

c. La unidad económica.

c.1. El principio de unidad del orden económico nacional: la existencia de unos principios económicos esenciales que han de aplicarse de forma armonizada en el conjunto del Estado.

En este sentido, nuestro Tribunal Constitucional ha señalado que la llamada constitución económica formal «implica la existencia de unos principios básicos del orden económico que han de aplicarse con carácter unitario, unicidad que está reiteradamente exigida por la Constitución, cuyo Preámbulo garantiza la existencia de "un orden económico y social justo", y cuyo artículo 2 establece un principio de unidad que se proyecta en la esfera económica por medio de diversos preceptos constitucionales, tales como el 128 entendido en su totalidad, el 131.1, el 139.2 y el 138.2, entre otros. Por otra parte, la Constitución fija una serie de objetivos de carácter económico cuya consecución exige la adopción de medidas de política económica aplicables con carácter general a todo el territorio nacional (arts. 40.1, 130.1, 131.1 y 138.1).

Esta exigencia de que el orden económico nacional sea uno en todo el ámbito del Estado es más imperiosa en aquéllos, como el nuestro, que tienen una estructura interna no uniforme, sino plural o compuesta desde el punto de vista de su organización territorial (Título VIII de la CE)» (STC 1/1982, de 28 de enero, FJ 1).

Este principio presenta una gran virtualidad y es, según la propia STC 1/1982, la de constituir «un presupuesto necesario para que el reparto de competencias entre el Estado y las distintas Comunidades Autónomas en materias económicas no conduzca a resultados disfuncionales y desintegradores».

La unidad del orden económico nacional no significa, no obstante, uniformidad (STC 88/1986, de 1 de julio). Es, por tanto, necesario buscar un equilibrio entre el principio de la unidad del orden económico y la diversidad de regímenes jurídicos que es connatural al principio constitucional de autonomía.

Este equilibrio «admite una pluralidad y diversidad de intervenciones de los poderes públicos en el ámbito económico» (STC 88/1986). En concreto, para que una actuación autonómica en este campo resulte admisible es necesario que concurran simultáneamente tres circunstancias: 1) La regulación autonómica debe realizarse dentro del ámbito competencial de la Comunidad Autónoma. 2) Esa regulación, en cuanto introductora de un régimen diverso del o de los existentes en el resto de la Nación, debe resultar proporcionada al objeto legítimo que se persigue, de manera que las diferencias y peculiaridades en ella previstas resulten adecuadas y justificadas por su fin. 3) En todo caso, debe quedar a salvo la igualdad básica de todos los españoles (Álvarez García).

c.2. El principio de la unidad del orden económico nacional tiene dos tipos de derivaciones: por un lado, el principio de unidad de mercado, y, por otro, el de la unidad de la política económica.

En este sentido, señala el Tribunal Constitucional que: «Una de las manifestaciones de dicha unidad es el principio de unidad del mercado "y, por tanto, del mercado de capitales—, reconocido implícitamente por el art. 139.2 CE al disponer que "ninguna autoridad podrá adoptar medidas que directa o indirectamente obstaculicen (...) la libre circulación de bienes en todo el territorio español". Otra manifestación de esa unidad del orden económico es la exigencia (...) de la adopción de medidas de política económica aplicables, con carácter general, a todo el territorio nacional, al servicio de una serie de objetivos de carácter económico fijados por la propia CE (arts. 40.1, 130.1, 131.1 y 138.1) (SsTC 96/1984, FJ 3.º, 37/1981, 1/1982 y 64/1990)» (STC 133/1997, de 16 de julio, FJ 4 B).

c.2.1. El principio de «unidad de mercado» está orientado a garantizar que la integración que ha alcanzado el mercado español no se vea perturbada por acciones en sentido contrario (incluso aunque pudieran gozar de una cobertura competencial más o menos evidente) de las entidades territoriales dotadas de autonomía, pero tampoco de las propias autoridades estatales.

El Tribunal Constitucional ha perfilado sobre la base de los arts. 139 y 149.1.1.ª de la Constitución el contenido del principio de «unidad de mercado» en su Sentencia 64/1990, de 5 de abril, que, recogiendo su jurisprudencia anterior, señala: «De nuestra doctrina conviene recordar ahora que la efectiva unicidad del orden económico nacional requiere la existencia de un mercado único y que la unidad de mercado descansa, a su vez, como han señalado las SsTC 96/1984, F. 3, y 88/1986, F. 6, sobre dos presupuestos irreductibles, la libre circulación de bienes y personas por todo el territorio español [o, como dice la STC 88/1986, "la libertad de circulación sin traba por todo el territorio nacional de bienes, capitales, servicios y mano de obra"], que ninguna autoridad podrá obstaculizar directa o indirectamente (art. 139.2 CE), y la igualdad de las condiciones básicas de ejercicio de la actividad económica (arts. 139.1 y 149.1.1.ª CE), sin los cuales no es posible alcanzar en el mercado nacional el grado de integración que su carácter unitario impone» (FJ 3).

Sobre la Ley estatal 20/2013, de 9 de diciembre, de garantía de la unidad de mercado: «Esta Ley tiene por objeto establecer las disposiciones necesarias para hacer efectivo el principio de unidad de mercado en el territorio nacional. En particular, tiene por objeto garantizar la integridad del orden económico y facilitar el aprovechamiento de economías de escala y alcance del mercado mediante el libre acceso, ejercicio y la expansión de las actividades económicas en todo el territorio nacional garantizando su adecuada supervisión, de conformidad con los principios contenidos en el art. 139 de la Constitución» (art. 1.1). En relación con la interpretación constitucional de esta norma, resulta esencial la STC 79/2017, de 22 de junio.

c.2.2. El principio de unidad de la política económica: las competencias estatales para la fijación de las bases y la coordinación en materia económica.

El art. 149.1.13.ª CE dispone: «El Estado tiene competencia exclusiva sobre las siguientes materias: [...] 13.ª Bases y coordinación de la planificación general de la actividad económica».

La doctrina del Tribunal Constitucional: «La competencia estatal en cuanto a la ordenación general de la economía responde al principio de unidad económica y abarca la definición de las líneas de actuación tendentes a alcanzar los objetivos de política económica global o sectorial fijados por la propia Constitución, así como la adopción de las medidas precisas para garantizar la realización de los mismos» (STC 186/1988, de 17 de octubre, FJ 2).

El principio de unidad de la política económica no puede dar lugar, sin embargo, a que la Administración General del Estado adopte las medidas unitarias de naturaleza económica que estime oportunas, desconociendo las competencias atribuidas por la Constitución y los Estatutos de Autonomía a las Comunidades Autónomas. Lo que debe significar es que el Estado, ejerciendo su poder de dirección económica, y utilizando sus facultades de determinación de las bases, de coordinación y de planificación, deberá formular una política económica unitaria, asistido por las Comunidades Autónomas y, en su caso, por los agentes socioeconómicos.

4. La autonomía («autonomía no es soberanía»): la Constitución, dentro de la unidad de la Nación española, «reconoce y garantiza el derecho a la autonomía de las nacionalidades y regiones que la integran».

   A. La conexión del principio dispositivo con el derecho a la autonomía de las nacionalidades y regiones: la constitución de una Comunidad Autónoma era un derecho para los territorios, no una obligación.

   B. Este derecho de las nacionalidades y regiones de convertirse en Comunidades Autónomas debía materializarse a través de las reglas establecidas en la propia Constitución y, en particular, de su Título VIII.

   C. La «autonomía no es soberanía», tal y como ha repetido invariablemente el Tribunal Constitucional, y supone, por tanto, un poder limitado inferior al del Estado.

   En este sentido, la STC 247/2007, de 12 de diciembre, afirma que: «Ante todo, resulta claro que la autonomía hace referencia a un poder limitado. En efecto, autonomía no es soberanía —y aún este poder tiene sus límites—, y dado que cada organización territorial dotada de autonomía es una parte del todo, en ningún caso el principio de autonomía puede oponerse al de unidad, sino que es precisamente dentro de éste donde alcanza su verdadero sentido, como expresa el art. 2 de la Constitución» (FJ 4).

   D. Corresponde a cada Estatuto de Autonomía «concretar el alcance de la autonomía» de cada Comunidad Autónoma, que es de mayor calado que la de los entes locales. Esta es una autonomía «meramente administrativa, y cuyo contenido se define por una ley básica del Estado» (STC 4/1981, de 2 de febrero) y por la normativa autonómica que se haya dictado en la materia (y que, naturalmente, debe ser compatible con la legislación básica estatal en materia de régimen local). La norma estatal fundamental en materia de régimen local es la Ley 7/1985, de 2 de abril, reguladora de las Bases del Régimen Local (modificada en una gran cantidad de ocasiones desde su aprobación en 1985).

   E. El ámbito de autonomía no puede ser alterado de forma unilateral por el Estado (salvo que se utilicen leyes de armonización —art. 150.3 CE—). Sobre el carácter «paccionado» de los Estatutos de Autonomía.

      a. La regla general: el ámbito de autonomía no puede ser alterado de forma unilateral por el Estado.

      b. La excepción: las leyes de armonización.

      El apartado 3 del art. 150 CE dispone: «El Estado podrá dictar leyes que establezcan los principios necesarios para armonizar las disposiciones normativas de las Comunidades Autónomas, aun en el caso de materias atribuidas a la competencia de éstas, cuando así lo exija el interés general. Corresponde a las Cortes Generales, por mayoría absoluta de cada Cámara, la apreciación de esta necesidad».

      c. Sobre el carácter «paccionado» de los Estatutos de Autonomía.

5. El principio de solidaridad (sobre sus manifestaciones constitucionales y su significado): la Constitución reconoce y garantiza «la solidaridad entre todas ellas» (esto es, entre las nacionalidades y las regiones).

   A. El principio de solidaridad, en tanto que mecanismo nivelador de las condiciones socioeconómicas, se refiere tanto a los distintos territorios como a los ciudadanos de todo el Estado.

   B. Este principio tiene un reconocimiento constitucional, además de en el art. 2, en el art. 138 CE.

   Este art. 138 CE establece: «1. El Estado garantiza la realización efectiva del principio de solidaridad consagrado en el art. 2 de la Constitución, velando por el establecimiento de un equilibrio económico, adecuado y justo entre las diversas partes del territorio español, y atendiendo en particular a las circunstancias del hecho insular.

   2. Las diferencias entre los Estatutos de las distintas Comunidades Autónomas no podrán implicar, en ningún caso, privilegios económicos o sociales».

   C. La existencia de mecanismos específicos destinados a hacer efectivo el principio de solidaridad. Entre estos mecanismos pueden destacarse los siguientes:

      a. Los presupuestos generales del Estado.

      b. La garantía constitucional de la existencia de un nivel mínimo en la prestación de los servicios públicos fundamentales en todo el territorio español (art. 158.1 CE).

      El apartado 1 del art. 158 CE dispone: «En los Presupuestos Generales del Estado podrá establecerse una asignación a las Comunidades Autónomas en función del volumen de los servicios y actividades estatales que hayan asumido y de la garantía de un nivel mínimo en la prestación de los servicios públicos fundamentales en todo el territorio español».

      c. El Fondo de Compensación Interterritorial (art. 158.2 CE).

      El apartado 2 del art. 158 CE prevé: «Con el fin de corregir desequilibrios económicos interterritoriales y hacer efectivo el principio de solidaridad, se constituirá un Fondo de Compensación con destino a gastos de inversión, cuyos recursos serán distribuidos por las Cortes Generales entre las Comunidades Autónomas y provincias, en su caso».

      d. Los Fondos estructurales europeos (los ejemplos del Fondo Europeo de Desarrollo Regional —FEDER—, del Fondo Social Europeo —FS—, etcétera).

6. Introducción al contenido del Título VIII de la Constitución Española.

A. El régimen local: la autonomía local (arts. 137 y 140 a 142 CE). El concepto constitucional de autonomía local: la autonomía local, según el Tribunal Constitucional, «debe ser entendida como un derecho de la comunidad local a participar, a través de órganos propios, en el gobierno y administración de cuantos asuntos le atañen, constituyendo en todo caso un poder limitado que no puede oponerse al principio de unidad estatal» (STC 159/2001, de 5 de julio, FJ 4).

B. El régimen autonómico.

a. La filosofía del sistema. El papel del principio dispositivo ¿y sus límites?

a.1. Introducción al principio dispositivo: la Constitución de 1978 no ha prefigurado un modelo cerrado y definitivo de Estado, sino que se ha limitado a establecer unos elementos básicos (por ejemplo, y de manera esencial, el principio de unidad y el principio de autonomía), permitiendo una gran flexibilidad en la configuración del modelo de Estado, que se ha dibujado mediante la aprobación de los diferentes Estatutos de Autonomía y, en una amplia medida, mediante la jurisprudencia del Tribunal Constitucional.

a.2. La falta de definición de un modelo cerrado de Estado en la Constitución española se observa, entre otros muchos elementos, en que nuestra Norma Fundamental:

a.2.1. No determina si todo el Estado debe estar conformado por Comunidades Autónomas.

a.2.2. No determina ni cuántas ni cuáles hayan de ser las Comunidades Autónomas.

a.2.3. Ni qué territorios las iban a configurar.

a.2.4. Tan sólo se bosqueja de manera muy simple e incompleta su organización interna (art. 152 CE).

a.2.5. No se establece qué competencias va a asumir cada Comunidad Autónoma.

a.3. La indefinición constitucional sobre estas cuestiones y la capacidad de decisión (o de «disposición») de los territorios constitutivos de las futuras Comunidades Autónomas —dentro del respeto de los límites constitucionales— es lo que se llama «principio dispositivo».

b. Las bases constitucionales para la construcción del mapa autonómico.

b.1. La tipología de Comunidades Autónomas.

b.1.1. Comunidades Autónomas de primer grado (las Comunidades históricas y Andalucía) y Comunidades Autónomas de segundo grado.

b.1.2. Los pactos autonómicos y las primeras leyes orgánicas de transferencia (LOTRAVA y LOTRACA). Sobre el art. 150.2 CE.

El apartado 2 del art. 150 CE dispone: «El Estado podrá transferir o delegar en las Comunidades Autónomas, mediante ley orgánica, facultades correspondientes a materia de titularidad estatal que por su propia naturaleza sean susceptibles de transferencia o delegación. La ley preverá en cada caso la correspondiente transferencia de medios financieros, así como las formas de control que se reserve el Estado».

b.2. Los Estatutos de Autonomía.

b.2.1. Los Estatutos como «normas institucionales básicas» de las Comunidades Autónomas subordinadas a la Constitución (art. 147.1 CE).

b.2.2. El contenido material esencial de los Estatutos de Autonomía (art. 147.2 CE).

b.3. El sistema constitucional de reparto de competencias (arts. 148 y 149 CE).

b.3.1. Tipología de competencias: exclusivas y compartidas. El significado de las competencias concurrentes.

b.3.2. Las competencias compartidas: el sistema bases/desarrollo. El contenido material y formal de las bases.

b.4. Los principios de cierre del sistema (art. 149.3 CE).

b.4.1. La cláusula residual de doble escalón.

b.4.2. El principio de supletoriedad (y su interpretación por el Tribunal Constitucional: las SsTC 118/1996, de 27 de junio; y 61/1997, de 20 de marzo).

b.4.3. El principio de primacía (y su interpretación por el Tribunal Constitucional: del Voto Particular a la STC 1/2003, de 14 de enero, a la STC 102/2016, de 25 de mayo).

c. El papel del Tribunal Constitucional para la ordenación territorial de España.

7. La evolución histórica del Estado Autonómico. En particular, los Estatutos de primera y de segunda generación.

A. El nacimiento de las Comunidades Autónomas y su evolución en los años ochenta, noventa y primeros dos mil.

a. La aprobación de los Estatutos de Autonomía de primera generación: el nacimiento de las Comunidades Autónomas (1979-1983).

a.1. El sistema organizativo uniforme (art. 152.1 CE). Sobre el poder legislativo de todas las Comunidades Autónomas, en particular.

a.2. El sistema competencial: la inicial diferenciación competencial.

a.3. La primera Comunidad Autónoma que nació fue la del País Vasco con la aprobación de la Ley Orgánica 3/1979, de 18 de diciembre, de Estatuto de Autonomía para el País Vasco. Le siguieron la Comunidad Autónoma de Cataluña, inmediatamente después, con la aprobación de la Ley Orgánica 4/1979, de 18 de diciembre, de Estatuto de Autonomía de Cataluña; y la Comunidad Autónoma de Galicia, ya en el año 1981, con la aprobación de la Ley Orgánica 1/1981, de 6 de abril, de Estatuto de Autonomía para Galicia.

a.4. La Comunidad Autónoma de Extremadura nació en 1983 con la aprobación de la Ley Orgánica 1/1983, de 25 de febrero, de Estatuto de Autonomía de Extremadura.

a.5. Las últimas Comunidades Autónomas que vieron la luz fueron, también, en 1983, la Comunidad Autónoma de Madrid con la aprobación de la Ley Orgánica 3/1983, de 25 de febrero, de Estatuto de Autonomía de la Comunidad de Madrid; y la Comunidad Autónoma de Castilla y León que nació como la Comunidad Autónoma decimoséptima (y última) de nuestro mapa autonómico con la aprobación de la Ley Orgánica 4/1983, de 25 de febrero, de Estatuto de Autonomía de Castilla y León.

b. Los Pactos Autonómicos de 1992. La igualación competencial. Sobre el art. 148.2 CE.

El apartado 2 del art. 148 CE dispone: «Transcurridos cinco años, y mediante la reforma de sus Estatutos, las Comunidades Autónomas podrán ampliar sucesivamente sus competencias dentro del marco establecido en el art. 149».

c. Sobre las ciudades de Ceuta y de Melilla: la aprobación de sus Estatutos en el año 1995.

Mediante la Ley Orgánica 1/1995, de 13 de marzo, se aprobó el Estatuto de Autonomía de Ceuta, mientras que por la Ley Orgánica 2/1995, de 13 marzo, vio la luz el Estatuto de Autonomía de Melilla.

B. Los Estatutos de Autonomía de segunda generación.

a. El «precedente» fallido: el Plan Ibarrexte.

b. ¿A qué llamamos Estatutos de Autonomía de segunda generación? El comienzo de la casa por el tejado: la reforma de los Estatutos de Autonomía sin una previa reforma constitucional (y sin un mínimo acuerdo de Estado).

c. La negociación de los primeros Estatutos de Autonomía de segunda generación.

c.1. La aprobación del Estatuto de Autonomía valenciano (LO 1/2006, de 10 de abril): las peculiaridades en su elaboración y en su contenido. La llamada «cláusula Camps»

c.2. El Estatuto de Autonomía de Cataluña de 2006 (LO 6/2006, de 19 de julio).

c.2.1. La elaboración del Estatuto de Cataluña: la negociación con el Gobierno del Estado.

c.2.2. Su aprobación definitiva. El referéndum.

c.2.3. La impugnación del Estatuto de Autonomía catalán ante el Tribunal Constitucional y su resultado. En particular, la STC 31/2010, de 28 de junio.

c.3. Los restantes Estatutos de segunda generación. En particular, el caso de Extremadura: la Ley Orgánica 1/2011, de 28 de enero, de reforma del Estatuto de Autonomía de la Comunidad Autónoma de Extremadura.

d. Las Comunidades Autónomas que han modificado parcialmente sus Estatutos de Autonomía desde el año 2006 (Navarra, Murcia o Castilla-La Mancha).

e. Las Comunidades Autónomas que siguen regidas en la actualidad por Estatutos de Autonomía de primera generación que no han sufrido modificaciones (al menos en los últimos años).

f. El conflicto catalán.

f.1. Los antecedentes, los hechos del 1 de octubre de 2017 y la «declaración unilateral de independencia de Cataluña».

f.2. Las SsTC 114/2017, de 17 de octubre (sobre la Ley catalana 19/2017, de 6 de septiembre, denominada «del referéndum de autodeterminación») y 124/2017, de 8 de noviembre (sobre la Ley catalana 20/2017, de 8 de septiembre, denominada «de transitoriedad jurídica y fundacional de la República»).

f.3. Los Reales Decretos acordados en virtud de las medidas autorizadas el 27 de octubre de 2017 por el Pleno del Senado, en aplicación del art. 155 de la Constitución.

f.4. La aplicación del art. 155 de la Constitución en Cataluña.

f.5. La constitucionalidad de su aplicación por el Guardián de la Constitución en las SsTC 89/2019, de 2 de julio, y 90/2019, de 2 de julio.

8. La situación del aparato administrativo en la actualidad.

A. La Administración General del Estado (la administración central y la administración periférica —Delegados del Gobierno y Subdelegados del Gobierno—).

B. Las Administraciones autonómicas (Comunidades Autónomas uniprovinciales y pluriprovinciales; las administraciones autonómicas centrales y periféricas).

C. Las Administraciones Locales (los municipios —Ayuntamientos—; las provincias —Diputaciones—).

V. LA TENDENCIA HACIA LA FORMACIÓN DE UN DERECHO ADMINISTRATIVO COMÚN EUROPEO Y HACIA LA ARMONIZACIÓN DE LOS DERECHOS PÚBLICOS NACIONALES

1. La creación de un Derecho público común europeo para el conjunto de los Estados de la Unión, que coexiste con los Derechos públicos nacionales de los distintos Estados miembros de la misma.

A. Los Estados miembros han inspirado buena parte de las instituciones y técnicas jurídicas utilizadas por el Derecho europeo. Algunos ejemplos de la influencia de los Derechos nacionales en el Derecho comunitario:

Francia (el sistema de función pública comunitario o el sistema de control jurisdiccional); Alemania (el principio de proporcionalidad o el principio de confianza legítima); o Reino Unido antes de su salida (los derechos de defensa).

B. El Derecho comunitario, aunque haya podido construirse fruto de la inspiración en los distintos ordenamientos nacionales, adquiere vida propia dentro de la Unión obligando a las Instituciones europeas, a los Estados e, incluso, directamente a los ciudadanos. Algunos ejemplos:

   a. Normas positivas: la evaluación de impacto ambiental, el sistema comunitario de gestión y auditorías ambientales, el sistema europeo de acreditación, etc.

   b. La elaboración de principios jurídicos por el Tribunal de Justicia de las Comunidades Europeas —hoy, Tribunal de Justicia de la Unión Europea— (efecto directo, primacía, responsabilidad interna por incumplimiento del Derecho comunitario) o de conceptos jurídicos específicos del Derecho comunitario muy diferentes a los nacionales (el concepto de empresa pública, ligado a la idea de actividad mercantil o industrial, con independencia de su forma jurídica).

2. Los Estados miembros de la Unión y del Consejo de Europa tienen unos derechos propios que se aproximan cada vez más entre sí, fruto de la influencia del Derecho comunitario y de la labor del Tribunal Europeo de Derechos Humanos (TEDH).

   A. Un ejemplo propiciado por el Derecho comunitario: los principios de proporcionalidad y de confianza legítima, propios del Derecho alemán, han pasado a través del Derecho comunitario a otros ordenamientos como el español o el inglés.

   B. La influencia del Tribunal Europeo de Derechos Humanos (TEDH): 1) El TEDH ha creado un estándar mínimo de protección de los derechos humanos en el seno de los Estados del Consejo de Europa, a partir de la interpretación y de la aplicación en su jurisprudencia del Convenio Europeo para la Protección de los Derechos Humanos y de las Libertades Fundamentales de 1950 (o abreviadamente Convenio Europeo de Derechos Humanos —CEDH—) y de sus Protocolos Adicionales; 2) La jurisprudencia del TEDH ha servido para la protección de los derechos de tercera generación (algunos ejemplos: el medio ambiente o el ruido).

LECCIÓN 3

HISTORIA JURÍDICA DEL PROCESO DE INTEGRACIÓN EUROPEA

La paz mundial no puede salvaguardarse sin unos esfuerzos creadores equiparables a los peligros que la amenazan.

La contribución que una Europa organizada y viva puede aportar a la civilización es indispensable para el mantenimiento de unas relaciones pacíficas. Francia, defensora desde hace más de veinte años de una Europa unida, ha tenido siempre como objetivo esencial servir a la paz. Europa no se construyó y hubo la guerra.

Europa no se hará de una vez ni en una obra de conjunto: se hará gracias a realizaciones concretas, que creen en primer lugar una solidaridad de hecho. La agrupación de las naciones europeas exige que la oposición secular entre Francia y Alemania quede superada, por lo que la acción emprendida debe afectar en primer lugar a Francia y Alemania.

Con este fin, el Gobierno francés propone actuar de inmediato sobre un punto limitado, pero decisivo.

El Gobierno francés propone que se someta el conjunto de la producción franco-alemana de carbón y de acero a una Alta Autoridad común, en una organización abierta a los demás países de Europa.

La puesta en común de las producciones de carbón y de acero garantizará inmediatamente la creación de bases comunes de desarrollo económico, primera etapa de la federación europea, y cambiará el destino de esas regiones, que durante tanto tiempo se han dedicado a la fabricación de armas, de las que ellas mismas han sido las primeras víctimas.

La solidaridad de producción que así se cree pondrá de manifiesto que cualquier guerra entre Francia y Alemania no sólo resulta impensable, sino materialmente imposible. La creación de esa potente unidad de producción, abierta a todos los países que deseen participar en ella, proporcionará a todos los países a los que agrupe los elementos fundamentales de la producción industrial en las mismas condiciones y sentará los cimientos reales de su unificación económica.

[...]

Mediante la puesta en común de las producciones básicas y la creación de una Alta Autoridad de nuevo cuño, cuyas decisiones obligarán a Francia, Alemania y los países que se adhieran, esta propuesta sentará las primeras bases concretas de una federación europea indispensable para la preservación de la paz.

Declaración de Robert Schuman, 9 de mayo de 1950.

Estructura:

I. La idea de Europa en la mitología griega: el rapto de Europa.
II. Los antecedentes históricos del proceso de integración europea.
III. Los pilares de la Unión Europea tras la Segunda Guerra Mundial.
IV. Los orígenes del proceso de integración europea contemporáneo: la década de los años cincuenta del siglo xx.
V. Las primeras décadas de vida del proceso de integración europea contemporáneo: de los años sesenta a los años ochenta del siglo xx.
VI. Un salto cualitativo en la historia del proceso de integración europea contemporáneo: de la inicial filosofía de las Comunidades Europeas a la idea de la Unión Europea en la década de los años noventa del siglo xx.
VII. El proceso de integración europea en las primeras décadas del nuevo siglo xxi.
VIII. El estado actual del proceso histórico de integración europea.

Normativa de referencia:

I. Tratado de la Comunidad Europea del Carbón y del Acero (TCECA).
II. Tratado de la Comunidad Económica Europea (TCEE).
III. Tratado de la Comunidad Europea de la Energía Atómica (Tratado EURATOM).
IV. Acta Única Europea (AUE).
V. Tratado de la Comunidad Europea (TCE).
VI. Tratado de la Unión Europea (TUE).
VII. Tratado de Funcionamiento de la Unión Europea (TFUE).
VIII. Carta de los Derechos Fundamentales de la Unión Europea (CDFUE).

Bibliografía complementaria:

Alonso García, R., *Derecho de la Unión Europea. Textos y materiales*, Thomson-Civitas, Madrid, 2010.
— *Sistema Jurídico de la Unión Europea*, Thomson-Civitas, Madrid, 4.ª edición, 2014.
Brugmans, R., *La idea europea*, 1920-1970, Editorial Moneda y Crédito, Madrid, 1972.
Ferrer Lloret, J., Requena Casanova, M., Urbaneja Cillán, J., y Soler García, C., *Introducción al derecho de la Unión Europea*, Tirant lo Blanch, Valencia, 2.ª edición, 2021.
Mangas Martín, A., y Liñán Nogueras, D. J., *Instituciones y Derecho de la Unión Europea*, Tecnos, Madrid, 10.ª edición, 2020.
Sarmiento, D., *El Derecho de la Unión Europea*, Marcial Pons, Madrid, 4.ª edición, 2022.
Truyol y Serra, A., *La integración europea, Análisis histórico-institucional con textos y documentos*, vol. I. *Génesis y desarrollo de la Comunidad Europea (1951-1979)*, Tecnos, Madrid, 1999.

Lecturas recomendadas:

Ahijado Quintillán, M., *Historia de la unidad europea: desde los precedentes remotos a la ampliación al Este*, Pirámide, Madrid, 2000.

ALTARES, G., *Una lección olvidada* (*Viajes por la historia de Europa*), Tusquets, Madrid, 2018.
BENZ, W. y GRAML, H., *Europa después de la Segunda guerra mundial*, Siglo XXI, Madrid, 1986 (2 vols.).
DÍEZ DEL CORRAL, L., *El rapto de Europa*, Alianza Editorial, Madrid, 1989.
DUROSELLE, J. B., *Historia de los europeos*, Aguilar, Madrid, 1990.
FRIEDRICH, C. J., *Europa: el surgimiento de una nación*, Alianza Editorial, Madrid, 1973.
LEJEUNE, R., *Robert Schuman. Padre de Europa (1886-1963)*, Editorial Palabra, Madrid, 2009.
MONNET, J., *Memorias*, Siglo XXI, Madrid, 1985.
MORADIELLOS, E., «Europa: un vocablo con mucha historia», en Pinilla García, A. (coord.), *Europa, una historia con futuro: evolución, instituciones y políticas de la Unión Europea, Universidad de Extremadura*, Cáceres, 2020.
PUIG, LL. M. DE, *Historia de la Unidad Europea*, Anaya, Madrid, 1994.
SAN MIGUEL PÉREZ, E., *La impaciencia del bien: La construcción europea en el derecho, la política y la literatura del siglo* XX, Dykinson, Madrid, 2015.
TUGENDHAT, Ch., *El sentido de Europa*, Alianza Editorial, Madrid, 1987.
ZWEIG, S., *El mundo de ayer (Memorias de un europeo)*, Acantilado, Madrid, 34.ª edición, 2012.

I. LA IDEA DE EUROPA EN LA MITOLOGÍA GRIEGA: EL RAPTO DE EUROPA

Las primeras referencias a Europa provienen de la mitología griega: Europa, princesa fenicia, hija del rey Agénor y de la reina Telefasa, enamoró con su belleza a Zeus, Rey del Olimpo. Un día, mientras Europa jugaba con sus hermanas en la playa, Zeus se transformó en un toro blanco para seducirla. En sus juegos, al ver al toro blanco, se montó en su lomo. Zeus aprovechó esa circunstancia para raptar a Europa, que fue llevada a Creta, donde Zeus reveló su identidad. Europa y Zeus tuvieron tres hijos (Minos, Radamantis y Sarpedón), aunque la joven princesa se casó finalmente con Asterión, rey de los cretenses, que adoptó a sus hijos, convirtiéndose en reina de Creta. A su muerte, la reina recibió honores divinos.

Desde la vieja Grecia (siglo V a.C.), los historiadores (Hecateo de Mileto o Heródoto, por ejemplo) consideran Europa como uno de los continentes (junto con Asia y con Libia). Señala Heródoto que el continente europeo se extiende al norte del Mar Mediterráneo, que comienza en las Columnas de Hércules (Gibraltar), y por Oriente llega hasta el río Tanais (actual río Don). Más difícil resulta determinar las fronteras en el Norte: «[…] nadie sabe si está limitada por el mar al Norte […] Sólo se sabe que es, poco más o menos, igual en longitud a otros continentes reunidos».

II. LOS ANTECEDENTES HISTÓRICOS DEL PROCESO DE INTEGRACIÓN EUROPEA

1. Los intentos de unificación europea por la vía militar.

A. El intento más acabado: el control del Mar Mediterráneo por Roma. La existencia de una organización administrativa, de un Derecho y de una lengua comunes.

B. De la Edad Media a la Segunda Guerra Mundial en la Europa Occidental.

a. La cristiandad (el Papa) y el imperio (el Emperador): el Imperio Carolingio (siglo IX d.C.) y el Sacro Imperio Romano Germánico (desde el siglo X). El Cisma de Occidente, la reforma luterana y la aparición de los Estados-nación.

b. El Imperio Español (desde el siglo XVI).

c. El Imperio napoleónico (siglo XIX).

d. Las invasiones nazis (siglo XX).

2. La idea de una Europa unida en la filosofía y en la política.

A. Los proyectos precursores: Pierre Dubois (*Tratado sobre los medios de recuperar Tierra Santa* —1306—) o Dante Alighieri (*De Monarquía* —1308—).

B. Los pensadores españoles (siglos del XV al XVII): Francisco de Vitoria, Francisco Suárez o Juan Luis Vives.

C. El siglo XVII: el duque de Sully, William Penn o Leibniz.

D. El siglo XVIII: el abad de Saint-Pierre o Kant.

E. El siglo XIX: Saint-Simon, Proudhon, Comte o Víctor Hugo.

F. El siglo XX (la Europa de Entreguerras): Coudenhove-Kalergi (la Unión paneuropea) o Briand (la idea de «Unión Europea» ante la Sociedad de Naciones).

III. LOS PILARES DE LA UNIÓN EUROPEA TRAS LA SEGUNDA GUERRA MUNDIAL

1. La continua destrucción bélica de la Europa contemporánea y el final de la hegemonía mundial del viejo continente: la guerra franco-prusiana (1870-1871), la Primera Guerra Mundial (1914-1918) y la Segunda Guerra Mundial (1939-1945).

2. La división de Europa en dos bloques después de 1945: el surgimiento del llamado Telón de Acero.

A. La Europa Oriental y su control político y militar por la Unión Soviética de Stalin.

a. El control político: la Oficina Internacional de Información (el KOMINFORM).

b. El control militar: el Pacto de Varsovia.

c. El control económico: el Consejo de Asistencia Económica Mutua (el COMECOM).

B. La Europa Occidental.

a. Un ensayo de unidad económica en plena Segunda Guerra Mundial entre los Gobiernos en el exilio de Bélgica, Holanda y Luxemburgo: la puesta en pie del BENELUX con la firma del Tratado de Londres de 5 de septiembre de 1944, y su entrada en vigor el 1 de enero de 1948.

b. La respuesta americana ante la destrucción socioeconómica de Europa y la amenaza de la expansión política de la Unión Soviética: el Plan de Reconstrucción Europea o Plan Marshall de 1947.

c. La creación de la Organización Europea de Cooperación Económica (OECE) en 1948: la idea de la «gestión común» de la ayuda norteamericana por los Estados europeos.

La presencia de los diferentes países de Europa Occidental desde el comienzo de esta organización internacional, a los que se añadieron también Estados Unidos y Canadá. La integración de Alemania en 1949. La exclusión de España (por la existencia de la Dictadura franquista) y de los Estados de Europa del Este (por imposición de la URSS). Esta organización internacional se transformó en 1960 (esto es, una vez cumplida su función) en la Organización para la Cooperación y el Desarrollo Económicos (OCDE).

d. El nacimiento de la primera alianza militar europea auspiciada por los Estados Unidos ante la amenaza militar soviética y el temor a un nuevo rearme alemán: de la Unión Occidental (1948) a la Unión Europea Occidental —UEO— (1954).

d.1. Sus orígenes: la constitución de la Unión Occidental mediante el Tratado de Bruselas de 17 de marzo de 1948, de colaboración económica, social y cultural y de legítima defensa colectiva. Sus miembros iniciales: Francia, Reino Unido y los Estados miembros del BENELUX.

d.2. El nacimiento de la Unión Europea Occidental (UEO): el Tratado de París de 23 de octubre de 1954. La incorporación de Alemania y de Italia en 1954 —tras el fracaso de la constitución de la Comunidad Europea de Defensa (CED) y, por tanto, de la creación de un ejército europeo— a los originarios Estados miembros de la Unión Occidental para el establecimiento de una estrategia de defensa común de la Europa occidental. El final del veto al rearme alemán por parte de Francia. La creación de un ejército por la República Federal de Alemania tuvo, en todo caso, un importante límite: la prohibición de fabricación de armas de destrucción masiva (esto es, atómicas, bacteriológicas y químicas).

d.3. La eficacia limitada de la Unión Europea Occidental (UEO): el nacimiento de la Organización del Tratado del Atlántico Norte (OTAN) como estructura de defensa capitaneada por Estados Unidos frente al bloque soviético durante todo el período de Guerra Fría. La incorporación de Alemania a la OTAN en 1955.

3. Los movimientos europeístas en la Europa Occidental de la segunda posguerra mundial: su cristalización en el Congreso de La Haya de 7 de mayo de 1948.

A. La proliferación a partir de 1945 de asociaciones proeuropeístas de naturaleza no gubernamental propiciadas por grandes personalidades y organizaciones políticas, sindicales, intelectuales, etc.

Entre estos movimientos se encontraban: la Unión Europea de Federalistas (París), el Comité Internacional de Estudios y de Acción para los Estados Unidos Socialistas de Europa (Londres) —después denominado Movimiento Socialista para los Estados Unidos de Europa—, la Liga Europea de Cooperación Económica, la Unión Parlamentaria Europea, etc.

En el círculo de grandes personalidades que abogaban por caminar hacia una integración europea se encontraba Winston Churchill, que pronunció un célebre discurso el 19 de septiembre de 1946 en la Universidad de Zurich. En sus palabras finales indicaba: «Nuestro constante propósito debe ser fortificar la fuerza de la ONU. Bajo, y en el seno de este concepto del mundo, debemos volver a crear la familia europea con una estructura regional llamada, quizás, los Estados Unidos de Europa. El primer paso es formar un Consejo de Europa. Si al principio todos los Estados de Europa no están dispuestos o capacitados para integrarse en la Unión, debemos proceder, no obstante, a unir y combinar a aquellos que quieren y pueden. La salvación de la gente normal de cada raza y de cada país, del peligro de la guerra o esclavitud, tiene que establecerse sobre sólidos fundamentos y deben estar protegidos por la voluntad de todos los hombres y mujeres de morir, antes que someterse a la tiranía. En todo este urgente trabajo, Francia y Alemania deben tomar juntas la cabeza. La Gran Bretaña, la Commonwealth británica de naciones, la poderosa América y confío que la Rusia soviética —y entonces todo sería perfecto— deben ser los amigos y padrinos de la nueva Europa y deben defender su derecho a vivir y brillar. Por eso digo: ¡Levantemos Europa!».

B. Este Congreso de La Haya fue convocado por el Comité de Coordinación de los Movimientos para la Unidad Europea (como antecedente del hoy denominado Movimiento Europeo).

C. Los dos modelos de ordenación de la Europa Occidental defendidos en el seno del Congreso de La Haya: las ideas de cooperación y de integración.

a. La cooperación entre los Estados europeos occidentales. Su resultado: la creación del Consejo de Europa.

b. La integración entre los Estados europeos occidentales. Su resultado: la puesta en marcha de las Comunidades Europeas.

4. El Consejo de Europa (o el modelo de la colaboración entre Estados).

A. Esta organización internacional, basada en la cooperación intergubernamental, fue auspiciada por los británicos (capitaneados por el propio Churchill, que fue quien abrió el Congreso de La Haya), siendo adoptados sus Estatutos mediante el Tratado de Londres de 5 de mayo de 1949.

B. Supone la renuncia a cualquier cesión de soberanía por parte de los Estados miembros a la organización internacional, basándose su actividad en la técnica de la colaboración entre los Estados en los ámbitos de la defensa del Estado de derecho, de la protección y promoción de la democracia, de los derechos humanos y de la promoción de la cultura.

C. A partir de esta base, las instituciones rectoras de la nueva organización internacional deberían tener poderes esencialmente consultivos (y no decisorios).

D. Esta organización dispone, a día de hoy, de los siguientes órganos principales: 1) El Secretario General; 2) El Comité de Ministros; 3) La Asamblea Parlamentaria; 4) El Congreso de los Poderes Locales y Regionales, y 5) El Tribunal Europeo de Derechos Humanos.

E. Forman parte en la actualidad del Consejo de Europa todos los Estados europeos, salvo los cuatro siguientes: Rusia, Bielorrusia, Kazajistán y la ciudad del Vaticano (sin perjuicio de su participación en ciertos tratados sectoriales). En total, son cuarenta y seis los países que forman parte con plenos derechos del Consejo de Europa.

F. El texto normativo más importante elaborado en el seno del Consejo de Europa es el Convenio Europeo para la Protección de los Derechos Humanos y de las Libertades Fundamentales (o, abreviadamente, Convenio Europeo de Derechos Humanos), firmado en Roma el 4 de noviembre de 1950. Este texto cuenta con diversos Protocolos adicionales, que, en unos casos, han introducido nuevos derechos objeto de protección en el ámbito del Consejo de Europa y, en otros, han fortalecido los mecanismos de protección del conjunto de derechos reconocidos en el Convenio y en sus Protocolos.

a. Los derechos reconocidos en el seno del Consejo de Europa.

a.1. Los derechos y las libertades protegidas por el texto del Convenio: el derecho a la vida (art. 2), la prohibición de la tortura (art. 3), la prohibición de la esclavitud y del trabajo forzado (art. 4), el derecho a la libertad y a la seguridad (art. 5), el derecho a un proceso equitativo (art. 6), el principio de legalidad en materia sancionadora (art. 7), el derecho al respeto a la vida privada y familiar (art. 8), la libertad de pensamiento, de conciencia y de religión (art. 9), la libertad de expresión (art. 10), la libertad de reunión y de asociación (art. 11), el derecho a contraer matrimonio (art. 12), el derecho a un recurso efectivo (art. 13), y la prohibición de discriminación (art. 14).

a.2. Los derechos añadidos progresivamente por los Protocolos adicionales. Entre ellos pueden destacarse: el derecho de propiedad, el derecho a la educación, el derecho a la celebración de elecciones libres, la prohibición de la prisión por deudas, la libertad de circulación, la prohibición de la pena de muerte, el reconocimiento de una doble instancia en materia penal, el derecho a indemnización por los errores judiciales o la prohibición del *non bis in idem*.

b. La protección de los derechos por el Tribunal Europeo de Derechos Humanos con sede en Estrasburgo.

b.1. Su finalidad: este órgano jurisdiccional supranacional, creado en el seno del Consejo de Europa, es el máximo guardián de los derechos humanos y de las libertades fundamentales reconocidas en el Convenio de 1950 y en sus Protocolos adicionales, abarcando su jurisdicción a todos los Estados de dicha organización internacional.

b.2. Los jueces.

b.2.1. Su número: está constituido por un juez proveniente de cada uno de los Estados miembros del Consejo de Europa. En la actualidad, por tanto, hay 46 jueces.

b.2.2. Su elección: se eligen por la Asamblea parlamentaria del Consejo de Europa de entre una terna presentada por cada Estado miembro. Esta terna debe estar compuesta por personalidades que gocen de «la más alta consideración moral» y que reúnan los requisitos para desempeñar en sus Estados de origen «altas funciones judiciales» o que sean «jurisconsultos de reconocida competencia».

b.2.3. La duración de su mandato: nueve años, sin que sea posible la renovación. Su mandato finaliza, en todo caso, a los setenta años o cuando sean relevados por los demás jueces (con una mayoría de dos tercios) por dejar de reunir los requisitos necesarios para acceder a la condición de juez.

b.2.4. Sus incompatibilidades: 1) Ejercen sus funciones «a título individual» y no como representantes de un Estado, y 2) No pueden realizar ninguna tarea que sea «incompatible con las exigencias de su independencia, imparcialidad o disponibilidad necesaria para una actividad ejercida a tiempo completo».

b.3. Sus formaciones administrativas y jurisdiccionales.

b.3.1. Los órganos unipersonales: 1) El Presidente; 2) Los Vicepresidentes, y 3) Los Presidentes de las Salas.

b.3.2. Los órganos colegiados: 1) El Pleno del Tribunal (compuesto por todos los jueces y con funciones exclusivamente administrativas y no jurisdiccionales), y 2) Las formaciones jurisdiccionales: i) Las formaciones de Juez Único; ii) Los Comités (formados por tres jueces); iii) Las Salas (constituidas por siete jueces), y iv) La Gran Sala (compuesta por diecisiete jueces).

b.3.3. «El juez elegido en representación de un Estado parte en el litigio será miembro de pleno derecho de la respectiva Sala y de la Gran Sala».

b.4. Sus funciones.

b.4.1. El conocimiento de las demandas formuladas ante una eventual vulneración de los derechos humanos y de las libertades fundamentales protegidas en el Convenio de 1950 y en sus Protocolos adicionales.

1) La legitimación activa: i) Los Estados, y ii) Cualquier persona (física o jurídica), organización no gubernamental o grupo de particulares «que se considere víctima de una violación, por una de las Altas Partes Contratantes, de los derechos reconocidos en el Convenio o sus Protocolos».

2) La legitimación pasiva: los Estados que han ratificado el Convenio de 1950 y sus Protocolos adicionales en cuyo territorio se haya producido la vulneración de los derechos y de las libertades protegidas. El acto lesivo ha de ser cometido por cualquier Administración o por un sujeto dependiente de ella. No son objeto de conocimiento por parte del Tribunal los daños causados por sujetos particulares.

3) Los requisitos esenciales para la admisibilidad de las demandas: i) La justificación de la vulneración de alguno de los derechos o de las libertades protegidas por el Convenio de 1950 y por sus Protocolos; ii) El agotamiento de las vías jurisdiccionales internas de protección de los derechos y libertades existentes

en cada Estado, y donde, eventualmente, se haya invocado la vulneración de tal derecho o libertad.

4) Las resoluciones dictadas por el Tribunal Europeo de Derechos Humanos. En particular, las sentencias y sus efectos jurídicos sobre los ordenamientos de los Estados miembros del Consejo de Europa: i) Las sentencias son motivadas, pudiendo formularse votos particulares por los jueces que no estén de acuerdo con su formulación o con su fallo; ii) Los Estados miembros del Consejo de Europa «se comprometen a acatar las sentencias definitivas del Tribunal en los litigios en que sean partes»; iii) Las sentencias son definitivas cuando son dictadas por la Gran Sala o por una Sala (siempre que, en este último caso, esta resolución no se haya recurrido ante la Gran Sala en el plazo de tres meses desde que se dictó); iv) Las sentencias definitivas son transmitidas al Comité de Ministros del Consejo de Europa, que es el órgano que debe velar por su ejecución; v) En caso de eventual incumplimiento, el Comité de Ministros pondrá esta circunstancia en conocimiento del Tribunal. Si este órgano jurisdiccional considera que se ha producido tal incumplimiento, «remitirá el asunto al Comité de Ministros para que examine las medidas que sea preciso adoptar».

b.4.2. La emisión de opiniones consultivas, a petición del Comité de Ministros del Consejo de Europa, «acerca de cuestiones jurídicas relativas a la interpretación del Convenio y de sus Protocolos».

5. Las primeras Comunidades Europeas (o la génesis del actual proceso de integración europea).

IV. LOS ORÍGENES DEL PROCESO DE INTEGRACIÓN EUROPEA CONTEMPORÁNEO: LA DÉCADA DE LOS AÑOS CINCUENTA DEL SIGLO XX

1. La Declaración Schuman de 9 de mayo de 1950. Las figuras de Jean Monnet, de Robert Schuman y de Konrad Adenauer.

A. El triunfo de la tesis de la integración europea de manera progresiva. Decía, a este respecto, la Declaración: «Europa no se hará de una vez ni en una obra de conjunto: se hará gracias a realizaciones concretas, que creen en primer lugar una solidaridad de hecho».

B. La concreta propuesta de un primer paso para la integración europea: la puesta de las producciones alemanas y francesas de carbón y de acero bajo la tutela de una «Alta Autoridad común».

Sostenía la Declaración que: «La agrupación de las naciones europeas exige que la oposición secular entre Francia y Alemania quede superada, por lo que la acción emprendida debe afectar en primer lugar a Francia y Alemania.

Con este fin, el Gobierno francés propone actuar de inmediato sobre un punto limitado, pero decisivo.

El Gobierno francés propone que se someta el conjunto de la producción franco-alemana de carbón y de acero a una Alta Autoridad común, en una organización abierta a los demás países de Europa.

La puesta en común de las producciones de carbón y de acero garantizará inmediatamente la creación de bases comunes de desarrollo económico, primera etapa de la federación europea, y cambiará el destino de esas regiones, que durante tanto tiempo se han dedicado a la fabricación de armas, de las que ellas mismas han sido las primeras víctimas.

La solidaridad de producción que así se cree pondrá de manifiesto que cualquier guerra entre Francia y Alemania no sólo resulta impensable, sino materialmente imposible. La creación de esa potente unidad de producción, abierta a todos los países que deseen participar en ella, proporcionará a todos los países a los que agrupe los elementos fundamentales de la producción industrial en las mismas condiciones y sentará los cimientos reales de su unificación económica. [...]

Mediante la puesta en común de las producciones básicas y la creación de una Alta Autoridad de nuevo cuño, cuyas decisiones obligarán a Francia, Alemania y los países que se adhieran, esta propuesta sentará las primeras bases concretas de una federación europea indispensable para la preservación de la paz.»

C. Tres figuras esenciales en el proceso de construcción de la unidad europea: Robert Schuman, Jean Monnet y Konrad Adenauer.

a. Robert Schuman. Fue Ministro francés de Asuntos Exteriores entre 1948 y 1952. Nació en Luxemburgo en 1886, estando condicionado su devenir ideológico por su residencia durante una etapa crucial de su existencia en la región fronteriza entre Francia y Alemania de Alsacia-Lorena, que, de manera dramática, pasó de unas manos a otras varias veces a lo largo de la vida de este prohombre de nacionalidad francesa. Schuman, por tanto, era buen conocedor de la idiosincrasia de ambas sociedades y de los tradicionales enfrentamientos entre los dos Estados.

Es el autor de uno de los textos capitales del proceso contemporáneo de integración europea, y por el que ha pasado a la Historia como uno de los «padres fundadores de la Unión Europea». Este texto es su famosa Declaración de 9 de mayo de 1950 (conocida como «Declaración Schuman»). La importancia de este documento es tal, que el 9 de mayo se conmemora todos los años, precisamente, el día de Europa e, incluso, el barrio de Bruselas donde se albergan las sedes de las instituciones europeas recibe también su nombre.

b. Jean Monnet. Aunque es Schuman quien da nombre a la celebérrima Declaración, se considera inspirador e, incluso, redactor (al menos parcial) de la misma a Jean Monnet. Esta grandísima personalidad francesa, nacida en 1888, procedía de una familia de empresarios de la región de Cognac, desarrollando su tarea profesional como comerciante en el mundo de este licor espirituoso y como banquero. Era también un excelente conocedor de la industria europea, puesto que durante las dos guerras mundiales desempeñó importantes cargos de coordinación de los abastecimientos entre los aliados y de las producciones industriales francesas y británicas. Su pensamiento europeísta partía de la idea, expresada ya durante la Segunda Guerra Mundial, de que no podría existir una paz duradera en Europa si este viejo continente se organizaba en torno a pequeños Estados soberanos, porque «(L)os países de Europa son demasiado pequeños para asegurar a sus pueblos la prosperidad y los avances sociales indispensables». La conclusión para Jean Monnet era clara: «Los Estados de Europa han de formar una federación».

A partir de esta idea, defendió la creación de una Alta Autoridad común para la supervisión de la producción del carbón y del acero de Francia y de Alemania, como paso inicial del proceso contemporáneo de integración europea, que habría de desarrollarse progresivamente. Contribuyó con esta propuesta, de manera muy determinante, a la elaboración de la Declaración Schuman y, con posterioridad, y sobre esta base programática, a la puesta en pie de la Comunidad Europea del Carbón y del Acero (CECA). Desde el nacimiento de esta originaria Comunidad Europea en 1952, Jean Monnet se convirtió en el primer presidente de su órgano ejecutivo.

Después del fracaso de la instauración de la Comunidad Europea de Defensa (CED), tras la negativa el 30 de agosto de 1954 de la Asamblea Nacional francesa a la ratificación de su Tratado constitutivo, firmado en París el 27 de mayo de 1952, y la caída también de la proyectada Comunidad Política Europea (CPE), Jean Monnet dejó sus altas responsabilidades en la CECA para fundar en 1955 el «Comité de Acción para los Estados Unidos de Europa», que él mismo presidiría. Este Comité «(s)ólo admitía como miembros a dirigentes cualificados y a mandatarios de partidos políticos y de sindicatos obreros o patronales. Sólo podían ocupar un puesto en él aquellos que podían comprometer válidamente a sus organizaciones. No había ninguna adhesión a título individual; sólo existía la representación "corporativa"» (Brugmans). Con esta composición cualificada, este Comité debía ser el revulsivo intelectual ante la situación de incertidumbre que a finales de 1954 y principios de 1955 se vivía en el proceso de construcción europea. En este contexto histórico, y abandonada —al menos provisionalmente— la idea de la integración militar y política europea, el Comité trabajó en su seno para avanzar en la esfera económica, construyendo las bases ideológicas del futuro mercado común europeo y, con ello, de la Comunidad Económica Europea. El guante sería recogido inmediatamente por los Ministros de Asuntos Exteriores de los Estados del BENELUX que serían los encargados de impulsarlo a partir del mismo año 1955.

c. Konrad Adenauer. Estas dos grandes personalidades francesas de las que hemos hablado hasta ahora, y que eran Robert Schuman y Jean Monnet, necesitaban un interlocutor alemán que estuviese a su altura, y lo encontraron, efectivamente, en la figura de Konrad Adenauer.

El final de la Segunda Guerra Mundial tuvo como consecuencia para Alemania la ocupación de su territorio por parte de las potencias aliadas. Tras las conferencias de Yalta y de Postdam de 1945, Alemania se dividió en cuatro zonas administradas por cada una de las potencias vencedoras (la Unión Soviética, los Estados Unidos, el Reino Unido y Francia). Las zonas americana, británica y francesa se convirtieron en 1949 en la República Federal de Alemania (con capital en Bonn y regida por una norma suprema de carácter «provisional», que no se denominó, precisamente por la idea de su carácter temporal, Constitución, sino Ley Fundamental), mientras que ese mismo año nació en la zona territorialmente ocupada por las tropas soviéticas la República Democrática Alemana (RDA). Esta misma situación de división se vivió en Berlín con su separación en dos partes (por un Muro tan célebre como tan terrible construido a partir del mes de agosto de 1961 por el gobierno de la RDA): el Berlín Oriental (convertido en la capital de la RDA) y el Berlín Occidental. Esta situación de separación entre las dos Alemanias persistió hasta su reunificación oficial el 3 de octubre de 1990. La unión fáctica de Berlín tuvo lugar unos meses antes con la emblemática caída del Muro que separaba la parte oriental de la occidental el día 9 de noviembre de 1989.

Pues bien, en el contexto de la Alemania y de la Europa de posguerra fue realmente capital la figura de Konrad Adenauer, que fue elegido desde el nacimiento de la República Federal de Alemania como su primer Canciller (o Primer Ministro). Adenauer, nacido en 1876 en el seno de una familia sumamente católica, fue elegido Alcalde de Colonia en 1917, ostentando su cargo hasta 1933, año en el que, tras enfrentarse con los nazis, fue apartado del mismo. Fue encarcelado en distintas ocasiones por el régimen hitleriano durante la Guerra. En el año 1949 fue elegido Canciller a sus setenta y tres años de edad, ocupando este puesto catorce años (hasta los ochenta y siete). Sus grandes logros se vieron materializados tanto dentro de la Alemania Occidental —que se reconstruyó económicamente en un tiempo record, dando lugar al llamado «milagro alemán», en el contexto de una democracia estable— como más allá de las fronteras germanas, con el restablecimiento de las relaciones diplomáticas con los Estados Europeos occidentales y, en particular, con Francia.

Gran conocedor de las destrucciones de Europa vividas durante la Primera y la Segunda Guerra Mundial, Adenauer compartía con Robert Schuman y Jean Monnet la idea de que la integración de Europa era indispensable para conseguir la paz en nuestro viejo continente. Bajo esta directriz, y en su posición tanto de Canciller como de Ministro alemán de Asuntos Exteriores, aceptó la propuesta lanzada por Schuman y por Monnet desde Francia y fue el gran impulsor desde Alemania de la real y efectiva constitución de la Comunidad Europea del Carbón y del Acero (CECA). Con posterioridad fue también un destacado defensor de la fracasada Comunidad Europea de Defensa (CED) y de las exitosas Comunidad Económica Europea (CEE) y Comunidad Europea de la Energía Atómica (CEEA). Adenauer cerró su largo y exitoso mandato como Canciller alemán con la firma, junto al General De Gaulle, a la sazón Presidente de la V República Francesa, del Tratado de Amistad Franco-Alemán (conocido también como Tratado del Elíseo) en el año 1963.

2. Las primeras Comunidades Europeas.

A. El nacimiento de la Comunidad Europea del Carbón y del Acero (CECA) en 1952.

a. Su base jurídica: el Tratado constitutivo de la Comunidad Europea del Carbón y del Acero, hecho en París el 18 de abril de 1951.

a.1. Su entrada en vigor: el 23 de julio de 1952.

a.2. Su duración: cincuenta años (art. 97 TCECA).

a.3. Su expiración: el 22 de julio de 2002. A partir de ese momento, este ámbito material se integró dentro del sistema de la entonces Comunidad Europea.

b. Los Estados miembros originarios: Alemania, Francia, Italia, Holanda, Bélgica y Luxemburgo. El éxito de esta primera Comunidad Europea provocó que ya en el año 1954 el Reino Unido firmase un acuerdo de asociación con la CECA.

c. Su objeto: 1) El establecimiento de un mercado común para dos productos estratégicos en los años cincuenta como eran el carbón y el acero; 2) Este mercado común sectorial era una primera etapa en la integración europea, que debería extenderse progresivamente a otros ámbitos económicos.

En su Preámbulo se dice, entre otras cosas, lo siguiente: «CONSCIENTES de que Europa sólo se construirá mediante realizaciones concretas, que creen, en primer lugar, una solidaridad de hecho, y mediante el establecimiento de bases comunes de desarrollo económico,

PREOCUPADOS por contribuir, mediante la expansión de sus producciones fundamentales, a la elevación del nivel de vida y al progreso de las acciones en favor de la paz,

RESUELTOS a sustituir las rivalidades seculares por una fusión de sus intereses esenciales, a poner, mediante la creación de una comunidad económica, los primeros cimientos de una comunidad más amplia y profunda entre pueblos tanto tiempo enfrentados por divisiones sangrientas, y a sentar las bases de instituciones capaces de orientar hacia un destino en adelante compartido».

d. Su estructura institucional: 1) La Alta Autoridad, como órgano ejecutivo (presidido inicialmente por Jean Monnet); 2) La Asamblea Parlamentaria; 3) El Consejo de Ministros; 4) El Tribunal de Justicia, y 5) Un Comité Consultivo.

B. El primer gran fracaso: la oposición francesa al nacimiento de la Comunidad Europea de Defensa (CED) y sus consecuencias negativas para la integración política.

a. El contexto histórico: a finales de los años cuarenta del pasado siglo la división de Europa en dos bloques antagónicos era un hecho, y el miedo a la invasión soviética de los Estados europeos occidentales estaba muy presente. Por otro lado, a finales de junio de 1950 el ejécito norcoreano invadió el sur de la península de Corea. El problema que se planteaba era cómo, en este contexto europeo y mundial, se podía defender Europa: los americanos eran partidarios del rearme alemán, a lo que se sumaron los británicos. Los franceses se oponían de manera radical a la creación de un ejército germano. Ante estas discrepancias, la cuestión era la siguiente: ¿cómo se podía hacer frente a la defensa de la Europa occidental con más participación europea (y, consecuentemente, menos norteamericana) y, a la vez, cómo evitar el rearme alemán? La respuesta inicial a esta pregunta vino de Francia.

b. El Plan Pleven: la declaración del Primer Ministro francés, René Pleven, efectuada el día 24 de octubre de 1950 ante la Asamblea Nacional francesa, para la creación de un ejército europeo, que evitase el surgimiento de una fuerza militar autónoma alemana.

Entre las ideas expresadas por René Pleven se encontraban las siguientes:

«La firma del plan del carbón y del acero sellará muy pronto, esperamos, el acuerdo de los seis participantes, lo que dará a todos los pueblos de Europa la garantía de que las industrias de acero y de carbón de Europa del Oeste no podrán ser utilizadas con fines agresivos.

En cuanto se llegue a esta firma, el gobierno francés pide que se dé una solución al problema de la contribución alemana a la constitución de una fuerza europea, solución que tenga en cuenta las crueles lecciones del pasado y la evolución que tantos europeos de todos los países desean ver en Europa.

El gobierno francés propone la creación, para la defensa común, de un ejército europeo, integrado en las instituciones políticas de la Europa unida.

Esta sugerencia se inspira directamente en la recomendación adoptada el 11 de agosto de 1950 por la Asamblea del Consejo de Europa, pidiendo la creación inmediata de un ejército europeo unificado, destinado a cooperar con las fuerzas americanas y canadienses en la defensa de la paz.

La creación de un ejército europeo no puede resultar de una simple unión de unidades militares nacionales, lo que en realidad no haría más que enmascarar una coalición al estilo clásico. A las tareas ineluctablemente comunes sólo pueden corresponder organismos comunes. Un ejército de la Europa unida, formado por hombres surgidos de las diversas naciones europeas, debe realizar, en la medida de lo posible, una completa fusión de los elementos humanos y materiales que abarca, bajo una única autoridad europea, política y militar.

Se nombraría un ministro de defensa por los gobiernos participantes, y éste sería responsable, en una forma a determinar, ante sus mandantes y ante una Asamblea europea [...]. Los poderes del ministro respecto al ejército europeo serían los de un ministro de defensa nacional respecto a las fuerzas nacionales de su país. [...]

El gobierno francés, partiendo de las bases que acabo de esbozar, se propone invitar a la Gran Bretaña y a los países libres de Europa continental que acepten participar con él en la creación del ejército europeo, a poner a punto en común la realización de los principios que acaban de ser expuestos. Estas reuniones de estudio empezarían en París, después de la firma del Tratado sobre el carbón y el acero».

b.1. La firma en París por los seis Estados miembros de la CECA del Tratado constitutivo de la Comunidad Europea de Defensa el 27 de mayo de 1952.

b.2. El complemento: la propuesta italiana, auspiciada políticamente por Alcide de Gasperi —e inspirada, en buena medida, por Altiero Spinelli—, de creación de una Comunidad Política Europea (CPE), con competencias para establecer un mercado común entre los Estados miembros, para coordinar sus políticas económicas y para mantener relaciones exteriores.

Explica Brugmans la filosofía que ligaba las uniones militar y política de Europa:

«[...] la integración militar tenía que coincidir con una unión política, algunos de cuyos criterios se encontraban definidos de antemano.

Esta filosofía era correcta, sin duda, pues todo instrumento de defensa es siempre un instrumento en manos de los que protegen los intereses y aseguran la continuidad de una cierta comunidad civil.

Desde el momento en que Europa creaba un ejército común, éste debía ser utilizado y controlado por un poder político; tal era la lógica del sistema».

b.3. La negativa de la Asamblea Nacional francesa a autorizar la ratificación del Tratado constitutivo de la Comunidad Europea de Defensa el 30 de agosto de 1954. Este rechazo supuso el final del proyecto tanto de la Comunidad Europea de Defensa como de la Comunidad Política Europea, y abrió la puerta al rearme alemán con la firma del Tratado constitutivo de la Unión Europea Occidental (UEO) y la participación de Alemania, primero, en esta organización y, después, en la Organización del Tratado del Atlántico Norte (OTAN). Esta postura de los diputados franceses, que provocó el hecho insólito de matar la integración militar y política europea que la propia Francia había ideado con el Plan Pleven en 1950, provocó la vuelta a la más absoluta de las incertidumbres sobre el futuro del proceso de integración europea.

b.4. Este frenazo en el proceso de integración europea, además de propiciar el rearme alemán (repudiado incesante e incansablemente por Francia desde el final de la Segunda Guerra Mundial), tuvo otro efecto secundario para las relaciones entre Francia y Alemania; efecto secundario este que fue muy favorable para los intereses nacionales de este último Estado: la reincorporación del Sarre a Alemania (en concreto, a la nueva República Federal de Alemania), que tuvo lugar tras un referéndum celebrado el 23 de octubre de 1955, y que había sido pactado justo un año antes de manera bilateral entre Francia y Alemania.

Tras el final de la Segunda Guerra Mundial, la región fronteriza del Sarre había pasado a ser administrada por Francia, a través de un Alto Comisario francés. Los habitantes de la región decidieron en 1955 entre convertirse, por un lado, en un territorio con un «Estatuto Europeo» —independiente de cualquier Estado-nación, y en un momento en que Europa no tenía todavía una gran sede central— (solución propuesta por Francia y defendida por la Unión Europea de Federalistas) o reintegrarse, por otro lado, en una Alemania que vivía en plena fase de crecimiento económico (solución querida por el país germano). Fue, esta segunda, la opción que ganó en el referéndum del año 1955.

C. Los Tratados de Roma de 1957: el nacimiento de la Comunidad Económica Europea (CEE) y de la Comunidad Europea de la Energía Atómica (CEEA).

a. La preparación de los Tratados: la Conferencia de Mesina de los días 1 y 2 de junio de 1955 y el Informe Spaak de 1956.

El fracaso de la integración defensiva y política europea provoca a partir de 1954 la reformulación de la filosofía de la integración continental, que pasará a centrarse esencialmente en el mundo de la economía. El dinamizador intelectual de la idea fue el «Comité de Acción para los Estados Unidos de Europa», creado y dirigido por Jean Monnet. Esta iniciativa fue recogida políticamente por el Ministro de Asuntos Exteriores belga, Paul-Henri Spaak, al que inmediatamente se unieron su colega luxemburgués, Joseph Bech, y el holandés, Johan Willem Beyen.

La cuestión del futuro de Europa se debatió en ese complejo momento histórico en la Conferencia de Mesina celebrada los días 1 y 2 de junio de 1955. En su comunicado final se recogieron dos ideas capitales para el devenir de Europa en las décadas siguientes: 1) La necesidad de crear un mercado común: «Los seis gobiernos [de los Estados miembros de la CECA] reconocen que la construcción de un Mercado Común europeo, exento de todo derecho de aduana y de toda restricción cuantitativa, es el objeto de su acción en el terreno económico», y 2) La conveniencia de que dicha tarea se realice por etapas: «[Los seis gobiernos] Consideran que este mercado debe ser realizado por etapas». Aquí se encontraría el germen político de la futura Comunidad Económica Europea (CEE).

Con estas ideas fuerza, se mandató en la propia Conferencia de Mesina a un Comité de expertos presidido por Paul-Henri Spaak la preparación de un modelo de mercado común europeo. Este Comité elaboró dos proyectos normativos: uno primero, centrado en el proceso de integración económica; y otro segundo, referido a la energía atómica. El «Informe Spaak» se discutió en Venecia a finales de mayo de 1956. Y el resultado fue que en estos proyectos se estableció la base para las negociaciones en Bruselas de los futuros Tratados de Roma de 1957. La filosofía de esta integración económica: a partir de un proceso de integración de esta naturaleza debe llegarse en el futuro a una integración política europea.

b. La Comunidad Económica Europea (CEE): la primera piedra para la integración económica de Europa.

b.1. Su base jurídica: el Tratado por el que se constituye la Comunidad Económica Europea, hecho en Roma el 25 de marzo de 1957.

Dice su Preámbulo: «RESUELTOS a sentar las bases de una unión cada vez más estrecha entre los pueblos europeos,

DECIDIDOS a asegurar, mediante una acción común, el progreso económico y social de sus respectivos países, eliminando las barreras que dividen Europa,

FIJANDO como fin esencial de sus esfuerzos la constante mejora de las condiciones de vida y de trabajo de sus pueblos,

RECONOCIENDO que la eliminación de los obstáculos existentes exige una acción concertada para garantizar un desarrollo económico estable, un intercambio comercial equilibrado y una competencia leal,

PREOCUPADOS por reforzar la unidad de sus economías y asegurar su desarrollo armonioso, reduciendo las diferencias entre las diversas regiones y el retraso de las menos favorecidas,

DESEOSOS de contribuir, mediante una política comercial común, a la progresiva supresión de las restricciones a los intercambios internacionales,

PRETENDIENDO reforzar la solidaridad de Europa con los países de ultramar y deseando asegurar el desarrollo de su prosperidad, de conformidad con los principios de la Carta de las Naciones Unidas,

RESUELTOS a consolidar, mediante la constitución de este conjunto de recursos, la defensa de la paz y la libertad e invitando a los demás pueblos de Europa que participan de dicho ideal a asociarse a su esfuerzo,

DECIDIDOS a promover el desarrollo del nivel de conocimiento más elevado posible para sus pueblos mediante un amplio acceso a la educación y mediante su continua actualización».

b.1.1. Este Tratado entró en vigor el 1 de enero de 1958, habiendo nacido sin un límite temporal predeterminado (art. 240 TCEE).

b.1.2. El Tratado de Maastricht de 1992 cambió su denominación para pasar a llamarse Tratado de la Comunidad Europea.

b.1.3. Desde la entrada en vigor el día 1 de diciembre de 2009 del Tratado de Lisboa de 2007 la denominación Comunidad Europea ha sido sustituida por la de Unión Europea: el Tratado de la Comunidad Europea ha pasado a denominarse Tratado de Funcionamiento de la Unión Europea.

b.2. Los Estados miembros originarios: Alemania, Francia, Italia, Holanda, Bélgica y Luxemburgo. De la Europa de los seis se pasó hasta una Europa de los veintiocho, y a una segunda Europa de los veintisiete tras el llamado *Brexit* (2016-2020).

b.3. Su objeto: 1) La creación de un mercado común europeo a partir del establecimiento de cuatro libertades fundamentales: la libre circulación de mercancías, de servicios, de personas y de capitales; 2) La puesta en pie de una unión aduanera, suprimiéndose los derechos de aduana (y las restricciones cuantitativas) entre los Estados miembros de la Comunidad Económica Europea y creándose un arancel aduanero exterior común sobre las importaciones procedentes de Estados ajenos a la misma, y 3) El establecimiento de una serie de políticas comunes, en sectores tales como, por ejemplo, la agricultura, la competencia, el transporte o el comercio.

b.4. El sistema institucional.

b.4.1. Las instituciones: 1) La Comisión, como institución europea de integración; 2) El Consejo de Ministros, como institución de cooperación intergubernamental, compuesto por los Ministros de Asuntos Exteriores y otros Ministros del mismo ámbito material de los Estados miembros, que representaban a su Gobiernos, y que eran quienes tomaban las decisiones fundamentales, normalmente por unanimidad; 3) La Asamblea Parlamentaria tenía funciones consultivas y de debate, pero no normativas (esta institución pasaría a llamarse, en los años setenta del pasado siglo xx, Parlamento Europeo y desde el año 1979 se elige de manera directa por los ciudadanos miembros de los Estados integrantes de las Comunidades Europeas); 4) El Tribunal de Justicia, y 5) El Comité Económico y Social.

b.4.2. Debe tenerse en cuenta que, en virtud del Convenio sobre determinadas instituciones comunes a las Comunidades Europeas (firmado también el 25 de marzo de 1957), la Asamblea Parlamentaria (después Parlamento Europeo), el Tribunal de Justicia y el Comité Económico y Social son instituciones comunes para las tres Comunidades Europeas (CECA, CEE y CEEA).

c. La Comunidad Europea de la Energía Atómica (CEEA) o «Euratom».

c.1. Su base jurídica: el Tratado por el que se constituye la Comunidad Europea de la Energía Atómica, hecho en Roma el 25 de marzo de 1957. Este Tratado entró en vigor el 1 de enero de 1958, habiendo nacido sin un límite temporal predeterminado (art. 208 TCEEA).

Dice el Preámbulo del TCEEA: «CONSCIENTES de que la energía nuclear constituye un recurso esencial para el desarrollo y la renovación de la producción y el progreso de las acciones en favor de la paz,

CONVENCIDOS de que sólo un esfuerzo común emprendido sin demora puede conducir a realizaciones proporcionadas a la capacidad creadora de sus países,

RESUELTOS a crear las condiciones para el desarrollo de una potente industria nuclear, fuente de grandes disponibilidades de energía y de una modernización de la tecnología, así como de otras muchas aplicaciones que contribuyan al bienestar de sus pueblos,

PREOCUPADOS por establecer condiciones de seguridad que eviten todo riesgo para la vida y la salud de las poblaciones,

DESEOSOS de asociar otros países a su acción y de cooperar con las organizaciones internacionales interesadas en el desarrollo pacífico de la energía atómica».

c.2. Los Estados miembros originarios: Alemania, Francia, Italia, Holanda, Bélgica y Luxemburgo. Las adhesiones entre 1973 y 2013, hasta la salida del Reino Unido (2020). Las futuras ampliaciones.

c.3. Su objeto: la coordinación entre los Estados miembros del suministro de combustible y de los programas de investigación para una utilización civil de la energía nuclear, garantizando la seguridad de este tipo de energía y facilitando, asimismo, las inversiones y el establecimiento de las instalaciones básicas necesarias para el desarrollo de la energía nuclear en el ámbito comunitario.

3. La alternativa británica al proceso de integración económica: el nacimiento de la Asociación Europea de Libre Comercio (AELC o EFTA —*European Free Trade Association*—).

A. Sus orígenes: esta asociación fue impulsada por el Reino Unido, tras el fracasado intento de crear al final de la década de los cincuenta del pasado siglo XX una zona de libre comercio entre los Estados miembros de la Organización Europea de Cooperación Económica (OECE), formando parte inicialmente de ella, junto al propio Reino Unido, los siguientes Estados: Austria, Suiza, Noruega, Suecia, Dinamarca y Portugal.

B. La evolución en su composición.

a. Las nuevas incorporaciones: Finlandia (1961), Islandia (1970) y Liechtenstein (1991).

b. Los Estados que han dejado de ser parte de la AELC para pasar a integrarse en las Comunidades Europeas: Reino Unido (1972), Dinamarca (1972), Portugal (1986), Austria (1995), Suecia (1995) y Finlandia (1995).

c. La composición actual: Suiza, Noruega, Islandia y Liechtenstein. Dado su reducido tamaño, su importancia económica resulta, consecuentemente, también reducida.

C. Su base jurídica: el Tratado de Estocolmo de 4 de enero de 1960.

D. Sus objetivos: 1) La creación de una unión aduanera entre los Estados miembros que afecta a los productos industriales (sin integrar, por tanto, ni los productos agrícolas ni piscícolas); 2) Esta unión aduanera no conllevaba la creación de un arancel exterior común para los Estados terceros, sino que cada Estado miembro era libre de establecer sus propios aranceles exteriores.

E. Su sistema institucional: 1) La Autoridad de Vigilancia; 2) El Consejo; 3) El Tribunal, y 4) La Secretaría, cuya sede está en la ciudad suiza de Ginebra.

4. El balance de los primeros pasos de vida de las Comunidades Europeas: la década de los años cincuenta.

A. La fractura de Europa en dos bloques políticos, militares y económicos divididos por el Telón de Acero: la Europa Oriental (o del Este) y la Europa Occidental.

B. La creación del Consejo de Europa y el inicio de su papel en la protección de los derechos humanos en el viejo continente.

C. La creación de las tres Comunidades Europeas: la Comunidad Europea del Carbón y del Acero, la Comunidad Económica Europea y la Comunidad Europea de la Energía Atómica. El fracaso de los modelos de integración política y militar, y el triunfo de los mecanismos de integración económica. El papel preponderante de la Comunidad Económica Europea sobre la Comunidad Europea del Carbón y del Acero y sobre la Comunidad Europea de la Energía Atómica, dado que la primera tenía una vocación general frente al carácter sectorial y limitado de las dos últimas.

D. La creación de un modelo de cooperación económica alternativo a las Comunidades Europeas propiciado por el Reino Unido: la Asociación Europea de Libre Comercio. Su carácter marginal.

V. LAS PRIMERAS DÉCADAS DE VIDA DEL PROCESO DE INTEGRACIÓN EUROPEA CONTEMPORÁNEO: DE LOS AÑOS SESENTA A LOS AÑOS OCHENTA DEL SIGLO XX

1. La década de los años sesenta.

A. Los avances en la integración económica, pese a las crisis políticas.

a. El contraste del desarrollo económico de la Europa del Este y de la Europa Occidental y sus consecuencias políticas: 1) El estancamiento económico de la Europa soviética, y las respuestas represivas de la URSS y de sus Estados satélites frente a cualquier intento liberalizador: el Muro de Berlín, las crisis de Polonia y de Hungría de 1955, la Primavera de Praga de 1968 y las huelgas y revueltas sociales en Polonia desde finales de la década de los setenta capitaneadas por el sindicato Solidaridad; 2) El enorme crecimiento económico de la Europa Occidental y el nacimiento del Estado del Bienestar. Los estallidos sociales del final de la década: el mayo del 68. Las anomalías dictatoriales en la Europa Occidental: la España franquista, la Portugal de Salazar y la Grecia de la dictadura de los coroneles.

b. Dos circunstancias fundamentales para el proceso de integración europea acontecidas durante esta década: 1) La puesta en marcha de la política agrícola común (PAC) y del Fondo Europeo de Orientación y de Garantía Agrícola (FEOGA), y 2) La consecución de la unión aduanera durante el año 1968, con la desaparición de los derechos de aduana entre los Estados miembros y el establecimiento del arancel aduanero común frente a países terceros. La creación del mercado único no se alcanzaría, sin embargo, hasta la década de los años 90.

c. La crisis de la «silla vacía»: el Estado francés, dirigido por el General De Gaulle, decidió desde 1965 no participar en las reuniones del Consejo y de sus órganos preparatorios en protesta por la sustitución de la regla de la unanimidad por la de la mayoría cualificada en diversos ámbitos competenciales de las Comunidades Europeas. Esta crisis se terminó con la reincorporación de Francia a las sesiones del Consejo desde enero de 1966, tras el «compromiso de Luxemburgo», que supone que, «cuando estén en juego intereses vitales de uno o varios países, los miembros del Consejo se esforzarán por llegar a soluciones que puedan ser adoptadas por todos en el respeto de sus intereses comunes» (Parlamento Europeo).

d. El intento de relanzamiento del proceso de integración europea al final de la década de los sesenta. La reunión de los Jefes de Estado y de Gobierno del 1 y 2 de diciembre de 1969 y el llamado Plan Werner: la aceptación de la adhesión de nuevos países y la necesidad de un fortalecimiento económico de las Comunidades a través de la creación de una Unión Monetaria Europea.

B. Los avances institucionales.

a. La reordenación de las instituciones de las tres Comunidades Europeas: el llamado «Tratado de Fusión de los Ejecutivos».

a.1. El problema: las tres Comunidades Europeas no tenían las mismas instituciones. Es cierto que compartían una Asamblea Parlamentaria, un Tribunal de Justicia y un Comité Económico y Social comunes, pero no sucedía así con el resto de las instituciones.

a.2. La solución: el Tratado por el se constituye un Consejo único y una Comisión única de las Comunidades Europeas, hecho en Bruselas el 8 de abril de 1965. Además de establecer un Consejo y una Comisión únicos para las tres Comunidades Europeas, este texto normativo institucionaliza el Comité de Representantes Permanentes (COREPER), que se concibe como un órgano de participación de los representantes permanentes de cada uno de los Estados miembros de las Comunidades Europeas y que tiene como función principal la preparación de los trabajos del Consejo.

b. El establecimiento «fáctico» de las cumbres de Jefes de Estado y de Gobierno de los Estados miembros de las Comunidades Europeas: aunque se tardaría todavía muchos años en recoger dentro de los Tratados el Consejo Europeo como una de las instituciones europeas esenciales, ya desde los años sesenta se celebraron este tipo de reuniones al más alto nivel.

En la «cumbre» de La Haya de 1 y 2 de diciembre de 1969, por ejemplo, se decidió dar luz verde a las negociaciones para la primera ampliación de las Comunidades Europeas y para adoptar un nuevo sistema comunitario de financiación. En la «cumbre» de Fontainebleau (diciembre de 1974) se acordó la celebración de tres «cumbres» al año como mecanismo de cooperación gubernamental para el impulso político de las Comunidades Europeas.

2. La década de los años setenta.

A. El contexto histórico, político y económico.

a. El comienzo de la década con la crisis monetaria de 1971 (causada por la devaluación del dólar) y con la crisis del petróleo de 1973 (la multiplicación por cuatro del precio del petróleo en menos de tres meses por parte de los Estados miembros de la Organización de los Países Exportadores de Petróleo —OPEP—). El final de la década con la segunda crisis del petróleo. Los efectos del brutal encarecimiento de la principal fuente de energía sobre las más importantes industrias europeas: los problemas para la competitividad de la industria europea, para la inflación y para las cifras de desempleo.

b. El final de las dictaduras en Grecia, en Portugal y en España. Las solicitudes oficiales de adhesión de estos tres Estados a las Comunidades Europeas en busca de una garantía de estabilidad democrática desde un punto de vista político y de la superación del atraso desde la perspectiva económica.

B. El nuevo sistema financiero de las Comunidades Europeas.

a. La búsqueda de un sistema de financiación autónomo por parte de las Comunidades Europeas: la Decisión 70/243/CECA, CEE, Euratom, del

Consejo, de 21 de abril de 1970, relativa a la sustitución de las contribuciones financieras de los Estados miembros por recursos propios de las Comunidades Europeas.

b. Los Tratados de modificación de las Comunidades Europeas (esto es, del Tratado de París de 1951 y de los Tratados de Roma de 1957) en materia presupuestaria y financiera.

b.1. El Tratado por el que se modifican determinadas disposiciones presupuestarias de los Tratados constitutivos de las Comunidades Europeas y del Tratado por el que se constituye un Consejo único y una Comisión única de las Comunidades Europeas (o, simplificadamente, Tratado que modifica determinadas disposiciones presupuestarias), hecho en Luxemburgo el 22 de abril de 1970. Este Tratado fija dos tipos de recursos propios para una mejor financiación de las Comunidades Europeas: los derechos de aduana y las exacciones reguladoras agrícolas.

b.2. El Tratado por el que se modifican determinadas disposiciones financieras de los Tratados constitutivos de las Comunidades Europeas y del Tratado por el que se constituye un Consejo único y una Comisión única de las Comunidades Europeas (o, abreviadamente, Tratado que modifica determinadas disposiciones financieras), hecho en Bruselas el 22 de julio de 1975. Este Tratado incrementa los poderes del Parlamento Europeo en materia presupuestaria (se le atribuye el poder de rechazar el presupuesto y de aprobar la gestión de la Comisión en su ejecución) y crea el Tribunal de Cuentas como organismo externo de control financiero.

C. La Europa de los Nueve.

a. La primera ola de adhesiones a las Comunidades Europeas: la integración del Reino Unido, de Dinamarca y de Irlanda.

El Tratado relativo a la adhesión a la Comunidad Económica Europea y a la Comunidad Europea de la Energía Atómica del Reino de Dinamarca, de Irlanda, del Reino de Noruega y del Reino Unido de Gran Bretaña e Irlanda del Norte, fue firmado en Bruselas el 22 de enero de 1972. Este Tratado entró en vigor el 1 de enero de 1973.

b. Mediante Decisión del Consejo de las Comunidades Europeas de 22 de enero de 1972 se previó la adhesión de los referidos Estados a la Comunidad Europea del Carbón y del Acero.

c. El primer intento frustrado de adhesión de Noruega al proceso de construcción europea, tras el referéndum celebrado el 25 de septiembre de 1972 —con un pronunciamiento del pueblo noruego contrario a la integración—. La final falta de ratificación por parte de este Estado escandinavo del Tratado de Adhesión firmado el 22 de enero de 1972.

D. El balance de la integración económica europea a finales de la década de los setenta.

a. En la parte negativa: aunque se había avanzado notablemente en la construcción del mercado único europeo, su consecución prevista para el año 1980 estaba todavía lejos de poder alcanzarse.

b. En la parte positiva: 1) El desarrollo de la política de solidaridad interterritorial con la creación en 1975 del Fondo Europeo de Desarrollo Regional (FEDER); 2) Las primeras elecciones por sufragio universal directo al Parlamento Europeo en 1979, y 3) El comienzo de un período de cierta estabilidad monetaria a partir de 1979 con la creación del Sistema Monetario Europeo (SME) y de una moneda llamada Unidad de Cuenta Europea (*European Currency Unit* —ECU—).

3. La década de los años ochenta.

A. La adhesión de tres nuevos Estados: de la Europa de los Nueve a la Europa de los Doce. El final de las dictaduras en Grecia, en Portugal y en España y la incorporación de estos Estados a las Comunidades Europeas.

a. La Europa de los Diez: la incorporación de Grecia.

El Tratado de Adhesión de Grecia a las Comunidades Europeas fue firmado en Atenas el 28 de mayo de 1979, entrando en vigor el 1 de enero de 1981.

b. La Europa de los Doce: las adhesiones de Portugal y de España.

El Tratado de Adhesión de Portugal y de España fue firmado en Lisboa y en Madrid, respectivamente, el 12 de junio de 1985, entrando en vigor para ambos Estados el 1 de enero de 1986.

En el caso de España deben tenerse en cuenta las siguientes fechas: 1) La solicitud formal de adhesión tuvo lugar el 28 de julio de 1977; 2) La firma del Tratado de Adhesión se produjo en Madrid el 12 de junio de 1985; 3) La entrada en vigor de este Tratado con la incorporación de España a las Comunidades Europeas se produjo el 1 de enero de 1986; 4) La adhesión total llevaba aparejada un período transitorio de 10 años, que finalizó el 31 de diciembre de 1995.

B. Los ensayos de profundización en la integración europea.

a. La idea de Unión Europea en el Consejo Europeo de Stuttgart de 19 de junio de 1983: la «Declaración solemne sobre la Unión Europea».

b. El proyecto de Tratado de la Unión Europea de 14 de febrero de 1984, elaborado por la Comisión de Asuntos Institucionales del Parlamento Europeo, por el impulso del diputado italiano Altiero Spinelli.

C. El Acta Única Europea (AUE).

a. Este Tratado fue elaborado por una Conferencia Intergubernamental convocada por el Consejo Europeo de Milán de junio de 1985, siendo firmado los días 17 y 28 de febrero de 1986, en Luxemburgo y en La Haya, respectivamente. Entró en vigor el 1 de julio de 1987.

b. Este Tratado, que suponía la modificación más importante de los Tratados constitutivos de las Comunidades Europeas operada hasta entonces, pretendía el fortalecimiento de la integración europea en las siguientes esferas: 1) El impulso de medidas para el establecimiento de un verdadero «mercado interior» a fecha de 31 de diciembre de 1992, definiéndose «mercado interior» como «un espacio sin fronteras interiores en el que la libre circulación de mercancías, personas, servicios y capitales estará garantizada de acuerdo con las disposiciones del presente Tratado»; 2) La ampliación de las competencias de las Comunidades Europeas (por ejemplo, a los ámbitos del medio ambiente, de la política social, de la cohesión social y territorial, etc.); 3) El fortalecimiento del papel del Parlamento Europeo; 4) El aumento del número de ámbitos donde el Consejo de Ministros podía pronunciarse por mayoría cualificada (sin exigirse, por tanto, unanimidad); 5) La inserción del Consejo Europeo en los Tratados, aunque sin conferirle el estatus de institución, o 6) El establecimiento del mecanismo de cooperación en materia de política exterior.

D. El nuevo escenario geopolítico para Europa: la caída del Muro de Berlín el 9 de noviembre de 1989 y el final del Bloque del Este. La caída de los regímenes comunistas y el camino a la democracia de los Estados de Europa Oriental. El final del COMECON y del Pacto de Varsovia. El desmembramiento de la Unión Soviética (URSS) y la creación de la Comunidad de Estados Independientes (CEI).

VI. UN SALTO CUALITATIVO EN LA HISTORIA DEL PROCESO DE INTEGRACIÓN EUROPEA CONTEMPORÁNEO: DE LA INICIAL FILOSOFÍA DE LAS COMUNIDADES EUROPEAS A LA IDEA DE LA UNIÓN EUROPEA EN LA DÉCADA DE LOS AÑOS NOVENTA DEL SIGLO XX

1. El Tratado de la Unión Europea (TUE).

A. El Tratado de la Unión Europea fue firmado en Maastricht el 7 de febrero de 1992, entrando en vigor el 1 de noviembre de 1993.

El Preámbulo de este Tratado dice: «RESUELTOS a salvar una nueva etapa en el proceso de integración europea emprendido con la constitución de las Comunidades Europeas,

RECORDANDO la importancia histórica de que la división del continente europeo haya tocado a su fin y la necesidad de sentar unas bases firmes para la construcción de la futura Europa,

CONFIRMANDO su adhesión a los principios de libertad, democracia y respeto de los derechos humanos y de las libertades fundamentales y del Estado de Derecho,

DESEANDO acrecentar la solidaridad entre sus pueblos, dentro del respeto de su historia, de su cultura y de sus tradiciones,

DESEANDO fortalecer el funcionamiento democrático y eficaz de las Instituciones, con el fin de que puedan desempeñar mejor las misiones que les son encomendadas, dentro de un marco institucional único,

RESUELTOS a lograr el refuerzo y la convergencia de sus economías y a crear una unión económica y monetaria que incluya, de conformidad con lo dispuesto en el presente Tratado, una moneda estable y única,

DECIDIDOS a promover el progreso social y económico de sus pueblos, dentro de la realización del mercado interior y del fortalecimiento de la cohesión y de la protección del medio ambiente, y a desarrollar políticas que garanticen que los avances en la integración económica vayan acompañados de progresos paralelos en otros ámbitos,

RESUELTOS a crear una ciudadanía común a los nacionales de sus países,

RESUELTOS a desarrollar una política exterior y de seguridad común que incluya, en el futuro, la definición de una política de defensa común que podría conducir, en su momento, a una defensa común, reforzando así la identidad y la independencia europeas con el fin de fomentar la paz, la seguridad y el progreso en Europa y en el mundo,

REITERANDO su objetivo de facilitar la libre circulación de personas, garantizando al mismo tiempo la seguridad y la defensa de sus pueblos, mediante la inclusión de disposiciones sobre justicia y asuntos de interior en el presente Tratado,

RESUELTOS a continuar el proceso de creación de una unión cada vez más estrecha entre los pueblos de Europa, en la que las decisiones se tomen de la forma más próxima posible a los ciudadanos, de acuerdo con el principio de subsidiariedad».

B. La estructura de la Unión Europea. El reforzamiento de la integración económica, pero también de la unidad política europea. Los tres pilares de la Unión (un pilar de integración y dos pilares de cooperación intergubernamental):

a. El primer pilar (o pilar comunitario): la Unión Europea englobaba las tres Comunidades Europeas. La Comunidad Económica Europea pasa a denominarse, de manera muy significativa, Comunidad Europea (desapareciendo, por tanto, el calificativo de «Económica»).

Se instaura el concepto de ciudadanía europea, que se añade a la ciudadanía nacional de cada uno de los Estados miembros de la Unión.

Dentro de este pilar de integración se prevé la instauración de una Unión Económica y Monetaria (UEM) con la puesta en circulación de una moneda única (el euro) el día 1 de enero de 2002.

Desde un punto de vista institucional, se añadió, a las instituciones y órganos ya existentes (Comisión Europea, Parlamento Europeo, Consejo, Tribunal de Justicia, Tribunal de Cuentas y Comité Económico y Social), el Comité de las Regiones. Además, se dispuso la existencia para la realización de la UEM de dos instituciones: el Banco Central Europeo (BCE) y el Sistema Europeo de Bancos Centrales (SEBC).

b. El segundo pilar: la cooperación intergubernamental en materia de política exterior y de seguridad común (PESC).

c. El tercer pilar: la cooperación intergubernamental en el ámbito de la justicia y en los asuntos de interior (JAI).

2. La Europa de los Quince. La adhesión de tres nuevos Estados: Austria, Finlandia y Suecia. El segundo intento frustrado de adhesión de Noruega.

A. El Tratado de Adhesión de Austria, Finlandia y Suecia, fue firmado en Corfú el 24 de junio de 1994. Este Tratado entró en vigor el 1 de enero de 1995.

B. Este Tratado fue suscrito también por Noruega, que, sin embargo, no lo ratificó, tras la negativa del pueblo noruego a la adhesión al proceso de integración comunitaria mediante el referéndum de 28 de noviembre de 1994. Se frustró de este modo, y por segunda vez (la primera fue, recordemos, en 1972), la adhesión de Noruega a la Unión Europea.

3. La necesaria reordenación de las instituciones europeas: el Tratado de Ámsterdam.

Este Tratado de Ámsterdam fue firmado el 2 de octubre de 1997, entrando en vigor el 1 de mayo de 1999. Su objetivo principal fue la reordenación de las instituciones para, por un lado, adaptarlas a las nuevas ampliaciones de Estados procedentes, sobre todo, de la Europa Central y Oriental (conocidos como PECOs) y para, por otro, acercarlas a los ciudadanos. Este Tratado tenía como presupuesto la idea de que «el fortalecimiento de las instituciones es una condición indispensable para la conclusión de las primeras negociaciones de adhesión». En este contexto, se fortalecieron, por ejemplo, las competencias legislativas del Parlamento (al extenderse el procedimiento de codecisión con el Consejo) y sus facultades de control (se sometía al presidente de la futura Comisión y al conjunto de la misma al voto de aprobación del Parlamento para poder iniciar el desempeño efectivo de sus funciones).

4. El Espacio Económico Europeo (EEE).

A. Es un espacio comercial común creado mediante un Tratado firmado en Oporto el 2 de mayo de 1992 entre los Estados miembros de las entonces Comunidades Europeas y los pertenecientes a la Asociación Europea de Libre Comercio (con la excepción de Suiza, que, en última instancia, rechazó su proyectada integración mediante un referéndum celebrado el 6 de diciembre de 1992). Este Tratado entró en vigor el 1 de enero de 1994.

B. Forman parte de este espacio económico en la actualidad un total de treinta (Croacia desde 2022) Estados: los veintisiete de la Unión Europea y tres de la AELC (Islandia, Noruega y Liechtenstein).

C. El objeto principal del Espacio Económico Europeo consiste en la extensión de las cuatro libertades comunitarias al conjunto de los treinta Estados que forman parte del mismo, aplicándose buena parte de las normas comunitarias a los tres referidos Estados miembros de la Asociación Europea de Libre Comercio. Los efectos jurídicos ligados al Espacio Económico Europeo no se extienden ni a los productos agrícolas ni a los pesqueros.

VII. EL PROCESO DE INTEGRACIÓN EUROPEA EN LAS PRIMERAS DÉCADAS DEL NUEVO SIGLO XXI

1. La Carta de los Derechos Fundamentales de la Unión Europea (CDFUE).

A. Sus orígenes: el Consejo Europeo de Colonia (junio de 1999) y su encargo a una «Convención» de la redacción de una Carta de Derechos. Esta Convención estaba conformada por un representante de cada uno de los Jefes de Estado y de Gobierno de los Estados miembros, por un representante del Presidente de la Comisión, por diputados del Parlamento Europeo y por diputados de los Parlamentos nacionales. Esta Carta fue proclamada y firmada solemnemente en Niza el día 7 del mes de diciembre del año 2000 por las Presidencias del Parlamento Europeo, del Consejo y de la Comisión.

B. Su valor jurídico.

a. Su inicial carencia de valor jurídico: el texto originario de la Carta no se incorporó a los Tratados, sino que contó inicialmente con un valor meramente político.

b. Su actual valor jurídico obligatorio: esta Carta, revisada en el año 2007, se transformó en jurídicamente vinculante el día 1 de diciembre de 2009, esto es, con la entrada en vigor del Tratado de Lisboa de 2007. Dispone el art. 6.1 TUE: «La Unión reconoce los derechos, libertades y principios enunciados en la Carta de los Derechos Fundamentales de la Unión Europea de 7 de diciembre de 2000, tal como fue adaptada el 12 de diciembre de 2007 en Estrasburgo, la cual tendrá el mismo valor jurídico que los Tratados».

C. Las principales fuentes de inspiración de la Carta: 1) El Convenio Europeo para la Protección de los Derechos Humanos y de las Libertades Fundamentales de 1950 y sus Protocolos adicionales; 2) Las tradiciones constitucionales comunes de los Estados miembros; 3) La Carta Social Europea del Consejo de Europa, y 4) La Carta comunitaria de los derechos sociales fundamentales de los trabajadores.

2. La continuación del reajuste institucional ante la perspectiva de una nueva ola de adhesiones de Estados de la Europa Central y del Este (y de algunos del Sur): el Tratado de Niza.

Este Tratado fue firmado el 26 de febrero de 2001, entrando en vigor el 1 de febrero de 2003. El presupuesto de este Tratado se encontraba en que el Tratado de Ámsterdam no había resuelto de manera satisfactoria los problemas institucionales que tenía la Unión. Se abordó el sistema de votación dentro del Consejo, la estructura de la Comisión, la composición y el fortalecimiento de las competencias del Parlamento, o el funcionamiento del Tribunal de Justicia.

3. Las nuevas incorporaciones al proceso de integración europea: de la Europa de los Quince a la primera Europa de los Veintisiete.

   A. El ingreso de nuevos Estados procedentes en su inmensa mayoría de la Europa Central y Oriental (los llamados, abreviadamente, PECO's) requería el cumplimiento por cada uno de ellos de unos requisitos fijados en el Consejo Europeo de Copenhague de junio de 1993 (o «criterios de Copenhague»).

      a. Estos criterios se referían esencialmente a las siguientes cuestiones: 1) La existencia de instituciones democráticas, sometidas al imperio de la ley, que respetasen los derechos humanos y que respetasen a las minorías; 2) La implantación de una efectiva economía de mercado; 3) Una economía con capacidad para competir conforme a las reglas de la competencia vigentes en la Unión Europea y que pudiese hacer frente a la presión de las fuerzas del mercado dentro de la Unión, y 4) La aceptación del acervo comunitario, así como la existencia de una capacidad real para su implementación, aceptando los objetivos de la unión política, económica y monetaria.

      b. La interpretación muy flexible de estos criterios para poder hacer efectiva la adhesión de los PECO's y los problemas suscitados posteriormente por esta política permisiva de la Unión Europea.

   B. La Europa de los Veinticinco. La adhesión simultánea de diez nuevos Estados: la República Checa, Eslovaquia, Polonia, Hungría, Eslovenia, Estonia, Letonia, Lituania, Malta y Chipre.

   La mayor ampliación en cuanto al número de Estados (un total de diez provenientes del Centro, Este y Sur de Europa) tuvo lugar mediante un Tratado firmado en Atenas el 16 de abril de 2003, y que entró en vigor el 1 de mayo de 2004.

   C. La primera Europa de los Veintisiete. La incorporación de dos nuevos Estados de Europa del Este: Rumanía y Bulgaria.

   El Tratado de Adhesión de Rumanía y Bulgaria se firmó en Luxemburgo el 25 de abril de 2005, entrando en vigor el 1 de enero de 2007.

4. El intento de establecer una Constitución Europea. La Convención sobre el Futuro de Europa y su frustrado fruto jurídico: el Tratado por el que se establece una Constitución para Europa. Los resultados contrarios a su ratificación en sendos referenda celebrados en Francia y en los Países Bajos.

   A. Su elaboración: el Consejo Europeo de Laeken de 14 y 15 de diciembre de 2001 y la designación de una Convención sobre el Futuro de Europa, dirigida por el expresidente de la República Francesa Valéry Giscard d'Estaing, y en la que participaron representantes de los Jefes de Estado y de Gobierno de los Estados miembros y de la Comisión, así como diputados del Parlamento Europeo y diputados nacionales. Se permitió también la participación de representantes de los Estados candidatos a integrarse en la Unión. Dentro de la Convención existía un órgano más reducido (el *Praesidium*) encargado de dar impulso a la Convención.

   B. La Convención propuso un proyecto de Tratado por el que se establece una Constitución para Europa. Este proyecto, tras ser debatido y enmendado por una Conferencia Intergubernamental, se transformó en un Tratado, que fue finalmente suscrito en Roma el 29 de octubre de 2004. Este texto incluía en su articulado una parte orgánica y una parte dogmática (con una amplia Carta de Derechos Fundamentales de la Unión), además de la regulación esencial de las políticas europeas.

   C. El Tratado por el que se establece una Constitución para Europa nunca entró en vigor dada la falta de ratificación de Francia y de Holanda, al obtener en ambos Estados un resultado contrario a su aceptación en sendos referenda celebrados el 29 de mayo de 2005 y el 1 de junio de 2005, respectivamente.

5. El Tratado de Lisboa de 2007: el nuevo marco jurídico europeo desde el 1 de diciembre de 2009.

   A. El Tratado de Lisboa por el que se modifican el Tratado de la Unión Europea y el Tratado constitutivo de la Comunidad Europea (o, abreviadamente, Tratado de Lisboa) fue firmado en la capital lusa el 13 de diciembre de 2007, entrando en vigor el 1 de diciembre de 2009.

      El Preámbulo del Tratado de la Unión Europea —en la redacción dada por el Tratado de Lisboa— dice: «RESUELTOS a salvar una nueva etapa en el proceso de integración europea emprendido con la constitución de las Comunidades Europeas,

      INSPIRÁNDOSE en la herencia cultural, religiosa y humanista de Europa, a partir de la cual se han desarrollado los valores universales de los derechos inviolables e inalienables de la persona, así como la libertad, la democracia, la igualdad y el Estado de Derecho,

      RECORDANDO la importancia histórica de que la división del continente europeo haya tocado a su fin y la necesidad de sentar unas bases firmes para la construcción de la futura Europa,

CONFIRMANDO su adhesión a los principios de libertad, democracia y respeto de los derechos humanos y de las libertades fundamentales y del Estado de Derecho,

CONFIRMANDO su adhesión a los derechos sociales fundamentales tal y como se definen en la Carta Social Europea firmada en Turín el 18 de octubre de 1961 y en la Carta comunitaria de los derechos sociales fundamentales de los trabajadores, de 1989,

DESEANDO acrecentar la solidaridad entre sus pueblos, dentro del respeto de su historia, de su cultura y de sus tradiciones,

DESEANDO fortalecer el funcionamiento democrático y eficaz de las instituciones, con el fin de que puedan desempeñar mejor las misiones que les son encomendadas, dentro de un marco institucional único,

RESUELTOS a lograr el refuerzo y la convergencia de sus economías y a crear una unión económica y monetaria que incluya, de conformidad con lo dispuesto en el presente Tratado y en el Tratado de Funcionamiento de la Unión Europea, una moneda estable única,

DECIDIDOS a promover el progreso social y económico de sus pueblos, teniendo en cuenta el principio de desarrollo sostenible, dentro de la realización del mercado interior y del fortalecimiento de la cohesión y de la protección del medio ambiente, y a desarrollar políticas que garanticen que los avances en la integración económica vayan acompañados de progresos paralelos en otros ámbitos,

RESUELTOS a crear una ciudadanía común a los nacionales de sus países,

RESUELTOS a desarrollar una política exterior y de seguridad común que incluya la definición progresiva de una política de defensa común que podría conducir a una defensa común de acuerdo con las disposiciones del art. 42, reforzando así la identidad y la independencia europeas con el fin de fomentar la paz, la seguridad y el progreso en Europa y en el mundo,

RESUELTOS a facilitar la libre circulación de personas, garantizando al mismo tiempo la seguridad y la protección de sus pueblos, mediante el establecimiento de un espacio de libertad, seguridad y justicia, de conformidad con las disposiciones del presente Tratado y del Tratado de Funcionamiento de la Unión Europea,

RESUELTOS a continuar el proceso de creación de una unión cada vez más estrecha entre los pueblos de Europa, en la que las decisiones se tomen de la forma más próxima posible a los ciudadanos, de acuerdo con el principio de subsidiariedad,

ANTE LA PERSPECTIVA de las ulteriores etapas que habrá que salvar para avanzar en la vía de la integración europea,

HAN DECIDIDO crear una Unión Europea...».

B. Los orígenes del Tratado de Lisboa: tras el fracasado intento de aprobar el Tratado por el que se establecía una Constitución para Europa, el Consejo Europeo celebrado en Bruselas los días 21 a 23 de junio de 2007 convocó una nueva Conferencia Intergubernamental que acabaría adoptando el Tratado de Lisboa. Esta ha sido hasta el momento presente la última revisión sustancial de los Tratados, de tal forma que el Derecho originario (o primario) europeo queda conformado por:

a. El Tratado de la Unión Europea (TUE).

b. El Tratado de Funcionamiento de la Unión Europea (TFUE) —con anterioridad era el Tratado de la Comunidad Europea (TCE)—.

c. El Tratado Euratom.

d. La Carta de los Derechos Fundamentales de la Unión Europea (CDFUE) —que, aunque no es un texto convencional internacional, tiene el mismo valor jurídico que los Tratados (art. 6.1 TUE)—.

C. Algunos rasgos esenciales del Tratado de Lisboa.

a. Otorga personalidad jurídica a la Unión Europea.

b. Hace una ordenación de las competencias de la Unión (con tres tipos básicos de competencias: exclusivas, compartidas y de apoyo).

c. Desaparece la estructura de pilares establecida por el Tratado de Maastricht, sustituyéndose la técnica de la cooperación intergubernamental por la de la integración en los ámbitos de la política exterior y de la seguridad (con el establecimiento de una cláusula de defensa mutua y de una cláusula de solidaridad ante ataques terroristas o graves catástrofes), así como en los campos de justicia e interior.

d. Se produce un reforzamiento del carácter democrático de la Unión (se fortalece el poder del Parlamento Europeo y se impulsa la participación de los ciudadanos —por ejemplo, a través de la iniciativa normativa ciudadana—), así como de la protección de los derechos fundamentales dentro de la misma (con una Carta de los Derechos Fundamentales de la Unión Europea de naturaleza obligatoria al máximo nivel y con la apertura de la posibilidad de que la Unión se adhiera al Convenio Europeo de Derechos Humanos de 1950 —art. 6.2 TUE—).

e. Desde la perspectiva institucional: 1) Se consagra formalmente como Institución de la Unión Europea dentro de los Tratados el Consejo Europeo, que dispondrá, además, de un Presidente permanente; 2) Se institucionaliza también el Banco Central Europeo con unas amplísimas competencias; 3) Se regula el sistema de doble mayoría en el Consejo (la mayoría de los Estados miembros y la mayoría de la población); 4) Se fortalecen los poderes del Parlamento Europeo (compuesto, nótese el simbolismo, por «representantes de los ciudadanos de la Unión» —art. 14.2 TUE— y no ya por «representantes de los pueblos de los Estados» —como establecía el viejo art. 189 TCE—), con un nuevo procedimiento legislativo ordinario que se extiende, además, a un mayor número de ámbitos de actuación, a la vez que se refuerzan sus poderes de control sobre la Comisión y sobre el Presidente de la misma.

f. Se regula dentro de los Tratados, por primera vez, la posibilidad de retirada de un Estado miembro de la Unión (art. 50.1 TUE: «Todo Estado miembro podrá decidir, de conformidad con sus normas constitucionales, retirarse de la Unión»).

6. El paso de una década a otra en una situación de profunda crisis económica y financiera, que ha conducido al rescate de múltiples bancos europeos, así como a la intervención de diversos Estados miembros de la Unión (Grecia, Portugal e Irlanda).

7. El proceso de integración europea durante la década de 2010 a 2020.

A. Los reajustes jurídicos provocados por la situación de crisis económica: el fortalecimiento del sistema de gobernanza económica de la Unión Europea. Su base jurídica.

a. La reforma del art. 136 TFUE por Decisión del Consejo Europeo de 25 de marzo de 2011: la consagración en los Tratados de una cláusula de habilitación jurídica para que los Estados miembros de la zona euro puedan establecer un mecanismo para la salvaguarda, en caso de necesidad, de «la estabilidad de la zona euro en su conjunto».

b. El Tratado constitutivo del Mecanismo Europeo de Estabilidad (MEDE), hecho en Bruselas el 2 de febrero de 2012.

El Mecanismo Europeo de Estabilidad es una «institución financiera internacional» de la que forman parte los Estados miembros de la zona euro cuya finalidad consiste en la movilización de fondos y en el apoyo «a la estabilidad, bajo una estricta condicionalidad, adaptada al instrumento de asistencia financiera elegido, a los miembros del MEDE que experimenten o corran el riesgo de experimentar graves problemas de financiación, cuando ello sea indispensable para salvaguardar la estabilidad financiera de la zona del euro en su conjunto y de sus Estados miembros. Con este fin, el MEDE estará facultado para obtener fondos a través de la emisión de instrumentos financieros o mediante la celebración de acuerdos o convenios de índole financiera o de otro tipo con sus propios miembros, entidades financieras u otros terceros» (art. 3).

c. El Tratado de Estabilidad, Coordinación y Gobernanza en la Unión Económica y Monetaria, hecho en Bruselas el 2 de marzo de 2012.

Este Tratado, firmado por todos los Estados miembros de la Unión Europea (salvo el Reino Unido y la República Checa), tiene como objetivo «reforzar el pilar económico de la Unión Económica y Monetaria mediante la adopción de un conjunto de normas destinadas a promover la disciplina presupuestaria a través de un pacto presupuestario, a reforzar la coordinación de sus políticas económicas y a mejorar la gobernanza de la zona del euro, respaldando así la consecución de los objetivos de la Unión Europea en materia de crecimiento sostenible, empleo, competitividad y cohesión social» (art. 1.1).

B. La Europa de los Veintiocho. La adhesión de un nuevo Estado de la Europa del Este: Croacia.

El Tratado de Adhesión de Croacia se firmó en Bruselas el 9 de diciembre de 2011, entrando en vigor el 1 de julio de 2013.

Con la incorporación de Croacia, la Unión Europea contaba con 28 Estados, con una extensión territorial próxima a los 4,5 millones de kilómetros cuadrados y con una población que rondaba los 510 millones de habitantes.

C. La posición del Reino Unido ante la Unión Europea: el llamado *Brexit*. La victoria de los defensores de la salida del Reino Unido en el referéndum de 23 de junio de 2016. La activación del mecanismo de salida de un Estado de la Unión Europea previsto en el art. 50 TUE.

a. La posición tradicional del Reino Unido ante el fenómeno de la integración europea: 1) El rechazo británico a incorporarse al proceso de constitución de las originarias Comunidades Europeas en la década de los 50 y su apuesta por las vías alternativas del Consejo de Europa y de la Asociación Europea de Libre Comercio (AELC); 2) El cambio de postura del Reino Unido y su solicitud de ingreso en las Comunidades Europeas en 1961; 3) Los dos vetos de la Francia del General De Gaulle en 1963 y en 1969; 4) La aceptación de la petición de incorporación del Reino Unido en las Comunidades Europeas durante la reunión de los Jefes de Estado y de Gobierno de sus seis Estados miembros celebrada en diciembre de 1969, tras la llegada a la presidencia francesa de Georges Pompidou; 5) La entrada británica a partir del 1 de enero de 1973, tras la firma del correspondiente Tratado de Adhesión y el abandono de la AELC; 6) La celebración de un referéndum sobre la permanencia del Reino Unido en las Comunidades Europeas después de la victoria laborista en las elecciones de 1974; 7) La renegociación de la aportación financiera por el gobierno conservador de Margaret Thatcher y el «cheque británico»; 8) La celebración de un nuevo referéndum sobre la permanencia del Reino Unido en la Unión Europea en junio de 2016 y la ajustada mayoría a favor de la salida británica del club europeo; 9) Tras años de prórrogas y negociaciones, la salida efectiva se produjo el 31 de enero de 2020, aun sin resolver completamente algunas tensiones especialmente relevantes (en la frontera con la República de Irlanda, en particular).

b. La base jurídica: el art. 50 TUE y la falta de un procedimiento reglado para la salida de la Unión Europea por parte de uno de sus Estados miembros.

Los apartados 1 a 3 del art. 50 TUE disponen: «1. Todo Estado miembro podrá decidir, de conformidad con sus normas constitucionales, retirarse de la Unión.

2. El Estado miembro que decida retirarse notificará su intención al Consejo Europeo. A la luz de las orientaciones del Consejo Europeo, la Unión negociará y celebrará con

ese Estado un acuerdo que establecerá la forma de su retirada, teniendo en cuenta el marco de sus relaciones futuras con la Unión. Este acuerdo se negociará con arreglo al apartado 3 del artículo 218 del Tratado de Funcionamiento de la Unión Europea. El Consejo lo celebrará en nombre de la Unión por mayoría cualificada, previa aprobación del Parlamento Europeo.

3. Los Tratados dejarán de aplicarse al Estado de que se trate a partir de la fecha de entrada en vigor del acuerdo de retirada o, en su defecto, a los dos años de la notificación a que se refiere el apartado 2, salvo si el Consejo Europeo, de acuerdo con dicho Estado, decide por unanimidad prorrogar dicho plazo».

D. La sistemática puesta en cuestión de los valores y principios sobre los que se asienta la Unión Europea por algunos de sus Estados miembros: los casos de Hungría y Polonia, entre otros (en distintas etapas).

Las medidas sancionatorias previstas por el art. 7 TUE: 1) La competencia para la constatación de la existencia de una violación «grave y persistente» por parte de un Estado miembro de los valores y principios sobre los que se asienta la Unión Europea corresponde al Consejo Europeo por unanimidad; 2) La imposición de las sanciones corresponde al Consejo, por mayoría cualificada; 3) El alcance de las sanciones: éstas pueden llegar a la suspensión de «determinados derechos derivados de la aplicación de los Tratados al Estado miembro de que se trate, incluidos los derechos de voto del representante del Gobierno de dicho Estado miembro en el Consejo. Las obligaciones del Estado miembro de que se trate derivadas de los Tratados continuarán, en cualquier caso, siendo vinculantes para dicho Estado».

VIII. LA SITUACIÓN RECIENTE DEL PROCESO DE INTEGRACIÓN EUROPEA

1. La pandemia de la covid-19 y la reacción de la Unión Europea: hacia una mayor integración mediante la emisión de deuda común.

A. La limitada base jurídica ofrecida por los Tratados para la lucha contra las pandemias: la inexistencia de un derecho supranacional de crisis.

B. Las respuestas jurídicas iniciales: el Sistema de Alerta Precoz y Respuesta (SAPR), el Sistema de Respuesta Política Integrada a las Crisis (RPIC), el Centro Europeo para la Prevención y el Control de las Enfermedades (ECDC) y el Mecanismo de Protección Civil de la Unión Europea (UCPM).

C. El instrumento excepcional de recuperación temporal conocido como Next Generation EU (préstamos y subvenciones): el endeudamiento común a través de los denominados «eurobonos» y la posición del Tribunal Constitucional alemán.

2. La invasión rusa de Ucrania en 2022 y la Brújula estratégica.

A. El marco general de los conflictos contemporáneos entre Rusia y el resto de Europa, y la situación previa entre Ucrania y Rusia.

B. El sistema de «sanciones» desplegado tras la invasión del 24 de febrero de 2022. Los problemas de suministro energético y la crisis del grano con repercusiones internacionales.

C. La Brújula Estratégica (del 22 de marzo de 2022) para reforzar la política de seguridad y defensa de la UE hasta 2030. La revisión de la Política Exterior y de Seguridad Común en cuatro pilares: actuar, garantizar nuestra seguridad, invertir y trabajar de manera asociativa.

D. Una nueva movilización presupuestaria extraordinaria y la candidatura de adhesión de Ucrania: hacia una nueva ampliación.

E. La lucha de la UE contra la desinformación: la retirada de licencias de radiodifusión, programas propios (por ejemplo, EUvsDesinfo) y el Reglamento (UE) 2022/2065 del Parlamento Europeo y del Consejo, de 19 de octubre de 2022, relativo a un mercado único de servicios digitales y por el que se modifica la Directiva 2000/31/CE (Reglamento de Servicios Digitales).

3. El futuro de la competitividad europea como «desafío existencial» y el denominado Informe Draghi.

   A. Los tres principales desafíos: 1.º la brecha de innovación respecto de actores internacionales; 2.º la compatibilidad entre descarbonización y competitividad; 3.º la seguridad económica y la reducción de dependencias.

   B. Algunas soluciones:

      a. Hacia una auténtica «política económica exterior» y la recomendación de un nuevo «Marco de Cooperación para la Competitividad».

      b. La expansión del voto por mayoría cualificada, reduciendo los ámbitos donde se requiere la unanimidad del Consejo.

      c. La financiación de mayor inversión mediante más deuda común.

4. Algunos otros desafíos emergentes para la Unión Europea: migraciones y reto demográfico, cambio climático y desarrollo digital.

PARTE II

EL ORDENAMIENTO JURÍDICO ADMINISTRATIVO Y SUS FUENTES

LECCIÓN 4

ESTRUCTURA Y DINÁMICA DEL ORDENAMIENTO JURÍDICO ADMINISTRATIVO

> La Administración es una organización que se integra en otra más amplia, a la que llamamos Estado... el ordenamiento jurídico resulta ser una unidad con vida propia, independiente y distinta de la de las propias normas, que son tales, precisamente, en cuanto se integran en él.
>
> Eduardo García de Enterría y Tomás Ramón Fernández, *Curso de Derecho Administrativo*, Vol. I, Civitas, Madrid.

Estructura:

I. Introducción al concepto de ordenamiento jurídico administrativo.
II. La pluralidad de ordenamientos jurídicos.
III. El principio de jerarquía.
IV. La aplicación del ordenamiento jurídico (I): en el espacio.
V. La aplicación del ordenamiento jurídico (II): en el tiempo.
VI. Las reglas generales para el ejercicio de la potestad normativa del Gobierno y de las Administraciones Públicas.

Normativa de referencia:

I. Constitución Española (CE).
II. Normativa estatal.
   1. Ley Orgánica 3/2007, de 22 de marzo, para la igualdad efectiva de mujeres y hombres.
   2. Ley Orgánica 1/2011, de 28 de enero, de reforma del Estatuto de Autonomía de la Comunidad Autónoma de Extremadura (EAEx).
   3. Código Civil (CC). El Título Preliminar fue modificado por Decreto 1836/1974, de 31 de marzo, por el que se sanciona con fuerza de Ley el texto articulado del Título Preliminar del Código Civil.
   4. Ley 7/1985, de 2 de abril, reguladora de las Bases del Régimen Local (LBRL).

5. Ley 50/1997, de 27 de noviembre, del Gobierno (LG).
6. Ley 39/2015, de 1 de octubre, del Procedimiento Administrativo Común de las Administraciones Públicas (LPAC).
7. Ley 40/2015, de 1 de octubre, de Régimen Jurídico del Sector Público (LRJSP).

III. Normativa extremeña.
1. Ley 1/2002, de 28 de febrero, del Gobierno y de la Administración de la Comunidad Autónoma de Extremadura (LGAEx).
2. Ley 8/2011, de 23 de marzo, de igualdad entre mujeres y hombres y contra la violencia de género en Extremadura.

Bibliografía complementaria:

Balaguer Callejón, F. (coord.), *Manual de Derecho Constitucional*, Vol. I, *Constitución y fuentes del Derecho. Derecho Constitucional Europeo. Tribunal Constitucional. Estado autonómico*, Tecnos, Madrid, 2016.

Muñoz Machado, S., *Tratado de Derecho Administrativo y Derecho Público General*, Tomo IV. *El ordenamiento jurídico*, Boletín Oficial del Estado, Madrid, 4.ª edición, 2015.

Muñoz Machado, S., *Derecho Administrativo y sistema de fuentes*, Tomo I, de la obra colectiva *Lecciones y Materiales para el Estudio del Derecho Administrativo*, Iustel, Madrid, 2009.

Otto, I., *Derecho Constitucional. Sistema de fuentes*, Ariel, Barcelona, 2.ª edición, 1988.

Santamaria Pastor, J. A., *Principios de Derecho Administrativo General*, Tomo I, Iustel, Madrid, 6.ª edición, 2023.

Lecturas recomendadas:

Beladíez Rojo, M., *Los principios jurídicos*, Tecnos, Madrid, 1993.

Biglino, P., *La publicación de la ley*, Tecnos, Madrid, 1993.

Leguina Villa, J., «Principios generales del Derecho y Constitución», *Revista de Administración Pública*, núm. 114, 1987, pp. 7-38.

Mestre Delgado, J. F., «Sobre el valor de la jurisprudencia en Derecho español», *Revista General de Derecho Público Comparado*, núm. 3, 2008.

Pérez Royo, J., *Las fuentes del Derecho*, Tecnos, Madrid, 5.ª edición, 2007.

I. INTRODUCCIÓN AL CONCEPTO DE ORDENAMIENTO JURÍDICO ADMINISTRATIVO

1. La Administración Pública está sometida «a la ley y al Derecho» (art. 103.1 CE).

2. El ordenamiento jurídico administrativo es la parte del ordenamiento jurídico general que se refiere a la Administración Pública, debiendo tenerse en cuenta que el ordenamiento jurídico es una realidad más amplia que el conjunto de normas escritas que lo integran.

3. Las fuentes del ordenamiento jurídico administrativo español.

A. El papel de la Constitución y del Título Preliminar del Código Civil (CC) en la regulación de las fuentes del Derecho en España. Otras normas donde se regulan fuentes del Derecho escritas:

a. Los Estatutos de Autonomía (en particular, la Ley Orgánica 1/2011, de 28 de enero, de reforma del Estatuto de Autonomía de la Comunidad Autónoma de Extremadura).

b. Las leyes de gobierno y/o administración (en particular, la Ley estatal 50/1997, de 27 de noviembre, del Gobierno; y la Ley 1/2002, de 28 de febrero, del Gobierno y de la Administración de la Comunidad Autónoma de Extremadura).

B. Tipología.

a. El art. 1.1 CC dispone: «Las fuentes del ordenamiento jurídico español son la ley, la costumbre y los principios generales del Derecho».

b. Las normas escritas: la pluralidad y variedad de normas escritas, que pueden ser dictadas por Administraciones Territoriales distintas (Estado, Comunidades Autónomas y Entidades Locales) y por poderes distintos (Poder Legislativo y Poder Ejecutivo).

c. La costumbre.

c.1. El concepto: «norma, habitualmente no expresada por escrito, que resulta de prácticas reiteradas y generalmente asumidas por la mayoría de los que están en un lugar o participan en una determinada situación. Es requisito necesario la reiteración de la práctica y su permanencia en el tiempo» (*Diccionario panhispánico del español jurídico*).

c.2. Únicamente operará «en defecto de ley aplicable, siempre que no sea contraria a la moral o al orden público y que resulte probada» (art. 1.3 CC).

c.3. En Derecho Administrativo caben las costumbres *extra* y *secundum legem*, pero no las *contra legem*.

c.4. A pesar de la gran positivación del ordenamiento jurídico administrativo, hay algunas apelaciones a la costumbre por las leyes administrativas.

Un ejemplo: los Concejos Abiertos ajustan su funcionamiento «a los usos, costumbres y tradiciones locales y, en su defecto, a lo establecido en esta Ley y las Leyes de las Comunidades Autónomas sobre régimen local» (art. 29.3 LBRL).

c.5. Precedente administrativo y costumbre.

c.5.1. El precedente administrativo es la práctica reiterada por la Administración en la aplicación de una norma.

c.5.2. La Administración puede separarse de los precedentes, pero debe justificar en cada caso el porqué de dicha separación; y es que, en principio, la Administración tiene que resolver las cuestiones iguales de la misma manera, ya que, de lo contrario, podría incurrir en trato discriminatorio. La justificación debe ser objetiva y razonable.

c.5.3. Los límites a la invocación de los precedentes: sólo cabe la invocación de la igualdad dentro de la legalidad.

d. Los principios generales del Derecho (art. 1.4 CC).

d.1. El concepto: son expresión de los valores materiales básicos de un ordenamiento jurídico o de las convicciones ético-jurídicas fundamentales de una comunidad (García de Enterría). Son:

d.1.1. «Principios», por su carácter básico o de soportes primarios estructurales del sistema que conforma el ordenamiento jurídico.

d.1.2. «Generales», en la medida en que trascienden de un precepto concreto y organizan y dan sentido a muchos.

d.1.3. «Del Derecho», dado que son fórmulas técnicas propias del mundo jurídico.

Son ejemplos de principios generales del Derecho: la igualdad, la buena fe, la protección de la confianza legítima, la proporcionalidad, la seguridad jurídica o la interdicción de la arbitrariedad de los poderes públicos.

d.2. Sus formas básicas de manifestación.

d.2.1. El trabajo de los aplicadores del Derecho (en particular, los órganos jurisdiccionales).

d.2.2. Las aportaciones de la doctrina jurídica.

d.3. Sus funciones:

d.3.1. Interpretativa (sirven para dar coherencia a un sistema —el administrativo— que se caracteriza por la existencia de leyes-medida y por la motorización legislativa).

d.3.2. Creativa (piénsese, por ejemplo, en que el principio de igualdad sirve de soporte a toda la normativa de igualdad entre mujeres y hombres, tanto la estatal —Ley Orgánica 3/2007, de 22 de marzo, para la igualdad efectiva de mujeres y hombres—, como la autonómica —entre muchas otras, puede verse la Ley 8/2011, de 23 de marzo, de igualdad entre mujeres y hombres y contra la violencia de género en Extremadura—).

d.3.3. Fuente del Derecho (de carácter supletorio: «Los principios generales del Derecho se aplicarán en defecto de ley o costumbre» —art. 1.4 CC—).

d.4. El valor jurídico de los principios generales del Derecho constitucionalizados, según la jurisprudencia del Tribunal Constitucional: «Pues bien, entendemos que los principios generales del Derecho, incluidos en la Constitución, tienen carácter informador de todo el ordenamiento jurídico —como afirma el art. 1.º, 4, del título preliminar del Código Civil— que debe así ser interpretado de acuerdo con los mismos. Pero es también claro que allí donde la oposición entre las Leyes anteriores y los principios generales plasmados en la Constitución sea irreductible, tales principios, en cuanto forman parte de la Constitución, participan de la fuerza derogatoria de la misma, como no puede ser de otro modo. El hecho de que nuestra norma fundamental prevea en su art. 53.2, un sistema especial de tutela de las libertades y derechos reconocidos —entre otros— en el art. 14, que se refiere al principio de igualdad, no es sino una confirmación de carácter específico del valor aplicativo —y no meramente programático— de los principios generales plasmados en la Constitución» (STC 4/1981, de 2 de febrero, FJ 1B).

4. Caracteres del ordenamiento jurídico.

A. Planteamiento general: las dificultades para determinar la norma aplicable en cada momento para regular una concreta situación.

B. El carácter esencialmente evolutivo del ordenamiento jurídico y la función de la costumbre y de los principios generales del Derecho: el ordenamiento jurídico-administrativo es un «organismo vivo» que tiene una evolución específica, aunque no siempre cambien las normas escritas que lo integran. Los principios generales del Derecho y la costumbre rellenan el armazón o esqueleto legal, dándole vida, de tal manera que las normas escritas se aplican en la medida en que están efectivamente incorporadas en el ordenamiento jurídico y quedan ancladas en él (piénsese, por ejemplo, en el ordenamiento jurídico franquista tras la entrada en vigor de la Constitución de 1978).

C. La pluralidad y variedad de las normas: las normas jurídico-administrativas son muy numerosas, están producidas por variados órganos «legiferantes» y poseen muy diferentes rangos.

D. La motorización legislativa: las normas típicas del Derecho Administrativo (los reglamentos) son sustancialmente móviles. La Administración es más ágil —y cuenta con más medios técnicos— que el Parlamento a la hora de producir sus normas, lo que supone una capacidad más amplia de sustituir sus normas.

E. El recurso a las leyes-medida: frente a la idea de normas generales y abstractas con vocación de permanencia en el tiempo que tienen las leyes en otros ordenamientos jurídicos sectoriales, las leyes-medida pretenden resolver un problema concreto y singular, desapareciendo o cayendo en desuso cuando dicho problema desaparece.

II. LA PLURALIDAD DE ORDENAMIENTOS JURÍDICOS

1. Ordenamiento jurídico global y ordenamientos jurídicos parciales o secundarios: en un Estado complejo pueden individualizarse una pluralidad de ordenamientos jurídicos, tantos como Administraciones Territoriales operan en ese Estado. El conjunto de todos ellos constituye el «ordenamiento jurídico global» (presidido por la Constitución o Norma Fundamental), y cada uno de los ordenamientos jurídicos generados por cada una de las referidas Administraciones constituye un «ordenamiento jurídico secundario» o «parcial».

2. Los ordenamientos jurídicos que operan en España: el ordenamiento de la Unión Europea (art. 93 CE), el estatal, los autonómicos (art. 147 CE), y los locales (arts. 137, 140 y 141 CE).

3. Jerarquía *versus* competencia. El principio de jerarquía (que permite la ordenación de las normas según su rango y, eventualmente, según el momento en el que se dictan) rige las relaciones entre las normas dentro de un mismo ordenamiento jurídico secundario o parcial; mientras que el principio de competencia (conforme al cual se distribuyen los poderes sectoriales de actuación entre las distintas Administraciones Territoriales) rige las relaciones entre los diversos ordenamientos jurídicos secundarios, es decir, permite resolver los conflictos normativos propiciados por dos o más normas jurídicas provenientes de distintas Administraciones Territoriales.

III. EL PRINCIPIO DE JERARQUÍA

1. Su filosofía: una norma está situada en el ordenamiento jurídico (estando supraordenada o infraordenada en relación con otra) en función de la autoridad de la que emana (y del momento en que se dicta).

2. Los ordenamientos jurídicos en los que opera el principio:

   A. Los ordenamientos de los Estados centralistas.

   B. Los ordenamientos jurídicos parciales o secundarios.

3. No opera, sin embargo, en los siguientes supuestos:

   A. Para resolver conflictos de normas entre los ordenamientos jurídicos parciales (por ejemplo, entre el ordenamiento jurídico estatal y los ordenamientos autonómicos, o entre el ordenamiento jurídico estatal y el de la Unión Europea) dentro del ordenamiento jurídico global.

   B. Dentro del ordenamiento jurídico estatal para articular las relaciones entre las leyes orgánicas y las leyes ordinarias; o, en los ordenamientos estatal y autonómicos, para resolver eventuales conflictos entre los (reales) decretos del Presidente y los (reales) decretos del Gobierno.

4. Su base jurídica:

   A. El art. 9.3 CE dispone: «La Constitución garantiza [...] la jerarquía normativa».

   B. El art. 1.2 CC establece: «Carecerán de validez las disposiciones que contradigan otras de rango superior».

   C. El art. 128.2, inciso primero, LPAC. Sobre el rango jerárquico superior de la Constitución y de las leyes frente a los reglamentos: «Los reglamentos y disposiciones administrativas no podrán vulnerar la Constitución o las leyes ni regular aquellas materias que la Constitución o los Estatutos de Autonomía reconocen de la competencia de las Cortes Generales o de las Asambleas Legislativas de las Comunidades Autónomas».

   D. El art. 128.3, inciso final, LPAC. Sobre la aplicación del principio de jerarquía entre las diferentes normas reglamentarias: «Ninguna disposición administrativa podrá vulnerar los preceptos de otra de rango superior».

5. Su contenido. Este principio tiene dos subprincipios que operan de forma sucesiva.

   A. El principio de la *lex superior* («la norma de rango superior deroga la norma de rango inferior»): este principio opera dotando a unas normas de mayor rango que a otras, de tal forma que en caso de conflicto se aplican las normas superiores en rango en detrimento de las que tienen un valor jurídico inferior.

   B. El principio de la *lex posterior* («la norma posterior en el tiempo deroga la anterior del mismo rango»): este principio es un complemento del principio anterior, sirviendo para ordenar la sucesión en el tiempo de normas del mismo rango.

6. La aplicación del principio de jerarquía en el ordenamiento estatal (la pirámide kelseniana).

   A. La Constitución.

   B. Las normas con rango de ley.

   C. Las disposiciones generales con valor reglamentario.

      a. Sobre la fijación del rango jerárquico de los reglamentos: «Las disposiciones administrativas se ajustarán al orden de jerarquía que establezcan las leyes» (art. 128.3, inciso primero, LPAC).

      b. El orden jerárquico de las disposiciones reglamentarias a nivel estatal.

         b.1. La determinación de este orden jerárquico por la Ley 50/1997, de 27 de noviembre, del Gobierno (LG).

         b.2. La tipología de reglamentos estatales y su posición jerárquica. Sobre el art. 24 LG, en particular.

            b.2.1. Reales Decretos: la articulación entre los Reales Decretos del Presidente del Gobierno y los del Consejo de Ministros [art. 24, apartado 1, letras *b*) y *c*), y apartado 2, LG].

            b.2.2. Órdenes ministeriales [art. 24.*f*) LG].

            b.2.3. Disposiciones generales adoptadas por las distintas autoridades de la Administración del Estado ordenadas siguiendo el orden de jerarquía de las autoridades autoras:

               1) Secretarios de Estado [arts. 55.3.*a*) y 62 LRJSP].

               2) Subsecretarios [arts. 55.3.*b*) y 63 LRJSP].

               3) Secretarios Generales [arts. 55.3.*b*) y 64 LRJSP].

               4) Secretarios Generales Técnicos [arts. 55.3.*b*) y 65 LRJSP].

               5) Directores Generales [arts. 55.3.*b*) y 66 LRJSP].

               6) Subdirectores Generales [arts. 55.3.*b*) y 67 LRJSP].

7. La aplicación del principio de jerarquía en los ordenamientos autonómicos. El caso de Extremadura, en particular.

   A. Los Estatutos de Autonomía.

   B. Las normas con rango de ley de las Comunidades Autónomas.

   C. Las distintas Comunidades Autónomas tienen leyes reguladoras de sus Gobiernos y Administraciones donde se establece el orden jerárquico de las disposiciones administrativas. En particular, el caso extremeño: la Ley 1/2002, de 28 de febrero, del Gobierno y de la Administración de la Comunidad Autónoma de Extremadura (LGAEx).

      a. La regulación autonómica extremeña del principio de jerarquía de las disposiciones reglamentarias (art. 89 LGAEx): 1) «Las disposiciones administrativas de carácter general tendrán el rango del órgano que las hubiere aprobado y su orden en la jerarquía normativa se ajustará al de los órganos de que dimanen», y 2) «Ninguna disposición administrativa podrá vulnerar lo preceptuado en otra de igual o superior rango».

      b. El orden jerárquico de los reglamentos extremeños.

         b.1. Los Decretos: la articulación entre los «Decretos del Presidente» de la Junta de Extremadura y los «Decretos» de la Junta de Extremadura (art. 90 LGAEx).

         b.2. Las Órdenes de los Consejeros (art. 92 LGAEx).

         b.3. Las instrucciones, circulares u órdenes de servicio dictadas por los órganos inferiores a los Consejeros en función de su rango (art. 92.4 LGAEx):

            1) Secretarios Generales (arts. 56.2 y 58 LGAEx).

            2) Directores Generales (arts. 56.2 y 59 LGAEx).

IV. LA APLICACIÓN DEL ORDENAMIENTO JURÍDICO (I): EN EL ESPACIO

1. El principio de territorialidad. Planteamiento general: en un Estado complejo en el que conviven distintos ordenamientos jurídicos sobre el mismo territorio hay que determinar el alcance espacial de las diferentes normas. El principio de territorialidad debe servir de base para saber el alcance de las normas del Estado, de las Comunidades Autónomas y de las Corporaciones Locales.

2. El anclaje jurídico del principio de territorialidad: el Tribunal Constitucional ha considerado que el art. 137 CE consagra el principio de territorialidad de la autonomía (STC 103/1988, de 8 de junio, FJ 5), en virtud del cual los intereses de los municipios, provincias y Comunidades Autónomas —y, por tanto, sus respectivas competencias— están limitados por su territorio.

3. Problemas jurídicos suscitados por el principio de territorialidad.

   A. La determinación del territorio autonómico: los distintos Estatutos de Autonomía lo definen en función de las provincias que integran la correspondiente Comunidad Autónoma. La división provincial está, a su vez, definida, a través del Real Decreto de división provincial de 30 de noviembre de 1833.

   El territorio de la Comunidad Autónoma de Extremadura está definido en el art. 2.1 EAEx: «El territorio de Extremadura, al que se extienden sus poderes, es el de los municipios comprendidos dentro de los actuales límites de las provincias de Badajoz y Cáceres».

   B. Las normas autonómicas se aplican también dentro de los bienes que integran el dominio público estatal (playas, zona marítimo-terrestre, etc.). El art. 132 CE dispone:

   «1. La ley regulará el régimen jurídico de los bienes de dominio público y de los comunales, inspirándose en los principios de inalienabilidad, imprescriptibilidad e inembargabilidad, así como su desafectación.

   2. Son bienes de dominio público estatal los que determine la ley y, en todo caso, la zona marítimo-terrestre, las playas, el mar territorial y los recursos naturales de la zona económica y la plataforma continental.

   3. Por ley se regularán el Patrimonio del Estado y el Patrimonio Nacional, su administración, defensa y conservación».

   C. Las normas autonómicas afectan no sólo a la superficie terrestre, sino que pueden aplicarse también al subsuelo o al espacio aéreo.

   D. La eficacia extraterritorial de las normas autonómicas.

      a. Como regla general, el territorio opera como límite para las normas autonómicas.

      b. Existen excepciones donde las normas autonómicas pueden tener un alcance extraterritorial.

      La doctrina del Tribunal Constitucional: «esta limitación territorial de la eficacia de las normas y actos no puede significar, en modo alguno, que le esté vedado por ello a esos órganos [los órganos autonómicos], en uso de sus competencias propias, adoptar decisiones que puedan producir consecuencias de hecho en otros lugares del territorio nacional. La unidad política, jurídica, económica y social de España impide su división en compartimentos estancos y, en consecuencia, la privación a las Comunidades Autónomas de la posibilidad de actuar cuando sus actos pudieran originar consecuencias más allá de sus límites territoriales equivaldría necesariamente a privarlas, pura y simplemente, de toda capacidad de actuación» (STC 37/1981, de 16 de noviembre, FJ 1).

c. Sobre la regulación en el derecho positivo de los posibles efectos extraterritoriales de las normas: el caso extremeño. El art. 2.2 EAEx dispone: «No obstante, las normas, disposiciones o actos de las instituciones extremeñas podrán tener efectos extraterritoriales cuando sea necesario para el pleno ejercicio de aquellas de sus competencias cuya naturaleza lo requiera».

d. Algunos ejemplos: cajas de ahorro, fundaciones o asociaciones que tienen su sede social en el territorio de una Comunidad Autónoma —constituidas en función de la normativa de esa Comunidad Autónoma—, pero que operan en el resto del Estado.

V. LA APLICACIÓN DEL ORDENAMIENTO JURÍDICO (II): EN EL TIEMPO

1. La vida de las normas.

A. La entrada en vigor de las normas: la publicación de las normas.

B. El final de la vigencia de las normas: derogación y declaración de nulidad.

C. La retroactividad de las normas.

2. La entrada en vigor de las normas.

A. La regla general.

a. El art. 2.1 CC dispone: «Las leyes entrarán en vigor a los veinte días de su completa publicación en el *Boletín Oficial del Estado*, si en ellas no se dispone otra cosa».

b. El art. 131, párrafo primero (inciso primero), LPAC prevé: «Las normas con rango de ley, los reglamentos y disposiciones administrativas habrán de publicarse en el diario oficial correspondiente para que entren en vigor y produzcan efectos jurídicos».

B. Requisitos.

a. El art. 91 CE: «sanción», «promulgación» y «orden de publicación».

Este art. 91 CE dispone: «El Rey sancionará en el plazo de quince días las leyes aprobadas por las Cortes Generales, y las promulgará y ordenará su inmediata publicación».

b. La publicación.

b.1. Íntegra o completa.

b.2. En un diario oficial: sobre el valor jurídico de la publicación electrónica y las ediciones impresas (art. 131, párrafos segundo y tercero, LPAC).

El art. 131 LPAC, rubricado «Publicidad de las normas», en sus párrafos segundo y tercero, dispone: «[...] La publicación de los diarios o boletines oficiales en las sedes electrónicas de la Administración, Órgano, Organismo público o Entidad competente tendrá, en las condiciones y con las garantías que cada Administración Pública determine, los mismos efectos que los atribuidos a su edición impresa.

La publicación del *Boletín Oficial del Estado* en la sede electrónica del Organismo competente tendrá carácter oficial y auténtico en las condiciones y con las garantías que se determinen reglamentariamente, derivándose de dicha publicación los efectos previstos en el título preliminar del Código Civil y en las restantes normas aplicables».

b.3. La distinción entre publicación formal y publicidad material de las normas: «Adicionalmente, y de manera facultativa, las Administraciones Públicas podrán establecer otros medios de publicidad complementarios» a la publicación formal en un diario oficial, que es obligatoria para las normas jurídicas (art. 131, párrafo primero, inciso final, LPAC).

c. El plazo de *vacatio legis* para la entrada en vigor de una norma.

c.1. El plazo general de 20 días.

c.2. La posibilidad jurídica de excepcionar este plazo por la propia norma: el plazo es de 20 días «si en ellas no se dispone otra cosa».

Un par de ejemplos de normas legales que prevén un plazo de *vacatio legis* para su entrada en vigor distinto del plazo de 20 días referido por el art. 2.1 CC:

1) La Disposición Final de la Ley Orgánica 1/2011, de 28 de enero, de reforma del Estatuto de Autonomía de la Comunidad Autónoma de Extremadura: «La ley orgánica entrará en vigor el mismo día en que se publique en el *Boletín Oficial del Estado*, publicándose también en el *Diario Oficial de Extremadura*».

2) La Disposición Final 18.ª de la Ley 40/2015, de 1 de octubre, de Régimen Jurídico del Sector Público (LRJSP), establece, a la hora de regular su entrada en vigor, una multiplicidad de plazos de *vacatio legis*. Esta norma legal dispone, en efecto, que:

«Disposición Final 18.ª Entrada en vigor.

1. La presente Ley entrará en vigor al año de su publicación en el *Boletín Oficial del Estado*, a excepción del punto cuatro de la Disposición Final 5.ª de

modificación de la Ley 22/2003, de 9 de julio, Concursal, de los puntos uno a once de la Disposición Final 9.ª de modificación del Texto Refundido de la Ley de Contratos del Sector Público, aprobado por Real Decreto Legislativo 3/2011, de 14 de noviembre y la Disposición Final 12.ª de restitución o compensación a los partidos políticos de bienes y derechos incautados en aplicación de la normativa sobre responsabilidades políticas que entrarán en vigor a los veinte días de su publicación en el *Boletín Oficial del Estado*, y el punto doce de la misma Disposición Final 9.ª, que lo hará a los seis meses de la citada publicación en el *Boletín Oficial del Estado*.

2. No obstante, entrarán en vigor el día siguiente al de su publicación en el *Boletín Oficial del Estado* la Disposición Final 1.ª, de modificación de la Ley 23/1982, de 16 de junio, reguladora del Patrimonio Nacional, la Disposición Final 2.ª, de modificación del Real Decreto-Ley 12/1995, de 28 de diciembre, sobre medidas urgentes en materia presupuestaria, tributaria y financiera, los puntos uno a tres de la Disposición Final 5.ª, de modificación de la Ley 22/2003, de 9 de julio, Concursal, la Disposición Final 7.ª, de modificación de la Ley 38/2003, de 17 de noviembre, General de Subvenciones y la Disposición Final 11.ª, de modificación de la Ley 20/2015, de 14 de julio, de ordenación, supervisión y solvencia de las entidades aseguradoras y reaseguradoras.

3. La Disposición Final 10.ª de modificación de la Disposición Adicional 13.ª de la Ley 17/2012, de 27 de diciembre, de Presupuestos Generales del Estado para el año 2013, entrará en vigor el día siguiente al de su publicación en el *Boletín Oficial del Estado*, sin perjuicio de que los apartados uno, primer y segundo párrafo; dos; tres, párrafos primero y segundo; cuatro; cinco, párrafos primero a cuarto y, seis, surtirán efectos a partir del 1 de enero de 2013, y de lo dispuesto en el apartado siete».

c.3. La regla especial de entrada en vigor establecida para las leyes formales estatales, reales decretos legislativos y reglamentos estatales («cuya aprobación o propuesta corresponda al Gobierno o a sus miembros») «que impongan nuevas obligaciones a las personas físicas o jurídicas que desempeñen una actividad económica o profesional como consecuencia del ejercicio de ésta» (art. 23 LG).

c.3.1. Estas normas «preverán el comienzo de su vigencia el 2 de enero o el 1 de julio siguientes a su aprobación».

c.3.2. La exclusión de esta regla especial en los siguientes supuestos: 1) los reales decretos-leyes, y 2) cuando el cumplimiento del plazo de transposición de una directiva europea «u otras razones justificadas así lo aconsejen, debiendo quedar este hecho debidamente acreditado en la respectiva Memoria» (art. 23.2 LG).

c.4. El plazo de *vacatio legis* para las normas con rango de ley y con rango reglamentario en Extremadura: el tradicional plazo de los veinte días, salvo que en la norma en cuestión se disponga otra cosa.

El art. 40.4 EAEx dispone: «Las leyes de la Asamblea de Extremadura y las disposiciones normativas del Presidente y la Junta entrarán en vigor a los veinte días de su publicación íntegra en el *Diario Oficial de Extremadura*, salvo que en ellas se disponga otra cosa».

C. La publicación de las normas europeas: el *Diario Oficial de la Unión Europea* (*DOUE*). La serie «L» y la serie «C» de este Diario Oficial.

D. La publicación de las normas estatales: el *Boletín Oficial del Estado* (*BOE*).

E. La publicación de las normas de las Comunidades Autónomas.

a. Las leyes de las Comunidades Autónomas. En particular, las leyes y las disposiciones generales con rango de ley dictadas por la Junta de Extremadura.

a.1. La necesaria publicación en los diarios oficiales de las correspondientes Comunidades Autónomas. Esta publicación determina el comienzo del cómputo del plazo.

En relación con las leyes y las disposiciones generales con rango de ley de la Junta de Extremadura, los apartados 1 y 2 del art. 40 EAEx disponen:

«1. Las leyes de la Asamblea de Extremadura serán promulgadas en nombre del Rey por el Presidente de la Comunidad Autónoma en el plazo de diez días desde su remisión oficial por la Cámara, disponiendo su inmediata publicación en el *Diario Oficial de Extremadura*.

2. Las disposiciones generales, en todo caso, y los actos emanados de instituciones que requieran ser publicados, se insertarán en el mismo diario oficial. Dicha publicación será suficiente para determinar la entrada en vigor de las normas autonómicas y para la eficacia de dichos actos».

a.2. La publicación en el *BOE* de las normas autonómicas tiene simples efectos informativos.

Con respecto a la publicación de las normas legales autonómicas en el *BOE*, el apartado 3 del art. 40 EAEx establece: «Las leyes de la Asamblea y los decretos con rango legal que dicte la Junta de Extremadura serán publicadas, además, en el *Boletín Oficial del Estado*. Los demás actos y disposiciones se publicarán en el referido boletín de conformidad con lo que dispongan las normas de Estado».

b. La publicación de los reglamentos autonómicos. En particular, el caso de Extremadura: el art. 40.2 EAEx y el art. 93.1 LGAEx.

El apartado 1 del art. 93 LGAEx dispone: «Para que produzcan efectos jurídicos, los Decretos así como las restantes disposiciones administrativas de carácter general deberán publicarse en el *Diario Oficial de Extremadura*, órgano oficial de publicación de la Comunidad Autónoma de Extremadura, y entrarán en vigor a los veinte días de su publicación salvo que en la misma se disponga otra cosa».

F. La publicación de las normas de las Administraciones Locales: los boletines oficiales de la provincia. El art. 70.2 LBRL.

Este art. 70.2 LBRL dispone: «Los acuerdos que adopten las corporaciones locales se publican o notifican en la forma prevista por la Ley. Las ordenanzas, incluidos el articulado de las normas de los planes urbanísticos, así como los acuerdos correspondientes a éstos cuya aprobación definitiva sea competencia de los entes locales, se publicarán en el *Boletín Oficial* de la Provincia y no entrarán en vigor hasta que se haya publicado completamente su texto y haya transcurrido el plazo previsto en el art. 65.2 salvo los presupuestos y las ordenanzas fiscales que se publican y entran en vigor en los términos establecidos en la Ley 39/1988, de 28 de diciembre, reguladora de las Haciendas Locales...».

El art. 65.2 LBRL establece un plazo de quince días hábiles en relación con el requerimiento que las Administraciones estatal y autonómica pueden realizar respecto de actos y acuerdos de las entidades locales que infrinjan el ordenamiento jurídico.

3. El final de la vigencia de las normas.

A. Regla general: las normas suelen nacer con una vocación de vigencia indefinida.

B. No obstante, pueden aprobarse normas con vocación de temporalidad.

a. Existen normas que fijan un plazo de duración: las leyes de presupuestos son anuales (art. 134.2 CE).

El art. 134.2 CE dispone: «Los Presupuestos Generales del Estado tendrán carácter anual, incluirán la totalidad de los gastos e ingresos del sector público estatal y en ellos se consignará el importe de los beneficios fiscales que afecten a los tributos del Estado».

b. Existen normas que sin establecer un plazo de vigencia nacen con una vocación de provisionalidad para hacer frente a un hecho urgente o extraordinario (por ejemplo, los decretos-leyes son «disposiciones legislativas provisionales» —art. 86.1 CE—, que deben ser convalidados en un plazo máximo de treinta días por el Congreso de los Diputados para mantener su vigencia).

C. La derogación.

a. Las disposiciones generales pierden su vigencia (cuando no están sometidas a plazo o a la concurrencia de un acontecimiento determinado) mediante la derogación, que supone su expulsión del ordenamiento jurídico.

b. Las normas jurídicas sólo se derogan por otras posteriores de igual o superior rango (*lex posterior derogat anterior*) (art. 2.2 CC, inciso inicial: «Las leyes sólo se derogan por otras posteriores»).

c. La tipología.

c.1. El art. 2.2 CC (segundo inciso) establece: «La derogación tendrá el alcance que expresamente se disponga y se extenderá siempre a todo aquello que en la ley nueva, sobre la misma materia, sea incompatible con la anterior».

c.2. Derogación expresa: cuando una norma determina de manera concreta y precisa la(s) norma(s) anterior(es) que expulsa del ordenamiento jurídico.

Un ejemplo de derogación expresa: los apartados 1 y 2 de la disposición derogatoria de la Constitución de 1978.

«1. Queda derogada la Ley 1/1977, de 4 de enero, para la Reforma Política, así como, en tanto en cuanto no estuvieran ya derogadas por la anteriormente mencionada Ley, la de Principios del Movimiento Nacional, de 17 de mayo de 1958; el Fuero de los Españoles, de 17 de julio de 1945; el del Trabajo, de 9 de marzo de 1938; la Ley Constitutiva de las Cortes, de 17 de julio de 1942; la Ley de Sucesión en la Jefatura del Estado, de 26 de julio de 1947, todas ellas modificadas por la Ley Orgánica del Estado, de 10 de enero de 1967, y en los mismos términos esta última y la de Referéndum Nacional de 22 de octubre de 1945.

2. En tanto en cuanto pudiera conservar alguna vigencia, se considera definitivamente derogada la Ley de 25 de octubre de 1839 en lo que pudiera afectar a las provincias de Álava, Guipúzcoa y Vizcaya.

En los mismos términos se considera definitivamente derogada la Ley de 21 de julio de 1876».

c.3. Derogación tácita: cuando la norma se limita a precisar que quedan derogadas todas las normas de igual o inferior rango que sean incompatibles con ella, pero sin señalar nominalmente cuáles son dichas normas. El problema de las cláusulas derogatorias generales y la dificultad de determinar qué preceptos de la norma anterior han sido efectivamente derogados (la técnica de la «tabla de vigencias» —art. 129.3 LPA de 1958—).

Un ejemplo de derogación tácita: el apartado 3 de la disposición derogatoria de la Constitución de 1978: «Asimismo quedan derogadas cuantas disposiciones se opongan a lo establecido en esta Constitución».

En relación con la tabla de vigencias, el art. 129.3 de la Ley de 17 de julio de 1958, de Procedimiento Administrativo, disponía: «No podrá formularse ninguna propuesta de nueva disposición sin acompañar al proyecto la tabla de vigencias de disposiciones anteriores sobre la misma materia, y sin que en la nueva disposición se consignen expresamente las anteriores que han de quedar total o parcialmente derogadas».

d. La diferencia entre la derogación y la declaración de nulidad de las normas jurídicas.

d.1. Derogación: consiste en la expulsión del ordenamiento jurídico de una norma válidamente adoptada por la libre voluntad del sujeto normador (Legislador, Gobierno o Administración), que aprueba otra norma de igual o superior rango que expresa o tácitamente produce aquel resultado. Sus efectos se producen, como regla general, *ex nunc*, esto es, a partir del momento mismo en que se produce la entrada en vigor de la nueva norma derogatoria (salvo que tenga efectos retroactivos).

d.2. Nulidad: consiste en la expulsión de una norma del ordenamiento jurídico no por la libre voluntad de un órgano legiferante, sino porque contiene vicios jurídicos que afectan a la norma desde su origen, y así se declara, en su caso, por la propia Administración (mediante la técnica de la revisión de oficio —art. 106.2 LPAC—) o por los órganos judiciales correspondientes a través de los recursos jurisdiccionales. Sus efectos son, como regla general, *ex tunc* (*ab initio*), afectando a las situaciones creadas por la norma anulada que no sean firmes (salvo que la resolución administrativa o judicial disponga otra cosa).

4. La retroactividad de las normas.

A. Planteamiento general: la idea de retroactividad conlleva el que una nueva norma produce efectos sobre situaciones jurídicas que de una u otra forma han surgido o tienen su origen con anterioridad a la entrada en vigor de dicha nueva norma.

B. Los tipos de retroactividad: el concepto de retroactividad no es unívoco, sino que admite distintos tipos de gradaciones (Muñoz Machado).

a. Grado máximo (retroactividad propia o directa): «supone la aplicación de la norma nueva a relaciones jurídicas surgidas con anterioridad a aquélla, que han agotado sus efectos antes de la entrada en vigor de la misma».

b. Grado medio: tiene lugar «cuando la nueva norma se aplica a los efectos no extinguidos o pendientes, generados, sin embargo, antes de su entrada en vigor».

c. Grado mínimo: «ocurre cuando la norma se aplica a los efectos de relaciones pasadas, surgidos después de la entrada en vigor de aquélla».

C. La retroactividad de las leyes.

a. El art. 2.3 CC dispone: «Las leyes no tendrán efecto retroactivo, si no dispusieren lo contrario».

b. El art. 9.3 CE prevé: «La Constitución garantiza [...] la irretroactividad de las disposiciones sancionadoras no favorables o restrictivas de derechos individuales».

D. La irretroactividad de los reglamentos y sus excepciones. Doctrinalmente (García de Enterría/Fernández Rodríguez) han defendido la vigencia en nuestro derecho de la regla general de la irretroactividad de los reglamentos, señalando tres tipos de excepciones:

a. Los reglamentos meramente interpretativos.

b. Los reglamentos de organización.

c. Los reglamentos *in bonis* o favorables.

E. La interpretación del art. 9.3 CE por el Tribunal Constitucional.

a. La primera jurisprudencia equiparaba el concepto de «derechos individuales» con los derechos fundamentales constitucionalizados en nuestra norma fundamental (STC 27/1981, de 20 de julio). Esta jurisprudencia tenía como efecto una eventual congelación del ordenamiento jurídico (si una ley, por ejemplo, no pudiese afectar al derecho de propiedad, podría producirse un eventual conflicto con la cláusula del Estado Social).

b. En una evolución posterior de la jurisprudencia, el Tribunal Constitucional sostiene la posibilidad de que haya leyes que limiten los derechos fundamentales. En otros términos: el art. 9.3 CE no supone la imposibilidad de dotar de efectos retroactivos a leyes que colisionen con derechos subjetivos de cualquier tipo (STC 42/1986, de 10 de abril).

F. Los límites del principio de retroactividad: el Tribunal Constitucional considera (STC 234/2001, de 13 de diciembre) que la compatibilidad de la retroactividad con la Constitución sólo puede determinarse teniendo en cuenta «las circunstancias específicas de cada supuesto». Como parámetros de control, el Tribunal Constitucional utiliza los principios de seguridad jurídica y de confianza legítima (que es una de las proyecciones básicas de la referida seguridad jurídica): «una ley retroactiva vulnera el principio de seguridad jurídica cuando se revela irrazonable o imprevisible, con quiebra de la confianza legítima de los obligados tributarios en lo que, razonablemente, esperaban que debía ser la actuación de los poderes públicos» (STC 234/2001, de 13 de diciembre).

VI. LAS REGLAS GENERALES PARA EL EJERCICIO DE LA POTESTAD NORMATIVA DEL GOBIERNO Y DE LAS ADMINISTRACIONES PÚBLICAS

1. La inclusión en la LPAC de reglas generales para el ejercicio de la potestad normativa por todos los Gobiernos y por todas las Administraciones Públicas en España: su Título VI (arts. 127 a 133), que se rubrica: «De la iniciativa legislativa y de la potestad para dictar reglamentos y otras disposiciones».

A. Las mejoras reseñadas en la Exposición de Motivos de la LPAC sobre esta cuestión.

a. Las medidas tendentes a incrementar la participación de los ciudadanos en el procedimiento de elaboración de las normas: «se incluyen varias novedades para incrementar la participación de los ciudadanos en el procedimiento de elaboración de normas, entre las que destaca, la necesidad de recabar, con carácter previo a la elaboración de la norma, la opinión de ciudadanos y empresas acerca de los problemas que se pretenden solucionar con la iniciativa, la necesidad y oportunidad de su aprobación, los objetivos de la norma y las posibles soluciones alternativas regulatorias y no regulatorias».

b. La mejora de la planificación normativa: «en aras de una mayor seguridad jurídica, y la predictibilidad del ordenamiento, se apuesta por mejorar la planificación normativa *ex ante*. Para ello, todas las Administraciones divulgarán un Plan Anual Normativo en el que se recogerán todas las propuestas con rango de ley o de reglamento que vayan a ser elevadas para su aprobación el año siguiente».

c. La evaluación continua de la normativa vigente: «se fortalece la evaluación *ex post*, puesto que junto con el deber de revisar de forma continua la adaptación de la normativa a los principios de buena regulación, se impone la obligación de evaluar periódicamente la aplicación de las normas en vigor, con el objeto de comprobar si han cumplido los objetivos perseguidos y si el coste y cargas derivados de ellas estaba justificado y adecuadamente valorado».

B. El art. 22 LG: la expresa declaración por el legislador estatal de que el Gobierno de la Nación ejercerá la iniciativa legislativa y la potestad reglamentaria de conformidad con los principios y reglas establecidos en el Título VI de la LPAC.

C. El contenido del Título VI de la LPAC.

a. Los principios que deben respetarse en el ejercicio de la iniciativa legislativa y de la potestad reglamentaria: «Principios de buena regulación».

b. La evaluación normativa y la adaptación de la normativa vigente a los principios de buena regulación.

c. La planificación normativa.

d. La participación ciudadana en el procedimiento de elaboración de las normas con rango de ley y de los reglamentos.

D. Las previsiones sobre el contenido del Título VI de la LPAC en la STC 55/2018, de 24 de mayo.

2. Los principios de buena regulación (art. 129 LPAC).

A. Los principios que deben respetarse «en el ejercicio de la iniciativa legislativa y la potestad reglamentaria» (¿y no cuándo se aprueban normas con rango de ley por el Poder Ejecutivo? —el art. 129.1 LPAC olvida referirse a esta potestad normativa—) son (art. 129.1 LPAC): 1) Necesidad; 2) Eficacia; 3) Proporcionalidad; 4) Seguridad jurídica; 5) Transparencia, y 6) Eficiencia.

a. Los principios de necesidad y eficacia (art. 129.2 LPAC): «la iniciativa normativa debe estar justificada por una razón de interés general, basarse en una identificación clara de los fines perseguidos y ser el instrumento más adecuado para garantizar su consecución».

b. El principio de proporcionalidad (art. 129.3 LPAC): «la iniciativa que se proponga deberá contener la regulación imprescindible para atender la necesidad a cubrir con la norma, tras constatar que no existen otras medidas menos restrictivas de derechos, o que impongan menos obligaciones a los destinatarios».

c. El principio de seguridad jurídica (art. 129.4 LPAC): «la iniciativa normativa se ejercerá de manera coherente con el resto del ordenamiento jurídico, nacional y de la Unión Europea, para generar un marco normativo estable, predecible, integrado, claro y de certidumbre, que facilite su conocimiento y comprensión y, en consecuencia, la actuación y toma de decisiones de las personas y empresas». Concreciones del principio de seguridad jurídica:

c.1. En el caso de iniciativas normativas que afecten al procedimiento administrativo añadiendo trámites adicionales o distintos a los establecidos en la LPAC, dichos trámites «deberán ser justificados atendiendo a la singularidad de la materia o a los fines perseguidos por la propuesta».

c.2. Las habilitaciones para el desarrollo reglamentario de una ley serán conferidas:

1) Con carácter general, al Gobierno de la Nación o al Consejo de Gobierno autonómico respectivo.

2) Con carácter excepcional (debiendo justificarse en la ley habilitante), a los titulares de los departamentos ministeriales o de las consejerías autonómicas (o, en su caso, a órganos dependientes o subordinados a éstos).

3) Las leyes podrán habilitar a las Administraciones independientes (o a otros organismos que cuenten con esta potestad) para aprobar normas de desarrollo o de aplicación de dichas leyes, «cuando la naturaleza de la materia así lo exija».

d. El principio de transparencia (art. 129.5 LPAC). En aplicación de este principio, las Administraciones Públicas:

1) Posibilitarán el acceso sencillo, universal y actualizado a la normativa en vigor y los documentos propios de su proceso de elaboración.

2) Definirán claramente los objetivos de las iniciativas normativas y su justificación en el preámbulo o exposición de motivos.

3) Posibilitarán que los potenciales destinatarios tengan una participación activa en la elaboración de las normas.

e. El principio de eficiencia (art. 129.6 LPAC): «la iniciativa normativa debe evitar cargas administrativas innecesarias o accesorias y racionalizar, en su aplicación, la gestión de los recursos públicos». En este contexto, y cuando la iniciativa normativa afecte a los gastos o ingresos públicos presentes o futuros:

1) Se deberán cuantificar y valorar sus repercusiones y efectos.

2) Deberá supeditarse al cumplimiento de los principios de estabilidad presupuestaria y sostenibilidad financiera (art. 129.7 LPAC).

B. La justificación de la adecuación de cada proyecto a estos principios (art. 129.1 LPAC): debe realizarse en la exposición de motivos o en el preámbulo de los anteproyectos de ley y de los proyectos de reglamento.

3. La evaluación normativa y la adaptación de la normativa vigente a los principios de buena regulación (art. 130 LPAC).

A. Las Administraciones Públicas «promoverán la aplicación de los principios de buena regulación» (art. 130.2 LPAC).

B. Las Administraciones Públicas «cooperarán para promocionar el análisis económico en la elaboración de las normas y, en particular, para evitar la introducción de restricciones injustificadas o desproporcionadas a la actividad económica» (art. 130.2 LPAC).

C. Las Administraciones Públicas «revisarán periódicamente su normativa vigente» para (art. 130.1 LPAC):

a. Adaptarla a los principios de buena regulación.

b. Comprobar la medida en que las normas en vigor han conseguido los objetivos previstos.

c. Comprobar si estaba justificado y correctamente cuantificado el coste y las cargas impuestas en ellas.

D. La evaluación normativa en el ámbito de la Administración General del Estado (art. 28 LG).

a. El informe anual de evaluación dentro de la Administración General del Estado lo aprueba anualmente el Consejo de Ministros (art. 28.1 LG).

b. El contenido del informe: deberá reflejar «el grado de cumplimiento del Plan Anual Normativo del año anterior, las iniciativas adoptadas que no estaban inicialmente incluidas en el citado Plan, así como las incluidas en anteriores informes de evaluación con objetivos plurianuales que hayan producido al menos parte de sus efectos en el año que se evalúa» (art. 28.1 LG).

c. El contenido de la evaluación de cada norma (art. 28.2 LG).

c.1. La evaluación debe hacerse «en los términos y plazos previstos en la Memoria de Análisis de Impacto Normativo» que tiene que redactarse durante el procedimiento de elaboración de cada norma.

c.2. El contenido mínimo obligatorio de cada evaluación normativa. El análisis de eficacia, eficiencia y sostenibilidad (art. 28.2 LG):

«*a*) La eficacia de la norma, entendiendo por tal la medida en que ha conseguido los fines pretendidos con su aprobación.

b) La eficiencia de la norma, identificando las cargas administrativas que podrían no haber sido necesarias.

c) La sostenibilidad de la disposición».

c.3. Sobre las posibles recomendaciones de los informes: «El informe podrá contener recomendaciones específicas de modificación y, en su caso, derogación de las normas evaluadas, cuando así lo aconsejase el resultado del análisis» (art. 28.2 LG).

4. La planificación normativa (art. 132 LPAC).

A. La obligación de las Administraciones Públicas de hacer público, con carácter anual, un Plan Normativo que contendrá las iniciativas legales o reglamentarias que vayan a ser elevadas para su aprobación en el año siguiente (art. 132.1 LPAC).

B. Después de su aprobación, el Plan Anual Normativo deberá ser publicado en el Portal de la Transparencia de la Administración Pública correspondiente (art. 132.2 LPAC).

C. Sobre la regulación del Plan Anual Normativo en el ámbito de la Administración General del Estado (art. 25 LG).

a. La regla general: «El Gobierno aprobará anualmente un Plan Normativo que contendrá las iniciativas legislativas o reglamentarias que vayan a ser elevadas para su aprobación en el año siguiente» (art. 25.1 LG).

b. Sobre la aprobación de normas que no estén previstas en el Plan Anual Normativo de la Administración General del Estado: «Cuando se eleve para su aprobación por el órgano competente una propuesta normativa que no figurara en el Plan Anual Normativo al que se refiere el presente artículo será necesario justificar este hecho en la correspondiente Memoria del Análisis de Impacto Normativo» (art. 25.3 LG).

c. La competencia para la elaboración del Plan y su finalidad: «El Plan Anual Normativo estará coordinado por el Ministerio de la Presidencia, con el objeto de asegurar la congruencia de todas las iniciativas que se tramiten y de evitar sucesivas modificaciones del régimen legal aplicable a un determinado sector o área de actividad en un corto espacio de tiempo. El Ministro de la Presidencia elevará el Plan al Consejo de Ministros para su aprobación antes del 30 de abril» (art. 25.4 LG).

Por Real Decreto 286/2017, de 24 de marzo, se regulan el Plan Anual Normativo y el Informe Anual de Evaluación Normativa de la Administración General del Estado y se crea la Junta de Planificación y Evaluación Normativa.

5. La participación ciudadana en el procedimiento de elaboración de las normas con rango de ley y de los reglamentos (art. 133 LPAC).

A. Consulta pública. Con carácter previo a la elaboración del proyecto o anteproyecto de ley o reglamento (art. 133.1 LPAC): consulta pública a través del portal web de la Administración competente para recabar la opinión de los sujetos y organizaciones más representativas, que puedan verse afectadas por la nueva futura norma.

B. Audiencia de los afectados en sus derechos e intereses legítimos e información pública para que cualquier persona o entidad realicen las aportaciones que estimen oportunas (art. 133.2 LPAC). El centro directivo competente publicará el texto en el portal web correspondiente, con el objeto de:

1) Dar audiencia a los ciudadanos afectados.

2) Recabar cuantas aportaciones adicionales puedan hacerse por otras personas o entidades.

3) Recabar directamente la opinión de las organizaciones o asociaciones reconocidas por ley que agrupen o representen a las personas cuyos derechos o intereses legítimos se vieren afectados por la norma y cuyos fines guarden relación directa con su objeto.

C. Sobre cómo debe realizarse la consulta, la audiencia y la información pública previstas en el art. 133 LPAC (art. 133.3): «deberán realizarse de forma tal que los potenciales destinatarios de la norma y quienes realicen aportaciones sobre ella tengan la posibilidad de emitir su opinión, para lo cual deberán ponerse a su disposición los documentos necesarios, que serán claros, concisos y reunir toda la información precisa para poder pronunciarse sobre la materia».

D. Los supuestos en que puede prescindirse de los trámites de consulta, audiencia e información pública previstos en el art. 133 LPAC (art. 133.4).

a. Los supuestos en los que puede omitirse la consulta pública. Puede omitirse este trámite cuando la propuesta normativa:

1) No tenga un impacto significativo en la actividad económica.

2) No imponga obligaciones relevantes a los destinatarios.

3) Regule aspectos parciales de una materia.

b. Los supuestos en que puede prescindirse de los tres trámites (consulta, audiencia e información pública) previstos en el art. 133 LPAC:

1) En el caso de normas presupuestarias.

2) En el supuesto de las normas organizativas de las diferentes Administraciones Territoriales (o de las organizaciones dependientes o vinculadas a éstas).

3) Cuando concurran razones de interés público que lo justifique.

c. Los supuestos de tramitación urgente de los proyectos normativos: «Si la normativa reguladora del ejercicio de la iniciativa legislativa o de la potestad reglamentaria por una Administración prevé la tramitación urgente de estos procedimientos, la eventual excepción del trámite por esta circunstancia se ajustará a lo previsto en aquélla».

LECCIÓN 5

LA ADMINISTRACIÓN Y LAS FUENTES DEL DERECHO ADMINISTRATIVO (I): LA CONSTITUCIÓN Y LOS TRATADOS INTERNACIONALES

Todo ordenamiento jurídico precisa un sistema de fuentes del derecho que ordene (a lo que alude el propio término de «ordenamiento») la multiplicidad de mandatos que genera la actividad de las instituciones... La Constitución, expresa o tácitamente, establece los criterios de ordenación entre las diferentes normas según los sujetos que las creen, los procedimientos que sigan y las formas que adopte el mandato. Los principios de jerarquía y competencia son los principales criterios para esta ordenación.

Ferdinand Lasalle, *¿Qué es una Constitución?*, Ariel Derecho, Madrid, 2002.

Estructura:

I. Introducción a la Constitución como norma jurídica.
II. Los Tratados internacionales y su posición dentro del sistema de fuentes del Derecho.

Normativa de referencia:

I. Constitución Española (CE).
II. Normativa internacional.
   1. Convención de Viena sobre el Derecho de los Tratados, de 23 de mayo de 1969.
   2. Convención de Viena sobre el Derecho de los Tratados entre Estados y organizaciones internacionales, o entre organizaciones internacionales, de 21 de marzo de 1986.
III. Normativa estatal.
   1. Ley Orgánica 2/1979, de 3 de octubre, del Tribunal Constitucional (LOTC).
   2. Ley Orgánica 6/1985, de 1 de julio, del Poder Judicial (LOPJ).
   3. Ley Orgánica 1/2011, de 28 de enero, de reforma del Estatuto de Autonomía de la Comunidad Autónoma de Extremadura (EAEx).

4. Código Civil (CC). El Título Preliminar fue modificado por Decreto 1836/1974, de 31 de marzo, por el que se sanciona con fuerza de Ley el texto articulado del Título Preliminar del Código Civil.
5. Ley 25/2014, de 27 de noviembre, de Tratados y otros Acuerdos Internacionales (LTAI).
6. Ley 40/2015, de 1 de octubre, de Régimen Jurídico del Sector Público (LRJSP).

Bibliografía complementaria:

Caballero, E., *Los tratados internacionales*, Ediciones Rialps, Madrid, 1962.

Díez de Velasco, M., *Instituciones de Derecho Internacional Público*, Tecnos, Madrid, 18.ª edición, 2013.

García de Enterría, E., y Fernández Rodríguez, T. R., *Curso de Derecho Administrativo*, Tomo I, Civitas/Thomson, Madrid, 21.ª edición, 2024.

Muñoz Machado, S., *Tratado de Derecho Administrativo y Derecho Público General*, Tomo V. *La Constitución como norma*, Boletín Oficial del Estado, Madrid, 4.ª edición, 2015.

— *Derecho Administrativo y sistema de fuentes*, Tomo I de la obra colectiva *Lecciones y Materiales para el Estudio del Derecho Administrativo*, Iustel, Madrid, 2009.

Remiro Brotóns, A., *Derecho Internacional Público. 2. Derecho de los Tratados*, Tecnos, Madrid, 1987.

Rodríguez-Zapata, J., *Constitución, tratados internacionales y sistema de fuentes del derecho*, Publicaciones del Real Colegio de España, Bolonia, 1976.

Lecturas recomendadas:

Alonso García, E., *Interpretación de la Constitución*, Centro de Estudios Constitucionales, Madrid, 1984.

García de Enterría, E., *La Constitución como norma y el Tribunal Constitucional*, Civitas, Madrid, 1983.

Herrero de Miñón, M., *El valor de la Constitución*, Crítica, Barcelona, 2003.

Muñoz Machado, S., *Vieja y nueva Constitución*, Crítica, Madrid, 2016.

Rubio Llorente, F., *La forma del poder. Estudios sobre la Constitución*, Centro de Estudios Constitucionales, Madrid, 2013.

I. INTRODUCCIÓN A LA CONSTITUCIÓN COMO NORMA JURÍDICA

1. Su valor jurídico: norma suprema del ordenamiento jurídico, aprobada por el poder constituyente, de la que dimanan todos los poderes del Estado.

2. Su estructura.

   A. La parte dogmática: recoge los principios sobre los que se asienta el sistema y el catálogo de los derechos y libertades de los ciudadanos.

   B. La parte orgánica: configura y ordena los poderes del Estado, el sistema de relaciones entre ellos, así como los distintos límites al ejercicio del poder.

C. La estructura de la Constitución Española de 1978.

Preámbulo.
Título preliminar.
Título I. De los derechos y deberes fundamentales.
Título II. De la Corona.
Título III. De las Cortes Generales.
Título IV. Del Gobierno y de la Administración.
Título V. De las relaciones entre el Gobierno y las Cortes Generales.
Título VI. Del Poder Judicial.
Título VII. Economía y Hacienda.
Título VIII. De la Organización Territorial del Estado.
Título IX. Del Tribunal Constitucional.
Título X. De la reforma constitucional.
Disposiciones Adicionales.
Disposiciones Transitorias.
Disposiciones Derogatorias.
Disposición Final.

3. Las tres reformas constitucionales.

A. Los distintos procedimientos de reforma constitucional.

B. La reforma de 1992: el art. 13.2 de la Constitución y el sufragio de los extranjeros en las elecciones municipales.

C. La reforma de 2011: el art. 135 de la Constitución, la estabilidad presupuestaria y la crisis de 2008.

D. La reforma de 2024: el art. 49 de la Constitución, las personas con discapacidad y el término «disminuido».

4. Las características de la Constitución como norma jurídica.

A. La Constitución es una norma jurídica que vincula a los poderes públicos y a los ciudadanos (art. 9.1 CE). El control efectivo de su aplicación está encomendado a todos los Jueces y Tribunales integrantes del Poder Judicial y al Tribunal Constitucional. A nuestros efectos, el art. 5 LOPJ afirma que la Constitución «vincula a todos los Jueces y Tribunales, quienes interpretarán y aplicarán las leyes y los reglamentos según los preceptos y principios constitucionales, conforme a la interpretación de los mismos que resulte de las resoluciones dictadas por el Tribunal Constitucional…».

B. Es la norma jurídica suprema (art. 5 LOPJ: «La Constitución es la norma suprema del ordenamiento jurídico»). Esta supremacía se manifiesta en un doble orden:

a. La supremacía formal: la Constitución Española no puede ser modificada ni derogada por ninguna otra norma del ordenamiento, salvo que se sigan los procedimientos de reforma establecidos en la propia Constitución (arts. 167 y 168 CE).

b. La supremacía material o de contenido.

b.1. La Constitución deroga las normas dictadas con anterioridad a su entrada en vigor que se opongan a sus disposiciones (disposición derogatoria tercera). La STC 4/1981, de 2 de febrero: la distinción entre la derogación (cualquier órgano judicial puede inaplicar las leyes que considere derogadas por la Constitución) y la declaración de inconstitucionalidad sobrevenida de las leyes preconstitucionales (declarada por el Tribunal Constitucional previo planteamiento de la correspondiente cuestión de inconstitucionalidad por un órgano judicial, que duda sobre la constitucionalidad de una ley preconstitucional).

b.2. La Constitución Española determina la inconstitucionalidad (y nulidad) de cualquier norma o acto producidos con posterioridad a su entrada en vigor que sean contrarios a sus previsiones.

5. El papel del Tribunal Constitucional como «guardián de la Constitución».

A. Nociones básicas sobre el Tribunal Constitucional y su régimen jurídico.

a. El Tribunal Constitucional como «intérprete supremo de la Constitución» (art. 1 LOTC) y máximo garante de su respeto. Sobre los mecanismos de los que dispone el Alto Tribunal para forzar el cumplimiento de sus decisiones (art. 92 LOTC).

b. El régimen jurídico del Tribunal Constitucional: está sometido «sólo» a la Constitución y a su Ley Orgánica (art. 1.1 LOTC). Sus normas reguladoras son:

b.1. La Constitución: el Título IX, que comprende los arts.159 a 165, se titula «Del Tribunal Constitucional».

b.2. La Ley Orgánica 2/1979, de 3 de octubre, del Tribunal Constitucional (LOTC).

c. La composición del Tribunal Constitucional: «El Tribunal Constitucional se compone de 12 miembros nombrados por el Rey; de ellos, cuatro a propuesta del Congreso por mayoría de tres quintos de sus miembros; cuatro a propuesta del Senado, con idéntica mayoría; dos a propuesta del Gobierno, y dos a propuesta del Consejo General del Poder Judicial» (art. 159.1 CE). Los Magistrados del Tribunal

Constitucional «deberán ser nombrados entre Magistrados y Fiscales, Profesores de Universidad, Funcionarios Públicos y Abogados, todos ellos juristas de reconocida competencia con más de quince años de ejercicio profesional» (art. 159.2 CE).

d. La duración del mandato de los Magistrados del Tribunal Constitucional: «Los miembros del Tribunal Constitucional serán designados por un período de nueve años y se renovarán por terceras partes cada tres» (art. 159.3 CE).

e. La estructura del Tribunal Constitucional.

e.1. Los órganos unipersonales y sus funciones principales.

1) La Presidencia del Tribunal.
2) La Vicepresidencia.
3) Los Presidentes de las Secciones.

e.2. Los órganos colegiados y sus funciones principales.

1) El Pleno del Tribunal.
2) Las dos Salas.
3) Las cuatro Secciones.

f. Los Letrados del Tribunal Constitucional.

B. La distinción entre la técnica de protección de los derechos y libertades fundamentales a través de la vía de amparo (el amparo ordinario y el amparo constitucional) y el control de constitucionalidad de las leyes.

a. La protección de los derechos fundamentales por el Tribunal Constitucional (a través del recurso de amparo [art. 161.1.*b*) CE]). La protección de los derechos fundamentales se efectúa también por todos los Jueces y Tribunales integrantes del Poder Judicial. A nivel supranacional, el Tribunal Europeo de Derechos Humanos protege los derechos contenidos en el Convenio Europeo de Derechos Humanos de 1950 y en sus Protocolos adicionales.

b. El Tribunal Constitucional tiene el monopolio del control de constitucionalidad de las leyes: es el único órgano habilitado para declarar la inconstitucionalidad y la nulidad de una ley en nuestro modelo constitucional.

C. El papel de la jurisdicción ordinaria.

a. En la protección de los derechos fundamentales (el amparo ordinario).

b. En el control de las leyes: la cuestión de inconstitucionalidad (art. 163 CE).

D. Las principales funciones de control atribuidas de manera monopolística al Tribunal Constitucional (art. 161 CE y art. 2.1 y Disp. Adic. 5.ª LOTC).

a. Su regulación.

a.1. El art. 161 CE prevé: «1. El Tribunal Constitucional tiene jurisdicción en todo el territorio español y es competente para conocer:

a) Del recurso de inconstitucionalidad contra leyes y disposiciones normativas con fuerza de ley. La declaración de inconstitucionalidad de una norma jurídica con rango de ley, interpretada por la jurisprudencia, afectará a ésta, si bien la sentencia o sentencias recaídas no perderán el valor de cosa juzgada.

b) Del recurso de amparo por violación de los derechos y libertades referidos en el art. 53.2, de esta Constitución, en los casos y formas que la ley establezca.

c) De los conflictos de competencia entre el Estado y las Comunidades Autónomas o de los de éstas entre sí.

d) De las demás materias que le atribuyan la Constitución o las leyes orgánicas.

2. El Gobierno podrá impugnar ante el Tribunal Constitucional las disposiciones y resoluciones adoptadas por los órganos de las Comunidades Autónomas...».

a.2. El art. 2.1 LOTC establece: «El Tribunal Constitucional conocerá en los casos y en la forma que esta Ley determina:

a) Del recurso y de la cuestión de inconstitucionalidad contra Leyes, disposiciones normativas o actos con fuerza de Ley.

b) Del recurso de amparo por violación de los derechos y libertades públicas relacionados en el art. 53.2, de la Constitución.

c) De los conflictos constitucionales de competencia entre el Estado y las Comunidades Autónomas o de los de éstas entre sí.

d) De los conflictos entre los órganos constitucionales del Estado.

d) bis. De los conflictos en defensa de la autonomía local.

e) De la declaración sobre la constitucionalidad de los tratados internacionales.

e) bis. Del control previo de inconstitucionalidad en el supuesto previsto en el art. 69 de la presente Ley.

f) De las impugnaciones previstas en el número dos del art. 161 de la Constitución.

g) De la verificación de los nombramientos de los Magistrados del Tribunal Constitucional, para juzgar si los mismos reúnen los requisitos requeridos por la Constitución y la presente Ley.

h) De las demás materias que le atribuyen la Constitución y las Leyes orgánicas».

a.3. La Disposición Adicional 5.ª LOTC dispone: «1. Corresponderá al Tribunal Constitucional el conocimiento de los recursos interpuestos contra las Normas Forales fiscales de los Territorios de Álava, Guipúzcoa y Vizcaya, dictadas en el ejercicio de sus competencias exclusivas garantizadas por la disposición adicional primera de la Constitución y reconocidas en el art. 41.2.*a*) del Estatuto de Autonomía para el País Vasco (Ley Orgánica 3/1979, de 18 de diciembre).

El Tribunal Constitucional resolverá también las cuestiones que se susciten con carácter prejudicial por los órganos jurisdiccionales sobre la validez de las referidas disposiciones, cuando de ella dependa el fallo del litigio principal.

[...]

3. Las normas del Estado con rango de ley podrán dar lugar al planteamiento de conflictos en defensa de la autonomía foral de los Territorios Históricos de la Comunidad Autónoma del País Vasco, constitucional y estatutariamente garantizada.

Están legitimadas para plantear estos conflictos las Diputaciones Forales y las Juntas Generales de los Territorios Históricos de Álava, Bizkaia y Gipuzkoa, mediante acuerdo adoptado al efecto...».

En relación con esta Disposición Adicional 5.ª LOTC, debe verse la STC 118/2016, de 23 de junio.

b. El recurso de inconstitucionalidad.

b.1. Introducción al modelo de control concentrado de constitucionalidad de las leyes establecido en la Constitución (art. 1 LOTC) frente al sistema norteamericano de control difuso.

En el Derecho comparado existen dos modelos básicos de justicia constitucional: el concentrado y el difuso.

b.1.1. En el sistema de control concentrado de la constitucionalidad de las leyes, que es el característico de la Europa Continental desde el período de entreguerras (y es el imperante hoy en día, por ejemplo, en Alemania, Italia o España), existe un Tribunal Constitucional que tiene como función esencial pronunciarse sobre la compatibilidad con la Constitución de las distintas normas con rango de Ley dictadas por las diferentes piezas territoriales con esta capacidad normativa en los Estados complejos. El resultado de la constatación de una incompatibilidad entre las normas citadas da lugar a una declaración de inconstitucionalidad por el órgano que tiene el monopolio de hacerlo (esto es, el Tribunal Constitucional) con el efecto jurídico de la expulsión fuera del ordenamiento de la norma legal incompatible con el texto constitucional de referencia a través de la técnica de la declaración de nulidad. En otras palabras, los Tribunales Constitucionales se pronuncian exclusivamente en términos de validez o invalidez sobre la norma sometida a su consideración mediante recursos directos de inconstitucionalidad (control abstracto de la constitucionalidad) o bien a través de cuestiones planteadas por los jueces sobre la constitucionalidad de una norma legal de la que depende el fallo del asunto que en un momento dado enjuician (control concreto de la constitucionalidad).

b.1.2. El modelo de control difuso de la constitucionalidad de las leyes se caracteriza, por el contrario, porque todos los órganos judiciales (desde los jueces y los tribunales inferiores hasta el Tribunal Supremo) están habilitados para efectuar el control de constitucionalidad de una norma con rango de ley, no de manera abstracta, sino como consecuencia de su aplicación concreta, declarándola inaplicable en caso de considerar que la misma resulta contraria al orden constitucional. En otros términos, no existe un órgano que tenga confiado constitucionalmente el control de la constitucionalidad de las leyes de manera monopolística, ni tan siquiera el Tribunal Supremo, y ninguno de estos órganos jurisdiccionales puede efectuar un juicio de validez de la norma legal, expulsando una norma inconstitucional fuera del ordenamiento jurídico, sino que tan sólo ligan al eventual desajuste de una norma con el texto constitucional el efecto jurídico de la inaplicación, el desplazamiento o la ineficacia de la misma. En este modelo se enmarca el sistema estadounidense y, salvando las distancias con los modelos estatales, podría circunscribirse también en él el sistema de control judicial de la aplicación del Derecho comunitario europeo existente en el seno de la Unión Europea.

b.2. Su objeto: la impugnación de leyes y disposiciones normativas con fuerza de ley cuando puedan ser contrarias a la Constitución [art. 161.1.*a*) CE]. Sobre el bloque de la constitucionalidad.

El art. 28.1 LOTC dispone: «Para apreciar la conformidad o disconformidad con la Constitución de una Ley, disposición o acto con fuerza de Ley del Estado o de las Comunidades Autónomas, el Tribunal considerará, además de los preceptos constitucionales, las Leyes que, dentro del marco constitucional, se hubieran dictado para delimitar las competencias del Estado y las diferentes Comunidades Autónomas o para regular o armonizar el ejercicio de las competencias de éstas».

b.3. La legitimación para interponer un recurso de inconstitucionalidad: el Presidente del Gobierno, el Defensor del Pueblo, 50 Diputados, 50 Senadores, los órganos colegiados ejecutivos de las Comunidades Autónomas y, en su caso, las Asambleas de las mismas [art. 162.1.*a*) CE].

b.4. Sobre los privilegios del Presidente del Gobierno a la hora de impugnar las normas legales autonómicas: la suspensión automática de la norma legal autonómica desde la interposición del recurso de inconstitucionalidad durante un plazo de cinco meses, si en el recurso se pide dicha suspensión invocando el art. 161.2 CE. Durante ese plazo máximo, el Tribunal Constitucional debe pronunciarse mediante Auto sobre si procede o no que continúe la suspensión de la norma.

El art. 161.2 CE dispone: «El Gobierno podrá impugnar ante el Tribunal Constitucional las disposiciones y resoluciones adoptadas por los órganos de las Comunidades Autónomas. La impugnación producirá la suspensión de la disposición o resolución recurrida, pero el Tribunal, en su caso, deberá ratificarla o levantarla en un plazo no superior a cinco meses».

b.5. El plazo para la interposición de un recurso de inconstitucionalidad: tres meses a partir de la publicación de la ley o norma con rango de ley impugnada (art. 33.1 LOTC). La excepción prevista en el art. 33.2 LOTC en relación con las leyes o normas con rango de ley que susciten un conflicto de competencias que dé lugar a la reunión de la Comisión Bilateral de Cooperación entre la Administración General del Estado y la respectiva Comunidad Autónoma.

b.6. Las resoluciones del Tribunal Constitucional sobre los recursos de inconstitucionalidad. En particular, sobre las Sentencias: 1) Su estructura: Preámbulo (o Encabezamiento); Antecedentes; Fundamentos Jurídicos (o Fundamentos de Derecho) y Fallo. Los votos particulares; 2) Su publicación en el *BOE*; 3) Sus efectos *erga omnes*; 4) Tienen fuerza de cosa juzgada; 5) No cabe recurso alguno contra ellas; 6) Los efectos de la declaración de inconstitucionalidad: la nulidad como efecto ordinario; 7) Las llamadas Sentencias interpretativas.

c. La resolución de las cuestiones de inconstitucionalidad.

c.1. Las cuestiones de inconstitucionalidad planteadas por los Jueces y Tribunales integrantes del Poder Judicial (art. 163 CE).

c.1.1. El art. 163 CE dispone: «Cuando un órgano judicial considere, en algún proceso, que una norma con rango de ley, aplicable al caso, de cuya validez dependa el fallo, pueda ser contraria a la Constitución, planteará la cuestión ante el Tribunal Constitucional en los supuestos, en la forma y con los efectos que establezca la ley, que en ningún caso serán suspensivos».

c.1.2. La competencia para plantearlas: las plantea ante el Tribunal Constitucional cualquier órgano judicial con ocasión del enjuiciamiento de un concreto asunto.

c.1.3. El objeto del control: frente a una norma de rango legal de cuyo ajuste constitucional tenga dudas el órgano judicial que plantea la cuestión y de cuya validez dependa el fallo del concreto asunto enjuiciado por dicho órgano judicial.

c.1.4. El funcionamiento básico de la cuestión de inconstitucionalidad: tras la formulación de la cuestión de inconstitucionalidad por parte del correspondiente Juez o Tribunal, y su resolución por el Tribunal Constitucional, el órgano judicial resolverá el concreto asunto que sirvió de base para el planteamiento de dicha cuestión en función de la Sentencia del Alto Tribunal que se pronuncie sobre la constitucionalidad o la inconstitucionalidad de la norma de rango legal cuestionada y de cuya validez dependía el fallo.

c.2. Las autocuestiones de inconstitucionalidad (art. 55.2 LOTC).

c.2.1. La competencia para plantearlas: cualquiera de las dos Salas (o, en su caso, una de las cuatro Secciones) del Tribunal Constitucional ante el Pleno del propio Alto Tribunal.

c.2.2. El objeto del control: frente a una norma de rango legal de cuyo ajuste constitucional tenga dudas la Sala (o la Sección) del Tribunal Constitucional que plantea la cuestión.

c.2.3. El funcionamiento básico de la autocuestión de inconstitucionalidad: cuando una Sala (o una Sección) del Tribunal Constitucional considere que un recurso de amparo debiera ser estimado «porque, a juicio de la Sala o, en su caso, la Sección, la ley aplicada lesione derechos fundamentales o libertades públicas, se elevará la cuestión al Pleno con suspensión del plazo para dictar sentencia» resolutoria del recurso de amparo. Una vez resuelta por el Pleno del Alto Tribunal la autocuestión mediante la correspondiente Sentencia que declare la constitucionalidad o la inconstitucionalidad de la norma con rango de ley cuestionada, la Sala (o la Sección) dictará la Sentencia resolutoria del recurso de amparo, teniendo en cuenta, obviamente, el sentido de la previa Sentencia del Pleno.

d. El recurso previo de inconstitucionalidad contra Proyectos de Estatutos de Autonomía y contra Propuestas de Reforma de Estatutos de Autonomía (art. 79 LOTC).

d.1. Introducción: mediante esta vía no se impugna realmente una norma (como sucede con los recursos de inconstitucionalidad o con las cuestiones de inconstitucionalidad), sino un «proyecto» de norma. La explicación de la historia de los recursos previos de inconstitucionalidad y de su reaparición en relación con los «Proyectos» de Estatutos de Autonomía. Sobre la impugnación ante el Tribunal Constitucional del Estatuto de Cataluña de 2006, tras su ratificación por el cuerpo electoral mediante referéndum.

d.1.1. La Ley Orgánica 2/1979, de 3 de octubre, del Tribunal Constitucional (LOTC), regulaba, en su redacción originaria (en concreto, en su art. 79, que conformaba el Capítulo II de su Título VI), el recurso previo de inconstitucionalidad contra proyectos de Estatutos de Autonomía y de Leyes Orgánicas.

d.1.2. Este recurso previo fue suprimido por la Ley Orgánica 4/1985, de 7 de junio, por la que se deroga el Capítulo II del Título VI de la Ley Orgánica 2/1979, de 3 de octubre, reguladora del Tribunal Constitucional.

Los motivos esgrimidos por el Preámbulo de la referida Ley Orgánica de 1985 para la supresión de este tipo de recurso fueron los siguientes:

«La experiencia acumulada por más de tres años de justicia constitucional ha venido a mostrar que este recurso previo se ha configurado como un factor distorsionador de la pureza del sistema de relación de los poderes constitucionales del Estado, con consecuencias inesperadas y metaconstitucionales en la última fase del procedimiento de formación de la Ley.

El Estado configurado en la Constitución se fundamenta en un inmediato equilibrio de poderes que se caracterizan por la demarcación estricta del ámbito de actuación política y jurídica de cada uno de éstos, sin interferencias que desequilibren su relación armónica. Pero la configuración del recurso previo de inconstitucionalidad puede suponer una grave fisura en este equilibrado sistema de relaciones con incidencia negativa del Poder Legislativo y del Tribunal Constitucional. Las Cortes Generales, en efecto, pueden ver interferida su acción legislativa en cualquier fase del procedimiento de creación normativa, lo que no permite la plena conformación de la voluntad del órgano parlamentario. Puede incidirse así, y de forma negativa, en el ejercicio de la potestad legislativa que el artículo 66.2 de la Constitución atribuye sin limitaciones a las Cortes Generales. El Tribunal Constitucional, por su parte, órgano jurisdiccional, y, por tanto, alejado de los avatares políticos de la práctica parlamentaria, se ve lanzado a una función que no responde al sistema de relación de poderes que la Constitución establece, interviniendo en el procedimiento de formación legislativa aun antes de que la voluntad parlamentaria se haya configurado definitivamente».

d.1.3. El recurso previo de inconstitucionalidad fue reintroducido para los Proyectos (y Propuestas de Reforma) de Leyes Orgánicas de Estatutos de Autonomía por la Ley Orgánica 12/2015, de 22 de septiembre. La justificación manejada por el Preámbulo de esta última norma legal para el restablecimiento de esta vía de recurso ha sido la siguiente:

«Todo ello permite inferir que, para evitar el cuestionamiento constitucional e institucional y vertebrar con rigor jurídico y cohesión social el Estado, se torna necesario y conveniente restablecer, adaptándolo a la actual configuración del Estado, el recurso previo de inconstitucionalidad, eso sí, sólo para los Proyectos de Estatutos de Autonomía y sus propuestas de reforma. Se evita así el principal reproche que mereció en el pasado esta institución jurídica cuando pudo ser utilizada por los grupos minoritarios para paralizar la entrada en vigor de normas legales, de carácter orgánico, aprobadas por las Cortes Generales.

En definitiva, se hace necesario garantizar el, no siempre fácil, equilibrio entre la especial legitimidad que tienen los Estatutos de Autonomía como norma institucional básica de las Comunidades Autónomas, en cuya aprobación intervienen tanto las Comunidades Autónomas como el Estado y, en ocasiones, el cuerpo electoral mediante referéndum, y el respeto de dicho texto al marco constitucional, construido alrededor de la Constitución como norma fundamental del Estado y de nuestro ordenamiento jurídico».

d.2. El objeto del control: este recurso «tendrá por objeto la impugnación del texto definitivo del Proyecto de Estatuto o de la Propuesta de Reforma de un Estatuto, una vez aprobado por las Cortes Generales» (art. 79.2 LOTC).

d.3. El plazo para la interposición y para la resolución.

d.3.1. El plazo para la interposición: será de tres días desde la publicación del texto aprobado en el *Boletín Oficial de las Cortes Generales.*

d.3.2. El plazo para la resolución: deberá ser resuelto por el Pleno del Tribunal Constitucional «en el plazo improrrogable de seis meses desde su interposición».

d.4. Los efectos de la interposición.

d.4.1. Regla general: la interposición del recurso suspenderá automáticamente todos los trámites subsiguientes.

d.4.2. Regla específica para aquellos supuestos en los que un Proyecto de Estatuto de Autonomía deba someterse a referéndum en el territorio de una Comunidad Autónoma: dicho referéndum no podrá convocarse «hasta que haya resuelto el Tribunal Constitucional y, en su caso, se hayan suprimido o modificado por las Cortes

Generales los preceptos declarados inconstitucionales» (art. 79.5 LOTC).

d.5. Los efectos de la sentencia del Tribunal Constitucional en el caso de los recursos previos.

d.5.1. Si la sentencia del Tribunal Constitucional desestima el recurso: «Cuando el pronunciamiento del Tribunal declare la inexistencia de la inconstitucionalidad alegada, seguirán su curso los trámites conducentes a su entrada en vigor, incluido, en su caso, el correspondiente procedimiento de convocatoria y celebración de referéndum» (art. 79.7 LOTC).

d.5.2. Cuando la sentencia del Tribunal Constitucional estima (total o parcialmente) el recurso: «Si, por el contrario, declara la inconstitucionalidad del texto impugnado, deberá concretar los preceptos a los que alcanza, aquellos que por conexión o consecuencia quedan afectados por tal declaración y el precepto o preceptos constitucionales infringidos. En este supuesto, la tramitación no podrá proseguir sin que tales preceptos hayan sido suprimidos o modificados por las Cortes Generales» (art. 79.8 LOTC).

d.5.3. La resolución adoptada por el Tribunal Constitucional mediante la correspondiente sentencia no impide el planteamiento de un posterior recurso de inconstitucionalidad o de una cuestión de inconstitucionalidad frente al texto del Estatuto de Autonomía ya en vigor (ni prejuzga el resultado de la nueva impugnación): «El pronunciamiento en el recurso previo no prejuzga la decisión del Tribunal en los recursos o cuestiones de inconstitucionalidad que pudieren interponerse tras la entrada en vigor con fuerza de ley del texto impugnado en la vía previa» (art. 79.9 LOTC).

e. Los conflictos constitucionales de competencia entre el Estado y las Comunidades Autónomas o de los de éstas entre sí.

e.1. El objeto de los conflictos constitucionales de competencia: «Pueden dar lugar al planteamiento de los conflictos de competencia las disposiciones, resoluciones y actos emanados de los órganos del Estado o de los órganos de las Comunidades Autónomas o la omisión de tales disposiciones, resoluciones o actos» (art. 61.1 LOTC).

e.2. Tipos de normas (y actos) que pueden suscitar conflictos de competencias: 1) Normas con rango de ley, y 2) Normas con valor reglamentario y actos administrativos.

e.2.1. Cuando el conflicto suscitado versa en torno a una ley formal o una norma con rango de ley dictada por el Poder Ejecutivo: «el conflicto de competencias se tramitará desde su inicio o, en su caso, desde que en defensa de la competencia ejercida se invocare la existencia de la norma legal habilitante, en la forma prevista para el recurso de inconstitucionalidad» (art. 67 LOTC).

e.2.2. Cuando los conflictos afectan a normas de rango inferior a la ley o a simples actos administrativos, eventualmente se pueden suscitar no sólo ante el Tribunal Constitucional, sino también ante los Tribunales ordinarios. La solución en caso de que se planteen simultáneamente ante la jurisdicción constitucional y la ordinaria: «Cuando se plantease un conflicto de los mencionados en el artículo anterior con motivo de una disposición, resolución o acto cuya impugnación estuviese pendiente ante cualquier Tribunal, éste suspenderá el curso del proceso hasta la decisión del conflicto constitucional» (art. 61.2 LOTC).

e.3. Los tipos de conflicto de competencia: 1) Los conflictos positivos, y 2) Los conflictos negativos.

e.4. La legitimación para interponerlos (art. 60 LOTC).

e.4.1. Los conflictos positivos: «Los conflictos de competencia que opongan al Estado con una Comunidad Autónoma o a éstas entre sí, podrán ser suscitados por el Gobierno o por los órganos colegiados ejecutivos de las Comunidades Autónomas».

e.4.2. Los conflictos negativos: además de por los legitimados para interponer los conflictos positivos, los negativos podrán instarse «también por las personas físicas o jurídicas interesadas».

e.5. El mecanismo previo de resolución de los conflictos entre la Administración General del Estado y las Comunidades Autónomas antes de su judicialización ante el Tribunal Constitucional: los arts. 33 y 63 LOTC. En particular, el caso de las relaciones entre la Administración General del Estado y Extremadura: la

Comisión Bilateral de Cooperación Administración General del Estado-Comunidad Autónoma de Extremadura.

f. Los conflictos constitucionales de atribuciones entre órganos constitucionales del Estado. Sobre el concepto de órganos constitucionales del Estado: el Gobierno de la Nación, el Congreso de los Diputados, el Senado y el Consejo General del Poder Judicial [art. 59.1.*c*) LOTC].

g. Los conflictos en defensa de la autonomía local.

g.1. El objeto de la impugnación: «las normas del Estado con rango de ley o las disposiciones con rango de ley de las Comunidades Autónomas que lesionen la autonomía local constitucionalmente garantizada» (art. 75 bis LOTC).

g.2. La legitimación para el planteamiento del conflicto: sobre la legitimación de los municipios y de las provincias para impugnar normas con rango de ley.

El art. 75 ter.1 LOTC dispone: «Están legitimados para plantear estos conflictos:

a) El municipio o provincia que sea destinatario único de la ley.

b) Un número de municipios que supongan al menos un séptimo de los existentes en el ámbito territorial de aplicación de la disposición con rango de ley, y representen como mínimo un sexto de la población oficial del ámbito territorial correspondiente.

c) Un número de provincias que supongan al menos la mitad de las existentes en el ámbito territorial de aplicación de la disposición con rango de ley, y representen como mínimo la mitad de la población oficial».

h. La declaración previa sobre la constitucionalidad de los Tratados Internacionales (art. 95 CE y art. 78 LOTC).

h.1. El art. 95 CE dispone: «1. La celebración de un tratado internacional que contenga estipulaciones contrarias a la Constitución exigirá la previa revisión constitucional.

2. El Gobierno o cualquiera de las Cámaras puede requerir al Tribunal Constitucional para que declare si existe o no esa contradicción».

h.2. Los órganos legitimados para requerir por esta vía al Tribunal Constitucional: el Gobierno de la Nación, el Congreso de los Diputados o el Senado.

h.3. El objeto de este remedio constitucional: el requerimiento al Tribunal Constitucional para que se pronuncie «sobre la existencia o inexistencia de contradicción entre la Constitución y las estipulaciones de un tratado internacional cuyo texto estuviera ya definitivamente fijado, pero al que no se hubiere prestado aún el consentimiento del Estado».

h.4. La resolución del Tribunal Constitucional: no adopta la forma de sentencia, sino de declaración.

h.5. Un ejemplo: la Declaración del Pleno del Tribunal Constitucional 1/2004, de 13 de diciembre de 2004, dictada a partir del Requerimiento núm. 6603-2004, formulado por el Gobierno de la Nación, acerca de la constitucionalidad de los arts. I-6, II-111 y II-112 del Tratado por el que se establece una Constitución para Europa, firmado en Roma el 29 de octubre de 2004 (*BOE* núm. 3, de 4 de enero de 2005).

i. La impugnación de las disposiciones sin fuerza de ley y resoluciones de las Comunidades Autónomas prevista en el art. 161.2 CE (arts. 76 y 77 LOTC).

i.1. La legitimación para esta vía de impugnación: el Gobierno de la Nación.

i.2. El plazo y objeto de esta vía de impugnación: «Dentro de los dos meses siguientes a la fecha de su publicación o, en defecto de la misma, desde que llegare a su conocimiento, el Gobierno podrá impugnar ante el Tribunal Constitucional las disposiciones normativas sin fuerza de Ley y resoluciones emanadas de cualquier órgano de las Comunidades Autónomas» (art. 76 LOTC).

j. Los recursos interpuestos contra las Normas Forales fiscales de los territorios de Álava, Guipúzcoa y Vizcaya (la Disp. Adic. 5.ª LOTC). La STC 118/2016, de 23 de junio.

II. LOS TRATADOS INTERNACIONALES Y SU POSICIÓN DENTRO DEL SISTEMA DE FUENTES DEL DERECHO

1. Su concepto: es un acuerdo suscrito entre dos o más sujetos de Derecho internacional, que genera derechos y obligaciones para cada una de las partes conforme a esta rama del ordenamiento jurídico, y para cuya adopción estas partes deben seguir no sólo las normas establecidas por la comunidad internacional, sino también las disposiciones internas que rigen su adopción dentro de cada Estado o de cada organización internacional.

A. La Convención de Viena sobre el Derecho de los Tratados de 23 de mayo de 1969 define el «Tratado internacional» como: «un acuerdo internacional celebrado por escrito entre Estados y regido por el Derecho internacional, ya conste en un instrumento único o en dos o más instrumentos conexos y cualquiera que sea su denominación particular» [art. 1.*a*)].

B. Siguiendo esta definición de Derecho internacional, nuestro Derecho interno conceptualiza el «Tratado internacional» como: «acuerdo celebrado por escrito entre España y otro u otros sujetos de Derecho internacional, y regido por el Derecho internacional, ya conste en un instrumento único o en dos o más instrumentos conexos y cualquiera que sea su denominación» [art. 2.*a*) de la Ley 25/2014, de 27 de noviembre, de Tratados y otros Acuerdos Internacionales —LTAI—].

2. Los elementos de los Tratados internacionales.

A. Los acuerdos deben concluirse por sujetos de Derecho internacional, que dispongan, además, del poder de suscribir Tratados (esto es, que estén en posesión del llamado *treaty making power*). Son, en este sentido, sujetos de Derecho internacional: los Estados, las organizaciones internacionales o cualquier «otro ente internacional que goce de capacidad jurídica para celebrar Tratados internacionales» [art. 2.*d*) LTAI]. No pueden concluir Tratados internacionales, sin embargo, las empresas públicas de un Estado con otro Estado, estando regidos este tipo de acuerdos por el Derecho internacional privado.

B. Los acuerdos deben reflejarse de forma escrita, según impone la Convención de Viena sobre el Derecho de los Tratados de 1969 y el art. 2.*a*) LTAI. Los acuerdos verbales, aunque eventualmente puedan existir, no se regirían por dicha Convención de Viena.

C. Pueden constar en un instrumento único o en dos o más instrumentos conexos.

D. La existencia de un verdadero Tratado internacional no depende de su denominación: resulta indiferente cuál sea la denominación que en cada caso concreto se dé al acuerdo suscrito por los sujetos de Derecho internacional para que dicho acuerdo pueda ser considerado desde una perspectiva jurídica como un Tratado internacional. Entre las diferentes denominaciones recibidas por los Tratados internacionales pueden destacarse, además de la propia de Tratado, las de Acuerdo, Carta, Compromiso, Concordato, Convención, Convenio, Estatuto, Pacto, Protocolo, etc.

E. La denominación oficial de nuestro país, en tanto que sujeto de Derecho internacional, en los Tratados será la de «Reino de España» (art. 8 LTAI).

3. La tipología de Tratados internacionales.

A. En función del tipo de sujetos de Derecho internacional participantes.

a. Tratados entre Estados.

b. Tratados entre Estados y organizaciones internacionales.

c. Tratados entre organizaciones internacionales.

d. Tratados mixtos: se denominan así a los Tratados entre, por un lado, una organización internacional (por ejemplo, la Unión Europea) y los Estados que forman parte de ella, y, por otro lado, otros Estados y/u organizaciones internacionales.

B. En función del número de sujetos de Derecho internacional que sean parte del Tratado.

a. Tratados bilaterales: suscritos por dos sujetos de Derecho internacional.

b. Tratados multilaterales: suscritos por más de dos sujetos de Derecho internacional.

C. En función de si se admite o no la adhesión de nuevos Estados al Tratado, distintos de los originariamente firmantes del mismo.

a. Tratados abiertos: son Tratados que permiten la adhesión de nuevos Estados distintos a los inicialmente firmantes.

b. Tratados cerrados: son Tratados que no permiten la adhesión de nuevos Estados.

D. En función de su duración.

a. Tratados de duración temporalmente limitada.

b. Tratados de duración temporalmente ilimitada o indeterminada.

E. En función de la materia sobre la que versan: Tratados comerciales, Tratados económicos, Tratados políticos, Tratados de protección de los derechos humanos...

F. En función del tipo de obligaciones que incluyen.

a. Tratados normativos (o Tratados-leyes): cuya finalidad es el establecimiento de normas de carácter supranacional que obligan a los Estados firmantes.

b. Tratados-contrato: cuyo objetivo consiste en ordenar el intercambio de prestaciones entre los sujetos firmantes.

4. La tipología de acuerdos internacionales distintos de los Tratados internacionales.

A. Introducción: la Ley 25/2014, de 27 de noviembre, de Tratados y otros Acuerdos Internacionales (LTAI), regula, además de los Tratados internacionales celebrados por España, las figuras de los acuerdos internacionales administrativos y de los acuerdos internacionales no normativos.

B. Los acuerdos internacionales administrativos (o «acuerdos de ejecución de Tratados internacionales»).

a. Su concepto: se define este tipo de acuerdos internacionales (que, recordemos, «no gozan de la naturaleza de Tratados internacionales») como «acuerdo de carácter internacional no constitutivo de Tratado que se celebra por órganos, organismos o entes de un sujeto de Derecho internacional competentes por razón de la materia, cuya celebración está prevista en el Tratado que ejecuta o concreta, cuyo contenido habitual es de naturaleza técnica cualquiera que sea su denominación y que se rige por el Derecho internacional» [art. 2.*b*) LTAI].

b. Su naturaleza jurídica: no son Tratados internacionales, sino que son acuerdos celebrados «en ejecución y concreción de un Tratado internacional cuando el propio Tratado así lo prevea» (art. 38.1 LTAI), debiendo, en todo caso, «respetar el contenido del Tratado internacional que les dé cobertura, así como los límites que dicho Tratado haya podido establecer para su celebración» (art. 38.3 LTAI).

c. La competencia para su adopción: en la medida en que no son Tratados internacionales no deben ser necesariamente celebrados por la Administración General del Estado, sino que pueden ser concluidos, además de por esta Administración Territorial, por las Comunidades Autónomas y las Entidades Locales —así como por sus diferentes «órganos, organismos y entes»— (arts. 38.1 y 52 LTAI).

d. Sus requisitos (arts. 39 a 42 y 52 LTAI): 1) No se exige para su conclusión el procedimiento establecido para la celebración de los Tratados internacionales por la LTAI, sino que los signatarios de estos acuerdos «tendrán autonomía para decidir el procedimiento, que habrá de respetar, en todo caso, lo establecido en el Tratado que le(s) dé cobertura»; 2) En todo caso, los proyectos de este tipo de acuerdos deben ser remitidos antes de su firma al Ministerio de Asuntos Exteriores «para que por la Asesoría Jurídica Internacional se emita informe preceptivo acerca de su naturaleza y formalización»; 3) En el supuesto de que el acuerdo conlleve compromisos financieros, será remitido por este Ministerio también al Ministerio de Hacienda para que, a su vez, emita el correspondiente informe; 4) Estos acuerdos se redactarán en castellano, en tanto que lengua oficial del Estado, sin perjuicio de su redacción, asimismo, en otras lenguas cooficiales de las Comunidades Autónomas; 5) Todos estos acuerdos contendrán «la referencia a "Reino de España" junto con la mención del órgano, organismo o ente que los celebre»; 6) Estos acuerdos se publicarán en el *Diario Oficial de la Administración pública* que los suscriba, «con indicación de su fecha de entrada en vigor», debiendo publicarse también en el *Boletín Oficial del Estado*, y 7) «Los acuerdos internacionales administrativos válidamente celebrados una vez publicados en el *Boletín Oficial del Estado* formarán parte del ordenamiento interno».

C. Los acuerdos internacionales no normativos («que instrumentan la asunción de compromisos políticos»).

a. Su concepto: se define este tipo de acuerdos internacionales como «acuerdo de carácter internacional no constitutivo de Tratado ni de acuerdo internacional administrativo que se celebra por el Estado, el Gobierno, los órganos, organismos y entes de la Administración General del Estado, las Comunidades Autónomas y Ciudades de Ceuta y Melilla, las Entidades Locales, las Universidades públicas y cualesquiera otros sujetos de Derecho público con competencia para ello, que contiene declaraciones de intenciones o establece compromisos de actuación de contenido político, técnico o logístico, y no constituye fuente de obligaciones internacionales ni se rige por el Derecho internacional» [art. 2.*c*) LTAI]. Estos acuerdos se denominan frecuentemente Memorandos de Entendimiento o *Memoranda of Understanding* —MOU—).

b. Su naturaleza jurídica: no son Tratados internacionales y «no constituyen fuente de obligaciones internacionales» (art. 43 LTAI).

c. La competencia para su adopción: «El Gobierno, los departamentos ministeriales, los órganos, organismos y entes de la Administración General del Estado, las Comunidades Autónomas, las Ciudades de Ceuta y Melilla, las Entidades Locales, las Universidades públicas y cualesquiera otros sujetos de Derecho público con competencia para ello, podrán establecer acuerdos internacionales no normativos con órganos, organismos, entes, Administraciones y personificaciones de otros sujetos de Derecho internacional en el ejercicio de sus respectivas competencias» (art. 44 LTAI).

d. Sus requisitos (arts. 43 a 48 y 53 LTAI): 1) No se exige para su conclusión el procedimiento establecido para la celebración de los Tratados internacionales por la LTAI, sino que los signatarios de estos acuerdos «tienen autonomía para decidir el procedimiento»; 2) En todo caso, los proyectos de este tipo de acuerdos deben ser remitidos antes de su firma al Ministerio de Asuntos Exteriores «para que por la Asesoría Jurídica Internacional se emita informe preceptivo acerca de su naturaleza y formalización»; 3) En el supuesto de que el acuerdo conlleve compromisos financieros, será remitido por este Ministerio también al Ministerio de Hacienda para que, a su vez, emita el correspondiente informe; 4) Todos estos acuerdos contendrán «la referencia a «Reino de España» junto con la mención del signatario», y 5) Estos acuerdos, una vez firmados, se inscribirán en el correspondiente registro administrativo del Ministerio de Asuntos Exteriores.

D. La distinción entre los acuerdos internacionales administrativos y los convenios y los consorcios transfronterizos: los convenios y los consorcios transfronterizos se rigen por el ordenamiento jurídico interno de uno de los Estados suscriptores (esto es, por el español, por el francés, por el portugués o, eventualmente, por el marroquí), pero no por el Derecho internacional público.

a. Su conceptualización: «No constituye acuerdo internacional administrativo el celebrado por esos mismos órganos, organismos o entes [de un sujeto de Derecho internacional] cuando se rige por un ordenamiento jurídico interno» [art. 2.*b*), *in fine*, LTAI].

b. Su regulación general: la regulación de los llamados «convenios transfronterizos» y «consorcios transfronterizos» se efectúa por la Ley 40/2015, de 1 de octubre, de Régimen Jurídico del Sector Público (LRJSP).

b.1. Los «convenios transfronterizos»: son uno de los tipos de convenios previstos en el art. 47.2 LRJSP. Este precepto dispone, en efecto, que: «Los convenios que suscriban las Administraciones públicas, los organismos públicos y las entidades de Derecho público vinculados o dependientes y las Universidades públicas, deberán corresponder a alguno de los siguientes tipos: [...] *d*) Convenios no constitutivos ni de Tratado internacional, ni de acuerdo internacional administrativo, ni de acuerdo internacional no normativo, firmados entre las Administraciones públicas y los órganos, organismos públicos o entes de un sujeto de Derecho internacional, que estarán sometidos al ordenamiento jurídico interno que determinen las partes».

b.2. «Los «consorcios transfronterizos»: «Los consorcios podrán utilizarse para la gestión de los servicios públicos, en el marco de los convenios de cooperación transfronteriza en que participen las Administraciones españolas, y de acuerdo con las previsiones de los convenios internacionales ratificados por España en la materia» (art. 118.3 LRJSP). Debe recordarse que los consorcios «son entidades de Derecho público, con personalidad jurídica propia y diferenciada, creadas por varias Administraciones públicas o entidades integrantes del sector público institucional, entre sí o con participación de entidades privadas, para el desarrollo de actividades de interés común a todas ellas dentro del ámbito de sus competencias» (art. 118.1 LRJSP).

5. Las normas reguladoras del régimen jurídico de los Tratados y de los Acuerdos internacionales.

A. La normativa internacional reguladora de los Tratados.

a. La regulación de los Tratados internacionales celebrados entre Estados: la Convención de Viena sobre el Derecho de los Tratados, de 23 de mayo de 1969.

b. La regulación de los Tratados internacionales celebrados entre Estados y organizaciones internacionales, o entre organizaciones internacionales: la Convención de Viena sobre el Derecho de los Tratados entre Estados y organizaciones internacionales, o entre organizaciones internacionales, de 21 de marzo de 1986.

B. La normativa interna española reguladora de los Tratados y de los Acuerdos internacionales.

a. La Constitución.

a.1. Las funciones regias: el Rey, en tanto que Jefe del Estado, tiene atribuida «la más alta representación del Estado español en las relaciones internacionales» (art. 56.1 CE) y, en particular, dispone de la potestad constitucional para «manifestar el consentimiento del Estado para obligarse internacionalmente por medio de Tratados» (art. 63.2 CE).

a.2. La participación de las Cortes Generales en la adopción de los Tratados internacionales: el Capítulo III («De los Tratados internacionales») del Título III («De las Cortes Generales»), que engloba los arts. 93 a 96 CE.

a.3. Las funciones del Gobierno de la Nación para dirigir «la política interior y exterior» (art. 97 CE).

a.4. Las competencias del Estado en materia de Tratados internacionales (art. 149.1.3.ª CE): «El Estado tiene competencia exclusiva sobre las siguientes materias: [...] 3.ª Relaciones internacionales».

b. La legislación estatal.

b.1. El art. 1.5 del Título Preliminar del Código Civil (en la redacción dada a este precepto por el Decreto 1836/1974, de 31 de mayo, por el que se sanciona con fuerza de ley el texto articulado del Título Preliminar del Código Civil), que regula exclusivamente la aplicación de los Tratados internacionales en España tras su incorporación dentro de nuestro ordenamiento jurídico interno mediante su publicación en el *Boletín Oficial del Estado* (*BOE*).

b.2. La Ley 25/2014, de 27 de noviembre, de Tratados y otros Acuerdos Internacionales, que contiene, de manera integral, el régimen jurídico de la celebración y de la aplicación por España de los Tratados internacionales, de los acuerdos internacionales administrativos y de los acuerdos internacionales no normativos (art. 1).

c. Las competencias autonómicas en materia de Tratados internacionales.

c.1. El punto de partida: dentro de la reserva constitucional a favor del Estado sobre las relaciones internacionales *ex* art. 149.1.3.ª CE se encuentra la potestad de celebrar Tratados internacionales (o *ius contrahendi* o *ius ad tractatum*), esto es, la facultad de obligar internacionalmente al Estado español con otros sujetos de Derecho internacional (SsTC 165/1994, de 26 de mayo; y 31/2010, de 28 de junio).

c.2. No obstante, las Comunidades Autónomas tienen algunas competencias en materia de acuerdos internacionales.

Recuerda, en este orden de ideas, la Exposición de Motivos de la Ley 25/2014, de 27 de noviembre, de Tratados y otros Acuerdos Internacionales (LTAI), que: «las Comunidades Autónomas tienen competencia para desplegar ciertas actividades de acción exterior entre las que cabe, por ejemplo, la celebración de acuerdos internacionales no normativos. También disponen de competencia para celebrar acuerdos internacionales administrativos, en concreción o ejecución de un Tratado. Gozan, además, de competencias en otros aspectos de la acción exterior que también tienen consecuencias en la propia política exterior del Estado en materia de celebración de Tratados internacionales y que deben ser objeto de regulación para garantizar su adecuada inserción dentro de la competencia exclusiva del Estado derivada de los arts. 97 y 149.1.3.ª de la Constitución Española. Tal es el caso, por ejemplo, del derecho de las Comunidades Autónomas a proponer la apertura de negociaciones para la celebración de Tratados sobre materias respecto de las que acrediten un interés justificado, el derecho a ser informadas de la negociación de Tratados internacionales que afecten a sus competencias o el derecho a solicitar al Gobierno formar parte de la delegación española que negocie un Tratado internacional que afecte a competencias de las Comunidades Autónomas».

c.3. La regulación general por la legislación estatal de las competencias autonómicas y locales en materia de Tratados internacionales: la participación en la celebración de Tratados internacionales suscritos por España y la celebración directa de algunos tipos de acuerdos internacionales (art. 7 LTAI).

Este art. 7 LTAI (rubricado «Competencias de las Comunidades Autónomas y Ciudades de Ceuta y Melilla y Entidades Locales») dispone: «Las Comunidades Autónomas podrán participar en la celebración de Tratados internacionales. Asimismo, las Comunidades Autónomas y Ciudades de Ceuta y Melilla y las Entidades Locales podrán celebrar otros acuerdos internacionales en el marco de las competencias que les otorgan los Tratados internacionales, la Constitución Española, los Estatutos de Autonomía y el resto del ordenamiento jurídico, en los términos establecidos en el Título V de esta Ley».

c.3.1. La participación de las Comunidades Autónomas en la celebración de Tratados internacionales «sobre materias de su competencia o interés específico, o por afectar de manera especial a su respectivo ámbito territorial» (arts. 49 a 51 LTAI): 1) La propuesta de apertura de negociaciones por parte de una Comunidad Autónoma al Gobierno de la Nación para la celebración de Tratados internacionales; 2) El deber de información del Gobierno sobre la negociación de los Tratados internacionales y sobre su conclusión; 3) El derecho de las Comunidades Autónomas de efectuar observaciones sobre la negociación de los Tratados, y 4) La posible participación en las delegaciones negociadoras españolas de los Tratados.

c.3.2. La celebración de ciertos tipos de acuerdos internacionales por las Comunidades Autónomas directamente en materias de su competencia (arts. 52 y 53 LTAI): 1) La suscripción de acuerdos internacionales administrativos; 2) La conclusión de acuerdos internacionales no normativos. Sobre los convenios y consorcios transfronterizos regidos por el Derecho interno español o de uno de los Estados limítrofes con España.

c.3.3. La ejecución autonómica de los Tratados internacionales celebrados por el Estado español cuando afecten a los ámbitos competenciales regionales: la regla general establecida en el art. 30.3 LTAI.

Este art. 30.3 LTAI dispone: «El Gobierno, las Comunidades Autónomas y las Ciudades de Ceuta y Melilla adoptarán las medidas necesarias para la ejecución de los Tratados internacionales en los que España sea parte en lo que afecte a materias de sus respectivas competencias».

c.4. Las competencias de la Comunidad Autónoma de Extremadura en materia de Tratados y de Acuerdos internacionales.

c.4.1. Las facultades de la Comunidad Autónoma de Extremadura para participar en la celebración de Tratados internacionales. En este ámbito, la Ley Orgánica 1/2011, de 28 de enero, de reforma del Estatuto de Autonomía de la Comunidad Autónoma de Extremadura (EAEx), contiene dos previsiones:

1) Extremadura podrá utilizar, como instrumento para el desarrollo de su actividad exterior, el «Impulso a la celebración de Tratados internacionales por el Estado en materias de interés de la Comunidad Autónoma» [art. 69.1.*e*) EAEx].

2) Sobre el derecho a la información de la Comunidad Autónoma por parte del Estado de los actos preparatorios para la celebración de Tratados internacionales y sobre la posibilidad de que el Estado incluya representantes extremeños en las delegaciones negociadoras estatales de Tratados internacionales: «En todo caso, la Comunidad Autónoma será previamente informada por el Estado de los actos preparatorios de la celebración de acuerdos internacionales que afecten a sus intereses específicos y podrá solicitar al Estado que incluya representantes suyos en las delegaciones negociadoras» (art. 69.2 EAEx).

c.4.2. Las competencias autonómicas para celebrar «acuerdos de colaboración» con regiones o entidades territoriales de otros Estados.

Entre los instrumentos previstos por el Estatuto de Autonomía de Extremadura para «el desarrollo de la actividad exterior» de esta Comunidad Autónoma se encuentra la «Suscripción de acuerdos de colaboración con regiones y entidades territoriales de otros Estados» [art. 69.1.*d*) EAEx].

c.4.3. Las competencias autonómicas extremeñas de ejecución de los Tratados internacionales: el art. 12 EAEx.

Este precepto (rubricado «Desarrollo y ejecución de normas supranacionales») establece: «1. Son funciones de la Comunidad Autónoma de Extremadura el desarrollo y, en su caso, la ejecución de la normativa de la Unión Europea en los ámbitos materiales de competencia autonómica.

2. La Comunidad Autónoma ejecutará, asimismo, los Tratados y convenios internacionales ratificados por el Reino de España en lo que afecten a materias de su competencia».

6. La posición de los Tratados internacionales dentro de nuestro ordenamiento jurídico.

A. Las relaciones entre los Tratados internacionales y las normas nacionales internas.

a. La tesis monista (Hans Kelsen): esta tesis, que parte de la posibilidad de interpenetración entre el Derecho internacional y los Derechos internos nacionales, postula que los Tratados internacionales son aplicables directamente desde su ratificación y publicación, sin necesidad de que sean incorporados a una norma estatal para empezar a producir efectos jurídicos dentro del Estado firmante. En este supuesto, los Tratados internacionales ocupan una posición específica dentro del ordenamiento jurídico nacional, de tal manera que son jerárquicamente superiores (en unos Estados —como en Francia—) o prevalecen (en otros Estados —como España—) sobre las leyes, aunque están subordinados a la Constitución nacional.

b. La tesis dualista (Heinrich Triepel): esta tesis, que parte de la separación entre el Derecho internacional y los Derechos internos estatales, defiende que los Tratados internacionales válidamente firmados y ratificados por un Estado no producen efectos jurídicos dentro de su territorio hasta que no hayan sido expresamente incorporados en el texto de una norma estatal interna, que es la que únicamente genera derechos y obligaciones invocables ante los órganos jurisdiccionales estatales. En este caso, los Tratados tienen el rango jurídico de la norma nacional que los incorpora. Entre los Estados seguidores del sistema dualista se encuentran, por ejemplo, el Reino Unido o Italia.

B. Las tradicionales discrepancias doctrinales sobre el valor jurídico de los Tratados internacionales en España.

a. Las tesis internacionalistas: el carácter jerárquicamente superior de los Tratados sobre las normas internas nacionales.

b. Las tesis iusadministrativistas (García de Enterría/Fernández Rodríguez y Rodríguez-Zapata): la relación entre los Tratados internacionales y las normas nacionales se rigen por el principio de competencia.

C. La actual solución legal: la prevalencia de los Tratados internacionales sobre cualquier norma del ordenamiento jurídico interno, salvo la Constitución.

En este sentido, el art. 31 LTAI (rubricado «Prevalencia de los Tratados») dispone: «Las normas jurídicas contenidas en los Tratados internacionales válidamente celebrados y publicados oficialmente prevalecerán sobre cualquier otra norma del ordenamiento interno en caso de conflicto con ellas, salvo las normas de rango constitucional».

D. La diferente significación y los distintos efectos jurídicos de los principios de prevalencia, de jerarquía y de competencia.

E. El control jurídico del respeto por parte de los Tratados internacionales de los preceptos constitucionales.

a. La técnica del control previo de la constitucionalidad de los Tratados (art. 95 CE, art. 78 LOTC y art. 19 LTAI).

El art. 95 CE prevé: «1. La celebración de un Tratado internacional que contenga estipulaciones contrarias a la Constitución exigirá la previa revisión constitucional.

2. El Gobierno o cualquiera de las Cámaras puede requerir al Tribunal Constitucional para que declare si existe o no esa contradicción».

b. El control de la constitucionalidad de los Tratados una vez que han entrado en vigor: el art. 27 LOTC y el art. 32 LTAI.

Dispone el art. 27.2.*c*) LOTC que: «Son susceptibles de declaración de inconstitucionalidad: [...] *c*) Los Tratados internacionales».

Este control de constitucionalidad de los Tratados internacionales se efectuará a través de los mecanismos y de los procedimientos establecidos para el control de constitucionalidad de las leyes y de las normas con rango de ley por la LOTC (art. 32 LTAI y Título II de la LOTC).

7. La regulación de la celebración de los Tratados internacionales por el ordenamiento jurídico español.

A. La negociación (arts. 10 y 11 LTAI): constituye la primera fase del procedimiento de celebración de un Tratado internacional y tiene por objetivo la elaboración de su texto por parte de los negociadores.

Se entiende por negociadores a los representantes de un sujeto de Derecho internacional, que tengan capacidad para efectuar dicha tarea por contar con «plenipotencia» o «plenos poderes», firmados, en el caso español, por el Ministro de Asuntos Exteriores en nombre del Rey. Se entiende por «plenos poderes» o «plenipotencia» aquel «documento que acredita a una o varias personas para representar a España en la negociación, adopción o autenticación del texto de un Tratado internacional, para expresar el consentimiento en obligarse por este o para ejecutar cualquier otro acto con respecto a un Tratado» [art. 2.*e*) LTAI]. La falta de plenipotencia en un negociador comportará un vicio jurídico tal, que hará que el Tratado no surta efectos, «salvo que el Ministro de Asuntos Exteriores y de Cooperación convalide el acto» (art. 10.3 LTAI).

Debe tenerse en cuenta, no obstante, que existen determinados sujetos que pueden representar a España sin necesidad de «plenipotencia», por estar así previsto en el art. 10.2 LTAI —precepto legal este dictado sobre la base del art. 7.2 de la Convención de Viena sobre el Derecho de los Tratados de 1969—. Entre esos sujetos que legal e internacionalmente representan al Estado español sin necesidad de plenos poderes, se encuentran, por ejemplo, el Rey, el Presidente del Gobierno, el Ministro de Asuntos Exteriores, los Jefes de Misión Diplomática y de Representación Permanente, etc.

B. La adopción (art. 12 LTAI): consiste en el acto mediante el que un sujeto de Derecho internacional (en nuestro caso, España) expresa, a través de sus negociadores, su acuerdo sobre la redacción definitiva del texto de un Tratado internacional [art. 2.*h*) LTAI].

C. La autenticación (art. 13 LTAI): constituye el acto por el que un sujeto de Derecho internacional (en nuestro caso, España) declara como «correcto, auténtico y definitivo el texto de un Tratado internacional» [art. 2.*i*) LTAI]. El acto de autentificación se efectuará mediante el procedimiento que en el texto del Tratado se establezca o que acuerden los negociadores. En su defecto, el texto podrá autentificarse «mediante la firma, la firma *ad referendum* o la rúbrica puestas en el texto del Tratado o en el Acta final de la Conferencia internacional en la que figure dicho texto» (art. 13.1 LTAI). Corresponde al Consejo de Ministros la autorización de la rúbrica y de la firma, y la aprobación de la firma *ad referendum* del texto de un Tratado (art. 14.1 LTAI).

D. La manifestación del consentimiento en obligarse por un Tratado internacional.

   a. La competencia para prestar el consentimiento en nombre del Estado español corresponde al Consejo de Ministros (art. 16.1 LTAI).

   b. Las formas de prestación del consentimiento.

      b.1. La simple firma: es un acto por el que España puede autenticar un Tratado internacional, pero, para algunos tipos de Tratados, sirve también para manifestar el consentimiento para obligarse por él [art. 2.*k*) LTAI].

b.2. La ratificación: constituye una forma solemne de prestar el consentimiento de un Estado para obligarse por un Tratado, definiéndose por nuestro ordenamiento jurídico como el acto, precedido de una firma de autentificación, por el que España hace constar su consentimiento en obligarse por el Tratado internacional, mediante un instrumento de ratificación firmado por el Rey con el refrendo del Ministro de Asuntos Exteriores y de Cooperación [art. 2.*n*) LTAI].

b.3. La adhesión: constituye una forma solemne de prestar el consentimiento de un Estado para obligarse por un Tratado internacional de naturaleza multilateral, definiéndose por nuestro ordenamiento jurídico como el «acto por el que España hace constar su consentimiento en obligarse por un Tratado multilateral, cuando no ha sido previamente firmado o ratificado por España», mediante el correspondiente instrumento de adhesión firmado por el Rey con el refrendo del Ministerio de Asuntos Exteriores y de Cooperación [art. 2.*ñ*) LTAI].

c. Los trámites previos a la prestación del consentimiento (arts. 93 y 94.1 CE y arts. 16.2 y 17 LTAI): la obligada intervención previa de autorización de las Cortes Generales para que el Consejo de Ministros pueda prestar el consentimiento del Estado español en los supuestos exigidos por nuestra Constitución.

c.1. La filosofía de la intervención previa por parte de la Cortes Generales a la prestación del consentimiento por el Gobierno español en representación de nuestro país: 1) Históricamente, la ratificación suponía la confirmación por parte del Rey soberano de la actuación efectuada por su representante al celebrar un Tratado internacional; 2) En la actualidad, esta actuación autorizatoria constituye un mecanismo de control del Poder Legislativo sobre el Poder Ejecutivo, que únicamente puede obligarse internacionalmente en nombre del Estado español si así lo aprueban los representantes de la voluntad popular mediante la correspondiente previa autorización.

c.2. Las modalidades de autorización previa por parte de las Cortes Generales.

c.2.1. La autorización mediante Ley Orgánica (art. 93.1 CE, art. 154 del Reglamento del Congreso de los Diputados de 10 de febrero de 1982 y art. 144 del texto refundido del Reglamento del Senado de 3 de mayo de 1994): «Mediante Ley Orgánica se podrá autorizar la celebración de Tratados por los que se atribuya a una organización o institución internacional el ejercicio de competencias derivadas de la Constitución».

c.2.2. Los restantes supuestos en los que resulta necesaria la autorización de las Cortes Generales para la manifestación del consentimiento por parte del Estado español a un Tratado internacional (arts. 74.2 y 94.2 CE, arts. 155 a 158 del Reglamento del Congreso de los Diputados de 10 de febrero de 1982 y arts. 144 a 146 del texto refundido del Reglamento de Senado de 3 de mayo de 1994): 1) Tratados de carácter político; 2) Tratados o convenios de carácter militar; 3) Tratados o convenios que afecten a la integridad territorial del Estado o a los derechos y deberes fundamentales establecidos en el Título I de la Constitución; 4) Tratados o convenios que impliquen obligaciones financieras para la Hacienda Pública, y 5) Tratados o convenios que supongan modificación o derogación de alguna ley o exijan medidas legislativas para su ejecución.

c.3. La información inmediata por parte del Gobierno de la Nación a las Cortes Generales de la conclusión de los Tratados internacionales no incluidos en los arts. 93 y 94.1 CE, esto es, por aquellos Tratados para cuya conclusión no se requiere la autorización previa del Poder Legislativo (art. 94.2 CE y art. 18 LTAI). Esta información incluirá la remisión del texto completo del Tratado internacional, de las reservas y de las declaraciones efectuadas por España, así como de los informes y de los dictámenes recabados durante el proceso de celebración del mismo (art. 18.1 LTAI).

d. La firma de los instrumentos solemnes (esto es, de los instrumentos de ratificación y de adhesión) para la manifestación del consentimiento por parte del Estado español para obligarse por un Tratado internacional corresponde al Rey, con el refrendo del Ministro de Asuntos Exteriores y de Cooperación (art. 63.2 CE y art. 22 LTAI).

e. Las funciones de canje de instrumentos, de depósito y de notificación de los instrumentos de manifestación del consentimiento del Estado español para obligarse mediante un Tratado internacional corresponden al Ministerio de Asuntos Exteriores y de Cooperación (art. 20 LTAI).

E. Las reservas y las declaraciones interpretativas efectuadas por España a las disposiciones de los Tratados internacionales (art. 21 LTAI).

a. La regla general: «La manifestación del consentimiento de España en obligarse mediante un Tratado internacional irá acompañada, en su caso, de las reservas y declaraciones que España haya decidido formular» (art. 21.1 LTAI).

a.1. Se entiende por «reserva»: aquella «declaración unilateral realizada por España al firmar, ratificar, aceptar o aprobar un Tratado internacional o al adherirse a él, para excluir o modificar los efectos jurídicos de ciertas disposiciones del Tratado en su aplicación a España, cualquiera que sea su enunciado o denominación» [art. 2.*r*) LTAI].

a.2. Se entiende por «declaración interpretativa»: la «manifestación de voluntad realizada unilateralmente por España para precisar o aclarar el sentido o alcance que atribuye al Tratado internacional o a alguna de sus disposiciones, cualquiera que sea su enunciado o denominación» [art. 2.*t*) LTAI].

b. La competencia para efectuar las reservas.

b.1. La regla general: la competencia para formular las reservas será, ordinariamente, del Consejo de Ministros, en tanto que autoridad interna a la que corresponde acordar «la manifestación del consentimiento de España en obligarse por un Tratado internacional» (art. 21.1, en relación con el 16, LTAI).

b.2. La excepción: en el caso de los Tratados internacionales para los que la Constitución exija la previa autorización de las Cortes Generales para que pueda acordarse el consentimiento de nuestro país en obligarse internacionalmente, «la manifestación del consentimiento irá acompañada, en su caso, de las reservas y declaraciones en los términos en que hayan sido autorizadas por las Cortes Generales» (art. 21.2 LTAI).

F. Las ulteriores modificaciones de las disposiciones de los Tratados (art. 96.1, inciso segundo, CE y art. 28.1 LTAI): «Las disposiciones de los Tratados internacionales válidamente celebrados solo podrán ser derogadas, modificadas o suspendidas en la forma prevista en los propios Tratados o de acuerdo con las normas generales de Derecho internacional». El procedimiento interno español para la aceptación o el rechazo de las «enmiendas» efectuadas a un Tratado internacional (que no requieran de la celebración de un nuevo Tratado internacional) está regulado en el art. 36 LTAI.

8. La publicación de los Tratados internacionales en España.

A. Su base jurídica.

a. La obligatoriedad de la publicación formal.

a.1. El art. 96.1 CE: «Los Tratados internacionales válidamente celebrados, una vez publicados oficialmente en España, formarán parte del ordenamiento interno».

a.2. El art. 1.5 CC: «Las normas jurídicas contenidas en los Tratados internacionales no serán de aplicación directa en España en tanto no hayan pasado a formar parte del ordenamiento interno mediante su publicación íntegra en el *Boletín Oficial del Estado*».

a.3. El art. 23.1, inciso primero, LTAI: «Los Tratados internacionales válidamente celebrados se publicarán íntegramente en el *Boletín Oficial del Estado*».

b. La publicación material (art. 27 LTAI): además de la publicación formal u oficial de los Tratados internacionales en el *Boletín Oficial del Estado*, el Ministerio de Asuntos Exteriores y de Cooperación está obligado a la publicación periódica de «colecciones de Tratados en vigor en los que España sea parte».

B. El lugar de la publicación: el *Boletín Oficial del Estado* (art. 1.5 CC y art. 23, apartados 1 y 3, LTAI).

C. El momento de la publicación.

a. La regla general (art. 23.1, inciso segundo, LTAI): la publicación del Tratado internacional en el *Boletín Oficial del Estado* «habrá de producirse al tiempo de la entrada en vigor del Tratado para España o antes, si se conociera fehacientemente la fecha de su entrada en vigor».

b. La aplicación provisional de los Tratados y su publicación oficial (art. 23.2 LTAI): «Si se hubiera convenido la aplicación provisional de un Tratado o de parte del mismo, se procederá a su inmediata publicación. En su momento se publicará la fecha de la entrada en vigor para España o, en su caso, aquella en que termine su aplicación provisional».

D. El efecto de la publicación oficial (art. 96.1 CE, art. 1.5 CC y art. 23.3 LTAI): «Los Tratados internacionales válidamente celebrados, una vez publicados oficialmente en España, formarán parte del ordenamiento interno».

E. El contenido de la publicación (art. 1.5 CC y arts. 23.1 y 24.1 LTAI): 1) El texto íntegro del Tratado; 2) Los instrumentos y documentos anejos o complementarios; 3) Los actos unilaterales dependientes del Tratado; 4) Su fecha de entrada en vigor y, en su caso, la de su aplicación provisional y su terminación, y 5) Cualquier acto posterior que afecte a su aplicación.

F. El Registro de los Tratados internacionales (art. 25 LTAI): el Gobierno de la Nación registrará en la Secretaría de las Naciones Unidas (y en cualquier otra organización internacional que proceda) los Tratados bilaterales en los que nuestro país sea parte y los Tratados multilaterales de los que España sea depositaria, así como cualquiera de los actos posteriores que les afecten.

9. La aplicación de los Tratados internacionales en España.

A. La eficacia temporal de los Tratados internacionales.

a. El momento inicial de producción de efectos por los Tratados.

a.1. La regla general (art. 28 LTAI): «Los Tratados internacionales válidamente celebrados y publicados oficialmente producirán efectos en España desde la fecha que el Tratado determine o, en su defecto, a partir de la fecha de su entrada en vigor».

a.2. La aplicación provisional de los Tratados (arts. 15 y 23.2 LTAI): 1) La aplicación provisional conlleva la eficacia total o parcial de un Tratado internacional «antes de su entrada en vigor»; 2) «Si se hubiera convenido la aplicación provisional de un Tratado o de parte del mismo, se procederá a su inmediata publicación», y 3) En su momento se publicará la fecha de la entrada en vigor para España o, en su caso, aquella en que termine su aplicación provisional.

b. La suspensión de la eficacia de los Tratados.

b.1. La suspensión de las disposiciones de los Tratados se realizará «en la forma prevista en los propios Tratados o de acuerdo con las normas generales de Derecho internacional» (art. 96.1, inciso segundo, CE y art. 28.1 LTAI).

b.2. Los órganos competentes para acordar la suspensión de un Tratado están regulados en el art. 37 LTAI.

c. El final de la eficacia de los Tratados.

c.1. Los Tratados con duración temporal limitada finalizarán su vigencia en la fecha que ellos mismos indiquen.

c.2. El fin de la eficacia anticipada de los Tratados mediante su denuncia: 1) En los Tratados de duración limitada antes de que llegue su fecha de término, y en los Tratados de duración ilimitada, se podrá poner fin a su aplicación en nuestro país mediante la denuncia, que se acordará «conforme a las normas del propio Tratado o a las normas generales de Derecho internacional» (art. 37.1 LTAI); 2) La denuncia consiste en un «acto por el que

España hace constar su consentimiento para dar por finalizadas respecto a sí mismo las obligaciones derivadas de un Tratado» [art. 2.*u*) LTAI], y 3) La regulación de las autoridades competentes dentro del ordenamiento jurídico español para efectuar la denuncia de los Tratados internacionales está contenida en el art. 37 LTAI.

B. La obligación de observancia de los Tratados internacionales por parte de las autoridades nacionales (art. 29 LTAI): «Todos los poderes públicos, órganos y organismos del Estado deberán respetar las obligaciones de los Tratados internacionales en vigor en los que España sea parte y velar por el adecuado cumplimiento de dichos Tratados».

C. La ejecución de los Tratados.

a. Su regulación (art. 30.1 LTAI): «Los Tratados internacionales serán de aplicación directa, a menos que de su texto se desprenda que dicha aplicación queda condicionada a la aprobación de las leyes o disposiciones reglamentarias pertinentes».

a.1. La regla general: la aplicabilidad directa de los Tratados internacionales en España.

a.2. La excepción: el condicionamiento a la aplicabilidad directa de los Tratados.

b. Las competencias para la ejecución de los Tratados (art. 30, apartados 2 y 3, LTAI): los Tratados internacionales serán ejecutados por aquellas Administraciones Territoriales (esto es, la Administración General del Estado, las Comunidades Autónomas y/o las Entidades Locales) que ostenten jurídicamente la competencia sobre el ámbito material al que los mismos se refieren.

LECCIÓN 6

LA ADMINISTRACIÓN Y LAS FUENTES DEL DERECHO ADMINISTRATIVO (II): LA LEY Y LAS NORMAS CON RANGO DE LEY

> Según Rousseau, el concepto de generalidad de la ley tiene una base aún más amplia. El mismo procede de la identificación establecida por Rousseau entre el poder legislativo y la soberanía popular, la que a su vez coincide con el poder inherente a la voluntad general. Rousseau define la ley como «la expresión de la voluntad general» en un doble sentido: la ley es obra de todo el pueblo, y la misma estatuye para o sobre todo el pueblo. La ley es soberana por razón de su origen popular [...] El concepto de ley en la doctrina de Rousseau, ya no responde solamente a la preocupación por asegurar a los ciudadanos los favores del régimen de la legalidad, sino que descansa sobre la idea de que el soberano, es decir, el pueblo, debe intervenir para dictar, a título de voluntad y bajo forma de normas generales, todas las prescripciones que regularán la actividad de las autoridades subalternas encargadas del Gobierno, de la Administración y de la Justicia. Ello se extiende tanto a las prescripciones relativas a los asuntos públicos de la comunidad, en particular al funcionamiento de los servicios públicos, como a las que regulen, ya sea el derecho de los particulares y sus relaciones mutuas, ya sea sus relaciones con el Estado y sus agentes.
>
> RAYMOND CARRÉ DE MALBERG, *La ley, expresión de la voluntad general. Estudio sobre el concepto de la ley en la Constitución de 1875*, Marcial Pons, Madrid, 2011.

ESTRUCTURA:

I. Introducción a las normas legales: leyes formales y normas con rango de ley dictadas por el Gobierno.
II. La reserva de ley.
III. Las normas con rango de ley.
IV. Las normas con rango de ley aprobadas por el Poder Legislativo (leyes formales).
V. Las normas con rango de ley aprobadas por el Poder Ejecutivo.
VI. La inaplicación por la jurisdicción contencioso-administrativa de las leyes contrarias al Derecho comunitario europeo.

Normativa de referencia:

I. Constitución Española (CE).
II. Normativa estatal.
   1. Ley Orgánica 2/1979, de 3 de octubre, del Tribunal Constitucional (LOTC).
   2. Ley Orgánica 6/1985, de 1 de julio, del Poder Judicial (LOPJ).
   3. Ley Orgánica 10/1995, de 23 de noviembre, del Código Penal (CP).
   4. Ley Orgánica 1/2011, de 28 de enero, de reforma del Estatuto de Autonomía de la Comunidad Autónoma de Extremadura (EAEx).
   5. Ley 7/1985, de 2 de abril, reguladora de las Bases del Régimen Local (LBRL).
   6. Ley 50/1997, de 27 de noviembre, del Gobierno (LG).
   7. Ley 29/1998, de 13 de julio, reguladora de la Jurisdicción Contencioso-administrativa (LJCA).
   8. Ley 39/2015, de 1 de octubre, del Procedimiento Administrativo Común de las Administraciones Públicas (LPAC).
   9. Ley 40/2015, de 1 de octubre, de Régimen Jurídico del Sector Público (LRJSP).
III. Normativa extremeña.
   — Ley 1/2002, de 28 de febrero, del Gobierno y de la Administración de la Comunidad Autónoma de Extremadura (LGAEx).

Bibliografía complementaria:

Álvarez García, V., *Cinco estudios sobre el nuevo Estatuto de Autonomía de Extremadura,* Iustel, Madrid, 2012.

Cosculluela Montaner, L., *Manual de Derecho Administrativo*, Civitas, Madrid, 31.ª edición, 2020.

García de Enterría, E., y Fernández Rodríguez, T. R., *Curso de Derecho Administrativo*, Tomo I, Civitas-Thomson, Madrid, 21.ª edición, 2024.

Mangas Martín, A., y Liñán Nogueras, D. J., *Instituciones y Derecho de la Unión Europea*, Tecnos, Madrid, 9.ª edición, 2016.

Muñoz Machado, S., *Tratado de Derecho Administrativo y Derecho Público General*, Tomo IV. *El ordenamiento jurídico*, Boletín Oficial del Estado, Madrid, 4.ª edición, 2015.

Muñoz Machado, S., *Derecho Administrativo y sistema de fuentes*, Tomo I de la obra colectiva *Lecciones y Materiales para el Estudio del Derecho Administrativo*, Iustel, Madrid, 2009.

Santamaria Pastor, J. A., *Principios de Derecho Administrativo General*, Tomo I, Iustel, Madrid, 6.ª edición, 2023.

Lecturas recomendadas:

Álvarez García. V, y García Ferrer, J. J., *Las quiebras de los principios de separación de poderes y de autonomía territorial*, Consejería de Presidencia, Comunidad de Madrid, 2000.

Boix Palop, A., *Las convalidaciones legislativas*, Iustel, Madrid, 2004.

García de Enterría, E., *Legislación delegada, potestad reglamentaria y control judicial*, Tecnos, Madrid, 1970.

JIMÉNEZ ASENSIO, R., *La ley autonómica en el sistema constitucional de fuentes del Derecho*, Marcial Pons, Madrid, 2011.

RUBIO LLORENTE, F., «Rango de ley, fuerza de ley, valor de ley (Sobre el problema del concepto de ley en la Constitución)», *Revista de Administración Pública*, núm. 100-102, 1983, pp. 417- 432.

I. INTRODUCCIÓN A LAS NORMAS LEGALES: LEYES FORMALES Y NORMAS CON RANGO DE LEY DICTADAS POR EL GOBIERNO

1. La definición doctrinal de la ley como norma general y abstracta, dictada por el Parlamento u órgano que tenga atribuida la potestad legislativa, caracterizada por ser superior a todas las demás normas jurídicas internas (salvo la Constitución), por ser irresistible y por poder regular cualquier materia o asunto que el legislador decida dentro, siempre, del respeto de la referida norma fundamental (Muñoz Machado).

2. La titularidad del poder para aprobar las leyes y las normas con rango de Ley.

   A. El Poder Legislativo: el ejercicio de la potestad legislativa. La función normativa característica de los Parlamentos, conformados por los representantes de la voluntad popular: la aprobación de las leyes formales.

   B. El Poder Ejecutivo: la capacidad normativa del Gobierno y de la Administración.

      a. La capacidad de aprobar normas con rango de ley: la legislación de urgencia y la legislación delegada.

      b. El poder normativo característico del Poder Ejecutivo: la potestad de dictar normas de rango inferior a la ley (o potestad reglamentaria).

3. Las leyes en los Estados complejos: la multiplicación de las normas con categoría —rango— de ley en los ordenamientos complejos, caracterizados por la existencia de varias fuentes originarias de legitimación de producción de Derecho, frente al unitarismo del sistema legal propio de los ordenamientos centralizados, caracterizados por la unidad de la ley. Sobre el alcance de la capacidad normativa del Estado y de las Comunidades Autónomas.

4. Introducción a la clasificación de las normas legales según su procedencia.

   A. Las leyes formales aprobadas por el Poder Legislativo.

      a. Las leyes estatales aprobadas por las Cortes Generales.

      b. Las leyes autonómicas aprobadas por los Parlamentos regionales en las Comunidades Autónomas.

B. Las normas con rango de ley aprobadas por el Poder Ejecutivo.

a. Las normas con rango de ley aprobadas por el Gobierno de la Nación.

b. Las normas con rango de ley aprobadas por los Gobiernos autonómicos.

5. La posición de la ley dentro del ordenamiento jurídico global: el principio de jerarquía y el principio de competencia.

II. LA RESERVA DE LEY

1. El concepto: existe reserva de ley cuando la Constitución Española prevé que una determinada materia o conjunto de materias deben ser reguladas (parcial o totalmente) por el Legislador, en tanto que representante de la voluntad popular.

2. Consecuencias de la vulneración del principio de reserva de ley: si las materias sometidas a reserva de ley no son efectivamente reguladas por la ley o no lo son por el tipo de norma legal concreto al que la Constitución remite, la regulación infractora resultará inconstitucional.

3. La distinción entre reserva de ley y reserva reglamentaria.

A. El concepto de reserva reglamentaria: existe reserva de reglamento cuando la Constitución prevé que deba ser el Poder Ejecutivo el único competente para la regulación de una determinada materia mediante las normas características de dicho Poder del Estado, esto es, a través de las disposiciones reglamentarias.

B. El Derecho francés: la Constitución Francesa de la Quinta República (1958) ha reservado tradicionalmente la regulación de determinadas materias al poder reglamentario, excluyéndolas de una posible regulación por parte del Legislador. El art. 34 de esta Norma Fundamental determina las materias reservadas a la ley, estableciendo el primer párrafo de su art. 37 que: «Tendrán carácter reglamentario todas las materias distintas de las pertenecientes al ámbito de la ley».

C. En Derecho español no existe reserva de reglamento (STC 73/2000, de 14 de marzo). La ley potencialmente puede regular cualquier materia sin limitación de ningún género: «nuestro sistema constitucional desconoce algo parecido a una reserva reglamentaria, inaccesible al poder legislativo. De suerte que, dentro del marco de la Constitución y respetando sus especificas limitaciones, la ley puede tener en nuestro ordenamiento cualquier contenido y en modo alguno le está vedada la regulación de materias antes atribuidas al poder reglamentario» (STC 73/2000, de 14 de marzo, FJ 15).

4. Tipología de supuestos de reserva de ley.

A. Según el tipo de normas con rango de ley al que está reservada la regulación de la materia.

a. Reserva genérica de ley: la Constitución se remite a la ley sin incluir ninguna especificación suplementaria.

El art. 53.1 CE dispone: «Los derechos y libertades reconocidos en el Capítulo segundo del presente Título vinculan a todos los poderes públicos. Sólo por ley, que en todo caso deberá respetar su contenido esencial, podrá regularse el ejercicio de tales derechos y libertades, que se tutelarán de acuerdo con lo previsto en el art. 161.1.*a*)».

b. Reserva específica: cuando la Constitución reserva la materia a un concreto tipo de ley. Dos supuestos:

b.1. Reserva de ley orgánica (por ejemplo: arts. 54, 81 y 107 CE).

El art. 81.1 CE establece: «Son leyes orgánicas las relativas al desarrollo de los derechos fundamentales y de las libertades públicas, las que aprueben los Estatutos de Autonomía y el régimen electoral general y las demás previstas en la Constitución».

b.2. Reserva de Estatuto de Autonomía. Doble naturaleza de los Estatutos: el Estatuto de Autonomía es una norma que se aprueba por ley orgánica y es la norma institucional básica de las Comunidades Autónomas, cuyos representantes tienen una participación sustancial en su elaboración y modificación. El art. 147.2 CE reserva al Estatuto una serie de materias que deben ser reguladas por este tipo de normas.

El art. 147.2 CE dispone: «Los Estatutos de Autonomía deberán contener:

a) La denominación de la Comunidad que mejor corresponda a su identidad histórica.

b) La delimitación de su territorio.

c) La denominación, organización y sede de las instituciones autónomas propias.

d) Las competencias asumidas dentro del marco establecido en la Constitución y las bases para el traspaso de los servicios correspondientes a las mismas».

B. Según el grado o la intensidad con que la regulación de la cuestión se confía a la ley.

a. Reserva absoluta: la materia en cuestión tiene que regularse exclusivamente mediante ley (por ejemplo: el Derecho penal mediante ley orgánica —no obstante, existen, incluso, tipos genéricos que para su completa conformación remiten a normas reglamentarias, piénsese en el tipo básico del delito medioambiental—).

El art. 325.1 CP de 1995 —en su vigente redacción— dispone: «1. Será castigado con las penas de prisión de seis meses a dos años, multa de diez a catorce meses e inhabilitación especial para profesión u oficio por tiempo de uno a dos años el que, contraviniendo las leyes u otras disposiciones de carácter general protectoras del medio ambiente, provoque o realice directa o indirectamente emisiones, vertidos, radiaciones, extracciones o excavaciones, aterramientos, ruidos, vibraciones, inyecciones o depósitos, en la atmósfera, el suelo, el subsuelo o las aguas terrestres, subterráneas o marítimas, incluido el alta mar, con incidencia incluso en los espacios transfronterizos, así como las captaciones de aguas que, por sí mismos o conjuntamente con otros, cause o pueda causar daños sustanciales a la calidad del aire, del suelo o de las aguas, o a animales o plantas».

b. Reserva relativa: tiene como objeto que los elementos esenciales de la materia se regulen mediante una ley, pero posibilitando que el resto de la regulación pueda encomendarse al poder reglamentario. Un par de supuestos:

b.1. El art. 22.1 CE prevé: «Se reconoce el derecho de asociación».

En la medida en que el derecho de asociación es un derecho fundamental, la regulación de su contenido esencial está reservada a una Ley Orgánica (art. 81.1 CE). En este marco jurídico, se ha aprobado la Ley Orgánica 1/2002, de 22 de marzo, reguladora del Derecho de Asociación.

Esta Ley Orgánica de 2002 incluye preceptos tanto orgánicos como no orgánicos (esto es, preceptos con naturaleza de ley ordinaria). Dispone, en este sentido, la Disposición Final 1.ª de la misma (relativa al «Carácter de la Ley») que: «1. Los arts. 1; 2 salvo apartado 6; 3 salvo apartado *g*); 4.2, 5 y 6; 10.1; 19; 21; 23.1; 24; 29.1; 30.3 y 4; 37; 38; la Disposición Derogatoria Única; y las Disposiciones Finales 1.ª.1, 2.ª y 4.ª tienen rango de Ley Orgánica, al constituir el desarrollo del derecho fundamental de asociación, contenido en el art. 22 de la Constitución».

Esta Ley Orgánica ha sido desarrollada en diversos aspectos, además, por distintas normas reglamentarias, entre las que se encuentran, por ejemplo, las siguientes: 1) El Real Decreto 1497/2003, de 28 de noviembre, por el que se aprueba el Reglamento del Registro Nacional de Asociaciones y de sus relaciones con los restantes registros de asociaciones, o 2) El Real Decreto 1740/2003, de 19 de diciembre, sobre procedimientos relativos a asociaciones de utilidad pública.

b.2. El art. 132, en sus apartados 1 y 2, CE, dispone: «1. La ley regulará el régimen jurídico de los bienes de dominio público y de los comunales, inspirándose en los principios de inalienabilidad, imprescriptibilidad e inembargabilidad, así como su desafectación.

> 2. Son bienes de dominio público estatal los que determine la ley y, en todo caso, la zona marítimo-terrestre, las playas, el mar territorial y los recursos naturales de la zona económica y la plataforma continental».

> Las costas son bienes de dominio público que están reguladas por la Ley 22/1988, de 28 de julio, de Costas. Esta Ley cumplimenta la reserva constitucional de ley. Ahora bien, es una reserva relativa, estando dicha Ley desarrollada mediante normas reglamentarias. Y, muy en particular, por el Reglamento General de Costas, aprobado por el Real Decreto 876/2014, de 10 de octubre.

5. Delegación recepticia *versus* delegación no recepticia: cuando hay una reserva de ley relativa, el Legislador (delegante) al regular los elementos esenciales de la materia podrá prever que el resto de la materia no protegida por el ámbito de la reserva de ley: 1) sea regulada por el Gobierno (delegado); así como, 2) el rango jurídico de la norma que aprobará el delegado (Gobierno).

   A. En la delegación no recepticia: el Legislador (delegante) dispondrá que la norma que haga el Gobierno (delegado) tenga valor reglamentario (Decreto).

   B. En la delegación recepticia: el Legislador (delegante) dispondrá que la norma que haga el Gobierno (delegado) tenga valor o rango de ley (Decreto Legislativo). En estos supuestos, el Legislador delega en el Gobierno la potestad de producir una norma (que, en la medida en que ha sido elaborada por el Gobierno, se llamará «Decreto»), cuyo fruto asume después el Legislador como cosa propia, confiriéndole el valor de las normas que el propio Legislador elabora (el rango de ley).

III. LAS NORMAS CON RANGO DE LEY

1. El concepto de norma con rango o valor de ley: acto aprobado y publicado como tal ley (o norma con rango de ley) en los *Boletines Oficiales del Estado* y de las *Comunidades Autónomas*, que expresa un mandato de los órganos que tienen constitucionalmente atribuido poder legislativo (esto es, bien el Poder Legislativo propiamente dicho o bien el Poder Ejecutivo cuando dispone de la potestad jurídica de aprobar normas con rango de ley).

2. Sus características.

   A. Es la norma superior del ordenamiento jurídico tras la Constitución, que puede ser dictada por los titulares del Poder Legislativo (esto es, las Cortes Generales a nivel del Estado, o las correspondientes Asambleas Legislativas en cada una de las Comunidades Autónomas) o por el Poder Ejecutivo en aquellos casos en los que tiene atribuidos por el bloque de la constitucionalidad —Constitución y Estatutos de Autonomía— potestad para dictar normas con rango de ley. La distinción entre poder constituyente y poderes constituidos.

B. En la medida en que la ley es una norma subordinada a la Constitución debe respetar tanto sus principios materiales como el procedimiento formal de adopción dibujado en la propia Norma Fundamental (y que aparece desarrollado en los Reglamentos de las diferentes Cámaras Legislativas), estando controlada esta sumisión por el Tribunal Constitucional, a través de los recursos y de las cuestiones de inconstitucionalidad.

C. Sobre la idea del carácter general y abstracto de las leyes: aunque, como regla general, las leyes constituyen mandatos generales, pueden existir leyes que contengan mandatos particulares o singulares. Nos encontramos, en este caso, ante las leyes singulares (por ejemplo, en el caso Rumasa).

3. La estructura modelo de una ley: 1) La exposición de motivos (o el preámbulo); 2) El articulado; 3) Las disposiciones adicionales; 4) Las disposiciones transitorias; 5) Las disposiciones derogatorias, y 6) Las disposiciones finales.

4. Su tipología. Planteamiento general: la existencia de una pluralidad de normas con rango de ley que pueden ser dictadas por Administraciones Territoriales distintas (el Estado y las Comunidades Autónomas) y por Poderes distintos (el Poder Legislativo y el Poder Ejecutivo).

A. La Administración General del Estado.

a. El Poder Legislativo: las Cortes Generales (Congreso de los Diputados y Senado).

a.1. Las leyes orgánicas.

a.2. Las leyes ordinarias.

b. El Poder Ejecutivo: el Gobierno de la Nación.

b.1. Los reales decretos-leyes.

b.2. Los reales decretos legislativos.

B. Las Comunidades Autónomas.

a. El Poder Legislativo: los Parlamentos autonómicos (en el caso de la Comunidad Autónoma de Extremadura, la Asamblea de Extremadura).

a.1. Las leyes aprobadas por mayoría cualificada.

a.2. Las leyes ordinarias.

b. El Poder Ejecutivo: los Gobiernos autonómicos (en el caso de la Comunidad Autónoma de Extremadura, la Junta de Extremadura).

b.1. Los decretos-leyes (en aquellas Comunidades Autónomas —como Extremadura— en las que el correspondiente Estatuto de Autonomía atribuye competencias para su aprobación al Gobierno autonómico en supuestos de extraordinaria y urgente necesidad).

b.2. Los decretos legislativos (las particularidades de este tipo de normas en Extremadura).

IV. LAS NORMAS CON RANGO DE LEY APROBADAS POR EL PODER LEGISLATIVO (LEYES FORMALES)

1. Su clasificación.

A. Las leyes formales estatales aprobadas por las Cortes Generales.

B. Las leyes formales autonómicas aprobadas por los Parlamentos regionales.

2. Las leyes formales estatales aprobadas por las dos Cámaras Legislativas (esto es, por el Congreso de los Diputados y por el Senado) que conforman las Cortes Generales.

A. Las leyes orgánicas (art. 81 CE).

a. Su base material. Hay determinadas materias que la Constitución ha reservado a este tipo de leyes: el desarrollo de los derechos fundamentales y de las libertades públicas, la aprobación de los Estatutos de Autonomía y la regulación del régimen electoral general (art. 81.1 CE). La remisión por el art. 81.1 CE a «las demás previstas en la Constitución». Dos ejemplos: la Ley Orgánica 3/1981, de 6 de abril, del Defensor del Pueblo (art. 54 CE), y la Ley Orgánica 3/1980, del 22 de abril, del Consejo de Estado (art. 107 CE).

El art. 54 CE dispone: «Una ley orgánica regulará la institución del Defensor del Pueblo, como alto comisionado de las Cortes Generales, designado por éstas para la defensa de los derechos comprendidos en este Título, a cuyo efecto podrá supervisar la actividad de la Administración, dando cuenta a las Cortes Generales».

El art. 107 CE prevé: «El Consejo de Estado es el supremo órgano consultivo del Gobierno. Una ley orgánica regulará su composición y competencia».

b. Requisitos formales.

b.1. El fundamental: la forma de aprobación. Las leyes orgánicas se aprueban por la mayoría absoluta del Congreso de los Diputados (art. 81.2 CE).

b.2. Otros requisitos formales: 1) La exclusión de la iniciativa legislativa popular (art. 87.3 CE); 2) La exclusión de los decretos legislativos y de los decretos-leyes en las materias reservadas a ley orgánica (arts. 82.1 CE y 86.1 CE), o 3) La prohibición de la delegación por el Pleno a las Comisiones Legislativas Permanentes de la aprobación de leyes orgánicas (art. 75.3 CE).

c. Sobre los efectos de la infracción por una norma de la reserva de ley orgánica: su inconstitucionalidad.

El art. 28.2 LOTC dispone: «Asimismo el Tribunal podrá declarar inconstitucionales por infracción del artículo ochenta y uno de la Constitución los preceptos de un Decreto-ley, Decreto legislativo, Ley que no haya sido aprobada con el carácter de orgánica o norma legislativa de una Comunidad Autónoma en el caso de que dichas disposiciones hubieran regulado materias reservadas a Ley Orgánica o impliquen modificación o derogación de una Ley aprobada con tal carácter, cualquiera que sea su contenido».

B. Las leyes ordinarias: el resto de las disposiciones aprobadas con forma de Ley por ambas Cámaras de las Cortes Generales (a través del Pleno o de las Comisiones Legislativas —art. 75.2 CE—) en materias no reservadas a ley orgánica, siguiendo el procedimiento legislativo habitual y por mayoría simple de las Cámaras.

C. La articulación entre leyes orgánicas y leyes ordinarias: el principio de competencia. El Tribunal Constitucional, no obstante, ha admitido una flexibilización del principio de competencia: pueden incorporarse en el texto de una ley orgánica materias que no están incluidas en el ámbito constitucional de reserva de ley orgánica cuando «en atención a razones de conexión temática o de sistematicidad o de buena política legislativa (se las) considere oportuno incluir junto a las materias estrictamente reservadas a la ley orgánica» (STC 5/1981, de 13 de febrero), o cuando, desarrollando el núcleo orgánico, «constituyan un complemento necesario para su mejor inteligencia» (STC 76/1983, de 5 de agosto).

Un ejemplo de ley donde se contienen preceptos orgánicos y ordinarios: la Ley Orgánica 1/2002, de 22 de marzo, reguladora del Derecho de Asociación.

El apartado primero de la disposición final primera (rubricada «Carácter de la Ley») de esta Ley Orgánica dispone: «Los arts. 1; 2 salvo apartado 6; 3 salvo apartado *g*), 4.2, 5 y 6; 10.1; 19; 21; 23.1; 24; 29.1; 30.3 y 4; 37; 38; la Disposición Derogatoria Única; y las Disposiciones Finales 1.ª.1, 2.ª y 4.ª tienen rango de Ley Orgánica, al constituir el desarrollo del derecho fundamental de asociación, contenido en el art. 22 de la Constitución».

Los restantes preceptos no contenidos en esta enumeración tienen naturaleza de ley ordinaria.

D. La particular naturaleza de los Estatutos de Autonomía.

a. El carácter jerárquicamente superior de la Constitución sobre los Estatutos de Autonomía (por todas, SsTC 18/1982, de 4 de mayo; 247/2007, de 12 de diciembre, y 31/2010, de 28 de junio).

b. El Estatuto es «la norma institucional básica de cada Comunidad Autónoma», dictada «(D)entro de los términos de la presente Constitución» (art. 147.1 CE). La aprobación del correspondiente Estatuto de Autonomía como requisito para la formación de cada Comunidad Autónoma.

El apartado 1 del art. 147 CE dispone: «Dentro de los términos de la presente Constitución, los Estatutos serán la norma institucional básica de cada Comunidad Autónoma y el Estado los reconocerá y amparará como parte integrante de su ordenamiento jurídico».

c. La aprobación de todos los Estatutos de Autonomía mediante ley orgánica (art. 81 CE).

d. El contenido de los Estatutos de Autonomía.

d.1. La reserva de Estatuto prevista en el art. 147.2 CE y su carácter relativo. En particular: la organización, las competencias y los poderes normativos de las Comunidades Autónomas.

d.2. El Estatuto de Autonomía no tiene que regular necesariamente todas las cuestiones previstas en el art. 147.2 CE (por ejemplo, la sede de las instituciones).

d.3. El Estatuto de Autonomía puede regular otras cuestiones no previstas en el art. 147.2 CE, como: *a*) Su procedimiento de reforma (art. 147.3 CE); *b*) La cooficialidad de las lenguas en su caso (art. 3.2 CE); *c*) Los símbolos —banderas, etc.—; *d*) El régimen económico; etc.

e. La relación del Estatuto con la normativa estatal: el principio de competencia.

f. Referencia al nuevo Estatuto de Autonomía de Extremadura: la Ley Orgánica 1/2011, de 28 de enero, de reforma del Estatuto de Autonomía de la Comunidad Autónoma de Extremadura (EAEx).

3. Las leyes autonómicas aprobadas por las Asambleas Legislativas de cada una de las Comunidades Autónomas. En particular, el modelo de la Comunidad Autónoma de Extremadura.

A. Sobre las competencias legislativas de las Comunidades Autónomas.

a. La interpretación del art. 152.1 CE: la previsión constitucional de que las Comunidades Autónomas privilegiadas tuvieran una Asamblea

Legislativa. La creación, en la práctica, de una Asamblea Legislativa en todas las Comunidades Autónomas.

b. La regulación del procedimiento legislativo: el Estatuto de Autonomía y el Reglamento de las Cámaras legislativas autonómicas.

c. Las relaciones de las leyes autonómicas con las normas estatales: el principio de competencia.

B. La tipología de las leyes formales en los Estatutos de Autonomía. En particular, su regulación en el Estatuto de Autonomía de Extremadura.

a. La potestad legislativa en la Comunidad Autónoma de Extremadura: «La potestad legislativa de la Comunidad Autónoma reside en el Pleno de la Asamblea, que podrá delegarla en las Comisiones en los términos y condiciones que establezca el Reglamento de la Cámara, salvo en los casos en los que este Estatuto exige una mayoría cualificada o en las leyes de presupuestos» (art. 22.1 EAEx).

b. Las clases de leyes formales autonómicas.

b.1. La inexistencia de leyes orgánicas en el sistema de fuentes de las Comunidades Autónomas.

b.2. Leyes del Pleno de la Asamblea y leyes aprobadas en Comisión.

b.3. Leyes ordinarias: su aprobación por mayoría simple.

b.4. Leyes aprobadas por mayoría cualificada.

b.4.1. Leyes aprobadas por mayoría absoluta: el ejemplo de la ley autonómica de organización comarcal.

El art. 57 EAEx prevé: «Mediante ley aprobada por mayoría absoluta, la Comunidad Autónoma podrá estructurar su organización territorial, además, en comarcas. Dicha ley regulará las competencias, organización y régimen jurídico de dichas entidades».

b.4.2. Leyes aprobadas por mayoría de tres quintos: el ejemplo de la ley electoral extremeña.

El art. 17.4 EAEx dispone: «La ley electoral, cuya aprobación requerirá mayoría de tres quintos de los diputados de la Asamblea, regulará la convocatoria de elecciones; el procedimiento y los sistemas electorales; la fórmula de atribución de escaños; las subvenciones, los gastos electorales y su control; y un sistema específico de inelegibilidad e incompatibilidad de los candidatos y diputados. En todo caso, las candidaturas se compondrán con criterios de igualdad de género».

V. LAS NORMAS CON RANGO DE LEY APROBADAS POR EL PODER EJECUTIVO

1. Su clasificación.

   A. Las normas con rango de ley aprobadas por el Gobierno de la Nación.

      a. El Real Decreto-ley.

      b. El Real Decreto Legislativo.

   B. Las normas con rango de ley aprobadas por el Poder Ejecutivo autonómico.

      a. El Decreto-ley.

      b. El Decreto Legislativo.

2. Las normas con rango de ley aprobadas por el Gobierno de la Nación.

   A. Su tipología.

      a. El Real Decreto-ley (art. 86 CE).

      b. El Real Decreto Legislativo (arts. 82 a 85 CE).

   B. El Real Decreto-ley (art. 86 CE).

      a. El concepto: son normas con rango de ley dictadas por el Gobierno, en supuestos excepcionales, en virtud de una previa habilitación contenida directamente en la Constitución, sin que sea necesaria una intervención previa de consentimiento por parte del Parlamento.

         El art. 86.1 CE dispone: «En caso de extraordinaria y urgente necesidad, el Gobierno podrá dictar disposiciones legislativas provisionales que tomarán la forma de Decretos-leyes y que no podrán afectar al ordenamiento de las instituciones básicas del Estado, a los derechos, deberes y libertades de los ciudadanos regulados en el Título I, al régimen de las Comunidades Autónomas ni al Derecho electoral general».

      b. El significado de la locución «disposiciones legislativas provisionales» utilizada por el art. 86.1 CE.

      c. El presupuesto habilitante: los supuestos de extraordinaria y urgente necesidad (art. 86.1 CE). Su justificación en cada caso concreto.

      d. Las materias que no pueden verse «afectadas» por los Reales Decretos-leyes: el ordenamiento de las instituciones básicas del Estado, los derechos, deberes y libertades de los ciudadanos regulados en el Título I de la Constitución, el régimen de las Comunidades Autónomas y el Derecho electoral general.

e. El control político ejercido por el Congreso de los Diputados *a posteriori*:

e.1. El debate y votación de totalidad por el Congreso de los Diputados, que en el plazo de 30 días desde su promulgación deberá pronunciarse expresamente sobre su convalidación o derogación.

e.2. Si el pronunciamiento del Congreso es negativo, el Real Decreto-ley queda derogado, pero produciendo dicha derogación efectos *ex nunc* (y no *ex tunc*).

e.3. En caso de que se convalide parlamentariamente el Real Decreto-ley, podrá tramitarse como proyecto de ley por el procedimiento de urgencia (es decir, con intervención tanto del Congreso como del Senado) (art. 151 del Reglamento del Consejo de los Diputados de 1982).

e.4. El apartado 2 del art. 86 CE dispone: «Los Decretos-leyes deberán ser inmediatamente sometidos a debate y votación de totalidad al Congreso de los Diputados, convocado al efecto si no estuviere reunido, en el plazo de los treinta días siguientes a su promulgación. El Congreso habrá de pronunciarse expresamente dentro de dicho plazo sobre su convalidación o derogación, para lo cual el Reglamento establecerá un procedimiento especial y sumario».

e.5. El apartado 3 del art. 86 CE establece: «Durante el plazo establecido en el apartado anterior, las Cortes podrán tramitarlos como proyectos de ley por el procedimiento de urgencia».

e.6. El art. 151 del Reglamento del Congreso de los Diputados prevé:

«1. El debate y votación sobre la convalidación o derogación de un Real Decreto-ley se realizará en el Pleno de la Cámara o de la Diputación Permanente, antes de transcurridos los treinta días siguientes a su promulgación, de conformidad con lo establecido en el art. 86.2 de la Constitución. En todo caso, la inserción en el orden del día de un Decreto-ley para su debate y votación podrá hacerse tan pronto como hubiere sido objeto de publicación en el *Boletín Oficial del Estado*.

2. Un miembro del Gobierno expondrá ante la Cámara las razones que han obligado a su promulgación y el debate subsiguiente se realizará conforme a lo establecido para los de totalidad.

3. Concluido el debate, se procederá a la votación, en la que los votos afirmativos se entenderán favorables a la convalidación y los negativos favorables a la derogación.

4. Convalidado un Real Decreto-ley, el Presidente preguntará si algún Grupo Parlamentario desea que se tramite como proyecto de ley. En caso afirmativo, la solicitud será sometida a decisión de la Cámara. Si ésta se pronunciase a favor, se tramitará como proyecto de ley por el procedimiento de urgencia, sin que sean admisibles las enmiendas de totalidad de devolución.

5. La Diputación Permanente podrá, en su caso, tramitar como proyectos de ley por el procedimiento de urgencia los Decretos-leyes que el Gobierno dicte durante los períodos entre legislaturas.

6. El acuerdo de convalidación o derogación de un Real Decreto-ley se publicará en el *Boletín Oficial del Estado*».

f. El control jurídico de la constitucionalidad de los Reales Decretos-leyes corresponde al Tribunal Constitucional. Doble ámbito de control:

f.1. Si existe, efectivamente, el presupuesto de hecho habilitante. La doctrina del Tribunal Constitucional en relación con el análisis de si existe «extraordinaria y urgente necesidad»: «es preciso analizar dos elementos: en primer lugar, los motivos que, habiendo sido tenidos en cuenta por el Gobierno en su aprobación, hayan sido explicitados de una forma razonada [...] y, en segundo lugar, la existencia de una necesaria conexión entre la situación de urgencia definida y la medida concreta adoptada para subvenir a la misma» (STC 329/2005, de 15 de diciembre, FJ 6).

f.2. Si se ha producido, realmente, el respeto de los ámbitos materiales excluidos por el art. 86.1 CE. La doctrina del Tribunal Constitucional sobre el concepto de «afectación»: «respecto de la interpretación de los límites materiales a la utilización del Decreto-ley, hemos venido manteniendo siempre una posición equilibrada que evite las concepciones extremas, de modo que la cláusula restrictiva del art. 86.1 CE ("no podrán afectar") debe ser entendida de modo tal que ni reduzca a la nada el Decreto-ley, que es un instrumento normativo previsto por la Constitución, ni permita que por Decreto-ley se regule el régimen general de los derechos, deberes y libertades del Título I [...]. En tal sentido, hemos rechazado aquellas interpretaciones basadas en el criterio hermenéutico de la coextensión de los arts. 81 y 86 CE, de modo que se hagan coincidir las menciones referentes a los derechos y libertades con la materia reservada a la Ley Orgánica [...]. Asimismo, hemos declarado que al interpretar el límite material del art. 86.1 CE este Tribunal no debe atender al modo cómo se manifiesta el principio de reserva de Ley en una determinada materia, sino más bien al examen de si ha existido "afectación" por el Decreto-ley de un derecho o libertad regulado en el Título I de la Constitución. Lo que exigirá tener en cuenta la configuración constitucional del derecho o deber afectado en cada caso y la naturaleza y alcance de la concreta regulación de que se trate» (STC 329/2005, de 15 de diciembre, FJ 8).

g. Un ejemplo de Real Decreto-ley cuyo Preámbulo justifica la extraordinaria y urgente necesidad que facultaría la actuación del Gobierno de la Nación mediante esta norma legal de urgencia: el Real Decreto-ley 2/2017, de 27 de enero, por el que se adoptan medidas urgentes para paliar los daños causados por los últimos temporales.

Este texto dispone: «Durante los últimos días del mes de noviembre y primeros del mes de diciembre de 2016, especialmente los días 3, 4 y 5, se han producido precipitaciones persistentes y de elevada intensidad que han afectado principalmente a la costa occidental de la provincia de Málaga y al litoral de las provincias de Cádiz y Huelva, con acumulaciones de entre 130 y 140 l/m^2, así como en las provincias de Castellón, Valencia y Alicante, con acumulaciones de entre 130 y 170 l/m^2. [...]

Por otra parte, durante los días 6 y 7 de julio de 2016 se produjo un fuerte pedrisco en la provincia de Badajoz, fundamentalmente en los municipios de Don Benito, Villanueva de la Serena, La Haba, Villar de Rena, Valverde de Mérida, Miajadas, Campanario, Bienvenida, Solana de los Barros y Novelda, que también provocó cuantiosos daños. La Junta de Extremadura los ha valorado en más de 10.000 hectáreas dañadas, con pérdida del 100 por 100 de la cosecha en 5.198,34 hectáreas y pérdidas valoradas en más de 11.700.000 euros, así como cuantiosas pérdidas de peonadas en el campo y de jornales en la industria.

La magnitud de la emergencia, las medidas necesarias para subvenir la grave perturbación de las condiciones de vida de la población, el pleno restablecimiento de los servicios públicos esenciales y, en definitiva, la recuperación de la normalidad en las zonas afectadas justifican la intervención de la Administración General del Estado, desde el principio de solidaridad interterritorial y de manera subsidiaria, complementando las actuaciones que, en ejercicio de sus competencias, tienen encomendadas las administraciones territoriales. [...]

En su virtud, de conformidad con lo dispuesto en los artículos 23 y 24 y en la disposición final segunda de la Ley 17/2015, de 9 de julio, a propuesta de la Vicepresidenta del Gobierno y Ministra de la Presidencia y para las Administraciones Territoriales y de los Ministros de Hacienda y Función Pública, del Interior, de Fomento, de Empleo y Seguridad Social, de Energía, Turismo y Agenda Digital, de Agricultura y Pesca, Alimentación y Medio Ambiente, y de Economía, Industria y Competitividad, el Consejo de Ministros, en sus reuniones de los días 9 y 23 de diciembre de 2016, acordó la declaración de zona afectada gravemente por una emergencia de protección civil a las provincias de Cádiz, Huelva, Málaga, Castellón, Valencia y Alicante por el episodio de lluvias de finales de noviembre y primeros de diciembre, a la provincia de Badajoz por el pedrisco del mes de julio y a las Comunidades Autónomas Valenciana, de la Región de Murcia y de Illes Balears, y a las provincias de Almería y Albacete, por las inundaciones producidas desde el 17 y hasta el 23 de diciembre de 2016.

Los graves daños generados en las poblaciones mencionadas determinan la extraordinaria y urgente necesidad de la aplicación de las medidas contenidas en los referidos acuerdos del Consejo de Ministros de 9 y 23 de diciembre de 2016, y en el propio real decreto-ley, también a las Comunidades Autónomas Valenciana, de Illes Balears, de Cataluña y de la Región de Murcia, así como a la provincia de Albacete, como consecuencia de los temporales de nevadas, lluvias, vientos y fenómenos costeros acaecidos entre el 15 y el 23 de enero de 2017.

Adicionalmente a las medidas adoptadas en los mencionados acuerdos, en aplicación del principio de solidaridad interterritorial y al igual que en las ocasiones en las que ha sido necesario actuar con carácter urgente ante situaciones de alteración grave de las condiciones de vida de la población en un área geográfica determinada, con el fin de ejecutar aquellas medidas cuya adopción requiere una norma con rango de ley, se adopta este real decreto-ley».

C. Los Reales Decretos Legislativos (arts. 82 a 85 CE).

a. El concepto: son normas con rango de ley dictadas por el Gobierno previa delegación por el Parlamento (arts. 82.1 y 85 CE).

El art. 82.1 CE dispone: «Las Cortes Generales podrán delegar en el Gobierno la potestad de dictar normas con rango de ley sobre materias determinadas no incluidas en el artículo anterior».

El art. 85 CE establece: «Las disposiciones del Gobierno que contengan legislación delegada recibirán el título de Decretos Legislativos».

b. La tipología.

b.1. Texto articulado: es una categoría de Real Decreto Legislativo dictado por el Gobierno sobre la base de una habilitación conferida por el Legislador mediante una «ley de bases». En otros términos, las Cortes Generales aprueban los principios esenciales (las directrices o las bases) a las que ha de atenerse el Gobierno para elaborar el texto legal (esto es, el decreto legislativo).

El art. 82.2 CE prevé: «La delegación legislativa deberá otorgarse mediante una ley de bases cuando su objeto sea la formación de textos articulados o por una ley ordinaria cuando se trate de refundir varios textos legales en uno solo».

b.2. Texto refundido: tipo de Real Decreto Legislativo aprobado por el Gobierno previa autorización conferida por las Cortes Generales con base en una ley ordinaria, para que, o bien 1) se formule simplemente un texto único a partir de textos dispersos; o bien 2) se regularice, aclare o armonice un conjunto de textos legales preexistentes en un solo texto nuevo (art. 82.5 CE).

El art. 82.5 CE dispone: «La autorización para refundir textos legales determinará el ámbito normativo a que se refiere el contenido de la delegación, especificando si se circunscribe a la mera formulación de un texto único o si se incluye la de regularizar, aclarar y armonizar los textos legales que han de ser refundidos».

c. Los límites a la delegación.

c.1. Generales (art. 82.3 CE). La delegación legislativa habrá de otorgarse al Gobierno:

1) de forma expresa y para materia concreta;

2) con fijación de plazo para su ejercicio;

3) se agota por el uso concreto que de ella haga el Gobierno mediante la publicación de la norma correspondiente; y,

4) no podrá permitirse la subdelegación a autoridades distintas del Gobierno.

c.2. Específicos.

c.2.1. La ley que autoriza a dictar un texto refundido (art. 82.5 CE): determinará el ámbito normativo a que se refiere el contenido de la delegación, especificando si dicho contenido se refiere a (1) la mera formulación de un texto único, o (2) si incluye la autorización de regular, aclarar y armonizar los textos legales que han de ser refundidos.

c.2.2 Las leyes de bases:

1) El art. 82.4 CE: delimitarán con precisión el objeto y el alcance de la delegación y los principios y criterios que han de seguirse en su ejercicio.

2) El art. 83 CE: no podrán ni autorizar la modificación de la propia ley de bases, ni facultar para dictar normas con carácter retroactivo.

d. Delegación legislativa y modulación de la iniciativa legislativa y de la facultad de enmienda (art. 84 CE): «Cuando una proposición de ley o una enmienda fuere contraria a una delegación legislativa en vigor, el Gobierno está facultado para oponerse a su tramitación. En tal supuesto, podrá presentarse una proposición de ley para la derogación total o parcial de la ley de delegación».

e. El control de los Reales Decretos Legislativos.

e.1. La exégesis del art. 82.6 CE: los controles de naturaleza política (control parlamentario) y los de naturaleza jurídica.

El art. 82.6 CE establece: «Sin perjuicio de la competencia propia de los Tribunales, las leyes de delegación podrán establecer en cada caso fórmulas adicionales de control».

e.2. El control político de los Reales Decretos Legislativos establecido por el Reglamento del Congreso de los Diputados: su Título VI, rubricado «Del control de las disposiciones generales del Gobierno con fuerza de ley» (arts. 151 a 153).

El art. 152 del Reglamento del Congreso de los Diputados dispone: «El Gobierno, tan pronto como hubiere hecho uso de la delegación prevista en el art. 82 de la Constitución, dirigirá al Congreso la correspondiente comunicación, que contendrá el texto articulado o refundido objeto de aquélla y que será publicado en el *Boletín Oficial de las Cortes Generales*».

El art. 153 del Reglamento del Congreso de los Diputados prevé:

«1. Cuando, de conformidad con lo establecido en el art. 82.6 de la Constitución, las leyes de delegación establecieren que el control adicional de la legislación delegada se realice por el Congreso de los Diputados, se procederá conforme a lo establecido en el presente artículo.

2. Si dentro del mes siguiente a la publicación del texto articulado o refundido, ningún Diputado o Grupo Parlamentario formulara objeciones se entenderá que el Gobierno ha hecho uso correcto de la delegación legislativa.

3. Si dentro del referido plazo se formulara algún reparo al uso de la delegación en escrito dirigido a la Mesa del Congreso, ésta lo remitirá a la correspondiente Comisión de la Cámara, que deberá emitir dictamen al respecto en el plazo que al efecto se señale.

4. El dictamen será debatido en el Pleno de la Cámara con arreglo a las normas generales del procedimiento legislativo.

5. Los efectos jurídicos del control serán los previstos en la ley de delegación.»

e.3. El control jurídico de los Reales Decretos Legislativos.

e.3.1. El control de los decretos legislativos por el Tribunal Constitucional: los decretos legislativos tienen rango de ley, y el órgano encargado del control de las leyes formales y de las normas con rango de ley por excelencia es el Tribunal Constitucional (STC 61/1997, de 20 de marzo). En este sentido, el art. 27.2.*b*) LOTC dispone: «Son susceptibles de declaración de inconstitucionalidad: [...] *b*) Las demás Leyes, disposiciones normativas y actos del Estado con fuerza de Ley. En el caso de los decretos legislativos, la competencia del Tribunal se entiende sin perjuicio de lo previsto en el número 6 del art. 82 de la Constitución».

e.3.2. La referencia a los Tribunales en plural por el art. 82.6 CE.

1) Si los Jueces y Tribunales de cualquier orden jurisdiccional consideran que el Real Decreto Legislativo pudiera ser inconstitucional, procederá el planteamiento de una cuestión de inconstitucionalidad (art. 163 CE).

2) El control efectuado por la jurisdicción contencioso-administrativa: «Los Juzgados y Tribunales del orden contencioso-administrativo conocerán de las pretensiones que se deduzcan en relación [...] con

los decretos legislativos cuando excedan los límites de la delegación» (art. 1.1 LJCA). La justificación doctrinal de esta competencia de la jurisdicción contencioso-administrativa se basa en las siguientes premisas:

— El orden contencioso-administrativo no puede controlar los decretos legislativos en tanto que sean normas con rango de ley.

— Pero los decretos legislativos sólo serían leyes en la medida en que el Gobierno se mantenga dentro del ámbito de la delegación efectuada por el Poder Legislativo.

— Si el Gobierno comete un exceso en la delegación (al situarse fuera de la misma), el decreto legislativo no tiene valor de ley en cuanto a ese exceso, sino únicamente valor reglamentario.

— Los órganos judiciales que conforman el orden contencioso-administrativo son competentes para controlar la validez de las normas reglamentarias.

— El órgano competente para el control de los actos y disposiciones generales dictadas por el Gobierno de la Nación: la Sala Tercera o de lo Contencioso-Administrativo del Tribunal Supremo [art. 12.1.*a*) LJCA].

f. Algunos ejemplos de Reales Decretos Legislativos estatales.

f.1. Textos articulados estatales.

f.1.1. El caso de texto articulado más célebre que sigue vigente en nuestro país es, sin ninguna duda, el Código Civil.

La Ley de Bases aprobada por las Cortes delegando en el Gobierno la aprobación de un Código Civil: la Ley de 11 de mayo de 1888, por la que se autoriza al Gobierno para publicar un Código Civil con arreglo a las condiciones y bases establecidas en la misma. Esta Ley cuenta con 8 artículos. El artículo octavo contiene 27 bases.

Como fruto de esta Ley de Bases se dictó el Código Civil: el Real Decreto de 24 de julio de 1889, por el que se publica el Código Civil. Este texto normativo articula las 27 bases en un total de 1976 artículos.

f.1.2. El artículo único de la Ley 18/1989, de 25 de julio, de Bases sobre Tráfico, Circulación de Vehículos a Motor y Seguridad Vial, dispuso: «Se autoriza al Gobierno para que, a propuesta del Ministro del Interior y previo dictamen del Consejo de Estado, apruebe, en el plazo de un año, el texto articulado de la Ley sobre Tráfico, Circulación de Vehículos a Motor y Seguridad Vial, con sujeción a los principios y criterios que resultan de las siguientes BASES [Esta norma contenía 9 bases —por ejemplo, la Base cuarta se refería a las «Normas de circulación» o la Base quinta a la «Señalización»—].

Estas 9 bases se articularon por el Real Decreto Legislativo 339/1990, de 2 de marzo, por el que se aprueba el texto articulado de la Ley sobre Tráfico, Circulación de Vehículos a Motor y Seguridad Vial. Este texto articulado contaba en su redacción originaria con 84 artículos. Y, en este marco, la Base cuarta fue articulada en el Título II (rubricado «Normas de comportamiento en la circulación») del texto articulado (esto es, en los arts. 9 a 52), mientras que la Base quinta fue, a su vez, desarrollada en el Título III del texto articulado (es decir, en los arts. 53 a 58).

Este texto articulado ha sido derogado por el Real Decreto Legislativo 6/2015, de 30 de octubre, por el que se aprueba el texto refundido de la Ley sobre Tráfico, Circulación de Vehículos a Motor y Seguridad Vial. En efecto, la disposición derogatoria única de este Real Decreto Legislativo dispone: «Queda derogado el texto articulado de la Ley sobre Tráfico, Circulación de Vehículos a Motor [y Seguridad Vial], aprobado por el Real Decreto Legislativo 339/1990, de 2 de marzo, así como las leyes que lo han modificado, incluidas las disposiciones de las leyes modificativas que no se incorporaron a aquél».

f.2. Textos refundidos estatales.

f.2.1. La Disposición Final 4.ª (titulada «Autorización para elaborar un texto refundido») de la Ley 10/2013, de 24 de julio, por la que se incorporan al ordenamiento jurídico español las Directivas 2010/84/UE del Parlamento Europeo y del Consejo, de 15 de diciembre de 2010, sobre farmacovigilancia, y 2011/62/UE del Parlamento Europeo y del Consejo, de 8 de junio de 2011, sobre prevención de la entrada de medicamentos falsificados en la cadena de suministro legal, y se modifica la Ley 29/2006, de 26 de julio, de garantías y uso racional de los medicamentos y productos sanitarios, dispone: «Al efecto de consolidar en un texto único las modificaciones incorporadas, desde su entrada en vigor, en la Ley 29/2006, de 26 de julio, de garantías y uso racional de los medicamentos y productos sanitarios, se autoriza al Gobierno para elaborar y aprobar, en un plazo de dos años a contar desde la entrada en vigor de esta Ley, un texto refundido de la Ley de garantías y uso racional de los medicamentos y productos sanitarios. Esta autorización incluye la facultad de regularizar, aclarar y armonizar los textos legales que deban ser refundidos».

Como fruto de esta delegación al Gobierno de la Nación para dictar un texto refundido, se ha aprobado el Real Decreto Legislativo 1/2015, de 24 de julio, por el que se aprueba el texto refundido de la Ley de garantías y uso racional de los medicamentos y productos sanitarios.

f.2.2. La letra *d*) del artículo Uno (rubricado «Autorización para la refundición de textos legales») de la Ley 20/2014, de 29 de octubre, por la que se delega en el Gobierno la potestad de dictar diversos textos refundidos, en virtud de lo establecido en el art. 82 y siguientes de la Constitución Española, dispone: «Se autoriza al Gobierno para aprobar, en el plazo de doce meses a partir de la entrada en vigor de esta ley, sendos textos refundidos en los que se integren, debidamente regularizadas, aclaradas y armonizadas, las leyes y demás normas que se enumeran a continuación, así como las normas con rango de ley que las hubieren modificado y las que, afectando a su ámbito material, puedan, en su caso, promulgarse antes de la aprobación por Consejo de Ministros de los textos refundidos que procedan y así se haya previsto en las mismas: [...] *d*) Texto refundido de la Ley del Estatuto de los Trabajadores, aprobado mediante Real Decreto Legislativo 1/1995, de 24 de marzo. Asimismo, se incluirán en el texto refundido a que se refiere esta letra las disposiciones legales en relación con los preceptos del Estatuto de los Trabajadores, debidamente regularizadas, aclaradas y sistematizadas, que a continuación se indican: [El texto legal recoge hasta quince normas legales que afectan directamente al texto del Real Decreto Legislativo de 1995 que deberían ser objeto de refundición]».

Como fruto de esta delegación al Gobierno de la Nación para dictar un texto refundido, se ha aprobado el Real Decreto Legislativo 2/2015, de 23 de octubre, por el que se aprueba el texto refundido de la Ley del Estatuto de los Trabajadores.

3. El papel del ejecutivo autonómico a la hora de dictar normas con rango de ley: el caso concreto de Extremadura.

A. Los Estatutos Autonomía de la primera generación (1979-1983): la capacidad de los Gobiernos autonómicos de dictar únicamente Decretos Legislativos.

B. Los Estatutos Autonomía de la segunda hornada (2006 en adelante): la capacidad de los Gobiernos autonómicos de dictar:

a. Decretos Legislativos.

b. Decretos-leyes.

C. La capacidad del Poder Ejecutivo extremeño para dictar normas con rango de ley según el nuevo Estatuto de Autonomía de 2011: 1) Los Decretos Legislativos (art. 22, apartados 2 y 3, EAEx), y 2) Los Decretos-leyes (art. 33 EAEx).

a. Los Decretos Legislativos.

a.1. La regulación jurídica: 1) El art. 22.2 y 3 y el art. 41.2 EAEx, y 2) Los arts. 44 y 45 de la Ley 1/2002, de 28 de febrero, del Gobierno y de la Administración de la Comunidad Autónoma de Extremadura (LGAEx).

a.1.1. La regulación estatutaria de la delegación legislativa.

El art. 22 EAEx, rubricado «Potestad legislativa», dispone:

«1. La potestad legislativa de la Comunidad Autónoma reside en el Pleno de la Asamblea, que podrá delegarla en las Comisiones en los términos y condiciones que establezca el Reglamento de la Cámara, salvo en los casos en los que este Estatuto exige una mayoría cualificada o en las leyes de presupuestos.

2. Con las mismas limitaciones, el Pleno de la Asamblea podrá delegar expresamente en la Junta de Extremadura la potestad de dictar normas con rango de ley, denominadas decretos legislativos, sobre materias determinadas y con los fines, objetivos, alcance, prohibiciones, plazos y formas establecidos en los arts. 82 y 83 de la Constitución.

3. Sin perjuicio de los controles parlamentarios adicionales que pudieran establecerse en la ley de delegación, los textos articulados o refundidos se someterán, antes de su entrada en vigor, a una votación de totalidad en procedimiento de lectura única en la Asamblea».

a.1.2. La regulación estatutaria de los controles jurídicos de los Decretos Legislativos.

El art. 41.2 EAEx, rubricado «Control jurisdiccional de disposiciones y actos», prevé: «Los decretos legislativos podrán ser fiscalizados por la jurisdicción constitucional y, en su caso, por la contencioso-administrativa en los supuestos de desviación o exceso en el ejercicio de la delegación legislativa. No procederá la revisión contenciosa cuando el texto articulado o refundido se hubiere debatido y votado por la Asamblea de Extremadura».

a.2. Su concepto: son normas con rango de ley elaboradas por la Junta de Extremadura previa delegación por el Pleno de la Asamblea de Extremadura, que es quien aprueba estos textos mediante «una votación de totalidad en procedimiento de lectura única en la Asamblea» (art. 22.3 EAEx).

a.3. Su naturaleza jurídica.

a.3.1. Sobre cómo debe interpretarse el inciso «el Pleno de la Asamblea podrá delegar expresamente en la Junta de Extremadura la potestad de dictar normas con rango de ley, denominadas decretos legislativos» del art. 22.2 EAEx y el art. 44 LGAEx («La Asamblea de Extremadura podrá delegar en la Junta de Extremadura la potestad de dictar Decretos Legislativos, con rango y fuerza de

Ley, en materias que no exijan una mayoría cualificada de la Asamblea») en relación con el art. 22.3 EAEx, que establece que «los textos articulados o refundidos se someterán, antes de su entrada en vigor, a una votación de totalidad en procedimiento de lectura única en la Asamblea».

a.3.2. Dado, en definitiva, que en Extremadura (y a diferencia de lo que sucede con los Reales Decretos Legislativos a nivel estatal y con los Decretos Legislativos en el resto de las Comunidades Autónomas) los Decretos Legislativos los aprueba el Poder Legislativo autonómico (Asamblea de Extremadura) y no el Poder Ejecutivo (Junta de Extremadura), nos encontramos realmente ante una ley formal aprobada por la Asamblea de Extremadura, aunque es una ley formal un tanto especial porque no la ha elaborado la Asamblea siguiendo el procedimiento legislativo correspondiente, sino que lo ha hecho la Junta de Extremadura (art. 22.2 y 3 EAEx).

a.4. Su tipología.

a.4.1. Texto articulado: son decretos legislativos dictados por la Junta de Extremadura en base a una habilitación conferida por la Asamblea de Extremadura mediante una «ley de bases», «que delimitará con precisión el objeto y alcance de la delegación legislativa y los principios o criterios que han de seguirse en su ejercicio» (art. 45.1 LGAEx).

a.4.2. Texto refundido: son decretos legislativos aprobados por la Junta de Extremadura previa autorización conferida por la Asamblea de Extremadura mediante una «ley ordinaria de carácter específico», que determinará «el ámbito normativo a que se refiere el contenido de la delegación», y que deberá especificar: 1) «si se circunscribe a la mera formulación de un texto único», o 2) «si se incluye la de regularizar, aclarar y armonizar los textos legales que han de ser refundidos» (art. 45.2 LGAEx).

a.5. Los límites a la delegación: debe tenerse en cuenta que el art. 22.2 EAEx hace una remisión a los arts. 82 y 83 CE.

a.5.1. Generales (art. 22.2 EAEx y arts. 44 y 45.3 LGAEx). La delegación legislativa:

1) No podrá realizarse en materias que exijan una mayoría cualificada de la Asamblea de Extremadura para la aprobación de una ley o para las leyes de presupuestos (art. 22.2, en relación con el art. 22.1, EAEx).

2) Deberá otorgarse a la Junta de Extremadura «de forma expresa, para materia concreta y con fijación del plazo para su ejercicio», extinguiéndose «por el transcurso de dicho plazo y por el uso que de ella haga la Junta de Extremadura mediante la publicación de la norma correspondiente».

3) «No podrá entenderse concedida de modo implícito o por tiempo indeterminado».

4) «Tampoco podrá permitir la subdelegación a autoridades distintas del propio Gobierno regional».

a.5.2. Específicos.

1) La ley que autoriza a dictar un texto refundido (art. 45.2 LGAEx): determinará el ámbito normativo a que se refiere el contenido de la delegación, especificando si dicho contenido se refiere a (1) la mera formulación de un texto único, o (2) si incluye la autorización de regular, aclarar y armonizar los textos legales que han de ser refundidos.

2) Las leyes de bases (art. 45.1 LGAEx):

— Delimitarán «con precisión el objeto y el alcance de la delegación y los principios y criterios que han de seguirse en su ejercicio».

— No podrán ni autorizar la modificación de la propia ley de bases, ni facultar para dictar normas con carácter retroactivo.

a.6 Delegación legislativa y modulación de la iniciativa legislativa y de la facultad de enmienda (art. 45.5 LGAEx): «Cuando una proposición de Ley o enmienda fuere contraria a una delegación legislativa en vigor, la Junta de Extremadura está facultada para oponerse a su tramitación, en cuyo caso sólo podrá seguir ésta después de un debate y votación de totalidad en la que se apruebe la derogación total o parcial de la Ley de delegación en los términos que especifique el autor de la proposición de Ley o enmienda».

a.7. El control de los decretos legislativos.

a.7.1. Los controles de naturaleza política (control parlamentario) y los de naturaleza jurídica.

a.7.2. Los controles de naturaleza política.

1) En la medida en que los decretos legislativos se aprueban por el Pleno de la Asamblea de Extremadura mediante «una votación de totalidad en procedimiento de lectura única», su control político lo ejerce el Parlamento extremeño en su conjunto (art. 22.3 EAEx).

2) La regulación de la legislación delegada por el nuevo Estatuto de Autonomía en su art. 22, apartados 2 y 3, deroga tácitamente el sistema de controles políticos contenido en el art. 45.4 LGAEx que estable: «4. Sin perjuicio de la competencia propia de los Tribunales, las Leyes de delegación podrán establecer, en cada caso, fórmulas adicionales de control y, en su caso, a requerimiento de dos Grupos Parlamentarios o el 15 por 100 de los Diputados, deberá someterse a debate o votación de totalidad el ejercicio de la delegación dentro de los treinta días siguientes a la publicación del decreto legislativo».

a.7.3. El control jurídico de los decretos legislativos.

1) El control por el Tribunal Constitucional: los decretos legislativos tienen rango de ley, y el órgano encargado del control de las normas con rango de ley por excelencia es el Tribunal Constitucional [art. 82.6 CE y art. 27.2.*b*) LOTC]. Así lo reconoce explícitamente, además, el art. 41.2 EAEx: «Los decretos legislativos podrán ser fiscalizados por la jurisdicción constitucional».

2) El control por los restantes Tribunales a los que se refiere el art. 82.6 CE.

— Si los Jueces y Tribunales de cualquier orden consideran que el decreto legislativo pudiera ser inconstitucional, procederá el planteamiento de una cuestión de inconstitucionalidad (art. 163 CE).

— El teórico control por parte de los Tribunales del orden contencioso-administrativo:

i. La regla general para todos los (reales) decretos legislativos dictados en el país: «Los Juzgados y Tribunales del orden contencioso-administrativo conocerán de las pretensiones que se deduzcan en relación [...] con los decretos legislativos cuando excedan los límites de la delegación» (art. 1.1 LJCA).

ii. Las particularidades para los decretos legislativos dictados por la Junta de Extremadura.

— Las previsiones del art. 41.2 EAEx a favor del control de la legislación delegada extremeña por los tribunales contencioso-administrativos: «Los decretos legislativos podrán ser fiscalizados por la jurisdicción constitucional y, en su caso, por la contencioso-administrativa en los supuestos de desviación o exceso en el ejercicio de la delegación legislativa».

— La imposibilidad jurídica de que los decretos legislativos extremeños sean controlados por el orden jurisdiccional contencioso-administrativo: 1) Todos los decretos legislativos extremeños «se someterán, antes de su entrada en vigor, a una votación de totalidad en procedimiento de lectura única en la Asamblea» (art. 22.3 EAEx). 2) «No procederá la revisión contenciosa cuando el texto articulado o refundido se hubiere debatido y votado por la Asamblea de Extremadura» (art. 41.2, inciso final, EAEx). 3) La consecuencia: en la medida en que todos los Decretos Legislativos extremeños son, realmente, aprobados por el Pleno de la Asamblea de Extremadura son leyes formales; por este motivo, el posible control por los tribunales contencioso-administrativos está excluido, como se acaba de ver, por el art. 41.2 EAEx y también por la Constitución y por la LOTC que establecen el monopolio del Tribunal Constitucional para el control jurídico de las leyes formales.

b. Los Decretos-leyes.

b.1. Su regulación jurídica: el art. 33 EAEx.

El art. 33 EAEx, rubricado «Legislación de urgencia», dispone:

«1. En caso de extraordinaria y urgente necesidad, la Junta de Extremadura puede dictar disposiciones legislativas provisionales bajo la forma de Decreto-ley.

2. No pueden ser objeto de Decreto-ley la reforma del Estatuto, las leyes de presupuestos o las materias objeto de leyes para las que se requiera una mayoría cualificada.

3. Los Decretos-leyes quedan derogados si en el plazo improrrogable de un mes desde su publicación oficial no son convalidados por la Asamblea, tras su debate y en votación de totalidad.

4. La Asamblea puede tramitar los Decretos-leyes como proyectos de ley por el procedimiento de urgencia, dentro del plazo establecido en el apartado anterior».

b.2. Las mínimas particularidades de los Decretos-leyes en Extremadura en relación con la regulación constitucional de los Reales Decretos-leyes estatales.

b.2.1. Su concepto: son normas con rango de ley dictadas por la Junta de Extremadura, en supuestos excepcionales, en virtud de una previa habilitación contenida en el Estatuto de Autonomía de Extremadura (art. 33), sin que sea necesaria una intervención previa de consentimiento por parte de la Asamblea de Extremadura.

b.2.2. El presupuesto habilitante: los casos de extraordinaria y urgente necesidad.

b.2.3. Las materias que no pueden verse «afectadas» por los Decretos-leyes extremeños: la reforma del Estatuto, las leyes de presupuestos o las materias objeto de leyes para las que se requiera una mayoría cualificada.

b.2.4. El control parlamentario «a posteriori» por la Asamblea de Extremadura:

1) El debate y votación de totalidad por la Asamblea de Extremadura, que en el plazo de un mes desde su publicación oficial deberá pronunciarse expresamente sobre su convalidación o derogación.

2) Si el pronunciamiento de la Asamblea de Extremadura es negativo, el Decreto-ley queda derogado, pero produciendo dicha derogación efectos *ex nunc* (y no *ex tunc*).

3) En caso de que se convalide parlamentariamente el Decreto-Ley, podrá tramitarse como proyecto de ley por el procedimiento de urgencia.

b.2.5. El control jurídico de la constitucionalidad de los Decretos-leyes corresponde al Tribunal Constitucional, que controla:

1) Si existe, efectivamente, el presupuesto de hecho habilitante.

2) Si se ha producido, realmente, el respeto de los ámbitos materiales excluidos por el art. 33.2 EAEx.

VI. LA INAPLICACIÓN POR LA JURISDICCIÓN CONTENCIOSO-ADMINISTRATIVA DE LAS LEYES CONTRARIAS AL DERECHO COMUNITARIO EUROPEO

1. El principio de primacía del Derecho comunitario sobre el Derecho estatal. Las normas europeas prevalecen o priman sobre cualquier norma de Derecho interno que se les oponga, de manera tal que las normas comunitarias deben aplicarse con preferencia cualquiera que sea el rango de la norma interna y con independencia de que haya sido aprobada con posterioridad a la norma comunitaria (SsTJCE «Costa/ENEL» y «Simmenthal»).

2. El Juez nacional como juez comunitario con competencia para resolver los conflictos propiciados por una incompatibilidad entre las normas comunitarias y las normas nacionales, siendo este tipo de conflictos de carácter infraconstitucional.

3. En caso de claro conflicto entre una norma interna nacional y una norma comunitaria se producirá la inaplicación o el desplazamiento del Derecho estatal contrario al Derecho comunitario (STJCE «Simmenthal»), derivando este poder de inaplicación de los órganos nacionales de la autoridad que les confiere el Derecho comunitario europeo para garantizar su aplicación íntegra y uniforme en todo el territorio de la Unión Europea.

4. Si los órganos judiciales nacionales dudan de la eventual compatibilidad de una norma estatal con otra comunitaria, dichos órganos pueden en unos casos (y deben en otros) plantear una cuestión prejudicial ante el Tribunal de Justicia

de la Unión Europea. Si este Tribunal comunitario aprecia la incompatibilidad entre el Derecho nacional y el Derecho comunitario, ordenará al Juez nacional la inaplicación en el caso concreto de la norma contraria al Derecho europeo, pero el Tribunal de Justicia de la Unión Europea «no está facultado para declarar la invalidez de las normas nacionales contrarias al Derecho comunitario».

5. La función de depuración del ordenamiento jurídico nacional contrario al Derecho comunitario corresponde exclusivamente a los órganos internos constitucional o legalmente competentes (legislativo, ejecutivo, judicial o tribunal constitucional) de los Estados miembros en virtud del principio de autonomía institucional.

6. Cada vez con mayor frecuencia, el Tribunal de Justicia de la Unión Europea considera que no es suficiente con la inaplicación de la norma interna contraria al Derecho europeo, pues considera que esta técnica genera importantes problemas desde el punto de vista de la seguridad jurídica. Por ello, el Tribunal de Justicia de la Unión Europea ha dejado de contentarse con la mera exigencia de inaplicación de las normas internas incompatibles con el Derecho comunitario, para pasar a exigir un comportamiento activo de las autoridades nacionales dirigido a expulsar del ordenamiento jurídico nacional la norma interna desplazada e inaplicable.

7. La base de esta obligación estatal de expulsar del ordenamiento nacional las normas incompatibles con el Derecho europeo, al objeto de evitar las situaciones de ambigüedad y de incertidumbre normativa, ha tenido tradicionalmente su anclaje en la obligación de los Estados miembros de «adoptar todas las medidas necesarias para asegurar el cumplimiento de los Tratados y de los actos de las instituciones (art. 10 TCE [hoy art. 4.3 TUE]). Es decir, la primacía y el efecto directo de las disposiciones comunitarias no dispensan a los Estados miembros de la obligación de eliminar de su orden jurídico interno aquellas disposiciones incompatibles» (Araceli Mangas/Diego Liñán). Algunos Tribunales Constitucionales nacionales se pronuncian sobre la necesidad de que los Estados miembros aporten las necesarias modificaciones o derogaciones del propio Derecho interno con el fin de depurarlo de eventuales incompatibilidades o discordancias con las normas comunitarias prevalentes (por ejemplo: STC italiano 389/1989, de 11 de julio —asunto provincia de Bolzano—). La fundamentación de esta doctrina: la seguridad jurídica.

8. La postura del Tribunal Constitucional español ante la inaplicación por los órganos judiciales internos de las leyes nacionales por una eventual contradicción con el Derecho europeo: la posible contradicción con el derecho fundamental a un proceso con todas las garantías (art. 24.2 CE) de la decisión de un órgano judicial español de inaplicar una ley interna alegando su eventual incompatibilidad con el Derecho comunitario. La doctrina de la STC 58/2004: «En efecto, si la Ley postconstitucional es contraria a la Constitución sólo mediante el planteamiento de una cuestión de inconstitucionalidad del art. 163 CE puede dejar de ser aplicada. Y si la ley postconstitucional es contradictoria con el Derecho comunitario sólo puede ser inaplicada, dadas las circunstancias concurrentes en

el presente caso, mediante el planteamiento de la cuestión prejudicial del art. 234 TCE [hoy art. 267 TFUE] [...] es indudable que cuando se trata de inaplicar una ley, el planteamiento de la cuestión de inconstitucionalidad, si contradice la Constitución española, o el de la cuestión prejudicial, si es contraria al Derecho comunitario (eso sí, siempre y cuando, respecto de esta última y como ocurre en el presente caso, se den las circunstancias para tal planteamiento), debe convertirse en una de las garantías comprendidas en el derecho al proceso debido frente a inaplicaciones judiciales arbitrarias o insuficientemente fundadas de la ley española basadas en una pretendida inconstitucionalidad de la misma o utilizando como excusa la primacía del Derecho comunitario. En el asunto que nos ocupa era insoslayable para inaplicar la disposición de ley al caso concreto, por causa de su posible inconstitucionalidad o de su posible contradicción con el Derecho comunitario, la promoción de la correspondiente cuestión de inconstitucionalidad o cuestión prejudicial (arts. 163 CE y 234 TCE), sin las cuales, las normas legales no podían ser, en manera alguna, inaplicadas o preteridas» (FJ 14).

LECCIÓN 7

LA ADMINISTRACIÓN Y LAS FUENTES DEL DERECHO ADMINISTRATIVO (III): LAS NORMAS REGLAMENTARIAS

En los países parlamentarios que admiten el principio de separación de poderes, como Egipto y Francia, el gobierno puede, sin embargo, dictar bajo la denominación de reglamentos disposiciones generales que son leyes en sentido material y ello a pesar de que según la propia Constitución la función legislativa sólo corresponde al parlamento. De ello se desprenden tres interrogantes: 1.º) ¿Cómo puede haber reglamentos en un país que practica el régimen parlamentario y la separación de poderes? 2.º) Si hay reglamentos, ¿sobre qué materias y en qué casos pueden elaborarse? 3.º) ¿Estos reglamentos son susceptibles de ser impugnados por medio de un recurso contencioso?

1.º) Que en los países parlamentarios hay reglamentos del Jefe del Estado no se pone en duda. Diría incluso que es necesario que los haya, que no puede dejar de haberlos porque es materialmente imposible que el parlamento vote por sí mismo todas las disposiciones generales que son necesarias para asegurar la vida administrativa y económica del país. En los países donde se ha querido aplicar rigurosamente el principio de separación de poderes, es obligado vulnerar este principio y reconocer al gobierno, atendiendo a necesidades prácticas, el derecho de dictar leyes materiales, es decir, reglamentos. Inglaterra y los Estados Unidos de Norteamérica se ha visto obligados a llegar a ello y durante la guerra [se refiere a la guerra de 1914-1918] estos dos países, especialmente, reconocieron al poder ejecutivo una competencia reglamentaria notablemente más amplia a la que está atribuida en Francia.

LÉON DUGUIT, *Lecciones de Derecho público general. Impartidas en la Facultad de Derecho de la Universidad egipcia durante los meses de enero, febrero y marzo de 1926*, Marcial Pons, Madrid, 2011.

ESTRUCTURA:

I. La potestad reglamentaria de la Administración: significado y justificación constitucional.
II. El concepto de reglamento.
III. El ámbito de la potestad reglamentaria.
IV. La relación entre ley y reglamento: la jerarquía, las reservas de ley y las remisiones normativas. La deslegalización.
V. Clases de reglamentos.

VI. Reglamento y acto administrativo. La llamada inderogabilidad singular de los reglamentos.
VII. Los elementos de los reglamentos.
VIII. Notas sobre las ordenanzas locales.
IX. El control de los reglamentos ilegales.

Normativa de referencia:

I. Constitución Española (CE).
II. Normativa estatal.
   1. Ley Orgánica 2/1979, de 3 de octubre, del Tribunal Constitucional (LOTC).
   2. Ley Orgánica 3/1980, de 22 de abril, del Consejo de Estado (LOCE).
   3. Ley Orgánica 4/1981, de 1 de junio, de los estados de alarma, excepción y sitio (LOAES).
   4. Ley Orgánica 6/1985, de 1 de julio, del Poder Judicial (LOPJ).
   5. Ley Orgánica 1/2011, de 28 de enero, de reforma del Estatuto de Autonomía de la Comunidad Autónoma de Extremadura (EAEx).
   6. Ley 7/1985, de 2 de abril, reguladora de las Bases del Régimen Local (LBRL).
   7. Ley 14/1986, de 25 de abril, General de Sanidad (LGS).
   8. Ley 13/1994, de 1 de junio, de Autonomía del Banco de España.
   9. Ley 50/1997, de 27 de noviembre, del Gobierno (LG).
   10. Ley 29/1998, de 13 de julio, reguladora de la Jurisdicción Contencioso-Administrativa (LJCA).
   11. Ley 22/2011, de 28 de julio, de residuos y suelos contaminados.
   12. Ley 39/2015, de 1 de octubre, del Procedimiento Administrativo Común de las Administraciones Públicas (LPAC).
   13. Ley 40/2015, de 1 de octubre, de Régimen Jurídico del Sector Público (LRJSP).
   14. Real Decreto Legislativo 781/1986, de 18 de abril, por el que se aprueba el Texto Refundido de las disposiciones legales vigentes en materia de Régimen Local (TRRL).
III. Normativa extremeña.
   — Ley 1/2002, de 28 de febrero, del Gobierno y de la Administración de la Comunidad Autónoma de Extremadura (LGAEx).

Bibliografía complementaria:

Álvarez García, V., *La normalización industrial*, Tirant lo Blanch, Valencia, 1999.
— *El concepto de necesidad en Derecho* Público, Civitas, Madrid, 1996.
Fernández Farreres, G., *Sistema de Derecho Administrativo*, Vol. I, Civitas, Madrid, 6.ª edición, 2022.
Muñoz Machado, S., *Tratado de Derecho Administrativo y Derecho Público General*, Tomo VII. *El Reglamento*, Boletín Oficial del Estado, Madrid, 4.ª edición, 2015.

Muñoz Machado, S., *Derecho Administrativo y sistema de fuentes*, Tomo I de la obra colectiva *Lecciones y Materiales para el Estudio del Derecho Administrativo*, Iustel, Madrid, 2009.

Santamaria Pastor, J. A., *Principios de Derecho Administrativo General*, Tomo I, Iustel, Madrid, 6.ª edición, 2023.

Lecturas recomendadas:

Álvarez García, V., «La capacidad normativa de los sujetos privados», *Revista Española de Derecho Administrativo*, núm. 99, 1998, pp. 343-367.

— «Introducción a los problemas jurídicos de la normalización industrial: normalización y sistema de fuentes», *Revista de Administración Pública*, núm. 147, 1998, pp. 307-336.

— «Necesidad», en Muñoz Machado, S. (dir.), *Diccionario de Derecho Administrativo*, Tomo II, Iustel, Madrid, 2005, pp. 1652-1659.

Baño León, J. M., *Los límites constitucionales de la potestad reglamentaria (remisión normativa y reglamento independiente en la Constitución de 1978)*, Civitas, Madrid, 1991.

Doménech Pascual, G., *La invalidez de los reglamentos*, Tirant lo Blanch, Valencia, 2002.

Mestre Delgado, J. F., «Potestad reglamentaria y principio de legalidad: las limitaciones constitucionales en materia sancionadora», *Revista Española de Derecho Administrativo*, núm. 57, 1988, pp. 79-88.

I. LA POTESTAD REGLAMENTARIA DE LA ADMINISTRACIÓN: SIGNIFICADO Y JUSTIFICACIÓN CONSTITUCIONAL

1. La capacidad del Poder Ejecutivo de producir normas: normas con rango legal y normas con rango reglamentario.

2. La potestad reglamentaria.

   A. El poder jurídico atribuido a la Administración por el ordenamiento jurídico para dictar reglamentos, esto es, normas escritas de carácter general subordinadas jerárquicamente a las leyes.

   B. Los Parlamentos, en tanto que representantes del pueblo, aprueban las leyes, que son expresión de la voluntad popular; la Administración no es representante de la voluntad popular, sino que es una organización al servicio de la misma, y que actúa dentro del marco permitido por la ley (esto es, por la voluntad popular).

   C. La relación entre la ley y el reglamento se articula en función del principio de jerarquía.

3. Justificación de la potestad reglamentaria.

   A. La justificación histórica.

a. El «fracaso de la pretensión de atribuir al poder legislativo el monopolio de la creación del Derecho», porque desde la misma época de la Revolución Francesa se toma conciencia de que en «el proceso aplicativo de la ley era necesario añadir reglas más pormenorizadas a los mandatos generales, hasta llegar a la aplicación de aquélla al caso concreto» (Muñoz Machado).

b. La situación de compromiso entre el principio democrático y el principio monárquico. Con base en el principio democrático, representado por el Parlamento, se atribuyó a los representantes de la voluntad popular la potestad para la elaboración de las leyes (que, no obstante, el Rey sanciona), pero desde la misma época revolucionaria se reconocerá al monarca (principio monárquico) un poder normativo propio para dictar reglamentos dirigidos a la ejecución de las leyes. En España, por ejemplo, el art. 171.1.ª de la Constitución de Cádiz disponía que: «Además de la prerrogativa que compete al Rey de sancionar las leyes y promulgarlas, le corresponden como principales las facultades siguientes: Primera: Expedir los decretos, reglamentos, e instrucciones que crea conducentes para la ejecución de las leyes». Con el paso del tiempo, el poder de dictar reglamentos por parte del Rey pasaría a la Administración.

c. En los países anglosajones, el principio democrático se impuso de manera más intensa sobre el monárquico: el poder de dictar normas le correspondería al Poder Legislativo, careciendo la Administración de una potestad reglamentaria general. En otras palabras, el Poder Ejecutivo sólo podría dictar normas cuando el Legislador le hiciese un encargo o una delegación específica para que complementase una determinada ley.

B. La justificación material.

a. La complejidad técnica de muchos problemas de la sociedad a los que deben hacer frente las normas: las tareas responsabilidad de la Administración son muy amplias y, a menudo, complejas y cambiantes. La ley no es una norma flexible que permita respuestas ágiles y de una gran complejidad técnica para realizar dichas tareas. Por ello, la existencia de los reglamentos es inevitable, pues la complejidad técnica de muchas de dichas tareas (y, por tanto, de la normativa necesaria para regularlas) hace imposible que se regulen por los Parlamentos, donde prima la composición política sobre la técnica.

b. La necesaria agilidad en las respuestas a numerosos problemas de la sociedad: la Administración dispone de una extraordinaria agilidad para hacer frente de manera rápida a los problemas, que contrasta con el ritmo mucho más lento de los Parlamentos.

C. La justificación formal: la Administración en España dispone, en la actualidad, de la potestad reglamentaria, porque la Constitución (u otras normas de rango inferior) se la atribuye de manera expresa (art. 97 CE). Otros preceptos constitucionales donde se hace referencia a la potestad reglamentaria son: los arts. 106 y 153 CE.

El art. 97 CE dispone: «El Gobierno dirige la política interior y exterior, la Administración civil y militar y la defensa del Estado. Ejerce la función ejecutiva y la potestad reglamentaria de acuerdo con la Constitución y las leyes».

II. EL CONCEPTO DE REGLAMENTO

1. Concepto: son disposiciones generales y abstractas, de rango inferior a la ley, dictadas por la Administración, con base en su potestad reglamentaria, y con fuerza normativa obligatoria con respecto a los ciudadanos y a los poderes públicos.

2. La distinción entre los reglamentos y los actos administrativos como manifestaciones de la actividad de la Administración.

A. Los criterios de distinción.

a. Los reglamentos.

a.1. Son normas o disposiciones generales y abstractas.

a.2. Están destinados a durar en el tiempo, esto es, como regla general, tienen una vigencia indefinida (realmente, hasta que no sean derogados).

a.3. Se incorporan al ordenamiento jurídico y no se agotan en una aplicación única. En otras palabras, los reglamentos son «actos ordinamentales» en cuanto se incorporan al ordenamiento jurídico.

b. Los actos administrativos.

b.1. Son actos aplicativos de las disposiciones generales o normas, que tienen, como regla general, alcance singular, estando dirigidos a sujetos concretos. La excepción: los actos administrativos generales, que van dirigidos a un conjunto de sujetos (art. 45.1 LPAC).

b.2. No tienen vigencia indefinida, sino que se agotan con su producción y ejecución.

b.3. No son actos ordinamentales, sino ordenados, en la medida en que aplican en un caso concreto una disposición general, sin incorporarse al ordenamiento jurídico.

B. Introducción a las diferencias en el régimen jurídico de los reglamentos y de los actos administrativos.

a. La competencia para dictar reglamentos y actos administrativos: 1) Son titulares de la potestad reglamentaria (y pueden, por tanto, dictar reglamentos) los órganos a quienes se la atribuye específicamente el ordenamiento jurídico; 2) El poder de dictar actos administrativos es una cualidad general de todo órgano administrativo, pues la adopción de actos administrativos es el modo normal de expresarse por parte de la Administración.

b. El procedimiento de adopción de los reglamentos y de los actos administrativos es distinto: 1) El de los reglamentos está regulado en la Ley del Gobierno de la Nación (Ley 50/1997) y en las diferentes Leyes que regulan el funcionamiento de los Gobiernos autonómicos; 2) El de los actos administrativos está previsto en la Ley 39/2015, de 1 de octubre, del Procedimiento Administrativo Común de las Administraciones Públicas (LPAC).

c. El diferente régimen jurídico de las irregularidades de los reglamentos y de los actos administrativos: 1) La ilegalidad de un reglamento conlleva siempre su nulidad de pleno derecho (art. 47.2 LPAC); 2) Mientras que la de un acto administrativo provoca, como regla general, la anulabilidad (art. 48 LPAC) —aunque en casos tasados puede implicar también su nulidad (art. 47.1 LPAC)—.

d. Es diferente el régimen de impugnación de los reglamentos y el de los actos: 1) Los reglamentos no pueden ser objeto de impugnación directa en vía administrativa (art. 112.3 LPAC), sino que se impugnan directamente ante los órganos judiciales; 2) Mientras que los actos administrativos, para poder ser objeto de impugnación judicial, deben agotar previamente la vía administrativa mediante la interposición de los recursos administrativos que, potestativa u obligatoriamente, procedan (art. 112.1 LPAC).

III. EL ÁMBITO DE LA POTESTAD REGLAMENTARIA

1. Los orígenes de la potestad reglamentaria en el Estado moderno: el compromiso entre el principio democrático y el principio monárquico.

2. Los ámbitos materiales de la ley y del reglamento.

A. El ámbito de la ley: el contenido mínimo de la ley (la reserva de ley) y el contenido máximo.

B. El ámbito del reglamento: la inexistencia de reserva reglamentaria en nuestro derecho (STC 73/2000, de 14 de marzo).

C. La conclusión. La teoría del reglamento se construye siempre muy próxima a la de la ley, pues la ley en principio puede regular toda una materia y el reglamento sólo puede regular aquel espacio de la materia que la ley le permite: 1) Si hay una reserva de ley para la materia, mediante la remisión normativa; 2) Si no hay una reserva de ley en la materia, el reglamento puede regular en principio toda la materia salvo que lo haga la ley.

IV. LA RELACIÓN ENTRE LEY Y REGLAMENTO: LA JERARQUÍA, LAS RESERVAS DE LEY Y LAS REMISIONES NORMATIVAS. LA DESLEGALIZACIÓN

1. El reconocimiento del principio de jerarquía en la relación entre la ley y el reglamento.

A. El reconocimiento del principio de jerarquía en general: el art. 9.3 CE y el art. 1.2 CC.

El art. 1.2. CC dispone: «Carecerán de validez las disposiciones que contradigan otra de rango superior».

B. La aplicación del principio de jerarquía específicamente en la relación entre la ley y el reglamento: los arts. 47.2 y 128.2 LPAC.

El art. 47.2 LPAC dispone: «También serán nulas de pleno derecho las disposiciones administrativas que vulneren la Constitución, las leyes u otras disposiciones administrativas de rango superior, las que regulen materias reservadas a la Ley, y las que establezcan la retroactividad de disposiciones sancionadoras no favorables o restrictivas de derechos individuales».

El art. 128.2 LPAC, rubricado «Potestad reglamentaria», prevé: «Los reglamentos y disposiciones administrativas no podrán vulnerar la Constitución o las leyes ni regular aquellas materias que la Constitución o los Estatutos de Autonomía reconocen de la competencia de las Cortes Generales o de las Asambleas Legislativas de las Comunidades Autónomas. Sin perjuicio de su función de desarrollo o colaboración con respecto a la ley, no podrán tipificar delitos, faltas o infracciones administrativas, establecer penas o sanciones, así como tributos, exacciones parafiscales u otras cargas o prestaciones personales o patrimoniales de carácter público».

C La regulación específica del principio de jerarquía para las normas reglamentarias dentro del Gobierno de la Nación: el art. 24.2 LG y el art. 128.3 LPAC.

El art. 24.2 LG establece: «Los reglamentos se ordenarán según la siguiente jerarquía:

1.º Disposiciones aprobadas por Real Decreto del Presidente del Gobierno o acordado en el Consejo de Ministros.

2.º Disposiciones aprobadas por Orden Ministerial».

El art. 128.3 LPAC prevé: «Las disposiciones administrativas se ajustarán al orden de jerarquía que establezcan las leyes. Ninguna disposición administrativa podrá vulnerar los preceptos de otra de rango superior».

D. La regulación específica del principio de jerarquía para las normas reglamentarias en el ordenamiento jurídico de la Comunidad Autónoma de Extremadura: el art. 89 de la Ley 1/2002, de 28 de febrero, del Gobierno y de la Administración de la Comunidad Autónoma de Extremadura (LGAEx).

El art. 89 LGAEx, rubricado «De las disposiciones administrativas de carácter general», establece: «1. Las disposiciones administrativas de carácter general tendrán el rango del órgano que las hubiere aprobado y su orden en la jerarquía normativa se ajustará al de los órganos de que dimanen.

2. Ninguna disposición administrativa podrá vulnerar lo preceptuado en otra de igual o superior rango».

2. La reserva de ley: existe reserva de ley cuando la Constitución impone que una determinada materia o conjunto de materias deben ser reguladas (parcial o totalmente) por el Legislador, en tanto que representante de la voluntad popular.

3. La remisión normativa.

A. Planteamiento general: es la explicación técnico-jurídica del cómo y del porqué la Administración puede intervenir en materias reservadas a la ley dictando reglamentos ejecutivos. En este tipo de materias, el reglamento puede completar la regulación de la ley cuando el legislador le habilita para ello. La ley regula los aspectos esenciales de la materia, dejando al reglamento que la desarrolla la regulación de las cuestiones no esenciales.

B. El funcionamiento de esta técnica: 1) La potestad reglamentaria en términos generales nace directamente de la Constitución Española (art. 97 CE); 2) Pero la adopción de una norma reglamentaria concreta para el desarrollo de una ley específica, en el ámbito reservado constitucionalmente a la ley, es posible porque hay una habilitación (una remisión) en la norma legal para ello.

C. En las relaciones entre la ley y el reglamento, la remisión normativa tiene carácter no recepticio. En este tipo de delegación normativa no recepticia, el Legislador (delegante) dispondrá que la norma que haga el Gobierno (delegado) tenga mero valor reglamentario (decreto).

D. Un par de ejemplos de remisión normativa:

a. La Disposición Final 6.ª (titulada «Desarrollo normativo de la Ley») de la Ley 39/ 2015, de 1 de octubre, del Procedimiento Administrativo Común de las Administraciones Públicas (LPAC), prevé: «Se faculta al Consejo de Ministros y al Ministro de Hacienda y Administraciones Públicas, en el ámbito de sus competencias, para dictar cuantas disposiciones reglamentarias sean necesarias para el desarrollo de la presente Ley, así como para acordar las medidas necesarias para garantizar la efectiva ejecución e implantación de las previsiones de esta Ley».

b. La Disposición Final 2.ª (rubricada «Desarrollo normativo de la Ley») de la Ley Orgánica 2/2012, de 27 de abril, de Estabilidad Presupuestaria y Sostenibilidad Financiera (LOEPSF), dispone, en su apartado primero, que: «Se faculta al Consejo de Ministros en el ámbito de sus competencias, para dictar cuantas disposiciones reglamentarias sean necesarias para el desarrollo de la presente Ley, así como para acordar las medidas necesarias para garantizar la efectiva implantación de las previsiones de esta Ley. En particular, por Real Decreto del Consejo de Ministros se desarrollarán las condiciones y el procedimiento de retención de los importes a satisfacer por los recursos de los regímenes de financiación de las Comunidades Autónomas para pagar directamente a los proveedores, así como el resto de medidas necesarias para la aplicación de lo dispuesto en esta Ley en relación con la sostenibilidad de la deuda comercial».

4. La deslegalización.

A. Su concepto: operación de degradación del rango de una norma determinada.

B. Su funcionamiento.

a. En una materia que no está reservada a la ley por la Constitución (un ejemplo es la propia organización interna de una Administración), pero que en un determinado momento está regulada por una norma con rango legal, el reglamento no puede modificar dicha regulación.

b. No obstante, al no estar reservada la materia a la ley, el Legislador puede dejar la regulación de toda o de una parte de la materia al poder reglamentario.

c. El único modo de permitir que dicha materia se abra al reglamento consiste en producir una nueva norma legal, sin contenido material alguno (ley en blanco) que diga: 1) bien que queda derogada la ley que regulaba la materia; 2) bien que dicha materia, en lo sucesivo, se regulará mediante reglamento, o 3) bien que lo que hasta ahora era una norma con rango legal sigue manteniendo su contenido material pero con rango reglamentario.

C. Conclusión: se rebaja el rango de la regulación de una materia (lo que hasta ahora estaba regulado por ley, pasará a estar regulado por una norma reglamentaria), y ello se hace aprobando una norma con rango de ley que, de manera expresa o tácita, disponga que a partir del momento de su aprobación la materia se regulará por reglamento.

D. Un par de ejemplos:

a. El apartado 3 de la Disposición Derogatoria Única de la Ley 6/1997, de 14 de abril, de Organización y Funcionamiento de la Administración General del Estado (LOFAGE), disponía: «Conservan su vigencia con rango reglamentario en tanto no sean modificados por el Ministro de Administraciones Públicas, de acuerdo con la competencia atribuida por el art. 66 de la presente Ley, los arts. 31, 32 y 33, el apartado 1 del art. 34 y los arts. 36, 37, 38 y 39 de la Ley de Procedimiento Administrativo, de 17 de julio de 1958».

b. La Ley 22/2011, de 28 de julio, de residuos y suelos contaminados, disponía que queda derogado: «El capítulo VII sobre régimen sancionador y la disposición adicional quinta de la Ley 11/1997, de 24 de abril, de Envases y Residuos de Envases. Los restantes preceptos, en lo que no se opongan a esta Ley permanecen vigentes con rango reglamentario».

V. CLASES DE REGLAMENTOS

1. Las tipologías clasificatorias.

A. Por la relación del reglamento con la ley: los reglamentos ejecutivos, independientes y de necesidad.

B. Por el sujeto al que se remite la potestad reglamentaria (o por razón de la materia que regulan): los reglamentos administrativos y jurídicos.

C. Por su origen (o en función del sujeto que los aprueba): los reglamentos aprobados por las Administraciones Territoriales, los reglamentos dictados por los órganos constitucionales del Estado y los reglamentos adoptados por las llamadas Administraciones Independientes (o, en su caso, por organismos públicos).

2. La clasificación de los reglamentos por su relación con la ley (L. von Stein).

A. Los reglamentos ejecutivos.

a. Su concepto.

a.1. Son aquellas disposiciones que tienen por función pormenorizar, desarrollar o completar las disposiciones establecidas en las leyes, añadiendo las previsiones que las leyes necesitan para que puedan ser realmente operativas (o, en palabras del Consejo de Estado, son reglamentos ejecutivos los que están «directa y concretamente ligados a una ley, un artículo o artículos de una ley, o a un conjunto de leyes, de manera que dicha ley (o leyes) es completada, desarrollada, pormenorizada, cumplimentada o ejecutada por el reglamento»).

a.2. La tesis del «complemento indispensable» del reglamento para la ejecución de las disposiciones legales: «por un lado, el reglamento ejecutivo debe incluir todo lo indispensable para asegurar la correcta aplicación y la plena efectividad de la ley misma que desarrolla; por otro lado, no puede incluir más que lo que sea estrictamente indispensable para alcanzar esos fines (sólo lo indispensable)» (García de Enterría y Fernández Rodríguez).

b. La justificación: la práctica demuestra que el Legislador no puede llegar a regular de manera pormenorizada todos los elementos de una materia.

c. Los ámbitos en los que opera.

c.1. En los supuestos en los que, existiendo una reserva constitucional de ley, una concreta ley habilita expresamente al Poder Ejecutivo para desarrollar sus previsiones mediante el correspondiente reglamento.

c.2. En aquellos supuestos en los que sin existir una reserva de ley y tampoco una habilitación expresa por parte de la ley, el reglamento es indispensable para la aplicación de la norma legal, estando habilitado en estos casos el Poder Ejecutivo para adoptar el reglamento con base en las previsiones de la propia Constitución (art. 97 CE).

d. La competencia para dictar reglamentos ejecutivos: los párrafos tercero y cuarto del art. 129.4 LPAC.

d.1. La regla general. La habilitación por parte de la ley para dictar reglamentos ejecutivos debe hacerse al Gobierno de la Nación (o, en su caso, a los Gobiernos autonómicos): «Las habilitaciones para el desarrollo reglamentario de una ley serán conferidas, con carácter general, al Gobierno o Consejo de Gobierno respectivo» (art. 129.4, párrafo tercero, inciso inicial, LPAC).

d.1.1. En este sentido, y para la Administración General del Estado, el art. 5.1.*h*) LG dispone: «Al Consejo de Ministros, como órgano colegiado del Gobierno, le corresponde el ejercicio de las siguientes funciones: [...] *h*) Aprobar los reglamentos para el desarrollo y la ejecución de las leyes, previo dictamen del Consejo de Estado, así como las demás disposiciones reglamentarias que procedan».

d.1.2. En el caso de la Comunidad Autónoma de Extremadura, el art. 23.*h*) LGAEx dispone: «A la Junta de Extremadura le corresponde: [...] *h*) Aprobar, previo dictamen del Consejo Consultivo, los reglamentos para el desarrollo y ejecución de las Leyes, así como el resto de disposiciones reglamentarias en el ámbito de las competencias estatutariamente atribuidas».

d.2. Las excepciones.

d.2.1. La habilitación a los Ministros (o Consejeros autonómicos) o a órganos inferiores estatales (o autonómicos): «La atribución directa a los titulares de los departamentos ministeriales o de las consejerías del Gobierno, o a otros órganos dependientes o subordinados de ellos, tendrá carácter excepcional y deberá justificarse en la ley habilitante» (párrafo tercero, inciso final, del art. 129.4 LPAC).

d.2.2. La habilitación a Administraciones Independientes (o a organismos públicos): «Las leyes podrán habilitar directamente a Autoridades Independientes u otros organismos que tengan atribuida esta potestad para aprobar normas en desarrollo o aplicación de las mismas, cuando la naturaleza de la materia así lo exija» (párrafo cuarto del art. 129.4 LPAC).

e. Particularidades del procedimiento de elaboración de los reglamentos ejecutivos.

e.1. El dictamen preceptivo previo (pero no vinculante) del Consejo de Estado [art. 22.3 de la Ley Orgánica 3/1980, de 22 de abril, del Consejo de Estado, y art. 5.1.*h*) de la Ley 50/1997, de 27 de noviembre, del Gobierno] o del órgano consultivo equivalente de las Comunidades Autónomas.

e.1.1. El dictamen del Consejo de Estado.

El apartado 3 del art. 22 de la Ley Orgánica 3/1980, de 22 de abril, del Consejo de Estado, dispone: «La Comisión Permanente del Consejo de Estado deberá ser consultada en los siguientes asuntos: [...] 3) Reglamentos o disposiciones de carácter general que se dicten en ejecución de las Leyes, así como sus modificaciones».

La letra *h*) del apartado 1 del art. 5 de la Ley 50/1997, de 27 de noviembre, del Gobierno, establece: «Al Consejo de Ministros, como órgano colegiado del Gobierno, le corresponde el ejercicio de las siguientes funciones: [...] *h*) Aprobar los reglamentos para el desarrollo y la ejecución de las leyes, previo dictamen del Consejo de Estado, así como las demás disposiciones reglamentarias que procedan».

e.1.2. El dictamen de la Comisión Jurídica de Extremadura: el apartado 5 de la Disposición Adicional 1.ª (rubricada «Comisión Jurídica de Extremadura») de la Ley 19/2015, de 23 de diciembre, por la que se deroga la Ley 16/2001, de 14 de diciembre, reguladora del Consejo Consultivo de Extremadura, dispone: «La Comisión Jurídica de Extremadura deberá ser consultada en los siguientes asuntos: *a)* Proyectos de reglamentos o disposiciones de carácter general que se dicten en ejecución de las leyes y sus modificaciones».

e.2. Las consecuencias jurídicas, según la jurisprudencia contencioso-administrativa, de la falta de consulta previa al Consejo de Estado: la nulidad de pleno derecho del reglamento (art. 47.2 LPAC).

f. Un par de ejemplos de normas con rango de ley desarrolladas por distintos reglamentos ejecutivos:

f.1. El Real Decreto Legislativo 1/2001, de 20 de julio, por el que se aprueba el texto refundido de la Ley de Aguas (TRLA), está desarrollado mediante, entre muchos otros, los siguientes reglamentos ejecutivos: 1) El Real Decreto 125/2007, de 2 de febrero, por el que se fija el ámbito territorial de las demarcaciones hidrográficas (que desarrolla el art. 16 bis TRLA); 2) El Real Decreto 126/2007, de 2 de febrero, por el que se regulan la composición, funcionamiento y atribuciones de los comités de autoridades competentes de las demarcaciones hidrográficas con cuencas intercomunitarias (que desarrolla el art. 36 bis TRLA), 3) El Real Decreto 907/2007, de 6 de julio, por el que se aprueba el Reglamento de la Planificación Hidrológica (que desarrolla el Título III del TRLA), o 4) El Real Decreto 1383/2009, de 28 de agosto, por el que se determina la composición, estructura orgánica y funcionamiento del Consejo Nacional del Agua (que desarrolla el art. 19 TRLA).

f.2. La Ley 7/1985, de 2 de abril, reguladora de las Bases del Régimen Local (LBRL), está desarrollada por, entre otros, los siguientes reglamentos ejecutivos: 1) El Real Decreto 382/1986, de 10 de febrero, por el que se crea, organiza y regula el funcionamiento del Registro de Entidades Locales (que desarrolla el art. 14 LBRL); 2) El Real Decreto 1372/1986, de 13 de junio, por el que se aprueba el Reglamento de Bienes de las Entidades Locales (que desarrolla el Capítulo I del Título VI y la Disp. Final 1.ª de la LBRL); 3) El Real Decreto 1690/1986, de 11 de julio, por el que se aprueba el Reglamento de Población y Demarcación Territorial de las Entidades Locales (que desarrolla el Capítulo I del Título II y la Disp. Final 1.ª de la LBRL), o 4) El Real Decreto 2568/1986, de 28 de noviembre, por el que se aprueba el Reglamento de Organización, Funcionamiento y Régimen Jurídico de las Entidades Locales (que desarrolla buena parte del articulado, así como la Disp. Final 1.ª de la LBRL).

B. Los reglamentos independientes.

a. Su concepto: son disposiciones generales adoptadas por el Poder Ejecutivo que no se dictan para desarrollar una ley, sino que se dictan al margen de cualquier norma legal, por iniciativa propia de la Administración.

b. Su base jurídica: se dictan en virtud de la potestad reglamentaria atribuida constitucionalmente al Gobierno (art. 97 CE), sin que exista ninguna habilitación legal expresa previa para ello.

c. El ámbito de operatividad de los reglamentos independientes.

c.1. Los ámbitos excluidos.

c.1.1. No pueden operar en aquellas materias en las que existe reserva de ley establecida en la Constitución.

c.1.2. Cuando, sin existir tal reserva, la materia ya esté regulada mediante una ley, teniendo en cuenta que en España no existe reserva de reglamento (y, por tanto, todas las materias pueden ser potencialmente reguladas por el Legislador).

c.2. El problema de la existencia de reglamentos independientes.

c.2.1. La tesis predominantemente admitida: los ámbitos donde no suele existir una regulación legal, dejando, por tanto, el camino abierto para los reglamentos independientes son los relativos a la organización administrativa y, al menos parcialmente, a las relaciones de sujeción especial. Su crítica.

c.2.2. La regulación de la hora oficial en España: el Real Decreto de 26 de julio de 1900.

c.3. El modelo francés: la reserva de reglamento establecida en la Constitución Francesa de la Quinta República (1958). Los llamados «reglamentos autónomos».

C Los reglamentos de necesidad.

a. Su concepto: son los dictados por el poder ejecutivo en situaciones de «emergencia», pudiendo excepcionar temporalmente (en tanto dure la situación de crisis —epidemias, inundaciones, incendios, etc.—) la aplicación de la ley.

b. Los requisitos.

b.1. La existencia de una situación de crisis que no se pueda solucionar con la normativa existente, que hace que la «legalidad ordinaria» se cambie por una «legalidad de excepción».

b.2. La temporalidad: son válidos en tanto dure la situación de crisis, esto es, su fuerza para excepcionar la aplicabilidad de la legalidad ordinaria dura mientras persista la situación de emergencia y desaparecen al desaparecer dicha situación, sin necesidad de declaraciones formales.

c. La base jurídica de actuación de los poderes públicos.

c.1. Las cláusulas generales de habilitación contenidas en las leyes para actuar en situaciones de crisis.

c.2. La necesidad como principio jurídico.

La necesidad es un concepto jurídico indeterminado que habilita a los poderes públicos para la realización de los fines esenciales para la comunidad, superando cada concreta situación fáctica que los haga peligrar. La estructura interna de este principio viene determinada por dos elementos (Álvarez García):

«*a*) El elemento finalista o teleológico, que está integrado por los fines u objetivos que son esenciales para la comunidad. La necesidad es, en efecto, un concepto con un marcado carácter teleológico, definiéndose en cada caso en función del fin específico que los poderes públicos tienen la obligación de realizar en un momento dado. Ahora bien, la necesidad no lo justifica todo en aras a conseguir el fin comunitario esencial. En otros términos: el fin no justifica todos los medios. El fin tan sólo justifica la utilización de aquellos medios que son *necesarios y proporcionados* (entendiendo este último concepto en un sentido amplio) para su realización.

b) El elemento circunstancial o fáctico, que está conformado por las circunstancias de hecho que hacen peligrar, o que constituyen al menos una potencial amenaza, para el fin comunitario esencial. En otras palabras, la necesidad exige la presencia de unas circunstancias de hecho, de una situación de peligro o de potencial amenaza (real, actual y con un alcance geográfico determinado) para alguno o algunos de los fines reconocidos como esenciales por el grupo social, amenaza a la que tienen que hacer frente los poderes de necesidad».

c.2.1. La modulación de la necesidad por factores temporales (esto es, la mayor o menor inminencia de la situación que haga peligrar el fin comunitario esencial) y/o por la gravedad de la situación de peligro.

1) La modulación de la necesidad por factores temporales: la «urgente necesidad» o «urgencia».

«La urgencia es una categoría específica del concepto de necesidad: es, en concreto, la necesidad de actuar con rapidez ante la inminencia de la amenaza de la materialización de la situación de peligro para un fin comunitario esencial; peligro que se haría efectivamente realidad de tener que respetarse las reglas jurídicas ordinarias, dado que el plazo que éstas requieren para su puesta en práctica es en todo caso superior al tiempo del que efectivamente disponen los poderes públicos para la realización del fin, superando la situación de peligro que lo amenaza. Nos encontramos en este caso ante la urgencia que podríamos adjetivar de "preventiva", en contraposición a la urgencia "reparatoria" o "reparadora", consistente en la necesidad de actuar con rapidez una vez que la situación de peligro ya se ha materializado, al objeto de reparar con la mayor celeridad posible los daños ya producidos al fin comunitario esencial» (Álvarez García).

2) La modulación de la necesidad por la gravedad de la situación: la «extraordinaria necesidad».

«El concepto de necesidad puede venir modulado también por factores cualitativos, esto es, por la mayor o menor gravedad que revista la situación de peligro en relación con el fin comunitario esencial. Cuando la gravedad de la situación de peligro sobre el fin es realmente extrema (aunque no inminente) surge la "extraordinaria necesidad", que habilita a los poderes públicos para la adopción de respuestas muy drásticas, en contraste con aquellos otros supuestos en los que el peligro es tremendamente leve, donde la "necesidad simple" justificaría únicamente la adopción de respuestas jurídicas de muy corto alcance» (Álvarez García).

3) La modulación de la necesidad por factores temporales y por la gravedad de la situación: la «extraordinaria y urgente necesidad» (o «emergencia»).

La «extraordinaria y urgente necesidad» (o simplemente «emergencia») «viene definida por la concurrencia simultánea sobre la situación de peligro de las notas de inminencia, desde un punto de vista temporal, y de extrema gravedad, desde un punto de vista cualitativo. Cuando, en efecto, la situación de peligro alcance las cotas máximas de inminencia y gravedad, aparecerá el concepto de "extraordinaria y urgente necesidad", que posibilitaría la adopción de medidas que supongan las máximas alteraciones en las reglas jurídicas que disciplinan ordinariamente el comportamiento y la actuación de los poderes públicos» (Álvarez García).

c.2.2. Los efectos jurídicos de la necesidad.

1) Los efectos de la necesidad sobre las reglas de competencia.

2) Los efectos de la necesidad sobre las reglas de procedimiento.

3) Los efectos de la necesidad sobre las reglas que rigen la forma de exteriorización de los actos jurídicos.

4) Los efectos de la necesidad sobre las reglas de fondo o de contenido.

c.2.3. Los límites a los poderes de necesidad.

1) Los riesgos de abuso por los poderes públicos en la invocación de la necesidad.

2) La efectiva existencia de una situación de necesidad.

3) El principio de proporcionalidad en sentido amplio. Éste es un principio complejo, integrado por tres subprincipios de aplicación sucesiva:

— El principio de adecuación, idoneidad o congruencia de las medidas de necesidad.

Este principio exige que «la medida que la Administración se dispone a adoptar sea idónea para la consecución del fin comunitario esencial en un contexto fáctico determinado. Expresado de forma negativa: el principio de adecuación proscribe cualquier medida que no vaya encaminada a superar de manera exitosa la situación de peligro que amenaza el fin comunitario esencial; y todo ello desde la triple perspectiva: espacial, material y temporal» (Álvarez García).

— El principio de la intervención mínima.

Este principio «impone a los poderes públicos la obligación de que, entre las diferentes medidas que resultarían adecuadas para la realización del fin público esencial en una concreta situación fáctica, utilicen la menos lesiva posible para los intereses de los particulares y del conjunto del grupo social» (Álvarez García).

— El principio de proporcionalidad en sentido estricto.

Este principio «exige, en última instancia, que los eventuales daños ocasionados a los derechos e intereses particulares y generales por la medida adecuada y menos lesiva seleccionada por los poderes públicos no se encuentren "manifiestamente" fuera de proporción en relación con los efectos beneficiosos derivados de la efectiva consecución del fin público esencial al superarse el concreto peligro que lo acechaba» (Álvarez García).

4) ¿Existen límites absolutos frente a la necesidad? Sobre la prohibición absoluta de la tortura por los textos internacionales de protección de los derechos humanos.

d. Algunos ejemplos de cláusulas legales de habilitación.

d.1. Los poderes de necesidad atribuidos a las autoridades militares: el art. 116 CE y la Ley Orgánica 4/1981, de 1 de junio, de los estados de alarma, excepción y sitio (LOAES). Los arts. 33 y 34 de la citada LO 4/1981, relativos a la atribución de poderes a las autoridades militares y a sus bandos.

El art. 33 LOAES prevé: «1. En virtud de la declaración del estado de sitio, el Gobierno, que dirige la política militar y de la defensa, de acuerdo con el artículo noventa y siete de la Constitución, asumirá todas las facultades extraordinarias previstas en la misma y en la presente ley.

2. A efectos de lo dispuesto en el párrafo anterior, el Gobierno designará la Autoridad militar que, bajo su dirección, haya de ejecutar las medidas que procedan en el territorio a que el estado de sitio se refiera».

El art. 34 LOAES dispone: «La Autoridad militar procederá a publicar y difundir los oportunos bandos, que contendrán las medidas y prevenciones necesarias, de acuerdo con la Constitución, la presente ley y las condiciones de la declaración del estado de sitio».

d.2. Los poderes de necesidad del Alcalde: el art. 21.1.*m*) de la Ley 7/1985, de 2 de abril, reguladora de las Bases del Régimen Local (LBRL).

El art. 21.1.*m*) LBRL dispone: «El Alcalde es el Presidente de la Corporación y ostenta las siguientes atribuciones: [...] *m*) Adoptar personalmente, y bajo su responsabilidad, en caso de catástrofe o de infortunios públicos o grave riesgo de los mismos, las medidas necesarias y adecuadas dando cuenta inmediata al Pleno».

d.3. Los poderes de necesidad de las autoridades sanitarias: el art. 26 de la Ley 14/1986, de 25 de abril, General de Sanidad (LGS).

El art. 26 LGS establece: «1. En caso de que exista o se sospeche razonablemente la existencia de un riesgo inminente y extraordinario para la salud, las autoridades sanitarias adoptarán las medidas preventivas que estimen pertinentes, tales como la incautación o inmovilización de productos, suspensión del ejercicio de actividades, cierres de Empresas o sus instalaciones, intervención de medios materiales y personales y cuantas otras se consideren sanitariamente justificadas.

2. La duración de las medidas a que se refiere el apartado anterior, que se fijarán para cada caso, sin perjuicio de las prórrogas sucesivas acordadas por resoluciones motivadas, no excederá de lo que exija la situación de riesgo inminente y extraordinario que las justificó».

3. La clasificación de los reglamentos por razón del destinatario o de la materia que regulan.

A. Los reglamentos jurídicos: son los que establecen derechos o imponen obligaciones en el ámbito de una relación de supremacía general.

B. Los reglamentos administrativos: son los que regulan 1) La organización y el funcionamiento interno de la Administración; 2) Los que se dictan dentro del ámbito de una relación especial de poder.

Existe una relación especial de poder —o relación de sujeción especial— cuando entre la Administración y el ciudadano hay «una vinculación especialmente intensa», ya sea porque el ciudadano «se integra en la estructura de la organización administrativa como personal al servicio de la Administración, ya por cualquier otra circunstancia (internos en establecimientos penitenciarios u hospitales, estudiantes, colegiados respecto de sus respectivos colegios profesionales, contratistas de la Administración o concesionarios de servicios públicos)» (*Diccionario panhispánico del español jurídico*).

4. La clasificación de los reglamentos por su origen.

A. Los reglamentos aprobados por las Administraciones Territoriales: los reglamentos estatales, autonómicos y locales. El art. 128.1 LPAC.

El art. 128.1 LPAC, rubricado «Potestad reglamentaria», establece: «El ejercicio de la potestad reglamentaria corresponde al Gobierno de la Nación, a los órganos de Gobierno de las Comunidades Autónomas, de conformidad con lo establecido en sus respectivos Estatutos, y a los órganos de gobierno locales, de acuerdo con lo previsto en la Constitución, los Estatutos de Autonomía y la Ley 7/1985, de 2 de abril, reguladora de las Bases del Régimen Local».

B. Los reglamentos dictados por los órganos constitucionales del Estado [por ejemplo, el Consejo General del Poder Judicial (arts. 560.1.16.ª y 599.1.7.ª LOPJ) o el Tribunal Constitucional (art. 2.2 LOTC)].

a. El art. 560.1.16.ª LOPJ dispone: «El Consejo General del Poder Judicial tiene las siguientes atribuciones: [...] 16.ª Ejercer la potestad reglamentaria, en el marco estricto de desarrollo de las previsiones de la Ley Orgánica del Poder Judicial, en las siguientes materias:

a) Organización y funcionamiento del Consejo General del Poder Judicial.

b) Personal del Consejo General del Poder Judicial en el marco de la legislación sobre la función pública.

c) Órganos de gobierno de Juzgados y Tribunales.

[...]

m) Condiciones accesorias para el ejercicio de los derechos y deberes que conforman el estatuto de Jueces y Magistrados, así como el régimen jurídico de las Asociaciones judiciales, sin que tal desarrollo reglamentario pueda suponer innovación o alteración alguna de la regulación legal.

En ningún caso, las disposiciones reglamentarias del Consejo General del Poder Judicial podrán afectar o regular directa o indirectamente los derechos y deberes de personas ajenas al mismo».

El art. 599.1.7.ª LOPJ establece: «El Pleno conocerá exclusivamente de las siguientes materias: [...] 7.ª El ejercicio de la potestad reglamentaria en los términos previstos en esta Ley».

b. El apartado 2 del art. 2 LOTC prevé: «El Tribunal Constitucional podrá dictar reglamentos sobre su propio funcionamiento y organización, así como sobre el régimen de su personal y servicios, dentro del ámbito de la presente Ley. Estos reglamentos, que deberán ser aprobados por el Tribunal en Pleno, se publicarán en el *Boletín Oficial del Estado*, autorizados por su Presidente».

c. No tienen naturaleza reglamentaria, sino legal, no obstante, los Reglamentos del Congreso de los Diputados y del Senado (así como los de los Parlamentos autonómicos). Establece, en este sentido, el art. 27.2.*d*) LOTC que: «Son susceptibles de declaración de inconstitucionalidad: [...] *d*) Los Reglamentos de las Cámaras y de las Cortes Generales».

C. Los reglamentos adoptados por las llamadas Administraciones Independientes (o, eventualmente, otros organismos públicos). Un ejemplo: las circulares del Banco de España (art. 3 de la Ley 13/1994, de 1 de junio, de Autonomía del Banco de España).

El último párrafo del art. 129.4 LPAC dispone: «Las leyes podrán habilitar directamente a Autoridades Independientes u otros organismos que tengan atribuida esta potestad para aprobar normas en desarrollo o aplicación de las mismas, cuando la naturaleza de la materia así lo exija».

El apartado uno del art. 3 de la Ley de Autonomía del Banco de España prevé: «1. Sin perjuicio de lo establecido en el artículo 1.3, el Banco de España podrá dictar las normas precisas para el ejercicio de las funciones previstas en el artículo 7.3 desarrolladas en la sección 1.ª y el art. 15 del capítulo II de esta Ley, que se denominarán "Circulares monetarias".

Asimismo, para el adecuado ejercicio del resto de sus competencias, podrá dictar las disposiciones precisas para el desarrollo de aquellas normas que le habiliten expresamente al efecto. Tales disposiciones se denominarán "Circulares"».

VI. REGLAMENTO Y ACTO ADMINISTRATIVO. LA LLAMADA INDEROGABILIDAD SINGULAR DE LOS REGLAMENTOS

1. La distinción entre reglamentos —disposiciones o normas generales y abstractas— y actos administrativos —resoluciones singulares de aplicación de una disposición general a un caso concreto—.

2. La forma que reviste la aprobación de los reglamentos y de los actos administrativos: la significación jurídica de los términos «(Real) Decreto» y «Orden».

   A. Un ejemplo de acto administrativo que adopta la forma de Real Decreto: el Real Decreto 281/2017, de 22 de marzo, por el que se nombra presidente del Tribunal Constitucional a don Juan José González Rivas.

   B. Un ejemplo de reglamento aprobado mediante Real Decreto: el Real Decreto 2200/1995, de 28 de diciembre, por el que se aprueba el Reglamento de la Infraestructura para la Calidad y la Seguridad Industrial.

3. La regulación positiva de la inderogabilidad singular de los reglamentos: el art. 37 LPAC.

Este art. 37 LPAC, rubricado «Inderogabilidad singular», dispone: «1. Las resoluciones administrativas de carácter particular no podrán vulnerar lo establecido en una disposición de carácter general, aunque aquéllas procedan de un órgano de igual o superior jerarquía al que dictó la disposición general.

2. Son nulas las resoluciones administrativas que vulneren lo establecido en una disposición reglamentaria, así como aquellas que incurran en alguna de las causas recogidas en el artículo 47».

4. El significado.

   A. En positivo: la Administración puede derogar una norma reglamentaria por otra norma de igual o superior rango posterior en el tiempo.

   B. En negativo: la Administración no puede aprobar una resolución singular (esto es, un acto administrativo) que dispense de lo establecido en una norma o disposición general (reglamento) a un ciudadano determinado para un caso concreto, aunque la resolución singular haya sido dictada por un órgano de igual o superior rango que el que aprobó la disposición general.

5. La consecuencia jurídica: si se dicta un acto singular que pretende producir efectos derogatorios sobre una disposición general reglamentaria, dicho acto administrativo singular es nulo.

6. Las justificaciones.

   A. El principio del respeto de los derechos adquiridos: cuando un reglamento genera unos derechos e intereses a favor de la colectividad, un acto administrativo singular derogatorio podría suponer un perjuicio para esos derechos e intereses del sujeto al que afecta la actuación singular (o, en otras palabras, para los derechos adquiridos de ese sujeto). Esta tesis tiene su origen en la Ley de lo Contencioso-Administrativo de 1888 (Ley «Santamaría de Paredes»).

   B. La lesión del principio de igualdad: la derogación singular en relación con una persona la coloca en una situación de desigualdad en relación con el resto de las personas a las que se aplica la norma reglamentaria general.

   C. La tesis del principio de legalidad.

      c.1. Los reglamentos y los actos administrativos operan siempre con respeto al principio de legalidad (art. 103.1 CE).

      c.2. La Administración sólo puede producir decisiones en los casos y con los límites que establece el ordenamiento jurídico.

      c.3. El ordenamiento jurídico sólo acepta que se dicten reglamentos generales, pero no resoluciones o disposiciones particulares que dispensen a un sujeto concreto del cumplimiento de las normas generales; resoluciones singulares éstas, que están, además, absolutamente prohibidas.

VII. LOS ELEMENTOS DE LOS REGLAMENTOS

1. Introducción: clasificación de los elementos de los reglamentos.

   A. Los elementos formales.

      a. La competencia.

      b. La jerarquía.

      c. El procedimiento.

   B. Los elementos materiales, sustantivos o sustanciales.

2. Los elementos formales.

   A. La competencia para el ejercicio de la potestad reglamentaria.

      a. La significación de este requisito: la determinación de quién puede dictar reglamentos, teniendo en cuenta que existe una pluralidad de Administraciones Públicas, y, dentro de ellas, una multiplicidad de órganos.

      b. El poder reglamentario originario (atribuido directamente por la Constitución) y el derivado (atribuido por las leyes).

      c. El poder reglamentario originario: el recordatorio de los titulares del poder reglamentario originario por el art. 128.1 LPAC.

      El art. 128.1 LPAC prevé: «El ejercicio de la potestad reglamentaria corresponde al Gobierno de la Nación, a los órganos de Gobierno de las Comunidades Autónomas, de conformidad con lo establecido en sus respectivos Estatutos, y a los órganos de gobierno locales, de acuerdo con lo previsto en la Constitución, los Estatutos de Autonomía y la Ley 7/1985, de 2 de abril, reguladora de las Bases del Régimen Local».

         c.1. El Gobierno del Estado: el art. 97 CE y la Ley 50/1997, de 27 de noviembre, del Gobierno (LG).

         c.2. El Gobierno de las Comunidades Autónomas: los arts. 137 y 153.*c*) CE, los Estatutos de Autonomía y las leyes autonómicas de Gobierno y Administración. En el caso particular de Extremadura, el art. 32.1 EAEx dispone: «Corresponde a la Junta de Extremadura: 1. Establecer la política general de la Comunidad Autónoma en relación con las competencias asumidas, dirigir la Administración regional y ejercer la potestad reglamentaria y la función ejecutiva».

En este mismo sentido, el art. 19 LGAEx prevé: «La Junta de Extremadura es el órgano colegiado que ejerce las funciones propias del Gobierno de la Comunidad Autónoma.

Asimismo, de acuerdo con las directrices generales del Presidente, establece la política general y dirige la Administración de la Comunidad Autónoma y ejerce la función ejecutiva y la potestad reglamentaria en el marco de la Constitución y del Estatuto de Autonomía».

El art. 23.*h*) LGAEx dispone: «A la Junta de Extremadura le corresponde: [...] *h*) Aprobar, previo dictamen del Consejo Consultivo, los reglamentos para el desarrollo y ejecución de las Leyes, así como el resto de disposiciones reglamentarias en el ámbito de las competencias estatutariamente atribuidas».

c.3. El Pleno de las Corporaciones Locales (municipios, provincias e islas): los arts. 137, 140 y 141 CE y los arts. 4.1.*a*), 22.2.*d*) y 33.2.*b*) LBRL.

d. El poder reglamentario derivado.

d.1. En el caso de la Administración General del Estado.

d.1.1. El Presidente del Gobierno: el art. 2.2.*j*) LG. El alcance de la potestad reglamentaria del Presidente del Gobierno: «Crear, modificar y suprimir, por Real Decreto, los Departamentos Ministeriales, así como las Secretarías de Estado. Asimismo, le corresponde la aprobación de la estructura orgánica de la Presidencia del Gobierno».

d.1.2. Los Ministros: el art. 4.1.*b*) LG y el art. 61.*a*) LRJSP. El alcance de la potestad reglamentaria de los Ministros: «las materias propias de su Departamento».

El art. 4.1.*b*) LG dispone: «Los Ministros, como titulares de sus Departamentos, tienen competencia y responsabilidad en la esfera específica de su actuación, y les corresponde el ejercicio de las siguientes funciones: [...] *b*) Ejercer la potestad reglamentaria en las materias propias de su Departamento».

El art. 61.*a*) LRJSP establece: «Los Ministros, como titulares del departamento sobre el que ejercen su competencia, dirigen los sectores de actividad administrativa integrados en su Ministerio, y asumen la responsabilidad inherente a dicha dirección. A tal fin, les corresponden las siguientes funciones: *a*) Ejercer la potestad reglamentaria en las materias propias de su Departamento».

d.1.3. Las autoridades inferiores al Ministro: el art. 129.4, párrafo tercero, LPAC.

El párrafo tercero del apartado 4 del art. 129 LPAC dispone: «Las habilitaciones para el desarrollo reglamentario de una ley serán conferidas, con carácter general, al Gobierno o Consejo de Gobierno respectivo. La atribución directa a los titulares de los departamentos ministeriales o de las consejerías del Gobierno, o a otros órganos dependientes o subordinados de ellos, tendrá carácter excepcional y deberá justificarse en la ley habilitante».

d.1.4. Las Administraciones Independientes (y, eventualmente, otros organismos públicos): el art. 129.4, párrafo cuarto, LPAC.

El párrafo cuarto del apartado 4 del art. 129 LPAC establece: «Las leyes podrán habilitar directamente a Autoridades Independientes u otros organismos que tengan atribuida esta potestad para aprobar normas en desarrollo o aplicación de las mismas, cuando la naturaleza de la materia así lo exija».

d.2. En el caso de la Comunidad Autónoma de Extremadura.

d.2.1. El Presidente de la Junta de Extremadura: el art. 26.3.*b*) EAEx y el art. 13.*d*) LGAEx. El alcance de la potestad reglamentaria del Presidente de la Junta de Extremadura: «Corresponden al Presidente cuantas atribuciones le confieran la Constitución, este Estatuto y las leyes, y en particular las siguientes: [...] 3. Como Presidente de la Junta de Extremadura: [...] *b*) Dictar decretos del Presidente para la creación o extinción de Vicepresidencias y Consejerías, para la modificación de la denominación de las existentes o para la distribución de competencias entre ellas, dando cuenta a la Asamblea, así como resolver los conflictos de atribuciones que se susciten entre los miembros de la Junta».

d.2.2. Los Consejeros: el alcance de su potestad reglamentaria se limita a «las materias que le sean propias». En este sentido, el art. 36.*f*) LGAEx dispone: «Los Consejeros tienen atribuidas las siguientes competencias: [...] *f*) Ejercer la potestad reglamentaria y la función ejecutiva en las materias que le sean propias».

d.2.3. Las autoridades inferiores al Consejero: el art. 129.4, párrafo tercero, LPAC («La atribución directa [de una habilitación para el desarrollo de una ley] a los titulares de los departamentos ministeriales o de las consejerías del Gobierno, o a otros órganos dependientes o subordinados de ellos, tendrá carácter excepcional y deberá justificarse en la ley habilitante»). El art. 71.1 LGAEx: «Los órganos superiores y directivos impulsarán y dirigirán la actividad administrativa mediante la emanación de instrucciones, circulares y órdenes de servicio».

e. La forma de aprobación de los distintos tipos de reglamentos.

e.1. En el caso de la Administración General del Estado: el art. 24 LG.

e.1.1. Los reglamentos aprobados por el Presidente del Gobierno tienen la forma de Reales Decretos del Presidente del Gobierno [arts. 2.2.*j*) y 24.1.*b*) LG].

e.1.2. Los reglamentos aprobados por el Consejo de Ministros revisten la forma de Reales Decretos acordados en Consejo de Ministros (o, simplemente, Reales Decretos) [arts. 2.2.*j*) y 24.1.*c*) LG].

e.1.3. Los reglamentos aprobados por los Ministros tienen la forma de Órdenes Ministeriales [art. 24.1.*f*) LG].

e.1.4. Los «reglamentos» aprobados por las autoridades inferiores se denominan habitualmente circulares o instrucciones.

e.2. En el caso de la Comunidad Autónoma de Extremadura: arts. 71 y 90 y siguientes LGAEx.

e.2.1. Los reglamentos aprobados por el Presidente de la Junta de Extremadura revisten la forma de Decretos del Presidente de la Junta de Extremadura (art. 90.1 LGAEx).

e.2.2. Los reglamentos aprobados por la Junta de Extremadura tienen la forma de Decretos (art. 90.2 LGAEx).

e.2.3. Los reglamentos aprobados por los Consejeros revisten la forma de Órdenes (art. 92.1 LGAEx).

e.2.4. Los «reglamentos» aprobados por las autoridades inferiores pueden denominarse circulares, instrucciones u órdenes de servicio (arts. 71 y 92.4 LGAEx).

El art. 71 LGAEx, rubricado: «De las instrucciones, circulares y órdenes de servicio», dispone:

«1. Los órganos superiores y directivos impulsarán y dirigirán la actividad administrativa mediante la emanación de instrucciones, circulares y órdenes de servicio.

2. Tienen la consideración de instrucciones aquella serie de normas internas dirigidas a establecer pautas o criterios de actuación por las que han de regirse en general las unidades dependientes del órgano que las dicta.

3. Son circulares aquellas normas administrativas internas dictadas por los órganos superiores o directivos y dirigidas a los órganos y unidades que de ellos dependen, encaminadas a recordar la aplicación de determinadas disposiciones legales o indicándoles una interpretación adecuada al espíritu y principios de tales disposiciones con el fin de aplicar en el ámbito de la actuación administrativa una interpretación homogénea de éstas.

4. Las órdenes de servicio son aquellas reglas de actuación u órdenes específicas que se dirigen a un órgano jerárquicamente inferior para un supuesto determinado.

5. Cuando una disposición así lo establezca o en aquellos casos en que se considere conveniente su conocimiento por los ciudadanos o por el resto de los órganos de la Administración de la Comunidad Autónoma, el titular de la Consejería podrá ordenar la publicación de las instrucciones, circulares y órdenes de servicio en el Diario Oficial de Extremadura"».

B. El respeto del principio de jerarquía.

a. La relación entre ley y reglamento: los reglamentos están subordinados a la ley.

b. Las relaciones entre los distintos tipos de reglamentos (el art. 128.3 LPAC —regla general aplicable a todas las Administraciones Territoriales en España—, el art. 24.2 LG —para el ámbito de la Administración General del Estado— y el art. 89 LGAEx —para el ámbito de la Comunidad Autónoma de Extremadura—).

b.1. Principio general: la jerarquía de los reglamentos está en función de la jerarquía organizativa, esto es, del rango del órgano que los aprueba.

b.2. Este principio rige las relaciones entre los distintos reglamentos: «Ninguna disposición administrativa podrá vulnerar los preceptos de otra de rango superior» (art. 128.3 LPAC).

b.3. Las relaciones entre las disposiciones reglamentarias dictadas por los Gobiernos y por sus Presidentes.

b.3.1. En el ámbito de la Administración General del Estado. Las relaciones entre los Reales Decretos aprobados por el Presidente del Gobierno de la Nación y por el Consejo de Ministros: el juego del principio de competencia. Las competencias del Presidente del Gobierno están determinadas por el art. 2 LG y las del Consejo de Ministros por el art. 5 LG.

b.3.2. En el ámbito de la Comunidad Autónoma de Extremadura. Las relaciones entre los Decretos del Presidente de la Junta de Extremadura y los Decretos de la Junta de Extremadura se rigen por el principio de competencia. Las competencias del Presidente de la Junta de Extremadura están determinadas por el art. 26 EAEx y por los arts. 11 a 14 LGAEx, mientras que las de la Junta de Extremadura están fijadas en el art. 32 EAEx y en el art. 23 LGAEx.

C. El procedimiento para la aprobación de disposiciones generales.

a. El concepto y la finalidad del procedimiento. El conjunto de trámites que debe seguir la Administración para aprobar un reglamento pretende garantizar:

a.1. La correcta actuación de la Administración, asegurando, en la mayor medida posible, el respeto de la legalidad, de la necesidad y de la oportunidad de la norma reglamentaria.

a.2. La garantía de los derechos e intereses de los potencialmente afectados por la norma.

En este sentido, el art. 105.*a*) CE dispone: «La ley regulará: *a*) La audiencia de los ciudadanos, directamente o a través de las organizaciones y asociaciones reconocidas por la ley, en el procedimiento de elaboración de las disposiciones administrativas que les afecten».

b. Las fases del procedimiento: iniciación, tramitación (instrucción), terminación (aprobación) y publicación.

b.1. El modelo de la Administración General del Estado.

b.1.1. La Ley del Gobierno regula el procedimiento para la elaboración de los anteproyectos de ley, de los proyectos de real decreto legislativo y de las normas reglamentarias: el art. 26 LG.

b.1.2. Los trámites procedimentales.

1) Estudios y consultas previas: con carácter previo a la elaboración del texto del proyecto normativo se realizarán todos los estudios y consultas que se estimen convenientes para garantizar el acierto y la legalidad de la norma (art. 26.1 LG).

2) Consulta pública: se efectuará una consulta pública a través del portal web del departamento competente, en la que se recabará opinión de los sujetos potencialmente afectados por la futura norma y de las organizaciones más representativas (art. 26.2 LG).

— Contenido de la consulta pública. Versará sobre las siguientes cuestiones: *a*) Los problemas que se pretenden solucionar con la nueva norma; *b*) La necesidad y oportunidad de su aprobación; *c*) Los objetivos de la norma, y *d*) Las posibles soluciones alternativas regulatorias y no regulatorias.

— Supuestos en los que puede prescindirse, de manera debidamente motivada, de este trámite de consulta: *a*) La elaboración de normas presupuestarias u organizativas de la Administración General del Estado o de las organizaciones dependientes o vinculadas a éstas, «cuando concurran razones graves de interés público que lo justifiquen, o cuando la propuesta normativa no tenga un impacto significativo en la actividad económica, no imponga obligaciones relevantes a los destinatarios o regule aspectos parciales de una materia»; *b*) En el caso de tramitación urgente de iniciativas normativas.

3) Memoria del Análisis de Impacto Normativo: la elaboración de esta Memoria, que tiene carácter preceptivo, corresponde al centro directivo competente (art. 26.3 LG).

Su contenido: *a*) Oportunidad de la propuesta y alternativas de regulación estudiadas (incluyendo la alternativa de no aprobar ninguna regulación); *b*) Contenido y análisis jurídico (con referencia al Derecho nacional y de la Unión Europea, que incluirá el listado pormenorizado de las normas que quedarán derogadas como consecuencia de la entrada en vigor de la norma); *c*) Análisis del ajuste de la norma propuesta al orden constitucional de distribución de competencias; *d*) Impacto económico y presupuestario; *e*) Identificación de las cargas administrativas que conlleva la propuesta; *f*) Impacto de género; *g*) Resumen de las principales aportaciones recibidas en el trámite de consulta pública, *h*) Impacto por razón de cambio climático; e *i*) Cualquier otro extremo que pudiera ser relevante a criterio del órgano proponente.

4) Cuando el texto normativo corresponda a un anteproyecto de ley o a un proyecto de real decreto legislativo, el titular o los titulares de los Departamentos ministeriales proponentes «lo elevarán, previo sometimiento a la Comisión General de Secretarios de Estado y Subsecretarios, al Consejo de Ministros». Este último órgano decidirá «sobre los ulteriores trámites y, en particular, sobre las consultas, dictámenes e informes que resulten convenientes, así como sobre los términos de su realización, sin perjuicio de los legalmente preceptivos» (art. 26.4, párrafo primero, LG).

Por razones de urgencia, el Consejo de Ministros podrá prescindir de estas consultas, acordando la aprobación del anteproyecto de ley, que pasará a ser proyecto de ley, o del proyecto de real decreto legislativo (que pasará a ser real decreto legislativo). Ulteriormente se procederá a la remisión de estos textos a las Cortes Generales para la tramitación del correspondiente procedimiento legislativo (en el caso de los proyectos de ley) o para su control parlamentario (en el supuesto de los reales decretos legislativos) (art. 26.4, párrafo segundo, LG).

5) Solicitud de informes y dictámenes preceptivos y de todos aquellos estudios y consultas convenientes para garantizar el acierto y la legalidad del texto: se solicitarán por el centro directivo competente durante el procedimiento de elaboración de la norma (art. 26.5 LG).

Entre los informes preceptivos, que se emitirán en el plazo de diez días o de un mes cuando se soliciten de otra Administración o de un «órgano u organismo dotado de especial independencia o autonomía» (esta duración será reducida a la mitad en casos de urgencia), se encuentran los siguientes:

— Es necesario, en todo caso, el informe de la Secretaría General Técnica del (de los) Ministerio(s) proponente(s).

— Cuando el proyecto de texto normativo afecte a la organización administrativa de la Administración General del Estado, a su régimen de personal, a los procedimientos y a la inspección de los servicios, dicha propuesta necesita la aprobación previa del *Ministerio de Hacienda y Administraciones Públicas*. Esta aprobación se entiende otorgada si en el plazo de 15 días desde la recepción de la solicitud de aprobación «no se hubiera formulado objeción alguna».

— Es necesario el informe del *Ministerio de Política Territorial* cuando la norma pudiese afectar al orden constitucional de reparto de competencias entre el Estado y las Comunidades Autónomas.

6) El trámite de audiencia sobre el proyecto de norma: «cuando la norma afecte a los derechos e intereses legítimos de las personas, el centro directivo competente publicará el texto en el portal web correspondiente, con el objeto de dar audiencia a los ciudadanos afectados y obtener cuantas aportaciones adicionales puedan hacerse por otras personas o entidades. Asimismo, podrá recabarse directamente la opinión de las organizaciones o asociaciones reconocidas por ley que agrupen o representen a las personas cuyos derechos o intereses legítimos se vieren afectados por la norma y cuyos fines guarden relación directa con su objeto» (art. 26.6 LG).

7) Dictamen del Consejo de Estado u órgano consultivo equivalente cuando fuera preceptivo o se considere conveniente (art. 26.7 LG). Es preceptivo, por ejemplo, en el caso de los reglamentos ejecutivos.

8) Cumplidos los trámites anteriores, la propuesta se someterá a la Comisión General de Secretarios de Estado y Subsecretarios (art. 26.8 LG).

9) Con posterioridad se elevará al Consejo de Ministros para su aprobación (art. 26.8 LG).

En el caso de los proyectos de ley, se remitirán al Congreso de los Diputados o, en su caso, al Senado, acompañándolos de una Exposición de Motivos y de la documentación legalmente requerida.

10) Una vez aprobada la norma reglamentaria (o un real decreto legislativo) se requiere la publicación íntegra de su texto en el *BOE* [art. 2.1 CC y art. 131 LPAC].

b.1.3. Elementos comunes al procedimiento.

1) La vigilancia de la calidad de la actividad normativa del Gobierno de la Nación corresponde al Ministerio de la Presidencia, que analizará los parámetros establecidos en la propia Ley del Gobierno (art. 26.9 LG).

2) El expediente administrativo, que es en formato electrónico, del procedimiento de elaboración de normas gubernamentales: deberá contener «la Memoria del Análisis de Impacto Normativo, los informes y dictámenes recabados para su tramitación, así como todos los estudios y consultas emitidas y demás actuaciones practicadas» (art. 26.10 LG).

b.1.4. La tramitación urgente de iniciativas normativas (art. 27 LG).

1) La competencia para acordar la tramitación urgente corresponde al Consejo de Ministros (art. 27.1 LG).

2) Los supuestos en los que procede la tramitación urgente (art. 27.1 LG):

«*a*) Cuando fuere necesario para que la norma entre en vigor en el plazo exigido para la transposición de directivas comunitarias o el establecido en otras leyes o normas de Derecho de la Unión Europea.

b) Cuando concurran otras circunstancias extraordinarias que, no habiendo podido preverse con anterioridad, exijan la aprobación urgente de la norma».

3) Los efectos de la declaración de urgencia.

— La reducción de los plazos para la realización de los distintos trámites procedimentales a la mitad.

— La supresión de determinados trámites: no es preciso el trámite de consulta pública anterior a la elaboración del texto que constituye el proyecto de la norma (previsto en el art. 26.2 LG), aunque sí es obligado realizar el trámite de audiencia sobre el texto del proyecto de norma (art. 26.6 LG).

— La falta de emisión de un dictamen o un informe preceptivo en plazo no impide la continuación del procedimiento.

b.2. El modelo de la Comunidad Autónoma de Extremadura.

b.2.1. La regulación del procedimiento de elaboración de los reglamentos y de los anteproyectos de ley en el ámbito de la Junta de Extremadura está contenida en la Ley 1/2002, de 28 de febrero, del Gobierno y de la Administración de la Comunidad Autónoma de Extremadura (LGAEx).

b.2.2. La regulación de las distintas fases del procedimiento de elaboración de las normas reglamentarias.

1) La iniciación: art. 66 LGAEx.

2) La tramitación: art. 67 LGAEx.

3) La aprobación: art. 68 LGAEx.

b.2.3. La regulación del procedimiento para la elaboración de los anteproyectos de ley (art. 69 LGAEx).

3. Los elementos materiales o sustanciales (arts. 47.2 y 128.2 LPAC).

A. El respeto de la Constitución Española de 1978.

B. El respeto de los ámbitos reservados a la ley, así como de las normas con rango de ley. En este sentido, el art. 128.2 LPAC dispone: «Los reglamentos y disposiciones administrativas no podrán vulnerar la Constitución o las leyes ni regular aquellas materias que la Constitución o los Estatutos de Autonomía reconocen de la competencia de las Cortes Generales o de las Asambleas Legislativas de las Comunidades Autónomas. Sin perjuicio de su función de desarrollo o colaboración con respecto a la ley, no podrán tipificar delitos, faltas o infracciones administrativas, establecer penas o sanciones, así como tributos, exacciones parafiscales u otras cargas o prestaciones personales o patrimoniales de carácter público».

C. El respeto de las «disposiciones administrativas de rango superior» (esto es, de otros reglamentos jerárquicamente superiores).

D. El respeto a los principios generales del Derecho tanto los positivizados en la Constitución Española (por ejemplo, el principio de interdicción de la arbitrariedad o el de irretroactividad de las de las disposiciones sancionadoras no favorables o restrictivas de derechos individuales —art. 9.3 CE—), como los que no han encontrado su plasmación en textos escritos de rango constitucional (el caso del principio de proporcionalidad). En este sentido, el art. 47.2 LPAC prevé: «También serán nulas de pleno derecho las disposiciones administrativas que vulneren la Constitución, las leyes u otras disposiciones administrativas de rango superior, las que regulen materias reservadas a la Ley, y las que establezcan la retroactividad de disposiciones sancionadoras no favorables o restrictivas de derechos individuales».

4. Las consecuencias jurídicas de la vulneración de los requisitos o de los elementos de los reglamentos.

A. La vulneración de los elementos formales.

a. La vulneración de las reglas de competencia y del principio de jerarquía: la nulidad de los reglamentos.

b. La vulneración de las reglas reguladoras del procedimiento: la doctrina jurisprudencial. En particular, la falta de dictamen del Consejo de Estado en la adopción de reglamentos ejecutivos.

B. La vulneración de los elementos materiales o sustantivos: la nulidad de los reglamentos (art. 47.2 LPAC).

VIII. NOTAS SOBRE LAS ORDENANZAS LOCALES

1. Introducción al concepto de autonomía local.

A. El reconocimiento constitucional de la autonomía local: los arts. 137, 140 y 141 CE.

B. El carácter bifronte del régimen local: la organización, las competencias y el funcionamiento de las entidades locales, así como sus normas, están sometidas, por un lado, a la legislación básica estatal en materia de régimen local; pero, por otro lado, también, a la normativa autonómica que desarrolle dicha legislación básica.

C. La regulación estatal: la Ley 7/1985, de 2 de abril, reguladora de las Bases del Régimen Local (LBRL).

D. El reconocimiento estatutario de la autonomía local. En particular, el Estatuto de Autonomía de Extremadura: los arts. 54.1 y 55 EAEx.

a. El art. 54.1 EAEx, relativo a los «Municipios», dispone: «El municipio es la entidad territorial básica de Extremadura e instrumento esencial de participación de los ciudadanos en los asuntos públicos. Los municipios tienen autonomía política y personalidad jurídica propia».

b. El art. 55 EAEx, rubricado «Autonomía local», prevé: «Sin perjuicio de su plena autonomía política y la suficiencia financiera para la gestión de los asuntos de interés y ámbito local dentro del marco normativo general, una ley de la Asamblea aprobada por mayoría absoluta establecerá las materias y funciones de competencia autonómica susceptibles de ser gestionadas por los municipios y, en su caso, el elenco mínimo de facultades o atribuciones que sobre las mismas han de tener los ayuntamientos y que las leyes y normas sectoriales de la Comunidad Autónoma deberán prever y respetar».

2. La regulación del poder reglamentario de las entidades locales en la Ley 7/1985, de 2 de abril, reguladora de las Bases del Régimen Local (LBRL).

A. El reconocimiento general de la potestad reglamentaria a las entidades locales. El art. 4.1.*a*) LBRL dispone: «En su calidad de Administraciones públicas de carácter territorial, y dentro de la esfera de sus competencias, corresponden en todo caso a los municipios, las provincias y las islas: *a*) Las potestades reglamentaria y de autoorganización».

B. La competencia para dictar las ordenanzas municipales y provinciales.

a. La competencia para dictar las ordenanzas municipales: el Pleno del Ayuntamiento. El art. 22.2.*d*) LBRL prevé: «Corresponden, en todo caso, al Pleno municipal en los Ayuntamientos, y a la Asamblea vecinal en el régimen de Concejo Abierto, las siguientes atribuciones: [...] *d*) La aprobación del reglamento orgánico y de las ordenanzas».

b. El Alcalde carece de potestad reglamentaria (salvo en situaciones de necesidad): la distinción entre las ordenanzas municipales dictadas por el Pleno y los bandos municipales dictados por el Alcalde [art. 21.1.*e*) LBRL]. Los bandos sólo pueden ser normas en supuestos de necesidad [art. 21.1.*m*) LBRL].

c. La competencia para dictar las ordenanzas provinciales: el Pleno de la Diputación Provincial. El art. 33.2.*b*) LBRL establece: «Corresponde en todo caso al Pleno: [...] *b*) La aprobación de las ordenanzas».

C. El procedimiento de elaboración de las ordenanzas: el art. 49 LBRL.

El art. 49 LBRL prevé: «La aprobación de las Ordenanzas locales se ajustará al siguiente procedimiento:

a) Aprobación inicial por el Pleno.

b) Información pública y audiencia a los interesados por el plazo mínimo de treinta días para la presentación de reclamaciones y sugerencias.

c) Resolución de todas las reclamaciones y sugerencias presentadas dentro del plazo y aprobación definitiva por el Pleno.

En el caso de que no se hubiera presentado ninguna reclamación o sugerencia, se entenderá definitivamente adoptado el acuerdo hasta entonces provisional».

D. El rango inferior de las normas locales en relación con las leyes: el art. 55 del Texto Refundido de las disposiciones legales vigentes en materia de Régimen Local, aprobado por el Real Decreto Legislativo 781/1986, de 18 de abril. Este precepto dispone: «En la esfera de su competencia, las Entidades locales podrán aprobar Ordenanzas y Reglamentos, y los Alcaldes dictar Bandos. En ningún caso contendrán preceptos opuestos a las leyes».

IX. EL CONTROL DE LOS REGLAMENTOS ILEGALES

1. La tipología de las técnicas de control de los reglamentos ilegales.

   A. La inaplicación de los reglamentos ilegales.

   B. El control de los reglamentos por la propia Administración.

   C. El control de los reglamentos por la jurisdicción contencioso-administrativa.

   D. El control de las normas reglamentarias por el Tribunal Constitucional.

2. La inaplicación.

   A. La inaplicación por los Tribunales ordinarios no integrantes del orden contencioso-administrativo.

      a. El art. 6 LOPJ dispone: «Los Jueces y Tribunales no aplicarán los reglamentos o cualquier otra disposición contrarios a la Constitución, a la ley o al principio de jerarquía normativa».

      b. La justificación: el principio de jerarquía normativa (los Jueces tienen la obligación de enjuiciar previamente la legalidad del reglamento, y si concluyen en este análisis que dicha norma es ilegal, darán prioridad a la ley, inaplicando el reglamento que resulte contrario a aquélla).

   B. Sobre la potencial inaplicabilidad por los funcionarios de los reglamentos ilegales.

a. La justificación: todos los ciudadanos (incluidos, por supuesto, los funcionarios integrados en la Administración) están sujetos a la Constitución y al resto del ordenamiento jurídico (arts. 9.1 y 103.1 CE). Si un funcionario detecta que un reglamento es ilegal debería, en principio, inaplicarlo.

b. Los problemas prácticos de esta tesis: los funcionarios están sometidos también al principio de jerarquía orgánica. La tesis de la ilegalidad de un reglamento sostenida por parte de un funcionario puede chocar, en un caso concreto, con la de su superior jerárquico, considerando ajustado a Derecho el reglamento. En este supuesto, salvo en casos de «manifiesta ilegalidad», el funcionario debe aplicar el reglamento.

3. La declaración de nulidad de los reglamentos ilegales por parte de la Administración.

A. Los recursos en vía administrativa frente a los reglamentos (art. 112.3 LPAC).

a. El concepto de recurso administrativo: es un medio o mecanismo de impugnación mediante el que los administrados legitimados solicitan de la Administración la anulación o la modificación de los actos administrativos lesivos de sus derechos o intereses legítimos al considerarlos contrarios al ordenamiento jurídico.

b. La diferencia entre recursos directos e indirectos frente a reglamentos.

b.1. La exclusión de los recursos administrativos directos frente a reglamentos.

b.2. La admisibilidad de recursos indirectos contra reglamentos, mediante la impugnación de un acto administrativo aplicativo que se funde únicamente «en la nulidad de alguna disposición administrativa de carácter general» que le sirva de base jurídica.

c. El art. 112.3 LPAC prevé: «Contra las disposiciones administrativas de carácter general no cabrá recurso en vía administrativa.

Los recursos contra un acto administrativo que se funden únicamente en la nulidad de alguna disposición administrativa de carácter general podrán interponerse directamente ante el órgano que dictó dicha disposición».

B. La revisión de oficio de los reglamentos: el art. 106, apartados 2 y 4, LPAC.

a. El concepto de revisión de oficio: consiste en una técnica mediante la cual la Administración autora de un acto administrativo (o de un reglamento) lo retira definitivamente a través de la aprobación de otro posterior de signo contrario, debido a que el acto revisado de oficio es nulo de pleno derecho.

b. La naturaleza jurídica: es un privilegio de la Administración que le permite anular sus actos sin necesidad de acudir a los Tribunales. La Administración directamente puede anular sus actos bien porque alguien se lo solicite mediante un recurso administrativo, o bien por su propia iniciativa a través de la técnica de la revisión de oficio.

c. Los apartados 2 y 4 del art. 106 LPAC, rubricado «Revisión de disposiciones y actos nulos», establecen: «2. Asimismo, en cualquier momento, las Administraciones Públicas de oficio, y previo dictamen favorable del Consejo de Estado u órgano consultivo equivalente de la Comunidad Autónoma si lo hubiere, podrán declarar la nulidad de las disposiciones administrativas en los supuestos previstos en el art. 47.2.

[...]

4. Las Administraciones Públicas, al declarar la nulidad de una disposición o acto, podrán establecer, en la misma resolución, las indemnizaciones que proceda reconocer a los interesados, si se dan las circunstancias previstas en los arts. 32.2 y 34.1 de la Ley de Régimen Jurídico del Sector Público sin perjuicio de que, tratándose de una disposición, subsistan los actos firmes dictados en aplicación de la misma».

4. El control de los reglamentos por la jurisdicción contencioso-administrativa (art. 106.1 CE; art. 8 LOPJ, y art. 1.1 Ley 29/1998, de 13 de julio, reguladora de la Jurisdicción Contencioso-Administrativa —LJCA—).

A. El concepto de recurso contencioso-administrativo: es un medio o mecanismo de impugnación a través del que los sujetos legitimados solicitan de los Jueces y Tribunales de lo Contencioso-Administrativo la anulación o la modificación de los actos administrativos o disposiciones reglamentarias que puedan ser lesivas de sus derechos o intereses legítimos al considerarlos contrarios al ordenamiento jurídico.

El art. 106.1 CE dispone: «Los Tribunales controlan la potestad reglamentaria y la legalidad de la actuación administrativa, así como el sometimiento de ésta a los fines que la justifican».

El art. 8 LOPJ prevé: «Los Tribunales controlan la potestad reglamentaria y la legalidad de la actuación administrativa, así como el sometimiento de ésta a los fines que la justifican».

El art. 1.1 LJCA establece: «Los Juzgados y Tribunales del orden contencioso-administrativo conocerán de las pretensiones que se deduzcan en relación con la actuación de las Administraciones públicas sujeta al Derecho Administrativo, con las disposiciones generales de rango inferior a la Ley y con los Decretos legislativos cuando excedan los límites de la delegación».

B. El recurso judicial directo frente a reglamentos (art. 25 LJCA).

a. El art. 25.1 LJCA establece: «El recurso contencioso-administrativo es admisible en relación con las disposiciones de carácter general y con los actos expresos y presuntos de la Administración pública que pongan fin a la vía administrativa, ya sean definitivos o de trámite, si estos últimos deciden directa o indirectamente el fondo del asunto, determinan la imposibilidad de continuar el procedimiento, producen indefensión o perjuicio irreparable a derechos o intereses legítimos».

b. La legitimación. En particular, el art. 19.1.*a*) LJCA: «Las personas físicas o jurídicas que ostenten un derecho o interés legítimo».

c. El plazo de interposición: art. 46.1 LJCA. Este precepto dispone: «El plazo para interponer el recurso contencioso-administrativo será de dos meses contados desde el día siguiente al de la publicación de la disposición impugnada o al de la notificación o publicación del acto que ponga fin a la vía administrativa, si fuera expreso. Si no lo fuera, el plazo será de seis meses y se contará, para el solicitante y otros posibles interesados, a partir del día siguiente a aquél en que, de acuerdo con su normativa específica, se produzca el acto presunto».

d. Los efectos de la sentencia: arts. 72.2 y 73 LJCA.

El apartado 2 del art. 72 LJCA dispone: «La anulación de una disposición o acto producirá efectos para todas las personas afectadas. Las sentencias firmes que anulen una disposición general tendrán efectos generales desde el día en que sea publicado su fallo y preceptos anulados en el mismo periódico oficial en que lo hubiera sido la disposición anulada. También se publicarán las sentencias firmes que anulen un acto administrativo que afecte a una pluralidad indeterminada de personas».

El art. 73 LJCA prevé: «Las sentencias firmes que anulen un precepto de una disposición general no afectarán por sí mismas a la eficacia de las sentencias o actos administrativos firmes que lo hayan aplicado antes de que la anulación alcanzara efectos generales, salvo en el caso de que la anulación del precepto supusiera la exclusión o la reducción de las sanciones aún no ejecutadas completamente».

C. La impugnación indirecta de los reglamentos (art. 26 LJCA).

a. Tiene lugar cuando se impugnan los actos aplicativos de un reglamento, fundamentándose esta impugnación en que esa disposición general no es conforme a Derecho (art. 26.1 LJCA).

El art. 26.1 LJCA dispone: «Además de la impugnación directa de las disposiciones de carácter general, también es admisible la de los actos que se produzcan en aplicación de las mismas, fundada en que tales disposiciones no son conformes a Derecho».

b. La articulación entre los recursos judiciales directos e indirectos contra reglamentos (art. 26.2 LJCA).

El art. 26.2 LJCA prevé: «La falta de impugnación directa de una disposición general o la desestimación del recurso que frente a ella se hubiera interpuesto no impiden la impugnación de los actos de aplicación con fundamento en lo dispuesto en el apartado anterior».

c. La cuestión de ilegalidad (art. 27 LJCA).

c.1. Punto de partida: a veces los órganos judiciales competentes para conocer sobre la juridicidad de un acto administrativo, por un lado, y sobre la del reglamento que aquél aplica, por otro, son distintos.

c.2. Si el órgano judicial competente para conocer de la impugnación del acto administrativo considera que el mismo se ajusta a Derecho, se termina el proceso.

c.3. Si el órgano judicial competente para conocer de la impugnación del acto administrativo considera que el mismo es contrario a Derecho por basarse en un reglamento ilegal, existen tres posibilidades:

1) El Juez competente para conocer de la juridicidad del acto administrativo y el competente para conocer del reglamento en que se basa son distintos: en este supuesto, el primero de los jueces (esto es, el competente para enjuiciar el acto administrativo) planteará la cuestión de ilegalidad ante el Tribunal competente para conocer del recurso directo frente al reglamento (art. 27.1 LJCA).

2) El Juez competente para conocer del acto administrativo es también competente para conocer del reglamento que le sirve de base: en este caso, la Sentencia declarará la validez o nulidad de la disposición general que sirve de fundamento al acto administrativo (art. 27.2 LJCA).

3) «Sin necesidad de plantear cuestión de ilegalidad, el Tribunal Supremo anulará cualquier disposición general cuando, en cualquier grado, conozca de un recurso contra un acto fundado en la ilegalidad de aquella norma» (art. 27.3 LJCA).

c.4. La regulación procesal de la cuestión de ilegalidad (arts. 123 a 126 LJCA).

1) Cuando el órgano judicial competente para conocer de la juridicidad del acto administrativo considere que el mismo es contrario a Derecho, a pesar de tener su base en un reglamento que está vigente, dictará una (primera) sentencia estimatoria del recurso contencioso-administrativo anulando dicho acto.

2) Como dicho órgano judicial no resulta competente para pronunciarse sobre la legalidad del reglamento, planteará ante el órgano judicial que sí sea el competente para conocer de la legalidad del reglamento mediante un

auto, en un plazo de cinco días desde que su sentencia adquiera firmeza, una cuestión de ilegalidad que «habrá de ceñirse exclusivamente a aquel o aquellos preceptos reglamentarios cuya declaración de ilegalidad haya servido de base para la estimación de la demanda» (art. 123.1 LJCA).

3) En el auto de planteamiento de la cuestión «se acordará emplazar a las partes para que, en el plazo de quince días, puedan comparecer y formular alegaciones ante el Tribunal competente para fallar la cuestión» (art. 123.2 LJCA).

4) El órgano judicial competente para conocer de la legalidad del reglamento dictará una (segunda) sentencia pronunciándose efectivamente sobre su legalidad. Esta (segunda) sentencia podrá estimar (total o parcialmente) o desestimar la cuestión. Si estima la cuestión los preceptos reglamentarios son anulados. Si la desestima el reglamento es válido.

5) En todo caso, la sentencia que resuelva la cuestión de ilegalidad (esto es, la segunda sentencia) no afectará a la situación jurídica concreta derivada de la sentencia dictada por el Juez o Tribunal que planteó aquélla (es decir, la primera sentencia). En otros términos, aunque la segunda sentencia considere que el reglamento está perfectamente ajustado a Derecho (y es, por tanto, válido), esta declaración no afectará a la declaración de nulidad del acto administrativo efectuada en la primera sentencia.

5. El control de los reglamentos por el Tribunal Constitucional.

A. Planteamiento general: aunque el ámbito de control característico del Tribunal Constitucional es el control de las leyes (y el de los órganos jurisdiccionales contencioso-administrativos es el de las normas reglamentarias), existen determinados supuestos en los que, sin embargo, dicho Tribunal puede conocer de la constitucionalidad de los reglamentos. El parámetro de control del Tribunal Constitucional no es la ley, sino la Constitución Española y, en su caso, las normas que integran el bloque de la constitucionalidad (esto es, esencialmente la Constitución y los Estatutos de Autonomía de las Comunidades Autónomas).

B. Las técnicas de control.

a. La vía del art. 161.2 CE (desarrollada por los arts. 76 y 77 LOTC). El art. 76 LOTC: «[...] el Gobierno podrá impugnar ante el Tribunal Constitucional las disposiciones normativas sin fuerza de ley y resoluciones emanadas de cualquier órgano de las Comunidades Autónomas».

b. La vía del conflicto de competencias entre el Estado y las Comunidades Autónomas, o de los de éstas entre sí [art. 161.*c*) CE].

c. La vía del recurso de amparo constitucional, cuando el reglamento viole los derechos constitucionales protegidos por la Constitución. Dos cuestiones:

c.1. La necesidad de agotar la vía judicial previa para impugnar el reglamento ante el Tribunal Constitucional [art.161.*b*) CE y art. 44.1.*a*) LOTC]. Consideraciones sobre el llamado incidente de nulidad de actuaciones.

c.2. La especial trascendencia o relevancia constitucional [art. 50.1.*b*) LOTC]. Este precepto dispone: «1. El recurso de amparo debe ser objeto de una decisión de admisión a trámite. La Sección, por unanimidad de sus miembros, acordará mediante providencia la admisión, en todo o en parte, del recurso solamente cuando concurran todos los siguientes requisitos: [...] *b*) Que el contenido del recurso justifique una decisión sobre el fondo por parte del Tribunal Constitucional en razón de su especial trascendencia constitucional, que se apreciará atendiendo a su importancia para la interpretación de la Constitución, para su aplicación o para su general eficacia, y para la determinación del contenido y alcance de los derechos fundamentales». La interpretación por el Tribunal Constitucional de este requisito: la STC 155/2009, de 25 de junio.

LECCIÓN 8

LA ADMINISTRACIÓN Y LAS FUENTES DEL DERECHO ADMINISTRATIVO (IV): EL ORDENAMIENTO JURÍDICO EUROPEO

Hace sesenta años, inspirados por aquel sueño de un futuro pacífico y compartido, los miembros fundadores de la UE emprendieron un viaje único y ambicioso de integración europea.

Acordaron resolver sus conflictos en torno a una mesa, en lugar de en los campos de batalla. Sustituyeron el recurso a las fuerzas armadas por la fuerza de la ley. Abrieron el camino para que se uniesen otros países, reunificando Europa y haciéndonos más fuertes.

Como consecuencia de ello, nuestro pasado turbulento ha dado paso a una paz que dura ya siete décadas y a una Unión ampliada de 500 millones de ciudadanos que viven en libertad en una de las economías más prósperas del mundo. Las imágenes de las batallas en las trincheras y los campos de Verdún, o de un continente separado por el Telón de Acero y el Muro de Berlín, han sido sustituidas por una Unión que destaca como modelo de paz y estabilidad.

El sacrificio de las generaciones anteriores nunca debe olvidarse. La dignidad humana, la libertad y la democracia han sido difíciles de conseguir y no debe renunciarse a ellas en ningún caso. Aunque el apego a la paz de los europeos actuales sea distinto al de sus padres o abuelos, nos siguen uniendo esos valores fundamentales.

Actualmente, la UE es un lugar en el que los ciudadanos pueden disfrutar de una diversidad cultural, de ideas y de tradiciones única en una Unión con una extensión de cuatro millones de kilómetros cuadrados. Es un lugar en el que han forjado vínculos para toda la vida con otros europeos y pueden viajar, estudiar y trabajar más allá de las fronteras nacionales sin tener que cambiar de moneda. Es un lugar en el que el Estado de Derecho ha sustituido a la prevalencia del más fuerte. Es un lugar en el que no solo se habla de igualdad, sino que se sigue luchando por ella.

Libro Blanco sobre el futuro de Europa: reflexiones y escenarios para la Europa de los Veintisiete, https://ec.europa.eu/spain/white-paper_es

Estructura:

I. La incorporación de España al proceso de integración europea.
II. Introducción al ordenamiento jurídico comunitario.
III. El Derecho originario.
IV. El Derecho derivado.
V. Los principios generales del Derecho de la Unión Europea.

Normativa de referencia:

I. Constitución Española (CE).
II. Normativa europea.
  1. Tratado de la Unión Europea (TUE).
  2. Tratado de Funcionamiento de la Unión Europea (TFUE).
  3. Carta de los Derechos Fundamentales de la Unión Europea (CDFUE).
III. Normativa estatal.
  1. Ley Orgánica 2/1979, de 3 de octubre, del Tribunal Constitucional (LOTC).
  2. Ley Orgánica 10/1985, de 2 de agosto, de Autorización para la Adhesión de España a las Comunidades Europeas.

Bibliografía complementaria:

Alonso García, R., *Sistema Jurídico de la Unión Europea*, Thomson-Civitas, Madrid, 4.ª edición, 2014.
— *Derecho de la Unión Europea. Textos y materiales*, Thomson-Civitas, Madrid, 2010.
Mangas Martín, A., y Liñán Nogueras, D.J., *Instituciones y Derecho de la Unión Europea*, Tecnos, Madrid, 9.ª edición, 2016.
Muñoz Machado, S., *Derecho Administrativo y sistema de fuentes*, Tomo I de la obra colectiva *Lecciones y Materiales para el Estudio del Derecho Administrativo*, Iustel, Madrid, 2009.
— *Tratado de Derecho Administrativo y Derecho Público General*, Tomo II, Iustel, Madrid, 2006.
Sarmiento, D., *El Derecho de la Unión Europea*, Marcial Pons, Madrid, 2016.

Lecturas recomendadas:

Álvarez García, V., «Las perspectivas de futuro del Derecho público: La formación del Derecho público europeo y la armonización de los Derechos públicos nacionales», *Revista General de Derecho Administrativo*, núm. 25, 2010.
Cobreros Mendazona, E., *Incumplimiento del Derecho comunitario y responsabilidad del Estado*, IVAP/Civitas, Madrid, 1995.
Díez del Corral, L., *El rapto de Europa*, Alianza Editorial, Madrid, 1989.
Duroselle, J. B., *Historia de los europeos*, Aguilar, Madrid, 1990.
Muñoz Machado, S., *La Unión Europea y las mutaciones del Estado*, Alianza Universidad, Madrid, 1993.

SARMIENTO, D., *Poder Judicial e Integración Europea*, Civitas, Madrid, 2004.
SORIANO, J. E., *Reglamentos y Directivas en la jurisprudencia comunitaria*, Tecnos, Madrid, 1988.

I. LA INCORPORACIÓN DE ESPAÑA AL PROCESO DE INTEGRACIÓN EUROPEA

1. La base constitucional: el art. 93 CE.

El art. 93 CE dispone: «Mediante ley orgánica se podrá autorizar la celebración de tratados por los que se atribuya a una organización o institución internacional el ejercicio de competencias derivadas de la Constitución. Corresponde a las Cortes Generales o al Gobierno, según los casos, la garantía del cumplimiento de estos tratados y de las resoluciones emanadas de los organismos internacionales o supranacionales titulares de la cesión».

2. Las negociaciones previas para la incorporación de la España democrática al proceso de integración europea y su culminación: la firma en Madrid del Tratado de Adhesión de España a las Comunidades Europeas el día 12 de junio de 1985.

3. La concreta autorización de la incorporación de nuestro país a las Comunidades Europeas: la Ley Orgánica 10/1985, de 2 de agosto, de Autorización para la Adhesión de España a las Comunidades Europeas.

4. El Instrumento de Ratificación del Tratado hecho en Lisboa y Madrid el día 12 de junio de 1985, relativo a la adhesión del Reino de España y de la República Portuguesa a la Comunidad Económica Europea y a la Comunidad Europea de la Energía Atómica.

5. La publicación de este Instrumento de Ratificación en el *BOE* núm. 1, de 1 de enero de 1986, y del texto del Tratado y del Acta relativa a las condiciones de adhesión del Reino de España y de la República Portuguesa y a las adaptaciones de los Tratados.

6. El art. 2 de la referida Acta de Adhesión: la aceptación por parte de nuestro país del acervo jurídico comunitario. Este precepto, en efecto, dispone que: «Desde el momento de la adhesión, las disposiciones de los Tratados originarios y los actos adoptados por las instituciones de las Comunidades antes de la adhesión obligarán a los nuevos Estados miembros y serán aplicables en dichos Estados en las condiciones previstas en estos Tratados y en la presente Acta».

7. La garantía del ajuste de los Tratados a la Constitución Española: el control previo de la constitucionalidad de los Tratados por el Tribunal Constitucional (art. 95 CE y art. 78 LOTC).

   A. La naturaleza del control: es un control previo a la firma y ratificación por parte de nuestro país de los Tratados Internacionales (art. 78 LOTC).

B. Los órganos legitimados para interpelar al Tribunal Constitucional: el Gobierno de la Nación, el Congreso de los Diputados o el Senado.

C. El objeto de este remedio constitucional: el requerimiento al Tribunal Constitucional para que se pronuncie «sobre la existencia o inexistencia de contradicción entre la Constitución y las estipulaciones de un tratado internacional cuyo texto estuviera ya definitivamente fijado, pero al que no se hubiere prestado aún el consentimiento del Estado».

D. La resolución del Tribunal Constitucional: no adopta la forma de Sentencia, sino de Declaración. Las Declaraciones del Tribunal Constitucional 1/1992, del 1 de julio, y 1/2004, del 13 de diciembre.

II. INTRODUCCIÓN AL ORDENAMIENTO JURÍDICO COMUNITARIO

1. Introducción a la Unión Europea y al Consejo de Europa.

A. El Consejo de Europa: sus orígenes y su finalidad actual. En particular, el sistema de protección de los derechos humanos: el Tribunal Europeo de Derechos Humanos (TEDH) y la interpretación y la aplicación del Convenio Europeo para la Protección de los Derechos Humanos y de las Libertades Fundamentales (o, abreviadamente, Convenio Europeo de Derechos Humanos) —firmado en Roma el 4 de noviembre de 1950— y de sus Protocolos Adicionales.

B. Los orígenes de la Unión Europea: Jean Monnet, la Declaración de Robert Schuman (o Declaración Schuman de 9 de mayo de 1950) y el Tratado de París de 18 de abril de 1951, por el que se constituyó la Comunidad Europea del Carbón y del Acero —y que entró en vigor el 25 de julio de 1952—.

2. Las piezas del ordenamiento jurídico comunitario.

A. El Derecho originario.

a. El Tratado de la Unión Europea (TUE).

b. El Tratado de Funcionamiento de la Unión Europea (TFUE).

c. La Carta de los Derechos Fundamentales de la Unión Europea (CDFUE).

B. El Derecho derivado: tiene su base (deriva) en el Derecho originario y, más en concreto, en el Tratado de Funcionamiento de la Unión Europea.

a. Los actos vinculantes: los reglamentos, las directivas y las decisiones.

b. Los actos no vinculantes: las recomendaciones y los dictámenes.

C. Los principios generales del Derecho comunitario europeo: son normas no escritas elaboradas por el Tribunal de Justicia de la Unión Europea que sirven para dotar de coherencia y unidad sistemática al Derecho originario y al Derecho derivado de la Unión Europea.

III. EL DERECHO ORIGINARIO

1. Los Tratados constitutivos de las Comunidades Europeas y sus posteriores modificaciones.

A. Los Tratados constitutivos de las Comunidades Europeas: los seis Estados firmantes (Alemania, Francia, Italia, Holanda, Bélgica y Luxemburgo).

a. El Tratado constitutivo de la Comunidad Europea del Carbón y del Acero —CECA— (firmado en París el 18 de abril de 1951, y que entró en vigor el 25 de julio de 1952). Este Tratado expiró en julio de 2002.

b. El Tratado constitutivo de la Comunidad Económica Europea —CEE— (firmado en Roma el 25 de marzo de 1957, y que entró en vigor el 1 de enero de 1958). Este Tratado ha cambiado a lo largo de su historia dos veces de denominación: 1) A partir de la entrada en vigor del Tratado de Maastricht de 1992 pasó a denominarse Tratado de la Comunidad Europea; y 2) A partir de la entrada en vigor del Tratado de Lisboa de 2007 (esto es, desde el 1 de diciembre de 2009), se denomina Tratado de Funcionamiento de la Unión Europea.

c. El Tratado constitutivo de la Comunidad Europea de la Energía Atómica —CEEA— o Euratom (firmado en Roma el 25 de marzo de 1957, y que entró en vigor el 1 de enero de 1958).

B. Las modificaciones más importantes.

a. El Acta Única Europea de 1986 (que entró en vigor el 1 de julio de 1987).

b. El Tratado de la Unión Europea (o Tratado de Maastricht de 1992) (que entró en vigor el 1 de noviembre de 1993).

c. El Tratado de Ámsterdam de 1997 (que entró en vigor el 1 de mayo de 1999).

d. El Tratado de Niza de 2001 (que entró en vigor el 1 de febrero de 2003).

e. El Tratado de Lisboa de 2007 (que entró en vigor el 1 de diciembre de 2009).

C. Las adhesiones sucesivas al proyecto europeo (los Tratados de adhesión y las Actas relativas a las condiciones de adhesión de los nuevos Estados).

a. Las adhesiones de Dinamarca, Irlanda y el Reino Unido de la Gran Bretaña (desde el 1 de enero de 1973).

b. La adhesión de Grecia (desde el 1 de enero de 1981).

c. Las adhesiones de España y de Portugal (desde el 1 de enero de 1986).

d. Las adhesiones de Austria, Finlandia y Suecia (desde el 1 de enero de 1995).

e. Las adhesiones de la República Checa, Eslovaquia, Estonia, Letonia, Lituania, Chipre, Malta, Hungría, Polonia y Eslovenia (desde el 1 de mayo de 2004).

f. Las adhesiones de Bulgaria y de Rumanía (desde el 1 de enero de 2007).

g. La adhesión de Croacia (desde el 1 de julio de 2013).

2. Los textos rectores de la Unión Europea en la actualidad.

A. El Tratado de la Unión Europea (TUE).

B. El Tratado de Funcionamiento de la Unión Europea (TFUE).

C. La Carta de los Derechos Fundamentales de la Unión Europea (CDFUE).

3. Su naturaleza jurídica.

A. Son las normas fundamentales de la Unión Europea.

B. La Unión Europea no constituye en la actualidad un Estado, por lo que los Tratados no son jurídicamente una Constitución (aunque se les denomina a veces normas «cuasi-constitucionales», porque, entre otras cosas, regulan derechos fundamentales dentro de la Unión Europea o la organización de los poderes dentro de la Unión y sus sistemas de control). En todo caso, la Unión Europea «tiene personalidad jurídica» (art. 47 TUE).

C. Los Tratados de la Unión Europea y de Funcionamiento de la Unión Europea son normas jurídicas internacionales de naturaleza convencional suscritas por los Estados, que prestan su consentimiento conforme a los procedimientos constitucionales previstos en los ordenamientos nacionales internos de cada uno de ellos. La Unión Europea se fundamenta en ambos Tratados, que «tienen el mismo valor jurídico» (art. 1, párrafo tercero, TUE).

D. En tanto que normas jurídicas internacionales de naturaleza convencional se rigen por el Convenio de Viena sobre el Derecho de los Tratados de 23 de mayo de 1969.

E. La Carta de los Derechos Fundamentales de la Unión Europea no tiene naturaleza convencional, sino que ha sido proclamada solemnemente por el Parlamento Europeo, el Consejo y la Comisión. En este contexto, el art. 6.1, párrafo primero, TUE dispone: «La Unión reconoce los derechos, libertades y principios enunciados en la Carta de los Derechos Fundamentales de la Unión Europea de 7 de diciembre de 2000, tal como fue adaptada el 12 de diciembre de 2007 en Estrasburgo, la cual tendrá el mismo valor jurídico que los Tratados».

F. Las reglas de modificación de los Tratados (art. 48 TUE): el procedimiento de revisión ordinario y los procedimientos de revisión simplificados.

G. Las reglas para el ingreso de nuevos Estados miembros a la Unión (art. 49 TUE).

H. Las reglas para la salida de un Estado de la Unión Europea (art. 50 TUE). Sobre el llamado «Brexit».

I. El ámbito espacial o territorial de aplicación de los Tratados (art. 52 TUE y art. 355 TFUE).

J. El ámbito temporal de aplicación.

a. La entrada en vigor de los Tratados: la firma, la ratificación, la publicación y su entrada en vigor (arts. 54 y 55 TUE).

b. La duración de los Tratados: el carácter temporalmente ilimitado de los Tratados (art. 53 TUE y art. 356 TFUE).

K. Las lenguas de redacción de los Tratados (art. 55 TUE).

4. El Tratado de la Unión Europea (TUE).

A. La posición del Tratado de la Unión dentro del proceso de integración europea.

a. «El presente Tratado constituye una nueva etapa en el proceso creador de una unión cada vez más estrecha entre los pueblos de Europa, en la cual las decisiones serán tomadas de la forma más abierta y próxima a los ciudadanos que sea posible» (art. 1, párrafo segundo, TUE).

b. «La Unión sustituirá y sucederá a la Comunidad Europea» (art. 1, inciso final del párrafo tercero, TUE).

c. La constitución de la Unión Europea por las «Altas Partes Contratantes» (esto es, por los Estados firmantes de los Tratados) supone la atribución por parte de los Estados miembros a la Unión de «competencias para alcanzar sus objetivos comunes» (art. 1, párrafo primero, TUE). En este contexto, «(L)a Unión perseguirá sus objetivos por los medios apropiados, de acuerdo con las competencias que se le atribuyen en los Tratados» (art. 3.6 TUE).

B. Los fundamentos de la Unión Europea.

a. El art. 2 TUE establece: «La Unión se fundamenta en los valores de respeto de la dignidad humana, libertad, democracia, igualdad, Estado de Derecho y respeto de los derechos humanos, incluidos los derechos de las personas pertenecientes a minorías. Estos valores son comunes a los Estados miembros en una sociedad caracterizada por el pluralismo, la no discriminación, la tolerancia, la justicia, la solidaridad y la igualdad entre mujeres y hombres».

b. La respuesta ante la posible existencia de «un riesgo claro de violación grave por parte de un Estado miembro» de los valores fundamentales de la Unión (art. 7 TUE): 1) La constatación, y 2) Los efectos (art. 7.3): i) «el Consejo podrá decidir, por mayoría cualificada, que se suspendan determinados derechos derivados de la aplicación de los Tratados al Estado miembro de que se trate, incluidos los derechos de voto del representante del Gobierno de dicho Estado miembro en el Consejo»; ii) «Las obligaciones del Estado miembro de que se trate derivadas de los Tratados continuarán, en cualquier caso, siendo vinculantes para dicho Estado».

C. Los objetivos de la Unión Europea. El art. 3 TUE dispone:

«1. La Unión tiene como finalidad promover la paz, sus valores y el bienestar de sus pueblos.

2. La Unión ofrecerá a sus ciudadanos un espacio de libertad, seguridad y justicia sin fronteras interiores, en el que esté garantizada la libre circulación de personas conjuntamente con medidas adecuadas en materia de control de las fronteras exteriores, asilo, inmigración y de prevención y lucha contra la delincuencia.

3. La Unión establecerá un mercado interior. Obrará en pro del desarrollo sostenible de Europa basado en un crecimiento económico equilibrado y en la estabilidad de los precios, en una economía social de mercado altamente competitiva, tendente al pleno empleo y al progreso social, y en un nivel elevado de protección y mejora de la calidad del medio ambiente. Asimismo, promoverá el progreso científico y técnico.

La Unión combatirá la exclusión social y la discriminación y fomentará la justicia y la protección sociales, la igualdad entre mujeres y hombres, la solidaridad entre las generaciones y la protección de los derechos del niño.

La Unión fomentará la cohesión económica, social y territorial y la solidaridad entre los Estados miembros.

La Unión respetará la riqueza de su diversidad cultural y lingüística y velará por la conservación y el desarrollo del patrimonio cultural europeo.

4. La Unión establecerá una unión económica y monetaria cuya moneda es el euro.

5. En sus relaciones con el resto del mundo, la Unión afirmará y promoverá sus valores e intereses y contribuirá a la protección de sus ciudadanos. Contribuirá a la paz, la seguridad, el desarrollo sostenible del planeta, la solidaridad y el respeto mutuo entre los pueblos, el comercio libre y justo, la erradicación de la pobreza y la protección de los derechos humanos, especialmente los derechos del niño, así como al estricto respeto y al desarrollo del Derecho internacional, en particular el respeto de los principios de la Carta de las Naciones Unidas».

D. Las reglas generales en materia de distribución de competencias entre la Unión Europea y los Estados miembros.

a. La posición de los Estados miembros: el respeto de la igualdad de los Estados ante los Tratados, así como de su identidad nacional.

En este sentido, el art. 4.2 TUE dispone: «La Unión respetará la igualdad de los Estados miembros ante los Tratados, así como su identidad nacional, inherente a las estructuras fundamentales políticas y constitucionales de éstos, también en lo referente a la autonomía local y regional. Respetará las funciones esenciales del Estado, especialmente las que tienen por objeto garantizar su integridad territorial, mantener el orden público y salvaguardar la seguridad nacional. En particular, la seguridad nacional seguirá siendo responsabilidad exclusiva de cada Estado miembro».

b. La delimitación de las competencias de la Unión Europea: el principio de atribución (art. 5.1 TUE).

b.1. Su concepto: «En virtud del principio de atribución, la Unión actúa dentro de los límites de las competencias que le atribuyen los Estados miembros en los Tratados para lograr los objetivos que éstos determinan» (art. 5.2 TUE).

b.2. La cláusula residual: «Toda competencia no atribuida a la Unión en los Tratados corresponde a los Estados miembros» (art. 5.2, *in fine*, y art. 4.1 TUE).

c. El ejercicio de las competencias de la Unión Europea: los principios de subsidiariedad y de proporcionalidad (art. 5.1 TUE).

c.1. El principio de subsidiariedad: «En virtud del principio de subsidiariedad, en los ámbitos que no sean de su competencia exclusiva, la Unión intervendrá sólo en caso de que, y en la medida en que, los objetivos de la acción pretendida no puedan ser alcanzados de manera suficiente por los Estados miembros, ni a nivel central ni a nivel regional y local, sino que puedan alcanzarse mejor, debido a la dimensión o a los efectos de la acción pretendida, a escala de la Unión» (art. 5.3 TUE).

c.2. El principio de proporcionalidad: «En virtud del principio de proporcionalidad, el contenido y la forma de la acción de la Unión no excederán de lo necesario para alcanzar los objetivos de los Tratados» (art. 5.4 TUE).

d. El principio de cooperación leal entre la Unión Europea y los Estados miembros (art. 4.3 TUE).

Este art. 4.3 TUE dispone: «Conforme al principio de cooperación leal, la Unión y los Estados miembros se respetarán y asistirán mutuamente en el cumplimiento de las misiones derivadas de los Tratados.

Los Estados miembros adoptarán todas las medidas generales o particulares apropiadas para asegurar el cumplimiento de las obligaciones derivadas de los Tratados o resultantes de los actos de las instituciones de la Unión.

Los Estados miembros ayudarán a la Unión en el cumplimiento de su misión y se abstendrán de toda medida que pueda poner en peligro la consecución de los objetivos de la Unión».

E. Los derechos y libertades fundamentales dentro de la Unión Europea (art. 6 TUE).

a. La Carta de los Derechos Fundamentales de la Unión Europea: «La Unión reconoce los derechos, libertades y principios enunciados en la Carta de los Derechos Fundamentales de la Unión Europea». Este texto normativo «tendrá el mismo valor jurídico que los Tratados» (art. 6.1 TUE).

b. El Convenio Europeo para la Protección de los Derechos Humanos y de las Libertades Fundamentales y la Unión Europea.

b.1. Sobre la adhesión de la Unión al Convenio Europeo de Derechos Humanos: «La Unión se adherirá al Convenio Europeo para la Protección de los Derechos Humanos y de las Libertades Fundamentales. Esta adhesión no modificará las competencias de la Unión que se definen en los Tratados» (art. 6.2 TUE).

b.2. Los derechos fundamentales y los principios generales de la Unión: «Los derechos fundamentales que garantiza el Convenio Europeo para la Protección de los Derechos Humanos y de las Libertades Fundamentales y los que son fruto de las tradiciones constitucionales comunes a los Estados miembros formarán parte del Derecho de la Unión como principios generales» (art. 6.3 TUE).

F. La ciudadanía europea y la participación política a nivel de la Unión (arts. 9 a 12 TUE y arts. 18 a 25 TFUE).

a. La ciudadanía de la Unión: «Será ciudadano de la Unión toda persona que tenga la nacionalidad de un Estado miembro. La ciudadanía de la Unión se añade a la ciudadanía nacional sin sustituirla» (art. 9, *in fine*, TUE y art. 20.1 TFUE).

b. Los derechos y deberes de los ciudadanos de la Unión: «Los ciudadanos de la Unión son titulares de los derechos y están sujetos a los deberes establecidos en los Tratados» (art. 20.2 TFUE).

Según el art. 20.2 TFUE, los ciudadanos de la Unión tienen, entre otros, los derechos siguientes: «*a*) de circular y residir libremente en el territorio de los Estados miembros; *b*) de sufragio activo y pasivo en las elecciones al Parlamento Europeo y en las elecciones municipales del Estado miembro en el que residan, en las mismas condiciones que los nacionales de dicho Estado; *c*) de acogerse, en el territorio de un tercer país en el que no esté representado el Estado miembro del que sean nacionales, a la protección de las autoridades diplomáticas y consulares de cualquier Estado miembro en las mismas condiciones que los nacionales de dicho Estado; *d*) de formular peticiones al Parlamento Europeo, de recurrir al Defensor del Pueblo Europeo, así como de dirigirse a las instituciones y a los órganos consultivos de la Unión en una de las lenguas de los Tratados y de recibir una contestación en esa misma lengua».

c. La igualdad de los ciudadanos de la Unión: «La Unión respetará en todas sus actividades el principio de la igualdad de sus ciudadanos, que se beneficiarán por igual de la atención de sus instituciones, órganos y organismos» (art. 9, inciso inicial, TUE y arts. 8, 10, 18 y 19 TFUE).

d. La democracia representativa dentro de la Unión Europea: «El funcionamiento de la Unión se basa en la democracia representativa» (art. 10.1 TUE).

e. La participación ciudadana dentro de la Unión Europea.

e.1. La doble representación de los ciudadanos y de los gobiernos dentro de la Unión.

En este orden de ideas, el art. 10.2 TUE dispone: «Los ciudadanos estarán directamente representados en la Unión a través del Parlamento Europeo.

Los Estados miembros estarán representados en el Consejo Europeo por su Jefe de Estado o de Gobierno y en el Consejo por sus Gobiernos, que serán democráticamente responsables, bien ante sus Parlamentos nacionales, bien ante sus ciudadanos».

e.2. El derecho de participación de los ciudadanos dentro de la Unión Europea: «Todo ciudadano tiene derecho a participar en la vida democrática de la Unión. Las decisiones serán tomadas de la forma más abierta y próxima posible a los ciudadanos» (art. 10.3 TUE). Sobre el art. 11 TUE y, en particular, sobre el «diálogo abierto, transparente y regular» de las instituciones europeas con las asociaciones representativas y con la sociedad civil (art. 11.2 TUE) y sobre la iniciativa legislativa popular dentro de la Unión (art. 11.4 TUE y art. 24 TFUE).

e.3. Los partidos políticos a escala europea: «Los partidos políticos a escala europea contribuirán a formar la conciencia política europea y a expresar la voluntad de los ciudadanos de la Unión» (art. 10.4 TUE).

e.4. El papel de los Parlamentos nacionales de los Estados miembros dentro de la Unión (art. 12 TUE).

G. La estructura del Tratado de la Unión Europea.

a. El Título I: las disposiciones comunes (arts. 1 a 8 TUE).

b. El Título II: las disposiciones sobre los principios democráticos (arts. 9 a 12 TUE).

c. El Título III: las disposiciones sobre las Instituciones (arts. 13 a 19 TUE).

d. El Título IV: las disposiciones sobre las cooperaciones reforzadas (art. 20 TUE).

e. El Título V: disposiciones generales relativas a la acción exterior de la Unión y disposiciones específicas relativas a la política exterior y de seguridad común (arts. 21 a 46 TUE).

f. Título VI: Disposiciones Finales (arts. 47 a 55 TUE).

5. El Tratado de Funcionamiento de la Unión Europea (TFUE).

A. Su finalidad: «El presente Tratado organiza el funcionamiento de la Unión y determina los ámbitos, la delimitación y las condiciones de ejercicio de sus competencias» (art. 1.1 TFUE).

B. Su estructura.

a. Primera Parte: principios.

a.1. El Título I: categorías y ámbitos competenciales de la Unión (arts. 2 a 6 TFUE).

a.2. El Título II: disposiciones de aplicación general (arts. 7 a 17 TFUE).

b. Segunda Parte: no discriminación y ciudadanía de la Unión (arts. 18 a 25 TFUE).

c. Tercera Parte: políticas y acciones internas de la Unión.

c.1. El Título I: mercado interior (arts. 26 y 27 TFUE). Sobre el concepto de mercado interior (art. 26.2 TFUE): «El mercado interior implicará un espacio sin fronteras interiores, en el que la libre circulación de mercancías, personas, servicios y capitales estará garantizada de acuerdo con las disposiciones de los Tratados».

c.2. El Título II: libre circulación de mercancías —unión aduanera y cooperación aduanera— (arts. 28 a 37 TFUE).

c.3. El Título III: agricultura y pesca (arts. 38 a 44 TFUE).

c.4. El Título IV: libre circulación de personas, servicios y capitales —libre circulación de trabajadores, libertad de establecimiento, libertad de prestación de servicios y libertad de circulación de capitales— (arts. 45 a 66 TFUE).

c.5. El Título V: espacio de libertad, seguridad y justicia —políticas sobre controles en las fronteras, asilo e inmigración; cooperación judicial en materia civil y en materia penal; y cooperación policial— (arts. 67 a 89 TFUE).

c.6. El Título VI: transportes (arts. 90 a 100 TFUE).

c.7. El Título VII: normas comunes sobre competencia, fiscalidad y aproximación de las legislaciones —disposiciones aplicables a las empresas, ayudas otorgadas por los Estados, disposiciones fiscales y aproximación de las legislaciones— (arts. 101 a 118 TFUE).

c.8. El Título VIII: política económica y monetaria (arts. 119 a 144 TFUE).

c.9. El Título IX: empleo (arts. 145 a 150 TFUE).

c.10. El Título X: política social (arts. 151 a 161 TFUE).

c.11. El Título XI: el Fondo Social Europeo (arts. 162 a 164 TFUE).

c.12. El Título XII: educación, formación profesional, juventud y deporte (arts. 165 y 166 TFUE).

c.13. El Título XIII: cultura (art. 167 TFUE).

c.14. El Título XIV: salud pública (art. 168 TFUE).

c.15. El Título XV: protección de los consumidores (art. 169 TFUE).

c.16. El Título XVI: redes transeuropeas (arts. 170 a 172 TFUE).

c.17. El Título XVII: industria (art. 173 TFUE).

c.18. El Título XVIII: cohesión económica, social y territorial (arts. 174 a 178 TFUE).

c.19. El Título XIX: investigación y desarrollo tecnológico y espacio (arts. 179 a 190 TFUE).

c.20. El Título XX: medio ambiente (arts 191 a 193 TFUE).

c.21. El Título XXI: energía (art. 194 TFUE).

c.22. El Título XXII: turismo (art. 195 TFUE).

c.23. El Título XXIII: protección civil (art. 196 TFUE).

c.24. El Título XXIV: cooperación administrativa (art. 197 TFUE).

d. Cuarta Parte: asociación de los países y territorios de ultramar (arts. 198 a 204 TFUE).

e. Quinta Parte: acción exterior de la Unión.

e.1. El Título I: disposiciones generales relativas a la acción exterior de la Unión (art. 205 TFUE).

e.2. El Título II: política comercial común (arts. 206 y 207 TFUE).

e.3. El Título III: cooperación con terceros países y ayuda humanitaria —cooperación para el desarrollo; cooperación económica y técnica con terceros países; y ayuda humanitaria— (arts. 208 a 214 TFUE).

e.4. El Título IV: medidas restrictivas (art. 215 TFUE).

e.5. El Título V: acuerdos internacionales (arts. 216 a 219).

e.6. El Título VI: relaciones de la Unión con las organizaciones internacionales y con terceros países y delegaciones de la Unión (arts. 220 y 221 TFUE).

e.7. El Título VII: cláusula de solidaridad (art. 222 TFUE).

f. Sexta Parte: disposiciones institucionales y financieras.

f.1. El Título I: disposiciones institucionales. Las Instituciones —Parlamento Europeo; Consejo Europeo; Consejo; Comisión; Tribunal de Justicia de la Unión Europea; Banco Central Europeo; Tribunal de Cuentas—; los actos jurídicos de la Unión y los procedimientos para su adopción; los órganos consultivos de la Unión —Comité Económico y Social y Comité de las Regiones—; y el Banco Europeo de Inversiones (arts. 223 a 309 TFUE).

f.2. El Título II: disposiciones financieras —recursos propios de la Unión; marco financiero plurianual; presupuesto anual de la Unión; ejecución del presupuesto y aprobación de la gestión; lucha contra el fraude— (arts. 310 a 325 TFUE).

f.3. El Título III: cooperaciones reforzadas (arts. 326 a 334 TFUE).

g. Séptima Parte: disposiciones generales y finales (arts. 335 a 358 TFUE).

6. La Carta de los Derechos Fundamentales de la Unión Europea (CDFUE).

A. El objetivo de la Carta: «La presente Carta reafirma, dentro del respeto de las competencias y misiones de la Unión, así como del principio de subsidiariedad, los derechos que emanan, en particular, de las tradiciones constitucionales y las obligaciones internacionales comunes a los Estados miembros, del Convenio Europeo para la Protección de los Derechos Humanos y de las Libertades Fundamentales, las Cartas Sociales adoptadas por la Unión y por el Consejo de Europa, así como de la jurisprudencia del Tribunal de Justicia de la Unión Europea y del Tribunal Europeo de Derechos Humanos» (Preámbulo, párrafo quinto, CDFUE).

B. Su naturaleza jurídica: aunque una primera versión de la Carta fue proclamada en Niza el 7 de diciembre de 2000 por el Parlamento Europeo, el Consejo y la Comisión, una versión revisada de la misma se ha transformado en jurídicamente obligatoria, y con «el mismo valor jurídico que los Tratados», por el Tratado de Lisboa de 2007, en el momento de la entrada en vigor de éste el 1 de diciembre de 2009.

En este sentido, el art. 6.1, párrafo primero, TUE dispone: «La Unión reconoce los derechos, libertades y principios enunciados en la Carta de los Derechos Fundamentales de la Unión Europea de 7 de diciembre de 2000, tal como fue adaptada el 12 de diciembre de 2007 en Estrasburgo, la cual tendrá el mismo valor jurídico que los Tratados».

C. Sobre la interpretación de los derechos, libertades y principios de la Carta (art. 6.1, párrafo tercero, TUE): «Los derechos, libertades y principios enunciados en la Carta se interpretarán con arreglo a las disposiciones generales del Título VII de la Carta por las que se rige su interpretación y aplicación y teniendo debidamente en cuenta las explicaciones a que se hace referencia en la Carta, que indican las fuentes de dichas disposiciones».

El referido Título VII CDFUE regula, además del ámbito de aplicación de la propia Carta, el alcance e interpretación de los derechos y principios contenidos en la misma (art. 52), el nivel de protección conferido a dichos derechos y principios (art. 53) y la prohibición del abuso de los derechos (art. 54).

D. El ámbito de aplicación de la Carta: la Carta obliga a la instituciones, órganos y organismos de la Unión, así como a los Estados miembros «únicamente cuando apliquen el Derecho de la Unión».

Dispone, en este sentido, el art. 51 CDFUE: «1. Las disposiciones de la presente Carta están dirigidas a las instituciones, órganos y organismos de la Unión, dentro del respeto del principio de subsidiariedad, así como a los Estados miembros únicamente cuando apliquen el Derecho de la Unión. Por consiguiente, éstos respetarán los derechos, observarán los principios y promoverán su aplicación, con arreglo a sus respectivas competencias y dentro de los límites de las competencias que los Tratados atribuyen a la Unión.

2. La presente Carta no amplía el ámbito de aplicación del Derecho de la Unión más allá de las competencias de la Unión, ni crea ninguna competencia o misión nuevas para la Unión, ni modifica las competencias y misiones definidas en los Tratados».

E. La estructura de la Carta.

a. Además del Título VII [relativo a las «(D)isposiciones generales que rigen la interpretación y la aplicación de la Carta»] —arts. 51 a 54—, este texto normativo consta de otros seis Títulos, que son reseñados a continuación.

b. El Título I (rubricado «Dignidad»), que abarca los preceptos referidos a: la dignidad humana; el derecho a la vida; el derecho a la integridad de la persona; la prohibición de la tortura y de las penas o los tratos inhumanos o degradantes; y la prohibición de la esclavitud y del trabajo forzado [arts. 1 a 5 CDFUE].

c. El Título II (rubricado «Libertades»), que abarca los preceptos referidos a: el derecho a la libertad y a la seguridad; el respeto de la vida privada y familiar; la protección de los datos de carácter personal; el derecho a contraer matrimonio y el derecho a fundar una familia; la libertad de pensamiento, de conciencia y de religión; la libertad de expresión y de información; la libertad de reunión y de asociación; la libertad de las artes y de las ciencias; el derecho a la educación; la libertad profesional y el derecho a trabajar; la libertad de empresa; el derecho a la propiedad; el derecho de asilo; y la protección en caso de devolución, expulsión y extradición [arts. 6 a 19 CDFUE].

d. El Título III (rubricado «Igualdad»), que abarca los preceptos referidos a: la igualdad ante la ley; la no discriminación; la diversidad cultural, religiosa y lingüística; la igualdad entre mujeres y hombres; los derechos del niño; los derechos de las personas mayores; y la integración de las personas discapacitadas [arts. 20 a 26 CDFUE].

e. El Título IV (rubricado «Solidaridad»), que abarca los preceptos referidos a: el derecho a la información y consulta de los trabajadores en la empresa; el derecho de negociación y de acción colectiva; el derecho de acceso a los servicios de colocación; la protección en caso de despido injustificado; las condiciones de trabajo justas y equitativas; la prohibición del trabajo infantil y protección de los jóvenes en el trabajo; la vida familiar y vida profesional; la seguridad social y ayuda social; la protección de la salud; el acceso a los servicios de interés económico general; la protección del medio ambiente; y la protección de los consumidores [arts. 27 a 38 CDFUE].

f. El Título V (rubricado «Ciudadanía»), que abarca los preceptos referidos a: el derecho de sufragio activo y pasivo en las elecciones al Parlamento Europeo; el derecho de sufragio activo y pasivo en las elecciones municipales; el derecho a una buena administración; el derecho de acceso a los documentos; el Defensor del Pueblo Europeo; el derecho de petición; la libertad de circulación y de residencia; y la protección diplomática y consular [arts. 39 a 46 CDFUE].

g. El Título VI (rubricado «Justicia»), que abarca los preceptos referidos a: el derecho a la tutela judicial efectiva y a un juez imparcial; la presunción de inocencia y derechos de la defensa; los principios de legalidad y de proporcionalidad de los delitos y las penas; y el derecho a no ser acusado o condenado penalmente dos veces por la misma infracción [arts. 47 a 50 CDFUE].

IV. EL DERECHO DERIVADO

1. Su concepto: tiene su base en (deriva de) el Derecho originario y, más en concreto, en el Tratado de Funcionamiento de la Unión Europea.

A. El Capítulo II del Título I («Disposiciones institucionales») de la Sexta Parte («Disposiciones institucionales y financieras») del Tratado de Funcionamiento de la Unión Europea está rubricado, en efecto, «actos jurídicos de la Unión, procedimientos de adopción y otras disposiciones».

B. Este Capítulo II está conformado, a su vez, por dos Secciones:

a. La Sección Primera reguladora de los «actos jurídicos de la Unión» (arts. 288 a 292 TFUE).

a.1. Las categorías de actos típicos de la Unión Europea (art. 288 TFUE).

a.2. Los actos legislativos (art. 289 TFUE).

a.3. Los actos no legislativos:

a.3.1. Los actos delegados (art. 290 TFUE).

a.3.2. Los actos de ejecución (art. 291 TFUE).

b. La Sección Segunda referida a los «procedimientos de adopción de los actos y otras disposiciones» (arts. 293 a 299 TFUE).

2. Las categorías de actos típicos de la Unión Europea (art. 288 TFUE): los actos jurídicamente vinculantes y los actos no vinculantes.

A. El párrafo inicial del art. 288 TFUE dispone: «Para ejercer las competencias de la Unión, las instituciones adoptarán reglamentos, directivas, decisiones, recomendaciones y dictámenes».

B. Los actos vinculantes: los reglamentos, las directivas y las decisiones.

a. Los reglamentos europeos.

a.1. Su regulación: «El reglamento tendrá un alcance general. Será obligatorio en todos sus elementos y directamente aplicable en cada Estado miembro» (art. 288, párrafo segundo, TFUE).

a.2. Su «alcance general»: son disposiciones normativas de carácter general y abstracto. Se diferencian en este aspecto de las decisiones que son actos típicos de la Unión que pueden tener alcance tanto general como individual.

a.3. Su naturaleza «obligatoria en todos sus elementos»: son efectivamente normas obligatorias (a diferencia de actos como las recomendaciones o los dictámenes —que son actos no vinculantes—), que «obligan» tanto en el resultado como en los medios (a diferencia de las directivas, que obligan en el resultado, pero no en los medios —que quedan a disposición de los Estados—).

a.4. Su efecto directo: 1) Los reglamentos europeos, desde su entrada en vigor, generan por sí mismos derechos y obligaciones para todos los ciudadanos de la Unión con independencia del Estado miembro del que sean nacionales, pudiendo éstos exigir su cumplimiento ante los Tribunales de todos los Estados miembros (pues los jueces nacionales actúan como jueces comunitarios). 2) Los

Estados no pueden aprobar normas que obstaculicen o impidan la aplicación y la eficacia inmediata de los reglamentos europeos, aunque sí pueden adoptar las normas que sean imprescindibles para su aplicación.

b. Las directivas europeas.

b.1. Su regulación: «La directiva obligará al Estado miembro destinatario en cuanto al resultado que deba conseguirse, dejando, sin embargo, a las autoridades nacionales la elección de la forma y de los medios» (art. 288, párrafo tercero, TFUE).

b.2. Su funcionamiento: 1) Las directivas se dirigen y obligan a los Estados miembros en cuanto al resultado que persiguen; 2) Los Estados miembros deben transponerlas al Derecho interno nacional dentro del plazo máximo establecido por las propias directivas; 3) El Estado puede elegir la forma y los medios para efectuar dicha transposición; o, en otros términos, el Derecho comunitario respeta el principio de autonomía institucional, según el cual los Estados miembros pueden seguir libremente las reglas previstas por sus Derechos nacionales a la hora de ejecutar el Derecho comunitario siempre y cuando consigan el resultado querido por las normas europeas; 4) Una vez transpuestas al Derecho nacional es cuando generan derechos y obligaciones para los ciudadanos de los diferentes Estados de la Unión; y 5) La falta de transposición en plazo de una directiva supone una vulneración del Derecho europeo, que implicará la sanción del Estado miembro por las correspondientes instituciones europeas.

b.3. Los supuestos en los que las directivas pueden llegar a tener efecto directo.

b.3.1. Las directivas carecen, como regla general, de efecto directo, esto es, obligan desde el momento en que se efectúa su transposición al Derecho nacional de cada Estado.

b.3.2. No obstante, el Tribunal de Justicia de las Comunidades Europeas ha reconocido efecto directo a las directivas, pudiendo, por tanto, ser invocadas ante los órganos judiciales internos, siempre y cuando concurran una serie de circunstancias: 1) Que contengan un «mandato claro y preciso» (esto es, que las obligaciones derivadas de la directiva estén formuladas en términos inequívocos y no de forma ambigua); 2) Que sea «completo y jurídicamente perfecto»; 3) Que dicho mandato sea «incondicional» (es decir, sin que deje márgenes de valoración discrecional a las instituciones europeas o nacionales). Cuando estas circunstancias concurran, los particulares podrán invocar el contenido de las directivas ante las autoridades y tribunales nacionales a partir del momento en el que debiéndose haber hecho la transposición de la directiva al Derecho interno no se ha hecho o se ha hecho de manera defectuosa (STJCE Ursula Becker, de 19 de enero de 1982).

b.4. En conclusión, mientras que los reglamentos europeos pretenden sustituir por completo las normativas nacionales en el ámbito material al que se refieren (hay aquí un fenómeno de armonización total), las directivas establecen un resultado común a nivel comunitario, pero permiten la subsistencia de las normas nacionales de los distintos Estados miembros —en las condiciones impuestas por su propio ordenamiento nacional— (hay una armonización parcial por parte de las normas europeas —directivas— que afecta al resultado, pero no a los medios para conseguir ese resultado, que siguen siendo nacionales, y que pueden variar de unos Estados miembros a otros).

c. Las decisiones europeas.

c.1. Su regulación: «La decisión será obligatoria en todos sus elementos. Cuando designe destinatarios, sólo será obligatoria para éstos» (art. 288, párrafo cuarto TFUE).

c.2. La particular naturaleza de las decisiones: en unos casos tienen un carácter general y abstracto (son verdaderas normas); y en otras ocasiones se dirigen únicamente a sujetos concretos —personas físicas, personas jurídicas o, incluso, uno o varios Estados— (son actos administrativos singulares).

C. Los actos no vinculantes: las recomendaciones y los dictámenes (art. 288, párrafo quinto TFUE).

a. La recomendación, en tanto que acto no vinculante, carece de obligatoriedad jurídicamente hablando y su contenido supone la sugerencia de desplegar un determinado comportamiento o de mantener una concreta actitud. Pueden adoptar recomendaciones el Consejo, la Comisión y el Banco Central Europeo (art. 292 TFUE).

b. El dictamen carece de obligatoriedad jurídica y se caracteriza por constituir una opinión o una valoración —jurídica, económica, técnica, etc.— sobre una determinada situación.

3. Los actos legislativos y los actos no legislativos (actos delegados y actos de ejecución) de la Unión Europea.

   A. Los actos legislativos de la Unión son los que se aprueban siguiendo un procedimiento legislativo: «Los actos jurídicos que se adopten mediante procedimiento legislativo constituirán actos legislativos» (art. 289.3 TFUE).

      a. El procedimiento legislativo ordinario: «El procedimiento legislativo ordinario consiste en la adopción conjunta por el Parlamento Europeo y el Consejo, a propuesta de la Comisión, de un reglamento, una directiva o una decisión» (art. 289.1 TFUE). El procedimiento legislativo ordinario está regulado en el art. 294 TFUE.

      b. El procedimiento legislativo especial: «En los casos específicos previstos por los Tratados, la adopción de un reglamento, una directiva o una decisión, bien por el Parlamento Europeo con la participación del Consejo, bien por el Consejo con la participación del Parlamento Europeo, constituirá un procedimiento legislativo especial» (art. 289.2 TFUE).

      c. Sobre la iniciativa para la elaboración de un acto legislativo.

         c.1. La regla general: la iniciativa corresponde a la Comisión.

         c.2. La excepción (cuando la iniciativa no es ejercida por la Comisión, sino por otros sujetos): «En los casos específicos previstos por los Tratados, los actos legislativos podrán ser adoptados por iniciativa de un grupo de Estados miembros o del Parlamento Europeo, por recomendación del Banco Central Europeo o a petición del Tribunal de Justicia o del Banco Europeo de Inversiones» (art. 289.4 TFUE). Junto a esta iniciativa normativa «pública», los Tratados prevén también la existencia de la iniciativa legislativa popular europea (art. 11.4 TUE y art. 24 TFUE).

   B. Los actos no legislativos: los actos delegados y los actos de ejecución.

      a. Su base jurídica.

         a.1. Su base jurídica general se encuentra en el Tratado de Funcionamiento de la Unión Europea que prevé la existencia de estas dos categorías de actos: 1) El art. 290 TFUE regula los actos delegados, y 2) El art. 291 TFUE regula los actos de ejecución.

         a.2. La adopción de uno de estos actos por la Comisión (excepcionalmente por el Consejo) necesita en cada caso concreto la habilitación por un específico acto legislativo.

b. Los actos delegados (art. 290 TFUE).

b.1. Su definición: «Un acto legislativo podrá delegar en la Comisión los poderes para adoptar actos no legislativos de alcance general que completen o modifiquen determinados elementos no esenciales del acto legislativo» (art. 290.1, párrafo primero, TFUE).

b.2. Sus límites (absolutos y relativos): «Los actos legislativos delimitarán de forma expresa los objetivos, el contenido, el alcance y la duración de la delegación de poderes. La regulación de los elementos esenciales de un ámbito estará reservada al acto legislativo y, por lo tanto, no podrá ser objeto de una delegación de poderes» (art. 290.1, párrafo segundo, TFUE).

b.3. Los condicionantes y los controles por parte del Parlamento Europeo y del Consejo. El art. 290.2 TFUE dispone: «Los actos legislativos fijarán de forma expresa las condiciones a las que estará sujeta la delegación, que podrán ser las siguientes:

a) el Parlamento Europeo o el Consejo podrán decidir revocar la delegación;

b) el acto delegado no podrá entrar en vigor si el Parlamento Europeo o el Consejo han formulado objeciones en el plazo fijado en el acto legislativo.

A efectos de las letras *a*) y *b*), el Parlamento Europeo se pronunciará por mayoría de los miembros que lo componen y el Consejo lo hará por mayoría cualificada».

b.4. Sobre los requisitos formales: «En el título de los actos delegados figurará el adjetivo "delegado" o "delegada"» (art. 290.3 TFUE).

c. Los actos de ejecución (art. 291 TFUE).

c.1. La regla general: la ejecución de los actos jurídicos de la Unión por los Estados miembros. La previsión por el Tratado de Funcionamiento de la Unión Europea de esta regla general: «Los Estados miembros adoptarán todas las medidas de Derecho interno necesarias para la ejecución de los actos jurídicamente vinculantes de la Unión» (art. 291.1 TFUE).

c.2 Los supuestos en los que resulta necesaria la intervención de la Comisión (o del Consejo) para la adopción de actos de ejecución.

c.2.1. La regulación: «Cuando se requieran condiciones uniformes de ejecución de los actos jurídicamente vinculantes de la Unión, éstos conferirán competencias de ejecución a la Comisión o, en casos específicos debidamente justificados y en los previstos en los arts. 24 y 26 del Tratado de la Unión Europea, al Consejo» (art. 291.2 TFUE).

c.2.2. El control por parte de los Estados miembros de los actos de ejecución dictados por la Comisión: 1) La regla general en el TFUE: «A efectos del apartado 2, el Parlamento Europeo y el Consejo establecerán previamente, mediante reglamentos adoptados con arreglo al procedimiento legislativo ordinario, las normas y principios generales relativos a las modalidades de control, por parte de los Estados miembros, del ejercicio de las competencias de ejecución por la Comisión» (art. 291.3 TFUE); y 2) El desarrollo de la regla general por el Derecho derivado: el Reglamento (UE) núm. 182/2011, del Parlamento Europeo y del Consejo, de 16 de febrero de 2011, por el que se establecen las normas y los principios generales relativos a las modalidades de control por parte de los Estados miembros del ejercicio de las competencias de ejecución por la Comisión.

c.3. Sobre los requisitos formales: «En el título de los actos de ejecución figurará la expresión "de ejecución"» (art. 291.4 TFUE).

4. Disposiciones generales sobre los actos jurídicos de la Unión.

A. El tipo de acto de la Unión que debe ser adoptado por las instituciones.

a. La regla general: deberá ser adoptado en cada caso el tipo de acto previsto en los Tratados.

b. Las excepciones: la selección del tipo de acto en el caso de que no haya una previsión específica en los Tratados.

El art. 296, párrafos primero y tercero, TFUE dispone: «Cuando los Tratados no establezcan el tipo de acto que deba adoptarse, las instituciones decidirán en cada caso conforme a los procedimientos aplicables y al principio de proporcionalidad. [...]

Cuando se les presente un proyecto de acto legislativo, el Parlamento Europeo y el Consejo se abstendrán de adoptar actos no previstos por el procedimiento legislativo aplicable al ámbito de que se trate».

B. La motivación de los actos de la Unión.

a. Su regulación: «Los actos jurídicos deberán estar motivados y se referirán a las propuestas, iniciativas, recomendaciones, peticiones o dictámenes previstos por los Tratados» (art. 296, párrafo segundo, TFUE).

b. El contenido de la motivación de los actos: 1) La base jurídica en la que el correspondiente acto encuentra su fundamento; 2) Las propuestas, iniciativas, recomendaciones, peticiones o dictámenes recabados durante el procedimiento de elaboración del acto (por ejemplo, los dictámenes de los órganos consultivos como el Comité Económico y Social Europeo o el Comité de las Regiones); 3) El respeto de los principios de subsidiariedad y de proporcionalidad; y 4) La referencia al marco en el que se sitúa el acto, su necesidad y sus objetivos.

C. La firma de los actos por los Presidentes de las Instituciones que los han adoptado (art. 297 TFUE). Tres supuestos:

a. «Los actos legislativos adoptados con arreglo al procedimiento legislativo ordinario serán firmados por el Presidente del Parlamento Europeo y por el Presidente del Consejo» (art. 297.1, párrafo primero, TFUE).

b. «Los actos legislativos adoptados con arreglo a un procedimiento legislativo especial serán firmados por el Presidente de la institución que los haya adoptado» (art. 297.1, párrafo segundo, TFUE).

c. «Los actos no legislativos adoptados en forma de reglamentos, directivas y decisiones, cuando estas últimas no indiquen destinatario, serán firmados por el Presidente de la institución que los haya adoptado» (art. 297.2, párrafo primero, TFUE).

D. La necesaria publicación en el Diario Oficial de la Unión Europea.

a. La publicación de los actos legislativos: «Los actos legislativos se publicarán en el *Diario Oficial de la Unión Europea*. Entrarán en vigor en la fecha que ellos mismos fijen o, a falta de ella, a los veinte días de su publicación» (art. 297.1, párrafo tercero, TFUE).

b. La publicación de los actos no legislativos: «Los reglamentos, las directivas que tengan por destinatarios a todos los Estados miembros, así como las decisiones que no indiquen destinatario, se publicarán en el *Diario Oficial de la Unión Europea*. Entrarán en vigor en la fecha que ellos mismos fijen o, a falta de ella, a los veinte días de su publicación» (art. 297.2, párrafo segundo, TFUE).

c. La excepción a la publicación de los actos: la notificación. El art. 297.2, párrafo tercero, TFUE dispone que las directivas que no sean actos legislativos y que indiquen destinatarios determinados (esto es, tan sólo algunos Estados o sujetos concretos), «así como las decisiones que indiquen un destinatario, se notificarán a sus destinatarios y surtirán efecto en virtud de dicha notificación».

d. La entrada en vigor de los actos: el plazo de *vacatio legis* de veinte días desde la publicación de los correspondientes actos, salvo que en ellos se establezca otra fecha de manera expresa (art. 297.1, párrafo tercero, y art. 297.2, párrafo segundo, TFUE).

5. El procedimiento legislativo dentro de la Unión Europea. En particular, el procedimiento legislativo ordinario.

A. El procedimiento legislativo ordinario (art. 294 TFUE): la iniciativa de la Comisión y la codecisión final por el Parlamento Europeo y por el Consejo.

a. Se utiliza este procedimiento cuando así lo exigen los Tratados (art. 294.1 TFUE).

b. La iniciación del procedimiento: la Comisión presentará una propuesta al Parlamento Europeo y al Consejo.

b.1. La fase previa a la propuesta de la Comisión: los trabajos preparatorios. Con anterioridad al ejercicio de su iniciativa normativa (que puede verse motivada por la propia voluntad de la Comisión, pero también a petición del Consejo Europeo, del Consejo, del Parlamento o de la sociedad civil europea), la Comisión puede recabar las opiniones sobre la materia en torno a la que versa la propuesta de los gobiernos, de las organizaciones de la sociedad civil, de las empresas o de los ciudadanos.

b.2. La intervención de los Parlamentos nacionales para comprobar que la propuesta de la Comisión respeta los principios de subsidiariedad y de proporcionalidad. Cuando un Parlamento nacional considera que una propuesta no se ajusta al principio de subsidiariedad (porque considera que no es más eficaz la acción propuesta a nivel de la Unión que a escala nacional), dicha institución estatal emitirá un dictamen motivado. Si la mayoría de los Parlamentos nacionales emiten un dictamen motivado, la Comisión podrá retirar, modificar o mantener la propuesta. Pero, en este último caso, tendrá que exponer la razones que le llevan a mantener la propuesta y corresponderá al Parlamento Europeo y al Consejo decidir si se continúa o no con el procedimiento legislativo.

b.3. Los dictámenes, cuando así lo exijan los Tratados, de los órganos consultivos europeos (esto es, del Comité Económico y Social Europeo y/o del Comité de las Regiones).

c. La primera lectura.

c.1. El Parlamento Europeo aprobará su posición en primera lectura y la transmitirá al Consejo.

c.2. A la vista de la posición del Parlamento Europeo, la Comisión puede modificar su propuesta.

c.3. Los comportamientos posibles del Consejo.

c.3.1. Cuando el Consejo aprueba la posición del Parlamento Europeo: en este primer supuesto, se adoptará el acto de que se trate en la formulación correspondiente a la posición del Parlamento Europeo.

c.3.2. Cuando el Consejo no aprueba la posición del Parlamento Europeo, adoptará su posición en primera lectura y la transmitirá al Parlamento Europeo. En este supuesto: 1) El Consejo informará cumplidamente al Parlamento Europeo de las razones que le hayan llevado a adoptar su posición en primera lectura, y 2) La Comisión informará cumplidamente de su posición al Parlamento Europeo.

d. La segunda lectura.

d.1. Los posibles comportamientos del Parlamento Europeo, en un plazo máximo de tres meses a partir de la transmisión de la posición en primera lectura del Consejo.

d.1.1. El Parlamento Europeo aprueba la posición del Consejo en primera lectura o no toma decisión alguna, el acto de que se trate se considerará adoptado en la formulación correspondiente a la posición del Consejo.

d.1.2. El Parlamento Europeo rechaza, por mayoría de los miembros que lo componen, la posición del Consejo en primera lectura, el acto propuesto se considerará no adoptado.

d.1.3. El Parlamento Europeo propone, por mayoría de los miembros que lo componen, enmiendas a la posición del Consejo en primera lectura. En este caso, el texto modificado se transmitirá al Consejo y a la Comisión.

d.2. La Comisión emitirá un dictamen sobre las enmiendas formuladas por el Parlamento Europeo.

d.3. El Consejo, por mayoría cualificada, y en un plazo de tres meses a partir de la recepción de las enmiendas del Parlamento Europeo, podrá adoptar dos tipos de decisiones:

d.3.1. La aprobación de todas estas enmiendas. En este primer supuesto, el acto de que se trate se considerará adoptado.

d.3.2. La no aprobación de todas las enmiendas. En este segundo supuesto, el Presidente del Consejo, de acuerdo con el Presidente del Parlamento Europeo, convocará al Comité de Conciliación en un plazo de seis semanas.

d.4. Aunque como regla general la mayoría exigida al Consejo es una mayoría cualificada, se exigirá que el Consejo se pronuncie por unanimidad sobre las enmiendas que hayan sido objeto de un dictamen negativo de la Comisión.

e. La fase de conciliación: el Comité de Conciliación.

e.1. Su composición mixta: estará compuesto por los miembros del Consejo o sus representantes y por un número igual de miembros que representen al Parlamento Europeo. En todo caso, la Comisión participará en los trabajos del Comité de Conciliación y tomará todas las iniciativas necesarias para propiciar un acercamiento entre las posiciones del Parlamento Europeo y del Consejo.

e.2. Su objetivo: tendrá por misión alcanzar, en el plazo de seis semanas a partir de su convocatoria, un acuerdo por mayoría cualificada de los miembros del Consejo o sus representantes y por mayoría de los miembros que representen al Parlamento Europeo, sobre un texto conjunto basado en las posiciones del Parlamento Europeo y del Consejo en segunda lectura. En el supuesto de que en el plazo de seis semanas a partir de su convocatoria, el Comité de Conciliación no consiga la aprobación de un texto conjunto, el acto propuesto se considerará no adoptado.

f. La tercera lectura. Una vez aprobado el texto conjunto por el Comité de Conciliación, el Parlamento Europeo y el Consejo dispondrán cada uno de un plazo de seis semanas a partir de dicha aprobación para dos posibles alternativas:

f.1. Que tanto el Parlamento Europeo (por mayoría de los votos emitidos) como el Consejo (por mayoría cualificada —en su defecto, el acto propuesto se considerará no adoptado—) aprueben el texto conjunto. En este caso, se adopta el acto.

f.2. Que el Parlamento Europeo y/o el Consejo no estén de acuerdo con el texto conjunto. En este caso, no se adoptará el acto.

g. Disposiciones comunes.

g.1. Sobre la ampliación de los plazos para la realización de los distintos trámites previstos por el art. 294 TFUE: los períodos de tres meses y de seis semanas podrán ampliarse, como máximo, en un mes y dos semanas respectivamente, por iniciativa del Parlamento Europeo o del Consejo.

g.2. Este procedimiento legislativo ordinario sufre algunas modulaciones cuando, en los casos previstos en los Tratados, la iniciativa normativa no proceda de la Comisión, sino de un grupo de Estados miembros, del Banco Central Europeo o del Tribunal de Justicia (art. 294.15 TFUE).

B. Los procedimientos especiales.

a. Estos procedimientos se encuentran establecidos por los Tratados para la regulación de determinados ámbitos materiales.

b. El procedimiento de consulta: el Consejo debe recabar la opinión del Parlamento Europeo sobre una propuesta de la Comisión, sin que dicha institución deba seguir obligatoriamente el dictamen del Parlamento a la hora de adoptar la decisión. Este procedimiento se utiliza, por ejemplo, para la adopción de la normativa en materia de competencia.

c. El procedimiento de aprobación: el Parlamento Europeo se pronuncia sobre la totalidad de una propuesta normativa, pudiendo aprobarla o rechazarla en su conjunto, esto es, sin poder proponer enmiendas. Este procedimiento se utiliza cuando la propuesta versa sobre la aprobación de un tratado internacional negociado por la Unión Europea.

d. Supuestos en los que la Comisión o el Consejo y la Comisión pueden aprobar la normativa en cuestión, sin intervención, por tanto, del Parlamento Europeo.

V. LOS PRINCIPIOS GENERALES DEL DERECHO DE LA UNIÓN EUROPEA

1. Su concepto: estos principios son normas no escritas que han sido elaboradas de manera pretoriana por el Tribunal de Justicia de las Comunidades Europeas (hoy, Tribunal de Justicia de la Unión Europea) a través de su jurisprudencia.

2. Su finalidad: sirven para dotar al entramado de normas jurídicas escritas de la Unión Europea (esto es, al Derecho originario y al Derecho derivado) de una coherencia y de una unidad sistemática.

3. Los principios generales esenciales del Derecho europeo.

A. El principio del efecto directo del Derecho de la Unión Europea.

B. El principio de primacía del Derecho europeo.

C. El principio de la responsabilidad estatal por incumplimiento del Derecho europeo.

D. Otros principios consagrados en la jurisprudencia del Tribunal de Justicia de la Unión Europea (y a veces recogidos incluso en el Derecho positivo europeo al más alto nivel).

a. El principio de autonomía institucional de los Estados a la hora de ejecutar el Derecho europeo. Este principio significa, en una formulación simple, que las obligaciones de resultado impuestas por las normas europeas pueden conseguirse por los Estados miembros siguiendo las reglas específicas previstas por sus Derechos nacionales, aunque, ciertamente, esta libertad estatal de medios para conseguir los fines comunitarios está condicionada por el respeto del principio de cooperación leal entre los Estados y la Unión Europea (STJCE «Unibet», de 13 de marzo de 2007 y, dentro de nuestro país, STC 252/1988, de 20 de diciembre).

b. El principio de legalidad (STJCE «Hoechst AG», de 21 de septiembre de 1989).

c. El principio de protección de la confianza legítima (STJCE «Chomel», de 27 de marzo de 1990).

d. Los derechos de defensa (STJCE «Musique Diffusion Française contra Comisión, de 7 de junio de 1983).

e. El principio de publicidad (STJCE «British American Tobacco and Reynolds contra Comisión», de 17 de noviembre de 1988).

f. El principio de subsidiariedad (recogido actualmente en el art. 5.3 TUE).

g. El principio de proporcionalidad (positivizado en el momento presente en el art. 5.4 TUE).

h. El principio de cooperación leal entre la Unión y los Estados miembros (consagrado en el art. 4.3 TUE).

4. El principio del efecto directo del Derecho de la Unión Europea.

A. Este principio fue enunciado por primera vez en la STJCE «Van Gend & Loos», de 5 de febrero de 1963.

B. Su concepto: las normas comunitarias generan derechos y obligaciones de manera uniforme no sólo para los Estados, sino también para los particulares desde el momento en el que se dictan, se publican en el *Diario Oficial de la Unión Europea* y entran en vigor.

C. Los distintos actos jurídicos comunitarios y el principio del efecto directo: este efecto directo fue predicado originariamente de los Tratados y de los Reglamentos. En los años ochenta, a partir de la Sentencia Ursula Becker, se extendió también a las Directivas, cuando se cumpliesen ciertos requisitos: 1) Que contengan un «mandato claro y preciso»; 2) Que sea «completo y jurídicamente perfecto»; 3) Que dicho mandato sea «incondicional»), y 4) Que haya transcurrido el plazo establecido por la Directiva para su transposición por las autoridades nacionales al correspondiente Derecho interno (sin que dicha transposición se haya producido o, habiéndose efectuado, lo haya sido de manera defectuosa).

D. El contenido de la STJCE «Van Gend & Loos», de 5 de febrero de 1963.

a. El supuesto de hecho.

La empresa de transportes neerlandesa Van Gend & Loos se opuso ante un Tribunal de los Países Bajos al aumento por las autoridades holandesas de los derechos de aduana sobre la importación de un producto químico procedente de la República Federal de Alemania. El litigio se centraba en determinar si los individuos podían invocar el antiguo art. 12 del Tratado CEE (que prohibía expresamente a los Estados miembros la introducción de nuevos derechos de aduana y el aumento de los ya existentes en el mercado común) para impugnar un arancel contrario a los Tratados. El TJCE se pronunció a favor de la aplicabilidad directa de las disposiciones del Derecho comunitario, alegando la naturaleza y la finalidad de la Comunidad Económica Europea.

b. La doctrina jurisprudencial.

«[...] que la Comunidad constituye un nuevo ordenamiento jurídico [...] cuyos sujetos son, no sólo los Estados miembros, sino también sus nacionales; que, en consecuencia, el Derecho comunitario, autónomo respecto a la legislación de los Estados miembros, al igual que crea obligaciones a cargo de los particulares, está también destinado a generar derechos [...] que esos derechos nacen, no sólo cuando el Tratado los atribuye de modo explícito, sino también en razón de obligaciones que el Tratado impone de manera perfectamente definida tanto a los particulares como a los Estados miembros y a las instituciones comunitarias».

E. El contenido de la STJCE «Ursula Becker», de 19 de enero de 1982.

a. El supuesto de hecho.

La demandante (Ursula Becker), que ejercía la profesión de agente independiente de negociación de créditos, solicitó la exención del impuesto sobre el volumen de negocio invocando un precepto de la Directiva 77/388/CE, en materia de armonización de legislaciones fiscales de los Estados miembros. El Gobierno de la República Federal de Alemania, que no había traspuesto la Directiva en el plazo fijado por la misma de manera imperativa y seguía liquidando el impuesto, argumentó que la disposición controvertida no podía ser invocada, al no haberse adoptado aún las medidas nacionales necesarias para su ejecución y, por tanto, no haber entrado en vigor todavía. La cuestión prejudicial que el Juez nacional planteaba al TJCE se refería a la determinación de si ese precepto podía considerarse directamente aplicable, a pesar de que la Directiva no había sido traspuesta en su conjunto al Derecho alemán.

b. La doctrina jurisprudencial.

«22. En efecto, sería incompatible con el carácter vinculante que el artículo 189 reconoce a las Directivas excluir, en principio, que las obligaciones impuestas por ellas puedan ser invocadas por las personas afectadas.

23. Especialmente en los casos en que las autoridades comunitarias obliguen a los Estados miembros, por medio de una Directiva, a actuar de determinada manera, la eficacia de dicha medida resultaría debilitada si los justiciables no pudieran invocarla ante los Tribunales, ni los órganos jurisdiccionales nacionales pudiesen tomarla en consideración como elemento del Derecho comunitario.

24. Por consiguiente, el Estado miembro que no hubiese adoptado dentro del plazo prescrito las medidas de ejecución impuestas por una Directiva, no puede invocar, frente a los particulares, su propio incumplimiento de las obligaciones que ésta implica.

25. Así pues, en todos los casos en que las disposiciones de una Directiva parecen ser, desde el punto de vista de su contenido, incondicionales y suficientemente precisas, dichas disposiciones, si no se han adoptado dentro del plazo prescrito medidas de aplicación, pueden ser invocadas contra cualquier disposición nacional no conforme a la Directiva, o en la medida en que definen derechos que los particulares pueden alegar frente al Estado».

5. El principio de primacía del Derecho comunitario.

A. Este principio fue consagrado por el entonces Tribunal de Justicia de las Comunidades Europeas en su célebre STJCE «Costa/ENEL», de 15 de julio de 1964, siendo reafirmado de manera categórica en su no menos célebre STJCE «Simmenthal», de 9 de marzo de 1978.

B. Su concepto: las normas de Derecho comunitario prevalecen o priman sobre cualquier norma de Derecho interno que se les oponga, de manera tal que las normas comunitarias deben aplicarse con preferencia cualquiera que sea el rango de la norma interna y con independencia de que haya sido aprobada con posterioridad a la norma comunitaria.

C. Los eventuales límites al principio de primacía comunitario: las tradicionales reticencias de algunos Tribunales Constitucionales nacionales (en particular, el caso del Tribunal Constitucional Federal Alemán) a aceptar el principio cuando están en juego los valores fundamentales recogidos en las Constituciones de los diferentes Estados miembros. La postura del

Tribunal Constitucional español: «la operación de cesión del ejercicio de competencias a la Unión europea y la integración consiguiente del Derecho comunitario en el nuestro propio imponen límites inevitables a las facultades soberanas del Estado, aceptables únicamente en tanto el Derecho europeo sea compatible con los principios fundamentales del Estado social y democrático de Derecho establecido por la Constitución nacional. Por ello la cesión constitucional que el art. 93 CE posibilita tiene a su vez límites materiales que se imponen a la propia cesión. Esos límites materiales, no recogidos expresamente en el precepto constitucional, pero que implícitamente se derivan de la Constitución y del sentido esencial del propio precepto, se traducen en el respeto de la soberanía del Estado, de nuestras estructuras constitucionales básicas y del sistema valores y principios fundamentales consagrados en nuestra Constitución, en el que los derechos fundamentales adquieren sustantividad propia (art. 10.1 CE)» (Declaración TC 1/2004, FJ 2). Esta doctrina ha sido reiterada ulteriormente por el Tribunal Constitucional en la STC 26/2014, de 13 de febrero (dictada en el marco del asunto «Melloni»).

D. Los efectos característicos del principio de primacía.

a. La inaplicación de las normas internas por los órganos nacionales en caso de conflicto. No obstante, el Tribunal de Justicia de la Unión Europea ha dejado de contentarse con la mera exigencia de inaplicación de las normas internas contrarias al Derecho comunitario, para pasar a exigir un comportamiento más activo de las autoridades nacionales, que se traduce en la obligación de expulsar del ordenamiento jurídico (derogar) aquellas normas nacionales que puedan provocar una confusión sobre la aplicación preferente de las normas comunitarias.

La base jurídica de esta obligación estatal de expulsar del ordenamiento nacional las normas incompatibles con el Derecho europeo, al objeto de evitar las situaciones de ambigüedad y de incertidumbre normativa (de evitar, en definitiva, la inseguridad jurídica), tiene su anclaje en la obligación de los Estados miembros de adoptar todas las medidas necesarias para asegurar el cumplimiento de los Tratados y de los actos dictados por las instituciones de la Unión Europea (art. 4.3 TUE). O, expresado en otros términos, ni la primacía ni el efecto directo de las disposiciones europeas dispensan a los Estados miembros de la obligación de eliminar de su ordenamiento jurídico interno aquellas disposiciones incompatibles con el Derecho europeo.

El referido art. 4.3 TUE regula al máximo nivel jurídico dentro de la Unión Europea el principio de la cooperación leal entre la Unión y los Estados miembros: «Conforme al principio de cooperación leal, la Unión y los Estados miembros se respetarán y asistirán mutuamente en el cumplimiento de las misiones derivadas de los Tratados.

Los Estados miembros adoptarán todas las medidas generales o particulares apropiadas para asegurar el cumplimiento de las obligaciones derivadas de los Tratados o resultantes de los actos de las instituciones de la Unión.

Los Estados miembros ayudarán a la Unión en el cumplimiento de su misión y se abstendrán de toda medida que pueda poner en peligro la consecución de los objetivos de la Unión».

b. La ocupación del terreno normativo («preemption»), de tal forma que no pueden aprobarse nuevas normas nacionales sobre el ámbito donde se produce la primacía del Derecho europeo si dichas normas nacionales son contrarias a las europeas.

E. El contenido de la STJCE «Costa/ENEL», de 15 de julio de 1964.

a. El supuesto de hecho.

El señor Costa, consumidor y accionista de la compañía de electricidad Edisonvolta, se opuso a la nacionalización del sector eléctrico italiano, negándose a pagar la factura de la electricidad en protesta; hecho este por el que fue demandado por la empresa estatal recientemente creada (empresa ENEL). En su defensa, el señor Costa argumentó que la nacionalización de la industria eléctrica violaba el Tratado de Roma de 1957 por el que se creaba la Comunidad Económica Europea (TCEE) y la Constitución de la República Italiana. El juez *conciliatore* de Milán planteó la cuestión de inconstitucionalidad ante la Corte Constitucional italiana que confirmó la validez de la ley ENEL, alegando que, si bien la Constitución de Italia permitía la limitación de soberanía estatal en favor de las organizaciones internacionales (como era la Comunidad Económica Europea), la ley nacional italiana que aprobó los Tratados comunitarios era una ley ordinaria que podía ser modificada y derogada por otra posterior (como era la ley que acordó la creación de la empresa ENEL) en virtud del principio *lex posterior derogat legi anteriori/priori*. El juez milanés elevó, también, una cuestión prejudicial ante el TJCE, que resolvió el conflicto argumentando la primacía del ordenamiento jurídico comunitario.

b. La doctrina jurisprudencial.

«A diferencia de los Tratados internacionales ordinarios, el Tratado de la CEE creó un ordenamiento jurídico propio integrado en el sistema jurídico de los Estados miembros [...] y que vincula a sus órganos jurisdiccionales. Al instituir una Comunidad de duración indefinida, dotada de instituciones propias, de personalidad, de capacidad jurídica, de capacidad de representación internacional y, más en particular, de poderes reales derivados de una limitación de competencias o de una transferencia de atribuciones de los Estados a la Comunidad, éstos han limitado su soberanía y han creado así un cuerpo normativo aplicable a sus nacionales y a sí mismos».

«[...] al Derecho creado por el Tratado, nacido de una fuente autónoma, no se puede oponer, en razón de su específica naturaleza original, una norma interna, cualquiera que sea ésta, ante los órganos jurisdiccionales, sin que al mismo tiempo aquél pierda su carácter comunitario y se ponga en tela de juicio la base jurídica misma de la Comunidad [...] la transferencia realizada por los Estados de su ordenamiento jurídico interno, en favor del comunitario, de los derechos y obligaciones correspondientes a las disposiciones del Tratado, entraña por tanto una limitación definitiva de su soberanía, contra la que no puede prevalecer un acto unilateral ulterior incompatible con el concepto de Comunidad».

F. El contenido de la STJCE «Simmenthal», de 9 de marzo de 1978.

a. El supuesto de hecho.

La sociedad italiana Simmenthal compraba carne bovina en Francia que era sometida al pago de unos derechos de control sanitario en la frontera italiana conforme a la legislación de este país. En el proceso planteado, el TJCE declaró que dichas medidas eran contrarias al Tratado CEE. No obstante, la Administración italiana no ejecutó la sentencia, alegando que la ley nacional que impuso la tasa era posterior a la ley que aprobó el TCEE en Italia y que, además, la ley italiana no había sido derogada o declarada inconstitucional aún. Ante este nuevo problema, el juez italiano planteó otra cuestión prejudicial al Tribunal de Justicia europeo, a fin de que se pronunciase sobre si, ante una ley nacional ulterior contraria a una norma de Derecho comunitario, el juez nacional debería considerarla inaplicable de pleno derecho sin esperar a su eliminación por el legislador nacional mismo (derogación) o por otros órganos constitucionales (declaración de inconstitucionalidad).

b. La doctrina jurisprudencial.

«21. Que los Jueces nacionales que conocen de un asunto en el marco de su competencia están obligados a aplicar íntegramente el Derecho comunitario y a proteger los derechos que éste confiere a los particulares dejando sin aplicación toda disposición de la ley nacional eventualmente contraria a aquél, ya sea anterior o posterior a la norma comunitaria;

22. Que, por consiguiente, serían incompatibles con las exigencias inherentes a la propia naturaleza del Derecho comunitario toda disposición de un ordenamiento jurídico nacional o cualesquiera prácticas, legislativas, administrativas o judiciales, que tuviesen por efecto disminuir la eficacia del Derecho comunitario, por el hecho de negar al Juez competente para aplicar éste, la facultad de hacer, en el momento mismo de dicha aplicación, cuanto sea necesario para descartar las disposiciones legales nacionales que, en su caso, constituyan un obstáculo a la plena eficacia de las normas comunitarias [...].

24. Que el Juez nacional, encargado de aplicar, en el marco de su competencia, las disposiciones del Derecho comunitario, está obligado a garantizar la plena eficacia de dichas normas, dejando, si procede, inaplicadas, por su propia iniciativa, cualesquiera disposiciones contrarias de la legislación nacional, aunque sean posteriores, sin que esté obligado a solicitar o a esperar la derogación previa de éstas por vía legislativa o por cualquier otro procedimiento constitucional».

6. El principio de la responsabilidad estatal por el eventual incumplimiento del Derecho comunitario europeo.

A. Este principio fue enunciado por vez primera por la STJCE «Francovich y Bonifaci», de 19 de noviembre de 1991.

B. Su contenido: el Derecho comunitario impone el principio según el cual los Estados miembros están obligados a reparar los daños causados a los particulares como consecuencia de violaciones del Derecho comunitario que les sean imputables.

C. Su base jurídica: el fundamento de esta obligación de reparar el daño causado se encuentra, según el Tribunal de Justicia europeo, en el ya referido principio de cooperación leal entre la Unión y los Estados miembros (art. 4.3 TUE), del que deriva la obligación de los Estados de adoptar todas las medidas generales o particulares que le incumben con base en el Derecho europeo.

D. Sus requisitos.

a. Que el resultado prescrito por el Derecho europeo comporte la atribución de derechos para los particulares.

b. Que el contenido de tales derechos pueda ser identificado a partir de las disposiciones del Derecho europeo (esto es, que la vulneración esté especialmente caracterizada).

c. Que exista una relación de causalidad entre la violación de la obligación impuesta al Estado por el Derecho europeo y el daño sufrido por las personas lesionadas.

E. El contenido de la STJCE «Francovich y Bonifaci», de 19 de noviembre de 1991.

a. El supuesto de hecho.

El señor Francovich (que había trabajado para la empresa italiana CDN Elettronica SnC, que había quebrado y que le debía seis millones de liras) y la Sra. Bonifaci y otras treinta y tres trabajadoras más (acreedoras de una suma de más de 253 millones de liras de la empresa «Gaia Confenzioni srl», también declarada en quiebra) invocaron ante las autoridades judiciales nacionales el incumplimiento de la Directiva 80/987 destinada a garantizar a los trabajadores por cuenta ajena un mínimo comunitario de protección en caso de insolvencia del empresario. Esta Directiva perseguía que los Estados miembros promulgaran disposiciones en sus legislaciones nacionales para proporcionar un seguro salarial a los empleados en caso de que sus empleadores se declarasen insolventes. Los demandantes presentaron demandas contra la República Italiana, que no había cumplido su obligación de aplicar la Directiva europea, solicitando el derecho a obtener del Estado italiano las garantías previstas en la Directiva o, con carácter subsidiario, a que dicho Estado les pagase una indemnización. El Alto Tribunal europeo examinó, entre otras cuestiones, si un Estado miembro estaba obligado a reparar los daños que resultasen para los particulares de la no adaptación del Derecho nacional al Derecho comunitario.

b. La doctrina jurisprudencial.

b.1. Sobre el principio de responsabilidad del Estado.

«33. Hay que señalar que la plena eficacia de las normas comunitarias se vería cuestionada y la protección de los derechos que reconocen se debilitaría si los particulares no tuvieran la posibilidad de obtener una reparación cuando sus derechos son lesionados por una violación del Derecho comunitario imputable a un Estado miembro.

34. La posibilidad de reparación a cargo del Estado miembro es particularmente indispensable cuando, como ocurre en el presente asunto, la plena eficacia de las normas comunitarias está supeditada a la condición de una acción por parte del Estado y, por consiguiente, los particulares no pueden, a falta de tal acción, invocar ante los órganos jurisdiccionales nacionales los derechos que les reconoce el Derecho comunitario.

35. De todo ello, resulta que el principio de la responsabilidad del Estado por daños causados a los particulares por violaciones del Derecho comunitario que le son imputables es inherente al sistema del Tratado».

b.2. Sobre los requisitos necesarios para dar lugar a la responsabilidad del Estado.

«38. Si bien el Derecho comunitario impone el principio de la responsabilidad del Estado, los requisitos necesarios para que dicha responsabilidad genere un derecho a indemnización dependen de la naturaleza de la violación del Derecho comunitario que origine el perjuicio causado.

39. Cuando, como ocurre en el presente asunto, un Estado miembro incumple la obligación que le incumbe, en virtud del párrafo tercero del artículo 189 del Tratado, de adoptar todas las medidas necesarias para conseguir el resultado prescrito por una Directiva, la plena eficacia de esa norma de Derecho comunitario impone un derecho a indemnización siempre y cuando concurran tres requisitos.

40. El primero de estos requisitos es que el resultado prescrito por la Directiva implique la atribución de derechos a favor de particulares. El segundo requisito es que el contenido de estos derechos pueda ser identificado basándose en las disposiciones de la Directiva. Por último, el tercer requisito es que exista una relación de causalidad entre el incumplimiento de la obligación que incumbe al Estado y el daño sufrido por las personas afectadas.

41. Estos requisitos son suficientes para generar, en favor de los particulares, un derecho a indemnización que está basado directamente en el Derecho comunitario».

LECCIÓN 9

LA ADMINISTRACIÓN Y LAS FUENTES DEL DERECHO ADMINISTRATIVO (V): LA TIPOLOGÍA DE DOCUMENTOS NORMATIVOS ESPAÑOLES Y EUROPEOS QUE REGULAN ESPECIFICACIONES TÉCNICAS

Me atrevería a asegurar que hay pocas cosas en la vida que ayuden a comprender tan bien el fenómeno de la normalización como los viajes al «extranjero».

Piénsese por un momento en las dificultades que pueden presentarse para un estudiante español en su visita a una Universidad extranjera, pongamos norteamericana. Con toda seguridad, nuestro estudiante tendrá que enfrentarse a los rigores asociados a la normalización o, más propiamente, a la falta de normalización.

Piénsese en las dificultades que nuestro doctorando tendrá para entenderse con una persona (su compañero de avión) que sólo hable ruso. Ese será su primer contacto, pero a buen seguro que no el último, con la falta de normalización: la diversidad idiomática. Luego vendrán otros, como la diversidad monetaria (la pequeña peseta no servirá de mucho a la hora de pagar una Coca-Cola en el aeropuerto de Boston, y mucho menos a la hora de coger un taxi) o la metrológica (las distancias que recorrerá nuestro taxi se medirán en millas, y no en metros, o las temperaturas en grados Fahrenheit, y no en centígrados). Tampoco resultará fácil a nuestro estudiante enchufar sus aparatos eléctricos en las clavijas norteamericanas, no sólo por su diferente formato, sino también por el distinto potencial eléctrico con el que funcionan. E incluso el manejo de los ordenadores podrá resultar dificultoso por la diferente disposición de las letras en los teclados de los norteamericanos en comparación con los españoles, o, simplemente, por la falta de nuestra castellana letra «ñ» en los mismos.

No le sería muy difícil a nuestro voluntarioso e infatigable doctorando referir muchas otras experiencias, y seguro que algunas no del todo agradables, derivadas de la falta de normalización. Como tampoco le resultaría complicado encontrar algunos otros llamativos ejemplos de lo mismo sin ir tan lejos. Citemos dos bien característicos en el continente europeo: el diferente tamaño de las vías de ferrocarril entre España y Francia, que a lo largo de tantas décadas ha obligado a los viajeros a cambiar de tren en la frontera, o los problemas ocasionados por la conducción «al revés» en las carreteras británicas.

> Sea como fuere, todos los comportamientos diferentes, todos los dispares funcionamientos de las cosas que acabo de reseñar, responden a unas «pautas» a unas «normas» o a unos «estándares» vigentes en USA, en Francia, en Inglaterra o en España divergentes entre sí, y que disciplinan aquellos comportamientos o esos funcionamientos tan diferentes de unos sitios a otros.
>
> VICENTE ÁLVAREZ GARCÍA, *La normalización industrial*, Tirant lo Blanch, 1999.

ESTRUCTURA:

I. Introducción.
II. Las normas técnicas.
III. Las normas armonizadas.
IV. Las especificaciones comunes.
V. Las reglamentaciones técnicas nacionales.
VI. El concepto europeo de reglamentación técnica.

NORMATIVA DE REFERENCIA:

I. Normativa europea.
   1. Tratado de Funcionamiento de la Unión Europea (TFUE).
   2. Reglamento (CE) núm. 1221/2009 del Parlamento Europeo y del Consejo, de 25 de noviembre de 2009, relativo a la participación voluntaria de organizaciones en un sistema comunitario de gestión y auditoría medioambientales (EMAS).
   3. Reglamento (UE) núm. 182/2011 del Parlamento Europeo y del Consejo, por el que se establecen las normas y los principios generales relativos a las modalidades de control por parte de los Estados miembros del ejercicio de las competencias de ejecución por la Comisión.
   4. Reglamento (UE) núm. 1025/2012 del Parlamento Europeo y del Consejo, de 25 de octubre de 2012, sobre la normalización europea.
   5. Directiva (UE) 2015/1535 del Parlamento Europeo y del Consejo, de 9 de septiembre de 2015, por la que se establece un procedimiento de información en materia de reglamentaciones técnicas y de reglas relativas a los servicios de la sociedad de la información.
II. Normativa estatal.
   1. Código Civil (CC). El Título Preliminar fue modificado por Decreto 1836/1974, de 31 de marzo, por el que se sanciona con fuerza de Ley el texto articulado del Título Preliminar del Código Civil.
   2. Ley 21/1992, de 16 de julio, de Industria.
   3. Ley 50/1997, de 27 de noviembre, del Gobierno (LG).
   4. Ley 39/2015, de 1 de octubre, del Procedimiento Administrativo Común de las Administraciones Públicas (LPAC).

5. Real Decreto Legislativo 1/1996, de 12 de abril, por el que se aprueba el texto refundido de la Ley de Propiedad Intelectual, regularizando, aclarando y armonizando las disposiciones legales vigentes sobre la materia.
6. Real Decreto 2200/1995, de 28 de diciembre, por el que se aprueba el Reglamento de la Infraestructura para la Calidad y la Seguridad Industrial (RICSI).

Bibliografía complementaria:

Álvarez García, V., *La normalización industrial*, Tirant lo Blanch, Valencia, 1999.
— *Industria*, Iustel, Madrid, 2010.
— *Las normas técnicas armonizadas (Una peculiar fuente del Derecho europeo)*, Iustel, Madrid, 2020.
Carrillo Donaire, J. A., *El derecho de la seguridad y de la calidad industrial*, Marcial Pons, Madrid, 2000.
Izquierdo Carrasco, M., *La seguridad de los productos industriales*, Marcial Pons, Madrid, 2000.
López Escudero, M., *Los obstáculos técnicos al comercio en el Comunidad Económica Europea*, Universidad de Granada, Granada, 1991.
Muñoz Machado, S., *Tratado de Derecho Administrativo y Derecho Público General*, Tomo XIV: *La actividad regulatoria de la Administración*, Boletín Oficial del Estado, Madrid, 2015.
Tarrés Vives, M., *Normas técnicas y ordenamiento jurídico*, Tirant lo Blanch, Valencia, 2003.

Lecturas recomendadas:

Álvarez García, V., «La capacidad normativa de los sujetos privados», *Revista Española de Derecho Administrativo*, núm. 99, 1998.
— «Introducción a los problemas jurídicos de la normalización industrial: normalización industrial y sistema de fuentes», *Revista de Administración Pública*, núm. 147, 1998.
— «Los instrumentos normativos reguladores de las especificaciones técnicas en la Unión Europea: un breve ensayo de identificación de nuevas fuentes del Derecho», *Revista General de Derecho Administrativo*, núm. 64, 2023.
— «El concepto europeo de reglamento técnico en el marco del sistema de información previsto por la Directiva (UE) 2015/1535», *Revista de Derecho Comunitario Europeo*, núm. 77, 2024.
Esteve Pardo, J., *Técnica, riesgo y Derecho*, Ariel, Barcelona, 1999.
— *El desconcierto del Leviatán*, Marcial Pons, Madrid, 2009.

I. INTRODUCCIÓN

1. El concepto de normalización: es el proceso de creación de documentos normativos destinados a la ordenación uniforme de los diferentes comportamientos o actividades humanas que se presentan de manera repetitiva en las relaciones sociales.

2. Su función en la actividad económica: estos documentos normativos generados por la actividad normalizadora sirven para regular en la esfera de la economía

(esto es, en la fabricación de productos y en la prestación de servicios) las especificaciones técnicas.

3. La definición de especificación técnica: es un documento que recoge las características técnicas de los productos y de los servicios (esto es, su terminología, su calidad, su seguridad, sus dimensiones, sus tolerancias, su rendimiento, su interoperatibilidad, etc.) y/o, en su caso, los métodos y los procedimientos de producción o de prestación de servicios, y de su control técnico.

4. Los diferentes tipos de documentos normativos que regulan especificaciones técnicas:

   A. Las normas técnicas en sentido estricto (o normas técnicas).

   B. Las normas técnicas armonizadas europeas (o normas armonizadas).

   C. Las especificaciones comunes europeas (o especificaciones comunes).

   D. Las reglamentaciones técnicas nacionales.

   E. El concepto europeo de reglamentaciones técnicas.

II. LAS NORMAS TÉCNICAS

1. El concepto y sus elementos:

   A. El concepto español de norma técnica: «La especificación técnica de aplicación repetitiva o continuada cuya observancia no es obligatoria, establecida con participación de todas las partes interesadas, que aprueba un Organismo reconocido, a nivel nacional o internacional, por su actividad normativa» (art. 8.3 de la Ley 21/1992, de 16 de julio, de Industria)[1].

   B. Son normas (pautas «de aplicación repetitiva o continuada», es decir, pautas generales de comportamiento), de origen convencional, adoptadas mediante consenso de las partes interesadas (los agentes económicos, los agentes

[1] La Organización Internacional de Normalización (ISO) define este tipo de normas como: «especificación técnica u otro documento, accesible al público, establecido con la cooperación y el consenso o la aprobación general de todas las partes interesadas, basado en los resultados conjuntos de la ciencia, la tecnología y la experiencia, que tiene por objetivo el beneficio óptimo de la comunidad y que ha sido aprobado por un organismo cualificado a nivel nacional, regional o internacional».

sociales y la Administración), que fijan las características técnicas ofrecidas en un momento temporal determinado por la ciencia, la tecnología y la experiencia para fabricar un producto o para prestar un servicio.

C. Son documentos técnicos protegidos, en tanto que obras colectivas, por derechos de autor (frente a lo que sucede con los reglamentos), aunque resultan accesibles al público mediante su compra a los organismos de normalización.

D. Tiene efectos jurídicos voluntarios, en función del sujeto jurídico-privado que las elabora (un organismo de normalización) y del procedimiento seguido para producirlas.

E. En la medida en que las normas técnicas no son disposiciones generales reglamentarias, sino que tienen una naturaleza jurídico-privada, no son controladas por el orden jurisdiccional contencioso-administrativo, sino por el civil.

F. De la Ley de industria «no resulta un ámbito material legalmente reservado a las "normas técnicas", en el sentido de que necesariamente haya de excluirse de la posibilidad de una regulación obligatoria en "reglamentaciones técnicas"» (Sentencia de la Sala Tercera del Tribunal Supremo de 18 de mayo de 2004 —núm. de recurso 58/2003—, por todas).

2. Marco regulador:

A. La Ley 21/1992, de 16 de julio, de Industria.

B. El Real Decreto 2200/1995, de 28 de diciembre, por el que se aprueba el Reglamento de la Infraestructura para la Calidad y la Seguridad Industrial (RICSI).

C. Reglas internas de los organismos de normalización.

3. Sujeto productor: los organismos de normalización. Su producción depende exclusivamente de la voluntad de estos sujetos privados.

A. Organismos nacionales de normalización:

a. Entre estas entidades se encuentran, por ejemplo, las siguientes: UNE (Asociación Española de Normalización), DIN (*Deutsches Institut für Normung*), AFNOR (*Association Française de Normalisation*), etc.

b. Sobre su naturaleza jurídica: UNE es una asociación de naturaleza jurídico-privada carente de ánimo de lucro.

c. Su función esencial: estas entidades elaboran las normas técnicas nacionales.

B. Organismos europeos de normalización:

a. Estas entidades son: CEN (Comité Europeo de Normalización), CENELEC (Comité Europeo de Normalización Electrotécnica) y ETSI (Instituto Europeo de Normas de Telecomunicaciones).

b. Sobre su naturaleza jurídica: estas entidades son asociaciones de naturaleza jurídico-privada carentes de ánimo de lucro.

c. Su función esencial: estos organismos elaboran las normas técnicas europeas.

C. Organismos internacionales de normalización:

a. Estas entidades son: ISO (Organización Internacional de Normalización) y CEI (Comisión Electrotécnica Internacional).

b. Sobre su naturaleza jurídica: estos sujetos son organismos internacionales de carácter no gubernamental.

c. Su función esencial: estas entidades elaboran las normas técnicas internacionales.

4. Procedimiento:

A. Procedimiento jurídico-privado, sin intromisión externa por parte de la Administración, buscando el consenso de las partes participantes en cada procedimiento de normalización. Son, en general, partes interesadas en la normalización: los agentes económicos (tanto las grandes empresas como las pequeñas y las medianas), los actores sociales (como los representantes de los consumidores y usuarios, las entidades protectoras del medio ambiente, los centros de investigación, el mundo académico, etc.) y las diferentes categorías de Administraciones públicas.

B. No obstante, durante la tramitación del procedimiento debe someterse el proyecto de norma técnica a información pública mediante la publicación del código, título y período de duración del mismo en la Sección III («Otras disposiciones») del *Boletín Oficial del Estado* [art. 11.*e*) RICSI].

C. Buena parte de las normas UNE resulta de la incorporación al sistema normalizador español de normas europeas (EN). En numerosas ocasiones estas normas EN tienen su origen en normas internacionales ISO. El resultado son las normas UNE-EN ISO.

5. Valor jurídico:

   A. Voluntariedad desde la perspectiva jurídica, derivada del sujeto que las produce y del procedimiento para su aprobación, sin que requieran ninguna confirmación por un sujeto jurídico público, ni ninguna publicación oficial.

   B. Su incumplimiento no lleva aparejados ni efectos jurídico-punitivos ni conlleva la imposibilidad de comercializar los productos que no están fabricados conforme a ellas dentro del mercado nacional, europeo e internacional.

   C. Su esencial voluntariedad jurídica no impide que puedan tener efectos jurídicos: por ejemplo, cuando son transformadas en obligatorias mediante la técnica de la remisión por disposiciones legales o reglamentarias, cuando son utilizadas por los particulares o por la Administración como cláusulas contractuales, cuando son empleadas como marco de referencia para la determinación de la existencia (o no) de responsabilidad por daños provocados por el funcionamiento de un producto o de un servicio, etc.

   D. En ciertas ocasiones, las normas técnicas jurídicamente voluntarias pueden estar revestidas de una obligatoriedad fáctica impuesta por el mercado (Sentencia de 12 de julio de 2012, *Fra.bo*, C-171/11, apartado 30).

6. Publicidad:

   A. La publicación de las referencias (esto es, del código numérico y del título) de las normas técnicas en la Sección III (rubricada «Otras disposiciones») del *BOE* [art. 11.*f*) RICSI].

   B. El contenido material de las normas técnicas no se publica oficialmente, no siendo este contenido, como regla general, ni libre ni gratuito, sino que está protegido por derechos de autor.

7. Control técnico: la evaluación de la conformidad mediante los organismos de certificación, previamente acreditados por un organismo nacional de acreditación.

8. Valoración sobre su naturaleza jurídica:

   A. En el estado actual de evolución del Derecho europeo, las normas técnicas no son reglamentos en la medida en que son producidas por sujetos jurídico-privados y operan específicamente dentro de la esfera jurídico-privada de los operadores socioeconómicos.

   B. Este carácter jurídico-privado de las normas técnicas (en concreto, de las normas técnicas europeas) ha sido confirmado por el Tribunal de Justicia de la Unión Europea en su Sentencia de 21 de octubre de 2010, *Latchways Plc y Eurosafe Solutions BV*, C-185/08. En esta decisión jurisprudencial, se indica que las normas técnicas europeas «no forman parte del Derecho de la Unión», por lo que dicho Tribunal europeo no puede controlar ni interpretar dichas disposiciones.

C. Si dichas normas técnicas están incorporadas en el texto de un reglamento bien mediante su reproducción literal o bien a través del sistema del reenvío (rígido o flexible), tales normas gozan de la misma naturaleza del reglamento que las hace suyas.

III. LAS NORMAS ARMONIZADAS

1. Concepto:

A. Es una categoría de normas técnicas europeas que sirven para complementar actos legislativos «nuevo enfoque» (o, eventualmente, para desarrollar políticas de la Unión), que son elaboradas por los organismos europeos de normalización (con la intervención de la Comisión) y que gozan del efecto jurídico de la presunción de conformidad.

B. Son caracterizadas como «Derecho de la Unión» por el Tribunal de Justicia de la Unión Europea (Sentencia de 27 de octubre de 2016, *James Elliott*, C-613/14, apartado 40).

2. Marco regulador:

A. El Reglamento (UE) núm. 1025/2012 del Parlamento Europeo y del Consejo, de 25 de octubre de 2012, sobre la normalización europea.

B. Los diferentes actos legislativos «nuevo enfoque».

a. Estos actos legislativos requieren, en la actualidad, mayoría cualificada.

b. Regulan los requisitos esenciales de los productos, mientras que los detalles técnicos están desarrollados por normas armonizadas, de tal manera que estas normas armonizadas, según afirma la Abogada General Laila Medina en sus Conclusiones presentadas el 22 de junio de 2023 en el asunto *Public.Resource.Org, Inc., y Right to know CLG*, C-588/21P, «(S)on indispensables para la correcta aplicación del Derecho derivado relevante de la Unión» (punto 33), por este motivo la elaboración de las normas armonizadas por los organismos europeos de normalización supone la realización de «funciones públicas», que como tales podrían ser remuneradas «con fondos públicos» (punto 64).

c. La técnica armonizadora del «nuevo enfoque» tiene como finalidades principales:

c.1. El fortalecimiento del mercado interior europeo, facilitando el acceso al mismo, dado que sustituye las diferentes normas nacionales por una única regulación europea.

c.2. El robustecimiento de la industria europea, favoreciendo el cambio tecnológico y la innovación, así como la competitividad en unas condiciones de competencia equitativas.

c.3. El aumento de la protección de los consumidores y de los usuarios, garantizando un elevado nivel de seguridad y de calidad de los productos y de los servicios comercializados en el mercado europeo.

d. Son actos legislativos «nuevo enfoque» los reguladores, entre otros, de los productos sanitarios, las máquinas, las pilas y baterías o la inteligencia artificial.

3. Sujeto productor:

A. Las normas armonizadas se elaboran por los organismos europeos de normalización (sujetos jurídico-privados) con una fuerte intervención de la Comisión Europea (sujeto jurídico-público).

B. En opinión de la Abogada General Sra. Medina, «las normas técnicas armonizadas no son simples medidas de aplicación provenientes de un organismo privado (OEN), sino que [...] debe considerarse que han sido adoptadas por la Comisión o, en todo caso, que tal institución es responsable de la adopción de las normas técnicas armonizadas, conjuntamente con el OEN» (Conclusiones presentadas por la Abogada General Sra. Medina el 22 de junio de 2023 en el asunto *Public.Resource.Org, Inc., y Right to know CLG*, C-588/21 P, punto 20).

4. Procedimiento:

A. Es necesaria una previa habilitación por parte del concreto acto legislativo «nuevo enfoque» que complementan.

B. La intervención de la Comisión (que es quien transforma definitivamente un trabajo técnico elaborado por los organismos europeos de normalización en una norma armonizada):

a. La iniciativa de la Comisión: la elaboración de un mandato o petición detallada de normalización dirigido a los organismos europeos de normalización. La Comisión puede delegar en estos entes la realización de tareas técnicas, pero en ningún caso funciones en las que concurre discrecionalidad política.

b. La supervisión por la Comisión de la corrección de los trabajos normalizadores en el seno de los organismos europeos de normalización.

c. La aprobación de la Comisión: la comprobación de que las normas realizadas se ajustan a sus mandatos de normalización.

d. La publicación de las referencias de las normas en el *Diario Oficial de la Unión Europea*.

e. El Abogado General Manuel Campos Sánchez-Bordona en sus Conclusiones presentadas el 28 de enero de 2016 en el asunto *James Elliott* (C-613/14) indica que, en este caso, estamos ante «un supuesto de delegación normativa, "controlada", a favor de un organismo de normalización privado» (punto 55).

C. La elaboración del contenido técnico de la norma por los organismos europeos de normalización, para lo que cuentan con financiación de las arcas comunitarias.

D. Los organismos nacionales de normalización deben incorporar las normas armonizadas como normas nacionales, retirando del correspondiente sistema normalizador estatal las normas técnicas nacionales preexistentes contradictorias con aquéllas.

5. Valor jurídico y efectos:

A. Son voluntarias jurídicamente.

B. No obstante, pueden imponerse de hecho por el mercado, «por la falta de alternativas realistas» a las soluciones técnicas ofrecidas por las normas armonizadas (Conclusiones presentadas por la Abogada General Sra. Medina el 22 de junio de 2023 en el asunto *Public.Resource.Org, Inc., y Right to know CLG*, C-588/21 P, punto 40): por un lado, es una realidad «que las normas técnicas armonizadas son obligatorias *de facto*, ya que suelen ser el único método aceptado en el mercado para garantizar el cumplimiento del Derecho derivado de la Unión correspondiente»; y, por otro, «las normas técnicas armonizadas son *de facto* obligatorias en la medida en que son, como mínimo, inevitables debido al valor probatorio que se les atribuye» (Conclusiones de la Abogada General Sra. Medina citadas, puntos 45 y 49, respectivamente). Estas últimas consideraciones, que encuentran su base en la Sentencia del Tribunal de Justicia de la Unión Europea en el asunto *Fra.bo* (apartado 30), son ratificadas por la Sentencia de dicho Alto Tribunal de

5 de marzo de 2024, en el referido asunto *Public.Resource.Org, Inc., y Right to know CLG*, C-588/21 P. Dice esta última resolución judicial que: «a los operadores económicos les puede resultar difícil, o incluso imposible, recurrir a un procedimiento que no sea el de conformidad con tales normas —como un peritaje individual— dadas las dificultades administrativas y los costes adicionales que de él resultan» (apartado 75).

C. Tienen el efecto jurídico-público de la presunción de conformidad, según la cual los productos fabricados de acuerdo con las normas armonizadas se presume que respetan las exigencias o requisitos esenciales establecidos de manera obligatoria por los actos legislativos «nuevo enfoque» que dichas normas complementan, lo que conlleva el derecho a circular libremente por el conjunto del mercado interior europeo.

D. La falta de utilización de las normas armonizadas permite el empleo de las especificaciones comunes (en los campos donde existan), que generan también el efecto jurídico-público de la presunción de conformidad. En caso de no utilización ni de normas armonizadas ni de especificaciones comunes pueden emplearse otras alternativas técnicas, como, por ejemplo, normas internacionales, normas técnicas europeas no armonizadas, normas técnicas nacionales, etc. Estas últimas alternativas técnicas no gozan de presunción de conformidad.

E. Este efecto de la presunción de conformidad a nivel europeo disminuye las cargas burocráticas, técnicas y económicas que supondría tener que repetir los controles técnicos singulares a que en cada supuesto de comercialización podrían estar obligados los productos en caso de que los fabricantes utilizasen para su producción otras soluciones técnicas distintas a las normas armonizadas (o a las especificaciones comunes).

6. Publicidad:

A. La regla normativa: la publicación de las referencias (es decir, del código numérico y del título) en el *Diario Oficial de la Unión Europea* (en la actualidad en la serie L, esto es la relativa a la «Legislación») (art. 10.6 del Reglamento sobre la normalización europea).

B. La regla jurisprudencial: el derecho de acceso a las normas armonizadas por parte de los particulares (Sentencia de 5 de marzo de 2024, *Public.Resource.Org. Inc. y Right to Know CLG*, C-588/21 P, apartados 81 y ss.).

7. Valoración sobre su naturaleza jurídica:

A. El Tribunal de Justicia de la Unión Europea caracteriza las normas armonizadas como «Derecho de la Unión».

B. Desde un punto de vista formal: las normas armonizadas no son reglamentos dado que son elaboradas por sujetos privados, siguiendo procedimientos privados, tienen valor jurídico voluntario y no se publica su contenido en el *Diario Oficial de la Unión Europea.*

C. Desde una perspectiva material: las normas armonizadas se aproximan extraordinariamente a los reglamentos porque tienen como finalidad desarrollar actos legislativos «nuevo enfoque», en su elaboración interviene de manera determinante la Comisión, despliegan el efecto jurídico-público de la presunción de conformidad y sus referencias se publican en la serie L del *Diario Oficial de la Unión Europea*, lo que hace que estas normas tengan de hecho un valor obligatorio. En todo caso, los productos fabricados conforme a estas normas armonizadas son válidamente comercializables en el conjunto del territorio de la Unión Europea.

D. Estas notas hacen que las normas armonizadas sean «Derecho de la Unión Europea» controlable por el Tribunal de Justicia de la Unión Europea (Sentencia de 27 de octubre de 2016, *James Elliott*, C-613/14). Es cierto, como dice la Abogada General Laila Medina en sus Conclusiones presentadas el 22 de junio de 2023 en el asunto *Public.Resource.Org, Inc., y Right to know CLG*, C-588/21 P, que el Tribunal de Justicia «aún no ha abordado su naturaleza exacta» (esto es, de las normas armonizadas) y que «(E)s difícil clasificar las normas técnicas armonizadas en una categoría preexistente del Derecho de la Unión» (punto 14), concluyendo la Sra. Medina con estas palabras: «invito al Tribunal de Justicia a que aproveche esta oportunidad y aporte la claridad necesaria sobre la naturaleza jurídica propia de las normas técnicas armonizadas y su lugar en el ordenamiento jurídico de la Unión» (punto 15). El Alto Tribunal comunitario no ha cumplimentado, no obstante, esta invitación.

IV. LAS ESPECIFICACIONES COMUNES

1. Concepto: son disposiciones generales de naturaleza jurídico-pública que contienen especificaciones técnicas elaboradas por la Comisión con carácter generalmente voluntario desde una perspectiva jurídica (con algunas excepciones de obligatoriedad), aunque dotadas de presunción de conformidad, y que se dictan para complementar ciertos actos legislativos «nuevo enfoque» en aquellos supuestos en los que no exista una norma armonizada disponible en plazo, a pesar de haberla solicitado dicha Institución comunitaria a un organismo europeo de normalización.

2. Marco regulador:

   A. No hay una regulación general a nivel comunitario.

   B. Se está produciendo una regulación singular en algunos actos legislativos «nuevo enfoque» (productos sanitarios, productos sanitarios para diagnóstico *in vitro*, máquinas, pilas y baterías, o inteligencia artificial).

3. Requisitos para su elaboración:

   A. Que no haya una previa norma armonizada que regule la cuestión.

   B. Que la Comisión haya formulado el oportuno mandato de normalización a uno o varios organismos europeos de normalización.

   C. Que, alternativamente:

      a. Bien dichos organismos no hayan aceptado dicho mandato.

      b. Bien que, incluso habiéndose aprobado una norma armonizada, ésta no sea conforme con el mandato de la Comisión.

      c. O bien que la norma armonizada no haya sido dictada en plazo por los organismos europeos de normalización.

4. Sujeto productor: la Comisión. Esto significa que son documentos técnicos con una naturaleza jurídico-pública en su totalidad.

5. Procedimiento:

   A. Es un procedimiento jurídico-público [en concreto, el de examen, que está regulado en el art. 5 del Reglamento (UE) núm. 182/2011 del Parlamento Europeo y del Consejo, por el que se establecen las normas y los principios generales relativos a las modalidades de control por parte de los Estados miembros del ejercicio de las competencias de ejecución por la Comisión].

   B. El resultado de este procedimiento es una disposición que tiene la forma jurídica de acto de ejecución, cuya base normativa se encuentra en el art. 291 TFUE.

6. Valor jurídico y efectos:

   A. Las especificaciones comunes son, como regla general, voluntarias desde una perspectiva jurídica. Esto es, los productos deben cumplir con las exigencias imperativas establecidas en los actos legislativos «nuevo enfoque» y para ello disponen de tres alternativas técnicas:

      a. El cumplimiento de las normas armonizadas (si existen).

      b. El cumplimiento de las especificaciones comunes (si no existen normas armonizadas).

      c. El recurso a otras posibles soluciones técnicas: la utilización de normas técnicas internacionales, de normas técnicas europeas no armonizadas, de normas técnicas nacionales, etc.

B. El efecto jurídico característico de las especificaciones comunes es la presunción de conformidad, a pesar de su integral carácter jurídico-público. Esto es, los productos fabricados siguiendo las especificaciones comunes se presumen conformes con los requisitos esenciales establecidos de manera imperativa por el acto legislativo «nuevo enfoque» que tales especificaciones desarrollan y, en consecuencia, pueden ser comercializados válidamente dentro del mercado interior europeo.

C. El empleo de normas técnicas armonizadas y el de especificaciones comunes permite el efecto de la presunción de conformidad, mientras que la utilización de otras alternativas técnicas no genera este efecto jurídico-público.

D. En algunas ocasiones, y como excepción, las especificaciones comunes pueden ser obligatorias.

7. Publicidad: las especificaciones comunes deben publicarse íntegramente (esto es, también su contenido) en el *Diario Oficial de la Unión Europea*.

8. Las relaciones jurídicas entre las especificaciones comunes y las normas armonizadas:

A. Si existen ya normas armonizadas adecuadas no se aprobarán especificaciones comunes.

B. Las especificaciones comunes sirven para salvar la falta de normas armonizadas apropiadas.

C. Si ya existen especificaciones comunes y se aprueban nuevas normas armonizadas, la Comisión derogará dichas especificaciones comunes preexistentes. La derogación de las especificaciones comunes (normas jurídico-públicas) por las normas armonizadas (normas de origen privado) no es automática, sino que únicamente se impone a la Comisión la obligación de derogar las especificaciones comunes contrarias a las normas armonizadas que desarrollan los específicos actos legislativos «nuevo enfoque».

9. Valoración sobre su naturaleza jurídica:

A. Las especificaciones comunes son un acto de ejecución comunitario publicado oficialmente de manera íntegra, cuya base normativa se encuentra tanto en el art. 291 TFUE como en los diferentes actos legislativos «nuevo enfoque».

B. La regla general es que las especificaciones comunes sean voluntarias jurídicamente, pero, en algunas ocasiones, y excepcionalmente, pueden ser obligatorias.

V. LAS REGLAMENTACIONES TÉCNICAS NACIONALES

1. El concepto y sus elementos:

   A. El concepto español de reglamentación técnica: «La especificación técnica relativa a productos, procesos o instalaciones industriales, establecida con carácter obligatorio a través de una disposición, para su fabricación, comercialización o utilización» (art. 8.4 de la Ley de industria).

   B. Esta norma es fruto de la potestad reglamentaria, lo que significa que se genera por la Administración de manera unilateral (con audiencia preceptiva de las partes interesadas), siguiendo un procedimiento administrativo.

   C. Esta disposición general es de obligado cumplimiento.

   D. El concepto español de reglamentación técnica no coincide con el comunitario europeo. A nivel europeo pueden ser reglamentaciones técnicas las normas legales nacionales que regulen especificaciones técnicas, así como las especificaciones técnicas que, a pesar de no ser obligatorias *de iure*, sí que lo sean *de facto*.

   E. Las reglamentaciones técnicas no están protegidas por derechos de autor (art. 13 del Texto Refundido de la Ley de Propiedad Intelectual), regularizando, aclarando y armonizando las disposiciones legales vigentes sobre la materia, aprobado por el Real Decreto Legislativo 1/1996, de 12 de abril.

2. Marco regulador:

   A. La Ley 21/1992, de 16 de julio, de Industria.

   B. La Ley 50/1997, de 27 de noviembre, del Gobierno.

   C. Los Reglamentos de Seguridad Industrial (aprobación por el Gobierno de la Nación mediante Real Decreto, «sin perjuicio de que las Comunidades Autónomas, con competencia legislativa sobre industria, puedan introducir requisitos adicionales sobre las mismas materias cuando se trate de instalaciones radicadas en su territorio») (art. 12.5 de la Ley de industria).

3. Sujeto productor: la Administración (se aprueban de manera unilateral, por más que deba consultarse a los agentes socioeconómicos de forma previa a su adopción).

4. Procedimiento:

   A. El procedimiento administrativo (Ley del Procedimiento Administrativo Común de las Administraciones Públicas y Ley del Gobierno).

B. La comunicación del proyecto de reglamentación técnica a la Comisión (y, por su mediación, a los Estados miembros) [Directiva (UE) 2015/1535 del Parlamento Europeo y del Consejo, de 9 de septiembre de 2015, por la que se establece un procedimiento de información en materia de reglamentaciones técnicas y de reglas relativas a los servicios de la sociedad de la información (versión codificada) (Texto pertinente a efectos del EEE)].

a. La comunicación por parte del Estado autor del proyecto.

b. El trámite de alegaciones.

b.1. Las simples observaciones.

b.2. Los dictámenes circunstanciados o razonados.

c. El período de aplazamiento o de *statu quo* (durante el cual los Estados miembros autores del proyecto de reglamentación técnica deben aplazar su aprobación definitiva).

d. Las consecuencias de la falta de comunicación del proyecto: vicio procedimental grave [la consecuencia jurídica: la inaplicabilidad (leyes) o la nulidad (reglamentos)].

C. El eventual informe del Consejo de Coordinación de la Seguridad Industrial sobre los «los proyectos de normas en materia de calidad y seguridad industrial que tramite la Administración General del Estado», siempre que el Ministerio proponente lo considere necesario [art. 18.3.*c*) Ley de industria].

5. Estructura básica:

A. Contienen, por un lado, las disposiciones que regulan el régimen jurídico-administrativo obligatoriamente aplicable al tipo de productos al que se refieren los reglamentos. Por ejemplo, los procedimientos administrativos necesarios para la puesta en el mercado de los productos (homologación, etc.), el régimen sancionatorio en caso de incumplimiento, etc.

B. Incorporan, por otro lado, las especificaciones técnicas relativas a los productos: dimensiones, tolerancias, etc. Estas especificaciones técnicas pueden ser redactadas por la propia Administración directamente o bien por sujetos privados (normalmente los organismos de normalización). En este último caso, el texto del reglamento inserta normas técnicas privadas mediante:

a. La reproducción del contenido literal de la norma técnica en el texto del reglamento[2].

---

[2] Un ejemplo de esta forma de proceder tomada del Derecho comunitario europeo: la versión vigente del Reglamento (CE) núm. 1221/2009 del Parlamento Europeo y del Consejo, de 25 de

b. La remisión o el reenvío por parte del reglamento a las normas técnicas, sin incorporarlas directamente a su texto. De esta forma, el reglamento transmite su obligatoriedad a las normas técnicas a las que remite, a pesar de haber sido elaboradas por un sujeto privado (un organismo de normalización), siguiendo un procedimiento de esta misma naturaleza privada. Esta remisión puede ser:

b.1. Las remisiones abiertas, flexibles o dinámicas: tienen lugar cuando un reglamento reenvía a una concreta norma técnica, sin especificar su versión. Esto es, la remisión se hace a la versión de la norma vigente en cada momento en que la reglamentación quiere ser aplicada[3].

b.2. Las remisiones cerradas, rígidas o estáticas: se producen cuando un reglamento reenvía a una concreta versión de una específica

---

noviembre de 2009, relativo a la participación voluntaria de organizaciones en un sistema comunitario de gestión y auditoría medioambientales (EMAS), reproduce en la Sección A de su Anexo II los «(R)equisitos del sistema de gestión ambiental con arreglo a la norma EN ISO 14001:2015».

El párrafo inicial de esta Sección A prevé que: «Las organizaciones participantes en el sistema de gestión y auditoría ambientales (EMAS) aplicarán los requisitos de la norma EN ISO 14001:2015 que se reproducen a continuación». Se indica en nota a pie de este párrafo que: «El texto de la norma nacional se reproduce en el presente anexo con autorización del Comité Europeo de Normalización (CEN). El texto íntegro de la norma nacional puede adquirirse en los organismos de normalización nacionales, cuya lista figura en la web oficial del CEN. Queda prohibido cualquier tipo de reproducción del presente anexo con fines comerciales».

Este mecanismo presenta ventajas desde el punto de vista de la seguridad jurídica (porque está claro el contenido de la regla aplicable, que además está publicado oficialmente), aunque puede plantear importantes problemas prácticos, como es la congelación del contenido de la norma técnica integrada en el texto del reglamento. Esta congelación viene provocada por una falta de adaptación rápida a los avances de la ciencia, de la técnica y de la experiencia, porque éstas suelen avanzar más rápidamente que la legislación.

[3] Un ejemplo de remisión flexible a una norma técnica: la remisión de la Directiva sobre productos del tabaco (2014) en su art. 4.1 a una concreta norma ISO, pero sin especificar su versión. Dice este precepto: «La exactitud de las indicaciones relativas al alquitrán, la nicotina y el monóxido de carbono se comprobará según la norma ISO 8243». Esto es, la remisión a la norma núm. 8243 de la Organización Internacional de Normalización, sin especificar a qué versión (si es a la de 2013, a la de 2018 o a cualquier otra que se pudiera aprobar en el futuro).

Este tipo de remisiones permite una adaptación permanente de las normas a los dictados de la ciencia, de la técnica y de la experiencia. Plantea, sin embargo, problemas jurídicos de primer orden, tales como los de la seguridad jurídica, la capacidad normativa de los sujetos privados y la publicación oficial de las normas. Y es que, si bien es cierto que en el momento de aprobar el reglamento remitente la Administración conoce y acepta expresamente el contenido de la norma técnica elaborada por un organismo de normalización, la modificación del contenido de dicho reglamento queda en manos de tal sujeto privado, cuando elabora una versión posterior de la norma técnica, sin necesidad de que la Administración apruebe oficialmente dicha modificación. En otras palabras, la Administración delega su potestad reglamentaria a los organismos de normalización. Por lo demás, estas normas técnicas que dotan de contenido al reglamento no son publicadas oficialmente, a pesar de que estas normas pueden generar derechos y obligaciones para los ciudadanos.

norma técnica[4]. De tal forma que se aplicará esta específica versión normativa en tanto que no se modifique expresamente el reglamento que remite a ella.

6. Valor jurídico:

   A. Obligatoriedad jurídica.

   B. Las consecuencias de su incumplimiento:

      a. La retirada del mercado del producto comercializado ilegalmente.

      b. Las consecuencias punitivas (sancionadoras y penales).

7. Publicidad:

   A. La publicación en un diario oficial de la reglamentación técnica (arts. 2.1 CC, 131 LPAC y 297.1 TFUE).

   B. El problema de la publicación de las normas técnicas que completan las reglamentaciones mediante un reenvío.

      a. La jurisprudencia española: no se ha pronunciado expresamente sobre esta cuestión, pero tácitamente no ha formulado ninguna objeción.

      b. La jurisprudencia europea: estas normas técnicas, cuando remite a ellas un acto legislativo de la Unión, no son exigibles a los particulares en general si no han sido objeto de publicación en el *DOUE*[5], sino que tan sólo son oponibles a las empresas que «tienen acceso a la versión oficial y auténtica de las normas [técnicas]» (Sentencia del Tribunal de Justicia de 22 de febrero de 2022, *Stichting Rookpreventie Jeugd y otros*, C-160/20, apartados 48 y 52). Este argumento aparece remachado en la Sentencia de 5 de marzo de 2024, *Public.Resource.Org. Inc. y Right to*

[4] Un ejemplo de remisión rígida a una norma técnica: la remisión a la norma ISO 8243:2018. Esto es, la remisión a la norma núm. 8243, de la ISO, en su versión del año 2018 (norma ISO 8243: 2018), excluyendo cualquier otra versión.

Esta categoría de reenvíos plantea el problema fáctico de la falta de ajuste de las normas técnicas a la evolución científica y tecnológica, así como la cuestión jurídica de la ausencia de publicidad oficial de este tipo de normas técnicas, a pesar, como dije antes, de que éstas pueden generar derechos y obligaciones para los ciudadanos.

[5] De manera más precisa, el Tribunal de Justicia de la Unión Europea ha establecido que «conforme al principio de seguridad jurídica, [...] unas normas técnicas establecidas por un organismo de normalización, como pueda ser la ISO, y que han sido declaradas obligatorias mediante un acto legislativo de la Unión, solo son oponibles a los particulares en general si han sido objeto de publicación en el *Diario Oficial de la Unión Europea*» (Sentencia de 22 de febrero de 2022, *Stichting Rookpreventie Jeugd y otros*, C-160/20, apartado 48).

Know CLG, C-588/21 P, que dice que las normas armonizadas «pueden oponerse a los particulares en general siempre que hayan sido publicadas en el *Diario Oficial de la Unión Europea*» (apartado 71).

8. Control técnico:

   A. La homologación administrativa[6].

   B. Los organismos de control reglamentario (necesitan para poder operar válidamente una previa acreditación efectuada por un organismo nacional de acreditación y un previo título jurídico habilitante —declaración responsable— formulado ante el órgano administrativo competente).

VI. EL CONCEPTO EUROPEO DE REGLAMENTACIÓN TÉCNICA

1. Concepto: son «las especificaciones técnicas u otros requisitos o las reglas relativas a los servicios, incluidas las disposiciones administrativas que sean de aplicación y cuyo cumplimiento sea obligatorio, *de iure* o *de facto*, para la comercialización, prestación de servicio o establecimiento de un operador de servicios o la utilización en un Estado miembro o en gran parte del mismo, así como, a reserva de las contempladas en el artículo 7, las disposiciones legales, reglamentarias y administrativas de los Estados miembros que prohíben la fabricación, importación, comercialización o utilización de un producto o que prohíben el suministro o utilización de un servicio o el establecimiento como prestador de servicios» [art. 1.1.*f*) Directiva (UE) 2015/1535].

2. Contenido:

   A. Sus elementos integrantes:

      a. Especificaciones técnicas.

      b. Otros requisitos (que están referidos esencialmente al ciclo de vida de los productos con posterioridad a su comercialización) (Sentencia del Tribunal de Justicia de la Unión Europea de 4 de febrero de 2016, *Sebat Ince*, C-336/14, apartado 72).

      c. Las reglas relativas a los servicios de la sociedad de la información (esto es, a los servicios prestados a distancia, por vía electrónica, a petición individual de un destinatario y, normalmente, a cambio de remunera-

[6] El art. 13.4 de la Ley de industria prevé que: «Las homologaciones de vehículos, componentes, partes integrantes, piezas y sistemas que afecten al tráfico y circulación corresponden a la Administración del Estado…».

ción) (Sentencia del Tribunal de Justicia de la Unión Europea de 24 de noviembre de 2022, *Belplant*, C-658/21, apartado 27).

d. Las disposiciones legales, reglamentarias y administrativas de los Estados miembros que prohíben la fabricación, importación, comercialización o utilización de un producto o que prohíben el suministro o utilización de un servicio o el establecimiento como prestador de servicios.

B. Los tipos de normas jurídicas que pueden constituir reglamentos técnicos:

a. No tienen por qué ser disposiciones reglamentarias propiamente dichas.

b. Pueden ser, por el contrario:

b.1. Disposiciones legales.

b.2. Disposiciones reglamentarias y administrativas.

C. El valor jurídico de las reglamentaciones técnicas:

a. Obligatoriedad *de iure*.

b. Obligatoriedad *de facto*.

D. Un supuesto de reglamentaciones técnicas *de facto*: «las disposiciones legales, reglamentarias o administrativas de un Estado miembro que remiten ya sea a especificaciones técnicas, a otros requisitos o a reglas relativas a los servicios, ya sea a códigos profesionales o de buenas prácticas que a su vez se refieran a especificaciones técnicas, a otros requisitos o a reglas relativas a los servicios, cuya observancia confiere una presunción de conformidad a lo establecido por dichas disposiciones legales, reglamentarias o administrativas» [art. 1.1.*f*).i) Directiva de la (UE) 2015/1535].

3. Consecuencias jurídicas: la obligación de comunicar los proyectos de reglamentaciones técnicas por parte de los Estados miembros a la Comisión [art. 5 Directiva de la (UE) 2015/1535], así como de aplazar su aprobación [art. 6 Directiva de la (UE) 2015/1535].

LECCIÓN 10

LAS RELACIONES ENTRE ORDENAMIENTOS JURÍDICOS (I): EL ORDENAMIENTO JURÍDICO ESTATAL Y LOS ORDENAMIENTOS DE LAS COMUNIDADES AUTÓNOMAS

Debemos abordar ahora los problemas que se suscitan como consecuencia de la compleja articulación de las competencias sobre puertos con las de ordenación del territorio y urbanismo [...].

Como punto de partida, debe tenerse en cuenta que, si bien es cierto que, a partir de la Constitución y los Estatutos de Autonomía, todas las Comunidades Autónomas han asumido la competencia exclusiva sobre ordenación del territorio y urbanismo (art. 148.1.3.ª CE, cuyo contenido ha sido recogido en todos los Estatutos de Autonomía), no lo es menos que, a partir de esas mismas normas, el Estado ha conservado potestades cuyo ejercicio tiene una clara incidencia sobre la ordenación del territorio. En unos casos, se trata de facultades de carácter general cuyo ejercicio puede afectar a todo el territorio de la Nación, condicionando así las decisiones que sobre la ordenación del territorio y del urbanismo pueden adoptar las Comunidades Autónomas: así ocurre, por ejemplo, con la potestad de planificación de la actividad económica general (art. 131.1 CE) o con la titularidad del dominio público estatal (art. 132.2 CE), titularidad esta última que, si bien no se traduce en ningún título competencial concreto, permite al Estado establecer el régimen jurídico de todos los bienes que lo integran y adoptar las normas generales necesarias para garantizar su protección (STC 149/1991, Fundamento Jurídico 1.º).

En otros casos, «la competencia autonómica en materia de urbanismo ha de coexistir con aquellas que el Estado ostenta en virtud del art. 149.1 CE, cuyo ejercicio puede condicionar, lícitamente, la competencia de las Comunidades Autónomas sobre el mencionado sector material» (STC 61/1997, Fundamento Jurídico 5.º). Tal es el caso, por ejemplo, de la competencia para regular las condiciones básicas que garanticen la igualdad de los españoles (art. 149.1.1.ª CE), competencia que permite al Estado adoptar el estatuto jurídico mínimo de la propiedad, incluida la del suelo, o de la competencia para dictar legislación básica sobre protección del medio ambiente (art. 149.1.23.ª CE), legislación que se impone, asimismo, a todas las Comunidades Autónomas (STC 102/1995, Fundamentos Jurídicos 8.º y 9.º).

[...] En todos estos casos, y en otros a los que en este momento no resulta necesario referirse, el constituyente ha previsto la coexistencia de títulos competenciales con incidencia sobre un mismo espacio físico; de aquí que este Tribunal venga reiterando que la atribución de una competencia sobre un ámbito físico determinado no impide necesariamente que se ejerzan otras competencias en ese espacio, siendo esta convergencia posible cuando, incidiendo sobre el mismo espacio físico, dichas competencias tienen distinto objeto jurídico (SsTC 113/1983 y 77/1984).

Sentencia del Tribunal Constitucional núm. 40/1998, de 19 de febrero, FJ 29.

Estructura:

I. La pluralidad de ordenamientos jurídicos: el ordenamiento jurídico estatal y los ordenamientos jurídicos autonómicos.
II. El principio de competencia.
III. El principio de primacía o de prevalencia del Derecho estatal.
IV. El principio de supletoriedad del Derecho estatal.

Normativa de referencia:

I. Constitución Española (CE).
II. Normativa europea.
   1. Tratado de la Unión Europea (TUE).
   2. Tratado de Funcionamiento de la Unión Europea (TFUE).
III. Normativa estatal.
   1. Ley Orgánica 3/1980, de 22 de abril, del Consejo de Estado (LOCE).
   2. Ley Orgánica 8/1980, de 22 de septiembre, de Financiación de las Comunidades Autónomas (LOFCA).
   3. Ley Orgánica 9/1992, de 23 de diciembre, de transferencia de competencias a las Comunidades Autónomas que accedieron a la autonomía por la vía del artículo 143 de la Constitución.
   4. Ley Orgánica 1/2011, de 28 de enero, de reforma del Estatuto de Autonomía de la Comunidad Autónoma de Extremadura (EAEx).

Bibliografía complementaria:

Álvarez García, V., *Cinco estudios sobre el nuevo Estatuto de Autonomía de Extremadura,* Iustel, Madrid, 2012.

Aragón Reyes, M. (dir.), Aguado Renedo, C. (codir.), *Temas básicos de Derecho Constitucional,* Vol. II, Aranzadi, 2.ª edición, 2011.

Muñoz Machado, S., *Tratado de Derecho Administrativo y Derecho Público General,* Tomo IX. *La organización territorial del Estado-2,* Boletín Oficial del Estado, Madrid, 4.ª edición, 2015.

— *Derecho Administrativo y sistema de fuentes,* Tomo I de la obra colectiva *Lecciones y Materiales para el Estudio del Derecho Administrativo,* Iustel, Madrid, 2009.

— *Derecho Público de las Comunidades Autónomas,* Vols. I y II, Iustel, Madrid, 2.ª edición, 2007.

LECTURAS RECOMENDADAS:

AGUADO RENEDO, C., *El Estatuto de Autonomía y su posición en el ordenamiento jurídico*, Centro de Estudios Constitucionales, Madrid, 1996.

AJA, E., *El Estado Autonómico. Federalismo y hechos diferenciales*, Alianza Editorial, Madrid, 2.ª edición, 2003.

BAÑO LEÓN, J. M., *Las Autonomías Territoriales y el principio de uniformidad de las condiciones de vida*, Instituto Nacional de Administración Pública, Madrid, 1988.

GARCÍA DE ENTERRÍA, E., *Estudios sobre autonomías territoriales*, Civitas, Madrid, 1985.

LEGUINA VILLA, J., *Escritos sobre autonomías territoriales*, Tecnos, Madrid, 2.ª edición, 1995.

MUÑOZ MACHADO, S., *Cataluña y las demás Españas*, Crítica, Barcelona, 2014.

— *Informe sobre España. Repensar el Estado o destruirlo*, Crítica, Barcelona, 2012.

SOLOZÁBAL, J. J., *La reforma federal. España y sus siete espejos*, Biblioteca Nueva, Madrid, 2014.

I. LA PLURALIDAD DE ORDENAMIENTOS JURÍDICOS: EL ORDENAMIENTO JURÍDICO ESTATAL Y LOS ORDENAMIENTOS JURÍDICOS AUTONÓMICOS

1. Ordenamiento jurídico global y ordenamientos jurídicos secundarios o parciales: en un Estado complejo pueden individualizarse una pluralidad de ordenamientos jurídicos, tantos como Administraciones Territoriales operan en ese Estado. El conjunto de todos ellos constituye el «ordenamiento jurídico global» (presidido por la Constitución o Norma Fundamental), y cada uno de los ordenamientos jurídicos generados por cada una de las referidas Administraciones constituye un «ordenamiento jurídico secundario».

2. Los ordenamientos jurídicos que operan en España: el ordenamiento de la Unión Europea (art. 93 CE), el estatal, los autonómicos (art. 147.1 CE), y los locales (arts. 137, 140 y 141.1 CE).

3. En concreto, la base constitucional que sirve para el engarce entre el ordenamiento jurídico estatal y los ordenamientos jurídicos autonómicos y locales: los arts. 137, 140, 141.1 y 147.1 CE.

El art. 137 CE establece: «El Estado se organiza territorialmente en municipios, en provincias y en las Comunidades Autónomas que se constituyan. Todas estas entidades gozan de autonomía para la gestión de sus respectivos intereses».

El art. 140 CE prevé: «La Constitución garantiza la autonomía de los municipios. Estos gozarán de personalidad jurídica plena. Su gobierno y administración corresponde a sus respectivos Ayuntamientos [...]».

El apartado 1 del art. 141 CE determina: «La provincia es una entidad local con personalidad jurídica propia, determinada por la agrupación de municipios y división territorial para el cumplimiento de las actividades del Estado. Cualquier alteración de los límites provinciales habrá de ser aprobada por las Cortes Generales mediante Ley Orgánica».

El apartado 1 del art. 147 CE señala: «Dentro de los términos de la presente Constitución, los Estatutos serán la norma institucional básica de cada Comunidad Autónoma y el Estado los reconocerá y amparará como parte integrante de su ordenamiento jurídico».

4. Los principios de articulación entre las normas provenientes del ordenamiento jurídico estatal y las de los ordenamientos de las Comunidades Autónomas:

   A. El principio de competencia (los arts. 148 a 150 CE y los Estatutos de Autonomía).

   B. El principio de primacía o de prevalencia del Derecho estatal (art. 149.3 CE).

   C. El principio de supletoriedad del Derecho estatal (art. 149.3 CE).

II. EL PRINCIPIO DE COMPETENCIA

1. Su filosofía: el conjunto del poder es divisible en parcelas. Pues bien, este principio supone la distribución de materias (o de funciones) entre el Estado y las Comunidades Autónomas, implicando la atribución a cada concreta Administración de la potestad de regular (de manera exclusiva o compartida) cada materia, así como de la potestad de realizar las tareas ejecutivas ligadas a la misma, con exclusión de las otras Administraciones.

2. La distinción entre materias y funciones.

   A. Las materias: ¿sobre qué campos de actividad puede actuar una Administración?

   B. Las funciones: ¿qué puede hacer una Administración dentro de cada campo de actividad?

      a. La diferenciación entre la función normativa y la función ejecutiva.

      b. Introducción a la función estatal de dictar la legislación básica y a la función autonómica de dictar normativa de desarrollo de la legislación básica.

3. El funcionamiento: la norma válidamente aplicable en cada caso será aquella que haya sido dictada por el Legislador competente por razón de la materia, resultando contraria al orden constitucional de distribución de competencias —y, por tanto, inconstitucional— la norma dictada por el Legislador incompetente.

4. La base normativa de la distribución de competencias.

   A. La Constitución (arts. 148 a 150 CE).

   B. Los Estatutos de Autonomía.

   C. El concepto de «bloque de la constitucionalidad».

a. El art. 28.1 LOTC dispone: «Para apreciar la conformidad o disconformidad con la Constitución de una Ley, disposición o acto con fuerza de Ley del Estado o de las Comunidades Autónomas, el Tribunal considerará, además de los preceptos constitucionales, las Leyes que, dentro del marco constitucional, se hubieran dictado para delimitar las competencias del Estado y las diferentes Comunidades Autónomas o para regular o armonizar el ejercicio de las competencias de éstas».

b. Un primer ejemplo de norma estatal, no estatutaria, que forma parte del «bloque de la constitucionalidad»:

b.1. El art. 157.3 CE prevé: «Mediante ley orgánica podrá regularse el ejercicio de las competencias financieras enumeradas en el precedente apartado 1 [relativo a los recursos de las Comunidades Autónomas], las normas para resolver los conflictos que pudieran surgir y las posibles formas de colaboración financiera entre las Comunidades Autónomas y el Estado».

b.2. En desarrollo de este precepto constitucional se ha dictado la Ley Orgánica 8/1980, de 22 de septiembre, de Financiación de las Comunidades Autónomas (LOFCA).

c. Un segundo ejemplo de norma estatal, no estatutaria, que forma parte del «boque de la constitucionalidad».

c.1. La constitucionalización del principio de estabilidad presupuestaria en el art. 135 CE. La Reforma constitucional de 27 de septiembre de 2011.

El apartado 1 del art 135 CE dispone: «Todas las Administraciones Públicas adecuarán sus actuaciones al principio de estabilidad presupuestaria».

Por su parte, el apartado 5 del art. 135 CE establece: «Una ley orgánica desarrollará los principios a que se refiere este artículo, así como la participación, en los procedimientos respectivos, de los órganos de coordinación institucional entre las Administraciones Públicas en materia de política fiscal y financiera...».

c.2. Este precepto constitucional está desarrollado por la Ley Orgánica 2/2012, de 27 de abril, de Estabilidad Presupuestaria y Sostenibilidad Financiera.

5. Los tipos de competencias.

A. Los tipos de competencias en nuestro modelo de organización territorial de Estado son:

a. Las competencias exclusivas.

b. Las competencias compartidas.

c. Las competencias concurrentes.

B. Las competencias exclusivas: cuando a una Administración le corresponde la totalidad de la materia (o toda una función —la legislativa o la ejecutiva— sobre una materia).

C. Las competencias compartidas: cuando dos Administraciones pueden intervenir sobre una materia, estando compartido también el ejercicio de una de las funciones referidas a la misma —normalmente la legislativa—.

a. Introducción: la dinámica entre las bases (legislación básica) del Estado y la normativa autonómica de desarrollo.

b. La distinción entre la legislación básica y las leyes de bases previstas en el art. 82 CE.

b.1. La legislación básica (o, de manera genérica, «las bases»): consiste, como regla general, en una norma con rango de ley dictada por la Administración General del Estado en uso de sus competencias (atribuidas por el art. 149.1 CE) con la finalidad de establecer un marco normativo común para el conjunto del territorio nacional sobre una determinada materia, pudiendo esta legislación básica estatal ser objeto de desarrollo por las Comunidades Autónomas mediante sus correspondientes normas a partir de las competencias que, para el desarrollo de lo básico, atribuyen los respectivos Estatutos de Autonomía a estas últimas Administraciones Territoriales.

b.2. La ley de bases: es una ley formal de delegación que puede ser dictada tanto por el Parlamento estatal (esto es, por las Cortes Generales) como por las Asambleas legislativas autonómicas para habilitar a sus respectivos gobiernos, estatal o autonómicos, para elaborar un texto articulado que desarrolle las bases o directrices contenidas en dicha ley formal de delegación. En otros términos, un texto articulado estatal es un Real Decreto Legislativo dictado por el Gobierno de la Nación previa delegación de las Cortes Generales mediante la correspondiente ley estatal de bases en las que el Poder Legislativo estatal establece los principios esenciales (las directrices o las instrucciones) a los que ha de atenerse el Poder Ejecutivo estatal para elaborar dicho texto gubernamental de rango legal (esta fuente normativa está regulada directamente en la Constitución —arts. 82 a 85 CE—); mientras que un texto articulado autonómico es un Decreto Legislativo dictado por el Gobierno de una Comunidad Autónoma previa delegación del correspondiente Parlamento regional a través de la aprobación de una ley autonómica de bases en la que se determinan los principios esenciales a los que ha de atenerse el Poder Ejecutivo autonómico para aprobar dicho texto gubernamental autonómico de rango legal (esta fuente normativa autonómica está prevista en los correspondientes Estatutos de Autonomía).

c. La doble vertiente del concepto de «legislación básica».

c.1. La vertiente formal de la «legislación básica» (o «bases»): el rango de la norma y la expresa declaración sobre su carácter básico.

c.1.1. Sobre su concepto: el Tribunal Constitucional viene exigiendo, como regla general, que las bases vengan fijadas en una «Ley votada en Cortes que designe su carácter de básica o esté dotada de una estructura de la cual se infiera ese carácter con naturalidad» (SsTC 80/1988, de 28 de abril, FJ 5; y 1/2003, de 16 de enero, FJ 8).

c.1.2. Las excepciones al establecimiento de las bases mediante una norma legal: las bases estatales fijadas mediante normas reglamentarias e, incluso, mediante actos administrativos. En este orden de ideas, el Tribunal Constitucional «ha estimado que "excepcionalmente pueden considerarse básicas algunas regulaciones no contenidas en normas con rango legal e incluso ciertos actos de ejecución cuando, por la naturaleza de la materia, resultan complemento necesario para garantizar la consecución de la finalidad objetiva a que responde la competencia estatal sobre las bases" [STC 48/1988, FJ 3.*c*) (...)]. Sin embargo, no cabe olvidar, en contrapartida, que la atribución de carácter básico a normas reglamentarias, a actos de ejecución o incluso a potestades administrativas ha sido entendida por este Tribunal como una "dispensa excepcional". Y, de otro lado, que esta excepción venía impuesta por una situación de transición, en la que era necesario "adecuar la legislación preconstitucional a situaciones nuevas derivadas del orden constitucional", como ya se dijo en la STC 69/1988» (STC 109/2003, de 5 de junio, FJ 4).

c.1.3. La finalidad de estos requisitos de forma: «El carácter estructural, consustancial a la noción de bases, en tanto que elemento esencial de articulación del Estado autonómico, así como las propias exigencias del principio constitucional de seguridad jurídica, reclaman la declaración expresa por el legislador estatal del carácter básico de su regulación al fin "de dotar de una determinación cierta y estable a los ámbitos respectivos de ordenación de las materias en las que concurren y se articulan las competencias básicas estatales y las legislativas y reglamentarias autonómicas" de desarrollo [...]. Esa observancia de las garantías de certidumbre jurídica es necesaria "para asegurar que las Comunidades Autónomas pueden conocer cuál es el marco básico al que deben someter su competencia de desarrollo legislativo" (STC 37/2002, FJ 9)» (STC 1/2003, de 16 de enero, FJ 8).

c.2. La vertiente material de la «legislación básica» (o «bases»): el establecimiento del «común denominador normativo» —o marco normativo general y común— de aplicación a todo el territorio nacional.

c.2.1. El concepto material de bases: el Tribunal Constitucional considera que la legislación básica «es el común denominador normativo necesario para asegurar la unidad fundamental prevista por las normas del bloque de la constitucionalidad que establecen la distribución de competencias (STC 48/1988, FJ 3). Esto es, "un marco normativo unitario, de aplicación a todo el territorio nacional" (STC 147/1991), dirigido a asegurar los intereses generales y dotado de estabilidad —ya que con las bases "se atiende a aspectos más estructurales que coyunturales" (STC 1/1982, FJ 1)—, a partir del cual "pueda cada Comunidad, en defensa de su propio interés, introducir las peculiaridades que estime convenientes dentro del marco competencial que en la materia correspondiente le asigne su Estatuto..."» (STC 109/2003, de 5 de junio, FJ 4).

c.2.2. El alcance y la amplitud de las bases estatales es variable en función de la materia: «la intensidad y extensión que pueden tener las bases no es la misma en todos los ámbitos que integran ese régimen jurídico. Así, el alcance de lo básico será menor en aquellas cuestiones que se refieren primordialmente a la organización y al funcionamiento interno de los órganos de las Administraciones públicas que en aquellas otras que inciden más directamente en su actividad externa, sobre todo cuando afectan a la esfera de los derechos e intereses de los administrados» (STC 50/1999, de 6 de abril, FJ 3).

c.2.3. Las bases estatales no pueden regular la materia a la que se refieren de manera agotadora, sino que deben dejar un margen de actuación a las Comunidades Autónomas para el desarrollo de las mismas: «esa regulación normativa uniforme, a la que responde la noción material de norma básica, debe permitir, no obstante, que cada Comunidad Autónoma introduzca en persecución de sus propios intereses las peculiaridades que estime pertinentes dentro del marco competencial que en la materia dibuje el bloque de la constitucionalidad» (STC 37/2002, de 14 de febrero, FJ 13).

c.3. Dentro del respeto de los referidos elementos formales y materiales de la noción de bases, el legislador estatal goza de una «completa libertad» para establecer las bases en cada caso concreto, siempre que no traspase los límites derivados del bloque de la constitucionalidad: «Dentro del respeto de estos dos condicionantes, el legislador estatal goza —tal y como señalamos en la tantas veces citada STC 37/2002, FJ 9— de una completa libertad para establecer con carácter general las bases de una determinada materia, aceptando o no las que pudieran inferirse de las normas legales preconstitucionales o las fijadas anticipadamente por el Gobierno [...], sin que su acción legislativa en este extremo, plasmación de una legítima opción política, pueda ser fiscalizada por este Tribunal Constitucional, que no es un Juez de la oportunidad, salvo que traspase los límites que para esa acción legislativa resulten del bloque de la constitucionalidad. De otra parte, la función de control que sobre la legislación básica corresponde a este Tribunal Constitucional ha de circunscribirse a revisar la calificación hecha por el legislador estatal postconstitucional de una norma como básica y a decidir si la misma puede ser considerada formal y materialmente como tal, estándole vedado ampliar el alcance y contenido de lo definido inicialmente como básico por el legislador...» (STC 1/2003, de 16 de enero, FJ 8).

d. La distinción entre los conceptos de «inconstitucionalidad directa» y de «inconstitucionalidad mediata o indirecta».

d.1. La «inconstitucionalidad directa»: existe este tipo de inconstitucionalidad cuando una norma es frontalmente contraria al texto de la Constitución (o una de las restantes normas que integran el bloque de la constitucionalidad —en particular, los Estatutos de Autonomía—).

d.2. La «inconstitucionalidad mediata o indirecta».

d.2.1. El concepto: existe este tipo de inconstitucionalidad cuando una norma autonómica infringe el orden constitucional de distribución de competencias al ser contraria no directa o frontalmente a la Constitución (o a alguna de las restantes normas que integran el bloque de la constitucionalidad), sino a una norma estatal de naturaleza básica (que, naturalmente, desarrolla el texto constitucional).

d.2.2. Su operatividad: la determinación de que una norma autonómica de desarrollo incurre en una inconstitucionalidad «mediata» o «indirecta» exige como paso previo indispensable la constatación de que «la norma estatal que se reputa infringida por la ley autonómica es realmente una norma básica y, por lo tanto, dictada legítimamente al amparo del correspondiente título competencial que la Constitución haya reservado al Estado, así como que la contradicción entre ambas normas, estatal y autonómica, es, como se ha dicho, efectiva» (STC 166/2002, de 18 de septiembre, FJ 3).

d.2.3. Un ejemplo: la STC 166/2002, de 18 de septiembre, declara la inconstitucionalidad «mediata» o «indirecta» de un precepto de una ley autonómica (en concreto, la Ley murciana 7/1995, de 21 de abril, de la fauna silvestre, caza y pesca fluvial) por ser contrario a la correspondiente normativa básica estatal existente en la materia (contenida en aquel entonces en el Real Decreto 1118/1989, de 15 de septiembre, por el que se determinan las especies objeto de caza y de pesca comercializables y se dictan normas al respecto). La incompatibilidad entre la normativa básica estatal y la ley autonómica de desarrollo entrañaba «indirectamente» la contradicción entre la ley autonómica y el art. 149.1.23.ª CE, que servía de base para la legislación básica estatal.

e. Las bases sobrevenidas.

e.1. Su concepto: consiste en la normativa básica estatal que se aprueba con posterioridad a que una Comunidad Autónoma haya dictado una norma de desarrollo, basada en una primera normativa básica estatal, que ha quedado derogada por las nuevas bases estatales. No es infrecuente en estos casos que la normativa autonómica de desarrollo que se ajustaba a las primeras bases estatales no lo haga a las nuevas bases estatales «sobrevenidas».

e.2. Su papel en la jurisprudencia constitucional para resolver los conflictos de naturaleza competencial entre el Estado y las Comunidades Autónomas.

e.2.1. La jurisprudencia tradicional del Tribunal Constitucional: el parámetro normativo que debe ser tenido en cuenta por el Tribunal Constitucional para enjuiciar la validez de la normativa autonómica de desarrollo viene constituido por la normativa básica estatal vigente en el momento de dictar la Sentencia (el *ius superveniens*) y no por las originarias bases estatales que estaban vigentes en el momento en el que se dictó la normativa de desarrollo. Si las nuevas bases estatales «sobrevenidas» son contrarias a la ley autonómica de desarrollo, la consecuencia jurídica será la declaración de inconstitucionalidad («inconstitucionalidad sobrevenida») y de nulidad de esta norma autonómica de desarrollo. Esta es la tesis sostenida por la clásica STC 1/2003, de 16 de enero, que cuenta con un Voto Particular que sostiene que, en este caso, la consecuencia jurídica de la incompatibilidad entre la ley autonómica de desarrollo y las nuevas bases estatales debería ser no la nulidad de la norma autonómica (porque cuando se dictó se ajustaba a las viejas bases estatales, y era, por tanto, válida en ese momento), sino únicamente su desplazamiento, en virtud del juego del principio de primacía del Derecho estatal sobre el autonómico.

Recuerda esta doctrina la STC 102/2016, de 25 de mayo: «En estos casos de inconstitucionalidad mediata sobrevenida es, efectivamente, doctrina de este Tribunal —véase, por todas, la antes aludida STC 159/2012, FJ 5, y las allí citadas— que la modificación de la normativa estatal básica de obligado acatamiento por las Comunidades Autónomas no provoca la derogación o desplazamiento del precepto legal autonómico anterior y contrario a esa nueva normativa básica, sino que provoca su «inconstitucionalidad sobrevenida», de modo que no puede un órgano de la jurisdicción ordinaria inaplicar, por su propia y exclusiva autoridad, esa norma de rango legal, sino que el sometimiento estricto de la jurisdicción ordinaria al «imperio de la ley» (art. 117.1 CE) y el monopolio de este Tribunal Constitucional en la fiscalización de la constitucionalidad de las leyes obligan, de acuerdo con el art. 163 CE, a promover la correspondiente cuestión de inconstitucionalidad.

Descansa esa doctrina, como decimos, en la idea de que los órganos jurisdiccionales no pueden fiscalizar las normas postconstitucionales con rango de ley (STC 73/2000, de 14 de marzo, FJ 16), dado que el constituyente ha querido sustraer al Juez ordinario la posibilidad de inaplicar una ley postconstitucional ante un eventual juicio de incompatibilidad con la Constitución (STC 17/1981, de 1 de junio, FJ 1). La depuración del ordenamiento legal, vigente la Constitución, corresponde de forma exclusiva al Tribunal Constitucional, que tiene la competencia y la jurisdicción para declarar, con eficacia *erga omnes*, la inconstitucionalidad de las leyes, tanto más cuanto en un sistema democrático la ley es expresión de la voluntad popular —como se declara en el preámbulo de nuestra Constitución— y es principio básico del sistema democrático y parlamentario hoy vigente en España (por todas, SsTC 73/2000, de 14 de marzo, FJ 4; 104/2000, de 13 de abril, FJ 8; y 120/2000, de 10 de mayo, FJ 3)» (FJ 2).

e.2.2. La nueva jurisprudencia del Tribunal Constitucional a partir de la STC 102/2016, de 25 de mayo: el conflicto entre una ley autonómica de desarrollo (dictada de acuerdo con las bases estatales originarias) que deviene sobrevenidamente incompatible con unas nuevas bases estatales debe resolverse sobre la base del principio de primacía del Derecho estatal. Esta doctrina tiene como consecuencia que la Administración y los órganos judiciales pueden inaplicar la ley de desarrollo autonómica, sin necesidad de que los órganos judiciales planteen una cuestión de inconstitucionalidad ante el Tribunal Constitucional.

f. El desarrollo normativo autonómico de las bases. Introducción al concepto de normas adicionales de protección: sobre la operatividad del art. 149.1.23.ª CE.

Este art. 149.1.23.ª CE dispone: «El Estado tiene competencia exclusiva sobre las siguientes materias: [...] 23.ª Legislación básica sobre protección del medio ambiente, sin perjuicio de las facultades de las Comunidades Autónomas de establecer normas adicionales de protección. La legislación básica sobre montes, aprovechamientos forestales y vías pecuarias».

La doctrina del Tribunal Constitucional: las bases dictadas por el Estado en virtud del art. 149.1.23.ª CE poseen la característica técnica de constituir «normas mínimas de protección que permiten normas adicionales o un plus de protección, de forma que la legislación básica del Estado no cumple en este caso una función de uniformidad relativa, sino más bien de ordenación mediante mínimos que han de respetarse en todo caso, pero que pueden permitir que cada una de las Comunidades Autónomas, con competencias en la materia, establezca niveles de protección más altos, que no entrarían por sólo eso en contradicción con la normativa básica del Estado sobre protección del medio ambiente, siendo el sentido del texto constitucional el de que las bases estatales son de carácter mínimo y, por tanto, los niveles de protección que establecen pueden ser ampliados o mejorados por la normativa autonómica. En definitiva, la protección concedida por la Ley estatal puede ser ampliada y mejorada por la Ley autonómica; lo que resulta constitucionalmente improcedente es que resulte restringida o disminuida» (STC 166/2002, de 18 de septiembre, FJ 9).

Partiendo de esta premisa, la STC 166/2002, de 18 de septiembre, considera que es inconstitucional: 1) El establecimiento por la legislación autonómica de un plazo de prescripción para las infracciones muy graves inferior al establecido por la legislación básica estatal para dicho tipo de infracciones —la legislación autonómica impugnada establecía un plazo de prescripción de tres años, mientras que la normativa básica estatal lo establecía de cuatro— (FJ 9); 2) La previsión de una cuantía mínima de las multas correspondientes a las infracciones muy graves sensiblemente inferior en la legislación autonómica que en la estatal —la legislación estatal establecía una cuantía comprendida entre diez millones una peseta y cincuenta millones, mientras que la legislación autonómica rebajaba la cuantía mínima a un millón una peseta— (FJ 10).

g. La cuestión de la reproducción de la legislación básica estatal por la normativa autonómica de desarrollo: aunque resulta admisible constitucionalmente en la medida en que facilita al operador jurídico el conocimiento de la normativa aplicable, no altera la naturaleza de la legislación básica reproducida ni el legislador autonómico puede influir sobre ella (provocando, por ejemplo, su bloqueo).

En este sentido, señala el Tribunal Constitucional que: «La reproducción por la legislación autonómica de desarrollo de preceptos de la legislación básica puede utilizarse y de hecho se utiliza normalmente como medio para facilitar al operador jurídico el conocimiento de la normativa aplicable, incluyendo en un solo texto el conjunto de la normativa a tener en cuenta, pero su virtualidad no alcanza, como es obvio, a alterar la naturaleza de la legislación reproducida ni para que el legislador autonómico pueda atribuirse potestad alguna de influir en la legislación básica, por mucho que haya sido reproducida en la legislación de desarrollo. En particular, no solo no puede implicar bloqueo alguno en la potestad del legislador estatal, cuya capacidad de alterar las bases inicialmente fijadas ha sido reconocida repetidamente por la doctrina de este Tribunal (por todas, STC 161/2013, de 26 de septiembre, FJ 9), sino que, si esa modificación se produce, es el legislador autonómico el que debe acomodarse a la modificación de la legislación estatal básica…» (STC 102/2016, de 25 de mayo, FJ 6).

D. Las competencias concurrentes: cuando dos legisladores pueden regular la misma materia al mismo tiempo. El art. 149.2 CE (las competencias en el ámbito cultural).

a. El art. 149.2 CE dispone: «Sin perjuicio de las competencias que podrán asumir las Comunidades Autónomas, el Estado considerará el servicio de la cultura como deber y atribución esencial y facilitará la comunicación cultural entre las Comunidades Autónomas, de acuerdo con ellas».

b. La doctrina del Tribunal Constitucional sobre el reparto constitucional de competencias en materia de fomento de la cultura globalmente considerada: la STC 49/1984, de 5 de abril (en el ámbito de la cinematografía).

c. El carácter concurrente de las competencias en materia de cultura: «Hay, en fin, una competencia estatal y una competencia autonómica, en el sentido de que más que un reparto competencial vertical, lo que se produce es una concurrencia de competencias ordenada a la preservación y estímulo de los valores culturales propios del cuerpo social desde la instancia pública correspondiente […] dado el carácter concurrente de las competencias estatales y comunitarias en el ámbito cultural» (FJ 6).

d. La justificación de las competencias autonómicas en materia de cultura: «Que en materia cultural es destacada la acción autonómica es algo inherente a la Comunidad (art. 2 de la CE)» (FJ 6).

e. La justificación y el alcance de las competencias del Estado en materia de cultura: «Que a su vez al Estado compete también una competencia que tendrá, ante todo, un área de preferente atención en la preservación del patrimonio cultural común, pero también en aquello que precise de tratamientos generales o que hagan menester esa acción pública cuando los bienes culturales pudieran no lograrse desde otras instancias, es algo que está en la línea de la proclamación que se hace en el indicado precepto constitucional» (FJ 6). La intervención del Estado en materia de cultura está justificada, por tanto, en los siguientes supuestos: 1) En la preservación del patrimonio cultural común; 2) En aquellos supuestos en los que se precisen tratamientos generales, y 3) En aquellos otros casos en los que la intervención del Estado sea necesaria porque los fines culturales no pudieran lograrse desde otras instancias distintas al propio Estado.

6. El sistema básico de distribución de competencias entre el Estado y las Comunidades Autónomas.

A. Las competencias del Estado garantizadas por la Constitución. Sobre la funcionalidad del art. 149.1 CE: las competencias estatales y las competencias que pueden asumir las Comunidades Autónomas a partir de este precepto.

B. Las competencias de las Comunidades Autónomas y el principio dispositivo: es cada Estatuto de Autonomía el que realmente determina las concretas competencias asumidas por cada Comunidad Autónoma.

a. El sistema competencial en los Estatutos de Autonomía de primera generación (1979-1983).

a.1. Las Comunidades Autónomas de primer grado (o privilegiadas): las competencias asumibles en virtud de los arts. 148.1 y 149.1 CE.

a.2. Las Comunidades Autónomas de segundo grado. Las competencias asumibles por todas las Comunidades Autónomas en virtud del art. 148.1 CE: «Las Comunidades Autónomas podrán asumir competencias en las siguientes materias».

a.3. La ampliación gradual de las competencias de las Comunidades Autónomas de segundo grado conforme a las previsiones del art. 148.2 CE y la igualación sustancial de competencias entre todos los Estatutos de Autonomía de la primera generación. El reflejo, no obstante, de los «hechos diferenciales» en algunos Estatutos de Autonomía (ejemplos de hechos diferenciales: la lengua, la insularidad, el régimen fiscal, etc.).

El art. 148.2 CE dispone: «Transcurridos cinco años, y mediante la reforma de sus Estatutos, las Comunidades Autónomas podrán ampliar sucesivamente sus competencias dentro del marco establecido en el art. 149».

b. El sistema competencial en los Estatutos de Autonomía de segunda generación.

b.1. Sobre el concepto de Estatutos de Autonomía de segunda generación.

b.2. El sistema competencial establecido por la Ley Orgánica 6/2006, de 19 de julio, de reforma del Estatuto de Autonomía de Cataluña, y su modulación por la STC 31/2010, de 28 de junio.

b.3. En particular, las competencias actuales de la Comunidad Autónoma de Extremadura: el Título I EAEx.

C. Los Estatutos de Autonomía y los Reales Decretos de Traspasos.

a. Sobre su distinta funcionalidad: la atribución de una competencia por el Estado a una Comunidad Autónoma debe ir acompañada del traspaso de los medios materiales, financieros y personales que hagan posible su ejercicio real y efectivo por el nuevo titular.

b. Este «traspaso» se realiza a través de un Real Decreto, cuyo contenido es acordado por unas Comisiones Mixtas constituidas por representantes tanto del Estado como de las Comunidades Autónomas.

c. Estos Reales Decretos de Traspasos no tienen por finalidad ni la atribución de la competencia (sobre una materia o una función), ni la definición de los contenidos de la misma. Ambas tareas se realizan directamente por la Constitución y por los Estatutos de Autonomía. No obstante, sí pueden ser utilizados como herramienta «útil para determinar el alcance de la competencia».

D. La cláusula residual del art. 149.3 CE: una cláusula de doble escalón. Este precepto establece, en lo que aquí interesa, que:

a. Primer escalón: «Las materias no atribuidas expresamente al Estado por esta Constitución podrán corresponder a las Comunidades Autónomas, en virtud de sus respectivos Estatutos».

b. Segundo escalón (o verdadera cláusula de cierre del sistema): «La competencia sobre las materias que no se hayan asumido por los Estatutos de Autonomía corresponderá al Estado...».

E. Los mecanismos constitucionales de alteración del sistema básico de reparto de competencias: el art. 150 CE.

a. Las leyes marco (art. 150.1 CE).

a.1. Su concepto constitucional: «Las Cortes Generales, en materias de competencia estatal, podrán atribuir a todas o a alguna de las Comunidades Autónomas la facultad de dictar, para sí mismas, normas legislativas en el marco de los principios, bases y directrices fijados por una ley estatal. Sin perjuicio de la competencia de los Tribunales, en cada ley marco se establecerá la modalidad del control de las Cortes Generales sobre estas normas legislativas de las Comunidades Autónomas».

a.2. Su falta de utilización en España.

b. Las leyes orgánicas de transferencia y/o delegación de competencias (art. 150.2 CE).

b.1. El concepto constitucional: «El Estado podrá transferir o delegar en las Comunidades Autónomas, mediante ley orgánica, facultades correspondientes a materia de titularidad estatal que por su propia naturaleza sean susceptibles de transferencia o delegación. La ley preverá en cada caso la correspondiente transferencia de medios financieros, así como las formas de control que se reserve el Estado».

b.2. La diferencia entre el proceso de «transferencia» y el de «delegación» de competencias.

b.1.1. La transferencia significa el traspaso de la titularidad de la competencia de una Administración (la Administración General del Estado) a otra distinta (una o varias Comunidades Autónomas), que pasa a ser la nueva titular.

b.2.2. En el caso de la delegación de competencias, la Administración delegante (la Administración General del Estado) mantiene la titularidad de la competencia, reservándose esta Administración delegante distintas facultades de dirección y de control del ejercicio que, de las competencias delegadas, efectúe la Administración que reciba la delegación de competencias (que será una Comunidad Autónoma).

b.3. Un ejemplo: la Ley Orgánica 9/1992, de 23 de diciembre, de transferencia de competencias a las Comunidades Autónomas que accedieron a la autonomía por la vía del art. 143 de la Constitución. Supuestos de competencias transferidas: *a*) Ordenación y concesión de recursos y aprovechamientos hidráulicos cuando las aguas discurran íntegramente por el ámbito territorial de la Comunidad Autónoma; *b*) Casinos, juegos y apuestas con exclusión de las Apuestas Mutuas Deportivo-Benéficas; *c*) Cooperativas y mutuas no integradas en el sistema de Seguridad Social, respetando la legislación mercantil; *d*) Espectáculos públicos; etc.

c. Las leyes de armonización (art. 150.3 CE).

c.1. El concepto constitucional: «El Estado podrá dictar leyes que establezcan los principios necesarios para armonizar las disposiciones normativas de las Comunidades Autónomas, aun en el caso de materias atribuidas a la competencia de éstas, cuando así lo exija el interés general. Corresponde a las Cortes Generales, por mayoría absoluta de cada Cámara, la apreciación de esta necesidad».

c.2. El fracasado intento de aprobar una ley de armonización en España: la LOAPA (Ley Orgánica de Armonización del Proceso Autonómico). Su declaración de inconstitucionalidad por la STC 76/1983, de 5 de agosto.

c.3. La doctrina del Tribunal Constitucional sobre el carácter subsidiario (o de mecanismo de último recurso) de las leyes de armonización: «el art. 150.3 constituye una norma de cierre del sistema, aplicable sólo a aquellos supuestos en que el legislador estatal no disponga de otros cauces constitucionales para el ejercicio de su potestad legislativa o éstos no sean suficientes para garantizar la armonía exigida por el interés general, pues en otro caso el interés que se pretende tutelar y que justificaría la utilización de la técnica armonizadora se confunde con el mismo interés general que ya fue tenido en cuenta por el poder constituyente al fijar el sistema de distribución de competencias entre el Estado y las Comunidades Autónomas. Las Leyes de armonización vienen a complementar, no a suplantar, las demás previsiones constitucionales.

De ello no cabe deducir, sin embargo, que la armonización prevista en el art. 150.3 de la Constitución se refiera únicamente al ejercicio de las competencias exclusivas de las Comunidades Autónomas, alegando —como hacen los recurrentes— que en los supuestos de competencias compartidas el Estado puede, a través de la regulación básica en la materia, tutelar directamente el interés general y conseguir la uniformidad jurídica pretendida por la Ley armonizadora. Si bien normalmente la armonización afectará a competencias exclusivas de las Comunidades Autónomas, no es contrario a la Constitución que las Leyes de armonización sean utilizadas cuando, en el caso de competencias compartidas, se aprecie que el sistema de distribución de competencias es insuficiente para evitar que la diversidad de disposiciones normativas de las Comunidades Autónomas produzca una desarmonía contraria al interés general de la nación» (STC 76/1983, de 5 de agosto, FJ 3).

7. El sistema competencial del Estatuto de Autonomía de Extremadura.

A. Introducción: las competencias autonómicas como contenido esencial de los Estatutos de Autonomía [art. 147.2.*d*) CE] y su regulación por el Título I del Estatuto de Autonomía de Extremadura (arts. 8 a 14).

El art. 147.2.*d*) CE dispone: «Los Estatutos de autonomía deberán contener: [...] *d*) Las competencias asumidas dentro del marco establecido en la Constitución y las bases para el traspaso de los servicios correspondientes a las mismas».

B. Las reglas generales (art. 8 EAEx).

a. Su función: estas reglas generales son complemento indispensable del resto de los preceptos del Título I del Estatuto de Autonomía de Extremadura.

b. La determinación de las competencias autonómicas a través de las «materias» y de las «funciones» (art. 8.1 EAEx).

b.1. La regulación: «La Comunidad Autónoma de Extremadura asume competencias sobre las materias que se identifican en los siguientes artículos. Dichas competencias comprenderán las funciones que en cada caso procedan...».

b.2. Introducción a la distinción entre «materias» (como ámbitos materiales de actividad) y «funciones» (los poderes de actuación: las funciones normativa —legislativa y reglamentaria— y ejecutiva).

c. El establecimiento de la «cláusula sin perjuicio» de manera general (para no tener que repetirla después en cada uno de los títulos competenciales que lo pudieran requerir de manera específica). La Comunidad Autónoma de Extremadura ejercerá sus competencias (todas sus competencias), «sin perjuicio de las que pudieran corresponder al Estado en virtud de títulos competenciales propios previstos en la Constitución» (art. 8.1 EAEx).

d. El establecimiento de una cláusula residual de atribución de competencias, que confiere a la Comunidad Autónoma de Extremadura competencias no comprendidas en el Título I del Estatuto de Autonomía de Extremadura en dos tipos de supuestos (art. 8.2):

d.1. Las competencias que sin estar previstas en este Título l le puedan corresponder de acuerdo con la Constitución, con los otros Títulos del Estatuto y con el resto del ordenamiento jurídico.

d.2. Las competencias «atribuidas, delegadas o transferidas por el Estado» en dos supuestos:

d.2.1. La homogeneización de las competencias de Extremadura con las de otras Comunidades Autónomas que hubiesen asumido en sus Estatutos un mayor nivel competencial: la cláusula de «homogeneidad competencial» del art. 14 EAEx.

d.2.2. La atribución de competencias por parte del Estado a la Comunidad Autónoma de Extremadura mediante alguna de las técnicas de transferencia o de delegación de competencias prototípicas (por ejemplo, a través de las leyes orgánicas de transferencia y/o delegación del art. 150.2 CE).

d.2.3. El art. 8.2 EAEx dispone: «Asimismo, asume las competencias que le sean atribuidas, delegadas o transferidas por el Estado, de conformidad con lo previsto en la Constitución, y cualesquiera otras que le puedan corresponder de acuerdo con esta, con los otros títulos del presente Estatuto y con el resto del ordenamiento jurídico».

e. La habilitación a la Comunidad Autónoma de Extremadura para que, «en el ejercicio de sus competencias», pueda establecer «políticas propias» (art. 8.3 EAEx).

C. Los tipos de competencias y la delimitación de su contenido en el nuevo Estatuto de Autonomía de Extremadura.

a. Introducción: la estructura y la técnica de regulación de las competencias por el Título I.

a.1. Las listas de «materias» en el apartado 1 del correspondiente artículo.

a.2. La atribución de «funciones» sobre las distintas «materias» en el apartado 2 del correspondiente artículo.

b. El esquema de las distintas categorías de competencias de la Comunidad Autónoma de Extremadura.

b.1. Las competencias exclusivas.

b.2. Las competencias de desarrollo normativo y ejecución (o competencias compartidas).

b.3. Las competencias ejecutivas.

b.4. Las competencias para el desarrollo y la ejecución de normas supranacionales.

b.5. Las competencias llamadas «instrumentales», «accesorias» o «inherentes».

b.6. La cláusula de homogeneización competencial.

c. Las competencias exclusivas (art. 9 EAEx).

c.1. El listado de las materias en las que Extremadura tiene competencias exclusivas (art. 9.1 EAEx).

Entre las materias recogidas en el art. 9.1 EAEx se encuentran, por ejemplo, las siguientes: Agricultura, ganadería y pastos. Industrias agroalimentarias (12); Caza y explotaciones cinegéticas. Pesca fluvial y lacustre. Acuicultura (14); Sanidad y salud pública, en lo relativo a la organización, funcionamiento interno, coordinación y control de los centros, servicios y establecimientos sanitarios en la Comunidad Autónoma. Participación en la planificación y coordinación general de la sanidad. Promoción de la salud y de la investigación biomédica (24); Infancia y juventud. Protección y tutela de menores (26); Urbanismo y vivienda. Normas de calidad e innovación tecnológica en la edificación y de conservación del patrimonio urbano tradicional (31); Espectáculos y actividades recreativas. Ordenación general del sector y régimen de intervención administrativa y control de espectáculos públicos (43); Deporte. Promoción, regulación y planificación de actividades y equipamientos deportivos y otras actividades de ocio (46).

c.2. Las funciones atribuidas a la Comunidad Autónoma para el ejercicio de las competencias exclusivas: «En estas materias, corresponde a la Comunidad Autónoma la función legislativa, la potestad reglamentaria y, en ejercicio de la función ejecutiva, la adopción de cuantas medidas, decisiones y actos procedan» (art. 9.2 EAEx).

d. Las competencias de desarrollo normativo y ejecución (o competencias compartidas) (art. 10 EAEx).

d.1. El listado de las materias en las que Extremadura tiene competencias compartidas (art. 10.1 EAEx).

Entre las materias comprendidas en el art. 10.1 EAEx se encuentran, por ejemplo, las siguientes: Medio ambiente. Regulación y protección de la flora, la fauna y la biodiversidad. Prevención y corrección de la generación de residuos y vertidos y de la contaminación acústica, atmosférica, lumínica, del suelo y del subsuelo. Regulación del abastecimiento, saneamiento y depuración de las aguas. Montes, aprovechamientos forestales y vías pecuarias (2); Educación y enseñanza en toda su extensión, niveles, grados, modalidades y especialidades. En particular, el régimen, organización y control de los centros educativos, del personal docente, de las materias de interés regional, de las actividades complementarias y de las becas con fondos propios (4); Prensa, radio y televisión y otros medios de comunicación. Creación, regulación y mantenimiento de medios de comunicación social de carácter público, cuya actividad estará presidida por los principios de independencia, pluralidad, neutralidad, objetividad y servicio público (8).

d.2. Las funciones atribuidas a la Comunidad Autónoma para el ejercicio de las competencias compartidas: «En estas materias, corresponde a la Comunidad Autónoma desarrollar, ejecutar y, en su caso, complementar la normativa del Estado, mediante la legislación propia de desarrollo, la potestad reglamentaria y la función ejecutiva» (art. 10.2 EAEx).

e. Las competencias de ejecución (art. 11 EAEx).

e.1. El listado de las materias en las que Extremadura tiene competencias de ejecución (art. 11.1 EAEx).

Entre las materias comprendidas en el 11.1 EAEx se encuentran, por ejemplo, las siguientes: Sistema penitenciario (1); Propiedad intelectual e industrial (3); Pesas y medidas. Contraste de metales (4); Ferias internacionales que se celebren en Extremadura (5); Museos, archivos, bibliotecas y otras colecciones de naturaleza análoga de titularidad estatal cuya gestión no se reserve el Estado (10); Gestión de los parques nacionales y, en su caso, de los internacionales en el territorio de Extremadura, en el marco de los acuerdos que al respecto suscriba el Estado (11).

e.2. Las funciones atribuidas a la Comunidad Autónoma para el ejercicio de las competencias de ejecución: «En estas materias corresponden a la Comunidad Autónoma la potestad reglamentaria organizativa y la adopción de planes, programas, medidas, decisiones y actos» (art. 11.2 EAEx).

f. La atribución de potestades de desarrollo y de ejecución de normas supranacionales (provenientes o no de la Unión Europea) «en los ámbitos materiales de la competencia autonómica» (art. 12 EAEx).

El art. 12 EAEx, rubricado «Desarrollo y ejecución de normas supranacionales», dispone: «1. Son funciones de la Comunidad Autónoma de Extremadura el desarrollo y, en su caso, la ejecución de la normativa de la Unión Europea en los ámbitos materiales de competencia autonómica.

2. La Comunidad Autónoma ejecutará, asimismo, los tratados y convenios internacionales ratificados por el Reino de España en lo que afecten a materias de su competencia».

g. Las llamadas competencias «instrumentales», «accesorias» o «inherentes» (art. 13 EAEx).

g.1. Sobre el concepto constitucional de competencias «instrumentales», «accesorias» o «inherentes»: son aquellas que, en cada caso, corresponden a la Administración que tenga atribuida por el bloque de la constitucionalidad la competencia «sustantiva», «matriz» o «principal». Un ejemplo: es una competencia «accesoria» la competencia sancionadora ligada a una competencia sustantiva como la que ostenta una Comunidad Autónoma sobre el «comercio interior» (ATC 484/2004, de 30 de noviembre).

g.2. El art. 13 EAEx, rubricado «Otras facultades asociadas a las competencias», dispone:

«1. En el ámbito de sus competencias y además de las expresamente contempladas, corresponden a la Comunidad Autónoma todas aquellas funciones que resulten inherentes a su pleno ejercicio y, en particular, la gestión del demanio especial afectado y la declaración de utilidad pública o interés social a efectos expropiatorios, así como la determinación de los supuestos, causas y condiciones de ejercicio de tal potestad, la determinación de criterios objetivos de valoración y el establecimiento de los órganos que los apliquen y fijen el justiprecio.

2. En todas las materias de su competencia corresponde a la Comunidad Autónoma el ejercicio de las actividades de policía, de servicio público y de fomento, pudiendo regular la concesión y otorgar y controlar subvenciones con cargo a fondos propios y, en su caso, a los provenientes de otras instancias públicas.

3. La Comunidad Autónoma participará en el ejercicio de competencias estatales que condicionen las competencias autonómicas o afecten a los recursos naturales o riquezas regionales».

h. La cláusula de homogeneización competencial de Extremadura en relación con otras Comunidades Autónomas (art. 14 EAEx).

El art. 14 EAEx, rubricado «Homogeneidad competencial», prevé: «Las instituciones estatutarias velarán para que el elenco competencial de Extremadura sea actualizado en términos de homogeneidad respecto del conjunto de las Comunidades Autónomas. A tal efecto, adoptarán las iniciativas que procedan para reformar este Estatuto o para solicitar al Estado la ampliación de las competencias autonómicas mediante la adopción de las leyes pertinentes».

III. EL PRINCIPIO DE PRIMACÍA O DE PREVALENCIA DEL DERECHO ESTATAL

1. Su filosofía: a veces, al menos en el plano teórico, el principio de competencia no permite resolver los conflictos entre normas de dos ordenamientos jurídicos parciales, porque en los sistemas complejos (Estados Federales, Estado Autonómico, Unión Europea) no es posible hacer un reparto perfecto de competencias (piénsese en las competencias compartidas o en las concurrentes). En otros términos, en ocasiones los diversos «legisladores», haciendo uso de sus legítimas competencias, dictan normas sobre una misma materia, al mismo tiempo y sobre un mismo espacio territorial. Pues bien, partiendo de esta base, la aplicación del principio de prevalencia presupone la existencia de un conflicto derivado de dos normas igualmente válidas correspondientes a dos ordenamientos jurídicos diferentes que vienen a regular un mismo supuesto de hecho, basándose en títulos competenciales distintos, y determinando cada norma una solución diversa.

2. Su justificación histórica: el principio de prevalencia o de primacía ha servido históricamente para favorecer los procesos de integración territorial supranacional (piénsese en el papel jugado para el proceso de integración europea por el principio de primacía del Derecho comunitario sobre los Derechos nacionales, proclamado por el Tribunal de Justicia de las Comunidades Europeas desde la STJCE Costa/ENEL) o para la formación de nuevos Estados mediante la agregración de piezas territoriales dispersas (téngase en cuenta la Constitución de los Estados Unidos de América de 1787 o la Constitución imperial alemana de 1871). Y es que este principio ha permitido, en efecto, fortalecer la posición de la Federación (o, en general, de los poderes centrales, si se piensa en la Unión Europea) en detrimento de los entes federados (o de los Estados miembros de la Unión).

La Sección Segunda del art. VI de la Constitución de los Estados Unidos de América establece: «Esta Constitución, las leyes de los Estados Unidos que en virtud de ella se promulgaren, y todos los tratados hechos, o que se hicieren, bajo la autoridad de los Estados Unidos serán la suprema ley del país; y los jueces en cada Estado estarán obligados a observarla, aun cuando hubiere alguna disposición contraria en la Constitución o en las leyes de cualquier Estado».

El art. 2 de la Constitución imperial alemana de 1871 disponía: «Dentro del territorio de la Federación, el *Reich* detenta la potestad legislativa en los términos de esta Constitución, y con el efecto de que las leyes del *Reich* prevalecen sobre las leyes de los *Länder*».

3. Su funcionamiento: el principio de prevalencia resuelve el problema del conflicto entre normas añadiendo un «plus» al principio de competencia. Este «plus» consiste en la jerarquización de los contenidos de los dos ordenamientos jurídicos parciales o secundarios en conflicto (uno de estos ordenamientos tiene más valor en su conjunto que el otro).

    A. El Derecho del Estado prima sobre el Derecho de las Comunidades Autónomas (art. 149.3 CE).

    B. El Derecho comunitario europeo prevalece sobre el Derecho estatal (SsTJCE «Costa/ENEL» o «Simmenthal»).

    C. «Bundesrecht bricht Landesrecht» (art. 31 Ley Fundamental de Bonn).

4. Los requisitos para la utilización del principio de prevalencia.

    A. La norma que prevalecerá debe haber sido dictada por un Legislador competente.

    B. La prevalencia de un ordenamiento jurídico sobre otro se predica de cualquier norma jurídica con independencia de cuál sea su rango (incluso, por tanto, de las normas reglamentarias).

    C. El efecto de prevalecer supone:

a. La norma prevalente se impone a la/s otra/s norma/s en conflicto.

b. El efecto de superposición (o de desplazamiento) de la norma prevalente sobre la/s otra/s: las normas del ordenamiento jurídico no prevalente son inaplicables, pero no se derogan (sino que quedan desplazadas, en situación latente).

c. El efecto de ocupación (o de preclusión o de cierre) del terreno normativo: las futuras normas autonómicas que quieran dictarse en el campo ocupado por la norma estatal prevalente serán contrarias a Derecho.

D La aplicación del principio de prevalencia por el Tribunal Constitucional.

a. La inaplicación tradicional de este principio.

b. La división del Tribunal Constitucional en el año 2003 (STC 1/2003, de 16 de enero): el supuesto de las llamadas «bases sobrevenidas» y la tesis mayoritaria del Tribunal Constitucional en defensa de la utilización del principio de competencia para la resolución de los asuntos competenciales en los que esté en juego la aplicación de «bases sobrevenidas» (el *ius superveniens*). El voto particular disidente y su defensa del principio de primacía.

c. El reciente cambio de opinión del Tribunal Constitucional: la aplicación del principio de prevalencia desde la STC 102/2016, de 25 de mayo, para los supuestos en los que está en juego la eventual incompatibilidad entre una norma autonómica de desarrollo y la legislación básica estatal sobrevenida.

c.1. La funcionalidad del art. 149.3 CE para la ordenación de las relaciones entre el ordenamiento jurídico estatal y los ordenamientos autonómicos.

La STC 102/2016, de 25 de mayo, afirma que: «El art. 149.3 CE es un precepto destinado no a fijar las competencias del Estado y de las Comunidades Autónomas, sino a solucionar los conflictos que puedan producirse en aplicación de las normas respectivas y que no hayan de resolverse mediante la declaración de inconstitucionalidad de una de ellas. De sus distintas reglas, una de las cuales es la de la prevalencia de las normas del Derecho estatal en los términos que la misma describe («prevalecerán, en caso de conflicto, sobre las de las Comunidades Autónomas en todo lo que no esté atribuido a la exclusiva competencia de éstas»), resultan destinatarios los aplicadores del Derecho sin distinción, y su finalidad no es otra que la de asegurar la plenitud del ordenamiento, tal y como ha afirmado de manera reiterada este Tribunal [...]; reservando la Constitución a su vez a este último, el monopolio de la declaración de inconstitucionalidad de las leyes.

El art. 149.3 CE proporciona una herramienta útil para que las relaciones entre el ordenamiento jurídico estatal y los de las Comunidades Autónomas puedan desarrollarse con fluidez, en situaciones que no demanden como respuesta la declaración de inconstitucionalidad de las leyes de alguno de ellos; teniendo en cuenta que las Comunidades Autónomas ni son competentes «[...] "para determinar los efectos que sus normas producen sobre el Derecho estatal preexistente, pues la vigencia y aplicabilidad de éste será la que resulte de las normas constitucionales que regulen la relación entre el ordenamiento estatal y el autonómico (así, el art. 149.3 CE), y no lo que establezca el legislador autonómico" (STC 132/1989, FJ 33)» (STC 157/2004, de 21 de septiembre, FJ 13), ni lo pueden ser para condicionar el Derecho estatal posterior» (FJ 6).

c.2. El supuesto de hecho enjuiciado por el Tribunal Constitucional en la STC 102/2016, de 25 de mayo, en la STC 116/2016, de 20 de junio, y en la STC 127/2016, de 7 de julio.

c.2.1. El supuesto fáctico.

En todas estas Sentencias constitucionales se resuelven sendas cuestiones de inconstitucionalidad planteadas por la Sala de lo Contencioso-Administrativo del Tribunal Superior de Justicia de Galicia en relación con el art. 32.1 de la Ley 5/1997, de 22 de julio, de Administración Local de Galicia, por resultar, eventualmente, contrario a la legislación básica estatal sobrevenida contenida en el art. 47.2.*a*) de la Ley 7/1985, de 2 de abril, reguladora de las Bases de Régimen Local (LBRL) —en la redacción dada a dicho precepto por la Ley 57/2003, de 16 de diciembre, de medidas para la modernización del Gobierno Local—. La aplicación de uno u otro precepto es determinante del resultado del fallo del proceso contencioso-administrativo *a quo* «en cuanto que en ese proceso se impugna un Decreto que aprueba la fusión voluntaria de dos municipios cuya iniciativa, que requiere un acuerdo municipal en tal sentido, habría cumplido el régimen de mayorías establecido en una de ellas (estatal) pero no el de la otra (la autonómica)». Y es que, en el proceso *a quo* que dio lugar a la STC 102/2016 (en las otras Sentencias sucede esencialmente lo mismo), la Xunta de Galicia aprobó un Decreto acordando la fusión voluntaria de dos municipios (Cesuras y Oza dos Ríos) en uno único (Oza-Cesuras). Durante el procedimiento de aprobación votaron a favor de la fusión la mayoría absoluta de los Concejales del Ayuntamiento de Cesuras [tal como requería el entonces vigente art. 47.2.*a*) LBRL —esto es, la legislación básica estatal—], pero sin alcanzar la mayoría de dos tercios de los Concejales del referido Ayuntamiento (como exigía la normativa autonómica de desarrollo de dicha legislación básica estatal, contenida en el art. 32.1 de la Ley gallega 5/1997, de 22 de julio).

c.2.2. La normativa aplicable.

1) La legislación básica estatal originaria. El art. 47.2.*a*) de la Ley 7/1985, de 2 de abril, reguladora de las Bases de Régimen Local, disponía, en su redacción originaria, que: «Se requiere el voto favorable de las dos terceras partes del número de hecho y, en todo caso, de la mayoría absoluta del número legal de miembros de las Corporaciones para la adopción de acuerdos en las siguientes materias: *a*) Creación y supresión de Municipios y alteración de términos municipales».

2) La normativa autonómica gallega de desarrollo. El art. 32.1 de la Ley 5/1997, de 22 de julio, de Administración Local de Galicia, establece: «Las alteraciones de términos municipales podrán, asimismo, ser tramitadas, con carácter voluntario, por los Ayuntamientos interesados. En tal caso, el expediente será iniciado por los acuerdos de los respectivos Ayuntamientos, adoptados con el voto favorable de las dos terceras partes del número de hecho y, en todo caso, de la mayoría absoluta del número legal de miembros de la corporación».

3) La legislación básica estatal sobrevenida. El art. 47.2.*a*) de la Ley 7/1985, de 2 de abril, reguladora de las Bases de Régimen Local —en la redacción dada a dicho precepto por la Ley 57/2003, de 16 de diciembre, de medidas para la modernización del Gobierno Local—, prevé: «Se requiere el voto favorable de la mayoría absoluta del número legal de miembros de las corporaciones para la adopción de acuerdos en las siguientes materias: *a*) Creación y supresión de municipios y alteración de términos municipales».

c.3. El presupuesto para la aplicación del principio de primacía del Derecho estatal: la existencia de una legislación básica estatal cuya constitucionalidad no haya sido cuestionada. En este contexto, señala el Tribunal Constitucional que: la «prevalencia del Derecho estatal debe jugar en tanto no haya sido puesta en duda la constitucionalidad de la legislación básica modificada, pues en tal caso el Juez sí debería plantear cuestión de inconstitucionalidad, pero no sobre la legislación autonómica sino sobre la propia legislación básica posterior, si considerase que efectivamente concurrían las condiciones para ello» (STC 102/2016, de 25 de mayo, FJ 6). En el caso concreto, y según la referida Sentencia constitucional, no había dudas sobre la constitucionalidad de la legislación básica estatal aplicable al caso, puesto que el Tribunal Constitucional ya se había pronunciado con carácter previo en favor del carácter básico de la regulación contenida en el art. 47.2 LBRL en las SsTC 66/2011, de 16 de marzo, FJ 3, y 159/2012, de 17 de septiembre, FJ 3.

c.4. Los efectos jurídicos del principio de primacía del Derecho estatal: este principio no implica la derogación de la normativa autonómica de desarrollo incompatible con la nueva legislación básica estatal —aprobada de manera sobrevenida—, sino que supone su desplazamiento e inaplicación.

En este sentido, el Tribunal Constitucional ha afirmado, en su STC 102/ 2016, de 25 de mayo (FJ 6), que:

c.4.1. «El operador jurídico primario [esto es, la Administración —en el caso concreto la Xunta de Galicia—], al que preferentemente van destinadas las normas, tiene necesariamente que operar con la técnica del desplazamiento de una de las leyes en conflicto y no tiene legitimación para suscitar cuestión de inconstitucionalidad, pues su planteamiento se reserva a los jueces y tribunales, y esto significa que el asunto se ha judicializado, lo que representa siempre una situación indeseable, de tal modo que otorgar preferencia a la legislación básica estatal es la solución lógica a una situación provocada por la propia Comunidad Autónoma que ha incumplido su deber de inmediata acomodación de su legislación de desarrollo a la nueva legislación básica. Es la solución que deriva del carácter superfluo de la legislación reproductora, que no añade nada a la legislación básica para que aquélla pueda ser considerada realmente normativa de desarrollo. Es la técnica que utiliza con toda naturalidad la jurisdicción ordinaria para inaplicar, sin que esto signifique su nulidad, preceptos de reglamentos ejecutivos que transcriben la ley que desarrollan, cuando ésta se modifica. Es la técnica que también se utiliza por la jurisdicción ordinaria, y que este Tribunal ha considerado conforme con la Constitución (SsTC 145/2012, de 2 de julio, FJ 5, y 232/2015, de 5 de noviembre, FJ 6), cuando inaplica normas con rango legal que contradicen normativa comunitaria europea. En fin, es la solución que se corresponde con lo dispuesto en el art. 149.3 CE que atribuye a las normas del Estado prevalencia sobre las de las Comunidades Autónomas en todo lo que no esté atribuido a la exclusiva competencia de éstas».

c.4.2. «Este es uno de los casos en los que la aplicación del principio de prevalencia del Derecho estatal no determina la derogación de la norma autonómica ni ha de conducir a su nulidad por inconstitucionalidad sobrevenida, sino que puede resolverse, como ha hecho la Xunta de Galicia, inaplicando la ley autonómica por considerar prevalente la posterior legislación básica estatal. Supone el único resultado constitucionalmente respetuoso con la plenitud del ordenamiento (art. 149.3 CE), si el asunto no se hubiera judicializado, y es el único también al que en todo caso puede llegar el órgano judicial que conoce del mismo en vía contencioso-administrativa, tras el planteamiento y estimación de una cuestión de inconstitucionalidad ante este Tribunal, la cual resulta por todo ello innecesaria».

c.5. Los votos particulares a las SsTC 102/2016, de 25 de mayo; 116/2016, de 20 de junio, y 127/2016, de 7 de julio.

c.5.1. La explicación de que en cada una de estas Sentencias constitucionales exista un voto particular firmado por un número distinto de Magistrados del Alto Tribunal. En el momento de dictarse las tres referidas Sentencias, el Tribunal Constitucional contaba con tan sólo once miembros, tras el fallecimiento del Magistrado y Catedrático de Derecho Administrativo, D. Luis Ortega Álvarez.

1) El voto particular en la primera Sentencia dictada por el Pleno del Tribunal (STC 102/2016, de 25 de mayo) fue sólo suscrito por la Vicepresidenta del mismo (D.ª Adela Asua) —debido a cuestiones procesales, aunque su tesis había sido sustentada por otros Magistrados durante el debate del asunto en el Pleno del Tribunal—.

2) La segunda Sentencia (STC 116/2016, de 20 de junio) fue dictada por la Sala Primera, que contaba únicamente con cinco Magistrados. Los dos votos particulares a esta segunda resolución (de los Magistrados D. Andrés Ollero y D. Santiago Martínez-Vares) hicieron suya la argumentación del referido voto particular a la STC 102/2016 formulado por la Sra. Vicepresidenta.

3) La tercera Sentencia (STC 127/2016, de 7 de julio), de nuevo del Pleno del Tribunal, cuenta con un voto particular formulado por la Vicepresidenta —siguiendo muy de cerca su voto particular a la STC 102/2016—, que fue suscrito por otros cuatro Magistrados. En otras palabras, la Sentencia fue aprobada por seis votos frente a los cinco votos de los Magistrados disidentes (además de la Vicepresidenta, D. Andrés Ollero, D. Santiago Martínez-Vares, D. Fernando Valdés y D. Antonio Narváez). Estos dos últimos Magistrados formaban en ese momento parte —al igual que la Vicepresidenta— de la Sala Segunda del Tribunal Constitucional.

c.5.2. La esencia de los votos particulares: los casos enjuiciados, que son esencialmente idénticos, no deberían haberse resuelto a través del principio de prevalencia *ex* art. 149.3 CE, sino mediante el recurso al principio de competencia, teniendo en cuenta, además, que el Tribunal Constitucional tiene atribuido el monopolio del control de la constitucionalidad de todas las leyes postconstitucionales (esto es, en España rige un modelo de control concentrado de la constitucionalidad y no un modelo de control difuso de la constitucionalidad de determinadas normas, como el que se pretende introducir a partir de la STC 102/2016 «por la que se atribuye a los operadores jurídicos llamados a aplicar la ley en primer lugar la facultad de valorar por su cuenta la hipotética inconstitucionalidad sobrevenida de una norma autonómica, para proceder a su inaplicación» —RJ 7—).

c.5.3. El núcleo de la argumentación: cuando se produzca un conflicto entre el binomio «legislación básica estatal» y «legislación autonómica de desarrollo», dicho conflicto debe resolverse exclusivamente por el Tribunal Constitucional a través de la aplicación del principio de competencia. Razonan, en este sentido, los votos particulares de la STC 102/2016 (RJ 7) y de la STC 127/2016 (RJ 6) que: «En definitiva —y en lo que a nuestros efectos importa—, cuando se trata, simplificando los términos, del binomio legislación estatal básica/legislación autonómica de desarrollo, la resolución de los posibles conflictos no puede alcanzarse mediante un criterio de prevalencia de la legislación estatal sobre la autonómica porque supondría desconocer que, de acuerdo con el bloque de la constitucionalidad, al Estado le corresponde en exclusiva un ámbito competencial determinado, y a las Comunidades Autónomas otro distinto, lo cual no queda a la libre disponibilidad del legislador estatal. El desconocimiento de esos límites sólo puede resolverse en un vicio de incompetencia y en la consiguiente inconstitucionalidad de la norma que los haya excedido. Entenderlo de otra forma podría dar lugar a un vaciamiento de las competencias reservadas a las Comunidades Autónomas por la Constitución y, por encargo de ésta, por sus respectivos Estatutos de Autonomía.

Sobre esta base, la asignación de la condición de norma básica a un precepto inicialmente no básico, o la alteración posterior del contenido de la norma básica (supuesto sobre el que se asienta la Sentencia de la que discrepo) que produzcan una colisión con las normas autonómicas de desarrollo, plantean un estricto problema de competencias que exige determinar en qué punto se produce el exceso y el vicio de incompetencia, lo que implica un juicio acerca del carácter formal y materialmente básico de la nueva norma estatal. Juicio que, en cuanto afecta al propio entendimiento de las cláusulas competenciales de la Constitución, sólo puede llevar a cabo este Tribunal Constitucional conforme a los arts. 153.*a*), 161 y 163 CE. Considerar que esa tarea puede realizarse por cualquier aplicador del Derecho, en virtud de la regla de la prevalencia de la legislación estatal del art. 149.3 CE, conlleva un riesgo cierto de inseguridad jurídica y de pérdida de uniformidad en la interpretación y aplicación de las normas del bloque de la constitucionalidad, hurtando a este Tribunal su conocimiento por la vía del art. 163 CE».

IV. EL PRINCIPIO DE SUPLETORIEDAD DEL DERECHO ESTATAL

1. Su filosofía: la habilitación jurídica para que, en el caso de que un ordenamiento jurídico carezca de una norma que pudiese ser de aplicación a un supuesto de hecho concreto, se pueda recurrir a una norma de otro ordenamiento, «dejando así a salvo la finalidad de plenitud reguladora que tiene el Derecho».

2. Su base jurídica: el art. 149.3 CE. Este precepto, entre otras cosas, dispone: «El Derecho estatal será, en todo caso, supletorio del Derecho de las Comunidades Autónomas».

3. Su contenido.

   A. Ha sido precisado por el Tribunal Constitucional en distintas Sentencias (SsTC 147/1991, de 4 de julio; 118/1996, de 27 de junio, o 61/1997, de 20 de marzo).

B. Las dos vertientes del principio de supletoriedad. Según la jurisprudencia del Tribunal Constitucional, el principio de supletoriedad tiene dos caras: 1) Por un lado, desde el punto de vista del Poder Legislativo (o plano negativo), el art. 149.3 CE no contiene una cláusula de atribución de competencias en favor del Legislador estatal que le permita dictar normas tanto sobre materias de competencia autonómica como sobre materias de competencia compartida entre el propio Estado y las Comunidades Autónomas, y 2) Por otro lado, desde la perspectiva de los aplicadores del Derecho autonómico (o plano positivo), el art. 149.3 CE se dirige precisamente a estos operadores jurídicos (órganos jurisdiccionales y órganos administrativos), de tal manera que el valor supletorio del Derecho estatal «debe obtenerse por el aplicador del Derecho a través de las reglas de interpretación pertinentes, incluida la vía analógica, y no ser impuesta directamente por el Legislador desde normas especialmente aprobadas con tal exclusivo propósito, para incidir en la reglamentación jurídica de sectores materiales en los que el Estado carece de título competencial específico que justifique dicha reglamentación» o, en otros términos, el Derecho estatal sería supletorio no porque lo dijese el Estado, «sino porque lo considere así el aplicador del Derecho autonómico».

C. El principio de supletoriedad del Derecho del Estado y el Poder Legislativo estatal: el principio de supletoriedad, desde un plano negativo, «en manera alguna constituye una cláusula universal atributiva de competencias para legislar sobre cualesquiera materia a favor del Estado». El voto particular disidente de las SsTC 118/1996, de 27 de junio, y 61/1997, de 20 de marzo, sostiene, diametralmente, la tesis contraria: «el Estado no precisa de ningún título competencial para dictar normas de carácter supletorio».

a. Las líneas fundamentales de la doctrina del Tribunal Constitucional sobre el principio de supletoriedad del Derecho estatal en su vertiente negativa pueden resumirse en los siguientes términos:

a.1. La supletoriedad no constituye un título de atribución de competencias al Estado: «la supletoriedad no es, en ningún caso, título competencial», y «el Estado no puede dictar normas con eficacia meramente supletoria, en materias sobre las cuales carece de todo título competencial; el legislador estatal no puede apoyarse en la regla de la supletoriedad para dictar tales normas, por no constituir una cláusula universal atributiva de competencias» (STC 118/1996, de 27 de junio, FFJJ 6 y 7).

a.2. El Estado no puede crear Derecho supletorio en materias de competencia exclusiva de las Comunidades Autónomas: «Lo expuesto conduce en principio a considerar viciadas de incompetencia y, por ello, nulas las normas que el Estado dicte con el único propósito de crear Derecho supletorio del de las Comunidades Autónomas en materias que sean de la exclusiva competencia de éstas, lo cual no es constitucionalmente legítimo cuando todos los Estatutos de Autonomía atribuyen a las Comunidades la competencia como exclusiva y en un mismo grado de homogeneidad» (STC 147/1991, de 4 de julio, FJ 7, y STC 118/1996, de 27 de junio, FJ 6).

a.3. El Estado no puede dictar Derecho supletorio en aquellas materias en las que esta Administración Territorial ostente competencias compartidas con las Comunidades Autónomas: «si para dictar cualesquiera normas precisa el Estado de un título competencial específico que las justifique, y la supletoriedad no lo es, esa conclusión ha de mantenerse en todo caso. Por lo tanto, tampoco en las materias en las que el Estado ostenta competencias compartidas puede, excediendo el tenor de los títulos que se las atribuyen y penetrando en el ámbito reservado por la Constitución y los Estatutos a las Comunidades Autónomas, producir normas jurídicas meramente supletorias, pues tales normas, al invocar el amparo de una cláusula como la de supletoriedad que, por no ser título competencial, no puede dárselo, constituyen una vulneración del orden constitucional de competencias» (STC 118/1996, de 27 de junio, FJ 6).

a.4. El principio de supletoriedad no sólo no constituye un título competencial que permita al Estado dictar normas en materias de competencia exclusiva de las Comunidades Autónomas o de competencia compartida por el propio Estado con estas Administraciones, sino que tampoco constituye un título que le habilite para derogar el Derecho estatal en ámbitos que eran de su competencia, pero que han dejado de serlo, porque, con la evolución del Estado Autonómico, han adquirido competencias (exclusivas o compartidas) las Comunidades Autónomas sobre los mismos: «Si, como hemos señalado, la cláusula de supletoriedad no es una fuente atributiva, en positivo, de competencias estatales, ni aun con carácter supletorio, tampoco puede serlo en negativo; es decir, tampoco puede ser un título que le permita al Estado derogar el que era su propio Derecho, en este caso sobre urbanismo, pero que ya ha dejado de serlo o, más exactamente, que ya no se encuentra a su disposición, ya sea para alterarlo (aun con eficacia supletoria) o para derogarlo. De otro modo, si el legislador estatal suprimiese, mediante su derogación, el derecho sobre una materia cuya competencia ya no es suya, sino de las Comunidades Autónomas, vendría a quebrantar una de las finalidades básicas de la cláusula de supletoriedad, cual es la de que, con la constitución de los órganos de poder de las Comunidades Autónomas, y su correspondiente asunción de competencias normativas, no se origine un vacío parcial del ordenamiento, permitiendo y prescribiendo, con este propósito, la aplicación supletoria, potencialmente indefinida, del ordenamiento estatal» (STC 61/1997, de 20 de marzo, FJ 12).

b. El voto particular disidente a las SsTC 118/1996, de 27 de junio, y 61/1997, de 20 de marzo, formulado por el Magistrado D. Manuel Jiménez de Parga: «el Estado no precisa de ningún título competencial para dictar normas de carácter supletorio».

Esta tesis del voto particular se fundamenta, entre otros, en los siguientes argumentos: 1) «En definitiva, la supletoriedad es una función del conjunto del ordenamiento jurídico estatal con independencia del alcance de la competencia estatal o autonómica. No es, ni puede ser, ningún título competencial, sino una consecuencia añadida a las competencias estatales, o más exactamente, un efecto de la naturaleza del ordenamiento estatal, así como del carácter de sub-ordenamiento del autonómico»; 2) «Mi tesis es que el Estado no precisa de ningún título competencial para dictar normas de carácter supletorio. La supletoriedad es del ordenamiento estatal, no emana de una competencia ni de una norma. Es la consecuencia derivada del ejercicio por parte del Estado de sus potestades para la inserción de sus preceptos en el seno de un ordenamiento que despliega respecto del autonómico esa función de suplencia a la que se refiere el art. 149.3 CE, en atención a que se trata del ordenamiento del Estado, o sea, de España (art. 1.1 CE)»; 3) «En los supuestos de anomia autonómica y de aplicación supletoria del ordenamiento estatal (materialmente) en primer grado, son irrelevantes la materia y la competencia, porque, en todo caso, el "Derecho-ordenamiento estatal" será de aplicación supletoria. Ahora bien, ese ordenamiento estatal estará integrado por normas de "aplicación plena" o por normas "básicas", fruto del ejercicio por el Estado de sus competencias exclusivas y básicas, respectivamente. ¿Puede el Estado dictar normas de aplicación supletoria? Podemos dar por supuesto que siempre el entero ordenamiento estatal es un ordenamiento de aplicación supletoria, en cualquier ámbito o materia, sea de competencia exclusiva de las Comunidades Autónomas o compartidas, porque así lo dispone el art. 149.3 CE y así se corresponde con la naturaleza y función de dicho ordenamiento»; 4) «Ahora bien, no debe olvidarse que la supletoriedad es una función del ordenamiento estatal y que esa función se cumple sin necesidad de habilitación de competencia de tipo alguno. Así lo establece el art. 149.3 CE y así se deduce de la naturaleza y función del ordenamiento estatal», y 5) «La supletoriedad es una función que cumple el ordenamiento estatal respecto del autonómico al servicio de bienes y valores constitucionales, como son la igualdad y la seguridad jurídica. Además, la posibilidad de que el Estado pueda dictar normas supletorias es un refuerzo de la garantía de que las competencias estatales no se vean impedidas de cumplir sus fines como consecuencia del inejercicio por parte de las Comunidades Autónomas de las suyas. Ciertamente, la intensidad de esa garantía debe modularse en función del alcance de la competencia estatal y su proyección sobre la autonómica. Será menor cuando la competencia es incidental respecto de la competencia exclusiva autonómica, pero será más intensa cuando se trate de una competencia compartida. No es concebible que la competencia estatal pueda ser neutralizada por el inejercicio por parte de la Comunidad Autónoma de las suyas».

D. El principio de supletoriedad del Derecho del Estado y los aplicadores del Derecho: desde una perspectiva positiva, este principio constituye una cláusula de cierre del sistema que tiene por objeto asegurar la realización del principio de plenitud del ordenamiento jurídico, suministrando al aplicador del Derecho una regla con la cual poder superar las lagunas existentes. O, en otros términos, dicha cláusula constituye «una previsión constitucional emanada de la Constitución Española que se dirige al aplicador del Derecho, indicándole el modo en que deben colmarse las lagunas del ordenamiento autonómico, cuando las haya. A tenor de la misma, una vez que el aplicador del Derecho, utilizando los medios usuales de interpretación, haya identificado una laguna en el ordenamiento autonómico, deberá colmarla acudiendo a las normas pertinentes, dictadas por el Estado en el ejercicio de las competencias que la Constitución le atribuye: en eso consiste la supletoriedad del Derecho estatal que, por su misma naturaleza, no comporta atribución competencial alguna» (STC 118/1996, de 27 de junio, FJ 6).

E. El problema de los eventuales incumplimientos por las Comunidades Autónomas de las obligaciones impuestas por el Derecho comunitario europeo. Sobre la aplicación supletoria del Derecho estatal ante los eventuales incumplimientos autonómicos del Derecho de la Unión Europea (STC 79/1992, de 28 de mayo, FJ 3).

Con respecto al recurso al principio de supletoriedad del Derecho estatal (art. 149.3 CE) para hacer frente a eventuales incumplimientos del Derecho europeo por parte de las Comunidades Autónomas, el Tribunal Constitucional ha afirmado: «las disposiciones del Estado que establezcan reglas destinadas a permitir la ejecución de los Reglamentos comunitarios en España y que no puedan considerarse normas básicas o de coordinación, tienen un carácter supletorio de las que pueden dictar las Comunidades Autónomas para los mismos fines en el ámbito de sus competencias. Sin olvidar que la cláusula de supletoriedad del art. 149.3 CE no constituye una cláusula universal atributiva de competencias (SsTC 15/1989, de 26 de enero, 103/1989, de 8 de junio, y 147/1991, de 4 de julio), en tales casos la posibilidad de que el Estado dicte normas innovadoras de carácter supletorio está plenamente justificada. Primero, porque se trata de una materia —la agricultura y la ganadería— en la que existen competencias estatales concurrentes de ordenación general del sector en todo el territorio nacional lo que legitima esa intervención normativa estatal, al menos con alcance supletorio (STC 147/1991, de 4 de julio). Segundo, porque, a falta de la consiguiente actividad legislativa o reglamentaria de las Comunidades Autónomas, esa normativa estatal supletoria puede ser necesaria para garantizar el cumplimiento del Derecho derivado europeo, función que corresponde a las Cortes Generales o al Gobierno, según los casos (art. 93 CE, conforme al que ha de interpretarse también el alcance de la cláusula de supletoriedad del art. 149.3 CE). Tercero, porque de lo contrario podría llegarse (y de hecho se hubiera llegado) a la absurda conclusión de que, ante la pasividad normativa de todas o algunas Comunidades Autónomas, los agricultores y ganaderos de las mismas no podrían percibir las ayudas que les corresponden según la reglamentación comunitaria aplicable, resultado este que nunca puede quedar justificado en virtud de una rígida interpretación del orden constitucional de competencias y que, precisamente, una cláusula de cierre como la del art. 149.3 CE contribuye a evitar. Por último y decisivamente, porque la aplicabilidad de las ayudas del FEOGA en España, que es uno de los capítulos cuantitativamente más importantes de los recursos que se reciben de la CEE, afecta a las relaciones financieras del Reino de España con la Comunidad y a su equilibrio presupuestario, incidiendo de manera indirecta en la Hacienda General (art. 149.1.14.º CE). Si bien ello no priva a las Comunidades Autónomas de las competencias que les correspondan en la aplicación del Derecho derivado, sí justifica la adopción por el Estado de las normas con alcance eventualmente supletorio que sean precisas a fin de que esas relaciones financieras no queden al albur de la actividad o pasividad normativa de todas y cada una de las Comunidades Autónomas competentes en la materia» (STC 79/1992, de 28 de mayo, FJ 3).

LECCIÓN 11

LAS RELACIONES ENTRE ORDENAMIENTOS JURÍDICOS (II): EL ORDENAMIENTO JURÍDICO EUROPEO Y LOS ORDENAMIENTOS NACIONALES

1. De conformidad con lo dispuesto en el art. 5, toda competencia no atribuida a la Unión en los Tratados corresponde a los Estados miembros.

2. La Unión respetará la igualdad de los Estados miembros ante los Tratados, así como su identidad nacional, inherente a las estructuras fundamentales políticas y constitucionales de éstos, también en lo referente a la autonomía local y regional. Respetará las funciones esenciales del Estado, especialmente las que tienen por objeto garantizar su integridad territorial, mantener el orden público y salvaguardar la seguridad nacional. En particular, la seguridad nacional seguirá siendo responsabilidad exclusiva de cada Estado miembro.

3. Conforme al principio de cooperación leal, la Unión y los Estados miembros se respetarán y asistirán mutuamente en el cumplimiento de las misiones derivadas de los Tratados.

Los Estados miembros adoptarán todas las medidas generales o particulares apropiadas para asegurar el cumplimiento de las obligaciones derivadas de los Tratados o resultantes de los actos de las instituciones de la Unión.

Los Estados miembros ayudarán a la Unión en el cumplimiento de su misión y se abstendrán de toda medida que pueda poner en peligro la consecución de los objetivos de la Unión.

ARTÍCULO 4 del Tratado de la Unión Europea.

ESTRUCTURA:

I. La pluralidad de ordenamientos jurídicos: el ordenamiento jurídico europeo y los ordenamientos jurídicos nacionales.
II. La influencia del proceso de construcción europea sobre la Constitución Española: las Reformas constitucionales.
III. La plasmación en España de los principios generales del Derecho europeo elaborados por el Tribunal de Justicia de las Comunidades Europeas.

IV. La participación de los Parlamentos nacionales en el funcionamiento ordinario de la Unión Europea.
V. Los órganos jurisdiccionales (ordinarios y constitucionales) y el ordenamiento comunitario.
VI. La articulación de las relaciones entre las distintas Administraciones Territoriales españolas y la Unión Europea.

Normativa de referencia:

I. Constitución Española (CE).
II. Normativa europea.
  1. Tratado de la Unión Europea (TUE).
  2. Tratado de Funcionamiento de la Unión Europea (TFUE).
III. Normativa estatal.
  1. Ley Orgánica 3/1980, de 22 de abril, del Consejo de Estado (LOCE).
  2. Ley Orgánica 8/1980, de 22 de septiembre, de Financiación de las Comunidades Autónomas (LOFCA).
  3. Ley Orgánica 9/1992, de 23 de diciembre, de transferencia de competencias a las Comunidades Autónomas que accedieron a la autonomía por la vía del artículo 143 de la Constitución.
  4. Ley Orgánica 1/2011, de 28 de enero, de reforma del Estatuto de Autonomía de la Comunidad Autónoma de Extremadura (EAEx).
  5. Ley Orgánica 2/2012, de 27 de abril, de Estabilidad Presupuestaria y Sostenibilidad Financiera (LOEPSF).
  6. Ley 8/1994, de 19 de mayo, por la que se regula la Comisión Mixta para la Unión Europea (LCMUE).
  7. Ley 2/1997, de 13 de marzo, por la que se regula la Conferencia para Asuntos relacionados con las Comunidades Europeas (LCARUE).
  8. Ley 17/2009, de 23 de noviembre, sobre el libre acceso a las actividades de servicios y su ejercicio.
  9. Ley 25/2009, de 22 de diciembre, de modificación de diversas leyes para su adaptación a la Ley sobre el libre acceso a las actividades de servicios y su ejercicio.
  10. Ley 2/2014, de 25 de marzo, de la Acción y del Servicio Exterior del Estado (LASE).
  11. Real Decreto 260/1986, de 17 de enero, por el que se crea la Representación Permanente de España ante las Comunidades Europeas.
  12. Real Decreto 2105/1996, de 20 de septiembre, por el que se crea la Consejería para Asuntos Autonómicos en la Representación Permanente de España ante la Unión Europea.
  13. Real Decreto 515/2013, de 5 de julio, por el que se regulan los criterios y el procedimiento para determinar y repercutir las responsabilidades por incumplimiento del Derecho de la Unión Europea (RRIDUE).

Bibliografía complementaria:

Balaguer Callejón, F. (coord.), *Manual de Derecho Constitucional*, Vol. I, *Constitución y fuentes del Derecho. Derecho Constitucional Europeo. Tribunal Constitucional. Estado autonómico*, Tecnos, Madrid, 19.ª edición, 2024.

Mangas Martín, A., y Liñán Nogueras, D. J., *Instituciones y Derecho de la Unión Europea*, Tecnos, Madrid, 10.ª edición, 2020.

Muñoz Machado, S., *Derecho Administrativo y sistema de fuentes*, Tomo I de la obra colectiva *Lecciones y Materiales para el Estudio del Derecho Administrativo*, Iustel, Madrid, 2009.

— *Tratado de Derecho Administrativo y Derecho Público General*, Tomo II, Iustel, Madrid, 2006.

Rebollo Puig, M., y Vera Jurado, D. (dirs.), *Derecho Administrativo*, Tomo I. *Conceptos fundamentales, Fuentes y Organización*, Tecnos, 5.ª edición, Madrid, 2023.

Sarmiento, D., *El Derecho de la Unión Europea*, Marcial Pons, Madrid, 4.ª edición, 2022.

Lecturas recomendadas:

Álvarez García, V., «El largo conflicto constitucional en materia de designación de entidades de acreditación de los verificadores medioambientales (o el necesario cambio de actitud del Tribunal Constitucional en los supuestos en los que la aplicación del Derecho constitucional español dependa de la interpretación del Derecho europeo)», *Revista General de Derecho Administrativo*, núm. 44, 2017.

Arzoz Santisteban, X., «La autonomía institucional y procedimental de los Estados miembros en la Unión Europea», *Revista de Administración Pública*, núm. 191, 2013, pp. 159-197.

Matia Portilla, F. J., *Parlamentos nacionales y Derecho comunitario derivado*, Centro de Estudios Políticos y Constitucionales, Madrid, 1999.

Muñoz Machado, S., *El Estado, el Derecho interno y la Comunidad Europea*, Civitas, Madrid, 1985.

Quadra-Salcedo Janini, T. de la, *El sistema europeo de distribución de competencias: garantías políticas y garantías jurídicas de un ámbito propio de decisión de los Estados miembros de la Unión Europea*,Thomson-Civitas, Cizur Menor, 2006.

Soriano, J. E., *Comunidades Autónomas y Comunidad Europea*, Tecnos, Madrid, 1990.

I. LA PLURALIDAD DE ORDENAMIENTOS JURÍDICOS: EL ORDENAMIENTO JURÍDICO EUROPEO Y LOS ORDENAMIENTOS JURÍDICOS NACIONALES

1. Ordenamiento jurídico global y ordenamientos jurídicos secundarios o parciales: en un Estado complejo pueden individualizarse una pluralidad de ordenamientos jurídicos, tantos como Administraciones Territoriales operan en ese Estado. El conjunto de todos ellos constituye el «ordenamiento jurídico global» (presidido por la Constitución o Norma Fundamental), y cada uno de los ordenamientos jurídicos generados por cada una de las referidas Administraciones constituye un «ordenamiento jurídico secundario».

2. Los ordenamientos jurídicos que operan en España: el ordenamiento de la Unión Europea (art. 93 CE), el estatal, los autonómicos (art. 147.1 CE), y los locales (arts. 137, 140 y 141.1 CE).

3. En particular, la base constitucional para la incorporación en España del ordenamiento jurídico comunitario: el art. 93 CE.

El art. 93 CE dispone: «Mediante ley orgánica se podrá autorizar la celebración de tratados por los que se atribuya a una organización o institución internacional el ejercicio de competencias derivadas de la Constitución. Corresponde a las Cortes Generales o al Gobierno, según los casos, la garantía del cumplimiento de estos tratados y de las resoluciones emanadas de los organismos internacionales o supranacionales titulares de la cesión».

4. La incorporación de nuestro país a las Comunidades Europeas: la Ley Orgánica 10/1985, de 2 de agosto, de Autorización para la Adhesión de España a las Comunidades Europeas y el Instrumento de Ratificación del Tratado hecho en Lisboa y Madrid el día 12 de junio de 1985, relativo a la adhesión del Reino de España y de la República Portuguesa a la Comunidad Económica Europea y a la Comunidad Europea de la Energía Atómica.

El art. 2 de la referida Acta de Adhesión: la aceptación por parte de nuestro país del acervo jurídico comunitario. Este precepto, en efecto, dispone que: «Desde el momento de la adhesión, las disposiciones de los Tratados originarios y los actos adoptados por las instituciones de las Comunidades antes de la adhesión obligarán a los nuevos Estados miembros y serán aplicables en dichos Estados en las condiciones previstas en estos Tratados y en la presente Acta».

5. Esquema de los mecanismos esenciales para la articulación entre el ordenamiento jurídico europeo y los ordenamientos jurídicos nacionales (estatal, regionales y locales). Sobre el caso español, en particular.

   A. Los principios generales del Derecho europeo elaborados por el Tribunal de Justicia de las Comunidades Europeas y su aplicación en España.

   B. La participación de los Parlamentos nacionales (Cortes Generales y Asambleas legislativas) en el funcionamiento de la Unión Europea.

   C. El papel de los órganos jurisdiccionales nacionales en la aplicación del Derecho de la Unión Europea.

   D. La participación de las Comunidades Autónomas en la formación de la voluntad del Estado ante las instituciones comunitarias («fase ascendente») y en la ejecución del Derecho comunitario europeo («fase descendente»).

II. LA INFLUENCIA DEL PROCESO DE CONSTRUCCIÓN EUROPEA SOBRE LA CONSTITUCIÓN ESPAÑOLA: LAS REFORMAS CONSTITUCIONALES

1. Desde la aprobación y entrada en vigor de la Constitución Española en el año 1978, nuestra Norma Fundamental ha experimentado dos Reformas, que han ido ligadas, además, al proceso de integración europea.

A. La Reforma del art. 13.2 CE, de 27 de agosto de 1992 (*BOE* núm. 207-1, de 28 de agosto de 1992).

B. La Reforma del art. 135 CE, de 27 de septiembre de 2011 (*BOE* núm. 233, de 27 de septiembre de 2011).

2. La Reforma constitucional de 1992: la nueva redacción del art. 13.2 CE.

A. El texto originario del art. 13.2 CE. Este precepto establecía:

«Solamente los españoles serán titulares de los derechos reconocidos en el art. 23, salvo lo que, atendiendo a criterios de reciprocidad, pueda establecerse por tratado o ley para el derecho de sufragio activo en las elecciones municipales».

El referido art. 23 CE disponía en ese momento (y sigue disponiendo hoy, dado que no ha sufrido ningún tipo de modificación) que:

«1. Los ciudadanos tienen el derecho a participar en los asuntos públicos, directamente o por medio de representantes, libremente elegidos en elecciones periódicas por sufragio universal.

2. Asimismo, tienen derecho a acceder en condiciones de igualdad a las funciones y cargos públicos, con los requisitos que señalen las leyes».

B. La redacción del art. 8.B, apartado 1, del Tratado constitutivo de la Comunidad Europea (en la redacción dada al mismo por el Tratado de la Unión Europea en el año 1992 —Tratado de Maastricht—):

«Todo ciudadano de la Unión que resida en un Estado miembro del que no sea nacional tendrá derecho a ser elector y elegible en las elecciones municipales del Estado miembro en el que resida, en las mismas condiciones que los nacionales de dicho Estado».

C. La diferencia entre los dos textos: el texto originario de la Constitución Española únicamente posibilitaba el sufragio activo de los extranjeros en las elecciones municipales, mientras que el nuevo precepto de Derecho originario europeo prevé que todo ciudadano de la Unión que resida en un Estado miembro del que no sea nacional tendrá derecho a ser tanto elector como elegible (esto es, dispondrá del derecho de sufragio activo y pasivo) en las elecciones municipales del Estado miembro de la Unión Europea en el que resida.

D. Ante esta eventual contradicción puntual entre nuestra Constitución y el Derecho originario europeo, el Gobierno de la Nación acordó requerir al Tribunal Constitucional un pronunciamiento sobre la cuestión mediante la vía prevista en el art. 95.2 CE (el recurso previo de inconstitucionalidad de los Tratados internacionales). Este precepto constitucional —desarrollado por el art. 78 LOTC— dispone:

«1. La celebración de un tratado internacional que contenga estipulaciones contrarias a la Constitución exigirá la previa revisión constitucional.

2. El Gobierno o cualquiera de las Cámaras puede requerir al Tribunal Constitucional para que declare si existe o no esa contradicción».

E. La respuesta del Tribunal Constitucional al requerimiento gubernamental se produjo a través de su Declaración 1/1992, de 1 de julio. El contenido de esta resolución constitucional: 1) La constatación del desajuste entre el art. 13.2 CE y la nueva redacción del art. 8.B, apartado 1, del Tratado constitutivo de la Comunidad Europea; 2) La necesaria reforma del referido precepto constitucional para que España pudiese ratificar válidamente el Tratado de Maastricht; 3) El procedimiento de reforma constitucional adecuado es el regulado en el art. 167 CE.

En este sentido, nuestro Tribunal Constitucional dictaminó, literalmente, lo siguiente: «6. La conclusión que se impone es, pues, la de que existe una contradicción, irreductible por vía de interpretación, entre el art. 8.B, apartado 1, del Tratado de la Comunidad Económica Europea, según quedaría el mismo redactado por el Tratado de la Unión Europea, de una parte, y el art. 13.2 de nuestra Constitución, de otra; contradicción que afecta a la parte de aquel precepto que reconocería el derecho de sufragio pasivo en las elecciones municipales a un conjunto genérico de personas (los nacionales de otros países miembros de la Comunidad) que no tienen la condición de españoles. La única vía existente en Derecho para superar tal antinomia, y para ratificar o firmar aquel tratado, es, así, la que ha previsto la Constitución en su art. 95.1: la previa revisión de la Norma fundamental en la parte de la misma que impone hoy la conclusión de esta declaración. Dicha reforma constitucional habrá de remover el obstáculo contenido en el art. 13.2, que impide extender a los no nacionales el derecho al sufragio pasivo en las elecciones municipales.

De todo lo anteriormente expuesto se infiere la conclusión de que, al no contrariar el precepto examinado otra norma de la Constitución distinta al art. 13.2 de la misma, el procedimiento para la revisión constitucional, que prevé el art. 95.1, ha de ser el de carácter general u ordinario contemplado en el art. 167 de nuestra Ley fundamental. Con esta última declaración damos respuesta a la última de las cuestiones suscitadas por el Gobierno» (DTC 1/1992, de 1 de julio, FJ 6).

F. El nuevo texto del art. 13.2 CE tras de la Reforma constitucional de 27 de agosto de 1992.

a. El reconocimiento constitucional del derecho de sufragio activo y pasivo en las elecciones municipales de los nacionales de otros Estados miembros de la Unión Europea residentes en España. En este sentido, la vigente redacción del art. 13.2 CE dispone:

«Solamente los españoles serán titulares de los derechos reconocidos en el art. 23, salvo lo que, atendiendo a criterios de reciprocidad, pueda establecerse por tratado o ley para el derecho de sufragio activo y pasivo en las elecciones municipales».

b. La justificación de la modificación operada en el texto constitucional tiene su base en el compromiso de España con el proceso de integración europea, según afirma de manera expresa la Exposición de Motivos del texto de la Reforma constitucional de 27 de agosto de 1992.

Este texto precisa, entre otras cosas, lo siguiente: «Desde el momento mismo del ingreso de España en las Comunidades Europeas, las Cortes Generales han dotado, paulatinamente, al ordenamiento jurídico de los instrumentos normativos necesarios para acompasar la realidad legal y política española al ritmo del cambio histórico de institucionalización de la idea de Europa.

En el marco de ese proceso de desarrollo gradual y creciente consolidación de la Unidad Europea eficazmente acogido en la vertiente del Derecho interno español por la moderna perspectiva aportada por el art. 93 de la Constitución Española, el Congreso de los Diputados y el Senado aprobaron, en vísperas de la reunión de Maastricht, sendas resoluciones en las que, una vez más, se alentaba firmemente la perseverancia en ese proceso histórico. De entre los amplios contenidos de dichas resoluciones, es oportuno destacar ahora el decidido apoyo de las Cortes Generales en favor de la institucionalización de una incipiente "ciudadanía comunitaria" [...].

Cualesquiera que sean las legítimas diferencias que separen a las fuerzas políticas parlamentarias, que representan al pueblo español en las Cortes Generales, los proponentes entienden deseable respetar el principio de consenso que presidió la elaboración constitucional y que ha sido pauta permanente en las decisiones parlamentarias relativas a la incorporación de España a la Comunidad Europea y a su posición en el seno de ella. En una ocasión como la presente, en la que se unen la decisión constitucional y la decisión europea, parece muy aconsejable subrayar ese principio de consenso político. Porque la sencillez formal de la reforma que se aborda no debe ocultar que se trata de una genuina reforma constitucional que implica una decisión de amplias consecuencias para el espíritu de la Unidad Europea».

3. La Reforma constitucional de 2011: la nueva redacción del art. 135 CE.

A. El texto originario del art. 135 CE. Este precepto constitucional disponía:

«1. El Gobierno habrá de estar autorizado por ley para emitir Deuda Pública o contraer crédito.

2. Los créditos para satisfacer el pago de intereses y capital de la Deuda Pública del Estado se entenderán siempre incluidos en el estado de gastos de los presupuestos y no podrán ser objeto de enmienda o modificación, mientras se ajusten a las condiciones de la ley de emisión».

B. El texto vigente del art. 135 CE, tras su modificación por la Reforma constitucional de 27 de septiembre de 2011: la incorporación a nuestra Norma Fundamental del principio de estabilidad presupuestaria. El art. 135 CE dispone, en su redacción actual, que:

«1. Todas las Administraciones Públicas adecuarán sus actuaciones al principio de estabilidad presupuestaria.

2. El Estado y las Comunidades Autónomas no podrán incurrir en un déficit estructural que supere los márgenes establecidos, en su caso, por la Unión Europea para sus Estados Miembros.

Una ley orgánica fijará el déficit estructural máximo permitido al Estado y a las Comunidades Autónomas, en relación con su producto interior bruto. Las Entidades Locales deberán presentar equilibrio presupuestario.

3. El Estado y las Comunidades Autónomas habrán de estar autorizados por ley para emitir deuda pública o contraer crédito.

Los créditos para satisfacer los intereses y el capital de la deuda pública de las Administraciones se entenderán siempre incluidos en el estado de gastos de sus presupuestos y su pago gozará de prioridad absoluta. Estos créditos no podrán ser objeto de enmienda o modificación, mientras se ajusten a las condiciones de la ley de emisión.

El volumen de deuda pública del conjunto de las Administraciones Públicas en relación con el producto interior bruto del Estado no podrá superar el valor de referencia establecido en el Tratado de Funcionamiento de la Unión Europea.

4. Los límites de déficit estructural y de volumen de deuda pública sólo podrán superarse en caso de catástrofes naturales, recesión económica o situaciones de emergencia extraordinaria que escapen al control del Estado y perjudiquen considerablemente la situación financiera o la sostenibilidad económica o social del Estado, apreciadas por la mayoría absoluta de los miembros del Congreso de los Diputados.

5. Una ley orgánica desarrollará los principios a que se refiere este artículo, así como la participación, en los procedimientos respectivos, de los órganos de coordinación institucional entre las Administraciones Públicas en materia de política fiscal y financiera. En todo caso, regulará:

   a) La distribución de los límites de déficit y de deuda entre las distintas Administraciones Públicas, los supuestos excepcionales de superación de los mismos y la forma y plazo de corrección de las desviaciones que sobre uno y otro pudieran producirse.

   b) La metodología y el procedimiento para el cálculo del déficit estructural.

   c) La responsabilidad de cada Administración Pública en caso de incumplimiento de los objetivos de estabilidad presupuestaria.

6. Las Comunidades Autónomas, de acuerdo con sus respectivos Estatutos y dentro de los límites a que se refiere este artículo, adoptarán las disposiciones que procedan para la aplicación efectiva del principio de estabilidad en sus normas y decisiones presupuestarias».

C. La incorporación dentro de nuestra Constitución del principio de estabilidad presupuestaria tiene su fundamento, según la Exposición de Motivos de la Reforma constitucional de 27 de septiembre de 2011, además de en los efectos de «(L)a actual situación económica y financiera, marcada por una profunda y prolongada crisis», en el reforzamiento del «compromiso de España con la Unión Europea».

La referida Exposición de Motivos dice, en este sentido, que: «Más de treinta años después de la entrada en vigor de la Constitución, formando parte España de la Unión Económica y Monetaria Europea, que consolida y proyecta sus competencias en el marco de una creciente gobernanza común, y siendo cada vez más evidentes las repercusiones de la globalización económica y financiera, la estabilidad presupuestaria adquiere un valor verdaderamente estructural y condicionante de la capacidad de actuación del Estado, del mantenimiento y desarrollo del Estado Social que proclama el art. 1.1 de la propia Ley Fundamental y, en definitiva, de la prosperidad presente y futura de los ciudadanos. Un valor, pues, que justifica su consagración constitucional, con el efecto de limitar y orientar, con el mayor rango normativo, la actuación de los poderes públicos.

Para llegar hasta aquí, la salvaguarda de la estabilidad presupuestaria ya supuso un instrumento imprescindible para lograr la consolidación fiscal que nos permitió acceder a la Unión Económica y Monetaria y fue posteriormente recogida en normas de rango legislativo.

En el mismo sentido, el Pacto de Estabilidad y Crecimiento tiene como finalidad prevenir la aparición de un déficit presupuestario excesivo en la zona euro, dando así confianza en la estabilidad económica de dicha zona y garantizando una convergencia sostenida y duradera de las economías de los Estados Miembros.

La actual situación económica y financiera, marcada por una profunda y prolongada crisis, no ha hecho sino reforzar la conveniencia de llevar el principio de referencia a nuestra Constitución, al objeto de fortalecer la confianza en la estabilidad de la economía española a medio y largo plazo.

La presente reforma del artículo 135 de la Constitución Española persigue, por tanto, garantizar el principio de estabilidad presupuestaria, vinculando a todas las Administraciones Públicas en su consecución, reforzar el compromiso de España con la Unión Europea y, al mismo tiempo, garantizar la sostenibilidad económica y social de nuestro país».

D. El art. 135 CE ha sido desarrollado por la Ley Orgánica 2/2012, de 27 de abril, de Estabilidad Presupuestaria y Sostenibilidad Financiera. El Preámbulo de esta norma se refiere a la Reforma constitucional de 2011, indicando que, a través de la misma, se pretende hacer patente «el claro compromiso de España con las exigencias de coordinación y definición del marco de estabilidad común de la Unión Europea».

Dice, en concreto, dicho Preámbulo que: «la reforma de la Constitución pretende también manifestar el claro compromiso de España con las exigencias de coordinación y definición del marco de estabilidad común de la Unión Europea. Por ello, la referencia a la normativa de estabilidad europea, tanto en la Constitución como en la Ley Orgánica, es constante, siendo además España uno de los primeros países en incorporar el paquete de gobernanza económica europea a su ordenamiento jurídico interno. Además, esta Ley da cumplimiento al Tratado de Estabilidad, Coordinación y Gobernanza en la Unión Económica y Monetaria de 2 de marzo de 2012, garantizando una adaptación continua y automática a la normativa europea».

Continúa este Preámbulo subrayando que, en este contexto, «(L)os tres objetivos de la Ley son: Garantizar la sostenibilidad financiera de todas las Administraciones Públicas; fortalecer la confianza en la estabilidad de la economía española; y reforzar el compromiso de España con la Unión Europea en materia de estabilidad presupuestaria».

E. Esta Ley Orgánica fue impugnada por el Gobierno de Canarias mediante el correspondiente recurso de inconstitucionalidad, que fue desestimado por el Tribunal Constitucional a través de la STC 215/2014, de 18 de diciembre. En esta resolución, nuestro Alto Tribunal abunda en el compromiso de España con la Unión Europea para justificar la reforma del art. 135 CE operada en el año 2011.

En este sentido, y tras hacer un repaso histórico de la regulación del principio de estabilidad presupuestaria por los Tratados europeos —y por las normas de Derecho derivado esenciales en esta materia—, y tras recordar que este principio ya había sido incorporado al Derecho español en el año 2001 (por la Ley 18/2001, de 12 de diciembre, General de Estabilidad Presupuestaria; y por la Ley Orgánica 5/2001, de 13 de diciembre, complementaria a la Ley General de Estabilidad Presupuestaria), el Tribunal Constitucional subraya: «El compromiso de incorporar los límites de déficit y endeudamiento al Derecho nacional mediante disposiciones que tuviesen fuerza vinculante, de carácter permanente y preferentemente de rango constitucional, previsto en el Tratado de estabilidad, coordinación y gobernanza, unido a la grave situación de crisis económica y financiera, condujo a fortalecer el objetivo de estabilidad presupuestaria mediante su incorporación al texto de la Constitución, concretamente, a su art. 135, tras la reforma operada con fecha de 27 de septiembre de 2011» (STC 215/2014, de 18 de diciembre, FJ 2).

III. LA PLASMACIÓN EN ESPAÑA DE LOS PRINCIPIOS GENERALES DEL DERECHO EUROPEO ELABORADOS POR EL TRIBUNAL DE JUSTICIA DE LAS COMUNIDADES EUROPEAS

1. El principio de efecto directo del Derecho europeo: las normas comunitarias generan derechos y obligaciones no sólo para los Estados, sino también para los particulares (STJCE «Van Gend & Loos» de 1963).

A. Este efecto directo fue predicado originariamente de los Tratados y de los reglamentos. A pesar de este reconocimiento, los reglamentos europeos necesitan, en ocasiones, un complemento estatal para su correcta y eficaz aplicación.

a. Los reglamentos son disposiciones normativas de carácter general y abstracto, con una naturaleza obligatoria en todos sus elementos y con efecto directo, esto es, desde su entrada en vigor, generan por sí mismos derechos y obligaciones para todos los ciudadanos de la Unión con independencia del Estado miembro del que sean nacionales, pudiendo éstos exigir su cumplimiento ante los Tribunales de todos los Estados miembros (pues los jueces nacionales actúan como jueces comunitarios).

b. El efecto directo de los reglamentos hace que los Estados miembros no puedan aprobar normas que obstaculicen o impidan la aplicación y la eficacia inmediata de los reglamentos europeos, aunque estos Estados no sólo pueden, sino que deben, adoptar las normas que sean imprescindibles para su aplicación.

c. La Administración Territorial que debe aprobar esas normas nacionales necesarias para que el reglamento sea eficaz será la que, según el orden constitucional español, tenga la competencia sobre la materia a la que se refiere el reglamento, pudiendo ser, por tanto, bien la Administración General del Estado —si la competencia interna es estatal— o bien las Comunidades Autónomas —si son ellas, según la Constitución y los correspondientes Estatutos de Autonomía, las competentes—.

d. Las reglas para la aprobación de las normas internas de ejecución del Derecho europeo previstas por el Acuerdo de 30 de noviembre de 1994, de la Conferencia para Asuntos Relacionados con las Comunidades Europeas, sobre la participación interna de las Comunidades Autónomas en los asuntos comunitarios europeos a través de las Conferencias Sectoriales (publicado por Resolución de 10 de marzo de 1995, de la Secretaría de Estado para las Administraciones Territoriales).

d.1. Si una Administración Territorial proyecta una norma para la ejecución del Derecho europeo (en concreto «para desarrollar o completar un Reglamento»), dicha Administración pondrá su proyecto normativo en conocimiento de las restantes Administraciones en el seno de la correspondiente Conferencia Sectorial específica o, en su caso, a través de la Conferencia para Asuntos Relacionados con la Unión Europea.

d.2. Si en el marco de la correspondiente Conferencia se considera necesario dar una respuesta normativa semejante o equivalente en el conjunto del país para la ejecución del Derecho europeo, «la cuestión será incluida en el orden del día del correspondiente órgano especializado de la Conferencia Sectorial al objeto de elaborar una propuesta de acuerdo y elevarla al Pleno de la Conferencia».

e. La necesaria consulta al Consejo de Estado (o, en su caso, a los correspondientes órganos consultivos autonómicos) sobre los proyectos de normas que vayan a dictarse en ejecución del Derecho europeo (Disp. Adic. 1.ª de la Ley 8/1994, de 19 de mayo, por la que se regula la Comisión Mixta para la Unión Europea).

e.1. La consulta sobre los anteproyectos de leyes de ejecución del Derecho europeo: «El Consejo de Estado en Pleno deberá ser consultado en los siguientes asuntos: [...] 2. Anteproyectos de leyes que hayan de dictarse en ejecución, cumplimiento o desarrollo de tratados, convenios o acuerdos internacionales y del Derecho comunitario europeo» (art. 21.2 de la Ley Orgánica 3/1980, de 22 de abril, del Consejo de Estado).

e.2. La consulta sobre los reglamentos dictados en ejecución del Derecho europeo: «La Comisión Permanente del Consejo de Estado deberá ser consultada en los siguientes asuntos: [...] 2. Disposiciones reglamentarias que se dicten en ejecución, cumplimiento o desarrollo de tratados, convenios o acuerdos internacionales y del Derecho comunitario europeo» (art. 22.2 de la Ley Orgánica 3/1980, de 22 de abril, del Consejo de Estado).

f. Un par de ejemplos de reglamentos europeos y de su aplicación en España.

f.1. El Reglamento (CE) núm. 765/2008 del Parlamento Europeo y del Consejo, de 9 de julio de 2008, por el que se establecen los requisitos de acreditación y vigilancia del mercado relativos a la comercialización de los productos, prevé la existencia de un único organismo nacional de acreditación en cada Estado miembro de la Unión Europea.

La designación en España del organismo nacional de acreditación ha sido efectuada por el Gobierno de la Nación mediante el Real Decreto 1715/2010, de 17 de diciembre, por el que se designa a la Entidad Nacional de Acreditación (ENAC) como organismo nacional de acreditación de acuerdo con lo establecido en el Reglamento (CE) núm. 765/2008 del Parlamento Europeo y el Consejo, de 9 de julio de 2008, por el que se establecen los requisitos de acreditación y vigilancia del mercado relativos a la comercialización de los productos y por el que se deroga el Reglamento (CEE) núm. 339/1993.

El Preámbulo de este Real Decreto 1715/2010 afirma, entre otras cosas, que: «Por lo expuesto anteriormente, se hace necesario adecuar nuestro sistema normativo al Reglamento (CE) núm. 765/2008, y a la Decisión núm. 768/2008/CE, y proceder a la designación de la Entidad Nacional de Acreditación (ENAC) como único organismo nacional de acreditación, de acuerdo con el mandato establecido en el art. 4.1 del citado Reglamento, así como establecer los mecanismos que aseguren que en los estatutos de ENAC se mantendrá la exigencia de cumplir los requisitos contemplados en su art. 8».

f.2. El Reglamento (CE) núm. 1221/2009 del Parlamento Europeo y del Consejo, de 25 de noviembre de 2009, relativo a la participación voluntaria de organizaciones en un sistema comunitario de gestión y auditoría medioambientales (EMAS), necesita ser complementado en diferentes aspectos por los distintos Derechos nacionales para poder ser aplicado correctamente.

Pues bien, en España ha sido el Gobierno de la Nación el que ha adoptado las normas complementarias necesarias para la aplicación del referido Reglamento EMAS mediante la aprobación del Real Decreto 239/2013, de 5 de abril, por el que se establecen las normas para la aplicación del Reglamento (CE) núm. 1221/2009 del Parlamento Europeo y del Consejo, de 25 de noviembre de 2009, relativo a la participación voluntaria de organizaciones en un sistema comunitario de gestión y auditoría medioambientales (EMAS), y por el que se derogan el Reglamento (CE) núm. 761/2001 y las Decisiones 2001/681/CE y 2006/193/CE de la Comisión.

El art. 1 de este Real Decreto 239/2013 dispone: «Este Real Decreto tiene por objeto establecer las normas para la aplicación del Reglamento (CE) núm. 1221/2009 del Parlamento Europeo y del Consejo, de 25 de noviembre de 2009, relativo a la participación voluntaria de organizaciones en un sistema comunitario de gestión y auditoría medioambientales (EMAS), y por el que se derogan el Reglamento (CE) núm. 761/2001 y las Decisiones 2001/681/CE y 2006/193/CE de la Comisión».

B. Las directivas europeas carecen como regla general de efecto directo.

a. La regulación y el funcionamiento de las directivas europeas.

a.1. Su regulación: «La directiva obligará al Estado miembro destinatario en cuanto al resultado que deba conseguirse, dejando, sin embargo, a las autoridades nacionales la elección de la forma y de los medios» (art. 288, párrafo tercero, TFUE).

a.2. Su funcionamiento.

a.1.1. Las directivas se dirigen y obligan a los Estados miembros en cuanto al resultado que persiguen.

a.1.2. Los Estados miembros deben transponerlas al Derecho interno nacional dentro del plazo máximo establecido por las propias directivas.

a.1.3. El Estado puede elegir la forma y los medios para efectuar dicha transposición o, en otros términos, el Derecho comunitario europeo respeta el principio de autonomía institucional, según el cual los Estados miembros pueden seguir libremente las reglas previstas por sus Derechos nacionales a la hora de ejecutar el Derecho comunitario siempre y cuando consigan el resultado querido por las normas europeas.

a.1.4. Una vez transpuestas al Derecho nacional es cuando generan derechos y obligaciones para los ciudadanos de los diferentes Estados de la Unión.

a.1.5. La falta de transposición en plazo de una directiva supone una vulneración del Derecho europeo, que implicará la sanción del Estado miembro por las correspondientes instituciones europeas.

a.1.6. La excepción a la regla general de que las directivas carecen de efecto directo: el incumplimiento por los Estados de su obligación de transposición al Derecho interno de las directivas europeas en el plazo máximo establecido para ello en el propio texto de estas mismas normas. En efecto, en los años ochenta, a partir de la Sentencia Ursula Becker, se extendió también a las directivas europeas el efecto directo por parte del Tribunal de Justicia de las Comunidades Europeas, cuando se cumpliesen ciertos requisitos: 1) Que contengan un «mandato claro y preciso»; 2) Que sea «completo y jurídicamente perfecto»; 3) Que dicho mandato sea «incondicional», y 4) Que, por supuesto, haya transcurrido el plazo establecido por la directiva para su transposición por las autoridades nacionales.

b. La obligada transposición de las directivas en España.

b.1. Al igual que sucede con el desarrollo o el complemento interno de los reglamentos europeos, la transposición de las directivas en España debe respetar el principio de autonomía institucional, esto es, la norma de transposición debe aprobarla la Administración (estatal o autonómica) que materialmente ostente las competencias según las reglas de nuestro Derecho interno, puesto que, según ha afirmado el Tribunal Constitucional español, «no existe una competencia específica para la ejecución del Derecho Comunitario» (STC 236/1991, de 12 de diciembre, FJ 9).

b.2. Las reglas para la aprobación de las normas internas de ejecución del Derecho europeo previstas por el Acuerdo de 30 de noviembre de 1994, de la Conferencia para Asuntos Relacionados con las Comunidades Europeas, sobre la participación interna de las Comunidades Autónomas en los asuntos comunitarios europeos a través de las Conferencias Sectoriales (publicado por Resolución de 10 de marzo de 1995, de la Secretaría de Estado para las Administraciones Territoriales):

b.2.1. Si una Administración Territorial proyecta una norma para la ejecución del Derecho europeo (en concreto «para efectuar la transposición de una Directiva comunitaria»), dicha Administración pondrá su proyecto normativo en conocimiento de las restantes Administraciones en el seno de la correspondiente Conferencia Sectorial específica o, en su caso, a través de la Conferencia para Asuntos Relacionados con la Unión Europea.

b.2.2. Si en el marco de la correspondiente Conferencia se considera necesario dar una respuesta normativa semejante o equivalente en el conjunto del país para la ejecución del Derecho europeo, «la cuestión será incluida en el orden del día del correspondiente órgano especializado de la Conferencia Sectorial al objeto de elaborar una propuesta de acuerdo y elevarla al Pleno de la Conferencia».

b.3. La necesaria consulta al Consejo de Estado (o, en su caso, al correspondiente órgano consultivo autonómico) sobre los proyectos de normas que vayan a dictarse en ejecución del Derecho europeo (Disp. Adic. 1.ª de la Ley 8/1994, de 19 de mayo, por la que se regula la Comisión Mixta para la Unión Europea; y arts. 21.2 y 22.2 de la Ley Orgánica 3/1980, de 22 de abril, del Consejo de Estado).

b.4. Un ejemplo: la Directiva 2006/123/CE del Parlamento Europeo y del Consejo, de 12 de diciembre de 2006, relativa a los servicios en el mercado interior. Esta norma europea tiene como objeto la determinación de «las disposiciones generales necesarias para facilitar el ejercicio de la libertad de establecimiento de los prestadores de servicios y la libre circulación de los servicios, manteniendo, al mismo tiempo, un nivel elevado de calidad en los servicios» (art. 1.1).

Esta Directiva, cuyo plazo máximo de transposición para los Estados miembros era el 28 de diciembre de 2009, ha sido incorporada al ordenamiento interno español a través de múltiples normas, tanto estatales como autonómicas, dado que esta disposición europea afecta a competencias de ambas categorías de Administraciones Territoriales.

Las dos normas estatales de referencia son: 1) La Ley 17/2009, de 23 de noviembre, sobre el libre acceso a las actividades de servicios y su ejercicio —o Ley Paraguas—, cuya Disposición Final 2.ª (rubricada «Incorporación de Derecho comunitario») dispone: «Mediante esta Ley se incorpora parcialmente al Derecho español la Directiva 2006/123/CE, del Parlamento Europeo y del Consejo, de 12 de diciembre de 2006, relativa a los servicios en el mercado interior», y 2) La Ley 25/2009, de 22 de diciembre, de modificación de diversas leyes para su adaptación a la Ley sobre el libre acceso a las actividades de servicios y su ejercicio —o Ley Ómnibus—, cuya Disposición Final 2.ª (titulada «Incorporación de Derecho comunitario») dispone: «Mediante esta Ley se incorpora parcialmente al Derecho español la Directiva 2006/123/CE, del Parlamento Europeo y del Consejo, de 12 de diciembre de 2006, relativa a los servicios en el mercado interior».

Una buena parte de las Comunidades Autónomas han aprobado, asimismo, normas específicas para la transposición de la referida Directiva de Servicios en los diferentes ámbitos de su competencia. Por citar algunos ejemplos: 1) Galicia: la Ley 1/2010, de 11 de febrero, de modificación de diversas leyes de Galicia para su adaptación a la Directiva 2006/123/CE, del Parlamento Europeo y del Consejo, de 12 de diciembre de 2006, relativa a los servicios en el mercado interior; 2) Islas Baleares: la Ley 12/2010, de 12 de noviembre, de modificación de diversas leyes para la transposición en las Illes Balears de la Directiva 2006/123/CE, de 12 de diciembre, del Parlamento Europeo y del Consejo, relativa a los servicios en el mercado interior; o 3) Cataluña: el Decreto Legislativo 3/2010, de 5 de octubre, para la adecuación de normas con rango de ley a la Directiva 2006/123/CE, del Parlamento y del Consejo, de 12 de diciembre de 2006, relativa a los servicios en el mercado interior.

2. El principio de primacía del Derecho comunitario (SsTJCE «Costa/ENEL» de 1964 y «Simmenthal» de 1978).

A. El contenido: las normas de Derecho comunitario prevalecen o priman sobre cualquier norma de Derecho interno que se les oponga, de manera tal que las normas comunitarias deben aplicarse con preferencia cualquiera que sea el rango de la norma interna y con independencia de que haya sido aprobada con posterioridad a la norma comunitaria.

B. La aceptación general por parte del Tribunal Constitucional del juego en España del principio de primacía del Derecho de la Unión Europea. Afirma, en este orden de ideas, el Tribunal Constitucional que:

«[...] el principio de primacía del Derecho de la Unión Europea forma parte del acervo comunitario incorporado a nuestro ordenamiento en virtud de la Ley Orgánica 10/1985, de 2 de agosto, de autorización para la adhesión de España a las Comunidades Europeas, y su efecto vinculante se remonta a la doctrina iniciada por el entonces Tribunal de Justicia de las Comunidades Europeas con la Sentencia de 15 de julio de 1964, asunto Costa contra Enel [...], habiéndose aceptado la primacía del Derecho de la Unión Europea, en el ámbito competencial que le es propio, por la propia Constitución Española en virtud de su art. 93, como hemos tenido ocasión de recordar en repetidas ocasiones.

En concreto nos hemos referido expresamente a la primacía del Derecho comunitario como técnica o principio normativo destinado a asegurar su efectividad en nuestra STC 28/1991, de 14 de febrero, FJ 6, con reproducción parcial de la Sentencia Simmenthal del Tribunal de Justicia de las Comunidades Europeas de 9 de marzo de 1978, y en la STC 64/1991, de 22 de marzo, FJ 4.*a*). En nuestras posteriores SsTC 130/1995, de 11 de septiembre, FJ 4, 120/1998, de 15 de junio, FJ 4, y 58/2004, de 19 de abril, FJ 10, reiteramos el reconocimiento de esa primacía de las normas del ordenamiento comunitario, originario y derivado, sobre el interno, y su efecto directo para los ciudadanos, asumiendo la caracterización que de tal primacía y eficacia había efectuado el Tribunal de Justicia, entre otras, en sus conocidas y ya antiguas Sentencias Vand Gend en Loos, de 5 de febrero de 1963, y Costa contra Enel, de 15 de julio de 1964, ya citada.

Asimismo es pertinente traer a colación la doctrina fijada en la Declaración 1/2004, de 13 de diciembre (DTC 1/2004, FJ 4), en la que precisamos que la primacía no se sustenta necesariamente en la jerarquía, "sino en la distinción entre ámbitos de aplicación de diferentes normas, en principio válidas, de las cuales, sin embargo, una o unas de ellas tienen capacidad de desplazar a otras en virtud de su aplicación preferente o prevalente debida a diferentes razones", lo que obliga al Juez nacional o a la Administración pública, en su caso, a aplicar la norma prevalente y a dejar sin efecto a la norma desplazada, aun cuando no haya sido expulsada del ordenamiento interno (algo propio de la Unión Europea como proceso de creación de una unidad política por agregación o unión de Estados)» (STC 145/2012, de 2 de julio, FJ 5).

C. Los eventuales límites al principio de primacía comunitario: las tradicionales reticencias de algunos Tribunales Constitucionales nacionales a aceptar el principio cuando están en juego los valores fundamentales recogidos en las Constituciones de los diferentes Estados. La postura del Tribunal Constitucional español: «la operación de cesión del ejercicio de competencias a la Unión Europea y la integración consiguiente del Derecho comunitario en el nuestro propio imponen límites inevitables a las facultades soberanas del Estado, aceptables únicamente en tanto el Derecho europeo sea compatible con los principios fundamentales del Estado social y democrático de Derecho establecido por la Constitución nacional. Por ello, la cesión constitucional que el art. 93 CE posibilita tiene a su vez límites materiales que se imponen a la propia cesión. Esos límites materiales, no recogidos expresamente en el precepto constitucional, pero que implícitamente se derivan de la Constitución y del sentido esencial del propio precepto, se traducen en el respeto de la soberanía del Estado, de nuestras estructuras constitucionales básicas y del sistema de valores y principios fundamentales consagrados en nuestra Constitución, en el que los derechos fundamentales adquieren sustantividad propia (art. 10.1 CE)» (Declaración TC 1/2004, de 13 de diciembre, FJ 2). Esta doctrina ha sido reiterada ulteriormente por el Tribunal Constitucional en la STC 26/2014, de 13 de febrero (dictada en el marco del asunto «Melloni»).

D. El efecto del principio de primacía del Derecho de la Unión Europea sobre el Derecho interno nacional: la inaplicación de la disposición nacional contraria al Derecho europeo. En este sentido, afirma nuestro Tribunal Constitucional: «los Jueces y Tribunales ordinarios de los Estados miembros, al enfrentarse con una norma nacional incompatible con el Derecho de la Unión, tienen la obligación de inaplicar la disposición nacional, ya sea posterior o anterior a la norma de Derecho de la Unión (véanse, entre otras, las Sentencias de 9 de marzo de 1978, asunto Simmenthal...)» (STC 145/2012, de 2 de julio, FJ 5).

E. Los sujetos obligados a la aplicación del principio de primacía del Derecho de la Unión Europea dentro de los Estados miembros: los órganos judiciales internos y las Administraciones públicas nacionales: 1) «Esta obligación, cuya existencia es inherente al principio de primacía antes enunciado, recae sobre los Jueces y Tribunales de los Estados miembros con independencia del rango de la norma nacional, permitiendo así un control desconcentrado, en sede judicial ordinaria, de la conformidad del Derecho interno con el Derecho de la Unión Europea [véanse las Sentencias de 17 de diciembre de 1970, asunto Internationale Handelsgesellschaft, [...] y de 16 de diciembre de 2008, asunto Michaniki [...]. Esta facultad de inaplicación se ha extendido también a las Administraciones públicas, incluidos los organismos reguladores (véanse las Sentencias de 22 de junio de 1989, asunto Costanzo [...] y de 9 de septiembre de 2003, asunto CIF...)»; 2) «la Administración pública también queda vinculada por el principio de primacía del Derecho comunitario», y 3) «La declaración por el Tribunal de Justicia de la Unión Europea de que esa norma es contraria al Derecho comunitario impone a los órganos jurisdiccionales españoles (incluido, desde luego, este Tribunal) la obligación de inaplicarla, extrayendo de esta operación jurídica las consecuencias oportunas» (STC 145/2012, de 2 de julio, FFJJ 5 y 7).

3. El principio de la responsabilidad estatal por el eventual incumplimiento del Derecho comunitario (STJCE «Francovich y Bonifaci» de 1991 —caso de inactividad del Estado italiano a la hora de transponer el Derecho comunitario—).

    A. El contenido: el Derecho comunitario europeo impone el principio según el cual los Estados miembros están obligados a reparar los daños causados a los particulares como consecuencia de las violaciones del Derecho comunitario que les sean imputables.

    B. Los requisitos.

        a. Que el resultado prescrito por la norma europea en cuestión (por ejemplo, una directiva) comporte la atribución de derechos para los particulares.

        b. Que el contenido de tales derechos pueda ser identificado sobre las disposiciones de la referida norma europea (esto es, que la vulneración esté especialmente caracterizada).

        c. Que exista una relación de causalidad entre la violación de la obligación impuesta al Estado y el daño sufrido por las personas lesionadas.

    C. La aplicación en España del principio de responsabilidad por incumplimiento del Derecho europeo.

        a. El punto de partida: la responsabilidad directa o inmediata del Reino de España por incumplimiento del Derecho europeo y del Derecho internacional. Esto significa que, aunque el incumplimiento de las normas europeas o de las normas internacionales se haya producido por una única Comunidad Autónoma, la responsabilidad desde el punto de vista del Derecho europeo y del Derecho internacional es del conjunto del Estado español.

        En este orden de ideas, el Tribunal de Justicia de las Comunidades Europeas ha afirmado que la responsabilidad del Estado en caso de incumplimiento del Derecho europeo «queda comprometida cualquiera que sea el órgano del Estado cuya acción u omisión esté en el origen de la falta, incluso aunque se trate de una institución constitucionalmente independiente» (STJCE de 5 de mayo de 1970, Comisión de las Comunidades Europeas contra el Reino de Bélgica, parágrafo 15).

b. La cuestión de la repercusión a nivel interno de la responsabilidad cuando la infracción del Derecho europeo haya sido provocada por una Administración distinta de la estatal, esto es, por una Administración autonómica o por una local (o por alguno de los organismos de ellas dependientes).

b.1. La regulación.

b.1.1. La previsión legal: el art. 8 y la Disposición Adicional 2.ª de la Ley Orgánica 2/2012, de 27 de abril, de Estabilidad Presupuestaria y Sostenibilidad Financiera (LOEPSF) —en la redacción dada a dichos preceptos por la Ley Orgánica 9/2013, de 20 de diciembre—.

b.1.2. El desarrollo reglamentario: el Real Decreto 515/2013, de 5 de julio, por el que se regulan los criterios y el procedimiento para determinar y repercutir las responsabilidades por incumplimiento del Derecho de la Unión Europea (RRIDUE).

b.1.3. La confirmación de la constitucionalidad del referido sistema de repercusión de la responsabilidad por incumplimiento del Derecho europeo por la STC 215/2014, de 18 de diciembre, y por la STC 31/2016, de 18 de febrero.

b.2. Los eventuales sujetos incumplidores del Derecho europeo y, por tanto, potenciales responsables: 1) La Administración General del Estado; 2) Las Comunidades Autónomas; 3) Las Corporaciones Locales; 4) Las Administraciones de Seguridad Social, y 5) El resto de los organismos autónomos, las agencias estatales, las entidades públicas empresariales, sociedades mercantiles y demás entes de Derecho público dependientes de las Administraciones públicas (art. 2 y Disp. Adic. 2.ª LOEPSF).

b.3. Supuestos en los que se genera responsabilidad interna (art. 3, apartados 1 y 3, RRIDUE): cuando las Administraciones y entidades referidas, «en el ejercicio de sus competencias o funciones, incumplieran por acción u omisión el Derecho de la Unión Europea, dando lugar a que el Reino de España sea sancionado con carácter ejecutivo por las instituciones europeas, asumirán, en la parte que les sea imputable, las responsabilidades que se deriven de tal incumplimiento». Se entiende que existe incumplimiento en los siguientes supuestos: 1) Transposición tardía de Directivas europeas al ordenamiento jurídico; 2) Transposición incorrecta de Directivas europeas al ordenamiento jurídico; 3) Adecuación tardía o incorrecta de la normativa autonómica a la legislación básica estatal dictada en cumplimiento del Derecho de la Unión Europea; 4) Mantenimiento en vigor o aprobación de normas contrarias al Derecho de la Unión Europea, y 5) Falta de ejecución o ejecución incorrecta de sentencias, actos o decisiones dictados por las instituciones europeas.

b.4. ¿Qué puede repercutirse a las Administraciones y entidades incumplidoras? Las «sanciones para el Reino de España». El concepto normativo de sanción:

«tendrá la consideración de sanción para el Reino de España la imposición, mediante sentencia, acto o decisión ejecutiva de las instituciones europeas, de una multa a tanto alzado o una multa coercitiva, de conformidad con lo dispuesto en el artículo 260 del Tratado sobre el Funcionamiento de la Unión Europea, las correcciones financieras adoptadas mediante decisión de la Comisión Europea, la minoración de las cuantías de las transferencias o fondos que a España le puedan corresponder del presupuesto de la Unión Europea o cualquier otro acto adoptado por una institución, órgano u organismo de la Unión Europea que implique responsabilidades financieras para el Estado o la merma de cualquier cantidad que le hubiera sido reconocida» (art. 3.2 RRIDUE).

b.5. El órgano competente para acordar la repercusión a nivel interno de las responsabilidades por el incumplimiento del Derecho europeo: el Consejo de Ministros. Este órgano estatal deberá tener en cuenta para adoptar su resolución «los hechos y fundamentos contenidos en las sentencias, actos o decisiones ejecutivas de las instituciones europeas de las que se derive el incumplimiento de la normativa europea» (art. 14 RRIDUE).

IV. LA PARTICIPACIÓN DE LOS PARLAMENTOS NACIONALES EN EL FUNCIONAMIENTO ORDINARIO DE LA UNIÓN EUROPEA

1. Las funciones de los Parlamentos nacionales en el ámbito de la Unión Europea, según el Derecho europeo: el art. 12 TUE y el Protocolo núm. 1 («Sobre el cometido de los Parlamentos nacionales en la Unión Europea») y el Protocolo núm. 2 («Sobre la aplicación de los principios de subsidiariedad y proporcionalidad») del Tratado de Lisboa de 13 de diciembre de 2007.

   A. El objetivo general: «Los Parlamentos nacionales contribuirán activamente al buen funcionamiento de la Unión» (art. 12 TUE).

   B. Las funciones específicas para la consecución de este objetivo general.

      a. La información a los Parlamentos nacionales por parte de las instituciones de la Unión y la recepción de los proyectos legislativos europeos.

      b. La vigilancia del respeto del principio de subsidiariedad por parte de los proyectos legislativos europeos.

      c. Otras funciones: 1) La participación en los mecanismos de evaluación de la aplicación de las políticas de la Unión en el espacio de libertad, seguridad y justicia, así como en el control político de Europol y de evaluación de las actividades de Eurojust; 2) La participación en los procedimientos de revisión de los Tratados; 3) La recepción de información sobre las solicitudes de adhesión a la Unión por países terceros, y 4) La participación en la cooperación interparlamentaria entre los Parlamentos nacionales y con el Parlamento Europeo.

2. La participación de las Cortes Generales españolas en el ámbito de la Unión Europea: la Ley 8/1994, de 19 de mayo, por la que se regula la Comisión Mixta para la Unión Europea.

A. El papel constitucional de las Cortes Generales en relación con la vigilancia de los Tratados «por los que se atribuya a una organización o institución internacional el ejercicio de competencias derivadas de la Constitución»: «Corresponde a las Cortes Generales o al Gobierno, según los casos, la garantía del cumplimiento de estos tratados y de las resoluciones emanadas de los organismos internacionales o supranacionales titulares de la cesión» (art. 93 CE).

B. Los asuntos parlamentarios relacionados con el funcionamiento de la Unión Europea se abordan de manera ordinaria en el seno de una Comisión Mixta del Congreso de los Diputados y del Senado creada a tal efecto y, en su caso, por los respectivos Plenos de dichas Cámaras Legislativas.

C. La Comisión Mixta del Congreso de los Diputados y del Senado para la Unión Europea (o, simplemente, la Comisión Mixta para la Unión Europea).

a. Su régimen jurídico: la Ley estatal 8/1994, de 19 de mayo, por la que se regula la Comisión Mixta para la Unión Europea (LCMUE).

b. Su finalidad (art. 1 LCMUE): esta Comisión Mixta se crea «con el fin de que las Cortes Generales tengan la participación adecuada en las propuestas legislativas elaboradas por la Comisión Europea y dispongan, en general, de la más amplia información sobre las actividades de la Unión Europea».

c. Sus competencias (art. 3 LCMUE).

c.1. La recepción de «las propuestas de actos legislativos y otros documentos» de la Unión Europea remitidos por la Comisión y por las restantes instituciones europeas «para su información, examen y seguimiento».

c.2. La información por parte del Gobierno de la Nación sobre «las líneas inspiradoras de su política en el seno de la Unión Europea, así como de las decisiones y acuerdos del Consejo de Ministros de la Unión Europea».

c.3. La elaboración de «informes sobre aquellas cuestiones relativas a la actividad de la Unión Europea que pueda considerar de interés».

c.4. La emisión, «en nombre de las Cortes Generales, con arreglo a lo dispuesto en la normativa europea aplicable», de un «dictamen motivado sobre la vulneración del principio de subsidiariedad», pudiendo solicitar del Gobierno de la Nación la interposición de un recurso de anulación ante el Tribunal de Justicia de la Unión Europea por una eventual infracción del principio de subsidiariedad. En todo caso, los Plenos del Congreso de los Diputados y del Senado podrán avocar el debate y la votación del dictamen motivado elaborado por la Comisión Mixta para la Unión Europea. El ejercicio de esta competencia está desarrollado en los arts. 5 a 7 LCMUE.

c.5. Algunas otras competencias: el conocimiento, tras su publicación, de los decretos legislativos promulgados en aplicación del Derecho derivado comunitario; la recepción de la información que obre en poder del Gobierno de la Nación sobre las actividades de las instituciones de la Unión Europea; el establecimiento de relaciones de cooperación con los órganos adecuados de los restantes Parlamentos de los países miembros de la Unión Europea y del Parlamento Europeo; la realización de reuniones conjuntas con los Diputados españoles del Parlamento Europeo; la participación en los procedimientos de revisión simplificados de los Tratados rectores de la Unión Europea; la recepción de información sobre las solicitudes de adhesión a la Unión Europea; o la participación en las actividades de seguimiento y supervisión de Eurojust y de Europol.

d. Las relaciones entre el Gobierno de la Nación (y los Gobiernos autonómicos) y las Cortes Generales.

d.1. Las comparecencias del Gobierno de la Nación «ante el Pleno del Congreso de los Diputados, con posterioridad a cada Consejo Europeo», para informar de las decisiones tomadas en el seno de esta institución europea y para mantener un debate con los distintos grupos políticos (art. 4 LCMUE).

d.2. La regulación de las comparecencias del Gobierno de la Nación (y de los Gobiernos autonómicos) ante la Comisión Mixta para la Unión Europea.

d.2.1. Las comparecencias periódicas del Gobierno de la Nación ante la Comisión Mixta para la Unión Europea (arts. 8 y 9 LCMUE): 1) Esta Comisión parlamentaria decidirá qué miembros del Poder Ejecutivo estatal deberán comparecer ante la misma «antes de la celebración de la reunión del Consejo, a efectos de que puedan manifestar la posición del Gobierno en relación a los asuntos incluidos en el orden del día de la reunión del Consejo», y 2) El Ministro de Asuntos Exteriores y de Cooperación o el Secretario de Estado para la Unión Europea deberán comparecer ante esta Comisión parlamentaria para dar cuenta de los progresos realizados durante cada presidencia semestral del Consejo de la Unión Europea.

d.2.2. La participación y la comparecencia de los Gobiernos autonómicos ante la Comisión Mixta para la Unión Europea (art. 10 LCMUE): los miembros de los Gobiernos de las Comunidades Autónomas y de las Ciudades Autónomas de Ceuta y Melilla están facultados para solicitar su comparecencia ante esta Comisión parlamentaria para informar sobre el impacto de la normativa de las instituciones de la Unión Europea y de las propuestas de actos legislativos y otros documentos emanados de instituciones de la Unión Europea sobre las materias en las que ostenten algún tipo de competencia.

3. La participación de las Asambleas Legislativas autonómicas en el ámbito de la Unión Europea. En particular, el caso de la Asamblea de Extremadura.

   A. Las relaciones entre las Cortes Generales y los Parlamentos autonómicos (art. 6 LCMUE): las Cámaras Legislativas estatales enviarán todas las iniciativas legislativas europeas a los Parlamentos autonómicos, pudiendo éstos remitir, si lo consideran oportuno, un dictamen motivado sobre el respeto del principio de subsidiariedad por parte de dichas propuestas normativas. En el caso de que las Cortes Generales emitieran, a su vez, un dictamen motivado por vulneración del principio de subsidiariedad, se deberá incorporar al mismo la relación de dictámenes motivados remitidos por los correspondientes Parlamentos autonómicos.

   B. La Asamblea de Extremadura y la Unión Europea.

      a. La existencia, entre las Comisiones Permanentes de la Asamblea de Extremadura, de la Comisión de Asuntos Europeos [art. 95.1.*f*) del Reglamento de la Asamblea de Extremadura de 2015]. Su regulación jurídica: el art. 102 del referido Reglamento de la Cámara Legislativa extremeña.

      b. El objeto de la Comisión de Asuntos Europeos: esta Comisión parlamentaria regional «conocerá de los aspectos políticos, financieros, institucionales y normativos de las relaciones de Extremadura con la Unión Europea, de la aplicación en la región de sus políticas y de las actividades de las instituciones extremeñas en instituciones o entidades de ese ámbito».

      c. En este contexto, serán competencias de la Comisión de Asuntos Europeos de la Asamblea de Extremadura: 1) El control de la aplicación del principio de subsidiariedad en relación con los proyectos de actos legislativos europeos, cuando afecten a competencias de la Comunidad Autónoma de Extremadura; 2) El conocimiento de las iniciativas parlamentarias legislativas y de las de impulso y control del Gobierno regional en este ámbito material, incluida la participación de la Junta de Extremadura en instituciones y asociaciones de ámbito europeo; 3) El conocimiento de la actividad y la elaboración de propuestas de textos para las asociaciones o entidades de ámbito europeo en las que participe la Asamblea de Extremadura, y 4) Las relaciones de la Cámara con las instituciones de la Unión Europea.

V. LOS ÓRGANOS JURISDICCIONALES (ORDINARIOS Y CONSTITUCIONALES) Y EL ORDENAMIENTO COMUNITARIO

1. El Tribunal Constitucional español ante el Derecho europeo.

   A. Las normas jurídicas de la Unión Europea —ya se encuadren éstas dentro del Derecho originario o ya dentro del Derecho derivado— carecen de rango constitucional: «según ha reiterado este Tribunal, ni el fenómeno de la integración europea, ni el art. 93 CE a través del que ésta se instrumenta, ni el principio de primacía del Derecho de la Unión que rige las relaciones entre ambos ordenamientos, han dotado a las normas del Derecho de la Unión Europea, originario o derivado, "de rango y fuerza constitucionales" [por todas, STC 215/2014, de 18 de diciembre, FJ 3.*a*), con cita de otras]» (STC 232/2015, de 5 de noviembre, FJ 4).

B. El carácter infraconstitucional de los conflictos entre el Derecho de la Unión Europea y las normas legales internas españolas: 1) «La eventual infracción del Derecho de la Unión por leyes estatales o autonómicas no convierte en litigio constitucional lo que sólo es un conflicto de normas no constitucionales que ha de resolverse en el ámbito de la jurisdicción ordinaria (STC 28/1991, de 14 de febrero, FJ 5)» (STC 145/2012, de 2 de julio, FJ 2); 2) «La tarea de garantizar la recta aplicación del Derecho comunitario europeo por los poderes públicos nacionales es (...) una cuestión de carácter infraconstitucional y por lo mismo excluida tanto del ámbito del proceso de amparo como de los demás procesos constitucionales» (SsTC 28/1991, de 14 de febrero, FJ 4; y 58/2004, de 19 de abril, FJ 10), y 3) En definitiva, «"no cabe formular recurso de amparo frente a normas o actos de las instituciones de la Comunidad, sino sólo, de acuerdo con lo dispuesto en el art. 41.2 LOTC, contra disposiciones, actos jurídicos o simple vía de hecho de los poderes públicos internos" [STC 64/1991, de 22 de marzo, FJ 4.*a*)], al no pertenecer al ámbito de nuestra competencia "la salvaguardia del respeto de las normas de Derecho comunitario, existiendo en dicho ordenamiento órganos y procedimientos adecuados a este fin"» (SsTC 143/1994, de 9 de mayo, FJ 8; y 58/2004, de 19 de abril, FJ 11).

C. El Tribunal Constitucional no resulta el órgano jurisdiccional competente para controlar el ajuste de los poderes públicos españoles al ordenamiento jurídico europeo comunitario, sino que esta tarea corresponde a los órganos jurisdiccionales ordinarios nacionales (en tanto que órganos jurisdiccionales también europeos) y, en última instancia, al Tribunal de Justicia de la Unión Europea: «no corresponde al Tribunal Constitucional controlar la adecuación de la actividad de los poderes públicos nacionales al Derecho de la Unión Europea, toda vez que este control compete exclusivamente a los órganos de la jurisdicción en cuanto aplicadores que son del ordenamiento de la Unión Europea y, en su caso, al Tribunal de Justicia de la Unión Europea» (STC 145/2012, de 2 de julio, FJ 2).

D. Eso no significa que no pueda intervenir el Tribunal Constitucional en aquellos casos en los que los órganos administrativos o los órganos jurisdiccionales españoles apliquen normas de Derecho europeo. Entonces, ¿cuándo puede el Tribunal Constitucional español intervenir? Puede hacerlo en aquellos supuestos en los que la actuación de los poderes públicos españoles, en los que esté en juego la aplicación del Derecho europeo, pueda ser contraria a uno de los derechos fundamentales consagrados en nuestra Constitución y protegidos por esta misma Norma Fundamental mediante el recurso de amparo. Afirma el Tribunal Constitucional, en este sentido, que: «Ahora bien, ello no significa, obviamente, que este Tribunal deba abstenerse de cualquier valoración sobre un acto de los poderes públicos ante él recurrido cuando el mismo aplica Derecho de la Unión Europea o, al contrario, se plantee su posible contradicción con éste, pues ello implicaría una abdicación de nuestra función señalada en los arts. 53.2 y 161.1.*b*) CE. Significa, mucho más simplemente, que cuando ello sucede debemos abordar esa denuncia desde la perspectiva que nos es propia, valorando si con ese acto de los poderes públicos recurrido ante la jurisdicción constitucional se ha ocasionado o no alguna vulneración a los derechos fundamentales y libertades públicas cuya tutela tenemos encomendada, de conformidad con los preceptos constitucionales antes citados, que son los únicos que vinculan a este Tribunal como recuerda el art. 1.1 de la Ley Orgánica del Tribunal Constitucional (LOTC)» (STC 232/2015, de 5 de noviembre, FJ 4).

2. El Juez nacional como Juez comunitario y sus relaciones con el Tribunal de Justicia de la Unión Europea: la técnica de las cuestiones prejudiciales.

A. El control jurídico en el territorio de nuestro país del respeto por los poderes públicos españoles (estatales, autonómicos o locales) del Derecho comunitario europeo «corresponde exclusivamente a los órganos de la jurisdicción en cuanto aplicadores que son del ordenamiento de la Unión Europea» (STC 145/2012, de 2 de julio, FJ 2).

B. La relación entre los Jueces nacionales y el Tribunal de Justicia de la Unión Europea: la cuestión prejudicial planteable en caso de existencia de una duda razonable en la aplicación del Derecho europeo por los órganos judiciales nacionales ante el Tribunal de Justicia de la Unión Europea (art. 267 TFUE). La distinción entre las cuestiones prejudiciales sobre la validez y sobre la interpretación del Derecho europeo.

El art. 267 TFUE dispone: «El Tribunal de Justicia de la Unión Europea será competente para pronunciarse, con carácter prejudicial:

a) sobre la interpretación de los Tratados;

b) sobre la validez e interpretación de los actos adoptados por las instituciones, órganos u organismos de la Unión.

Cuando se plantee una cuestión de esta naturaleza ante un órgano jurisdiccional de uno de los Estados miembros, dicho órgano podrá pedir al Tribunal que se pronuncie sobre la misma, si estima necesaria una decisión al respecto para poder emitir su fallo.

Cuando se plantee una cuestión de este tipo en un asunto pendiente ante un órgano jurisdiccional nacional, cuyas decisiones no sean susceptibles de ulterior recurso judicial de Derecho interno, dicho órgano estará obligado a someter la cuestión al Tribunal.

Cuando se plantee una cuestión de este tipo en un asunto pendiente ante un órgano jurisdiccional nacional en relación con una persona privada de libertad, el Tribunal de Justicia de la Unión Europea se pronunciará con la mayor brevedad».

C. La doctrina del Tribunal Constitucional sobre esta materia: «...ante una duda en la aplicación del Derecho comunitario, el Juez o Tribunal interno está facultado para consultar al Tribunal de Justicia de las Comunidades Europeas, salvo que se trate de un órgano judicial cuya resolución no sea susceptible de recurso ordinario en la vía interna, en cuyo caso, la facultad se torna, en principio, en obligación, en orden a preterir un Derecho en beneficio del otro» (STC 58/2004, de 19 de abril, FJ 9).

D. El propio Tribunal Constitucional ha planteado diversas cuestiones prejudiciales a través del Auto 88/2011, de 6 de junio, en el marco del asunto Melloni. Las cuestiones prejudiciales fueron resueltas por el Tribunal de Justicia de la Unión Europea mediante Sentencia de 26 de febrero de 2013. A la vista de esta resolución jurisdiccional europea, nuestro Tribunal Constitucional resolvió definitivamente el asunto en el que se planteaba la cuestión prejudicial mediante su STC 26/2014, de 13 de febrero.

E. La doctrina del Tribunal de Justicia de la Unión Europea sobre la admisibilidad de cuestiones prejudiciales planteadas por los Jueces nacionales (STJUE de 23 de febrero de 2013, en el asunto «Melloni»).

a. En primer lugar, existe una presunción de pertinencia de las cuestiones prejudiciales planteadas por los jueces y tribunales nacionales que conocen del litigio principal en el que surgen dichas cuestiones, y que son, en definitiva, quienes deben resolver la controversia jurídica principal subyacente.

b. En segundo lugar, y como consecuencia lógica de la consideración anterior, «cuando las cuestiones planteadas se refieren a la interpretación del Derecho de la Unión, el Tribunal de Justicia está, en principio, obligado a pronunciarse».

c. En tercer lugar, esta obligación del Tribunal de Justicia europeo de resolver las cuestiones prejudiciales puede excluirse «de forma excepcional» en los tres siguientes supuestos: 1) Cuando «es evidente que la interpretación solicitada de las disposiciones del Derecho de la Unión a las que se refieren las cuestiones no tiene relación alguna con la realidad o con el objeto del litigio principal»; 2) Cuando el problema planteado por la cuestión «es de naturaleza hipotética», y 3) «Cuando el Tribunal de Justicia no dispone de los elementos de hecho o de Derecho necesarios para responder de manera útil a las cuestiones planteadas».

3. Los efectos sobre el Derecho interno español de las Sentencias dictadas por el Tribunal de Justicia de la Unión Europea en los recursos por incumplimiento del Derecho europeo: 1) Su carácter ejecutivo, que obliga a los órganos jurisdiccionales y a las Administraciones públicas nacionales a garantizar que se lleven a efecto, y 2) Su eficacia *ex tunc* y sus excepciones.

A. La doctrina general de nuestro Tribunal Constitucional: «la naturaleza declarativa de las Sentencias del Tribunal de Justicia de la Unión Europea que resuelven recursos por incumplimiento no afecta a su fuerza ejecutiva (derivada directamente del art. 244 del Tratado constitutivo de la Comunidad Europea, hoy art. 280 del Tratado de Funcionamiento de la Unión Europea, donde se establece expresamente que "las sentencias del Tribunal de Justicia tendrán fuerza ejecutiva"), ni empece sus efectos *ex tunc*. Así, el Tribunal de Justicia de la Unión Europea ha desarrollado hasta la fecha una consolidada jurisprudencia que abunda en la obligación que tienen los órganos jurisdiccionales de los Estados miembros de garantizar que dichas Sentencias se lleven a efecto (Sentencia de 14 de diciembre de 1982, asunto Waterkeyn…), incluso eliminando las consecuencias pasadas del incumplimiento (Sentencia de 13 de julio de 1972, asunto Comisión contra Italia…)» (STC 145/2012, de 2 de julio, FJ 5).

B. Sobre, en particular, la regla general del efecto *ex tunc* de las Sentencias del Tribunal de Justicia de la Unión Europea dictadas en los recursos por incumplimiento del Derecho comunitario, y sobre sus excepciones, nuestro Tribunal Constitucional ha afirmado: 1) El efecto general *ex tunc* de las resoluciones del Tribunal de Justicia europeo: las Sentencias del Tribunal de Justicia de la Unión Europea «proyectan la eficacia de sus pronunciamientos al momento de entrada en vigor de la norma interna considerada contraria al Derecho de la Unión Europea, y no a la fecha en que se dictan dichas Sentencias»; 2) De forma excepcional, el Tribunal de Justicia europeo dispone de la facultad «de limitar temporalmente los efectos de sus Sentencias *ex* art. 231 del Tratado constitutivo de la Comunidad Europea (hoy art. 264 del Tratado de Funcionamiento de la Unión Europea). Así, según reiterada jurisprudencia del Tribunal de Justicia de la Unión Europea, "con carácter excepcional" el Tribunal puede, "aplicando el principio general de seguridad jurídica inherente al ordenamiento jurídico comunitario, verse inducido a limitar los efectos en el tiempo de una sentencia por la que declare la existencia de un incumplimiento por parte de un Estado miembro de una de las obligaciones que le incumben en virtud del Derecho [de la Unión Europea]" (véanse, en este sentido, las Sentencias de 24 de septiembre de 1998, asunto Comisión contra Francia […]; y de 19 de marzo de 2002, asunto Comisión contra Grecia…)» (STC 145/2012, de 2 de julio, FFJJ 5 y 6).

C. Un ejemplo de la repercusión de la eficacia *ex tunc* de las Sentencias del Tribunal de Justicia europeo sobre el Derecho español: la anulación (por falta de tipicidad de una infracción) de una sanción impuesta a una sociedad anónima espanola por las autoridades nacionales —y confirmada por los órganos jurisdiccionales españoles— sobre la base de una disposición de rango legal, que posteriormente fue declarada contraria al Derecho comunitario por el Tribunal de Justicia europeo.

a. El Director General de Política Energética y Minas impuso en el año 2007 una sanción a Iberdrola —confirmada en alzada por el Ministro de Industria y en vía contencioso-administrativa por el Tribunal Superior de Justicia de Madrid— por vulneración de un precepto de la Ley de Hidrocarburos de 1998 (en concreto, la Disp. Adic. 11.ª, apartado 1, párrafo segundo, función 14) —en la redacción dada al mismo por el Real

Decreto-ley 4/2006—, por no haber solicitado la previa autorización administrativa de la Comisión Nacional de Energía para incrementar su participación en el capital social de una sociedad anónima.

b. Iberdrola sostiene en un recurso de amparo ante el Tribunal Constitucional que la sanción administrativa y la sentencia contencioso-administrativa que la confirma son contrarias a la Constitución (se infringiría, además del art. 24 CE, el principio de legalidad en materia sancionadora —art. 25.1 CE—).

c. El Tribunal Constitucional considera, en lo que aquí interesa, que se ha vulnerado, en efecto, el art. 25.1 CE por falta de tipicidad de la infracción sancionada, en la medida en que el precepto infringido de la Ley de Hidrocarburos de 1998 era contrario al Tratado constitutivo de la Comunidad Europea (en concreto, a la libertad de establecimiento y a la libre circulación de capitales) según había declarado el Tribunal de Justicia europeo en su Sentencia de 17 de julio de 2008. La concreta explicación ofrecida por el Tribunal Constitucional es la siguiente:

«[...] la citada Sentencia de 17 de julio de 2008 del Tribunal de Justicia de la Unión Europea, asunto Comisión contra España (C-207/07), ha declarado, con efectos *ex tunc*, que las obligaciones que incumben a España en virtud de los arts. 43 y 56 del Tratado constitutivo de la Comunidad Europea (actualmente arts. 49 y 63 del Tratado de Funcionamiento de la Unión Europea), preceptos que tienen efecto directo y priman sobre el ordenamiento interno español, han sido incumplidas al haber dictado la Disposición Adicional 11.ª, apartado 1, función 14, de la Ley 34/1998, del sector de hidrocarburos (modificada por el Real Decreto-ley 4/2006), norma en cuya infracción se basa la sanción impuesta a la sociedad demandante. En consecuencia, debe concluirse que la sanción impuesta a la demandante es nula por vulneración del principio de legalidad en materia sancionadora (art. 25.1 CE), toda vez que la infracción administrativa por la que ha sido sancionada carece de cobertura legal [...].

Cierto es que cuando se dicta la resolución sancionadora (así como la resolución que la confirma en alzada) el apartado 1, función 14, de la disposición adicional undécima de la Ley 34/1998, del sector de hidrocarburos, no había sido aún declarado contrario al Derecho comunitario por el Tribunal de Justicia de la Unión Europea, pero no lo es menos que la Administración pública también queda vinculada por el principio de primacía del Derecho comunitario, y que, como ha quedado expuesto, la eficacia *ex tunc* de la Sentencia del Tribunal de Justicia de la Unión Europea de 17 de julio de 2008 determina que la eficacia de sus pronunciamientos se proyecte al momento de entrada en vigor de aquella norma, lo que implica la falta de predeterminación normativa válida *ab initio* de la infracción administrativa por la que la demandante de amparo fue sancionada y, en consecuencia, la nulidad de la sanción impuesta. La declaración por el Tribunal de Justicia de la Unión Europea de que esa norma es contraria al Derecho comunitario impone a los órganos jurisdiccionales españoles (incluido, desde luego, este Tribunal) la obligación de inaplicarla, extrayendo de esta operación jurídica las consecuencias oportunas» (STC 145/2012, de 2 de julio, FJ 7).

VI. LA ARTICULACIÓN DE LAS RELACIONES ENTRE LAS DISTINTAS ADMINISTRACIONES TERRITORIALES ESPAÑOLAS Y LA UNIÓN EUROPEA

1. El punto de partida: la incorporación de España al proceso de integración europea, posibilitada por el art. 93 CE, ha supuesto la atribución de una multiplicidad

de competencias tradicionalmente nacionales a la actual Unión Europea. Estas competencias no sólo provienen de la Administración General del Estado, sino también del resto de las piezas territoriales que integran nuestro país y, muy significativamente, de las Comunidades Autónomas. En este sentido, el Tribunal Constitucional ha recordado que «las Comunidades Autónomas, en cuanto titulares de una autonomía política para la gestión de sus intereses, se hallan directamente interesadas en la actividad que llevan a cabo las Comunidades Europeas» (STC 31/2010, de 28 de junio, FJ 119).

2. El principio de autonomía institucional de los Estados miembros en relación con el ordenamiento jurídico europeo: este principio significa, en una formulación realmente muy simple, que las obligaciones de resultado impuestas por las normas europeas pueden conseguirse por los Estados miembros siguiendo las reglas específicas previstas por sus Derechos nacionales, aunque, ciertamente, esta libertad estatal de medios para conseguir los fines comunitarios está condicionada por el respeto del principio de cooperación leal entre los Estados miembros y la Unión Europea.

Recuerda nuestro Tribunal Constitucional en relación con el principio de autonomía institucional que «el Derecho comunitario europeo [...] (salvo excepción) reconoce a los Estados miembros plena autonomía para ordenar la organización interna (y el procedimiento) destinada al desarrollo y ejecución del Derecho europeo conforme a las propias normas nacionales» (STC 79/1992, de 28 de mayo, FJ 2).

3. Sobre esta base, en España —en tanto que Estado complejo— se ha regulado la participación de las Comunidades Autónomas en el funcionamiento ordinario de la Unión Europea en torno a dos bloques de reglas.

   A. Las reglas relativas a la llamada «fase ascendente», esto es, a la participación de las Comunidades Autónomas en la formación y en la defensa de la posición del Estado español.

   B. Las reglas referidas a la «fase descendente», esto es, las referidas a la ejecución del Derecho de la Unión Europea dentro de nuestro Estado.

4. Con el objeto de facilitar las relaciones interadministrativas entre la Administración General del Estado y las Comunidades Autónomas ligadas al ámbito de la Unión Europea se ha creado la Conferencia para Asuntos Relacionados con la Unión Europea.

   A. Su régimen jurídico: la Ley 2/1997, de 13 de marzo, por la que se regula la Conferencia para Asuntos Relacionados con las Comunidades Europeas (LCARUE).

   B. Su naturaleza jurídica (art. 1 LCARUE): «es un órgano de cooperación entre el Estado y las Comunidades Autónomas para articular adecuadamente la concurrencia de éstas en las cuestiones propias de su participación en los asuntos comunitarios europeos». En este contexto, y en particular, esta

Conferencia debe garantizar tanto «la participación efectiva de las Comunidades Autónomas en la fase de formación de la voluntad del Estado ante las instituciones comunitarias» (fase ascendente), como «en la ejecución del Derecho comunitario» (fase descendente).

C. Su composición (art. 2 LCARUE): está conformada por la Vicepresidenta del Gobierno y Ministra de la Presidencia y para las Administraciones Territoriales (que es la presidenta de esta Conferencia) y por el Consejero de cada Comunidad Autónoma responsable de las materias abordadas por este órgano. Forman, asimismo, parte de este órgano un miembro de los Consejos de Gobierno tanto de Ceuta como de Melilla.

D. Sus funciones, en tanto que «órgano de cooperación, de consulta y deliberación», son las siguientes (art. 3 LCARUE):

«1.ª La información a las Comunidades Autónomas y la discusión en común sobre el desarrollo del proceso de construcción europea.

2.ª La articulación de mecanismos para hacer efectiva la participación de las Comunidades Autónomas en la formación de la voluntad del Estado en el seno de las Comunidades Europeas.

3.ª El tratamiento y resolución con arreglo al principio de cooperación de aquellas cuestiones de alcance general o contenido institucional relacionadas con las Comunidades Europeas como las siguientes:

a) Procedimientos técnicos para asegurar la recepción de la información comunitaria de carácter general por parte de las Comunidades Autónomas.

b) Técnica normativa tanto para incorporar las directivas al Derecho interno como para aplicar, desarrollar o ejecutar reglamentos y decisiones.

c) Fórmulas de participación en los procedimientos internos para el cumplimiento de obligaciones ante las instituciones comunitarias.

d) Problemas planteados en la ejecución del Derecho comunitario por implicar a varias políticas comunitarias o exigir medidas internas con un cierto grado de coordinación temporal o material.

e) Cuestiones relativas a la participación de las Comunidades Autónomas en los asuntos relacionados con las Comunidades Europeas que carezcan de una Conferencia Sectorial o instrumento equivalente donde ser tratadas.

4.ª El impulso y seguimiento del procedimiento de participación de las Comunidades Autónomas, a través de las respectivas Conferencias Sectoriales u organismo equivalente, en las políticas o acciones comunitarias que afectan a las competencias de aquéllas.

5.ª Garantizar el cumplimiento en las Conferencias Sectoriales de los procedimientos y fórmulas de participación de las Comunidades Autónomas previstos en las materias 3.ª *c*) y 4.ª, disponiendo la adecuada aplicación de los mismos.

6.ª El tratamiento de aquellas otras cuestiones de la participación de las Comunidades Autónomas en los asuntos relacionados con las Comunidades Europeas que estimen oportuno».

E. La operatividad de este órgano.

a. Además de este órgano de cooperación multilateral en el que participan la Administración General del Estado y todas las Comunidades Autónomas, pueden existir mecanismos de cooperación bilateral entre la Administración General del Estado y una concreta Comunidad Autónoma cuando haya que tratar asuntos relativos a la Unión Europea que afecten en exclusiva a dicha Administración autonómica «o que tengan para ésta una vertiente singular en función de su especificidad autonómica» (Disp. Adic. 1.ª LCARUE).

b. Cuando sobre un área temática concreta exista una Conferencia Sectorial específica que reúna a la Administración General del Estado y a todas las Comunidades Autónomas, las problemáticas «europeas» ligadas a ese área temática serán tratadas en la correspondiente Conferencia Sectorial específica (y no en la Conferencia para Asuntos Relacionados con la Unión Europea, que actuará en aquellos ámbitos que no tengan Conferencia Sectorial específica, además de en cualesquiera de las cuestiones que requieran decisiones de alcance general).

5. La fase ascendente: la participación de las Comunidades Autónomas en la formación de la voluntad del Estado español dentro de la Unión Europea y su defensa en las instituciones europeas.

A. La fijación de la postura interna del Estado español.

a. La fijación de la posición interna del Estado español ante las instituciones europeas tiene lugar en el seno de las Conferencias Sectoriales correspondientes en función de la materia o, si no existe una Conferencia Sectorial específica, se determinará a través de un órgano de cooperación multilateral especializado, como es la referida Conferencia para Asuntos Relacionados con la Unión Europea, que es, asimismo, el órgano a quien corresponde la determinación de las reglas generales (o, en otros términos, «el procedimiento marco de cooperación») que deben seguirse en nuestro país para la fijación de la posición española por las diferentes Conferencias Sectoriales específicas.

b. Las reglas para ordenar la participación de las Comunidades Autónomas en la determinación de la posición interna de España.

b.1. Su regulación: el Acuerdo de 30 de noviembre de 1994, de la Conferencia para Asuntos Relacionados con las Comunidades Europeas, sobre la participación interna de las Comunidades Autónomas en los asuntos comunitarios europeos a través de las Conferencias Sectoriales (publicado por Resolución de 10 de marzo de 1995, de la Secretaría de Estado para las Administraciones Territoriales).

b.2. El criterio utilizado: «la naturaleza y el nivel de competencias, tanto las asumidas por las Comunidades Autónomas como de las reservadas al Estado».

b.3. Las reglas específicas.

b.3.1. En el caso de competencias exclusivas del Estado: «Cuando el asunto comunitario europeo afecte exclusivamente a las competencias reservadas del Estado y las Comunidades Autónomas invoquen su interés, la Administración del Estado les informará oportunamente en el marco de la Conferencia Sectorial respectiva».

b.3.2. En el supuesto de competencias legislativas exclusivas de las Comunidades Autónomas: «Cuando los aspectos esenciales de un asunto comunitario afecten a las competencias legislativas exclusivas de las Comunidades Autónomas, si en el procedimiento de concertación interno, previo a la decisión del Consejo, se ha llegado a una posición común entre ellas, ésta será tenida en cuenta de forma determinante a efectos de fijar la posición negociadora inicial del Estado». Sobre el concepto normativo de «posición común de las Comunidades Autónomas»: «A los efectos del procedimiento de participación, se entiende por posición común de las Comunidades Autónomas el resultado alcanzado, tras agregar y concertar sus respectivas posturas, por aquellas Comunidades Autónomas cuyas competencias estén afectadas por el asunto comunitario en cuestión y que se hubieran pronunciado de forma expresa sobre su contenido».

b.3.3. En el caso de competencias compartidas o concurrentes del Estado y de las Comunidades Autónomas: «En aquellos asuntos que incidan sobre competencias compartidas o concurrentes del Estado y de las Comunidades Autónomas, en los que previamente a la decisión del Consejo exista un acuerdo entre la posición común de las Comunidades Autónomas y la posición de la Administración del Estado, tal acuerdo será determinante a efectos de fijar la posición negociadora inicial del Estado».

b.4. El desarrollo de la negociación en las instituciones europeas: aunque el punto de partida inicial de España sea el fijado según las reglas anteriores, la postura negociadora de nuestro país, que es defendida esencialmente por el Estado, puede variar como consecuencia del proceso negociador. En caso de que se produzca una «variación sustancial»: 1) Si los plazos negociadores lo permiten, «la Administración del Estado, en el seno de la respectiva Conferencia Sectorial, informará a las Comunidades Autónomas sobre la modificación para facilitar una nueva posición común de éstas y, en su caso, su acuerdo con la posición de la Administración del Estado, y 2) Si los plazos negociadores no lo permiten, «la Administración del Estado, a solicitud de las Comunidades Autónomas, explicará los motivos de que la posición expresada por el Estado en el seno del Consejo haya variado respecto de la inicialmente acordada».

B. La participación de las Comunidades Autónomas en la Representación Permanente de España ante la Unión Europea y las oficinas autonómicas en Bruselas.

a. La Representación Permanente de España ante la Unión Europea (REPER).

a.1. Su naturaleza jurídica: es el órgano de representación del Estado español ante la Unión Europea, que defiende sus intereses y asegura su presencia en las instituciones y órganos que integran esta organización supranacional. Al frente de la REPER se encuentra el Embajador Representante Permanente de España —nombrado por el Gobierno a propuesta del Ministerio de Asuntos Exteriores—, que dirige a los Consejeros integrados en este órgano, y que se encuentran al frente de las distintas Consejerías en las que se estructura la misma. Entre estas Consejerías se encuentra la Consejería para Asuntos Autonómicos.

a.2. La Consejería para Asuntos Autonómicos en la Representación Permanente de España ante la Unión Europea.

a.2.1. Su estructura: contará con un Consejero Coordinador y con varios Consejeros.

a.2.2. El nombramiento de los Consejeros: serán nombrados «a propuesta previamente consensuada de las Comunidades Autónomas y formulada en la Conferencia para Asuntos Relacionados con las Comunidades Europeas».

a.2.3. Sus cometidos con respecto a las Comunidades Autónomas. Entre ellos, y además de los que le pudiese asignar la Conferencia para Asuntos Relacionados con la Unión Europea, se encuentran: 1) La transmisión de la información y de la documentación generada en relación con las actividades y con las propuestas normativas de las instituciones comunitarias que puedan afectar a las competencias o a los intereses de las Comunidades Autónomas; 2) La organización de reuniones informativas entre representantes autonómicos y los consejeros sectoriales que prestan servicios en la REPER; 3) El seguimiento de la participación autonómica en los asuntos europeos dentro de las Conferencias Sectoriales y la contribución al desarrollo de dicha participación; 4) El apoyo a la coordinación entre las Oficinas de las Comunidades Autónomas en Bruselas, contribuyendo a los mecanismos de cooperación que puedan establecerse para mejorarla; 5) El apoyo a las Oficinas de las Comunidades Autónomas, a solicitud de las mismas, para la preparación de visitas y de entrevistas de autoridades autonómicas con responsables comunitarios y para la realización de otras gestiones ante las instituciones comunitarias, o 6) El seguimiento de los trabajos del Comité de las Regiones.

a.2.4. Su régimen jurídico: 1) El Real Decreto 260/1986, de 17 de enero, por el que se crea la Representación Permanente de España ante las

Comunidades Europeas; 2) El Real Decreto 2105/1996, de 20 de septiembre, por el que se crea la Consejería para Asuntos Autonómicos en la Representación Permanente de España ante la Unión Europea, y 3) El Acuerdo de 9 de diciembre de 2004, de la Conferencia para Asuntos Relacionados con las Comunidades Europeas, sobre la Consejería para Asuntos Autonómicos en la Representación Permanente de España ante la Unión Europea y sobre la participación de las Comunidades Autónomas en los grupos de trabajo del Consejo de la Unión Europea (publicado por Resolución de 28 de febrero de 2005, de la Secretaría de Estado de Cooperación Territorial. Este acuerdo ha sido modificado en diversas ocasiones hasta el día de hoy).

b. La acción exterior de las Comunidades Autónomas y sus oficinas de representación en Bruselas.

b.1. La acción exterior de las Comunidades Autónomas: el Tribunal Constitucional ha admitido expresamente que «(L)as Comunidades Autónomas, como parte del ejercicio de sus competencias, puedan llevar a cabo actividades con proyección exterior, si bien con el límite de las reservas que la Constitución efectúa a favor del Estado y, en particular, de la reserva prevista en el art. 149.1.3.ª CE, que le confiere competencia exclusiva en materia de relaciones internacionales» [STC 31/2010, de 28 de junio, FJ 125.*a*); y STC 165/1994, de 26 de mayo, FJ 8].

b.2. Los límites de la acción exterior de las Comunidades Autónomas.

b.2.1. La distinción entre las relaciones internacionales de competencia estatal y la proyección exterior de las competencias autonómicas: la acción exterior de las Comunidades Autónomas está limitada por las competencias estatales en materia de relaciones internacionales, pero es preciso tener en cuenta «que no cabe identificar la materia relaciones internacionales con todo tipo de actividad con alcance o proyección exterior, ya que si así fuera se produciría una reordenación del propio orden constitucional de distribución de competencias entre el Estado y las Comunidades Autónomas, aunque en todo caso han de quedar fuera de la actividad con proyección exterior de las Comunidades Autónomas las actuaciones comprendidas en el referido título competencial» [STC 31/2010, de 28 de junio, FJ 125.*b*); y STC 165/1994, de 26 de mayo, FJ 5].

b.2.2. El contenido de las competencias exclusivas estatales en materia de relaciones internacionales. Entre los elementos esenciales que configuran la reserva competencial estatal, el Tribunal Constitucional ha identificado «los relativos a la celebración de tratados (*ius contrahendi*), a la representación exterior del Estado (*ius legationis*), así como a la creación de obligaciones internacionales y a la responsabilidad internacional del Estado»; o expresado «en otras palabras, las relaciones internacionales objeto de la reserva contenida en el art. 149.1.3.ª CE son relaciones entre sujetos internacionales y regidas por el Derecho internacional, lo que supone, necesariamente, que las actividades con proyección exterior que pueden llevar a cabo las Comunidades Autónomas deben entenderse limitadas a aquellas que no impliquen el ejercicio de un *ius contrahendi*, no originen obligaciones inmediatas y actuales frente a los poderes públicos extranjeros, no incidan en la política exterior del Estado y no generen responsabilidad de éste frente a Estados extranjeros u organizaciones inter o supranacionales» [STC 31/2010, de 28 de junio, FJ 125.*c*); y STC 165/1994, de 26 de mayo, FFJJ 5 y 8].

b.2.3. En todo caso, se integran también dentro del ámbito competencial estatal las facultades para adoptar medidas de ordenación y de coordinación de «las actividades con proyección externa de las Comunidades Autónomas, para evitar o remediar eventuales perjuicios sobre la dirección y puesta en ejecución de la política exterior que corresponde en exclusiva al Estado» [STC 31/2010, de 28 de junio, FJ 125.*c*); y STC 165/1994, de 26 de mayo, FJ 8].

b.2.4. En el ejercicio de estas facultades reguladoras y coordinadoras de la acción exterior, la Administración General del Estado ha dictado la Ley 2/2014, de 25 de marzo, de la Acción y del Servicio Exterior del Estado (LASE). En esta Ley se regulan, por un lado, el ejercicio de la acción exterior de las Comunidades Autónomas y de las Administraciones Locales (art. 11) y, por otro, las Oficinas de las Comunidades y Ciudades Autónomas en el exterior (art. 12).

b.3. Las Oficinas de las Comunidades Autónomas en Bruselas.

b.3.1. En el ejercicio de sus facultades para realizar actividades con proyección exterior, las Comunidades Autónomas pueden tener Oficinas de representación en el extranjero y, en particular, en Bruselas (esto es, ante las instituciones europeas). Esta competencia ha sido expresamente reconocida por el Tribunal Constitucional en la STC 165/1994, de 26 de mayo: en esta decisión, en efecto, se confirma de manera expresa la constitucionalidad de la apertura de la «Oficina del País Vasco en Bruselas».

b.3.2. La regulación estatal sobre las Oficinas de las Comunidades Autónomas en el exterior. El art. 12 LASE establece que: 1) Las respectivas Administraciones autonómicas «informarán al Gobierno del establecimiento de oficinas para su promoción exterior, con carácter previo a su apertura»; 2) Esta propuesta deberá contar con los informes de los Ministerios encargados de los asuntos exteriores y de las Administraciones públicas (y, cuando se destinen estas oficinas a la promoción comercial, también deberá recabarse el informe del Ministerio de Economía); 3) El Gobierno de la Nación favorecerá la instalación de estas oficinas en las instalaciones del Servicio Exterior del Estado, y 4) Esta ubicación física no supone, en modo alguno, su integración en dicho Servicio Exterior del Estado ni, por tanto, la aplicación a estas oficinas autonómicas de la normativa internacional sobre protección diplomática.

b.3.3. Las funciones de las Oficinas autonómicas ante las instituciones europeas: el establecimiento de cauces directos de relación entre la correspondiente Comunidad Autónoma y las instituciones europeas para la mejor defensa de sus intereses dentro de su esfera competencial.

b.3.4. La Comunidad Autónoma de Extremadura cuenta desde 1992 con una Oficina de Extremadura en Bruselas. Sus objetivos esenciales: «defender los intereses de la región ante las instituciones comunitarias» y «acercar las actividades de la Unión Europea a la Comunidad Autónoma de Extremadura».

C. La participación de las Comunidades Autónomas, junto a la Administración General del Estado, defendiendo la posición negociadora de España en algunas formaciones del Consejo de la Unión Europea.

a. El punto de partida: la Unión Europea integra esencialmente a Estados, siendo éstos los interlocutores dentro de la Unión; y, en este orden de ideas, el Consejo es la institución europea donde están representados, precisamente, los Estados miembros. No obstante, las regiones pueden tener también un cierto papel dentro de la misma, y no sólo en los órganos consultivos (como ocurre con el Comité de las Regiones), sino también en los órganos decisorios (como sucede con el propio Consejo de la Unión Europea).

b. El art. 16.2 TUE (que establece que: «El Consejo estará compuesto por un representante de cada Estado miembro, de rango ministerial, facultado para comprometer al Gobierno del Estado miembro al que represente y para ejercer el derecho de voto») posibilita la presencia, junto a los ministros estatales, de representantes de los Gobiernos regionales dentro de las delegaciones nacionales.

c. Sobre esta base normativa europea, la participación de las Comunidades Autónomas en el Consejo de la Unión Europea está regulada en el Acuerdo de 9 de diciembre de 2004, de la Conferencia para Asuntos Relacionados con las Comunidades Europeas, sobre el sistema de representación autonómica en las formaciones del Consejo de la Unión Europea (publicado por Resolución de 28 de febrero de 2005, de la Secretaría de Estado de Cooperación Territorial. Este acuerdo ha sido modificado en diversas ocasiones hasta el día de hoy).

c.1. Sobre el concepto de «representación autonómica directa en las formaciones ministeriales del Consejo de la Unión Europea»: «la incorporación a la delegación española en las reuniones de determinadas formaciones del Consejo de la Unión Europea de un miembro, con rango de Consejero o miembro de un Consejo de Gobierno autonómico, que represente a las Comunidades Autónomas en los asuntos que afecten a sus competencias».

c.2. Los principios generales a los que está sometida la representación autonómica directa en las formaciones ministeriales del Consejo de la Unión Europea: 1) El principio de la unicidad de representación de España en el seno de la Unión Europea; 2) El principio de unidad de acción de España en el exterior; 3) El principio de la necesidad de mantener y facilitar la capacidad de propuesta y de reacción de España en el sistema de adopción de decisiones del Consejo de la Unión Europea; 4) El principio de lealtad y mutua confianza entre las instancias autonómicas y estatal; 5) El principio de corresponsabilidad a la hora de lograr el mayor grado de eficacia en la participación autonómica en los asuntos de la Unión Europea; 6) El principio general de representación conjunta de las Comunidades Autónomas, y 7) El principio de responsabilidad del Estado en el resultado de las negociaciones.

c.3. Las formaciones del Consejo de la Unión Europea en las que opera la representación autonómica directa: 1) El Consejo de Empleo, Política Social, Sanidad y Consumidores; 2) El Consejo de Agricultura y Pesca; 3) El Consejo de Medio Ambiente; 4) El Consejo de Educación, Juventud, Cultura y Deporte, y 5) El Consejo de Competitividad-Consumo.

c.4. La designación del representante autonómico para cada una de las distintas formaciones del Consejo: el Pleno de cada una de las Conferencias Sectoriales concernidas designará al representante autonómico que será un miembro de la misma con rango de miembro del Consejo de Gobierno de una Comunidad Autónoma.

c.5. La delegación española y el papel del representante autonómico directo dentro de la misma: 1) La responsabilidad última de las negociaciones y de su conclusión corresponderá en todo momento al jefe de delegación, que es siempre un representante de la Administración General del Estado; 2) El representante autonómico: i) Será miembro de pleno derecho de la delegación española a todos los efectos, representando al conjunto de las Comunidades Autónomas; ii) Prestará asesoramiento directo al jefe de la delegación española en todo lo referente a la posición común adoptada por las Comunidades Autónomas en relación con los puntos del orden del día en que se traten cuestiones que afecten a sus competencias, y 3) Podrá solicitar el uso de la palabra al jefe de la delegación española si se están debatiendo cuestiones que afectan a competencias autonómicas y existe una posición común autonómica que expresar. En este último supuesto, el jefe de la delegación española le cederá el uso de la palabra siempre que lo estime oportuno para la mejor defensa de los intereses españoles.

c.6. La participación de las Comunidades Autónomas se materializa también en los Grupos de Trabajo y demás instancias preparatorias de las reuniones de las distintas formaciones del Consejo de la Unión Europea en las que se aborden asuntos que afecten a las competencias autonómicas, mediante la incorporación de representantes de estas Administraciones Territoriales en las correspondientes delegaciones españolas. Entre estas instancias preparatorias del Consejo de la Unión donde participan las Comunidades Autónomas se encuentra el Comité de Representantes Permanentes (COREPER), cuando en este órgano se examinen asuntos de competencia autonómica. Esta participación se regula en un segundo Acuerdo de 9 de diciembre de 2004, de la Conferencia para Asuntos Relacionados con las Comunidades Europeas, relativo a la Consejería para Asuntos Autonómicos en la Representación Permanente de España ante la Unión Europea y sobre la participación de las Comunidades Autónomas en los Grupos de Trabajo del Consejo de la Unión Europea (publicado por Resolución de 28 de febrero de 2005, de la Secretaría de Estado de Cooperación Territorial. Este acuerdo ha sido modificado en diversas ocasiones hasta el día de hoy).

6. La fase descendente: la ejecución del Derecho europeo dentro de nuestro país.

A. El principio de autonomía institucional, desde esta vertiente, significa que la necesaria ejecución del Derecho comunitario europeo en España no supone una modificación de las reglas de reparto de competencias entre el Estado y las Comunidades Autónomas (STC 252/1988, de 20 de diciembre): «la ejecución del Derecho comunitario corresponde a quien materialmente ostente la competencia según las reglas de Derecho interno, puesto que no existe una competencia específica para la ejecución del Derecho comunitario» (SsTC 236/1991, de 12 de diciembre, FJ 9; 79/1992, de 28 de mayo, FJ 1, y 96/2002, de 25 de abril, FJ 10).

B. Los Conferencias Sectoriales y, en su caso, la Conferencia para Asuntos Relacionados con la Unión Europea participan también en la ejecución del Derecho europeo en España (fase descendente) como órganos de cooperación entre el Estado y las Comunidades Autónomas.

C. Las reglas específicas rectoras de la fase descendente. Según el referido Acuerdo de 30 de noviembre de 1994, de la Conferencia para Asuntos Relacionados con las Comunidades Europeas, sobre la participación interna de las Comunidades Autónomas en los asuntos comunitarios europeos a través de las Conferencias Sectoriales, operan las siguientes reglas:

a. Cuando la aplicación del Derecho europeo conlleve la aprobación de normas internas: 1) Si una Administración Territorial proyecta una norma para la ejecución del Derecho europeo, dicha Administración pondrá su proyecto normativo en conocimiento de las restantes Administraciones en el seno de la correspondiente Conferencia Sectorial específica o, en su caso, a través de la Conferencia para Asuntos Relacionados con la Unión Europea, y 2) Si en el seno de la correspondiente Conferencia se considera necesario dar una respuesta normativa semejante o equivalente en el conjunto del país para la ejecución del Derecho europeo, «la cuestión será incluida en el orden del día del correspondiente órgano especializado de la Conferencia Sectorial al objeto de elaborar una propuesta de acuerdo y elevarla al Pleno de la Conferencia».

b. Cuando la aplicación del Derecho europeo consista en la realización de actuaciones administrativas: 1) Las Administraciones Territoriales se informarán regular y recíprocamente, en el seno de las respectivas Conferencias, de las actuaciones administrativas bien ya adoptadas o bien todavía en curso de ejecución, y 2) Si es necesario dar a las actuaciones administrativas un contenido semejante o equivalente para el conjunto del Estado, «la cuestión será incluida en el orden del día del correspondiente órgano especializado de la Conferencia Sectorial al objeto de elaborar una propuesta de acuerdo y elevarla al Pleno de la Conferencia».

c. Cuando la aplicación del Derecho europeo consista en el desarrollo de programas comunitarios, las diferentes Administraciones Territoriales se informarán regular y recíprocamente de los programas que gestionen.

D. La ejecución del Derecho europeo en aquellos supuestos en los que las medidas que deban adoptarse sean de un ámbito territorial superior al de una Comunidad Autónoma.

a. La regulación de este tipo de supuestos por los Estatutos de Autonomía de segunda generación: las previsiones del art. 189.2 de la Ley Orgánica 6/2006, de 19 de julio, de reforma del Estatuto de Autonomía de Cataluña. Este precepto dispone: «Si la ejecución del Derecho de la Unión Europea requiere la adopción de medidas internas de alcance superior al territorio de Cataluña que las Comunidades Autónomas competentes no pueden adoptar mediante mecanismos de colaboración o coordinación, el Estado debe consultar a la Generalitat sobre estas circunstancias antes de que se adopten dichas medidas. La Generalitat debe participar en los órganos que adopten dichas medidas o, si esta participación no es posible, debe emitir un informe previo».

b. La interpretación de este precepto por nuestro Tribunal Constitucional: «El precepto parte del reconocimiento de la competencia del Estado para la adopción de medidas internas en ejecución del Derecho europeo cuando aquéllas tengan un alcance superior al del territorio de Cataluña y las Comunidades Autónomas competentes no las puedan adoptar en sus respectivos ámbitos territoriales a través de mecanismos de colaboración y cooperación. Para estos casos, por incidir y afectar las medidas a adoptar por el Estado en las competencias autonómicas, el precepto se limita a contemplar unas medidas o instrumentos de colaboración —consulta a la Generalitat, su participación en los órganos estatales que deban adoptar aquellas medidas o, si esto no fuera posible, informe previo, pero no vinculante, de la Comunidad Autónoma— que ni impiden ni menoscaban el ejercicio de la competencia estatal. En todo caso, en cuanto a la posible participación en órganos estatales hemos de recordar, como pusimos de manifiesto en el Fundamento Jurídico 111 en relación con el art. 174.3 EAC, que dicha participación, que no puede producirse en órganos de carácter decisorio, ha de dejar a salvo la titularidad de las competencias estatales y la perfecta libertad que en su ejercicio corresponde a los órganos del Estado» (STC 31/2010, de 28 de junio, FJ 123).

E. En caso de que una de las Comunidades Autónomas incumpliese su obligación de ejecutar el Derecho comunitario europeo en una materia de su competencia.

a. Se generaría la responsabilidad del conjunto del Estado, pero el Estado podría repercutir la responsabilidad patrimonial generada a la Comunidad Autónoma incumplidora.

b. Podría entrar en juego el principio de supletoriedad del Derecho estatal con respecto al Derecho autonómico, supliendo el Estado la inactividad o la defectuosa ejecución del Derecho europeo efectuada por una Comunidad Autónoma (art. 149.3, en relación con el art. 93, ambos de la Constitución Española).

En este sentido, el Tribunal Constitucional ha afirmado que «las disposiciones del Estado que establezcan reglas destinadas a permitir la ejecución de los Reglamentos comunitarios en España y que no puedan considerarse normas básicas o de coordinación, tienen un carácter supletorio de las que pueden dictar las Comunidades Autónomas para los mismos fines en el ámbito de sus competencias. Sin olvidar que la cláusula de supletoriedad del art. 149.3 CE no constituye una cláusula universal atributiva de competencias (SsTC 15/1989, 103/1989 y 147/1991), en tales casos la posibilidad de que el Estado dicte normas innovadoras de carácter supletorio está plenamente justificada. Primero, porque se trata de una materia —la agricultura y la ganadería— en la que existen competencias estatales concurrentes de ordenación general del sector en todo el territorio nacional lo que legitima esa intervención normativa estatal, al menos con alcance supletorio (STC 147/1991). Segundo, porque, a falta de la consiguiente actividad legislativa o reglamentaria de las Comunidades Autónomas, esa normativa estatal supletoria puede ser necesaria para garantizar el cumplimiento del Derecho derivado europeo, función que corresponde a las Cortes Generales o al Gobierno, según los casos (art. 93 CE, conforme al que ha de interpretarse también el alcance de la cláusula de supletoriedad del art. 149.3 CE). Tercero, porque de lo contrario podría llegarse (y de hecho se hubiera llegado) a la absurda conclusión de que, ante la pasividad normativa de todas o algunas Comunidades Autónomas, los agricultores y ganaderos de las mismas no podrían percibir las ayudas que les corresponden según la reglamentación comunitaria aplicable, resultado este que nunca puede quedar justificado en virtud de una rígida interpretación del orden constitucional de competencias y que, precisamente, una cláusula de cierre como la del art. 149.3 CE contribuye a evitar» (STC 79/1992, de 28 de mayo, FJ 3).

7. La representación directa de las piezas territoriales infraestatales en un órgano consultivo de la Unión Europea: el Comité de las Regiones.

A. El régimen jurídico del Comité de las Regiones: los arts. 300 y 305 a 307 TFUE.

B. Su naturaleza: es un organismo consultivo de la Unión Europea, conformado por representantes de los entes regionales y locales, que asiste al Parlamento Europeo, al Consejo y a la Comisión (art. 300.1 TFUE). De esta forma, los entes territoriales infraestatales cuentan con una voz dentro de la Unión para el diseño de las políticas y para la elaboración de las normas dentro de esta organización supranacional, así como para la defensa de los intereses y las necesidades de los entes regionales y locales dentro de la misma.

C. Su composición: cuenta con un número que ha variado entre los 329 y los 353 miembros procedentes de entes tanto regionales como locales representativos de los veintisiete Estados miembros de la Unión Europea, que sean titulares de un mandato electoral en un ente regional o local, o que tengan responsabilidad política ante una asamblea elegida.

1) La lista de miembros es adoptada por el Consejo a partir de las propuestas de cada Estado miembro; 2) Su mandato es por un período de cinco años, renovable; ahora bien, cuando terminan su mandato en las instituciones regionales o nacionales de su Estado de origen, cesan automáticamente en su correspondiente mandato como miembros del Comité —siendo sustituidos por los nuevos representantes de las instituciones regionales y locales por el resto del mandato del Comité—; 3) Este Comité cuenta con un Presidente y con una Mesa, órganos estos que son elegidos por todos los miembros del Comité de entre ellos, por un período de dos años y medio; 4) Este Comité se reúne en pleno y en seis diferentes comisiones especializadas (dos de ellas son, por ejemplo, la Comisión de Política de Cohesión Territorial —COTER— y la Comisión de Recursos Naturales —NAT—); 5) Respecto a su estatus, los miembros del Comité ejercen sus funciones con plena independencia, en interés general de la Unión y no están sujetos a ningún mandato imperativo. Tampoco pueden ser, simultáneamente, diputados en el Parlamento Europeo.

D. Sus funciones (art. 307 TFUE): sus funciones son de asesoramiento al Parlamento Europeo, al Consejo y a la Comisión en todos los casos en los que los Tratados así lo exigen, pero también en aquellos otros en los que las Altas Instituciones lo consideren oportuno. El Comité puede, asimismo, emitir dictámenes por propia iniciativa cuando lo juzgue conveniente.

E. Los representantes españoles en el Comité de las Regiones.

a. España está representada por 21 consejeros (como Polonia). Esta cifra es inferior a los 24 miembros con que cuentan los Estados de mayor población de la Unión Europea (Alemania, Francia e Italia). Los Estados que poseen un menor número de consejeros son Luxemburgo y Chipre con 6 y Malta con 5.

b. Los 21 consejeros españoles están conformados, según un acuerdo del Senado de 1993, por un total de 17 representantes propuestos por las Comunidades Autónomas, mientras que los otros 4 son designados en representación de los entes locales a través de la Federación Española de Municipios y Provincias (FEMP).

8. Las previsiones del Estatuto de Autonomía de Extremadura en relación con la Unión Europea.

A. La proclamación de la voluntad de la Comunidad Autónoma de Extremadura de participar en el proceso de construcción europea como uno de los principios rectores de los poderes públicos extremeños, consagrados en el nuevo Estatuto de Autonomía de Extremadura.

En este sentido, el art. 7 EAEx (rubricado, precisamente, «Principios rectores de los poderes públicos extremeños») dispone, en su apartado 18, que: «Los poderes públicos regionales: [...] 18. Asumen que la Comunidad Autónoma de Extremadura es parte activa del proceso de integración europea, mediante los mecanismos de participación en las instituciones de la Unión que se establezcan por los tratados, las leyes nacionales o los acuerdos de ámbito estatal o europeo, mediante su intervención en las asociaciones europeas de regiones y a través de las actividades internas de difusión de las políticas y los valores europeos».

B. La regulación estatutaria general de los distintos instrumentos para el desarrollo de la acción exterior de Extremadura (art. 69 EAEx). Entre estos instrumentos se encuentran los siguientes: la participación en los foros multilaterales estatales y en las conferencias sectoriales pertinentes; el establecimiento de delegaciones u oficinas de representación y de defensa de intereses; la participación en organismos internacionales (bien mediante una delegación o representación propia, o bien en el seno de la española); la suscripción de acuerdos de colaboración con regiones y entidades territoriales de otros Estados; la participación en asociaciones de regiones para la defensa de intereses comunes; o el impulso a la celebración de tratados internacionales por la Administración General del Estado en materias de interés de la Comunidad Autónoma, así como la información por parte de la Administración General del Estado de los actos preparatorios para la celebración de acuerdos internacionales que afecten a los intereses específicos de Extremadura, pudiendo solicitar al Estado que incluya representantes extremeños en las delegaciones negociadoras españolas.

C. La regulación estatutaria específica de los distintos mecanismos de representación y de participación de la Comunidad Autónoma de Extremadura en la Unión Europea (art. 70 EAEx).

a. El principio: las formas de representación y de participación de Extremadura en la Unión Europea parten de la proclamación estatutaria del pleno respeto del «marco de la regulación estatal y europea».

b. Las formas de representación y de participación.

b.1. La recepción de información proporcionada por el Estado sobre «las iniciativas, propuestas, proyectos normativos y demás decisiones en tramitación en la Unión Europea cuando afecten a intereses o competencias de la Comunidad Autónoma».

b.2. La participación de la Comunidad Autónoma de Extremadura en la llamada «fase ascendente», esto es, en la formación de la voluntad del Estado español en relación con las decisiones relativas a la Unión Europea y en las delegaciones españolas en las instituciones europeas cuando se «negocien asuntos de interés regional».

b.3. La participación «en defensa del interés regional» en los procedimientos que se sustancien ante el Tribunal de Justicia de la Unión Europea. En este sentido, la Junta de Extremadura instará, por un lado, «de los órganos legitimados para ello el ejercicio de las acciones pertinentes ante el Tribunal de Justicia de la Unión Europea» y podrá intervenir, por otro lado, «en los procedimientos que ante él se sustancien, de conformidad con los ordenamientos comunitario y español».

b.4. La proclamación de que la Comunidad Autónoma de Extremadura «mantendrá cauces de relación directa con las instituciones de la Unión Europea», disponiendo, a tal efecto, de «una oficina permanente encargada de las relaciones con las instituciones y órganos comunitarios en aquellas materias que afecten a los intereses de Extremadura». En este contexto, y como ya se ha indicado con anterioridad, la Oficina de Extremadura en Bruselas se creó en el año 1992.

b.5. El Estatuto de Autonomía de Extremadura regula también la «fase descendente», esto es, la ejecución del Derecho europeo por la Comunidad Autónoma de Extremadura cuando dicho Derecho aborde cuestiones de competencia autonómica según el orden constitucional interno español de distribución de competencias. Es cierto, no obstante, que esta función no se determina en el art. 70 EAEx (esto es, dentro del Título V del Estatuto referido a las relaciones institucionales de la Comunidad Autónoma y, más en concreto, en su Capítulo III relativo a la acción exterior de Extremadura), sino en el art. 12 EAEx (es decir, dentro del Título I relativo a las competencias de la Comunidad Autónoma de Extremadura). Este art. 12 EAEx prevé en su apartado primero que: «Son funciones de la Comunidad Autónoma de Extremadura el desarrollo y, en su caso, la ejecución de la normativa de la Unión Europea en los ámbitos materiales de competencia autonómica».

PARTE III

LAS ADMINISTRACIONES PÚBLICAS TERRITORIALES: SU ORGANIZACIÓN Y SU FUNCIONAMIENTO

LECCIÓN 12

LAS UNIDADES ADMINISTRATIVAS Y LOS ÓRGANOS ADMINISTRATIVOS

> Organización administrativa: Adm. Conjunto de órganos administrativos que forman cada una de las administraciones públicas y desarrollan sus funciones conforme a unos principios organizativos recogidos en sus respectivas leyes reguladoras.
>
> *Diccionario panhispánico del español jurídico* (2017)

Estructura:

I. Introducción: Administraciones Territoriales y Administraciones No Territoriales.
II. El concepto legal de unidad administrativa y de órgano administrativo.
III. El régimen jurídico básico de los órganos administrativos.
IV. Los tipos de órganos administrativos.
V. El régimen jurídico básico de los órganos colegiados en particular.
VI. El régimen jurídico de los órganos colegiados de la Administración General del Estado.

Normativa de referencia:

I. Constitución española (CE).
II. Ley 39/2015, de 1 de octubre, del Procedimiento Administrativo Común de las Administraciones Públicas.
III. Ley 40/2015, de 1 de octubre, de Régimen Jurídico del Sector Público.

Bibliografía complementaria:

Cano Campos, T. (coord.), *Lecciones y Materiales para el Estudio del Derecho Administrativo,* Tomo II, Iustel, Madrid, 2009.

Cosculluela Montaner, L., *Manual de Derecho Administrativo*, Civitas, Madrid, 31.ª edición, 2020.

Fernández Farreres, G., *Sistema de Derecho Administrativo I*, 6.ª edición, Thomson-Reuters Civitas, Madrid, 2022.

Muñoz Machado, S., *Tratado de Derecho Administrativo y Derecho Público General*, Tomo X. La Administración del Estado, 5.ª edición, BOE, 2017.

Rebollo Puig, M., y Vera Jurado, D. (dirs.), *Derecho Administrativo*, Tomo I. Conceptos fundamentales, Fuentes y Organización, Tecnos, Madrid, 5.ª edición, 2023.

Santamaría Pastor, J. A., *Principios de Derecho Administrativo General*, Tomo I, Iustel, Madrid, 6.ª edición, 2023.

Lecturas recomendadas

Baena del Alcázar, M., *Organización administrativa*, Marcial Pons, Madrid, 1984.

Carbonell Porras, E., *Los órganos colegiados. Organización, funcionamiento, procedimiento y régimen jurídicos de sus actos*, BOE/CEPC, Madrid, 1999.

— «Regulación de los órganos colegiados», en F. López Menudo (dir.), *Innovaciones en el procedimiento administrativo común y el régimen jurídico del sector público*, Universidad de Sevilla, Sevilla, 2016, pp. 235-263.

Font Llovet, T., «Función consultiva y Estado autonómico», *Revista de Administración Pública*, núm. 138, 1995, pp. 37-68.

Gallego Anabitarte, A. *et ali.*, *Conceptos y principios fundamentales del Derecho de organización*, Marcial Pons, Madrid, 2000.

García de Enterría, E., *La administración española*, 9.ª edición, Civitas, Madrid, 1999.

Nieto, A., *La nueva organización del desgobierno*, Ariel, Barcelona, 1996.

Santamaría Pastor, J. A., «La teoría del órgano en el Derecho administrativo», *Revista Española de Derecho Administrativo*, núm. 40-41, 1984, pp. 43-86.

I. INTRODUCCIÓN: ADMINISTRACIONES TERRITORIALES Y ADMINISTRACIONES NO TERRITORIALES

1. La tipología básica clasificatoria de las Administraciones: las Administraciones Territoriales (ATs) frente a las Administraciones No Territoriales (ANTs).

2. Elementos utilizados para la distinción:

   A. El elemento originario básico: el territorio. La insuficiencia de este criterio. La acumulación de criterios.

   B. El criterio de la población: *a*) Las ATs extienden su poder sobre toda la población existente en el territorio (por ejemplo, el Alcalde sobre la totalidad de la población radicada dentro del término municipal); *b*) Las ANTs tan sólo ejercen su poder sobre una parte de la población del territorio (por ejemplo, el Rector sobre la población universitaria).

   C. El criterio de los fines: *a*) Las ATs tienen una universalidad de fines: nada de lo que afecte a las personas que habitan dentro de su territorio les puede resultar ajeno (por ejemplo, el art. 149.1 CE, que enumera las competencias de la Administración General del Estado, revela que esta Administración Territorial tiene encomendada la consecución de una amplísima gama de fines de interés general); *b*) Las ANTs se caracterizan por la especialidad de sus fines (por ejemplo, la Universidad limita su función a la investigación y a la enseñanza superior).

D. La atribución a las ATs de poderes jurídicos (potestades) superiores (potestad reglamentaria, tributaria, expropiatoria, etc.), de los que, normalmente, carecen las ANTs.

E. La atribución a las ATs de la capacidad de autodeterminar (esto es, disponen de iniciativa con respecto a la fijación de los fines públicos que deben ser perseguidos y al ejercicio de tareas organizatorias); mientras que las ANTs tienen una naturaleza esencialmente ejecutiva asignada por las ATs de las que dependen. Las ATs crean las ANTs, por lo que éstas dependen siempre, en última instancia, de una AT, en tanto que Administración matriz.

3. Las clases de Administraciones Territoriales.

   A. La Administración General de Estado.

   B. Las Comunidades Autónomas.

   C. Las Entidades Locales.

II. EL CONCEPTO LEGAL DE UNIDAD ADMINISTRATIVA Y DE ÓRGANO ADMINISTRATIVO

1. La idea inicial de que las Administraciones Públicas sirven a los intereses generales (art. 103.1 CE).

2. Para esta finalidad de servicio a los intereses generales, las Administraciones Públicas cuentan con un conjunto de medios personales y materiales.

3. Estos medios de la Administración se estructuran en unidades administrativas y en órganos administrativos.

4. Las unidades administrativas (art. 56 LRJSP).

   A. El concepto legal de unidad administrativa.

      a. «(S)on los elementos organizativos básicos de las estructuras orgánicas» (art. 56.1 LRJSP).

      b. Las unidades administrativas «se integran en un determinado órgano» (art. 56.3 LRJSP).

B. Estructura.

a. Las unidades administrativas «comprenden puestos de trabajo o dotaciones de plantilla vinculados funcionalmente por razón de su contenido y orgánicamente por una jefatura común» (art. 56.1 LRJSP).

b. «Los jefes de las unidades administrativas son responsables del correcto funcionamiento de la unidad y de la adecuada ejecución de las tareas asignadas a la misma».

C. Tipos.

a. Unidades administrativas simples.

b. Unidades administrativas complejas: «agrupan dos o más unidades menores».

5. El concepto legal de órgano administrativo.

A. Los órganos están conformados por unidades administrativas (art. 5.1. LRJSP): «Corresponde a cada Administración Pública delimitar, en su respectivo ámbito competencial, las unidades administrativas que configuran los órganos administrativos propios de las especialidades derivadas de su organización» (art. 5.2 LRJSP).

B. Los órganos administrativos deben tener atribuidas «funciones que tengan efectos jurídicos frente a terceros, o cuya actuación tenga carácter preceptivo» (art. 5.1. LRJSP).

C. El titular del órgano: es el sujeto (unipersonal o colegiado) que expresa la voluntad del órgano, voluntad esta que se imputará a la persona jurídica de la que forme parte.

a. Su nombramiento.

b. Su toma de posesión.

c. La situación en servicio activo.

d. El régimen de abstenciones y recusaciones (arts. 23 y 24 LRJSP).

III. EL RÉGIMEN JURÍDICO BÁSICO DE LOS ÓRGANOS ADMINISTRATIVOS

1. Su regulación.

   A. La existencia de una regulación estatal básica: el Capítulo II (rubricado «De los órganos de las Administraciones Públicas») del Título Preliminar de la LRJSP (con la salvedad de sus arts. 19 a 22, que regulan los órganos colegiados de la Administración General del Estado, que únicamente son aplicables para esta Administración Territorial).

   B. El desarrollo de la legislación estatal básica.

2. Su creación.

   A. Requisitos legales mínimos (art. 5, apartados 3 y 4, LRJSP):

      a. La determinación de su forma de integración en la Administración Pública de que se trate y su dependencia jerárquica.

      b. La delimitación de sus funciones y competencias.

      c. La dotación de los créditos necesarios para su puesta en marcha y funcionamiento.

      d. La previa comprobación de que no existe otro órgano en la misma Administración Pública que desarrolle igual función sobre el mismo territorio y población: «No podrán crearse nuevos órganos que supongan duplicación de otros ya existentes si al mismo tiempo no se suprime o restringe debidamente la competencia de estos» (art. 5.4 LRJSP).

   B. La obligada publicación oficial del acuerdo de creación y de las normas de funcionamiento de los órganos colegiados que dicten resoluciones que tengan efectos jurídicos frente a terceros (art. 15.3 LRJSP).

3. La dirección de las actividades de otros órganos administrativos.

   A. La dirección de las actividades de otros órganos administrativos mediante instrucciones y órdenes de servicio (art. 6.1 LRJSP).

   B. El incumplimiento de éstas «no afecta por sí solo a la validez de los actos dictados por los órganos administrativos, sin perjuicio de la responsabilidad disciplinaria en que se pueda incurrir» (art. 6.2 LRJSP).

IV. LOS TIPOS DE ÓRGANOS ADMINISTRATIVOS

1. Los órganos unipersonales y los órganos colegiados.

   A. Los órganos unipersonales: son monocráticos, esto es, su titularidad corresponde a una única persona física, que es quien expresa su voluntad.

   B. Los órganos colegiados: son pluripersonales, es decir, su titularidad corresponde a un mínimo de tres personas físicas. La voluntad del órgano se conforma colectivamente por el conjunto de personas que lo constituyen, por eso las reglas que los regulan tienen que servir para garantizar la formación correcta de dicha voluntad mediante la participación de todos sus miembros.

2. Los órganos de la Administración activa, los órganos consultivos, los órganos de control, los órganos de coordinación y de colaboración, y los órganos de estudio, de asesoramiento y programación.

   A. Los órganos activos o de gestión: su función esencial consiste en la toma de decisiones administrativas.

   B. Los órganos consultivos.

      a. La forma de articulación de los órganos consultivos (art. 7 LRJSP).

         a.1. «mediante órganos específicos dotados de autonomía orgánica y funcional con respecto a la Administración activa».

         a.2. «a través de los servicios de esta última que prestan asistencia jurídica». Estos servicios «no podrán estar sujetos a dependencia jerárquica, ya sea orgánica o funcional, ni recibir instrucciones, directrices o cualquier clase de indicación de los órganos que hayan elaborado las disposiciones o producido los actos objeto de consulta, actuando para cumplir con tales garantías de forma colegiada».

      b. Su función: la emisión de informes sobre asuntos determinados.

   C. Los órganos de control: su función consiste en la fiscalización de los órganos de la Administración activa.

3. Los órganos representativos (por ejemplo, los órganos de gobierno de las distintas Administraciones Territoriales) y los órganos no representativos (por ejemplo, los órganos superiores y los órganos directivos de una Administración Territorial).

4. Los órganos sometidos a instrucciones jerárquicas o los órganos no sometidos a instrucciones jerárquicas (por ejemplo, los Tribunales Económico-Administrativos o los Tribunales Administrativos de Recursos Contractuales).

5. Los órganos centrales y los órganos periféricos.

V. EL RÉGIMEN JURÍDICO BÁSICO DE LOS ÓRGANOS COLEGIADOS EN PARTICULAR

1. Su régimen jurídico (art. 15.1 LRJSP).

   A. La regla general: su régimen jurídico se ajustará a las normas básicas contenidas en los arts. 15 a 18 LRJSP. La determinación de lo básico: STC 50/1999, de 6 de abril (recurso de inconstitucionalidad en relación con diversos preceptos de la vieja Ley 30/1992, de 26 de noviembre, de Régimen Jurídico de las Administraciones Públicas y del Procedimiento Administrativo Común).

   B. La modulación de la regla general dentro de la propia LRJSP: «sin perjuicio de las peculiaridades organizativas de las Administraciones Públicas en que se integran».

      a. «Los órganos colegiados de las distintas Administraciones Públicas en que participen organizaciones representativas de intereses sociales, así como aquellos compuestos por representaciones de distintas Administraciones Públicas, cuenten o no con participación de organizaciones representativas de intereses sociales, podrán establecer o completar sus propias normas de funcionamiento» (art. 15.2 LRJSP).

      b. El régimen jurídico de los órganos colegiados de la Administración General del Estado (y de las entidades de derecho público vinculadas o dependientes de ella):

         b.1. Los arts. 19 a 22 LRJSP.

         b.2. Las previsiones sobre esta cuestión de la LPAC.

2. Los tipos de órganos colegiados.

   A. Órganos colegiados a los que no se aplica la LRJSP.

      a. Los órganos colegiados de gobierno de las diferentes Administraciones Territoriales: las disposiciones de la LRJSP «no serán de aplicación a los órganos Colegiados del Gobierno de la Nación, los órganos colegiados de Gobierno de las Comunidades Autónomas y los órganos colegiados de gobierno de las Entidades Locales» (Disp. Adic. 21.ª LRJSP).

b. Los órganos colegiados constitucionales (por ejemplo, el Tribunal de Cuentas y el Consejo de Estado, y sus homólogos autonómicos).

B. Órganos colegiados a los que se aplica «con particularidades» la LRJSP.

a. Los órganos colegiados de las distintas Administraciones Públicas en que participen organizaciones representativas de intereses sociales (art. 15.2 LRJSP). Estos órganos «quedarán integrados en la Administración Pública que corresponda, aunque sin participar en la estructura jerárquica de ésta, salvo que así lo establezcan sus normas de creación, se desprenda de sus funciones o de la propia naturaleza del órgano colegiado» (art. 15.2 LRJSP).

b. Los órganos colegiados compuestos por representaciones de distintas Administraciones Públicas (art. 15.2 LRJSP). Estos órganos «quedarán integrados en la Administración Pública que corresponda, aunque sin participar en la estructura jerárquica de ésta, salvo que así lo establezcan sus normas de creación, se desprenda de sus funciones o de la propia naturaleza del órgano colegiado» (art. 15.2 LRJSP).

C. Los órganos colegiados a los que se aplica la LRJSP: los órganos colegiados burocráticos compuestos por miembros de una única Administración Territorial.

3. La estructura.

A. Tan sólo se regula a nivel básico la figura del Secretario (art. 16 LRJSP).

B. El Secretario podrá ser (art. 16.1 LRJSP):

a. Un miembro del propio órgano.

b. Una persona al servicio de la Administración Pública correspondiente. En este caso, si el secretario es suplido por un miembro del propio órgano colegiado, este último «conservará todos sus derechos como tal» (art. 16.3 LRJSP).

C. Las funciones del secretario (art. 16.2 LRJSP):

a. El velar por la legalidad formal y material de las actuaciones del órgano colegiado.

b. La certificación de las actuaciones del mismo.

c. La garantía de que los procedimientos y reglas de constitución y adopción de acuerdos son respetadas.

4. El funcionamiento.

A. Su estructura.

a. Las convocatorias.

b. La celebración de las sesiones.

c. Los acuerdos.

d. Las actas.

B. Las convocatorias.

a. El régimen jurídico de las convocatorias (art. 17.3 LRJSP).

a.1. Las normas básicas establecidas en la LRJSP.

a.2. Las normas de funcionamiento del órgano.

a.3. En lo no previsto en las normas anteriores, los órganos colegiados podrán establecer su propio régimen de convocatorias, en el que podrá preverse la existencia de segundas convocatorias (especificando, en este último caso, «el número de miembros necesarios para constituir válidamente el órgano»).

b. Las convocatorias se efectuarán por medios electrónicos (salvo que no resulte posible) (art. 17.3 LRJSP).

c. El contenido de las convocatorias (art. 17.3 LRJSP). Se hará constar en las mismas:

c.1. El orden del día junto con la documentación necesaria para su deliberación cuando sea posible.

c.1.1. La regla general: los asuntos a tratar en cada sesión deben estar en el orden del día. Si un asunto no está en el orden del día «no podrá ser objeto de deliberación o acuerdo» (art. 17.4 LRJSP).

c.1.2. La excepción: podrán ser abordados asuntos a pesar de no constar en el orden del día cuando «asistan todos los miembros del órgano colegiado y sea declarada la urgencia del asunto por el voto favorable de la mayoría» (art. 17.4 LRJSP).

c.2. Las condiciones en las que se va a celebrar la sesión.

c.3. El sistema de conexión.

c.4. En su caso, los lugares en que estén disponibles los medios técnicos necesarios para asistir y participar en la reunión.

C. La celebración de las sesiones.

a. La celebración de las sesiones (que consisten en la reunión formal de todos los miembros del órgano colegiado) podrá ser (art. 17.1 LRJSP):

a.1. De forma presencial.

a.2. A distancia.

a.2.1. No podrá ser a distancia cuando el reglamento interno así del recoja «expresa y excepcionalmente».

a.2.2. Deberá asegurarse por medios electrónicos: «la identidad de los miembros o personas que los suplan, el contenido de sus manifestaciones, el momento en que éstas se producen, así como la interactividad e intercomunicación entre ellos en tiempo real y la disponibilidad de los medios durante la sesión».

a.2.3. Entre los medios electrónicos válidos se encuentran: el correo electrónico, las audioconferencias y las videoconferencias.

b. El quórum (art. 17.2 LRJSP).

b.1. La regla general: la obligada «asistencia, presencial o a distancia, del Presidente y Secretario o en su caso, de quienes les suplan, y la de la mitad, al menos, de sus miembros».

b.2. La excepción: la posibilidad de constituirse un órgano colegiado sin necesidad de convocatoria previa si están reunidos (presencialmente o a distancia) todos los miembros del órgano colegiado y así lo deciden por unanimidad.

b.3. La regla especial para los órganos colegiados en los que participen entidades representativas de intereses sociales o estén compuestos por representaciones de distintas Administraciones Públicas: se entenderán válidamente constituidos «si asisten los representantes de las Administraciones Públicas y de las organizaciones representativas de intereses sociales miembros del órgano a los que se haya atribuido la condición de portavoces».

c. La posibilidad de grabación de las sesiones (art. 18.1 LRJSP). En este caso, la grabación deberá conservarse garantizando su integridad y su autenticidad, así como el acceso a la misma por parte de los miembros del órgano colegiado.

D. Los acuerdos.

a. La votación.

a.1. La mayoría requerida: la mayoría de votos favorables (art. 17.5 LRJSP).

a.2. Los miembros que voten en contra o que se abstengan, «quedarán exentos de la responsabilidad que, en su caso, pueda derivarse de los acuerdos» (art. 17.6 LRJSP).

b. El lugar de adopción de los acuerdos cuando las sesiones se celebren a distancia: «se entenderán adoptados en el lugar donde tenga la sede el órgano colegiado y, en su defecto, donde esté ubicada la presidencia» (art. 17.5 LRJSP).

c. La certificación de los acuerdos (art. 17.7 LRJSP).

c.1. La competencia para expedirla: el Secretario del órgano colegiado.

c.2. Podrán solicitarla «quienes acrediten la titularidad de un interés legítimo».

c.3. La forma de expedición.

c.3.1. La regla general: por medios electrónicos.

c.3.2. La excepción: cuando «el interesado manifieste expresamente lo contrario y no tenga obligación de relacionarse con las Administraciones por esta vía».

E. Las actas (art. 18 LRJSP).

a. La competencia para levantarla: el secretario del órgano colegiado (art. 18.1 LRJSP). Deberá contar con el visto bueno del presidente (art. 18.2 LRJSP).

b. Su contenido mínimo (art. 18.1 LRJSP):

b.1. Los asistentes.

b.2. El orden del día de la reunión.

b.3. Las circunstancias del lugar y tiempo en que se ha celebrado.

b.4. Los puntos principales de las deliberaciones. Si se graban las sesiones no será necesario incluir esta cuestión en el acta: «El fichero resultante de la grabación, junto con la certificación expedida por el Secretario de la autenticidad e integridad del mismo, y cuantos documentos en soporte electrónico se utilizasen como documentos de la sesión, podrán acompañar al acta de las sesiones, sin necesidad de hacer constar en ella los puntos principales de las deliberaciones».

b.5. El contenido de los acuerdos adoptados.

c. La remisión del acta por el secretario a todos los miembros mediante medios electrónicos (art. 18.2 LRJSP).

d. La posibilidad de los miembros de manifestar su conformidad o de hacer reparos al texto (art. 18.2 LRJSP).

e. El momento de aprobación del acta (art. 18.2 LRJSP):

e.1. En la misma reunión.

e.2. En la inmediata siguiente.

5. Las consecuencias jurídicas de una defectuosa formación de la voluntad de los órganos colegiados: la nulidad de pleno derecho de los actos administrativos adoptados en caso de vicios esenciales [art. 47.1.*e*) LPAC].

VI. EL RÉGIMEN JURÍDICO DE LOS ÓRGANOS COLEGIADOS EN LA ADMINISTRACIÓN GENERAL DEL ESTADO

1. El concepto legal de órgano colegiado en la Administración General del Estado (art. 20.1 LRJSP).

A. Deben crearse formalmente.

B. Estar integrados por tres o más personas.

C. Deben tener atribuidas funciones administrativas de decisión, propuesta, asesoramiento, seguimiento o control.

D. Deben actuar integrados en la Administración General del Estado o en alguno de sus organismos.

2. Los tipos de órganos y composición (art. 21 LRJSP).

A. La clasificación.

a. Los órganos colegiados interministeriales: formados por miembros de dos o más Ministerios.

b. Los órganos colegiados ministeriales: formados por miembros de un único Ministerio.

B. La participación de otros miembros.

a. La participación de representantes de otras Administraciones Públicas (art. 21.2 LRJSP).

b. La participación de organizaciones representativas de intereses sociales o de expertos (art. 21.3 LRJSP).

3. Los requisitos necesarios para la constitución de los órganos colegiados (art. 20.2 LRJSP).

A. Forma de creación: mediante norma o mediante convenio con otras Administraciones Públicas.

B. La determinación indispensable de los siguientes extremos:

a. Sus fines u objetivos.

b. Su integración administrativa o dependencia jerárquica.

c. La composición y los criterios para la designación de su Presidente y de los restantes miembros.

d. Las funciones de decisión, propuesta, informe, seguimiento o control, así como cualquier otra que se le atribuya.

e. La dotación de los créditos necesarios, en su caso, para su funcionamiento.

C. Su régimen jurídico (arts. 19.1 y 20.3 LRJSP).

a. La normativa básica.

b. Las reglas contenidas para los órganos colegiados de la Administración General del Estado en el art. 19 LRJSP u otras peculiaridades organizativas previstas en dicha LRJSP y en la LPAC.

c. Su norma o su convenio de creación.

4. Las reglas de creación en función del tipo de órganos colegiados (art. 22 LRJSP).

A. Los órganos con competencias decisorias, de emisión de informes preceptivos y de seguimiento o de control de otros órganos.

a. La existencia de una norma específica. Su forma será:

a.1. Real Decreto: para los órganos colegiados interministeriales cuyo presidente tenga rango superior al de Director General.

a.2. Orden ministerial conjunta: para los restantes órganos colegiados interministeriales.

a.3. Orden ministerial: para los órganos colegiados ministeriales.

b. Esta norma será objeto de publicación en el *BOE*.

B. Restantes órganos colegiados:

a. Los órganos colegiados tendrán la naturaleza de grupos o comisiones de trabajo.

b. Serán creados por Acuerdos del Consejo de Ministros o por los Ministerios interesados.

c. Sus acuerdos no tendrán efectos directos frente a terceros.

5. Las reglas de modificación y de supresión (art. 22.4 LRJSP).

A. Podrá producirse de la misma forma que para su creación.

B. Si se estableciese plazo para su extinción: la misma se producirá automáticamente en la fecha establecida.

6. Los componentes de los órganos colegiados.

A. La tipología de los componentes de los órganos colegiados.

a. El Presidente.

b. El Secretario.

c. Los miembros.

B. El Presidente (art. 19.2 LRJSP).

a. Sus funciones.

a.1. Ostentar la representación del órgano.

a.2. Acordar la convocatoria de las sesiones ordinarias y extraordinarias y la fijación del orden del día, teniendo en cuenta, en su caso, las peticiones de los demás miembros, siempre que hayan sido formuladas con la suficiente antelación.

a.3. Presidir las sesiones, moderar el desarrollo de los debates y suspenderlos por causas justificadas.

a.4. Dirimir con su voto los empates, a efectos de adoptar acuerdos, excepto si se trata de los órganos colegiados a que se refiere el art. 15.2, en los que el voto será dirimente si así lo establecen sus propias normas.

a.5. Asegurar el cumplimiento de las leyes.

a.6. Visar las actas y certificaciones de los acuerdos del órgano.

a.7. Ejercer cuantas otras funciones sean inherentes a su condición de Presidente del órgano.

b. La sustitución del Presidente en casos de vacante, ausencia, enfermedad u otra causa legal.

b.1. La regla general.

b.1.1. La sustitución por el Vicepresidente que corresponda.

b.1.2. En su defecto, la sustitución por el miembro del órgano colegiado de mayor jerarquía, antigüedad y edad, por este orden.

b.2. La regla específica para los órganos colegiados en que participen organizaciones representativas de intereses sociales y para los órganos colegiados compuestos por representaciones de distintas Administraciones Públicas.

b.2.1. El régimen de sustitución del Presidente debe estar específicamente regulado en cada caso.

b.2.2. En su defecto, puede ser establecido expresamente por acuerdo del órgano colegiado.

C. El Secretario (art. 19.4 LRJSP).

a. Sus funciones.

a.1. Asistir a las reuniones con voz pero sin voto, y con voz y voto si la Secretaría del órgano la ostenta un miembro del mismo.

a.2. Efectuar la convocatoria de las sesiones del órgano por orden del Presidente, así como las citaciones a los miembros del mismo.

a.3. Recibir los actos de comunicación de los miembros con el órgano, sean notificaciones, peticiones de datos, rectificaciones o cualquiera otra clase de escritos de los que deba tener conocimiento.

a.4. Preparar el despacho de los asuntos, redactar y autorizar las actas de las sesiones.

a.5. Expedir certificaciones de las consultas, dictámenes y acuerdos aprobados.

a.6. Cuantas otras funciones sean inherentes a su condición de Secretario.

b. El régimen jurídico de su designación, su cese y su sustitución.

b.1. Según lo dispuesto en las normas específicas.

b.2. En su defecto, por acuerdo del órgano.

D. Los miembros del órgano (art. 15.3 LRJSP).

a. Sus derechos y funciones:

a.1. Recibir, con una antelación mínima de dos días, la convocatoria conteniendo el orden del día de las reuniones. La información sobre los temas que figuren en el orden del día estará a disposición de los miembros en igual plazo.

a.2. Participar en los debates de las sesiones.

a.3. Ejercer su derecho al voto y formular su voto particular, así como expresar el sentido de su voto y los motivos que lo justifican. No podrán abstenerse en las votaciones quienes por su cualidad de autoridades o personal al servicio de las Administraciones Públicas, tengan la condición de miembros natos de órganos colegiados, en virtud del cargo que desempeñan.

a.4. Formular ruegos y preguntas.

a.5. Obtener la información precisa para cumplir las funciones asignadas.

a.6. Cuantas otras funciones sean inherentes a su condición.

b. Los límites a sus derechos y funciones.

b.1. Los miembros del órgano colegiado no podrán ejercer sus funciones en caso de conflicto de intereses.

b.2. No está entre sus funciones las de representación del órgano (salvo que una norma se las haya otorgado o exista un acuerdo por parte del propio órgano para cada caso concreto).

c. Su sustitución.

c.1. La regla general en caso de ausencia justificada: la sustitución por sus suplentes, si los hubiera.

c.2. La regla especifica para los órganos colegiados en los que participen organizaciones representativas de intereses sociales: éstas podrán sustituir a sus miembros titulares, previa acreditación ante la Secretaría del órgano, respetando siempre sus normas de organización.

E. El conjunto conformado por el Presidente, el Secretario y los miembros constituye el Pleno del órgano colegiado.

7. El acta (art. 19.5 LRJSP).

A. El derecho de los miembros a solicitar la transcripción de su intervención en el texto del acta (o uniéndose copia a la misma), siempre que se aporte un texto fiel con la misma.

B. El derecho de los miembros del órgano a que conste el sentido de su voto, pudiendo formular los miembros discrepantes un voto particular por escrito en el plazo de dos días, que se incorporará al texto del acuerdo.

C. La aprobación del acta.

   a. En la misma sesión.

   b. En la siguiente sesión.

D. La posibilidad de certificación de los acuerdos adoptados antes de la aprobación del acta, dejando constancia expresa de esta circunstancia.

LECCIÓN 13

LA ADMINISTRACIÓN GENERAL DEL ESTADO

> Tres principios configuran el funcionamiento del Gobierno: el principio de dirección presidencial, que otorga al Presidente del Gobierno la competencia para determinar las directrices políticas que deberá seguir el Gobierno y cada uno de los Departamentos; la colegialidad y consecuente responsabilidad solidaria de sus miembros; y, por último, el principio departamental que otorga al titular de cada Departamento una amplia autonomía y responsabilidad en el ámbito de su respectiva gestión [...]
>
> En efecto, el artículo 98.1 de nuestra Carta Magna establece una composición fija —aún con elementos disponibles— del Gobierno, remitiéndose a la Ley para determinar el resto de sus componentes. En este sentido, se opta ahora por un desarrollo estricto del precepto constitucional, considerando como miembros del Gobierno al Presidente, a los Vicepresidentes cuando existan, y a los Ministros. En cuanto a la posición relativa de los miembros del Gobierno, se destaca la importancia del Presidente, con fundamento en el principio de dirección presidencial, dado que del mismo depende, en definitiva, la existencia misma del Gobierno. El Derecho comparado es prácticamente unánime en consagrar la existencia de un evidente desequilibrio institucionalizado entre la posición del Presidente, de supremacía, y la de los demás miembros del Gobierno. Nuestra Constitución y, por tanto, también la Ley se adscriben decididamente a dicha tesis.
>
> Exposición de Motivos de la Ley 50/1997, de 27 de noviembre, del Gobierno.

Estructura:

I. La Administración General del Estado.
II. La Administración Central del Estado: su organización.
III. La Administración Periférica del Estado: los «órganos territoriales» de la Administración General del Estado.
IV. La Administración General del Estado en el exterior: el Servicio Exterior del Estado.
V. La Administración consultiva.
VI. La estructura del sector público institucional estatal.

Normativa de referencia:

I. Constitución Española (CE).
II. Normas estatales.
  1. Ley Orgánica 3/1980, de 22 de abril, del Consejo de Estado (LOCE).
  2. Ley 50/1997, de 27 de noviembre, del Gobierno (LG).
  3. Ley 29/1998, de 13 de julio, reguladora de la Jurisdicción Contencioso-Administrativa (LJCA).
  4. Ley 50/2002, de 26 de diciembre, de Fundaciones (LF).
  5. Ley 33/2003, de 3 de noviembre, del Patrimonio de las Administraciones Públicas.
  6. Ley 2/2014, de 25 de marzo, de la Acción y del Servicio Exterior del Estado (LASE).
  7. Ley 39/2015, de 1 de octubre, del Procedimiento Administrativo Común de las Administraciones Públicas (LPAC).
  8. Ley 40/2015, de 1 de octubre, de Régimen Jurídico del Sector Público (LRJSP).
  9. Ley Orgánica 2/2023, de 22 de marzo, del Sistema Universitario (LOSU).
  10. Real Decreto Legislativo 1/2010, de 2 de julio, por el que se aprueba el Texto Refundido de la Ley de Sociedades de Capital.

Bibliografía complementaria:

Cosculluela Montaner, L., *Manual de Derecho Administrativo*, Civitas, Madrid, 27.ª edición, 2016.

Esteve Pardo, J., *Lecciones de Derecho Administrativo*, Marcial Pons, Madrid, 11.ª edición, 2024.

Muñoz Machado, S., *Tratado de Derecho Administrativo y Derecho Público General*, Tomo X. *La Administración del Estado*, Boletín Oficial del Estado, Madrid, 4.ª edición, 2015.

Rebollo Puig, M., y Vera Jurado, D. (dirs.), *Derecho Administrativo, Tomo I. Conceptos fundamentales, Fuentes y Organización*, Tecnos, Madrid, 5.ª edición, 2023.

Santamaria Pastor, J. A., *Principios de Derecho Administrativo General*, Tomo I, Iustel, Madrid, 4.ª edición, 2016.

Lecturas recomendadas:

Aragón Reyes, M., y Gómez Montoro, A. J. (coords.), *El Gobierno: problemas constitucionales*, Centro de Estudios Políticos y Constitucionales, Madrid, 2005.

Betancor Rodríguez, A., *Las Administraciones independientes: un reto para el Estado social y democrático de Derecho*, Tecnos, Madrid, 1994.

Parejo Alfonso, L. J. (coord.), *Estudios sobre el Gobierno. Seminario sobre el Proyecto de Ley reguladora del Gobierno*, Universidad Carlos III, Madrid, 1996.

Parejo Alfonso, L. J., *Organización y poder de organización. Las potestades organizatoria y reglamentaria del complejo orgánico-funcional Gobierno y Administración*, Iustel, Madrid, 2008.

I. LA ADMINISTRACIÓN GENERAL DEL ESTADO

1. El Gobierno y la Administración. La distinción de dos estructuras dentro del Poder Ejecutivo. El Título IV de la Constitución Española se titula «Del Gobierno y de la Administración». Esta distinción constitucional encuentra reflejo en la diferente regulación estatal del Gobierno (Ley 50/1997, de 27 de noviembre, del Gobierno) —que tiene un papel constitucional esencialmente político— y de la Administración (Ley 40/2015, de 1 de octubre, de Régimen Jurídico del Sector Público) —que está sometida a la dirección del Gobierno, realizando funciones ejecutivas de naturaleza meramente administrativa—.

2. El Gobierno: art. 97 CE.

   A. Las funciones constitucionales del Gobierno: «El Gobierno dirige la política interior y exterior, la Administración civil y militar y la defensa del Estado. Ejerce la función ejecutiva y la potestad reglamentaria de acuerdo con la Constitución y las leyes» (art. 97 CE y art. 1.1 LG).

   B. Su doble posición constitucional: como órgano político característico —realiza funciones de dirección política—, por un lado; y como cabeza de la Administración, por otro. La doctrina del Tribunal Constitucional sobre la doble naturaleza del Gobierno: «[...] en nuestra doctrina hemos dejado sentado que no toda la actuación del Gobierno, cuyas funciones se enuncian en el art. 97 del Texto constitucional, está sujeta al Derecho administrativo. Es indudable, por ejemplo, que no lo está, en general, la que se refiere a las relaciones con otros órganos constitucionales, como son los actos que regula el Título V de la Constitución, o la decisión de enviar a las Cortes un proyecto de Ley, u otras semejantes, a través de las cuales el Gobierno cumple también la función de dirección política que le atribuye el mencionado art. 97 de la Constitución (STC 45/1990, de 15 de marzo, FJ 2). En similar sentido hemos declarado que cuando "el Gobierno actúa como órgano político y no como órgano de la Administración, no ejerce potestades administrativas ni dicta actos de esta naturaleza y, por lo mismo, su actuación no puede calificarse como "administrativa" cuyo control corresponda *ex* arts. 106.1 de la Constitución y 8 LOPJ a los Tribunales de Justicia. Estas ideas, formuladas en términos generales respecto de las relaciones entre Gobierno y Cortes, son también aplicables a las relaciones entre los Ejecutivos autonómicos y las correspondientes Asambleas Legislativas, por lo que la justificación dada por el Tribunal Supremo para entender que no existía sujeción al Derecho administrativo del acto impugnado es plenamente razonable y ajustada a la Constitución. La solución contraria podría desnaturalizar el juego democrático entre aquellas instituciones" (STC 196/1990, de 29 de noviembre, FJ 5). De esta doctrina se desprende que el Gobierno actúa con normalidad "como órgano de la Administración", ejerciendo la potestad reglamentaria (art. 97.1 CE) y sometiéndose al Derecho administrativo, aunque en otras ocasiones actúe como órgano político y no ejerza potestades administrativas, sino "la función ejecutiva" que también le caracteriza (art. 97.1 CE)» (STC 222/2006, de 6 de julio, FJ 8).

C. Las consecuencias jurídicas esenciales derivadas de la doble posición constitucional del Gobierno: la distinción ente los actos políticos del Gobierno y los actos meramente administrativos.

a. Todos los actos administrativos son, como regla general, controlables: art. 1.1 LJCA. Este precepto dispone: «Los Juzgados y Tribunales del orden contencioso-administrativo conocerán de las pretensiones que se deduzcan en relación con la actuación de las Administraciones públicas sujeta al Derecho Administrativo, con las disposiciones generales de rango inferior a la Ley y con los Decretos legislativos cuando excedan los límites de la delegación».

b. Tradicionalmente no eran controlables los actos políticos del Gobierno por la jurisdicción contencioso-administrativa [art. 2.*b*) LJCA de 1956]. Hoy sí pueden ser objeto de control por dicha jurisdicción [art. 2.*a*) LJCA de 1998].

b.1. La tradicional exclusión del control por parte de los órganos judiciales del orden contencioso-administrativo de los «actos políticos del Gobierno». El art. 2.*b*) de la Ley de 27 de diciembre de 1956 no permitía a los Tribunales contencioso-administrativos el control de «las cuestiones que se susciten en relación con los actos políticos del Gobierno, como son los que afecten a la defensa del territorio nacional, relaciones internacionales, seguridad interior del Estado y mando y organización militar, sin perjuicio de las indemnizaciones que fueren procedentes».

b.2. El control de los actos del Gobierno por la jurisdicción contencioso-administrativa en la actualidad. El art. 2.*a*) de la Ley 29/1998, de 13 de julio, reguladora de la Jurisdicción Contencioso-Administrativa, dispone: «El orden jurisdiccional contencioso-administrativo conocerá de las cuestiones que se susciten en relación con: *a*) La protección jurisdiccional de los derechos fundamentales, los elementos reglados y la determinación de las indemnizaciones que fueran procedentes, todo ello en relación con los actos del Gobierno o de los Consejos de Gobierno de las Comunidades Autónomas, cualquiera que fuese la naturaleza de dichos actos».

D. La estructura del Gobierno.

a. Los órganos unipersonales (art. 98.1 CE y art. 1.2 LG): el Presidente, el(los) Vicepresidente(s) en su caso, los Ministros, y otros miembros que establezca la Ley.

a.1. El Presidente del Gobierno (art. 98.2 CE y art. 2.1 LG): «dirige la acción del Gobierno y coordina las funciones de los demás miembros del mismo, sin perjuicio de la competencia y responsabilidad directa de éstos en su gestión».

Los órganos de apoyo al Presidente: la estructura de la Presidencia del Gobierno está regulada por el Real Decreto 83/2012, de 13 de enero. Entre los órganos integrados en la Presidencia del Gobierno destacan: el Gabinete de la Presidencia del Gobierno, cuyo Director tiene rango de Secretario de Estado; el Departamento de Seguridad Nacional; la Oficina Económica del Presidente del Gobierno; la Secretaría General de la Presidencia del Gobierno; el Departamento de Protocolo; o el Departamento de Seguridad.

a.2. El(los) Vicepresidente(s) del Gobierno (art. 3 LG): 1) Puede(n) asumir la titularidad de una cartera o de un Departamento Ministerial, siendo, en este caso, además Ministros; 2) En todo caso, le(s) corresponde el ejercicio de las funciones encomendadas por el Presidente, sustituyéndole en caso de vacante, ausencia o enfermedad.

El Real Decreto 1824/2011, de 21 de diciembre, sobre la Vicepresidencia del Gobierno, prevé: «Corresponde a la Vicepresidencia del Gobierno, de conformidad con lo previsto en los arts. 3 y 8 de la Ley 50/1997, de 27 de noviembre, del Gobierno, la presidencia de la Comisión General de Secretarios de Estado y Subsecretarios, así como aquellas otras funciones que le encomiende el Presidente del Gobierno» (art. 1).

a.3. Los Ministros (art. 4 LG): son los titulares del correspondiente Departamento Ministerial, disponiendo de competencia y responsabilidad en el ámbito de su Ministerio y desarrollando en esta esfera la acción del Gobierno, «de conformidad con los acuerdos adoptados en Consejo de Ministros o con las directrices del Presidente del Gobierno». La posibilidad legal de que existan «Ministros sin cartera», a quienes «se les atribuirá la responsabilidad de determinadas funciones gubernamentales».

b. Los órganos colegiados: el Consejo de Ministros y las Comisiones Delegadas del Gobierno (art. 1.3 LG).

b.1. El Consejo de Ministros (art. 5 LG): es el órgano colegiado superior del Gobierno al que le corresponde la suprema dirección política y administrativa de la Administración General del Estado, estando conformado por el Presidente, el (los) Vicepresidente(s) y los Ministros. No obstante, a las reuniones de este órgano podrán asistir los Secretarios de Estado y otros altos cargos cuando sean convocados.

Entre las funciones que corresponden al Consejo de Ministros se encuentran: la aprobación de los proyectos de ley y su remisión a las Cortes; la aprobación del Proyecto de Ley de Presupuestos Generales del Estado; la aprobación de los Reales Decretos-leyes y de los Reales Decretos Legislativos; la aprobación de los reglamentos para el desarrollo y la ejecución de las leyes, previo dictamen del Consejo de Estado, así como de las demás disposiciones reglamentarias que procedan; la declaración de los estados de alarma y de excepción y la propuesta al Congreso de los Diputados de la declaración del estado de sitio; la adopción de programas, planes y directrices vinculantes para todos los órganos de la Administración General del Estado; etc.

b.2. Las Comisiones Delegadas del Gobierno (art. 6): son los órganos colegiados del Gobierno encargados del examen, estudio y resolución de las cuestiones de carácter general que tengan relación con varios de los Departamentos Ministeriales que integren la Comisión, y no requieran ser elevados a la consideración del Consejo de Ministros, así como de la realización de cualquier otra tarea que les confiera el ordenamiento jurídico o les delegue el Consejo de Ministros.

c. Los órganos de apoyo al Gobierno: 1) Los Secretarios de Estado; 2) La Comisión General de Secretarios de Estado y Subsecretarios; 3) El Secretariado del Gobierno, y 4) Los Gabinetes.

c.1. Los Secretarios de Estado (arts. 7 y 15 LG y art. 62 LRJSP): «son órganos superiores de la Administración General del Estado, directamente responsables de la ejecución de la acción del Gobierno en un sector de actividad específica de un Departamento o de la Presidencia del Gobierno», actuando bajo la dirección del titular del Departamento Ministerial al que pertenezcan o, en su caso, directamente bajo la dirección del Presidente del Gobierno —cuando están adscritos a la Presidencia del Gobierno—.

c.2. La Comisión General de Secretarios de Estado y Subsecretarios (art. 8 LG): esta Comisión, presidida por un Vicepresidente del Gobierno —o, en su defecto, por el titular del Ministerio de la Presidencia— está integrada por los Secretarios de Estado y por los Subsecretarios de todos los Departamentos Ministeriales, asistiendo, asimismo, el Abogado General del Estado —y aquellos otros altos cargos con rango de Secretario de Estado y de

Subsecretario, cuando sean convocados por el Presidente de la Comisión por razón de la materia que va a abordarse—.

Son funciones de esta Comisión «el examen de todos los asuntos que vayan a someterse a aprobación del Consejo de Ministros», excepto algunos relacionados con los empleos de oficiales generales «y aquéllos que, excepcionalmente y por razones de urgencia, deban ser sometidos directamente al Consejo de Ministros». Le corresponden, asimismo, el «análisis o discusión de aquellos asuntos que, sin ser competencia del Consejo de Ministros o sus Comisiones Delegadas, afecten a varios Ministerios y sean sometidos a la Comisión por su presidente».

c.3. El Secretariado del Gobierno (art. 9 LG): es un órgano de apoyo «administrativo» al Consejo de Ministros, a las Comisiones Delegadas del Gobierno, a la Comisión General de Secretarios de Estado y Subsecretarios y al Ministro de la Presidencia.

Entre sus funciones se encuentran: la asistencia al Ministro-Secretario del Consejo de Ministros; la remisión de las convocatorias a los diferentes miembros de los órganos colegiados anteriormente enumerados; el archivo y custodia de las convocatorias, órdenes del día y actas de las reuniones; o la vigilancia de la correcta y fiel publicación de las disposiciones y normas emanadas del Gobierno que deban insertarse en el *Boletín Oficial del Estado*.

c.4. Los Gabinetes (art. 10 LG): «son órganos de apoyo político y técnico del Presidente del Gobierno, de los Vicepresidentes, de los Ministros y de los Secretarios de Estado», realizando «tareas de confianza y asesoramiento especial, sin que en ningún caso puedan adoptar actos o resoluciones que correspondan legalmente a los órganos de la Administración General del Estado o de las organizaciones adscritas a ella».

3. La Administración del Estado.

A. El paso de un Estado centralizado a un Estado descentralizado territorialmente y sus consecuencias para la Administración.

B. Los distintos componentes de la Administración General del Estado.

a. La Administración Central: está integrada por órganos que extienden su competencia a todo el ámbito territorial del Estado.

b. La Administración Periférica: está integrada por órganos de la Administración del Estado con competencia territorialmente limitada.

c. La Administración General del Estado en el exterior: el Servicio Exterior del Estado.

d. La Administración Consultiva: está conformada por el «(C)onjunto de órganos asesores que prestan apoyo técnico a los órganos que tienen atribuidas competencias resolutorias y que integran la administración activa, ayudando a esta en el dictado de sus decisiones» (*Diccionario panhispánico del español jurídico*).

C. La reforma de la Administración. En particular, el trabajo de la Comisión para la Reforma de las Administraciones Públicas.

a. La creación por el Consejo de Ministros en octubre de 2012 de la Comisión para la Reforma de las Administraciones Públicas con el objeto de proceder a la realización de «un estudio integral de las Administraciones Públicas para identificar las áreas de mejora y las medidas a adoptar para hacerlas más ágiles, eficientes y cercanas a los ciudadanos».

b. El Informe de la Comisión para la Reforma de las Administraciones Públicas (CORA) —o Informe CORA— de junio de 2013. Las medidas propuestas en el Informe.

En el Resumen Ejecutivo de este Informe se dice, en relación con las medidas que propone, que: «Plantea en su informe un total de 217 propuestas de medidas de las que 139 afectan al Estado y a las Comunidades Autónomas (CC.AA.) y 78 exclusivamente a la Administración General del Estado (AGE). De estas 217 medidas, 11 tienen carácter general y horizontal para todos los ámbitos de la Administración Pública; 118 tienden a eliminar duplicidades con las CC.AA. y dentro del Estado; 42 eliminan trabas, simplifican los procedimientos y facilitan el acceso de los ciudadanos a la Administración; 38 mejoran la gestión de los servicios y medios comunes; y 8 racionalizan la Administración Institucional, tanto en el plano normativo como mediante la supresión e integración de 57 entidades públicas estatales».

c. La aplicación de medidas para la reforma de la Administración: la creación de la Oficina para la ejecución de la reforma de la Administración (OPERA), dependiente de la Vicepresidencia del Gobierno, para velar por la ejecución de las medidas de reforma administrativa propuestas en el Informe CORA.

II. LA ADMINISTRACIÓN CENTRAL DEL ESTADO: SU ORGANIZACIÓN

1. La regulación de la organización de la Administración Central del Estado, que responde al principio de «división funcional en Departamentos ministeriales» (art. 55.1 LRJSP): «La Administración General del Estado se organiza en Presidencia del Gobierno y en Ministerios, comprendiendo cada uno de ellos uno o varios sectores funcionalmente homogéneos de actividad administrativa» (art. 57 LRJSP).

2. La estructura de la Administración Central del Estado: la distinción entre órganos superiores y órganos directivos. Las unidades administrativas.

A. Los órganos superiores (cuya función consiste en el establecimiento de «los planes de la organización situada bajo su responsabilidad») [art. 55, apartados 3.*a*) y 9, LRJSP].

a. Los Ministros (art. 4 LG y arts. 60.1 y 61 LRJSP): 1) «Los Ministros son los jefes superiores del Departamento y superiores jerárquicos directos de los Secretarios de Estado y Subsecretarios» (art. 60.1 LRJSP); 2) Son los «titulares del departamento sobre el que ejercen su competencia», dirigiendo «los sectores de actividad administrativa integrados en su Ministerio», y asumiendo «la responsabilidad inherente a dicha dirección» (art. 61, párrafo inicial, LRJSP).

b. Los Secretarios de Estado (arts. 7 y 15 LG y art. 62 LRJSP): «son directamente responsables de la ejecución de la acción del Gobierno en un sector de actividad específica».

B. Los órganos directivos (cuya función consiste en el desarrollo y ejecución de los planes de actuación de la organización establecidos por los órganos superiores) [art. 55, apartados 3.*b*) y 9, LRJSP].

a. Los Subsecretarios (art. 63 LRJSP): «Los Subsecretarios ostentan la representación ordinaria del Ministerio, dirigen los servicios comunes, [y] ejercen las competencias correspondientes a dichos servicios comunes».

Entre sus concretas funciones se encuentra la de ser el responsable del asesoramiento jurídico del Ministerio o, en términos del art. 63.1.*g*) LRJSP, la de: «Responsabilizarse del asesoramiento jurídico al Ministro en el desarrollo de las funciones que a éste le corresponden y, en particular, en el ejercicio de su potestad normativa y en la producción de los actos administrativos de la competencia de aquél, así como a los demás órganos del Ministerio.

En los mismos términos del párrafo anterior, informar las propuestas o proyectos de normas y actos de otros Ministerios, cuando reglamentariamente proceda».

b. Los Secretarios Generales (art. 64 LRJSP): «1. Cuando las normas que regulan la estructura de un Ministerio prevean la existencia de un Secretario General, deberán determinar las competencias que le correspondan sobre un sector de actividad administrativa determinado». Los Secretarios Generales tienen categoría de Subsecretario (art. 60.2 LRJSP).

c. Los Secretarios Generales Técnicos (art. 65 LRJSP): «1. Los Secretarios Generales Técnicos, bajo la inmediata dependencia del Subsecretario, tendrán las competencias sobre servicios comunes que les atribuya el Real Decreto de estructura del Departamento y, en todo caso, las relativas a producción normativa, asistencia jurídica y publicaciones». Los

Secretarios Generales Técnicos tienen categoría de Director General (art. 60.2 LRJSP).

d. Los Directores Generales (art. 66 LRJSP): «1. Los Directores Generales son los titulares de los órganos directivos encargados de la gestión de una o varias áreas funcionalmente homogéneas del Ministerio».

e. Los Subdirectores Generales (art. 67 LRJSP): «1. Los Subdirectores Generales son los responsables inmediatos, bajo la supervisión del Director General o del titular del órgano del que dependan, de la ejecución de aquellos proyectos, objetivos o actividades que les sean asignados, así como de la gestión ordinaria de los asuntos de la competencia de la Subdirección General».

C. Las unidades administrativas (art. 56 LRJSP): 1) «Las unidades administrativas son los elementos organizativos básicos de las estructuras orgánicas»; 2) «Pueden existir unidades administrativas complejas, que agrupen dos o más unidades menores»; 3) «Los jefes de las unidades administrativas son responsables del correcto funcionamiento de la unidad y de la adecuada ejecución de las tareas asignadas a la misma»; 4) Los tipos de unidades administrativas: i) Los Servicios; ii) Las Secciones; iii) Los Negociados.

III. LA ADMINISTRACIÓN PERIFÉRICA DEL ESTADO: LOS «ÓRGANOS TERRITORIALES» DE LA ADMINISTRACIÓN GENERAL DEL ESTADO

1. Introducción: la Administración Periférica del Estado está integrada por órganos del Estado con competencias limitadas en función del territorio sobre el que actúan, siendo correa de transmisión de las decisiones políticas y administrativas de los órganos centrales de la Administración General del Estado al conjunto del territorio.

2. A diferencia de lo que sucede en España, existen Estados (Alemania o Gran Bretaña, por ejemplo) en los que no existe Administración Periférica del Estado, sino que las decisiones del Estado se ejecutan por las instancias territoriales federales o locales. Sobre la idea de la «administración única».

3. Los ámbitos territoriales en los que opera la Administración Periférica del Estado.

A. El nivel autonómico: el Delegado del Gobierno (art. 154 CE y arts. 72 y 73 LRJSP).

a. Su naturaleza jurídica: representan al Gobierno de la Nación en el territorio de la correspondiente Comunidad Autónoma.

En este sentido, el art. 154 CE dispone: «Un Delegado nombrado por el Gobierno dirigirá la Administración del Estado en el territorio de la Comunidad Autónoma y la coordinará, cuando proceda, con la administración propia de la Comunidad».

El representante ordinario del Estado en cada Comunidad Autónoma es el Presidente de la misma: «En los Estatutos aprobados por el procedimiento a que se refiere el artículo anterior, la organización institucional autonómica se basará en [...] un Consejo de Gobierno con funciones ejecutivas y administrativas y un Presidente, elegido por la Asamblea, de entre sus miembros, y nombrado por el Rey, al que corresponde la dirección del Consejo de Gobierno, la suprema representación de la respectiva Comunidad y la ordinaria del Estado en aquélla» (art. 152.1, párrafo primero, CE).

En consonancia con estas previsiones constitucionales, el art. 72.1 LRJSP establece: «Los Delegados del Gobierno representan al Gobierno de la Nación en el territorio de la respectiva Comunidad Autónoma, sin perjuicio de la representación ordinaria del Estado en las mismas a través de sus respectivos Presidentes».

b. Sus funciones (art. 154 CE y art. 72.2 LRJSP): 1) Dirigir y supervisar «la Administración General del Estado en el territorio de las respectivas Comunidades Autónomas»; 2) Coordinar la Administración General del Estado internamente, así como, cuando proceda, con la Administración autonómica y con las de las entidades locales radicadas en la Comunidad Autónoma.

Entre sus competencias destacan (art. 73 LRJSP): 1) La protección del libre ejercicio de los derechos y libertades y la garantía de la seguridad ciudadana, a través de los Subdelegados del Gobierno y de las Fuerzas y Cuerpos de Seguridad del Estado, cuya jefatura corresponderá al Delegado del Gobierno, quien ejercerá las competencias del Estado en esta materia bajo la dependencia funcional del Ministerio del Interior; 2) El ejercicio de la potestad sancionadora, expropiatoria y cualesquiera otras que le atribuyan las normas o que le sean delegadas o desconcentradas; 3) La dirección, coordinación y supervisión de la Administración General del Estado y de sus organismos públicos en el territorio autonómico; 4) La información sobre la acción del Gobierno y la información a los ciudadanos; 5) La coordinación y la colaboración con otras Administraciones Públicas; 6) El control de legalidad de la actividad administrativa; 7) La formulación de propuestas e informes sobre la actividad administrativa.

Los servicios territoriales de la Administración General del Estado (art. 71 LRJSP). La distinción entre los servicios territoriales integrados y los no integrados en las Delegaciones del Gobierno:

1) Los servicios no integrados —en función de la singularidad de sus funciones o del volumen de gestión— dependen del órgano central competente sobre el sector de actividad en el que dichos servicios operen. La Agencia Estatal de Administración Tributaria —AEAT— como ejemplo.

2) Los servicios integrados dependen del Delegado del Gobierno (o, en su caso, del Subdelegado del Gobierno), debiendo actuar, en todo caso, siguiendo «las instrucciones técnicas y criterios operativos establecidos por el Ministerio competente por razón de la materia».

c. Su rango jerárquico: son órganos directivos con rango de Subsecretario (art. 72.3 LRJSP).

d. La dependencia orgánica y funcional de los Delegados del Gobierno (art. 72.3 LRJSP): 1) Su dependencia orgánica del Presidente del Gobierno; 2) La dependencia funcional: el Ministerio competente por razón de la materia.

e. Los órganos de apoyo al Delegado del Gobierno.

e.1. En las Comunidades Autónomas pluriprovinciales existe una Comisión Territorial de Asistencia al Delegado del Gobierno (art. 79.1 LRJSP), que está compuesta por el Delegado del Gobierno y los Subdelegados de cada una de las Provincias integrantes de la Comunidad Autónoma, debiendo asistir a sus reuniones los titulares de los órganos y de los servicios territoriales que el Delegado del Gobierno considere oportuno. Entre sus funciones se encuentran la coordinación de actuaciones, la homogeneización del desarrollo de las políticas públicas o el asesoramiento al Delegado del Gobierno.

e.2. En las Comunidades Autónomas uniprovinciales existe una Comisión de Asistencia al Delegado del Gobierno (art. 79.2 LRJSP), que está compuesta por el Delegado del Gobierno, el Secretario General de la Delegación y los titulares de los órganos y de los servicios territoriales que el Delegado del Gobierno considere oportuno.

B. El nivel provincial: el Subdelegado del Gobierno (arts. 74 y 75 LRJSP).

a. La creación del sistema provincial: el RD de 30 de noviembre de 1833 (Javier de Burgos).

b. El modelo comparado francés: los Departamentos con los Prefectos; los Cantones con los Subprefectos; los municipios con los Alcaldes.

c. Los antecesores del Subdelegado del Gobierno: los Jefes Políticos, los Subdelegados de Fomento o el Gobernador Civil.

d. Su dependencia orgánica: los Subdelegados del Gobierno en la provincia dependen orgánicamente del Delegado del Gobierno en la Comunidad Autónoma (arts. 69.4 y 74.1 LRJSP).

e. Las funciones de los Subdelegados del Gobierno (art. 75 LRJSP): 1) La comunicación, colaboración y cooperación con la Administración autonómica y con las entidades locales; 2) La protección del «libre ejercicio de los derechos y libertades, garantizando la seguridad ciudadana, todo ello dentro de las competencias estatales en la materia. A estos efectos, dirigirá las Fuerzas y Cuerpos de Seguridad del Estado en la provincia»; 3) La dirección y coordinación de la protección civil en el ámbito de la provincia; 4) La dirección de los servicios integrados de la Administración General del Estado; 5) La coordinación de la utilización de los medios materiales y, en particular, de los edificios administrativos en el ámbito territorial de su competencia; 6) El ejercicio de la potestad sancionadora y de cualquiera otra que les confiera las normas o que les sea desconcentrada o delegada.

f. La singularidad de las Comunidades Autónomas uniprovinciales (art. 74 LRJSP).

f.1. La regla general: este tipo de Comunidades carecen normalmente de Subdelegado del Gobierno y sólo tienen Delegación del Gobierno. En este caso, el Delegado asume las competencias que la Ley atribuye al Subdelegado.

f.2. La excepción: puede crearse una Subdelegación del Gobierno junto a la Delegación del Gobierno (esto sucede, por ejemplo, en la Comunidad Autónoma de Madrid), «cuando circunstancias tales como la población del territorio, el volumen de gestión o sus singularidades geográficas, sociales o económicas así lo justifiquen» (art. 69.4 LRJSP).

g. El órgano de apoyo al Subdelegado del Gobierno: la Comisión de Asistencia al Subdelegado, que es un órgano de apoyo integrado por el Subdelegado, el Secretario General de la Subdelegación y por los titulares de los órganos y servicios integrados, que el Subdelegado considere oportuno.

C. Las Islas: los Directores Insulares de la Administración General del Estado (art. 70 LRJSP).

IV. LA ADMINISTRACIÓN GENERAL DEL ESTADO EN EL EXTERIOR: EL SERVICIO EXTERIOR DEL ESTADO

1. Su régimen jurídico: art. 80 LRJSP y arts. 41 y ss. de la Ley 2/2014, de 25 de marzo, de la Acción y del Servicio Exterior del Estado (LASE).

2. Introducción al Servicio Exterior del Estado y a sus funciones: el art. 41 LASE.

Está integrado «por los órganos, unidades administrativas, instituciones y medios humanos y materiales de la Administración General del Estado que actúan en el exterior, bajo la dependencia jerárquica del Embajador y orgánica y funcional de los respectivos Departamentos ministeriales».

Sus funciones: 1) La aportación de elementos de análisis y valoración necesarios para que el Gobierno formule y ejecute su Política Exterior, desarrolle su Acción Exterior, y coordine la de todos los sujetos de la Acción Exterior del Estado; 2) La promoción y defensa de los intereses de España en el exterior; 3) La prestación de asistencia, protección y apoyo del ejercicio de sus derechos por los españoles en el exterior; 4) La prestación de asistencia a las empresas españolas en el exterior; 5) El ejercicio de todas aquellas competencias que le atribuya la normativa vigente.

3. La organización básica del Servicio Exterior del Estado.

A. Las Misiones Diplomáticas Permanentes: «representan con este carácter a España ante uno o varios Estados con los que tiene establecidas relaciones diplomáticas» (art. 42.1 LASE).

B. Las Representaciones Permanentes: «representan con este carácter a España ante la Unión Europea o una Organización Internacional» (art. 42.2 LASE).

C. Las Misiones Diplomáticas Especiales: «representan temporalmente al Reino de España ante uno o varios Estados, con su consentimiento, para un cometido concreto, o ante uno o varios Estados donde no existe Misión Diplomática permanente o ante el conjunto de Estados, para un cometido de carácter especial» (art. 46.1 LASE).

D. Las Delegaciones: «representan al Reino de España en un órgano de una organización internacional, en una Conferencia de Estados convocada por una organización internacional o bajo sus auspicios, o en un acto concreto organizado por un tercer Estado para el que se requiera conformar una delegación con carácter oficial. Las Delegaciones estarán presididas por los órganos que ostentan la representación del Estado en el exterior: el Jefe de Estado, Presidente del Gobierno o Ministro de Asuntos Exteriores y de Cooperación» (art. 46.2 LASE).

E. Las Oficinas Consulares: están encargadas «del ejercicio de las funciones consulares y especialmente de prestar asistencia y protección a los españoles en el exterior» (art. 47.1 LASE).

V. LA ADMINISTRACIÓN CONSULTIVA

1. Las tareas de asesoramiento (o de *staff*) frente a las decisorias. Los orígenes franceses de la idea: decidir es cosa de uno; deliberar es cosa de varios.

2. La existencia de una pluralidad de órganos de asesoramiento: unos colegiados (el Consejo Superior Agrario, la Junta Consultiva de Contratación Administrativa, etc.); otros unipersonales (el Secretario General Técnico de un departamento ministerial, etc.).

3. El Consejo de Estado.

A. Su función: es «el supremo órgano consultivo del Gobierno» (art. 107 CE y art. 1.1 Ley Orgánica 3/1980, de 22 de abril, del Consejo de Estado —LOCE—). Ejerce esta función consultiva «con autonomía orgánica y funcional para garantizar su objetividad e independencia» (art. 1.2 LOCE). En el ejercicio de sus funciones, este órgano: 1) «Velará por la observancia de la Constitución y del resto del ordenamiento jurídico» (art. 2.1 LOCE); 2) «Valorará los aspectos de oportunidad y conveniencia cuando lo exijan la índole del asunto o lo solicite expresamente la autoridad consultante, así como la mayor eficacia de la Administración en el cumplimiento de sus fines» (art. 2.1 LOCE).

B. La composición: *a*) El Presidente; *b*) Los Consejeros (permanentes, natos y electivos); *c*) El Secretario General. El cuerpo de Letrados.

C. Los órganos: *a*) El Pleno; *b*) La Comisión Permanente; *c*) La Comisión de Estudios, y *d*) Las Secciones.

D. El ejercicio de la función de consulta.

a. El valor jurídico de los dictámenes: 1) La consulta al Consejo será preceptiva cuando en la LOCE o en otras leyes así se establezca, y facultativa en los demás casos; 2) Los dictámenes del Consejo no serán vinculantes, salvo que la ley disponga lo contrario (art. 2 LOCE).

b. Asuntos jurídicos en los que el Consejo de Estado deberá ser consultado obligatoriamente (arts. 21 y 22 LOCE).

El art. 21 LOCE establece la lista de asuntos en los que Consejo de Estado en Pleno «deberá ser consultado», y entre los que se encuentran, entre otros, los siguientes: 1) Anteproyectos de reforma constitucional, cuando la propuesta no haya sido elaborada por el propio Consejo de Estado; 2) Anteproyectos de leyes que hayan de dictarse en ejecución, cumplimiento o desarrollo de tratados, convenios o acuerdos internacionales y del Derecho comunitario europeo; 3) Proyectos de Decretos legislativos; 4) Dudas y discrepancias que surjan en la interpretación o cumplimiento de tratados, convenios o acuerdos internacionales en los que España sea parte, y 5) Problemas jurídicos que suscite la interpretación o cumplimiento de los actos y resoluciones emanadas de Organizaciones internacionales o supranacionales.

El art. 22 LOCE relaciona los asuntos en que «deberá ser consultada» la Comisión Permanente del Consejo de Estado, y entre los que se citan, entre otros, los siguientes: 1) En todos los tratados o convenios internacionales sobre la necesidad de autorización de las Cortes Generales con carácter previo a la prestación del consentimiento del Estado; 2) Disposiciones reglamentarias que se dicten en ejecución, cumplimiento o desarrollo de tratados, convenios o acuerdos internacionales y del Derecho comunitario europeo; 3) Reglamentos o disposiciones de carácter general que se dicten en ejecución de las Leyes, así como sus modificaciones; 4) Anteproyectos de Ley Orgánica de transferencias o delegación de competencias estatales a las Comunidades Autónomas, y 5) Control del ejercicio de funciones delegadas por el Estado a las Comunidades Autónomas.

c. Asuntos en los que podrá ser consultado (art. 2.2 LOCE).

El art. 2.2 LOCE dispone: «El Consejo de Estado emitirá dictamen sobre cuantos asuntos sometan a su consulta el Gobierno o sus miembros.

La consulta al Consejo será preceptiva cuando en esta o en otras leyes así se establezca, y facultativa en los demás casos. Los dictámenes del Consejo no serán vinculantes, salvo que la ley disponga lo contrario.

Los asuntos en que hubiera dictaminado el Pleno del Consejo de Estado no podrán remitirse a informe de ningún otro cuerpo u órgano de la Administración del Estado. En los que hubiera dictaminado la Comisión Permanente, solo podrá informar el Consejo de Estado en Pleno.

Corresponderá en todo caso al Consejo de Ministros resolver en aquellos asuntos en que, siendo preceptiva la consulta al Consejo de Estado, el Ministro consultante disienta del parecer del Consejo».

d. Asuntos en los que, *motu proprio*, podrá elevar propuestas al Gobierno (art. 20 LOCE).

El art. 20 LOCE prevé: «1. El Consejo de Estado, en Pleno o en Comisión Permanente, podrá elevar al Gobierno las propuestas que juzgue oportunas acerca de cualquier asunto que la práctica y experiencia de sus funciones le sugieran.

2. El Consejo de Estado en Pleno elevará anualmente al Gobierno una memoria en la que, con ocasión de exponer la actividad del Consejo en el período anterior, recogerá las observaciones sobre el funcionamiento de los servicios públicos que resulten de los asuntos consultados y las sugerencias de disposiciones generales y medidas a adoptar para el mejor funcionamiento de la Administración».

VI. LA ESTRUCTURA DEL SECTOR PÚBLICO INSTITUCIONAL ESTATAL

1. La descentralización funcional: 1) La creación de una Administración institucional (o de una entidad de Derecho privado) para la realización de una concreta tarea de interés general; 2) La Administración institucional (o la entidad de Derecho privado) creada depende de la Administración matriz que la crea (normalmente una Administración Territorial); 3) La Administración Territorial matriz es la competente para la adopción de las decisiones «políticas» que debe seguir la Administración institucional creada, así como para la designación de los titulares de los órganos rectores de dicha Administración institucional, mientras que esta Administración institucional se limita a la «gestión» de la tarea de interés general encomendada —dentro de las directrices generales fijadas por la Administración matriz—.

2. La distinción entre los conceptos de «sector público», de «sector público institucional» y de «Administraciones Públicas» (art. 2 LPAC y art. 2 LRJSP).

   A. El «sector público» está integrado por:

a. La Administración General del Estado.

b. Las Administraciones de las Comunidades Autónomas.

c. Las Entidades que integran la Administración Local.

d. El sector público institucional.

B. El «sector público institucional» está conformado por:

a. Los organismos públicos y entidades de Derecho público vinculadas o dependientes de las Administraciones Públicas.

b. Las entidades de Derecho privado vinculadas o dependientes de las Administraciones Públicas.

c. Las Universidades públicas.

C. Tienen la consideración de Administraciones Públicas:

a. Las Administraciones Territoriales.

b. Los organismos públicos y entidades de Derecho público vinculadas o dependientes de las Administraciones Públicas.

3. La tipología de los entes que integran el sector público institucional de la Administración General del Estado (art. 84.1 LRJSP).

El apartado 1 del art. 84 LRJSP, rubricado «Composición y clasificación del sector público institucional estatal», prevé que: «Integran el sector público institucional estatal las siguientes entidades:

a) Los organismos públicos vinculados o dependientes de la Administración General del Estado, los cuales se clasifican en:

1.º Organismos autónomos.

2.º Entidades Públicas Empresariales.

3.º Agencias Estatales.

b) Las autoridades administrativas independientes.

c) Las sociedades mercantiles estatales.

d) Los consorcios.

e) Las fundaciones del sector público.

f) Los fondos sin personalidad jurídica.

g) Las universidades públicas no transferidas».

A. Los organismos públicos vinculados o dependientes de la Administración General del Estado.

a. Su definición: «Son organismos públicos dependientes o vinculados a la Administración General del Estado, bien directamente o bien a través de otro organismo público, los creados para la realización de actividades administrativas, sean de fomento, prestación o de gestión de servicios públicos o de producción de bienes de interés público susceptibles de contraprestación; actividades de contenido económico reservadas a las Administraciones Públicas; así como la supervisión o regulación de sectores económicos, y cuyas características justifiquen su organización en régimen de descentralización funcional o de independencia» (art. 88 LRJSP).

b. Su clasificación.

b.1. Los organismos autónomos (abreviatura «O.A.»).

b.1.1. Su definición: son «entidades de Derecho público, con personalidad jurídica propia, tesorería y patrimonio propios y autonomía en su gestión, que desarrollan actividades propias de la Administración Pública, tanto actividades de fomento, prestacionales, de gestión de servicios públicos o de producción de bienes de interés público, susceptibles de contraprestación, en calidad de organizaciones instrumentales diferenciadas y dependientes de ésta» (art. 98.1 LRJSP).

b.1.2. Su régimen jurídico (art. 99 LRJSP): 1) Están sujetos al Derecho Administrativo, y 2) En defecto de norma administrativa aplicable se rigen por el Derecho común.

b.2. Las entidades públicas empresariales (abreviatura «E.P.E.»).

b.2.1. Su definición: son «entidades de Derecho público, con personalidad jurídica propia, patrimonio propio y autonomía en su gestión, que se financian mayoritariamente con ingresos de mercado y que junto con el ejercicio de potestades administrativas desarrollan actividades prestacionales, de gestión de servicios o de producción de bienes de interés público, susceptibles de contraprestación» (art. 103.1 LRJSP).

b.2.2. Su régimen jurídico (art. 104 LRJSP): 1) Se rigen, como regla general, por el Derecho privado, y 2) Se aplica, no obstante, el Derecho Administrativo en los siguientes aspectos: la formación de la voluntad de sus órganos, el ejercicio de las potestades administrativas que tengan atribuidas y los aspectos específicamente regulados en las normas de Derecho Administrativo general y especial que le sean de aplicación.

b.3. Las agencias estatales.

b.3.1. Su definición: «son entidades de derecho público, dotadas de personalidad jurídica pública, patrimonio propio y autonomía en su gestión, facultadas para ejercer potestades administrativas, que son creadas por el Gobierno para el cumplimiento de los programas correspondientes a las políticas públicas que desarrolle la Administración General del Estado en el ámbito de sus competencias. Las agencias estatales están dotadas de los mecanismos de autonomía funcional, responsabilidad por la gestión y control de resultados establecidos en esta ley» (art. 108 bis.1 LRJSP).

b.3.2. Su régimen jurídico (art. 108 ter LRJSP): 1) Están sujetas al Derecho Administrativo; y 2) Su actuación se produce conforme a planes de acción anuales y contratos plurianuales de gestión, con un contenido mínimo requerido por la LRJSP.

c. Algunos ejemplos de organismos públicos, de acuerdo con la información que figura en el Inventario de Entes del Sector Público Estatal (INVESPE):

c.1. Son ejemplos de organismos autónomos: Instituto de la Juventud; Instituto de la Mujer y para la Igualdad de oportunidades; Biblioteca Nacional de España; Centro de Investigaciones Sociológicas; Centro Español de Metrología; Consejo Superior de Deportes; Instituto de la Cinematografía y de las Artes Audiovisuales; Instituto Nacional de Estadística; o Servicio Público de Empleo Estatal.

c.2. Son ejemplos de entidades públicas empresariales: ADIF-Alta Velocidad; Fábrica Nacional de Moneda y Timbre-Real Casa de la Moneda; Instituto de Crédito Oficial; Instituto para la Diversificación y Ahorro de la Energía; ENAIRE; o Renfe-Operadora.

c.3. Son ejemplos de agencias estatales: Agencia Española de Cooperación Internacional para el Desarrollo; Agencia Española de Medicamentos y Productos Sanitarios; Agencia Estatal Agencia Espacial Española; Agencia Estatal Boletín Oficial del Estado y Agencia Estatal de Meteorología.

B. Las autoridades administrativas independientes (abreviatura «A.A.I.»).

a. Su definición: son «entidades de Derecho público que, vinculadas a la Administración General del Estado y con personalidad jurídica propia, tienen atribuidas funciones de regulación o supervisión de carácter externo sobre sectores económicos o actividades determinadas, por requerir su desempeño de independencia funcional o una especial autonomía respecto de la Administración General del Estado, lo que deberá determinarse en una norma con rango de Ley» (art. 109.1 LRJSP).

b. El rasgo de la independencia se predica tanto frente a la Administración General del Estado (con respecto a la que este tipo de autoridades tienen «independencia funcional o una especial autonomía») como frente a los intereses privados: «Las autoridades administrativas independientes actuarán, en el desarrollo de su actividad y para el cumplimiento de sus fines, con independencia de cualquier interés empresarial o comercial» (art. 109.2 LRJSP).

c. Su régimen jurídico (art. 110 LRJSP): 1) Se rigen «por su Ley de creación, sus estatutos y la legislación especial de los sectores económicos sometidos a su supervisión»; 2) Supletoriamente, y en cuanto sea compatible con su naturaleza y autonomía, están sometidas a las normas de Derecho Administrativo general y especial que les sean de aplicación, y 3) En defecto de normativa administrativa, se aplicará el Derecho común.

d. Son ejemplos de autoridades administrativas independientes: el Banco de España, la Comisión Nacional del Mercado de Valores, el Consejo de Seguridad Nuclear, o la Agencia Española de Protección de Datos.

C. Las sociedades mercantiles estatales (abreviatura «S.M.E.»).

a. Su definición (art. 111.1 LRJSP):

a.1. El concepto jurídico de «sociedad»: «Persona moral creada por el contrato de sociedad y cuyo patrimonio está constituido por los bienes aportados por todos y cada uno de los asociados» (*Diccionario panhispánico del español jurídico*).

a.2. El contrato de sociedad: «Pacto por el que se constituye y organiza una sociedad mediante la reunión de socios fundadores y la sucesiva adhesión de otras personas que se incorporen» (*Diccionario panhispánico del español jurídico*).

a.3. El concepto de «sociedad anónima»: 1) «Sociedad mercantil de capital, en la que este se divide en partes alícuotas denominadas acciones y en las que los socios no responden personalmente de las deudas sociales» (*Diccionario panhispánico del español jurídico*); 2) «En la sociedad anónima el capital, que estará dividido en acciones, se integrará por las aportaciones de todos los socios, quienes no responderán personalmente de las deudas sociales» (art. 1.3 del Texto Refundido de la Ley de Sociedades de Capital, aprobado por el Real Decreto Legislativo 1/2010, de 2 de julio).

a.4. Las sociedades mercantiles estatales: son sociedades anónimas sobre las que la Administración General del Estado, o alguna de las entidades que integran el sector público institucional estatal, bien ostente una participación directa total en su capital superior al 50 por 100 o bien ejerza el control sobre las mismas (art. 111.1 LRJSP).

b. Su régimen jurídico (art. 113, primer inciso, LRJSP): 1) Se rigen por la regulación establecida para ellas por la LRJSP, por la Ley 33/2003, de 3 de noviembre, del Patrimonio de las Administraciones Públicas, y por el Derecho privado; 2) Se aplica, no obstante, el Derecho público «en las materias en que le sea de aplicación la normativa presupuestaria, contable, de personal, de control económico-financiero y de contratación».

c. Sobre su naturaleza jurídica (art. 113, inciso final, LRJSP): 1) «En ningún caso podrán disponer de facultades que impliquen el ejercicio de autoridad pública»; 2) No obstante, la ley puede, «excepcionalmente», atribuirle el ejercicio de potestades administrativas.

d. Algunos ejemplos de sociedades mercantiles estatales, según constan en el INVESPE: Aena, S.A.; Agencia EFE, S.A.; Corporación de Radio y Televisión Española, S.A.; Correos Telecom, S.A.; Compañía Española de Tabaco en Rama, S.A.; Empresa Nacional de Residuos Radiactivos, S.A.; Empresa para la Gestión de Residuos Industriales, S.A; Paradores de Turismo de España, S.A.; Renfe Viajeros Sociedad Mercantil Estatal, S.A.; o Sociedad Estatal Loterías y Apuestas del Estado, S.M.E., S.A.

D. Los consorcios (abreviatura «C)».

a. Su definición: son «entidades de Derecho público, con personalidad jurídica propia y diferenciada, creadas por varias Administraciones Públicas o entidades integrantes del sector público institucional, entre sí o con participación de entidades privadas, para el desarrollo de actividades de interés común a todas ellas dentro del ámbito de sus competencias» (art. 118.1 LRJSP).

b. Las tareas públicas que pueden ser desempeñadas por los consorcios: «Los consorcios podrán realizar actividades de fomento, prestacionales o de gestión común de servicios públicos y cuantas otras estén previstas en las leyes» (art. 118.2 LRJSP).

c. Los consorcios transfronterizos: «Los consorcios podrán utilizarse para la gestión de los servicios públicos, en el marco de los convenios de cooperación transfronteriza en que participen las Administraciones españolas, y de acuerdo con las previsiones de los convenios internacionales ratificados por España en la materia» (art. 118.3 LRJSP).

d. Su régimen jurídico (art. 119 LRJSP): 1) Se regirán, como regla general, «por lo establecido en esta Ley, en la normativa autonómica de desarrollo y sus estatutos»; 2) La normativa supletoria: el Código Civil y el Real Decreto Legislativo 1/2010, de 2 de julio, por el que se aprueba el Texto Refundido de la Ley de Sociedades de Capital, y 3) La supletoriedad de la normativa reguladora del régimen local en relación con los consorcios locales.

e. Algunos ejemplos de consorcios, según aparecen en el INVESPE: Consorcio para el Diseño, Construcción, Equipamiento y Explotación de la Plataforma Oceánica de Canarias; Consorcio para la Construcción, Equipamiento y Explotación de la Sede Española de la Fuente Europea de Neutrones por Espalación; Consorcio para la Construcción, Equipamiento y Explotación del Centro Nacional de Investigación sobre la Evolución Humana; o Consorcio Barcelona Supercomputing Center - Centro Nacional de Supercomputación.

E. Las fundaciones del sector público (abreviatura «F.S.P.»).

a. Su definición:

a.1. El concepto de «fundación»: «Son fundaciones las organizaciones constituidas sin fin de lucro que, por voluntad de sus creadores, tienen afectado de modo duradero su patrimonio a la realización de fines de interés general» (art. 2.1 de la Ley 50/2002, de 26 de diciembre, de Fundaciones).

a.2. El concepto legal de «fundación del sector público»: el art. 128.1 LRJSP.

El apartado 1 del art. 128 LRJSP, rubricado «Definición y actividades propias», abre el Capítulo VII (rubricado «De las fundaciones del sector público estatal») del Título II («Organización y funcionamiento del sector público institucional») estableciendo:

«1. Son fundaciones del sector público estatal aquellas que reúnan alguno de los requisitos siguientes:

a) Que se constituyan de forma inicial, con una aportación mayoritaria, directa o indirecta, de la Administración General del Estado o cualquiera de los sujetos integrantes del sector público institucional estatal, o bien reciban dicha aportación con posterioridad a su constitución.

b) Que el patrimonio de la fundación esté integrado en más de un 50 por ciento por bienes o derechos aportados o cedidos por sujetos integrantes del sector público institucional estatal con carácter permanente.

c) La mayoría de derechos de voto en su patronato corresponda a representantes del sector público institucional estatal».

a.3. En las fundaciones del sector público estatal pueden existir aportaciones del sector privado de forma no mayoritaria (art. 128.3 LRJSP).

b. Las tareas de las fundaciones del sector público estatal (art. 128.2 LRJSP): 1) Estas fundaciones no pueden ejercer potestades públicas; 2) Las actividades de estas fundaciones deben perseguir un fin de interés general ligado al marco competencial de las entidades del sector público fundadoras y no pueden tener ánimo de lucro, «con independencia de que el servicio se preste de forma gratuita o mediante contraprestación».

c. Su régimen jurídico (art. 130 LRJSP): 1) Estas fundaciones se rigen por la LRJSP, por la legislación estatal y autonómica en materia de fundaciones y por el Derecho privado; 2) No obstante, deben respetar las normas administrativas «en las materias en que le sea de aplicación la normativa presupuestaria, contable, de control económico-financiero y de contratación del sector público».

d. Son ejemplos de fundaciones del sector público estatal, según constan en el INVESPE: Fundación Biodiversidad; Fundación Centro de Investigación de Enfermedades Neurológicas; Fundación Centro Nacional de Investigaciones Oncológicas Carlos III; Fundación Víctimas del Terrorismo; Fundación Española para la Ciencia y la Tecnología; Fundación del Teatro Real; Fundación Pluralismo y Convivencia; o Fundación Internacional y para Iberoamérica de Administración y Políticas Públicas.

F. Los fondos sin personalidad jurídica (abreviatura «F.S.P.J.»).

a. Su creación (art. 137.1 LRJSP): se efectúa por una ley, que debe determinar de manera expresa su adscripción a la Administración General del Estado.

b. Su régimen jurídico (art. 138 LRJSP): se rigen por lo dispuesto en la LRJSP, en su ley de creación y en las restantes normas de Derecho Administrativo general y especial que les sean de aplicación.

c. Son ejemplos de fondos sin personalidad jurídica, según figuran en el INVESPE: Fondo de Apoyo para la Promoción y Desarrollo de Infraestructuras y Servicios del Sistema de Autonomía y Atención a la Dependencia; Fondo de Apoyo para la Diversificación del Sector Pesquero y Acuícola; Fond-Icoinfraestructuras, FICC; Fondo de Carbono para una Economía Sostenible (Fes-CO2); Fondo de Financiación a Comunidades Autónomas; Fondo de Compensación Interportuario; Fondo Financiero del Estado para la Modernización de las Infraestructuras Turísticas; o Fondo Estatal para el Empleo y la Sostenibilidad Local; Fondo Financiero del Estado de Ayuda al Comercio Interior.

G. Las universidades públicas estatales no transferidas.

a. Su naturaleza jurídica: son entidades integrantes del sector público institucional estatal que desempeñan «que desarrollan las funciones centrales de docencia, investigación y transferencia e intercambio del conocimiento» (art. 1.2 de la Ley Orgánica 2/2023, de 22 de marzo, del Sistema Universitario). Estas entidades están dotadas de personalidad jurídica y de una autonomía que está constitucionalmente garantizada (art. 27.10 CE).

b. Su régimen jurídico: 1) Se rigen por la legislación universitaria estatal (encabezada por la Ley Orgánica 2/2023, de 22 de marzo, del Sistema Universitario) y por sus Estatutos, aprobados por cada Universidad, y 2) De manera supletoria se regirán por la LPAC, por la LRJSP y por las restantes normas de Derecho Administrativo.

c. Son ejemplos de universidades públicas estatales no transferidas la UNED (Universidad Nacional de Educación a Distancia) y la UIMP (Universidad Internacional Menéndez Pelayo).

LECCIÓN 14

LA ORGANIZACIÓN DE LAS COMUNIDADES AUTÓNOMAS Y SU SISTEMA ADMINISTRATIVO

> [...] la organización institucional autonómica se basará en una Asamblea Legislativa, elegida por sufragio universal, con arreglo a un sistema de representación proporcional que asegure, además, la representación de las diversas zonas del territorio; un Consejo de Gobierno con funciones ejecutivas y administrativas y un Presidente, elegido por la Asamblea, de entre sus miembros, y nombrado por el Rey, al que corresponde la dirección del Consejo de Gobierno, la suprema representación de la respectiva Comunidad y la ordinaria del Estado en aquélla. El Presidente y los miembros del Consejo de Gobierno serán políticamente responsables ante la Asamblea.
>
> Un Tribunal Superior de Justicia, sin perjuicio de la jurisdicción que corresponde al Tribunal Supremo, culminará la organización judicial en el ámbito territorial de la Comunidad Autónoma [...]
>
> ARTÍCULO 151.1 de la Constitución Española de 1978.

ESTRUCTURA:

I. Introducción: las previsiones constitucionales en materia de organización de las Comunidades Autónomas.
II. El Poder Legislativo autonómico: las Asambleas Legislativas.
III. El Poder Ejecutivo autonómico: los Consejos de Gobierno y sus Presidentes.
IV. Comunidades Autónomas y Justicia: los Consejos Autonómicos de Justicia y los Tribunales Superiores de Justicia.
V. Otras instituciones estatutarias.
VI. El aparato administrativo autonómico.

NORMATIVA DE REFERENCIA:

I. Constitución Española (CE).
II. Normativa estatal.
    1. Ley Orgánica 2/1979, de 3 de octubre, del Tribunal Constitucional (LOTC).
    2. Ley Orgánica 1/2011, de 28 de enero, de reforma del Estatuto de Autonomía de la Comunidad Autónoma de Extremadura (EAEx).

III. Normativa extremeña.

1. Ley 2/1987, de 16 de marzo, de Elecciones a la Asamblea de Extremadura.
2. Ley 3/1991, de 25 de abril, de creación del Consejo Económico y Social de Extremadura.
3. Ley 1/2002, de 28 de febrero, del Gobierno y de la Administración de la Comunidad Autónoma de Extremadura (LGAEx).
4. Ley 4/2013, de 21 de mayo, de Gobierno Abierto de Extremadura.
5. Ley 1/2014, de 18 de febrero, de regulación del estatuto de los cargos públicos del Gobierno y la Administración de la Comunidad Autónoma de Extremadura.
6. Ley 4/2015, de 26 de febrero, de regulación del proceso de transición entre gobiernos en la Comunidad Autónoma de Extremadura.
7. Ley 19/2015, de 23 de diciembre, por la que se deroga la Ley 16/2001, de 14 de diciembre, reguladora del Consejo Consultivo de Extremadura.

BIBLIOGRAFÍA COMPLEMENTARIA:

ÁLVAREZ CONDE, E., GARCÍA-MONCÓ, A., y TUR AUSINA, R., *Derecho autonómico,* Tecnos, Madrid, 2013.

ÁLVAREZ GARCÍA, V., *Cinco estudios sobre el nuevo Estatuto de Autonomía de Extremadura, Iustel,* Madrid, 2012.

AJA, E., *El Estado autonómico (Federalismo y hechos diferenciales),* Alianza Editoral, Madrid, 2.ª edición, 2007.

BALAGUER CALLEJÓN, F. (coord.), *Manual de Derecho Constitucional,* Vol. I, *Constitución y fuentes del Derecho. Derecho Constitucional Europeo. Tribunal Constitucional. Estado autonómico,* Tecnos, Madrid, 2016.

— (dir.), *Reformas Estatutarias y Organización Institucional*, Instituto Andaluz de Administración Pública, Sevilla, 2010,

MUÑOZ MACHADO, S., *Tratado de Derecho Administrativo y Derecho Público General,* Tomo XI. *Instituciones autonómicas y locales,* Boletín Oficial del Estado, Madrid, 4.ª edición, 2015.

— *Derecho Público de las Comunidades Autónomas,* Vol. I, 1982, y Vol. II, Civitas, Madrid, 1984. La segunda edición de ambos volúmenes es de 2007 y está publicada por la editorial Iustel (Madrid).

LECTURAS RECOMENDADAS:

CARRO FERNÁNDEZ-VALMAYOR, J. L., «Sobre la potestad autonómica de autoorganización», *Revista Española de Derecho Administrativo,* núm. 71, 1991, pp. 317-335.

FERNÁNDEZ RODRIGUEZ, T. R., «La España de las Autonomías: un Estado débil devorado por diecisiete "Estaditos"», *Revista Española de Derecho Administrativo,* núm. 158, 2013, pp. 27-54.

JIMÉNEZ ASENSIO, R., *La ley autonómica en el sistema constitucional de fuentes del Derecho,* Marcial Pons, Madrid, 2001.

LEGUINA VILLA, J., *Escritos sobre autonomías territoriales,* Tecnos, Madrid, 2.ª edición, 1995.

MUÑOZ MACHADO, S., *Informe sobre España. Repensar el Estado o destruirlo,* Crítica, Barcelona, 2012.

MUÑOZ MACHADO, S., *Las potestades legislativas de las Comunidades Autónomas,* Civitas, Madrid, 1979.

SOSA WAGNER, F., y FUERTES, M., *El Estado sin territorio,* Marcial Pons, Madrid, 2011.

I. INTRODUCCIÓN: LAS PREVISIONES CONSTITUCIONALES EN MATERIA DE ORGANIZACIÓN DE LAS COMUNIDADES AUTÓNOMAS

1. El contenido estatutario obligatorio según nuestro texto constitucional: el art. 147.2.*c*) CE. Este precepto dispone: «Los Estatutos de Autonomía deberán contener: [...] *c*) «La denominación, organización y sede de las instituciones autónomas propias».

2. El art. 152.1 CE determina el sistema organizativo previsto para las Comunidades Autónomas de primer grado. La extensión de este sistema al conjunto del mapa autonómico.

   A. La existencia de un Poder Legislativo radicado en una Asamblea elegida por sufragio universal; y de un Poder Ejecutivo integrado por un Consejo de Gobierno y por un Presidente de dicho Consejo de Gobierno —y que es, además, el Presidente de la correspondiente Comunidad Autónoma—. La extensión de este sistema organizativo a todos los Estatutos y, por tanto, a todas las Comunidades Autónomas.

   El art. 152.1, párrafo primero, CE prevé: «En los Estatutos aprobados por el procedimiento a que se refiere el artículo anterior, la organización institucional autonómica se basará en una Asamblea Legislativa, elegida por sufragio universal, con arreglo a un sistema de representación proporcional que asegure, además, la representación de las diversas zonas del territorio; un Consejo de Gobierno con funciones ejecutivas y administrativas y un Presidente, elegido por la Asamblea, de entre sus miembros, y nombrado por el Rey, al que corresponde la dirección del Consejo de Gobierno, la suprema representación de la respectiva Comunidad y la ordinaria del Estado en aquélla. El Presidente y los miembros del Consejo de Gobierno serán políticamente responsables ante la Asamblea».

   B. No existe un Poder Judicial autonómico, sino que el Poder Judicial radica únicamente en manos del Estado: los arts. 149.1.5.ª y 152.1, párrafos segundo y tercero, CE.

   El art. 149.1.5.ª CE prevé: «El Estado tiene competencia exclusiva sobre las siguientes materias: [...] 5.ª Administración de Justicia».

   El art. 152.1, párrafos segundo y tercero, CE dispone: «Un Tribunal Superior de Justicia, sin perjuicio de la jurisdicción que corresponde al Tribunal Supremo, culminará la organización judicial en el ámbito territorial de la Comunidad Autónoma. En los Estatutos de las Comunidades Autónomas podrán establecerse los supuestos y las formas de participación de aquéllas en la organización de las demarcaciones judiciales del territorio. Todo ello de conformidad con lo previsto en la ley orgánica del poder judicial y dentro de la unidad e independencia de éste.

   Sin perjuicio de lo dispuesto en el artículo 123, las sucesivas instancias procesales, en su caso, se agotarán ante órganos judiciales radicados en el mismo territorio de la Comunidad Autónoma en que esté el órgano competente en primera instancia».

3. El art. 148.1.1.ª CE establece: «Las Comunidades Autónomas podrán asumir competencias en las siguientes materias: 1.ª Organización de sus instituciones de autogobierno».

4. Introducción al desarrollo por los Estatutos de Autonomía de las previsiones constitucionales sobre las instituciones de autogobierno. En particular, el caso de la Comunidad Autónoma de Extremadura: el Título II del EAEx.

   A. La distinción entre las instituciones de autogobierno y las «otras» instituciones estatutarias (art. 15, apartados 1 y 2, EAEx).

   B. Los principios rectores del comportamiento de las instituciones autonómicas: «Las instituciones de la Comunidad ejercerán sus funciones y competencias con sometimiento a la ley y de conformidad con los principios de lealtad institucional, solidaridad, colaboración, coordinación, cooperación y mutua ayuda, entre sí y con todos los poderes públicos» (art. 15.3 EAEx).

   C. Las instituciones de autogobierno.

      a. Introducción al concepto de instituciones de autogobierno.

         a.1. Los Poderes Legislativo y Ejecutivo autonómicos.

         a.2. La forma de gobierno en la Comunidad Autónoma de Extremadura: el sistema parlamentario racionalizado.

         a.3. Sobre la naturaleza del Poder Judicial: el Poder Judicial como Poder del Estado.

      b. El Poder Legislativo autonómico: la Asamblea de Extremadura (art. 15.1 y Capítulo I —arts. 16 a 23— EAEx).

      c. El Poder Ejecutivo autonómico (arts. 15.1 y 24 a 36 EAEx).

         c.1. El Presidente de Extremadura (arts. 15.1 y 24 a 30 EAEx).

         c.2. La Junta de Extremadura (arts. 15.1 y 31 a 36 EAEx).

   D. Las «otras» instituciones estatutarias (art. 15.2 EAEx).

      a. El Consejo Consultivo (art. 45 EAEx).

      b. El Consejo de Cuentas (art. 46 EAEx).

      c. El Consejo Económico y Social (art. 47 EAEx).

      d. El Personero del Común (art. 48 EAEx).

II. EL PODER LEGISLATIVO AUTONÓMICO: LAS ASAMBLEAS LEGISLATIVAS

1. Su naturaleza y significación jurídica: son los órganos destinados a la representación política de los ciudadanos que integran la población autonómica, y que están dotados de potestades legislativas.

2. Los parlamentos autonómicos son unicamerales.

3. Su régimen jurídico está determinado por:

   A. La Constitución.

   B. Los Estatutos de Autonomía.

   C. Los Reglamentos de las Cámaras: la funcionalidad de los Reglamentos de las Cámaras y la reserva de su control al Tribunal Constitucional [art. 27.2.*f*) LOTC].

4. Los miembros de la Asamblea se elegirán «por sufragio universal, con arreglo a un sistema de representación proporcional que asegure, además, la representación de las diversas zonas del territorio» (art. 152.1 CE).

5. Las funciones genéricas de las Asambleas Legislativas.

   A. La aprobación de las leyes autonómicas. Quedan exceptuados los Parlamentos de Ceuta y Melilla, pues ambas ciudades con Estatuto de Autonomía carecen de competencias legislativas, teniendo tan sólo atribuidas competencias reglamentarias.

   B. La investidura del Presidente de la Comunidad Autónoma.

   C. El control del Poder Ejecutivo de la Comunidad Autónoma.

   D. La designación de los Senadores que representarán a la Comunidad Autónoma correspondiente en el Senado (art. 69.5 CE).

   E. La iniciativa en materia de reforma del Estatuto de Autonomía.

   F. La solicitud al Gobierno de la adopción de un proyecto de ley y la remisión al Congreso de los Diputados de una proposición de ley (art. 87.2 CE).

   G. La interposición de recursos de inconstitucionalidad [art. 162.1.*a*) CE].

6. El Parlamento autonómico en la Comunidad Autónoma de Extremadura: la Asamblea de Extremadura.

A. Su naturaleza: la representación del pueblo extremeño (art. 16.1 EAEx).

El art. 16.1 EAEx dispone: «La Asamblea, que representa al pueblo extremeño, es elegida por cuatro años, es inviolable y no podrá ser disuelta salvo en los supuestos previstos en el presente Estatuto. Goza de autonomía reglamentaria, presupuestaria, administrativa y disciplinaria, en los términos del presente Estatuto».

B. Su régimen jurídico.

a. El Estatuto de Autonomía.

b. El Reglamento de la Asamblea de Extremadura.

b.1. Su naturaleza jurídica y su control por el Tribunal Constitucional.

b.2. Su régimen de elaboración y modificación: la elaboración y la modificación del Reglamento exigen mayoría absoluta de la Cámara en una votación final sobre el conjunto del proyecto [art. 16.2.*d*) EAEx].

El art. 16.2.*d*) EAEx establece: «Corresponde a la Asamblea de Extremadura: [...] *d*) Elaborar su Reglamento, cuya aprobación y modificación exigirá mayoría absoluta de la Cámara en una votación final sobre el conjunto del proyecto».

b.3. El Reglamento vigente: la reforma del Reglamento de la Asamblea de Extremadura, aprobada por el Pleno de la Cámara en sesión celebrada el día 19 de marzo de 2015. Sus modificaciones ulteriores.

C. La duración de la legislatura.

a. La duración ordinaria: cuatro años (arts. 16.1 y 18.4 EAEx).

b. Los supuestos de disolución anticipada.

b.1. La falta de investidura del Presidente de Extremadura tras las elecciones (art. 25.4 EAEx).

De no obtener el candidato a Presidente autonómico una mayoría absoluta de la Cámara en la primera votación celebrada para su investidura, «se procederá a una nueva votación cuarenta y ocho horas después de la primera en la que se requerirá mayoría simple. El procedimiento podrá repetirse, con los mismos o diferentes candidatos, cuantas veces lo considere oportuno el Presidente de la Asamblea. Si en el plazo de dos meses a partir de la primera votación ninguno de los candidatos hubiera sido elegido, la Asamblea quedará disuelta y el Presidente de la Comunidad Autónoma en funciones procederá a convocar nuevas elecciones» (art. 25.4 EAEx).

b.2. La disolución anticipada de la Asamblea de Extremadura por el Presidente de la Comunidad Autónoma de Extremadura (art. 27 EAEx).

El art. 27 EAEx prevé: «1. El Presidente, previa deliberación de la Junta de Extremadura y bajo su exclusiva responsabilidad, podrá disponer la disolución anticipada de la Asamblea de Extremadura.

2. El decreto de disolución no podrá aprobarse cuando esté en trámite una moción de censura ni antes de que transcurra un año desde la anterior disolución, salvo el supuesto regulado en el art. 25.4 de este Estatuto.

3. En el decreto de disolución se convocarán nuevas elecciones, estableciéndose cuantas determinaciones exija la legislación electoral aplicable».

D. Sus funciones (art. 16.2 EAEx). Sobre las funciones de naturaleza normativa y las funciones de control, en particular.

Entre las funciones de naturaleza normativa, pueden destacarse las siguientes: el ejercicio de las iniciativas de reforma de la Constitución y del Estatuto de Autonomía de Extremadura; el desempeño de la potestad legislativa de la Comunidad Autónoma; la aprobación de los Presupuestos de la Comunidad Autónoma y la autorización del recurso al crédito público; la elaboración de su Reglamento; o la solicitud al Gobierno de la Nación de la adopción de proyectos de ley o la remisión al Congreso de los Diputados de proposiciones de ley.

Con respecto a las tareas de control, cabe reseñar las siguientes: la promoción y el control de la acción del Presidente y de la Junta de Extremadura, y la exigencia, en su caso, de su responsabilidad política; el control político de la gestión financiera de la Hacienda regional y el examen de sus propias cuentas y de las demás instituciones, organismos, empresas y entidades públicas, incluidas las universidades; el ejercicio del control de los medios de comunicación social dependientes de la Comunidad Autónoma; el examen de los convenios de gestión de servicios y la autorización de la suscripción de acuerdos de cooperación con otras Comunidades Autónomas; o la interposición de recursos de inconstitucionalidad y demás procedimientos de la competencia del Tribunal Constitucional para los que esté legitimada, así como la personación en ellos, en defensa del interés de la Comunidad Autónoma.

Otras funciones: la designación de entre los diputados de la Asamblea a los senadores autonómicos; o la propuesta de nombramientos para las altas instituciones del Estado o de la Comunidad Autónoma que sean de su competencia.

E. Su composición (art. 17 EAEx).

a. El número de diputados: el número máximo de 65 diputados.

b. El sufragio activo y el sufragio pasivo: la condición política de extremeños (la vecindad administrativa) (arts. 17.2 y 18.3 EAEx).

Ostentan la condición política de extremeños (art. 3, apartados 1 y 2, EAEx):

«1. A los efectos del presente Estatuto, ostentan la condición política de extremeños los ciudadanos españoles que, de acuerdo con las leyes generales del Estado, tengan vecindad administrativa en cualquiera de los municipios de Extremadura.

2. Igualmente, son extremeños los españoles residentes en el extranjero que hayan tenido la última vecindad administrativa en Extremadura y acrediten esta condición en la correspondiente representación diplomática de España. Sus descendientes inscritos como españoles gozarán de esa condición si así lo solicitan en la forma que determine una ley del Estado».

c. Sobre la legislación electoral extremeña.

c.1. Introducción a los condicionantes a la legislación electoral extremeña derivados de la Constitución y del Estatuto de Autonomía.

c.1.1. Sobre el tipo de sufragio para la elección de los miembros de las Asambleas Legislativas autonómicas en el conjunto del Estado, la Constitución prevé que la Cámara autonómica será «elegida por sufragio universal, con arreglo a un sistema de representación proporcional que asegure, además, la representación de las diversas zonas del territorio» (art. 152.1, párrafo primero, CE).

c.1.2. Sobre el tipo de sufragio en Extremadura, el Estatuto de Autonomía de Extremadura dispone que los diputados autonómicos serán elegidos «por sufragio universal, libre, igual, directo y secreto, de acuerdo con criterios de representación proporcional» (art. 17.1 EAEx).

c.2. La circunscripción electoral: la provincia. El problema de la redacción del art. 17.3 EAEx: «La provincia será *la* circunscripción electoral. La ley distribuirá el número de diputados de la Asamblea atribuidos a las provincias asignando una representación mínima inicial a cada circunscripción y distribuyendo los demás que correspondan en proporción a la población».

c.3. La reserva de ley de mayoría cualificada para la aprobación de la ley electoral extremeña: la mayoría de tres quintos de los diputados de la Asamblea.

El art. 17.4 EAEx dispone: «La ley electoral, cuya aprobación requerirá mayoría de tres quintos de los diputados de la Asamblea, regulará la convocatoria de elecciones; el procedimiento y los sistemas electorales; la fórmula de atribución de escaños; las subvenciones, los gastos electorales y su control; y un sistema específico de inelegibilidad e incompatibilidad de los candidatos y diputados. En todo caso, las candidaturas se compondrán con criterios de igualdad de género».

c.4. La legislación vigente: la Ley 2/1987, de 16 de marzo, de Elecciones a la Asamblea de Extremadura.

F. Los órganos rectores de la Asamblea de Extremadura y su asistencia jurídica.

a. La Presidencia: «La Asamblea de Extremadura está representada por su Presidente, que dirige las sesiones de la misma, sostiene su competencia, ejecuta su sección presupuestaria dando cuenta a la Mesa, ejerce las facultades administrativas y de policía en su sede y desempeña aquellas otras funciones que le encomienden el Estatuto, el Reglamento de la Cámara o la Ley» (art. 19.2 EAEx).

b. La Mesa: se compone del Presidente, de los Vicepresidentes y de los Secretarios de la Cámara, siendo el órgano de gobierno interior de la misma (art. 19.3 EAEx).

c. La Diputación Permanente: «sustituirá al Pleno entre los períodos ordinarios de sesiones y asumirá todas las funciones de la Asamblea cuando ésta hubiera sido disuelta anticipadamente o se hubiera agotado la legislatura y hasta la constitución de la nueva Cámara» (art. 19.4 EAEx).

d. La asistencia jurídica a los órganos de la Cámara: los letrados de la Asamblea de Extremadura.

III. EL PODER EJECUTIVO AUTONÓMICO: LOS CONSEJOS DE GOBIERNO Y SUS PRESIDENTES

1. Introducción: el Consejo de Gobierno y el Presidente de una Comunidad Autónoma son figuras equiparables al Consejo de Ministros y al Presidente del Gobierno a nivel estatal.

2. El modelo organizativo adoptado por todas las Comunidades Autónoma es el parlamentarista, como sucede a nivel estatal: el Parlamento autonómico elige al Presidente de la Comunidad Autónoma (que designa, a su vez, libremente a los miembros de su Gobierno). El Presidente es nombrado por el Rey. El Presidente y su Gobierno se mantienen en el cargo en tanto tengan la confianza de la Asamblea Legislativa (art. 152.1, primer párrafo, CE).

3. El Consejo de Gobierno, compuesto por un número de consejeros variable según la Comunidad Autónoma, ejerce las «funciones ejecutivas y administrativas» (art. 152.1, primer párrafo, CE), incluyendo la potestad reglamentaria.

4. El Presidente de una Comunidad Autónoma tiene como funciones (art. 152.1, primer párrafo, CE):

   A. La dirección del Consejo de Gobierno de la Comunidad Autónoma.

   B. La suprema representación de la respectiva Comunidad.

   C. La representación ordinaria del Estado en la misma.

5. El Presidente de Extremadura.

A. Su naturaleza: «El Presidente ostenta la más alta representación de la Comunidad Autónoma, ejerce la representación ordinaria del Estado en la misma y preside la Junta de Extremadura» (art. 24.1 EAEx). En tanto que Presidente de la Junta de Extremadura, «dirige su acción y coordina las funciones de sus miembros» (art. 5.1 LGAEx).

B. Sus funciones (art. 26 EAEx). En particular, sobre la naturaleza jurídica de los Decretos del Presidente.

Entre las funciones del Presidente se encuentran:

a. Como supremo representante de la Comunidad Autónoma: la representación de Extremadura en sus relaciones institucionales; la suscripción de convenios de colaboración con el Estado y de acuerdos de cooperación con otras Comunidades Autónomas, sin perjuicio de su delegación en otras autoridades; o la convocatoria de elecciones a la Asamblea de Extremadura, la sesión constitutiva de esta y, en su caso, la disolución de la misma.

b. Como representante ordinario del Estado: la promulgación en nombre del Rey de las leyes aprobadas por la Asamblea de Extremadura y demás normas con rango de ley, ordenando su publicación en el *Diario Oficial de Extremadura* y, en su caso, en el *Boletín Oficial del Estado*; el mandato de publicación en el *Diario Oficial de Extremadura* de los nombramientos del Delegado del Gobierno y demás altas autoridades estatales en Extremadura; o el aseguramiento en el ámbito de la Comunidad Autónoma del respeto al orden constitucional y al resto del ordenamiento jurídico, adoptando las medidas que sean necesarias en el marco de las competencias que le son propias.

c. Como Presidente de la Junta de Extremadura: el establecimiento de las directrices generales de la acción de gobierno y el impulso, la dirección y la coordinación de la acción del mismo; la adopción de decretos del Presidente para la creación o extinción de Vicepresidencias y Consejerías, para la modificación de la denominación de las existentes o para la distribución de competencias entre ellas, dando cuenta a la Asamblea, así como la resolución de los conflictos de atribuciones que se susciten entre los miembros de la Junta; la convocatoria de las reuniones de la Junta de Extremadura, así como la fijación del orden del día, su presidencia y la vigilancia del cumplimiento de sus decisiones; la firma de los decretos y acuerdos adoptados por la Junta de Extremadura y el mandato de su publicación oficial cuando proceda; el ejercicio de las acciones que correspondan en vía jurisdiccional, dando cuenta a la Junta de Extremadura; o la remisión a la Asamblea de la información que ésta requiera del Gobierno o Administración regionales.

C. Las relaciones del Presidente con la Asamblea de Extremadura.

a. La investidura: la elección del Presidente por la Asamblea de Extremadura (art. 25 EAEx).

Este art. 25 EAEx dispone: «1. El Presidente será elegido por la Asamblea de Extremadura de entre sus miembros y nombrado por el Rey.

2. En el plazo de quince días desde su constitución, el Presidente de la Asamblea, previa consulta a los Grupos parlamentarios, propondrá un candidato a la Presidencia

de entre los que le sean presentados, al menos, por la cuarta parte de los miembros de la Cámara.

3. El candidato propuesto presentará su programa al Pleno de la Asamblea dentro de los quince días siguientes a su designación. Tras el correspondiente debate se procederá a la votación de investidura, en la que el candidato deberá obtener mayoría absoluta para ser proclamado Presidente.

4. De no obtener tal mayoría, se procederá a una nueva votación cuarenta y ocho horas después de la primera en la que se requerirá mayoría simple. El procedimiento podrá repetirse, con los mismos o diferentes candidatos, cuantas veces lo considere oportuno el Presidente de la Asamblea. Si en el plazo de dos meses a partir de la primera votación ninguno de los candidatos hubiera sido elegido, la Asamblea quedará disuelta y el Presidente de la Comunidad Autónoma en funciones procederá a convocar nuevas elecciones.

5. El mismo procedimiento se seguirá en el caso de que la Presidencia quede vacante por cualquier otra causa».

b. La cuestión de confianza (art. 28 EAEx).

Este art. 28 EAEx prevé: «1. El Presidente, previa deliberación de la Junta de Extremadura y siempre que no esté en trámite una moción de censura, puede plantear a la Asamblea la cuestión de confianza sobre una declaración política general en el marco de las competencias de la Comunidad Autónoma.

2. La confianza se entenderá otorgada cuando vote a favor de la misma la mayoría simple de los miembros de la Asamblea.

3. Si la Asamblea negara su confianza al Presidente, éste presentará su dimisión ante la Cámara, cuyo Presidente convocará, en el plazo máximo de quince días, sesión plenaria para la elección de nuevo Presidente, de acuerdo con el procedimiento de investidura previsto en este Estatuto».

c. La moción de censura (art. 29 EAEx).

Este art. 29 EAEx establece: «1. La Asamblea de Extremadura puede exigir la responsabilidad política del Presidente de la Comunidad Autónoma mediante la adopción por mayoría absoluta de una moción de censura que habrá de ser propuesta, al menos, por un quince por ciento de los miembros de la Cámara e incluir un candidato a Presidente que presentará su programa alternativo.

2. No podrá ser votada una moción de censura hasta que transcurran cinco días desde su presentación. En los dos primeros días de dicho plazo podrán presentarse mociones alternativas.

3. Si la Asamblea aprobara una moción de censura, el Presidente cesará automáticamente en sus funciones y el candidato propuesto en dicha moción se entenderá investido de la confianza de la Cámara, dándose cuenta al Rey para su nombramiento.

4. En una misma legislatura, los signatarios de una moción de censura rechazada no podrán impulsar otra hasta transcurrido un año desde la presentación de aquella».

d. La disolución de la Asamblea.

d.1. La disolución ordinaria (art. 17.2 EAEx —en relación con los arts. 16.1 y 18.4 EAEx—).

El art. 16.1 EAEx prevé: «La Asamblea, que representa al pueblo extremeño, es elegida por cuatro años».

El art. 17.2 EAEx establece: «Las elecciones serán convocadas mediante decreto del Presidente de la Comunidad Autónoma y serán electores y elegibles los ciudadanos que, teniendo la condición política de extremeños, estén en pleno uso de sus derechos».

El art. 18.4 EAEx dispone: «Sin perjuicio de otras causas, los diputados cesan a los cuatro años de su elección o en la fecha de publicación oficial del decreto de convocatoria de elecciones, tanto en el caso de disolución anticipada como en el de agotamiento de la legislatura. No obstante, los miembros de la Diputación Permanente continúan en el ejercicio de sus funciones hasta la constitución de la nueva Cámara».

d.2. La disolución anticipada (art. 27 EAEx).

Este art. 27 EAEx dispone: «1. El Presidente, previa deliberación de la Junta de Extremadura y bajo su exclusiva responsabilidad, podrá disponer la disolución anticipada de la Asamblea de Extremadura.

2. El decreto de disolución no podrá aprobarse cuando esté en trámite una moción de censura ni antes de que transcurra un año desde la anterior disolución, salvo el supuesto regulado en el art. 25.4 de este Estatuto.

3. En el decreto de disolución se convocarán nuevas elecciones, estableciéndose cuantas determinaciones exija la legislación electoral aplicable».

D. La sustitución del Presidente de la Junta: «Los Vicepresidentes y, en su caso, los Consejeros suplirán al Presidente en caso de vacante, ausencia o enfermedad, de acuerdo con las precedencias que disponga la ley» (art. 34.3 EAEx y arts. 15 a 17 LGAEx).

6. La «Junta de Extremadura» como gobierno de la Comunidad Autónoma.

A. Su naturaleza jurídica: «La Junta de Extremadura es el órgano colegiado que ejerce las funciones propias del gobierno de la Comunidad» (art. 31.1 EAEx y art. 19 LGAEx).

a. La Junta de Extremadura se reúne en Consejo de Gobierno, previa convocatoria de su Presidente: la regulación del funcionamiento del Consejo de Gobierno se efectúa en los arts. 24 a 27 LGAEx.

b. Las Comisiones Delegadas serán reguladas por Decreto de la Junta de Extremadura según los arts. 23.*n*) y 28 LGAEx.

B. Su composición: «La Junta de Extremadura está compuesta por el Presidente, los Vicepresidentes, de haberlos, y los Consejeros» (art. 34.1 EAEx y art. 20.1 LGAEx).

C. El nombramiento, la separación y el cese de los miembros de la Junta. La responsabilidad política de la Junta.

a. «Los miembros de la Junta de Extremadura serán nombrados y separados libremente por el Presidente, dando cuenta a la Asamblea» (art. 34.2 EAEx y art. 20.2 LGAEx).

b. «La Junta cesa cuando lo hace su Presidente, continuando en funciones hasta la toma de posesión del nuevo Gobierno» (art. 36 EAEx).

c. La responsabilidad política de la Junta: «La Junta de Extremadura responde políticamente ante la Asamblea de forma solidaria, sin perjuicio de la responsabilidad directa de cada uno de sus miembros por su gestión» (art.31.2 EAEx).

D. Sus funciones (art. 32 EAEx y art. 23 LGAEx). En particular, las potestades de naturaleza normativa de la Junta de Extremadura.

a. Las competencias estatutarias de la Junta de Extremadura en tanto que gobierno autonómico: el establecimiento de la política general de la Comunidad Autónoma (dentro del ámbito competencial autonómico y de las directrices políticas fijadas por el Presidente de la Junta), la dirección de la Administración regional y el ejercicio de la potestad reglamentaria y de la función ejecutiva [art. 32.1 EAEx y art. 23.*a*) LGAEx].

b. Las potestades de naturaleza normativa de la Junta de Extremadura.

b.1. La potestad reglamentaria [art. 32.1 EAEx y art. 23.*h*) LGAEx].

Este art. 23.*h*) LGAEx dispone: «A la Junta de Extremadura le corresponde: [...] *h*) Aprobar, previo dictamen del *Consejo Consultivo*, los reglamentos para el desarrollo y ejecución de las Leyes, así como el resto de disposiciones reglamentarias en el ámbito de las competencias estatutariamente atribuidas».

Téngase en cuenta que el Consejo Consultivo ha sido sustituido por la Comisión Jurídica de Extremadura. En concreto, la disposición adicional primera, apartado 5.*a*), de la Ley autonómica 19/2015, de 23 de diciembre, por la que se deroga la Ley 16/2001, de 14 de diciembre, reguladora del Consejo Consultivo de Extremadura, dispone: «La Comisión Jurídica de Extremadura deberá ser consultada en los siguientes asuntos: *a*) Proyectos de reglamentos o disposiciones de carácter general que se dicten en ejecución de las leyes y sus modificaciones».

b.2. La potestad de dictar normas con rango de ley.

b.2.1. La legislación de urgencia: los Decretos leyes (art. 33 EAEx).

b.2.2. La legislación delegada: la peculiar naturaleza de los decretos legislativos extremeños (art. 22.2 EAEx).

b.3. Sobre la iniciativa legislativa de la Junta de Extremadura: art. 23.2 EAEx.

Los apartados 1 y 2 del art. 23 EAEx, rubricado «Iniciativa legislativa», disponen:

«1. Los diputados y los Grupos parlamentarios de la Asamblea ostentan la iniciativa legislativa en los términos que establezca el Reglamento de la Cámara.

2. También dispone de esta iniciativa la Junta de Extremadura, que, además, podrá oponerse a la tramitación de iniciativas legislativas que afecten a una delegación legislativa en vigor o que supongan minoración de ingresos o aumento de gastos en el ejercicio presupuestario corriente».

c. Otras atribuciones fijadas por el Estatuto de Autonomía y por la Ley. En particular, el art. 32 EAEx y el art. 23 LGAEx.

Entre las atribuciones estatutarias a la Junta de Extremadura, se encuentran: la interposición de recursos de inconstitucionalidad y demás procedimientos de la competencia del Tribunal Constitucional para los que esté legitimada, o la personación en ellos en defensa de los intereses de la Comunidad Autónoma; la ejecución de las secciones de los presupuestos de la Comunidad Autónoma; o la resolución de los conflictos de competencias entre corporaciones locales cuando no se haya establecido reserva a favor del Estado.

Algunas otras atribuciones establecidas legalmente: la deliberación sobre la cuestión de confianza que el Presidente se proponga plantear ante la Asamblea y sobre la adopción del acuerdo del Presidente de disolución de la misma; la solicitud a la Asamblea de Extremadura de que se reúna en sesión extraordinaria; la aprobación y autorización de convenios de colaboración y acuerdos de cooperación con el Estado y demás Administraciones Públicas; la adopción de las medidas necesarias para la ejecución, en su propio territorio, de los Tratados y Convenios internacionales y actos normativos que afecten a las materias atribuidas a la competencia de la Comunidad Autónoma; la resolución de los recursos que, con arreglo a la Ley, se interpongan ante la Junta; la creación de Comisiones Delegadas del Consejo de Gobierno; la aprobación de la estructura orgánica de las Consejerías y la creación, modificación o supresión de los órganos superiores a Sección, o el nombramiento y la separación, a propuesta del Consejero correspondiente, de los altos cargos de la Administración de la Comunidad Autónoma y aquellos otros que las Leyes establezcan.

7. Los órganos de apoyo de la Junta de Extremadura.

A. La Ley de Gobierno y Administración de Extremadura (LGAEx) prevé dos tipos de órganos de apoyo y colaboración de la Junta. A saber: 1) La Comisión de Secretarios Generales, y 2) Los Gabinetes.

B. La Comisión de Secretarios Generales de la Junta de Extremadura (art. 29 LGAEx).

a. Su composición.

a.1. La remisión a un reglamento para que desarrolle esta cuestión (art. 29, apartados 3 y 4, LGAEx).

a.2. La composición obligada por la Ley: «habrán de integrar la misma el Vicepresidente, si lo hubiere, o el Vicepresidente 1.º, si hubiera varios, los Consejeros que ejerzan las funciones de Presidencia y de Economía y Hacienda y como Vocales los Secretarios Generales, el Interventor General y el Jefe del Gabinete Jurídico» (art. 29.3 LGAEx).

a.3. Otros posibles asistentes: «Cuando la especialidad de los asuntos a tratar o la importancia de éstos así lo requieran podrán ser convocados para que asistan a las reuniones de la Comisión de Secretarios Generales otras autoridades o funcionarios de la Junta de Extremadura para que informen sobre los mismos» (art. 29.2 LGAEx).

b. Sus funciones (art. 29.1 LGAEx): la preparación de las deliberaciones y de los acuerdos del Consejo de Gobierno; o la deliberación sobre los asuntos que se sometan a su consideración por parte de sus integrantes, por razón de su especial relevancia para la Junta de Extremadura o por afectar a varias de sus Consejerías.

C. Los Gabinetes (art. 30 LGAEx): «Los Gabinetes son los órganos de asistencia política y técnica de los miembros del Gobierno», que desempeñan «tareas de asesoramiento».

8. La regulación del traspaso del poder de un gobierno a otro tras la finalización (ordinaria o anticipada) del mandato del Presidente de la Junta de Extremadura: la Ley 4/2015, de 26 de febrero, de regulación del proceso de transición entre gobiernos en la Comunidad Autónoma de Extremadura.

Esta Ley regula de manera sistemática e integral por primera vez en nuestro país el régimen jurídico de los llamados «gobiernos en funciones», con el objetivo de garantizar la continuidad de la acción de gobierno y la actividad administrativa en los supuestos de cese del Presidente de la Junta de Extremadura y hasta la formación del nuevo gobierno.

Regula, en este contexto, y bajo las líneas directrices marcadas por los principios de intervención mínima del gobierno en funciones, de neutralidad política, de lealtad y colaboración, y de información y transparencia, tres ámbitos objetivos:

1) En primer término, la regulación de la acción de gobierno tras el cese del Presidente autonómico. Y en concreto: la ordenación del papel del Presidente en funciones y del Presidente sustituto; o la regulación de la actividad de la Junta de Extremadura en funciones.

2) En segundo término, el establecimiento de medidas concretas en cuanto al traspaso de poderes entre gobiernos. Entre estas medidas se encuentran: la regulación del deber de abstenerse que pesa sobre los miembros de la Junta y de la Administración autonómica de realizar cualquier acción que entorpezca el normal traspaso de poderes entre gobiernos, así como del deber posi-

tivo de colaboración con los nuevos cargos electos para facilitar dicho traspaso; o la ordenación del acuerdo de traspaso, de las comisiones de traspaso y de la aportación de la información financiera y contable.

3) En tercer término, la determinación de los aspectos fundamentales del procedimiento de formación del nuevo gobierno regional. Entre estos aspectos se encuentra la regulación de la toma de posesión de los nuevos miembros del gobierno, de la sesión constitutiva del nuevo gobierno o de la aprobación del decreto de estructura básica y de los decretos de estructuras orgánicas de las nuevas Consejerías.

IV. COMUNIDADES AUTÓNOMAS Y JUSTICIA: LOS CONSEJOS AUTONÓMICOS DE JUSTICIA Y LOS TRIBUNALES SUPERIORES DE JUSTICIA

1. Las competencias en materia de Justicia.

A. Las competencias exclusivas del Estado en materia de «Administración de Justicia» (art. 149.1.5.ª CE).

B. Sobre las competencias autonómicas en materia de «administración de la Administración de Justicia».

C. Las competencias de la Comunidad Extremeña en materia de «administración de la Administración de Justicia» (arts. 9.1.2.ª y 49 EAEx).

El art. 9.1.2.ª EAEx prevé: «1. La Comunidad Autónoma de Extremadura tiene competencia exclusiva sobre las siguientes materias: [...] 2.ª Administración de justicia, de conformidad con lo previsto en el Título III de este Estatuto».

El art. 49, que es el primer precepto del Título III (rubricado «Del Poder Judicial en Extremadura») del EAEx, establece las concretas competencias de la Comunidad Autónoma de Extremadura en materia de «administración de la Administración de Justicia», previendo que «la Comunidad Autónoma asume las competencias que la Ley Orgánica del Poder Judicial atribuya al Gobierno de la Nación», y señalando, entre otras, las siguientes competencias autonómicas: la delimitación de las demarcaciones territoriales de sus órganos jurisdiccionales y el establecimiento, mediante ley de la Asamblea, de sus sedes; la solicitud, oído el Consejo de Justicia de Extremadura, de la revisión de la planta de los juzgados y tribunales para adaptarla a las necesidades de la región; el ejercicio de las facultades normativas y ejecutivas en la creación, el diseño y la organización de las oficinas judiciales y de las unidades administrativas, así como respecto del personal no judicial al servicio de la Administración de Justicia; el ejercicio de esas mismas facultades en relación con los organismos e instituciones colaboradoras de la Administración de Justicia, incluidos los servicios de medicina forense y de toxicología; la provisión de medios personales, materiales y económicos a la Administración de Justicia dentro del marco de sus competencias; la ordenación de los servicios de justicia gratuita y de orientación jurídica, así como los de atención a las víctimas de delitos, en los términos que disponga la ley; la ordenación de la justicia de paz y de proximidad; o el establecimiento de los instrumentos y procedimientos de mediación y conciliación en la resolución de conflictos en las materias de competencia autonómica.

2. Introducción al Título III del Estatuto de Autonomía de Extremadura, sobre el «Poder Judicial en Extremadura». La utilización de la preposición «en».

3. Los Consejos Autonómicos de Justicia. El caso de Extremadura: «El Consejo de Justicia de Extremadura es el órgano de participación institucional de la Comunidad Autónoma en el gobierno y la administración de la justicia en la Comunidad Autónoma, de acuerdo con lo que disponga la Ley Orgánica del Poder Judicial» (art. 52 EAEx).

4. Los Tribunales Superiores de Justicia.

   A. La regulación constitucional de los Tribunales Superiores de Justicia: el art. 152.1, párrafos 2 y 3, CE.

   B. Su naturaleza jurídica: no son propiamente órganos de las Comunidades Autónomas, sino del Poder Judicial, que es único a nivel del Estado.

   C. Los Tribunales Superiores de Justicia culminan la organización judicial en el ámbito territorial de la Comunidad Autónoma, sin perjuicio de que el máximo órgano judicial a nivel del Estado sea el Tribunal Supremo, cuya sede está en Madrid.

   D. El Tribunal Superior de Justicia de Extremadura (art. 50 EAEx): «es el órgano en el que culmina la organización judicial de Extremadura y constituye la última instancia jurisdiccional de los procesos y recursos tramitados en su ámbito territorial, sin perjuicio de las competencias del Tribunal Supremo» (art. 50.1 EAEx).

   En cuanto a sus competencias, el Tribunal Superior de Justicia de Extremadura «conocerá de los asuntos y ejercerá las funciones que en materia de Derecho estatal establezcan las leyes del Estado» y, en los términos previstos por la Ley Orgánica del Poder Judicial, de, entre otras, las siguientes cuestiones: *a*) De los recursos de casación fundados en la infracción del Derecho propio de Extremadura, así como de los recursos extraordinarios de revisión que contemple la ley contra las resoluciones firmes de los órganos jurisdiccionales radicados en Extremadura. *b*) De los recursos de casación y revisión relacionados con el Fuero del Baylío. *c*) De las causas penales en que estén incursos los diputados de la Asamblea y los miembros de la Junta de Extremadura, de las demandas de responsabilidad civil contra los mismos por hechos derivados del ejercicio de sus cargos y de los procesos civiles sobre la capacidad de obrar del Presidente. *d*) De las reclamaciones de responsabilidad de la Comunidad Autónoma por la aplicación de disposiciones y de actos legislativos de carácter no expropiatorio.

V. OTRAS INSTITUCIONES ESTATUTARIAS

1. Las competencias de las Comunidades Autónomas para crear instituciones distintas a las básicas de autogobierno (esto es, la Asamblea, el Consejo de Gobierno y el Presidente).

En este sentido, son bien significativas las siguientes palabras de nuestro Tribunal Constitucional: «[...] el principio dispositivo no sólo se deduce de un determinado entendimiento del art. 147 CE, sino que se refleja en una pluralidad de disposiciones constitucionales. Así se acredita, en concreto, en un aspecto tan destacado del contenido estatutario como es el de las "instituciones autónomas propias" [art. 147.2.*c*) CE]. En relación con esta cuestión, el art. 152.1 CE contiene un importante límite a la disponibilidad de las Comunidades Autónomas al fijar los elementos centrales configuradores de la autonomía política de las Comunidades que accedieron a la autonomía por la vía del art. 151 CE (Asamblea, Consejo de Gobierno y Presidente). Sin embargo, la organización institucional a la que se refiere el art. 147.2.*c*) CE no la hemos considerado reducida a las instituciones expresamente contempladas en el citado art. 152.1 de la Constitución. En este sentido, hemos considerado lícita en la perspectiva constitucional la regulación en el Estatuto de Autonomía del Sindic de Greuges (STC 157/1988, de 15 de septiembre) y también de la Sindicatura de Cuentas (SsTC 187/1988, de 17 de octubre, y 18/1991, de 31 de enero) o de que puedan serlo los Consejos Consultivos de las Comunidades Autónomas (STC 204/1992, de 26 de noviembre). En todos estos supuestos se trata de instituciones no previstas constitucionalmente, aunque algunas de ellas se incluyeran ya en los primeros Estatutos de Autonomía (arts. 35 y 42 EAC 1979). En todo caso, hemos considerado que es suficiente la cobertura implícita que ofrece la potestad autoorganizatoria de las Comunidades Autónomas (STC 204/1992, de 26 de noviembre, FFJJ 3, 4 y 5) para posibilitar que aquéllas puedan crear dichos órganos u otros similares y, por tanto, incluirlos en sus Estatutos, siempre que ello se realice "dentro de los términos" de la Constitución (art. 147.1 CE), es decir, siempre que su regulación concreta no infrinja las previsiones constitucionales» (STC 247/2007, de 12 de diciembre, FJ 12).

2. El Consejo Consultivo de Extremadura (arts. 44 y 45 EAEx).

A. Las funciones de los Consejos Consultivos autonómicos en general: las funciones consultivas de los gobiernos y de las administraciones autonómicas.

B. Las particularidades competenciales del Consejo Consultivo de Extremadura: sus funciones cuasi-jurisdiccionales (arts. 44 y 45 EAEx).

a. Su naturaleza jurídica: «es el órgano consultivo superior de las instituciones y de las administraciones de la Comunidad Autónoma» (art. 45.1 EAEx).

b. Sus funciones.

b.1. Las funciones consultivas (art. 45.2 EAEx).

b.1.1. El dictamen «sobre la adecuación a la Constitución, al presente Estatuto y al resto del ordenamiento jurídico, de los anteproyectos de reforma estatutaria, de los proyectos de ley, de los anteproyectos de otras normas con rango de ley, de la interposición o mantenimiento de recursos y acciones ante el Pleno del Tribunal Constitucional y su personación en ellos, y de los demás supuestos previstos en este Estatuto».

b.1.2. El dictamen «sobre la legalidad de las disposiciones generales y actos de las instituciones autonómicas, de la Administración regional, de las universidades públicas y de las corporaciones locales de Extremadura, y de los organismos y entes de Derecho público dependientes o vinculados a ellas».

b.2. La resolución de los conflictos entre órganos de autogobierno o funciones cuasijurisdiccionales del Consejo Consultivo (art. 44 EAEx).

b.2.1. La resolución de los conflictos de atribuciones entre, por un lado, el Presidente y la Junta de Extremadura y, por otro, la Asamblea de Extremadura (y viceversa) (art. 44.1 EAEx).

b.2.2. El cuestionamiento por parte del Presidente de la Comunidad Autónoma de las leyes de la Asamblea de Extremadura por considerar que éstas no se ajustan a la Constitución o al Estatuto de Autonomía («salvo que se haya iniciado contra ellas la tramitación de un recurso de inconstitucionalidad o de otro tipo ante el Tribunal Constitucional») (art. 44.3 EAEx).

C. La supresión del Consejo Consultivo de Extremadura: la Ley 19/2015, de 23 de diciembre, por la que se deroga la Ley 16/2001, de 14 de diciembre, reguladora del Consejo Consultivo de Extremadura. La creación de la Comisión Jurídica de Extremadura, que ejerce parcialmente las funciones del extinto Consejo Consultivo.

3. El Consejo de Cuentas (art. 46 EAEx).

A. Su naturaleza jurídica: es una institución estatutaria «dependiente de la Asamblea», destinada al control externo «de la actividad financiera y presupuestaria de las instituciones, de la Administración autonómica, de las entidades locales, del sector público dependiente de aquélla y de éstas, así como de las universidades públicas de Extremadura».

B. Esta institución estatutaria no ha sido creada.

4. El Consejo Económico y Social (art. 47 EAEx).

A. Su naturaleza jurídica: es el «órgano colegiado consultivo de la Junta en materias socioeconómicas».

B. Su regulación jurídica: la Ley 3/1991, de 25 de abril, de creación del Consejo Económico y Social de Extremadura.

C. Su composición en tanto que foro de diálogo permanente entre las organizaciones empresariales y las sindicales.

El art. 3.1 de la Ley del Consejo Económico y Social de Extremadura —en la redacción dada al mismo por la Ley 10/1998, de 26 de junio— dispone: «El Consejo estará integrado por 25 miembros, incluido su Presidente. De ellos, ocho compondrán el grupo primero en la representación de las organizaciones sindicales, ocho el grupo segundo, en representación de las organizaciones empresariales, y ocho el grupo tercero, correspondiendo uno de ellos al sector agrario, uno a Usuarios y Consumidores, uno al sector de la economía social, uno a la Universidad, uno a las Cajas de Ahorros de ámbito regional, uno al Consejo de la Juventud, siendo los dos restantes expertos en las materias competencias del Consejo».

5. El Personero del Común (art. 48 EAEx).

A. Su naturaleza jurídica: es el «comisionado» de la Asamblea de Extremadura «con funciones, respecto de las instituciones autonómicas y locales, similares a las del Defensor del Pueblo previsto en la Constitución».

Recordemos que el art. 54 CE configura al Defensor del Pueblo «como alto comisionado de las Cortes Generales, designado por éstas» con la finalidad de defender los derechos y libertades fundamentales reconocidos en el Título I de la Constitución, y «a cuyo efecto podrá supervisar las actividades de la Administración, dando cuenta a las Cortes Generales».

B. Esta institución estatutaria no ha sido creada.

VI. EL APARATO ADMINISTRATIVO AUTONÓMICO

1. Introducción al aparato administrativo autonómico en nuestro actual modelo de descentralización territorial.

A. La falta de regulación *in extenso* del aparato administrativo autonómico por la Constitución, aunque existen algunas referencias específicas a la Administración autonómica [arts. 153.*c*) y 154 CE].

El art. 153 CE dispone: «El control de la actividad de los órganos de las Comunidades Autónomas se ejercerá: [...] *c*) Por la jurisdicción contencioso-administrativa, el de la administración autónoma y sus normas reglamentarias».

El art. 154 CE establece: «Un Delegado nombrado por el Gobierno dirigirá la Administración del Estado en el territorio de la Comunidad Autónoma y la coordinará, cuando proceda, con la administración propia de la Comunidad».

B. Las competencias de las Comunidades Autónomas para regular su propia Administración: la regulación de dicha Administración corresponde a las Comunidades Autónomas con base en su capacidad de autoorganización (art. 148.1.1.ª CE), debiendo en todo caso respetarse las bases dictadas por el Estado en esta materia para el conjunto del territorio nacional y los principios establecidos directamente en algunos preceptos de la Constitución (como en sus arts. 149.1.18.ª y 103 y ss.).

C. La concreta regulación de las Administraciones autonómicas: aunque puedan contenerse referencias a las mismas en los Estatutos de Autonomía, normalmente han sido reguladas por las Leyes autonómicas de Gobierno y Administración (teniendo en cuenta que algunas Comunidades Autónomas han separado en la actualidad la regulación de esta materia en dos leyes: una, consagrada al Gobierno autonómico; y otra, a la Administración), que han seguido, en esencia, el modelo ofrecido por las leyes estatales.

2. La Administración autonómica extremeña.

A. Las reglas sobre la Administración autonómica establecidas en el Estatuto de Autonomía de Extremadura.

a. Los principios rectores de la Administración autonómica extremeña. El art. 37.1 EAEx, siguiendo la estructura del art. 103.1 CE, dispone, en relación con la Administración extremeña, que: «La Administración regional, bajo la dependencia de la Junta de Extremadura, sirve con objetividad a los intereses generales y procura satisfacer con eficacia y eficiencia las necesidades públicas, de conformidad con los principios constitucionales y estatutarios».

En el ejercicio de su actividad al servicio de los intereses generales a nivel autonómico, la Administración regional debe observar, según los arts. 15.3 y 37.2 EAEx, los principios de buena fe, confianza legítima, transparencia, calidad del servicio a los ciudadanos, lealtad institucional, solidaridad, colaboración, coordinación, cooperación y mutua ayuda.

b. Las «potestades» y «facultades» administrativas de la Administración autonómica extremeña (art. 38 EAEx), que son, esencialmente, las mismas que las que dispone la Administración General del Estado en su ámbito territorial y competencial.

Entre estas «potestades» y «facultades» que corresponden a la Administración autonómica, según el art. 38 EAEx, pueden destacarse: la presunción de legitimidad y el carácter ejecutivo de sus actos, así como los poderes de ejecución forzosa; la potestad expropiatoria; la potestad sancionadora; los poderes de investigación, deslinde y recuperación de oficio en materia de patrimonio y la inembargabilidad de sus bienes y derechos; la facultad de utilización del apremio administrativo y los privilegios de prelación, preferencia y demás reconocidos a la hacienda pública en materia de cobro de créditos a su favor; la exención de la obligación de prestar toda clase de cauciones o garantías ante los juzgados y tribunales de cualquier jurisdicción y ante los organismos públicos; la comparecencia en juicio en los mismos términos que la Administración del Estado; la fe pública de sus actos, acuerdos y contratos en los términos que determine la ley; o la revisión de oficio de sus actos y disposiciones en vía administrativa.

c. Las medidas de buena administración (art. 39 EAEx).

c.1. Entre estas medidas, el art. 39 EAEx contempla las siguientes:

c.1.1. La regulación de la forma de creación y del funcionamiento de los órganos administrativos, bajo criterios de calidad en la prestación de los servicios públicos.

c.1.2. La ordenación de las formas de participación de los ciudadanos en los procedimientos de elaboración de las disposiciones generales que les afecten.

c.1.3. La regulación de los procedimientos administrativos propios y la adaptación de los procedimientos generales para dar celeridad y transparencia a la tramitación administrativa, para extender las relaciones interadministrativas y con los ciudadanos por medios telemáticos y para la simplificación de trámites.

c.1.4. La calidad en la redacción de las normas, acuerdos y actos de los poderes públicos extremeños, que deberán formularse de manera sencilla y clara.

c.1.5. La permanente ordenación sistemática y la codificación de las normas autonómicas.

c.2. Las normas legales extremeñas destinadas a hacer realidad estas medidas de buena administración.

c.2.1. La Ley 1/2002, de 28 de febrero, del Gobierno y de la Administración de la Comunidad Autónoma de Extremadura.

c.2.2. La Ley 4/2013, de 21 de mayo, de Gobierno Abierto de Extremadura.

Esta norma persigue involucrar de manera creciente a la sociedad civil en la gestión de los asuntos públicos, a través de distintos mecanismos de colaboración Estado-Sociedad para la gestión de los asuntos públicos que se entrecruzan dentro del concepto del llamado «gobierno abierto». Se entiende por tal, aquel sistema «que es capaz de entablar una permanente conversación con los ciudadanos con el fin de escuchar lo que dicen y solicitan; que toma sus decisiones centrándose en las necesidades y preferencias de éstos; que facilita la participación y la colaboración de la ciudadanía en la definición de sus políticas y en el ejercicio de sus funciones; que proporciona información y comunica aquello que decide y hace de forma transparente; que se somete a criterios de calidad y de mejora continua; y que está preparado para rendir cuentas y asumir su responsabilidad ante los ciudadanos a los que ha de servir» [art. 3.*b*)].

Los ejes fundamentales sobre los que se sustenta esta nueva forma de relación entre las instituciones públicas y sus gestores, por un lado, y la sociedad civil, por otro, son: 1) La transparencia de las instituciones públicas y de sus gestores, facilitando de oficio a la sociedad información constante, veraz e imparcial sobre la organización, funcionamiento y actividad de dichas instituciones, de manera tal que la sociedad civil pueda conocer cuáles son las decisiones tomadas por dichas instituciones para la realización del interés general, cómo se adoptan las mismas, cómo se organizan las instituciones y quiénes son sus responsables; 2) El derecho de acceso de los ciudadanos a la información veraz e imparcial generada en el ejercicio de la actividad pública, y 3) La participación de la sociedad civil en la toma de decisiones sobre los asuntos que incidan directa o indirectamente tanto en el diseño de las políticas públicas como en su gestión efectiva, estableciéndose con esta finalidad un diálogo abierto, transparente y regular entre las instituciones públicas y los ciudadanos.

De manera complementaria, la Ley se ocupa de «la ética y la transparencia en la acción de gobierno», resultando de aplicación esta regulación del «Buen Gobierno» a los miembros del Gobierno y a los altos cargos autonómicos, a los cargos electos de las entidades locales y a los diputados autonómicos.

B. La estructura de la Administración extremeña.

a. Introducción: la estructura de la Administración autonómica se encuentra departamentalizada y jerarquizada, siguiendo el modelo estatal de los Ministerios. En este orden de ideas, el art. 55, apartados 1 y 2, LGAEx dispone:

> «1. La Administración Pública de la Comunidad Autónoma de Extremadura se estructura en Consejerías, al frente de las cuales se encuentra un Consejero, del que dependen todos los órganos e instituciones adscritos a la misma.
>
> 2. Las Consejerías estarán integradas por órganos administrativos jerárquicamente ordenados bajo la superior dirección de su titular».

b. La tipología de órganos administrativos en Extremadura (art. 56 LGAEx).

b.1. La Administración central autonómica.

b.1.1. Los órganos superiores de la Comunidad Autónoma (art. 56.1 LGAEx). El resto de los órganos de la Administración autonómica «se hallan bajo la dependencia de éstos». La doble naturaleza, política y administrativa, de los órganos superiores en la Comunidad Autónoma de Extremadura.

1) Los órganos superiores unipersonales: el Presidente, el(los) Vicepresidente(s) —si lo(s) hay— y los Consejeros (art. 34 EAEx).

El Presidente tiene una triple dimensión: ostenta la más alta representación de la Comunidad Autónoma, ejerce la representación ordinaria del Estado en la misma y preside la Junta de Extremadura. En tanto que Presidente de la Junta de Extremadura tiene como funciones, entre otras, las siguientes: el establecimiento, de acuerdo con su programa político, de las directrices generales de la acción de gobierno y el impulso, la dirección y la coordinación de la acción del mismo; la adopción de decretos del Presidente para la creación o extinción de Vicepresidencias y Consejerías, para la modificación de la denominación de las existentes o para la distribución de competencias entre ellas, dando cuenta a la Asamblea, así como la resolución de los conflictos de atribuciones que se susciten entre los miembros de la Junta; o la convocatoria de las reuniones de la Junta de Extremadura, la dirección de las deliberaciones y la vigilancia del cumplimiento de las decisiones adoptadas (arts. 24 y 26.3 EAEx).

Los Vicepresidentes están encargados de suplir al Presidente en caso de vacante, ausencia o enfermedad y desempeñan las funciones que les encargue el propio Presidente (art. 34.3 EAEx).

Los Consejeros, que son nombrados y separados libremente por el Presidente de la Junta de Extremadura (art. 34.2 EAEx y art. 32.1 LGAEx), «son miembros de la Junta de Extremadura y titulares de la Consejería que tuvieran asignada en el Decreto de nombramiento» (art. 32.2 LGAEx). Entre sus funciones se encuentran las siguientes: la representación de las Consejerías de que son titulares; el desarrollo de la acción de gobierno en su área de responsabilidad; el ejercicio de la dirección, gestión, coordinación e inspección de los órganos y servicios propios de su Consejería, así como la coordinación y alta inspección de la administración institucional adscrita a la misma; la preparación y propuesta a la Junta de Extremadura de los anteproyectos de Ley, así como de los proyectos de Decreto relativos a las cuestiones propias de su Consejería; el ejercicio de la potestad reglamentaria y de la función ejecutiva en las materias que le sean propias; la propuesta a la Junta de Extremadura del nombramiento y cese de los altos cargos de su Consejería que requieran la forma de Decreto; la resolución de los conflictos de atribuciones entre órganos y autoridades de su Consejería, así como suscitarlos con otras Consejerías; la resolución de los recursos administrativos que se interpongan contra resoluciones de los órganos de la Consejería cuando les corresponda; la firma en nombre de la Junta de los contratos relativos a asuntos propios de su Consejería, salvo lo dispuesto en otras Leyes (art. 36 LGAEx).

El estatuto jurídico del Presidente de la Junta (y de los Expresidentes), de los Vicepresidentes y de los Consejeros está regulado por el art. 35 EAEx, así como por la Ley 1/2014, de 18 de febrero, de regulación del estatuto de los cargos públicos del Gobierno y la Administración de la Comunidad Autónoma de Extremadura.

2) El órgano superior colegiado: la Junta de Extremadura.

La Junta de Extremadura es, según el art. 31.1 EAEx, «el órgano colegiado que ejerce las funciones propias del Gobierno de la Comunidad Autónoma». Entre sus funciones se encuentran el establecimiento de la política general de la Comunidad Autónoma en relación con las competencias asumidas, la dirección de la Administración regional y el ejercicio de la potestad reglamentaria y la función ejecutiva. El régimen jurídico de este órgano colegiado se establece en el Estatuto de Autonomía de Extremadura (arts. 31 a 36) y en la Ley del Gobierno y de la Administración de la Comunidad Autónoma de Extremadura (arts. 19 a 30 LGAEx).

b.1.2. Los órganos directivos (art. 56.2 LGAEx).

1) Los Secretarios Generales.

Los Secretarios Generales son órganos directivos de la Administración regional que ejercen la jefatura superior de las Consejerías después del Consejero. Entre sus funciones se encuentran: el ejercicio de la jefatura de personal de cada Consejería; la coordinación y la organización del régimen interno de los servicios y la comunicación con las demás Consejerías y con los organismos y entidades que tengan relación con la Consejería; la elaboración de los proyectos de planes generales de actuación y de los programas de necesidades de la Consejería; o la prestación de asistencia técnica y administrativa al titular de la Consejería (art. 58 LGAEx).

2) Los Directores Generales.

Este órgano directivo de la Administración autonómica tiene como funciones, entre otras, la dirección y la gestión de los servicios y la resolución de los asuntos de la Consejería que sean de su competencia; o la propuesta al Consejero de la resolución que estime procedente en los asuntos que sean de su competencia y cuya tramitación corresponda a la Dirección General (art. 59 LGAEx).

3) «Excepcionalmente podrán constituirse órganos con nivel asimilado a los dos anteriores, los cuales tendrán el mismo estatuto jurídico que éstos, cualquiera que sea su denominación» [art. 56.2.*c*)].

4) El estatuto jurídico de los Secretarios Generales y de los Directores Generales de la Administración autonómica está regulado por la Ley 1/2014, de 18 de febrero, de regulación del estatuto de los cargos públicos del Gobierno y la Administración de la Comunidad Autónoma de Extremadura.

b.1.3. Las unidades administrativas (art. 56.3 LGAEx).

1) Los servicios.

Los servicios son las unidades administrativas u «órganos de superior nivel funcionarial de las Consejerías, a los que corresponde, además de las competencias específicas que tengan atribuidas, las funciones de planificación, coordinación, dirección y control de las secciones o unidades asimiladas de ellos dependientes» (art. 62.1 LGAEx).

2) Las secciones.

Las secciones son las unidades administrativas o «unidades orgánicas internas de los servicios y les corresponden las funciones de ejecución, informe y propuesta al superior jerárquico de las cuestiones pertenecientes al área competencial que tienen atribuida, así como la coordinación, dirección y control de las actividades desarrolladas por los negociados o unidades de ellas dependientes» (art. 62.2 LGAEx).

3) Los negociados.

Los negociados son las unidades administrativas o «unidades orgánicas internas de las secciones y se les atribuyen las funciones de tramitación, inventario, si procede, y archivo de los asuntos que tengan asignados» (art. 62.3 LGAEx).

b.2. La Administración periférica autonómica: las Direcciones Territoriales en el nivel provincial.

La Administración autonómica «podrá disponer de Direcciones Territoriales en Badajoz y Cáceres», que ejercerán las tareas de coordinación, de inspección y de supervisión de los distintos servicios que corresponden a dicha Administración situados en cada territorio provincial (art. 60 LGAEx).

b.3. La Administración consultiva: la Comisión Jurídica de Extremadura.

La Comisión Jurídica de Extremadura ha sustituido al Consejo Consultivo. Esta Comisión ha sido creada por la Ley 19/2015, de 23 de diciembre, por la que se deroga, precisamente, la Ley reguladora del Consejo Consultivo de Extremadura de 2001.

Este órgano consultivo, que está integrado dentro de la Abogacía General de la Junta de Extremadura, ejerce sus funciones «con autonomía orgánica y funcional». Además de las funciones consultivas, esta Comisión Jurídica de Extremadura actúa como tribunal administrativo de recursos contractuales en el ámbito de la Comunidad Autónoma extremeña. En relación con su función consultiva, la Disposición Adicional 1.ª de la referida Ley extremeña 19/2015 dispone, en su apartado 5, lo siguiente:

«La Comisión Jurídica de Extremadura deberá ser consultada en los siguientes asuntos:

a) Proyectos de reglamentos o disposiciones de carácter general que se dicten en ejecución de las leyes y sus modificaciones.

b) Convenios y acuerdos de cooperación con otras Comunidades Autónomas.

c) Transacciones judiciales o extrajudiciales sobre los derechos de contenido económico de la Junta de Extremadura, así como sobre el sometimiento a arbitraje de las cuestiones que se susciten sobre los mismos.

d) Expedientes tramitados por la Junta de Extremadura, las entidades locales y las universidades públicas sobre:

a. Reclamaciones de responsabilidad patrimonial, cuando la cantidad reclamada sea igual o superior a quince mil euros e inferior a cincuenta mil euros.

b. Revisión de oficio de actos administrativos en los supuestos establecidos en las leyes.

e) Recursos extraordinarios de revisión.

f) Interpretación, nulidad y extinción de concesiones administrativas cuando se formule oposición por parte del concesionario.

g) Creación o supresión de municipios, así como la alteración de términos municipales».

b.4. La Administración institucional.

b.4.1. Introducción: la descentralización funcional en Extremadura y la relación de instrumentalidad entre la Administración matriz y las Administraciones institucionales creadas por la Administración matriz.

b.4.2. Los organismos públicos.

1) Su definición: «Son organismos públicos de la Administración de la Comunidad Autónoma de Extremadura los creados bajo su dependencia o vinculación, para la realización de cualquier actividad de ejecución o gestión tanto administrativa de fomento o prestación, como de contenido económico reservadas a la Administración de la Comunidad Autónoma, que dependen de ésta, se adscriben a la Consejería competente por razón de la materia y cuyas características justifiquen su organización y desarrollo en régimen de descentralización funcional» (art. 109 LGAEx).

2) Su creación (art. 112 LGAEx): los organismos públicos deben crearse mediante una ley de la Asamblea de Extremadura, que indicará, al menos, el tipo de organismo que se crea, sus fines y la Consejería de adscripción.

3) Su tipología (art. 111 LGAEx).

3.1) Los organismos autónomos.

Su definición: son «organismos públicos con personalidad jurídica diferenciada creados por ley de la Asamblea de Extremadura, que en régimen de descentralización funcional y en ejecución de programas específicos de la actividad de la Comunidad Autónoma, se les encomienda la realización de actividades de fomento, prestacionales o de gestión de servicios públicos» (art. 117 LGAEx).

Su específico régimen jurídico: se rigen por la LGAEx, por su ley de creación, por la legislación reguladora de la hacienda pública extremeña, por sus estatutos, así como por las restantes normas de Derecho Administrativo de la Comunidad Autónoma de Extremadura (art. 118 LGAEx).

Algunos ejemplos de organismos autónomos: el Servicio Extremeño de Salud (SES); el Consejo de la Juventud de Extremadura (CJEx); el Instituto de la Mujer de Extremadura; o el Servicio Público Extremeño de Empleo.

3.2) Las entidades públicas empresariales.

Su definición: «son organismos públicos a los que se encomienda la realización de actividades prestacionales, la gestión de servicios o la producción de bienes de interés público susceptibles de contraprestación» (art. 124.1 LGAEx).

Su régimen jurídico específico: 1) Se rigen por el Derecho privado; 2) No obstante, se rigen por el Derecho público «en la formación de la voluntad de sus órganos, en el ejercicio de las potestades administrativas que tengan atribuidas y en los aspectos específicamente regulados para las mismas en esta Ley [LGAEx], en sus Estatutos y en la legislación presupuestaria» (art. 124.2 LGAEx).

Algunos ejemplos de entidades públicas empresariales: la Empresa Pública Corporación Extremeña Medios Audiovisuales (CEXMA), y el Centro de Investigaciones Científicas y Tecnológicas de Extremadura (CYCITEX).

LECCIÓN 15

LAS ADMINISTRACIONES LOCALES

Todos vivimos en un municipio, es la administración más cercana a los ciudadanos. Prestan servicios esenciales.

En España las administraciones locales tienen autonomía administrativa y financiera. Dentro de su ámbito de competencias aprueban reglamentos y realizan acciones concretas.

Las entidades locales son las siguientes:

- Provincias: 50 Provincias; 43 con Diputación Provincial. (7 Diputaciones están integradas o fusionadas con la Comunidad Autónoma por ser Comunidades Autónomas con una sola provincia, por ejemplo Navarra).
- Municipios: Municipios son la entidad básica de organización territorial del Estado al frente de los mismos están los Ayuntamientos.
- Islas: Hay 11 Islas: 4 forman parte de las Islas Baleares y 7 de Canarias. En ellas hay Consejos y Cabildos Insulares.
- Entidades locales más pequeñas e incluidas en los municipios: 3.719 se denominan de distintas formas: pedanías, parroquias son comunes por ejemplo en Galicia.
- Entidades locales superiores al municipio: están formadas por la asociación de varios municipios [y] son las siguientes: 81 Comarcas; 3 Áreas Metropolitanas y 1.008 Mancomunidades.

FUENTE: https://administracion.gob.es/

ESTRUCTURA:

NORMATIVA DE REFERENCIA:

I. Constitución Española (CE).
II. Normativa estatal.
  1. Ley Orgánica 5/1985, de 19 de junio, de Régimen Electoral General (LOREG).
  2. Ley Orgánica 1/2011, de 28 de enero, de reforma del Estatuto de Autonomía de la Comunidad Autónoma de Extremadura (EAEx).
  3. Ley 7/1985, de 2 de abril, reguladora de las Bases del Régimen Local (LBRL).
  4. Real Decreto Legislativo 781/1986, de 18 de abril, por el que se aprueba el texto refundido de las Disposiciones Legales vigentes en materia de Régimen Local (TRRL).
  5. Real Decreto Legislativo 2/2004, de 5 de marzo, por el que se aprueba el texto refundido de la Ley Reguladora de las Haciendas Locales (TRHL).
  6. Decreto de 17 de junio de 1955, por el que se aprueba el Reglamento de Servicios de las Corporaciones Locales.
  7. Real Decreto 1372/1986, de 13 de junio, por el que se aprueba el Reglamento de Bienes de las Entidades Locales.
  8. Real Decreto 1690/1986, de 11 de julio, por el que se aprueba el Reglamento de Población y Demarcación Territorial de las Entidades Locales.
  9. Real Decreto 2568/1986, de 18 de noviembre, por el que se aprueba el Reglamento de Organización, Funcionamiento y Régimen Jurídico de las Entidades Locales.
III. Normativa extremeña.
  1. Ley 5/1990, de 30 de noviembre, de relaciones entre las Diputaciones Provinciales y la Comunidad Autónoma de Extremadura.
  2. Ley 8/2004, de 23 de diciembre, para la aplicación al municipio de Mérida, capital de Extremadura, del régimen de organización de los municipios de gran población contemplado en el Título X de la Ley 7/1985, de 2 de abril, reguladora de las Bases de Régimen Local.
  3. Ley 17/2010, de 22 de diciembre, de mancomunidades y entidades locales menores en Extremadura.
  4. Ley 7/2015, de 31 de marzo, por la que se regula el Estatuto de Capitalidad de la Ciudad de Mérida.
  5. Ley 3/2019, de 22 de enero, de garantía de la autonomía municipal de Extremadura.

BIBLIOGRAFÍA COMPLEMENTARIA:

BALLESTEROS FERNÁNDEZ, A., *Manual de Administración Local*, El Consultor, Madrid, 2006.

FUENTETAJA PASTOR, J. A., y FERNÁNDEZ RODRIGUEZ, C. (dirs.), *Manual de Derecho Local*, Iustel, Madrid, 2010.

MUÑOZ MACHADO, S.: *Tratado de Derecho Administrativo y Derecho Público General*, Tomo IX: *Instituciones Autonómicas y Locales*, BOE, 4.ª edición, 2015.

— (dir.), *Tratado de Derecho Municipal,* Tomo II, Iustel, 3.ª edición, 2011.
SOSA WAGNER, F., *Manual de Derecho Local,* Thomson-Aranzadi, Madrid, 9.ª edición, 2005.
VELASCO CABALLERO, F., *Derecho local. Sistema de fuentes,* Marcial Pons, Madrid, 2009.

LECTURAS RECOMENDADAS:

ÁLVAREZ GARCÍA, V., «La regulación del régimen local en el Estatuto de Autonomía de Extremadura», *Revista General de Derecho Administrativo*, núm. 32, 2013.
ÁLVAREZ GARCÍA, V., y ARIAS APARICIO, F., «El régimen local extremeño dentro del modelo español de organización territorial del Estado», *Diario de Derecho Municipal*, noviembre, 2016.
ARAGÓN REYES, M., «Autonomía local», en Aragón Reyes, M./Aguado Renedo, C. (dirs.), *Organización general y territorial del Estado. Temas básicos de Derecho Constitucional*, Tomo II, Thomson-Reuters, 2011.
EMBID IRUJO, A., *Ordenanzas y reglamentos municipales en el Derecho español*, Instituto de Estudios de Administración Local, Madrid, 1978.
MORELL OCAÑA, L., *El régimen local español,* Civitas, Madrid, 1988.
PAREJO ALFONSO, L. J., *La potestad normativa local,* Marcial Pons, Madrid, 1998.
SOSA WAGNER, F., *La gestión de los servicios locales,* Thomson Civitas, Madrid, 2008.
VANDELLI, L., *El Poder Local. Su origen en la Francia revolucionaria y su futuro en la Europa de las regiones*, Ministerio de Administraciones Públicas, Madrid, 1992.

I. INTRODUCCIÓN: LAS PREVISIONES CONSTITUCIONALES EN MATERIA DE ENTIDADES LOCALES

1. Las competencias estatales en materia de régimen local: el art. 149.1.18.ª CE. Este precepto constitucional dispone: «El Estado tiene competencia exclusiva sobre las siguientes materias: [...] 18.ª Las bases del régimen jurídico de las Administraciones Públicas...».

   A. Dentro del término «Administraciones Públicas» se entienden comprendidas las Administraciones locales.

   B. Sobre el significado de «legislación básica»: norma con rango de ley dictada por la Administración General del Estado en uso de sus competencias con la finalidad de establecer un marco normativo común para el conjunto del territorio nacional sobre una determinada materia, pudiendo las Comunidades Autónomas desarrollar normativamente esa legislación básica estatal. Sobre la doble vertiente del concepto de legislación básica: la vertiente «material» y la vertiente «formal».

   C. La jurisprudencia del Tribunal Constitucional sobre el anclaje constitucional y el contenido de las bases en materia de régimen local: la expresión «bases del régimen jurídico de las Administraciones públicas», utilizada por el art. 149.1.18.ª CE, «engloba a las Administraciones locales» (SsTC 31/2010, de 28 de junio, FJ 36, y 41/2016, de 3 de marzo, FJ 3).

   En este orden de ideas, subraya el Tribunal Constitucional que: «El art. 149.1.18.ª CE permite al Estado regular parte del régimen local mediante normas de carácter básico», respondiendo esencialmente las bases del régimen local a dos cometidos (STC 41/2016, FJ 3):

a) «El primero es "concretar la autonomía local constitucionalmente garantizada para establecer el marco definitorio del autogobierno de los entes locales directamente regulados por la Constitución" (SsTC 103/2013, FJ 4, y 143/2013, de 11 de julio, FJ 3). A la vista de la controversia que aquí se plantea, importa destacar que el legislador básico, cuando desarrolla la garantía constitucional de la autonomía local, puede ejercer en uno u otro sentido su libertad de configuración, siempre que deje espacio a las Comunidades Autónomas y respete el derecho de la entidad local a participar a través de órganos propios en el gobierno y administración [STC 154/2015, de 9 de julio, FJ 5.*a*) y las que allí se citan]. Por eso una legislación estatal que, respetando aquellos límites, pretendiera reducir la autonomía local al mínimo constitucionalmente garantizado podría ser tan básica y legítima como la que tratara de ensancharla al máximo. Ambas soluciones se corresponden con los polos dentro de los que puede moverse el legislador básico del régimen local en el marco de un sistema constitucional basado en el principio democrático (art. 1 CE)».

b) «El segundo cometido de la legislación básica en esta materia es "concretar los restantes aspectos del régimen jurídico básico de todos los entes locales que son, en definitiva, Administraciones públicas" (SsTC 103/2013, FJ 4, y 143/2013, FJ 3). El art. 149.1.18.ª CE habilita al Estado para regular aspectos distintos de los "enraizados de forma directa en los arts. 137, 140 y 141 CE" (STC 159/2001, de 5 de julio, FJ 4). Por eso "los límites que para el legislador autonómico se deriven eventualmente del art. 149.1.18.ª CE pueden tanto venir impuestos en cuanto concreción de la garantía de la autonomía local, como pueden no estarlo"; "los imperativos constitucionales derivados del art. 137 CE, por un lado, y del art. 149.1.18.ª CE, por otro, no son coextensos" (STC 11/1999, de 11 de febrero, FJ 2). El legislador básico puede establecer, en particular, la serie de "elementos comunes o uniformes" que requiera la satisfacción de "los intereses generales a los que sirve el Estado" [STC 103/2013, FJ 5.*e*)]. Tales bases incluyen solo "los aspectos que sean necesarios, sin que quepa agotar todo el espacio normativo que debe corresponder al legislador autonómico, en especial en las cuestiones relacionadas con la organización y funcionamiento interno de los órganos" [STC 103/2013, FJ 5.*e*)]».

2. La garantía institucional de la autonomía local: los arts. 137, 140 y 141 CE.

A. La garantía genérica de la autonomía local (art. 137 CE).

a. El art. 137 CE prevé: «El Estado se organiza territorialmente en municipios, en provincias y en las Comunidades Autónomas que se constituyan. Todas estas entidades gozan de autonomía para la gestión de sus respectivos intereses».

b. Su contenido: la autonomía local, según el Tribunal Constitucional, «debe ser entendida como un derecho de la comunidad local a participar, a través de órganos propios, en el gobierno y administración de cuantos asuntos le atañen, constituyendo en todo caso un poder limitado que no puede oponerse al principio de unidad estatal» (STC 159/2001, de 5 de julio, FJ 4).

c. La definición y la garantía constitucional de la autonomía local en España se encuentran dentro de los parámetros existentes a nivel europeo, recogidos en la Carta Europea de la Autonomía Local de 1985. El art. 3.1 de este texto internacional define la «autonomía local» en los términos siguientes: «Por autonomía local se entiende el derecho y la capacidad efectiva de las Entidades locales de ordenar y gestionar una parte importante de los asuntos públicos, en el marco de la Ley, bajo su propia responsabilidad y en beneficio de sus habitantes».

B. La garantía institucional de la autonomía municipal (art. 140 CE).

a. El art. 140 CE dispone: «La Constitución garantiza la autonomía de los municipios. Estos gozarán de personalidad jurídica plena. Su gobierno y administración corresponde a sus respectivos Ayuntamientos, integrados por los Alcaldes y los Concejales. Los Concejales serán elegidos por los vecinos del municipio mediante sufragio universal, igual, libre, directo y secreto, en la forma establecida por la ley. Los Alcaldes serán elegidos por los Concejales o por los vecinos. La ley regulará las condiciones en las que proceda el régimen del concejo abierto».

b. Este art. 140 CE regula: 1) Por un lado, la garantía de la autonomía municipal: «La Constitución garantiza la autonomía de los municipios»; 2) Por otro lado, la participación de los ciudadanos en los asuntos públicos en el ámbito municipal (o lo que es lo mismo, el respeto del principio democrático) se canaliza ordinariamente a través del Ayuntamiento, al que corresponde el «gobierno y administración» de los municipios (los Ayuntamientos están «integrados por los Alcaldes y los Concejales. Los Concejales serán elegidos por los vecinos del municipio mediante sufragio universal, igual, libre, directo y secreto, en la forma establecida por la ley. Los Alcaldes serán elegidos por los Concejales o por los vecinos…»).

C. El significado de la garantía institucional de la autonomía provincial (art. 141 CE).

a. Los apartados 1 y 2 del art. 141 CE disponen: «1. La provincia es una entidad local con personalidad jurídica propia, determinada por la agrupación de municipios y división territorial para el cumplimiento de las actividades del Estado. Cualquier alteración de los límites provinciales habrá de ser aprobada por las Cortes Generales mediante ley orgánica.

2. El Gobierno y la administración autónoma de las provincias estarán encomendados a Diputaciones u otras Corporaciones de carácter representativo».

b. Los Estatutos de Autonomía no pueden propiciar la desaparición de la provincia. La doctrina del Tribunal Constitucional: «La provincia es una entidad asumida y asegurada en su existencia por la Constitución», presentando, simultáneamente, una doble dimensión: 1) Por un lado, como entidad local con personalidad jurídica propia, dotada de autonomía, y determinada por la agrupación de municipios, y 2) Por otro, como «división territorial del Estado para el cumplimiento de sus actividades». En ninguna de ambas dimensiones, que están garantizadas constitucionalmente, puede verse condicionada la configuración de la provincia por los Estatutos de Autonomía (STC 31/2010, de 28 de junio, FJ 40).

c. La protección constitucional de la provincia (*ex* arts. 137 y 141), no obstante, no asegura:

c.1. El mantenimiento de esta denominación a nivel constitucional: «[...] la veguería podría no ser una nueva entidad local, sino la nueva denominación de la provincia en Cataluña (.../...) Nada se opone, por tanto, a que, a efectos estrictamente autonómicos, las provincias catalanas pasaran a denominarse veguerías» (STC 31/2010, de 28 de junio, FJ 41).

c.2. En el caso de que la denominación de la provincia en Cataluña fuese la de veguería, nada impediría que «los Consejos de veguería sustituyeran a las Diputaciones» como órgano de gobierno, «pues el art. 141.2 CE prescribe que el gobierno y la administración autónoma de las provincias han de encomendarse a Diputaciones u otras Corporaciones de carácter representativo (.../...) De sustituir los Consejos de veguería a las Diputaciones corresponderá a la legislación del Estado determinar su composición y el modo de elección de sus miembros, correspondiendo también a la normativa básica estatal regular sus competencias en el orden local» (STC 31/2010, de 28 de junio, FJ 41).

3. El reconocimiento del principio de suficiencia financiera de las entidades locales (art. 142 CE). Este precepto prevé: «Las Haciendas locales deberán disponer de los medios suficientes para el desempeño de las funciones que la ley atribuye a las Corporaciones respectivas y se nutrirán fundamentalmente de tributos propios y de participación en los del Estado y de las Comunidades Autónomas».

II. ESQUEMA DE LA NORMATIVA ESTATAL REGULADORA DEL RÉGIMEN LOCAL

1. Las normas de rango legal.

A. La Ley 7/1985, de 2 de abril, reguladora de las Bases del Régimen Local (LBRL).

a. Es una ley ordinaria estatal.

b. Es una ley básica dictada al amparo del art. 149.1.18.ª CE. Las Comunidades Autónomas disponen de competencias para el desarrollo de esta norma básica. El juego bases/desarrollo.

c. Su contenido esencial: 1) La estructura organizativa local, y 2) El sistema competencial (que está necesariamente completado por la legislación sectorial estatal y autonómica).

d. Esta ley ha experimentado más de dos decenas de reformas. Es conveniente referirse, en particular, a la operada por la Ley 27/2013, de 27 de diciembre, de racionalización y sostenibilidad de la Administración Local. El objetivo declarado de esta Ley de 2013: la acomodación del gasto público derivado de las Entidades Locales a la situación de crisis económica y a la obligada estabilidad presupuestaria (impuesta por el art. 135 CE y por la Ley Orgánica 2/2012, de 27 de abril, de Estabilidad Presupuestaria y Sostenibilidad Financiera). De aquí que la Ley se caracterizase como de «racionalización» y de «sostenibilidad» de la Administración Local. En este sentido, el Preámbulo de esta Ley de 2013 concibe la misma como mecanismo para la adaptación «de la normativa básica en materia de Administración Local para la adecuada aplicación de los principios de estabilidad presupuestaria, sostenibilidad financiera o eficiencia en el uso de los recursos públicos locales».

Los objetivos de la reforma según el Preámbulo de la Ley son cuatro:

1.º) La clarificación de las competencias locales.

2.º) La racionalización de la estructura organizativa de la Administración Local. Dentro de este ámbito, se incluiría el reforzamiento del papel de las Diputaciones Provinciales a través, esencialmente, de dos mecanismos:

La «coordinación» por las Diputaciones de determinados servicios mínimos en los municipios con población inferior a 20.000 habitantes.

Nuevas competencias propias de las Diputaciones. Se atribuyen a las Diputaciones nuevas funciones como: la prestación de servicios de recaudación tributaria, la administración electrónica o la contratación centralizada en los municipios con población inferior a 20.000 habitantes, su participación activa en la elaboración y seguimiento en los planes económico-financieros o las labores de coordinación y supervisión, en colaboración con las Comunidades Autónomas, de los procesos de fusión de municipios.

3.º) Un control económico-presupuestario más riguroso, mediante el reforzamiento del papel de la función interventora de las Entidades Locales.

4.º) El favorecimiento de la iniciativa económica privada, evitando intervenciones administrativas desproporcionadas.

Debe señalarse, en todo caso, que una buena parte de los preceptos de la Ley 27/2013 han sido o bien declarados inconstitucionales o bien reinterpretados por las SsTC 41/2016, de 3 de marzo, y 111/2016, de 9 de junio.

B. El texto refundido de las Disposiciones Legales vigentes en materia de Régimen Local, aprobado por el Real Decreto Legislativo 781/1986, de 18 de abril.

a. Esta norma ha sido dictada previa habilitación al Gobierno por la Disposición Final 1.ª de la LBRL de 1985.

b. Su finalidad y contenido: la refundición de las disposiciones vigentes (esto es, las aprobadas antes de 1985 —la mayor parte preconstitucionales: p. ej. provenientes del Texto Articulado y Refundido de la Ley de Régimen Local de 24 de junio de 1955—) que no fuesen contrarias a la nueva LBRL de 1985 (que apenas contaba inicialmente con 120 artículos).

c. Su naturaleza jurídica: 1) En parte, contiene preceptos básicos, y 2) En parte preceptos de alcance supletorio con respecto a la legislación autonómica.

C. El texto refundido de la Ley Reguladora de las Haciendas Locales, aprobado por el Real Decreto Legislativo 2/2004, de 5 de marzo.

D. Otras normas legales con importante incidencia sobre las Entidades Locales: la Ley Orgánica 5/1985, de 19 de junio, de Régimen Electoral General; el Real Decreto Legislativo 5/2015, de 30 de octubre, por el que se aprueba el texto refundido de la Ley del Estatuto Básico del Empleado Público; la Ley 39/2015, de 1 de octubre, del Procedimiento Administrativo Común de las Administraciones Públicas; la Ley 40/2015, de 1 de octubre, de Régimen Jurídico del Sector Público; o la Ley 9/2017, de 8 de noviembre, de Contratos del Sector Público, por la que se transponen al ordenamiento jurídico español las Directivas del Parlamento Europeo y del Consejo 2014/23/UE y 2014/24/UE, de 26 de febrero de 2014.

2. Las normas con valor reglamentario.

A. El Reglamento de Bienes de las Entidades Locales, aprobado por el RD 1372/1986, de 13 de junio.

B. El Reglamento de Población y Demarcación Territorial de las Entidades Locales, aprobado por el RD 1690/1986, de 11 de julio.

C. El Reglamento de Organización, Funcionamiento y Régimen Jurídico de las Entidades Locales, aprobado por el RD 2568/1986, de 18 de noviembre.

D. El Reglamento de Servicios de las Corporaciones Locales, aprobado por el Decreto de 17 de junio de 1955.

III. LA POSIBILIDAD DE INCORPORAR LA REGULACIÓN DEL RÉGIMEN LOCAL EN LOS ESTATUTOS DE AUTONOMÍA. EN PARTICULAR, LAS PREVISIONES DEL NUEVO ESTATUTO DE AUTONOMÍA DE EXTREMADURA EN MATERIA DE RÉGIMEN LOCAL

1. El sistema bifronte del régimen local: la organización, las competencias y el funcionamiento de las entidades locales, así como sus normas, están sometidas, por un lado, a la legislación básica estatal en materia de régimen local; pero, por otro lado, también, a la normativa autonómica que desarrolle dicha legislación básica.

«El régimen jurídico de los entes locales no es "intracomunitario" ni "extracomunitario", sino "bifronte", en consonancia con la estructura territorial de España (art. 137 CE), que "concibe a municipios y provincias como elementos de división y organización del territorio del Estado" (STC 82/1982, de 21 de diciembre, FJ 4). El Estado y las Comunidades Autónomas comparten la regulación del régimen local, sin perjuicio del espacio que uno y otras deben asegurar en todo caso a las normas locales en virtud de la garantía constitucional de la autonomía municipal (art. 140 CE), provincial (art. 141.2 CE) e insular (art. 141.4 CE).

El art. 149.1.18.ª CE permite al Estado regular parte del régimen local mediante normas de carácter básico (STC 214/1989, de 21 de diciembre, FJ 1). A través de sus Estatutos, las Comunidades Autónomas han asumido la competencia para completar esa regulación. El Estatuto de Autonomía habilita, no una especie de complemento reglamentario, sino la configuración autonómica de políticas propias dentro de las coordenadas básicas que establezca el Estado [SsTC 32/1981, de 28 de julio, FJ 5, y 103/2013, de 25 de abril, FJ 5.E)]. A su vez, el propio Estatuto, en tanto que "norma institucional básica" (art. 147.1 CE), puede contener las "líneas fundamentales o la regulación esencial" del régimen local en el ámbito territorial la Comunidad Autónoma, pero solo con el fin de "vincular al legislador autonómico" y respetando "en todo caso la competencia básica que al Estado corresponde en la materia en virtud de la reserva del art. 149.1.18.ª CE, por cuanto la expresión "bases del régimen jurídico de las Administraciones Públicas" engloba a las Administraciones locales" (SsTC 31/2010, de 28 de junio, FJ 36; y 103/2013, FJ 4)» (STC 41/2016, de 3 de marzo, FJ 3).

2. El valor jurídico de la regulación estatutaria con respecto a:

   A. La Constitución.

   B. La legislación básica estatal.

      a. En particular con respecto a la Ley 7/1985, de 2 de abril, reguladora de las Bases del Régimen Local (LBRL). Su naturaleza jurídica.

      b. Las previsiones estatutarias deben respetar, en todo caso, «la competencia básica que al Estado corresponde en la materia en virtud de la reserva del art. 149.1.18.ª CE, por cuanto la expresión "bases del régimen jurídico de las Administraciones Públicas" engloba a las Administraciones Locales» (STC 31/2010, de 28 de junio, FJ 36).

      Esta idea del carácter vinculante de las bases estatales del régimen local sobre la regulación de los entes locales efectuada por los Estatutos de Autonomía aparece claramente reiterada con posterioridad en la jurisprudencia del Tribunal Constitucional: «[...] es verdad que, tal como destaca el recurso de inconstitucionalidad, el Estatuto de Autonomía, en tanto que "norma institucional básica" (art. 147.1 CE), puede contener las "líneas fundamentales o la regulación esencial" del régimen local en el ámbito territorial de la Comunidad Autónoma. Ahora bien, también hemos dicho que esa regulación esencial vincula solo al legislador autonómico y únicamente en la medida en que no contradiga el régimen dictado en ejercicio de "la competencia básica que al Estado corresponde en la materia en virtud de la reserva del art. 149.1.18 CE" (SsTC 31/2010, de 28 de junio, FJ 36; 103/2013, FJ 4)» [STC 41/2016, de 3 de marzo, FJ 12.*a*)].

      c. El respeto de esta regla por el Estatuto de Autonomía de Extremadura: «En el marco de la legislación básica del Estado, la Comunidad Autónoma regulará el régimen jurídico de las entidades locales de Extremadura, teniendo en consideración las diferentes características de las mismas y su diversa capacidad de gestión competencial» (art. 53.2 EAEx).

3. Las previsiones estatutarias sobre régimen local en el Estatuto de Autonomía de Extremadura. El art. 9.1.3 EAEx: la Comunidad Autónoma de Extremadura tiene competencia exclusiva sobre la(s) materia(s) «organización territorial propia de la Comunidad Autónoma y régimen local», en los términos previstos en el Título IV del Estatuto (arts. 53 a 60 EAEx).

   A. La significación de las competencias exclusivas en el Estatuto de Autonomía de Extremadura: la atribución de competencias exclusivas sobre una determinada materia por el Estatuto extremeño supone la habilitación para establecer políticas propias sobre la misma (art. 8.3 EAEx).

   B. La caracterización estatutaria de una competencia como exclusiva lleva aparejado el ejercicio de las siguientes funciones: «[...] la función legislativa, la potestad reglamentaria y, en el ejercicio de la función ejecutiva, la adopción de cuantas medidas, decisiones y actos procedan» (art. 9.2 EAEx).

   C. El reconocimiento estatutario de la autonomía local en Extremadura: los arts. 54.1 y 55 EAEx.

El art. 54.1 EAEx, relativo a los «municipios», dispone: «El municipio es la entidad territorial básica de Extremadura e instrumento esencial de participación de los ciudadanos en los asuntos públicos. Los municipios tienen autonomía política y personalidad jurídica propia».

El art. 55 EAEx, rubricado «Autonomía local», prevé: «Sin perjuicio de su plena autonomía política y la suficiencia financiera para la gestión de los asuntos de interés y ámbito local dentro del marco normativo general, una ley de la Asamblea aprobada por mayoría absoluta establecerá las materias y funciones de competencia autonómica susceptibles de ser gestionadas por los municipios y, en su caso, el elenco mínimo de facultades o atribuciones que sobre las mismas han de tener los ayuntamientos y que las leyes y normas sectoriales de la Comunidad Autónoma deberán prever y respetar».

IV. LA TIPOLOGÍA DE LAS ENTIDADES LOCALES. EN PARTICULAR, EL MAPA LOCAL DE LA COMUNIDAD AUTÓNOMA DE EXTREMADURA

1. Introducción: las dos piezas territoriales básicas son el municipio y la provincia, a las que debe añadirse la isla en el caso de las Comunidades Autónomas de Canarias y de las Islas Baleares (art. 1 LBRL).

2. La distinción entre Entidades Locales territoriales que necesariamente han de existir (municipio, provincia e isla) y otros entes locales de existencia eventual o potestativa que «gozan, asimismo, de la condición de entidades locales» (comarcas u otras entidades que agrupen varios municipios, áreas metropolitanas y mancomunidades de municipios) (art. 3 LBRL).

A. Las Administraciones locales de carácter territorial tienen atribuidas potestades administrativas superiores (entre otras, la potestad reglamentaria, la potestad de autoorganización, la potestad tributaria, la potestad financiera, la potestad expropiatoria o la potestad sancionadora) (art. 4.1 LBRL).

B. El resto de entidades locales ejercen las potestades que las leyes de las Comunidades Autónomas les atribuyan (art. 4.2 LBRL), excepto las mancomunidades de municipios que «para la prestación de los servicios y ejecución de las obras de su competencia» tienen las potestades que determinen sus Estatutos de creación (art. 4.3 LBRL).

3. Los dos tipos básicos de entidades locales territoriales (municipios y provincia) presentan, a su vez, distintas modalidades de régimen jurídico, en función de su dimensión poblacional.

A. Modalidades de municipios. Además del régimen ordinario o común establecido por la LBRL, existen en nuestro país otras tres categorías de variedades organizativas municipales.

a. El Concejo Abierto (art. 29 LBRL): municipios de menos de 100 habitantes que tradicionalmente cuentan con este régimen de gobierno y administración o que «por su localización geográfica, la mejor gestión de los intereses municipales u otras circunstancias lo hagan aconsejable» (art. 29.1 LBRL).

b. Los Municipios de Gran Población (art. 121 LBRL): municipios cuya población exceda de 250.000 habitantes, así como los que sean capitales de provincia, capitales autonómicas o sede de las instituciones autonómicas (aunque no alcancen dicha población), o municipios de población superior a 75.000 habitantes, «que presenten circunstancias económicas, sociales, históricas o culturales especiales» (art. 121.1 LBRL).

c. El régimen singular de los dos mayores municipios de España: Madrid (Ley estatal 22/2006, de 4 de julio, de capitalidad y de régimen especial de Madrid) y Barcelona (Ley catalana 22/1998, de 30 de diciembre, de la Carta Municipal de Barcelona, y Ley estatal 1/2006, de 13 de marzo, por la que se regula el régimen especial del municipio de Barcelona).

B. Modalidades de provincias: los regímenes especiales (arts. 39, 40 y 41 LBRL).

a. Las provincias de la Comunidad Autónoma del País Vasco. Las Diputaciones forales vascas: la Disposición Adicional 1.ª CE.

b. Las Comunidades Autónomas uniprovinciales (Principado de Asturias, Cantabria, Navarra, La Rioja, Murcia y Madrid). La desaparición de la Diputación Provincial y de todos sus órganos, que quedan subsumidos en la organización propia de la Comunidad Autónoma: «La supresión del escalón provincial no atenta a la autonomía de las provincias reconocida en el art. 137 CE» (STC 32/ 1981, de 28 de julio).

c. Los dos archipiélagos: las Islas Baleares y las Islas Canarias.

4. La tipología de entidades locales (o mapa local) en el Estatuto de Autonomía de Extremadura.

A. Introducción: las dos piezas territoriales básicas en las que «Extremadura se estructura territorialmente» son el municipio y la provincia, a las que se añaden otras entidades relacionadas en el propio Estatuto (art. 53.1 EAEx), pero que necesitan de una ley específica para su creación.

B. El municipio, gobernado ordinariamente por el Ayuntamiento, se configura como «la entidad territorial básica de Extremadura» (art. 54 EAEx).

C. Las provincias, administradas y gobernadas por las correspondientes Diputaciones, son entidades locales que disponen de personalidad jurídica propia, autonomía y capacidad plena para la gestión de sus intereses (art. 56.1 EAEx).

D. Las comarcas, a diferencia de los municipios y de las provincias, no son entidades locales de naturaleza necesaria, sino que se reenvía a una futura ley autonómica aprobada por mayoría absoluta su eventual creación, competencias, organización y régimen jurídico (art. 57 EAEx).

E. El Estatuto prevé que mediante ley autonómica puedan crearse y regularse otras entidades locales, procediendo la propia norma estatutaria a una enumeración de las diferentes modalidades posibles. A saber: las entidades locales menores, las áreas metropolitanas, las mancomunidades, los consorcios y aquellas otras agrupaciones voluntarias o necesarias de municipios que pudieran establecerse (art. 58 EAEx).

V. LA ADMINISTRACIÓN MUNICIPAL

1. Introducción: el art. 11 LBRL define el municipio como «la entidad local básica de la organización territorial del Estado», que está dotada de «personalidad jurídica y plena capacidad para el cumplimiento de sus fines» (apartado 1); y establece que sus elementos son: «el territorio, la población y la organización» (apartado 2).

2. Los elementos de la estructura municipal.

A. El territorio o término municipal.

B. La población municipal: la vecindad.

C. La organización municipal: el gobierno y la administración municipal corresponde al Ayuntamiento en Pleno. Existen, no obstante, formas organizativas específicas para los municipios que funcionen en régimen de concejo abierto y para los municipios de gran población.

3. El término municipal «es el territorio en el que el Ayuntamiento ejerce sus competencias» (art. 12.1 LBRL). Pertenece, en todo caso, a una sola provincia.

A. La creación o supresión de municipios (art. 13, apartados 1 y 2, LBRL).

B. Alteraciones o modificaciones del término municipal: el art.13 LBRL.

a. La incorporación de uno o más municipios a otros limítrofes.

b. La fusión de dos o más municipios limítrofes.

c. La segregación de parte del término de uno o varios municipios.

4. La población del municipio está constituida por «(E)l conjunto de personas inscritas en el Padrón municipal» (art. 15 LBRL).

A. Los vecinos del municipio son los inscritos en el Padrón municipal. La condición de vecino se adquiere en el mismo momento de inscripción en el Padrón: «Toda persona que viva en España está obligada a inscribirse en el Padrón del municipio en el que resida habitualmente» (art. 15 LBRL).

B. El Padrón municipal es el «registro administrativo donde constan los vecinos de un municipio. Sus datos constituyen prueba de la residencia en el municipio y del domicilio habitual en el mismo» (art. 16 LBRL). La formación, mantenimiento, revisión y custodia del Padrón municipal corresponde al Ayuntamiento (art. 17 LBRL).

C. El estatus del vecino.

a. El art. 18.1 LBRL establece: «Son derechos y deberes de los vecinos:

a) Ser elector y elegible de acuerdo con lo dispuesto en la legislación electoral.

b) Participar en la gestión municipal de acuerdo con lo dispuesto en las leyes y, en su caso, cuando la colaboración con carácter voluntario de los vecinos sea interesada por los órganos de gobierno y administración municipal.

c) Utilizar, de acuerdo con su naturaleza, los servicios públicos municipales, y acceder a los aprovechamientos comunales, conforme a las normas aplicables.

d) Contribuir mediante las prestaciones económicas y personales legalmente previstas a la realización de las competencias municipales.

e) Ser informado, previa petición razonada, y dirigir solicitudes a la Administración municipal en relación a todos los expedientes y documentación municipal, de acuerdo con lo previsto en el artículo 105 de la Constitución.

f) Pedir la consulta popular en los términos previstos en la ley.

g) Exigir la prestación y, en su caso, el establecimiento del correspondiente servicio público, en el supuesto de constituir una competencia municipal propia de carácter obligatorio.

h) Ejercer la iniciativa popular en los términos previstos en el artículo 70 bis.

i) Aquellos otros derechos y deberes establecidos en las leyes».

b. Sobre el valor jurídico de la inscripción de los extranjeros en el Padrón municipal: «La inscripción de los extranjeros en el padrón municipal no constituirá prueba de su residencia legal en España ni les atribuirá ningún derecho que nos les confiera la legislación vigente, especialmente en materia de derechos y libertades de los extranjeros en España» (art. 18.2 LBRL).

5. La organización municipal.

A. Tipos de órganos.

a. Los órganos unipersonales: el Alcalde, los Tenientes de Alcalde y los Concejales.

b. Los órganos colegiados: el Pleno del Ayuntamiento y la Junta de Gobierno Local. Otros órganos colegiados existentes en los municipios: las Comisiones Informativas, la Comisión Especial de Cuentas y la Comisión Especial de Sugerencias y Reclamaciones.

B. El Alcalde, que debe existir en todos los Ayuntamientos [art. 20.1.*a*) LBRL], es el Presidente de la Corporación: ostenta la máxima representación del municipio [art. 21.1.*b*) LBRL] y es el jefe del ejecutivo municipal [art. 21.1.*a*) LBRL].

a. El Alcalde es elegido por y entre los Concejales en la sesión constitutiva del Ayuntamiento en Pleno, tras las elecciones locales. Procedimiento de elección: el art. 196 LOREG

Este precepto dispone: «En la misma sesión de constitución de la Corporación se procede a la elección de Alcalde, de acuerdo con el siguiente procedimiento:

a) Pueden ser candidatos todos los Concejales que encabecen sus correspondientes listas.

b) Si alguno de ellos obtiene la mayoría absoluta de los votos de los Concejales es proclamado electo.

c) Si ninguno de ellos obtiene dicha mayoría es proclamado Alcalde el Concejal que encabece la lista que haya obtenido mayor número de votos populares en el correspondiente municipio. En caso de empate se resolverá por sorteo.

En los municipios comprendidos entre 100 y 250 habitantes pueden ser candidatos a Alcalde todos los Concejales; si alguno de los candidatos obtiene la mayoría absoluta de los votos de los Concejales es proclamado electo; si ninguno obtuviese dicha mayoría, será proclamado Alcalde el Concejal que hubiere obtenido más votos populares en las elecciones de Concejales».

b. El Alcalde puede ser destituido mediante moción de censura: art. 197 LOREG.

c. Sus competencias. El art. 21 LBRL relaciona las atribuciones que corresponden al Alcalde, entre las que están: la convocatoria y la presidencia de las sesiones del Pleno; la dirección, la inspección y el impulso de los servicios y obras municipales; la aprobación de bandos; el ejercicio de la jefatura de la Policía Municipal; la adopción, en caso de catástrofe o de infortunios públicos o grave riesgo de los mismos, de las medidas necesarias y adecuadas dando cuenta inmediata al Pleno; la sanción de las faltas de desobediencia a su autoridad o por infracción de las ordenanzas municipales, salvo en los casos en que tal facultad esté atribuida a otros órganos; la aprobación de los proyectos de obras y de servicios cuando sea competente para su contratación o concesión y estén previstos en el presupuesto; el otorgamiento de las licencias, salvo que las leyes sectoriales lo atribuyan expresamente al Pleno o a la Junta de Gobierno Local; o, la ordenación de la publicación, ejecución y cumplimiento de los acuerdos del Ayuntamiento.

El Alcalde puede delegar el ejercicio de determinadas atribuciones en los miembros de la Junta de Gobierno Local y, donde ésta no exista, en los Tenientes de Alcalde, sin perjuicio de las delegaciones especiales que, para cometidos específicos, pueda realizar en favor de cualesquiera Concejales, aunque no pertenecieran a la Junta de Gobierno Local.

C. Los Tenientes de Alcalde sustituyen, por el orden de su nombramiento y en los casos de vacante, ausencia o enfermedad, al Alcalde, siendo libremente designados y removidos por éste de entre los miembros de la Junta de Gobierno Local y, donde ésta no exista, de entre los Concejales.

D. El Pleno, integrado por todos los Concejales y presidido por el Alcalde, ejerce las potestades básicas que corresponden al municipio: las potestades normativas (aprobación de las ordenanzas, de los planes generales de ordenación urbana y del reglamento orgánico del Ayuntamiento) y las potestades de control (la moción de censura al Alcalde).

a. El número de Concejales es variable en función de la población de residentes, ajustándose a una escala que va de 3 Concejales para los municipios de hasta 100 residentes, hasta 25 Concejales para los municipios cuyo número de residentes esté entre 50.001 y 100.000. A partir de esta cifra, para los municipios de población superior se añade un Concejal más por cada 100.000 residentes o fracción (art. 179.1 LOREG).

b. La elección de los Concejales se realiza por el sistema de representación proporcional sobre la base de listas cerradas y bloqueadas.

c. Corresponden al Pleno municipal en los Ayuntamientos las siguientes atribuciones (art. 22.2 LBRL): *a)* El control y la fiscalización de los órganos de gobierno. *b)* Los acuerdos relativos a la participación en organizaciones supramunicipales; a la alteración del término municipal; a la creación o supresión de municipios; a la creación de órganos desconcentrados; a la alteración de la capitalidad del municipio y al cambio de nombre de éste o de aquellas entidades y a la adopción o modificación de su bandera, enseña o escudo. *c*) La aprobación inicial del planeamiento general y la aprobación que ponga fin a la tramitación municipal de los planes y demás instrumentos de ordenación previstos en la legislación urbanística. *d*) La aprobación del reglamento orgánico y de las ordenanzas. *e*) La determinación de los recursos propios de carácter tributario; la aprobación y modificación de los presupuestos, y la disposición de gastos en materia de su competencia y la aprobación de las cuentas. *f*) La aprobación de las formas de gestión de los servicios y de los expedientes de municipalización. *g*) La aceptación de la delegación de competencias hecha por otras Administraciones públicas. *h*) El planteamiento de conflictos de competencias a otras entidades locales y demás Administraciones públicas. *i*) La aprobación de la plantilla de personal y de la relación de puestos de trabajo. *j*) El ejercicio de acciones judiciales y administrativas y la defensa de la corporación en materias de competencia plenaria. *k*) La declaración de lesividad de los actos del Ayuntamiento. *l*) La alteración de la calificación jurídica de los bienes de dominio público. *m*) La concertación de las operaciones de crédito de acuerdo con la normativa reguladora de las Haciendas Locales. *ñ*) La aprobación de los proyectos de obras y servicios cuando sea competente para su contratación o concesión, y cuando aún no estén previstos en los presupuestos. *p*) Aquellas otras que deban corresponder al Pleno por exigir su aprobación una mayoría especial.

d. Corresponde, igualmente, al Pleno la votación sobre la moción de censura al Alcalde y sobre la cuestión de confianza planteada por el propio Alcalde (art. 197 LOREG).

e. El Pleno puede delegar el ejercicio de algunas de sus atribuciones en el Alcalde y en la Junta de Gobierno Local.

E. La Junta de Gobierno Local: se integra por el Alcalde y un número de Concejales no superior al tercio del número legal de los mismos, nombrados y separados libremente por aquel, dando cuenta al Pleno (art. 23.1 LBRL).

a. Existe en todos los municipios con población superior a 5.000 habitantes y, en los de menos, cuando así lo disponga su reglamento orgánico o así lo acuerde el Pleno del Ayuntamiento [art. 20.1.*b*) LBRL].

b. A la Junta de Gobierno Local le corresponde: *a*) La asistencia al Alcalde en el ejercicio de sus atribuciones. *b*) Las atribuciones que el Alcalde u otro órgano municipal le delegue o le atribuyan las leyes (art. 23.2 LBRL).

F. Las Comisiones Informativas [art. 20.1.*c*) LBRL]: son «órganos que tienen por objeto el estudio, informe o consulta de los asuntos que han de ser sometidos a la decisión del Pleno, así como el seguimiento de la gestión del Alcalde, la Junta de Gobierno Local y los Concejales que ostenten delegaciones».

a. Estas Comisiones deben existir necesariamente en los municipios con más de 5.000 habitantes, «y en los de menos en que así lo disponga su reglamento orgánico o lo acuerde el Pleno».

b. Su composición es pluripartidista: «Todos los grupos políticos integrantes de la Corporación tendrán derecho a participar en dichos órganos, mediante la presencia de Concejales pertenecientes a los mismos en proporción al número de Concejales que tengan en el Pleno».

G. Las Comisiones Especiales.

a. La Comisión Especial de Cuentas: es un órgano cuya existencia es obligatoria en todos los municipios [art. 20.1.*e*) LBRL] y que tiene por misión informar las cuentas anuales de la corporación local (art. 116 LBRL). Está formada por representantes de todos los grupos que integren el Pleno.

b. La Comisión Especial de Sugerencias y Reclamaciones: es un órgano de existencia obligatoria en los municipios de gran población, y en aquellos otros en las que el Pleno así lo acuerde [art. 20.1.*d*) LBRL]. Esta Comisión está formada por representantes de todos los grupos que integren el Pleno y tiene por función: 1) La defensa de los derechos de los vecinos ante la Administración municipal (art. 132.1 LBRL), y 2) La supervisión de la actividad de la Administración municipal mediante la elaboración de un informe anual dirigido al Pleno «de las quejas presentadas y de las deficiencias observadas en el funcionamiento de los servicios municipales» (art. 132.3 LBRL).

6. Las competencias municipales, reguladas en el Capítulo III del Título II (relativo a «El Municipio») LBRL, se clasifican en propias (arts. 7.2 y 25), delegadas (arts. 7.3 y 27) y «distintas de las propias y de las atribuidas por delegación» (art. 7.4).

A. Son competencias propias las que las leyes sectoriales estatales y autonómicas atribuyan a los municipios como de titularidad de los mismos, y «se ejercen en régimen de autonomía y bajo la propia responsabilidad» de los municipios (art. 7.2 LBRL).

El art. 25.2 LBRL dispone que «(E)l Municipio ejercerá en todo caso como competencias propias, en los términos de la legislación del Estado y de las Comunidades Autónomas», entre otras, las siguientes materias: *a*) Urbanismo: planeamiento, gestión, ejecución y disciplina urbanística. Protección y gestión del Patrimonio histórico. Promoción y gestión de la vivienda de protección pública con criterios de sostenibilidad financiera. Conservación y rehabilitación de la edificación. *b*) Medio ambiente urbano: en particular, parques y jardines públicos, gestión de los residuos sólidos urbanos y protección contra la contaminación acústica, lumínica y atmosférica en las zonas urbanas. *c*) Abastecimiento de agua potable a domicilio y evacuación y tratamiento de aguas residuales. *d*) Infraestructura viaria y otros equipamientos de su titularidad. *e*) Evaluación e información de situaciones de necesidad social y la atención inmediata a personas en situación o riesgo de exclusión social. *f*) Policía local, protección civil, prevención y extinción de incendios. *g*) Tráfico, estacionamiento de vehículos y movilidad. Transporte colectivo urbano. *h*) Información y promoción de la actividad turística de interés y ámbito local.

B. Son competencias delegadas las que ejerce el municipio por delegación del Estado y de las Comunidades Autónomas, con sujeción a las reglas de delegación establecidas en el art. 27 LBRL.

a. El art. 27 LBRL establece distintos elementos que son necesarios para que sea posible la delegación: 1) La delegación habrá de mejorar la eficiencia de la gestión pública, contribuir a eliminar duplicidades administrativas y ser acorde con la legislación de estabilidad presupuestaria y sostenibilidad financiera (art. 27.1); 2) La Administración delegante controlará el ejercicio de los servicios delegados (art. 27.4); 3) La efectividad de la delegación requerirá su aceptación por el Municipio interesado (art. 27.5), y 4) La delegación habrá de ir acompañada en todo caso de la correspondiente financiación (art. 27.6).

b. El art. 27.3 LBRL prevé que: «Con el objeto de evitar duplicidades administrativas, mejorar la transparencia de los servicios públicos y el servicio a la ciudadanía y, en general, contribuir a los procesos de racionalización administrativa, generando un ahorro neto de recursos, la Administración del Estado y las de las Comunidades Autónomas podrán delegar», entre otras, las siguientes competencias: *a*) La vigilancia y el control de la contaminación ambiental. *b*) La protección del medio natural. *c*) La prestación de los servicios sociales, promoción de la igualdad de oportunidades y la prevención de la violencia contra la mujer. *d*) La conservación o el mantenimiento de centros sanitarios asistenciales de titularidad de la Comunidad Autónoma. *e*) La creación, el mantenimiento y la gestión de las escuelas infantiles de educación de titularidad pública de primer ciclo de educación infantil. *f*) La realización de actividades complementarias en los centros docentes.

C. Las competencias distintas de las propias y de las atribuidas por delegación (tradicionalmente conocidas como competencias «impropias»): el art. 7.4 LBRL. La competencia del municipio para actuar, (previos los informes necesarios y vinculantes de la Administración competente por razón de materia en el que se señale la inexistencia de duplicidades, y de la Administración que tenga atribuida la tutela financiera sobre la sostenibilidad financiera de las nuevas competencias), cuando: 1) No se ponga en riesgo la sostenibilidad financiera del conjunto de la Hacienda municipal; 2) Se respeten los requerimientos de la legislación de estabilidad presupuestaria y sostenibilidad financiera; 3) No se incurra en un supuesto de ejecución simultánea del mismo servicio público con otra Administración Pública.

D. Los servicios municipales obligatorios: el art. 26 LBRL.

«1. Los Municipios deberán prestar, en todo caso, los servicios siguientes:

a) En todos los Municipios: alumbrado público, cementerio, recogida de residuos, limpieza viaria, abastecimiento domiciliario de agua potable, alcantarillado, acceso a los núcleos de población y pavimentación de las vías públicas.

b) En los Municipios con población superior a 5.000 habitantes, además: parque público, biblioteca pública y tratamiento de residuos.

c) En los Municipios con población superior a 20.000 habitantes, además: protección civil, evaluación e información de situaciones de necesidad social y la atención inmediata a personas en situación o riesgo de exclusión social, prevención y extinción de incendios e instalaciones deportivas de uso público.

d) En los Municipios con población superior a 50.000 habitantes, además: transporte colectivo urbano de viajeros y medio ambiente urbano.

2. En los municipios con población inferior a 20.000 habitantes será la Diputación provincial o entidad equivalente la que coordinará la prestación de los siguientes servicios:

a) Recogida y tratamiento de residuos.

b) Abastecimiento de agua potable a domicilio y evacuación y tratamiento de aguas residuales.

c) Limpieza viaria.

d) Acceso a los núcleos de población.

e) Pavimentación de vías urbanas.

f) Alumbrado público.

Para coordinar la citada prestación de servicios la Diputación propondrá, con la conformidad de los municipios afectados, al Ministerio de Hacienda y Administraciones Públicas la forma de prestación, consistente en la prestación directa por la Diputación o la implantación de fórmulas de gestión compartida a través de consorcios, mancomunidades u otras fórmulas. Para reducir los costes efectivos de los servicios el mencionado Ministerio decidirá sobre la propuesta formulada que deberá contar con el informe preceptivo de la Comunidad Autónoma si es la Administración que ejerce la tutela financiera.

Cuando el municipio justifique ante la Diputación que puede prestar estos servicios con un coste efectivo menor que el derivado de la forma de gestión propuesta por la Diputación provincial o entidad equivalente, el municipio podrá asumir la prestación y coordinación de estos servicios si la Diputación lo considera acreditado.

Cuando la Diputación o entidad equivalente asuma la prestación de estos servicios repercutirá a los municipios el coste efectivo del servicio en función de su uso. Si estos servicios estuvieran financiados por tasas y asume su prestación la Diputación o entidad equivalente, será a ésta a quien vaya destinada la tasa para la financiación de los servicios».

E. El alcance del nuevo sistema competencial municipal establecido por la Ley 27/2013, de 27 de diciembre, de racionalización y sostenibilidad de la Administración Local, ha sido enjuiciado por la STC 41/2016, de 3 de marzo.

7. Los municipios en la Comunidad Autónoma de Extremadura: el art. 54 EAEx.

A. El municipio se configura como «la entidad territorial básica de Extremadura», caracterizado por los siguientes elementos: *a*) Es instrumento esencial de participación de los ciudadanos en los asuntos públicos; *b*) Dispone de personalidad jurídica propia. *c*) Se concibe como entidad dotada de autonomía política (y no meramente administrativa) para la gestión y dirección de los asuntos que son de su competencia; *d*) La representación, el gobierno y la administración corresponde al Ayuntamiento de cada municipio, «que ejerce sus competencias con plena autonomía de gestión y defensa de los intereses locales».

B. Otras previsiones estatutarias sobre el municipio.

a. Los procedimientos de creación, fusión, segregación y supresión de municipios, así como la alteración de términos municipales, se regularán mediante una Ley de la Asamblea de Extremadura aprobada por mayoría absoluta (art. 54.2 EAEx).

b. La asociación voluntaria de municipios y la cooperación intermunicipal y con otros sujetos públicos: «Los municipios pueden asociarse voluntariamente con otros y cooperar entre ellos y con otros entes públicos para ejercer sus competencias y acometer objetivos de interés común» (art. 54.4 EAEx).

C. El municipio cuenta con una regulación específica en la Ley 3/2019, de 22 de enero, de garantía de la autonomía municipal de Extremadura. Esta Ley tiene por objeto: 1) Regular la garantía de la autonomía de los municipios extremeños; 2) Establecer las competencias municipales propias «que permita la puesta en marcha de políticas diferenciadas, así como que facilite una prestación eficiente de servicios públicos a la ciudadanía»; 3) Vehicular la participación de los municipios en la toma de decisiones públicas, especialmente de carácter normativo, que le puedan afectar, estableciendo un entramado institucional y un sistema de alerta temprana en garantía de la autonomía municipal; y 4) Determinar los aspectos sustantivos de la financiación municipal que parten de los ingresos tributarios de la Comunidad Autónoma, así como «establecen una serie de principios y reglas que tienen por objeto asentar un sistema de financiación incondicionada que sea baluarte y salvaguardia de la autonomía y suficiencia financiera de los ayuntamientos extremeños» (art. 1).

D. Mención especial merece el régimen jurídico de la ciudad de Mérida, en tanto que capital de la Comunidad Autónoma de Extremadura. La Ley de la Asamblea de Extremadura 8/2004, de 23 de diciembre, tiene como objetivo la aplicación al municipio de Mérida del régimen de organización de los municipios de gran población contemplado en el Título X LBRL. Por su parte, la Ley de la Asamblea de Extremadura 7/2015, de 31 de marzo, por la que se regula el Estatuto de Capitalidad de la Ciudad de Mérida, establece «el Estatuto Especial de la ciudad de Mérida como capital de Extremadura y sede de las instituciones autonómicas», de conformidad con el art. 5 EAEx, entendiendo por tal «Estatuto Especial» «el régimen legal específico aplicable a las relaciones entre el Ayuntamiento de Mérida y la Junta de Extremadura, en las materias de interés común exclusivamente derivadas del hecho de la capitalidad». Esta Ley regula, además, el Consejo de Capitalidad y el sistema de financiación.

VI. LA ADMINISTRACIÓN PROVINCIAL

1. Introducción: el contenido del art. 141, apartados 1 y 2, CE y del art. 31 LBRL.

A. La definición de la provincia como «una entidad local determinada por la agrupación de municipios, con personalidad jurídica propia y plena capacidad para el cumplimiento de sus fines» (art. 31.1 LBRL).

B. Los «fines propios y específicos» de la provincia: «garantizar los principios de solidaridad y equilibrio intermunicipales, en el marco de la política económica y social» (art. 31.2 LBRL). En particular, corresponde a la Provincia: *a*) «Asegurar la prestación integral y adecuada en la totalidad del territorio provincial de los servicios de competencia municipal» [art. 31.2.*a*) LBRL];

y *b*) «Participar en la coordinación de la Administración local con la de la Comunidad Autónoma y la del Estado» [art. 31.2.*b*) LBRL].

C. Sobre el «gobierno» y la «administración autónoma» de la provincia: «corresponden a la Diputación u otras Corporaciones de carácter representativo» (art. 31.3 LBRL).

2. Los elementos de la estructura provincial: la población y el territorio son los de los municipios que la integran.

3. La organización provincial: en todas las Diputaciones existirán «(E)l Presidente, los Vicepresidentes, la Junta de Gobierno y el Pleno» (art. 32.1 LBRL).

A. La Constitución Española, a la vez que garantiza la autonomía de la provincia (art. 141.1 CE), exigiendo del Legislador las intervenciones que la materialicen, deja deliberadamente abierto el tipo de legitimidad (directa o indirecta) que exige su carácter representativo (art. 141.2 CE).

B. Dentro de los modelos constitucionalmente posibles, la LOREG, «de acuerdo con una arraigada tradición histórica y en consonancia con una concepción instrumental de la provincia, ha optado por que el Pleno de esta corporación local cuente con legitimidad democrática indirecta: los miembros de la Diputación Provincial son elegidos de entre los concejales municipales en los términos previstos en los arts. 202 a 209 LOREG» (STC 111/2016, de 9 de junio, FJ 9).

C. La tipología de los órganos que integran la Diputación Provincial.

a. Los órganos unipersonales: el Presidente y los Vicepresidentes.

b. Los órganos colegiados: el Pleno de la Diputación y la Junta de Gobierno.

D. El Presidente de la Diputación.

a. El Presidente es elegido por el Pleno de la Diputación Provincial, de entre sus miembros, pudiendo ser candidato cualquiera de los Diputados Provinciales (art. 207 LOREG).

b. Corresponden a este órgano como funciones principales: *a*) Dirigir el gobierno y la administración de la provincia. *b*) Representar a la Diputación (art. 34 LBRL).

c. Otras atribuciones del Presidente de la Diputación (art. 34 LBRL): «[...] *e*) Asegurar la gestión de los servicios propios de la Comunidad Autónoma cuya gestión ordinaria esté encomendada a la Diputación [...] *h*) Desempeñar la jefatura superior de todo el personal, y acordar su nombramiento y sanciones, incluida la separación del servicio de los funcionarios de la Corporación y el despido del personal laboral, dando cuenta al Pleno en la primera sesión que celebre. *i*) El ejercicio de las acciones judiciales y administrativas y la defensa de la Diputación en las materias de su competencia [...] *j*) La iniciativa para proponer al Pleno la declaración de lesividad en materia de la competencia del Presidente [...] *l*) La aprobación de los proyectos de obras y de servicios cuando sea competente para su contratación o concesión y estén previstos en el Presupuesto [...] *n*) Ordenar la publicación y ejecución y hacer cumplir los acuerdos de la Diputación [...] *o*) El ejercicio de aquellas otras atribuciones que la legislación del Estado o de las Comunidades Autónomas asigne a la Diputación y no estén expresamente atribuidas a otros órganos».

d. El Presidente, por último, designa a los Vicepresidentes.

E. El Pleno de la Diputación, máximo órgano de gobierno de la Provincia, está constituido por el Presidente y por los Diputados Provinciales.

a. Su composición: de acuerdo con el art. 204 LOREG, el Pleno de la Diputación está integrado por un número de Diputados Provinciales proporcional al número de residentes en la provincia, número que oscila entre 25 (para las provincias de hasta 500.000 residentes) y 51 (para las de más de 3.500.000 residentes). La elección de los Diputados Provinciales es indirecta, por y entre los concejales de los Ayuntamientos de la provincia respectiva (arts. 204.2, 205 y 206 LOREG).

b. Sus competencias. Corresponden al Pleno, entre otras, las competencias siguientes (art. 33 LBRL): *a*) La organización de la Diputación. *b*) La aprobación de las ordenanzas. *c*) La aprobación y modificación de los Presupuestos, la disposición de gastos dentro de los límites de su competencia y la aprobación provisional de las cuentas. *d*) La aprobación de los planes de carácter provincial. *e*) El control y la fiscalización de los órganos de gobierno. *f*) La aprobación de la plantilla de personal. *g*) La alteración de la calificación jurídica de los bienes de dominio público. *h*) El planteamiento de conflictos de competencias a otras Entidades locales y demás Administraciones públicas. *i*) El ejercicio de acciones judiciales y administrativas y la defensa de la Corporación en materias de competencia plenaria. *j*) La declaración de lesividad de los actos de la Diputación. *k*) La concertación de las operaciones de crédito. *m*) La aprobación de los proyectos de obra y de servicios cuando sea competente para su contratación o concesión y cuando aún no estén previstos en los Presupuestos.

c. Corresponde, igualmente, al Pleno la votación sobre la moción de censura al Presidente de la Diputación Provincial y sobre la cuestión de confianza planteada por el propio Presidente, de acuerdo con el procedimiento previsto en la legislación electoral general.

d. El Pleno puede delegar el ejercicio de algunas de sus atribuciones en el Presidente de la Diputación y en la Junta de Gobierno.

F. La Junta de Gobierno se integra por el Presidente de la Diputación y un número de Diputados no superior al tercio del número legal de los mismos, nombrados y separados libremente por el propio Presidente, dando cuenta al Pleno (art. 35 LBRL).

Las competencias de la Junta de Gobierno son: *a*) La asistencia al Presidente de la Diputación en el ejercicio de sus atribuciones; *b*) Las atribuciones que el Presidente le delegue o le atribuyan las leyes.

4. El Capítulo II del Título II (relativo a «La Provincia») LBRL ordena las competencias provinciales («de la Diputación o entidad equivalente»), que se clasifican en propias (arts. 7.2 y 36 LBRL), en competencias delegadas (arts. 7.3 y 37 LBRL) y en «competencias distintas de las propias y de las atribuidas por delegación» (tradicionalmente conocidas como «impropias») (art. 7.4 LBRL).

El cuadro de las competencias de las Diputaciones, según la Nota Explicativa de la Reforma Local del Ministerio de Hacienda y Administraciones Públicas de 5 de marzo de 2014 (y teniendo en cuenta la STC 111/2016, de 9 de junio), es el siguiente:

A) Las competencias propias: *a)* Las que le atribuyan en este concepto las leyes del Estado y de las Comunidades Autónomas en los diferentes sectores de la acción pública (art. 36.1 LBRL); *b)* En todo caso, las enumeradas en el listado del apartado 1 del art. 36 LBRL, y *c)* La coordinación en la prestación de servicios en municipios con población inferior a 20.000 habitantes (art. 26.2 LBRL).

Entre las competencias propias de las Diputaciones, el art. 36.1 señala, por ejemplo, las siguientes: «[...] *b)* La asistencia y cooperación jurídica, económica y técnica a los Municipios, especialmente los de menor capacidad económica y de gestión. En todo caso garantizará en los municipios de menos de 1.000 habitantes la prestación de los servicios de secretaría e intervención; *c)* La prestación de servicios públicos de carácter supramunicipal y, en su caso, supracomarcal y el fomento o, en su caso, coordinación de la prestación unificada de servicios de los municipios de su respectivo ámbito territorial. En particular, asumirá la prestación de los servicios de tratamiento de residuos en los municipios de menos de 5.000 habitantes, y de prevención y extinción de incendios en los de menos de 20.000 habitantes, cuando éstos no procedan a su prestación; *d)* La cooperación en el fomento del desarrollo económico y social y en la planificación en el territorio provincial, de acuerdo con las competencias de las demás Administraciones Públicas en este ámbito; [...] *f)* Asistencia en la prestación de los servicios de gestión de la recaudación tributaria, en período voluntario y ejecutivo, y de servicios de apoyo a la gestión financiera de los municipios con población inferior a 20.000 habitantes».

B) Las competencias delegadas: *a)* Tanto el Estado como las Comunidades Autónomas pueden delegar competencias en las Diputaciones provinciales. En ambos supuestos el ejercicio por las Diputaciones provinciales de las facultades delegadas se acomodará a lo dispuesto en el art. 27 LBRL. *b)* Las Comunidades Autónomas pueden encomendarles, además, la gestión ordinaria de servicios propios. *c)* La delegación por el Estado precisará consulta e informe previo de la Comunidad Autónoma y sólo podrá referirse a competencias de mera ejecución cuando el ámbito provincial sea el más idóneo para la prestación de los servicios.

C) Las competencias «impropias»: «Las Diputaciones provinciales podrán ejercer competencias distintas de las propias y de las delegadas cuando concurran todos y cada uno de los requisitos materiales y procedimentales previstos en el art. 7.4 LBRL». Estos requisitos son: *a)* Requisitos materiales para su eventual existencia: (1) «cuando no se ponga en riesgo la sostenibilidad financiera del conjunto de la Hacienda municipal, de acuerdo con los requerimientos de la legislación de estabilidad presupuestaria y sostenibilidad financiera», y (2) «no se incurra en un supuesto de ejecución simultánea del mismo servicio público con otra Administración Pública». *b)* Requisitos procedimentales: (1) será necesario y vinculante el informe previo «de la Administración competente por razón de materia, en el que se señale la inexistencia de duplicidades», y (2) será necesario y vinculante el informe previo «de la Administración que tenga atribuida la tutela financiera sobre la sostenibilidad financiera de las nuevas competencias». *c)* Las competencias impropias que ya se vinieran ejerciendo en el momento de la entrada en vigor de la Ley 27/2013, de 27 de diciembre, de racionalización y sostenibilidad de la Administración Local, deben ser objeto de evaluación «en los términos que señala este artículo [art. 7.4]».

5. La provincia en la Comunidad Autónoma de Extremadura: el art. 56 EAEx.

A. Las provincias se configuran como entidades locales que disponen de personalidad jurídica propia, autonomía y capacidad plena para la gestión de sus intereses (art. 56.1 EAEx).

B. El art. 56.2 EAEx se refiere a las competencias de las Diputaciones.

a. Las competencias de las Diputaciones «se fijarán por la legislación básica del Estado y la de la Comunidad Autónoma».

b. El Estatuto de Autonomía de Extremadura pretende fijar, no obstante, un mínimo competencial para las Diputaciones: 1) «En todo caso, las Diputaciones ejercerán competencias en el ámbito de la cooperación, asesoramiento y asistencia a municipios y entidades locales»; 2) «Prestarán también servicios supramunicipales de carácter provincial, sin perjuicio de los que puedan delegarle o encomendarle las entidades locales de su ámbito territorial o las instituciones autonómicas».

C. La provincia carece de una regulación específica en la Comunidad Autónoma de Extremadura, con la salvedad de lo referido a las relaciones interadministrativas entre, por un lado, las Diputaciones Provinciales de Badajoz y de Cáceres y, por otro, la Comunidad extremeña, que son objeto de atención por parte de la Ley 5/1990, de 30 de noviembre, de relaciones entre las Diputaciones Provinciales y la Comunidad Autónoma de Extremadura. En la medida en que existe esta carencia de normativa autonómica, la regulación esencial aplicable a las dos provincias extremeñas es la contenida en la normativa básica estatal, esto es, en la LBRL y en la restante normativa estatal que afecte al régimen local, bien de manera integral o bien de forma sectorial.

VII. OTRAS ENTIDADES LOCALES

1. El punto de partida: «la garantía constitucional de la provincia como entidad local no excluye la existencia de otras entidades de gobierno supramunicipal, fuera, claro está, de aquellas que pudieran perjudicar la existencia y autonomía de la única que en ese ámbito está constitucionalmente garantizada» (STC 31/2010, de 28 de junio, FJ 40).

A. La Constitución prevé la posibilidad de que se creen agrupaciones de municipios distintos a las provincias: art. 141.3 CE.

El art. 141.3 CE dispone: «Se podrán crear agrupaciones de municipios diferentes de la provincia».

B. La configuración de la planta local queda determinada en la Ley reguladora de Bases del Régimen Local de 1985 (LBRL) de la siguiente forma:

a. Entes locales necesarios: los entes locales territoriales. Estas entidades son (art. 3.1 LBRL): el municipio, la provincia y la isla en los archipiélagos balear y canario.

b. Otras entidades de configuración potestativa (art. 3.2 LBRL): las comarcas «u otras entidades que agrupen varios municipios», las áreas metropolitanas y las mancomunidades de municipios.

C. La atribución general de competencias a las Comunidades Autónomas para crear comarcas o entidades asimilables está contenida en el art. 42 LBRL. Las áreas metropolitanas están previstas en el art. 43 LBRL y las mancomunidades tienen su encaje dentro de la legislación estatal en el art. 44 LBRL.

D. No todas las entidades locales potestativas tienen las mismas potestades, correspondiendo a las Comunidades Autónomas concretar cuáles de las definidas en el art. 4 LBRL serán de aplicación.

2. Las entidades locales de configuración potestativa.

A. La comarca: art. 42 LBRL.

a. Su definición: consiste en la agrupación de municipios limítrofes, vinculados por características e intereses comunes, y con personalidad jurídica propia para la gestión de competencias y servicios locales. Pueden situarse entre varias provincias. Contribuyen a la vertebración social de una zona geográfica en la que sus habitantes tienen los mismos intereses.

b. Su naturaleza jurídica: 1) Gozan de la condición de ente local distinto de los entes locales territoriales (art. 3.1 LBRL); 2) Son entes públicos de carácter supramunicipal (art. 42 LBRL).

c. Su régimen jurídico: «Las Leyes de las Comunidades Autónomas determinarán el ámbito territorial de las comarcas, la composición y el funcionamiento de sus órganos de gobierno, que serán representativos de los Ayuntamientos que agrupen, así como las competencias y recursos económicos que, en todo caso, se les asignen» (art. 42.3 LBRL).

d. Su constitución (art. 42.2 LBRL): 1) La iniciativa para la creación de una comarca podrá partir de los propios municipios interesados; 2) No podrá crearse la comarca si a ello se oponen expresamente las dos quintas partes de los municipios que debieran agruparse en ella, siempre que, en este caso, tales municipios representen al menos la mitad del censo electoral del territorio correspondiente; 3) Cuando la comarca deba agrupar a municipios de más de una provincia, será necesario el informe favorable de las Diputaciones Provinciales a cuyo ámbito territorial pertenezcan tales municipios.

e. Sus competencias: 1) Las leyes autonómicas determinarán las competencias que se les asignen (art. 42.3 LBRL); 2) «La creación de las comarcas no podrá suponer la pérdida por los municipios de la competencia para prestar los servicios enumerados en el art. 26, ni privar a los mismos de toda intervención en cada una de las materias enumeradas en el apartado 2 del art. 25» (art. 42.4 LBRL).

f. Su organización (art. 42.3 LBRL): 1) Las leyes autonómicas determinarán la composición y el funcionamiento de sus órganos de gobierno; 2) Los órganos de gobierno serán representativos de los Ayuntamientos que agrupen; 3) El Consejo comarcal (órgano plural y de participación integrado por representantes elegidos de las corporaciones locales que forman parte de la comarca) y el Presidente (entre sus funciones ejerce la de representación).

g. El Estatuto de Autonomía de Extremadura prevé: «Mediante ley aprobada por mayoría absoluta, la Comunidad Autónoma podrá estructurar su organización territorial, además, en comarcas. Dicha ley regulará las competencias, organización y régimen jurídico de dichas entidades» (art. 57 EAEx).

B. Las áreas metropolitanas: art. 43 LBRL.

a. Su concepto: son «entidades locales integradas por los municipios de grandes aglomeraciones urbanas entre cuyos núcleos de población existan vinculaciones económicas y sociales que hagan necesaria la planificación conjunta y la coordinación de determinados servicios y obras» (art. 43.2 LBRL).

b. Su naturaleza jurídica: entidad local no territorial (art. 3.2 LBRL).

c. Su régimen jurídico: 1) Las previsiones del art. 43.1 LBRL; 2) La regulación autonómica (art. 43.3 LBRL).

d. Su constitución: han de crearse por ley de la Comunidad Autónoma, oídos la Administración General del Estado, las Diputaciones Provinciales y los Ayuntamientos afectados. Las reglas mínimas básicas para que sea posible su constitución son: 1) Tienen que ser aglomeraciones urbanas con vinculación económica y social, que hagan necesaria la planificación conjunta y coordinada de determinados servicios y obras, y 2) La pertenencia de los municipios a una misma Comunidad Autónoma, pues son creadas por leyes autonómicas.

e. Sus competencias: 1) Corresponde a una ley específica, de carácter autonómico, la determinación de los servicios y obras de prestación o realización metropolitana asignando las correspondientes potestades administrativas; 2) Las competencias les pueden ser atribuidas tanto por la ley de creación como por otras leyes o por delegación de los municipios; 3) Los municipios integrados no pueden ser privados de toda intervención en cada una de las materias de competencia municipal.

f. Su organización: 1) La legislación autonómica determinará los órganos de gobierno y administración, en los que estarán representados todos los municipios integrados en el área metropolitana; 2) Debe determinarse el régimen económico y de funcionamiento, garantizándose la participación de todos los municipios en la toma de decisiones, y una justa distribución de las cargas entre ellos, y 3) La legislación autonómica fijará, asimismo, los servicios y obras de prestación o realización metropolitana y el procedimiento para su ejecución (art. 43.3 LBRL).

g. El Estatuto de Autonomía de Extremadura prevé que mediante ley autonómica puedan crearse y regularse áreas metropolitanas (art. 58 EAEx). Las peculiaridades geográficas de la Comunidad extremeña hacen que no parezca muy razonable la creación de estas áreas en esta región.

C. Las mancomunidades de municipios: art. 44 LBRL.

a. Su concepto: son asociaciones voluntarias de municipios «para la prestación en común de servicios y la ejecución de obras de su competencia» (art. 44.1 LBRL).

b. Su naturaleza jurídica: este tipo de entidades locales tiene «carácter no territorial», pero gozando para el cumplimiento de sus fines específicos «de personalidad y capacidad jurídica propia, distinta de la de los municipios y entidades locales menores que las integran».

c. Su régimen jurídico: las mancomunidades operan según lo establecido por sus correspondientes estatutos (con la cobertura de la legislación básica estatal y de desarrollo autonómica), que habrán de regular el ámbito territorial de la entidad, su objeto y competencias, órganos de gobierno (que deben, en todo caso, ser representativos de las entidades locales mancomunadas), recursos, plazo de duración y cuantos otros extremos sean necesarios para su funcionamiento.

d. Su constitución.

d.1. Reglas mínimas que la legislación de las Comunidades Autónomas ha de respetar: 1) La elaboración de los estatutos corresponderá a los Concejales de la totalidad de los municipios promotores de la mancomunidad, constituidos en asamblea. 2) La Diputación o Diputaciones provinciales interesadas emitirán informe sobre el proyecto de estatutos. 3) Los Plenos de todos los Ayuntamientos aprueban, finalmente, los estatutos.

d.2. Se seguirá un procedimiento similar al descrito para la modificación o supresión de mancomunidades.

d.3. Podrán integrarse en la misma mancomunidad municipios pertenecientes a distintas Comunidades Autónomas, siempre que lo permitan las normativas de las Comunidades Autónomas afectadas.

e. Sus competencias: se centran en la ejecución en común de obras y servicios de la competencia de los municipios mancomunados (arts. 44.1 y 26.2 LBRL), fundamentalmente, los servicios públicos obligatorios (recogida de residuos, abastecimiento domiciliario de agua potable, etcétera); y la prestación de servicios sociales, culturales, deportivos, etcétera.

f. Su organización: los órganos de gobierno serán representativos de los Ayuntamientos mancomunados (art. 44.2 LBRL). Se habrá de estar a lo establecido en los estatutos, y, en su defecto, se crearán Comisiones Gestoras o Juntas de Mancomunidades (art. 140 del Reglamento de Organización, Funcionamiento y Régimen Jurídico de las Entidades locales, aprobado por RD 2568/1986, de 28 de noviembre).

g. El Estatuto de Autonomía de Extremadura prevé que mediante ley autonómica puedan crearse y regularse mancomunidades (art. 58 EAEx): la Ley 17/2010, de 22 de diciembre, de mancomunidades y entidades locales menores de Extremadura. Esta Ley contempla como especialidad propia, junto a las «mancomunidades tradicionales», las llamadas «mancomunidades integrales», cuando los municipios y entidades locales menores que decidan asociarse «tengan continuidad territorial, siempre que la asociación en ella tenga por objeto la prestación en común de obras y servicios que contribuyan a la vertebración económica y social de sus territorios y al desarrollo sostenible, equilibrado e igualitario de su entorno».

D. Las entidades locales menores: caseríos, pedanías, aldeas, etcétera.

a. Su naturaleza jurídica: son entidades que, en la actualidad, carecen de personalidad jurídica y se configuran como formas de organización municipal desconcentrada.

b. Su régimen jurídico: el art. 24 bis LBRL.

Este artículo, añadido por la Ley 27/2013, de 27 de diciembre, de racionalización y sostenibilidad de la Administración Local, dispone:

«1. Las leyes de las Comunidades Autónomas sobre régimen local regularán los entes de ámbito territorial inferior al Municipio, que carecerán de personalidad jurídica, como forma de organización desconcentrada del mismo para la administración de núcleos de población separados, bajo su denominación tradicional de caseríos, parroquias, aldeas, barrios, anteiglesias, concejos, pedanías, lugares anejos y otros análogos, o aquella que establezcan las leyes.

2. La iniciativa corresponderá indistintamente a la población interesada o al Ayuntamiento correspondiente. Este último debe ser oído en todo caso.

3. Solo podrán crearse este tipo de entes si resulta una opción más eficiente para la administración desconcentrada de núcleos de población separados de acuerdo con los principios previstos en la Ley Orgánica 2/2012, de 27 de abril, de Estabilidad Presupuestaria y Sostenibilidad Financiera».

c. El Estatuto de Autonomía de Extremadura prevé que mediante ley autonómica puedan crearse y regularse entidades locales menores (art. 58 EAEx). La Ley 17/2010, de 22 de diciembre, de mancomunidades y entidades locales menores de Extremadura: los arts. 70 y ss. Estas entidades se definen como «aquellos núcleos de población separados que, dentro de un municipio, tienen reconocido dicho carácter y las que en lo sucesivo se creen de acuerdo con lo dispuesto en esta ley», teniendo atribuidas «personalidad y capacidad jurídica plena para el ejercicio de sus competencias». Los problemas de compatibilidad jurídica entre el art. 24 bis LBRL y la regulación de las entidades locales menores locales efectuada por la Ley extremeña 17/2010.

VIII. RÉGIMEN JURÍDICO DE LOS ACTOS LOCALES: TÉCNICAS DE SUPERVISIÓN Y CONTROL

1. El control de legalidad.

   A. El punto de partida: el reconocimiento constitucional de la autonomía local (arts. 137, 140 y 141 CE).

   B. El control político de las Entidades Locales por las Administraciones estatal y autonómicas significaría una vulneración de la autonomía local.

   C. El Estado y las Comunidades Autónomas tienen capacidad de control sobre la actividad de las Entidades locales, aunque con ciertos límites.

      a. Los controles vienen referidos exclusivamente a la legalidad.

      b. No pueden ser controles genéricos e indeterminados, sino puntuales y sobre una determinada actividad.

      c. Han de plantearse estos controles necesariamente por la vía jurisdiccional contencioso-administrativa (salvo que los actos y acuerdos atenten gravemente contra el «interés general de España» —art. 67 LBRL—).

d. La impugnación de los actos de las Entidades Locales se fundará en la infracción del ordenamiento jurídico o en la vulneración de las competencias de otro órgano.

2. Las técnicas de control de la legalidad de la actividad de las Corporaciones locales.

A. La remisión de copias de actos y acuerdos: el deber de las Entidades locales de remitir a la Administración General del Estado y a las correspondientes Administraciones autonómicas copia o extracto comprensivo de los actos y acuerdos de las mismas, en el plazo de seis días posteriores a la adopción (art. 56 LBRL).

El art. 56 LBRL dispone: «1. Las Entidades locales tienen el deber de remitir a las Administraciones del Estado y de las Comunidades Autónomas, en los plazos y forma que reglamentariamente se determinen, copia o, en su caso, extracto comprensivo de los actos y acuerdos de las mismas. Los Presidentes y, de forma inmediata, los secretarios de las Corporaciones serán responsables del cumplimiento de este deber.

2. En todo caso, las Administraciones del Estado y de las Comunidades Autónomas estarán facultadas, con el fin de comprobar la efectividad, en su aplicación y, respectivamente, de la legislación estatal y la autonómica, para recabar y obtener información concreta sobre la actividad municipal, pudiendo solicitar incluso la exhibición de expedientes y la emisión de informes.

3. La Administración del Estado y la de las Comunidades Autónomas deberán facilitar el acceso de los representantes legales de las Entidades locales a los instrumentos de planificación, programación y gestión de obras y servicios que les afecten directamente».

B. El requerimiento de anulación del acto o acuerdo, cuando la Administración del Estado o de las Comunidades Autónomas consideren que un acto o acuerdo de alguna Entidad local infringe el ordenamiento jurídico (art. 65 LBRL). Los requisitos:

a. Que el requerimiento sea motivado y exprese la normativa que estime vulnerada.

b. Que se produzca en el plazo de quince días hábiles desde que se reciba la comunicación del acuerdo.

c. Que el contenido del requerimiento consista en que la Entidad local proceda a anular el acto o acuerdo.

C. La suspensión de actos o acuerdos locales, que atenten gravemente contra el «interés general de España», por el Delegado del Gobierno (art. 67 LBRL).

El art. 67 LBRL prevé: «Si una Entidad local adoptara actos o acuerdos que atenten gravemente al interés general de España, el Delegado del Gobierno, previo requerimiento al Presidente de la Corporación y en el caso de no ser atendido, podrá suspenderlos y adoptar las medidas pertinentes a la protección de dicho interés, debiendo impugnarlos en el plazo de diez días desde la suspensión ante la jurisdicción contencioso-administrativa».

D. La impugnación de actos y acuerdos locales por la Administración del Estado o de las Comunidades Autónomas directamente ante la jurisdicción contencioso-administrativa (art. 65.3 LBRL). Los supuestos:

a. Respecto de los actos y acuerdos que supongan infracción del ordenamiento jurídico (art. 65 LBRL).

b. Respecto de los actos y acuerdos que menoscaben competencias del Estado o de las Comunidades Autónomas, interfieran su ejercicio o excedan de las competencias de dichas Entidades (art. 66 LBRL).

c. Por atentar gravemente contra el «interés general de España» (art. 67 LBRL).

3. La fiscalización de las competencias delegadas (art. 27 LBRL).

A. Las competencias delegadas se ejercen en los términos de la delegación, que puede prever técnicas de dirección y de control de oportunidad. La disposición o acuerdo de delegación debe determinar el alcance, el contenido, la duración y el control que se reserva la Administración delegante.

B. La Administración delegante podrá revocar la delegación o ejecutar por sí misma la competencia delegada en sustitución del municipio en caso de incumplimiento de las directrices, denegación de las informaciones solicitadas o inobservancia de los requerimientos formulados.

4. La subrogación o sustitución de la Entidad local: el art. 60 LBRL. Requisitos: 1) Incumplimiento de una obligación impuesta por una ley. 2) Que el incumplimiento afecte a las competencias de la Administración estatal o autonómica. 3) Que las obligaciones incumplidas tuvieran su cobertura económica legal o presupuestariamente garantizada. 4) Requerimiento previo para recordar su cumplimiento.

5. La disolución de las Entidades locales: el art. 61 LBRL. Requisitos: 1) Que se realice una gestión (en su conjunto, y no solo actos o acuerdos singulares) de la entidad local gravemente dañosa para los intereses generales que suponga el incumplimiento de sus obligaciones constitucionales. 2) Solo podrá acordarla el Consejo de Ministros, por Real Decreto. 3) Requiere acuerdo favorable adoptado por el Senado. 4) Con conocimiento del Consejo de Gobierno de la Comunidad Autónoma correspondiente o a solicitud de éste.

LECCIÓN 16

EL SISTEMA INSTITUCIONAL DE LA UNIÓN EUROPEA

El Parlamento Europeo,

— Vista la Decisión de la Conferencia de Presidentes de 6 de marzo de 2008,

— Visto el Tratado de Lisboa por el que se modifican el Tratado de la Unión Europea y el Tratado constitutivo de la Comunidad Europea, firmado el 13 de diciembre de 2007,

— Vistas las conclusiones del Consejo Europeo de los días 11 y 12 de diciembre de 2008,

— Visto el artículo 45 de su Reglamento,

— Vistos el informe de la Comisión de Asuntos Constitucionales y la opinión de la Comisión de Desarrollo.

A. Considerando que el Tratado de Lisboa consolida el equilibrio institucional de la Unión, en la medida en que refuerza las funciones clave de cada una de las instituciones políticas, fortaleciendo de este modo sus respectivos papeles en un contexto institucional en el que la cooperación entre las instituciones es un elemento clave para el éxito del proceso de integración de la Unión,

B. Considerando que el Tratado de Lisboa transforma el antiguo «método comunitario» adaptándolo y reforzándolo, en un «método de la Unión» en el que, en lo esencial:

— el Consejo Europeo define las orientaciones y las prioridades políticas generales,

— la Comisión promueve el interés general de la Unión y toma las iniciativas adecuadas con este fin,

— el Parlamento Europeo y el Consejo ejercen conjuntamente la función legislativa y la función presupuestaria sobre la base de las propuestas de la Comisión,

C. Considerando que el Tratado de Lisboa amplía este método específico de toma de decisiones en la Unión a nuevos ámbitos de sus actividades legislativas y presupuestarias,

[...]

1. Acoge favorablemente las innovaciones institucionales que contiene el Tratado de Lisboa, que crean las condiciones para un equilibrio institucional renovado y reforzado en el seno de la Unión, que permitirá a las instituciones funcionar de una forma más eficaz, abierta y democrática y que la Unión ofrezca mejores resultados, acercándose a las expectativas de los ciudadanos y desempeñando mejor su papel como actor global en el escenario internacional;

> 2. Subraya que el núcleo esencial de funciones de cada institución se refuerza, permitiéndoles realizar su función de manera más eficaz; señala sin embargo que el nuevo marco institucional requiere que cada institución desempeñe sus funciones en cooperación permanente con las demás instituciones con objeto de lograr resultados positivos para el conjunto de la Unión [...]
>
> Resolución del Parlamento Europeo, de 7 de mayo de 2009, sobre las repercusiones del Tratado de Lisboa en la evolución del equilibrio institucional en la Unión Europea.

Estructura:

- I. Introducción a la estructura institucional de la Unión Europea.
- II. El Parlamento Europeo.
- III. El Consejo Europeo.
- IV. El Consejo.
- V. La Comisión Europea.
- VI. El Tribunal de Justicia de la Unión Europea.
- VII. El Tribunal de Cuentas.
- VIII. El Defensor del Pueblo Europeo.
- IX. El Comité Económico y Social Europeo.
- X. El Comité de las Regiones.
- XI. El Banco Central Europeo.
- XII. El Banco Europeo de Inversiones.
- XIII. El sistema competencial de la Unión Europea.

Normativa de referencia:

- I. Tratado de la Unión Europea (TUE).
- II. Tratado de Funcionamiento de la Unión Europea (TFUE).

Bibliografía complementaria:

Alonso García, R., *Sistema Jurídico de la Unión Europea*, Thomson-Civitas, Madrid, 4.ª edición, 2014.

Comisión Europea, «Comprender las políticas de la Unión Europea: Cómo funciona la Unión Europea. Guía del ciudadano sobre las instituciones de la UE», Oficina de publicaciones de la Unión Europea, 2014. Disponible en: http://europa.eu/pol/index_es.htm

Fuentetaja, J., Linde, E., Bacigalupo, M., y Viñuales, S., *Instituciones de la Unión Europea*, Open Ediciones Universitarias, Madrid, 2016.

Mangas Martín, A., y Liñán Nogueras, D. J., *Instituciones y Derecho de la Unión Europea*, Tecnos, Madrid, 10.ª edición, 2020.

Sarmiento, D., *El Derecho de la Unión Europea*, Marcial Pons, Madrid, 2016.

Lecturas recomendadas:

Alonso García, R., *Las sentencias básicas del Tribunal de Justicia de las Comunidades Europeas*, Civitas, Madrid, 5.ª edición, 2014.

Fuentetaja Pastor, J. A., *La administración europea: la ejecución europea del Derecho y las políticas de la Unión*, Thomson-Civitas, Cizur Menor, 2007.

Nasarre Goicoechea, E., y Aldecoa Luzárraga, F. (coords.), *Treinta años de España en la Unión Europea. El camino de un proyecto histórico*, Marcial Pons, Madrid, 2016.

I. INTRODUCCIÓN A LA ESTRUCTURA INSTITUCIONAL DE LA UNIÓN EUROPEA

1. La finalidad de la estructura institucional europea: «La Unión dispone de un marco institucional que tiene como finalidad promover sus valores, perseguir sus objetivos, defender sus intereses, los de sus ciudadanos y los de los Estados miembros, así como garantizar la coherencia, eficacia y continuidad de sus políticas y acciones» (art. 13.1 TUE).

2. La tipología de las instituciones de la Unión (art. 13, apartados 1 y 3. TUE y arts. 223 y ss. TFUE).

   A. Las instituciones fundamentales.

      a. El Parlamento Europeo.

      b. El Consejo Europeo.

      c. El Consejo.

      d. La Comisión Europea.

   B. Los órganos de control.

      a. El Tribunal de Justicia de la Unión Europea.

      b. El Tribunal de Cuentas.

      c. El Defensor del Pueblo Europeo.

   C. Los órganos consultivos.

      a. El Comité Económico y Social Europeo.

      b. El Comité de las Regiones.

D. Las instituciones de naturaleza económica.

a. El Banco Central Europeo.

b. El Banco Europeo de Inversiones.

II. EL PARLAMENTO EUROPEO

1. Su regulación: el art. 14 TUE y los arts. 223 a 234 TFUE.

2. Su naturaleza: es la institución destinada a la representación de los ciudadanos de todo el territorio de la Unión Europea, que eligen a través del sufragio universal en circunscripciones nacionales a los diputados que durante un período de cinco años les representan a escala europea.

3. Sus funciones (art. 14.1 TUE).

A. El ejercicio de la función legislativa.

a. En relación con la iniciativa legislativa: aunque normalmente corresponde la iniciativa a la hora de presentar propuestas a la Comisión, el Parlamento Europeo, por mayoría de sus miembros, podrá «solicitar a la Comisión que presente las propuestas oportunas sobre cualquier asunto que a juicio de aquél requiera la elaboración de un acto de la Unión para la aplicación de los Tratados. Si la Comisión no presenta propuesta alguna, comunicará las razones al Parlamento Europeo» (art. 225 TFUE). La iniciativa de la Comisión puede verse impulsada, además de por ella misma, por el Parlamento Europeo, por el Consejo Europeo, por el Consejo o por la sociedad civil europea.

b. Con respecto a las potestades para la aprobación de los actos legislativos (conjuntamente con el Consejo): el procedimiento legislativo ordinario (que es el aplicado de manera mayoritaria a la hora de la aprobación de la normativa europea) supone un poder de codecisión del Parlamento Europeo con el Consejo. En efecto, la Comisión ejerce su iniciativa legislativa mediante una propuesta, que necesita para convertirse en un acto legislativo su adopción tanto por el Parlamento Europeo como por el Consejo. Y los Presidentes de ambas instituciones deben firmar los actos legislativos una vez que se han aprobado (art. 297.1 TFUE).

c. El Parlamento Europeo dispone de facultades de control de los actos no legislativos delegados a la Comisión (art. 290.1 TFUE).

B. El ejercicio de la función presupuestaria (conjuntamente con el Consejo). En este sentido, el presupuesto se decide por el Consejo y por el Parlamento Europeo, sin que pueda entrar en vigor hasta que estampe su firma el Presidente de esta última institución. Además, el Parlamento Europeo realiza otras dos funciones de naturaleza presupuestaria: 1) Supervisa cómo se ejecuta el presupuesto a través de la Comisión de Control Presupuestario, y 2) Decide si se aprueba o no la gestión del mismo realizada por la Comisión.

C. El control político de las restantes instituciones europeas.

a. Es particularmente importante el control sobre la Comisión.

a.1. A la hora de su nombramiento: el Parlamento Europeo examina a través de las correspondientes audiencias a todos los candidatos a Presidente y a Comisarios, sin que ni aquél ni éstos puedan ser nombrados sin la oportuna aprobación del Parlamento.

a.2. Durante su mandato: la Comisión es políticamente responsable ante el Parlamento Europeo, que puede formular preguntas orales y escritas (art. 230, párrafo segundo, TFUE), examinar los informes que le presente la Comisión (por ejemplo, el informe general anual elevado por esta institución —art. 233 TFUE—) o someter a la Comisión a una moción de censura, que, en caso de prosperar, obligará a la dimisión colectiva de todos los miembros que la componen (art. 234 TFUE). En todo caso, la Comisión podrá asistir a todas las sesiones del Parlamento y deberá comparecer de manera obligatoria si así se le requiere (art. 230, párrafo primero, TFUE).

b. El Consejo es supervisado por el Parlamento Europeo, cuyos diputados pueden formular preguntas escritas y orales dirigidas a los miembros de esta institución (art. 230, párrafo tercero, TFUE).

c. En relación con el Consejo Europeo, el Presidente del Parlamento Europeo puede expresar las opiniones que desee sobre los puntos del orden del día de las reuniones de dicha institución en el momento de su apertura (art. 230, párrafo tercero, TFUE).

d. El Parlamento Europeo puede constituir comisiones temporales de investigación para el examen de las posibles infracciones o de la mala administración «en la aplicación del Derecho de la Unión». En todo caso, estas facultades de examen tienen como límite los hechos sobre los que «esté conociendo un órgano jurisdiccional, hasta tanto concluya el procedimiento jurisdiccional» (art. 226 TFUE).

e. La atención a las peticiones que, «sobre un asunto propio de los ámbitos de actuación de la Unión que le afecte directamente», puedan ser formuladas de manera individual o colectiva por cualquier ciudadano de la Unión, así como por cualquier persona física o jurídica que resida o tenga su domicilio social en un Estado miembro (art. 227 TFUE).

D. El ejercicio de funciones consultivas.

4. Su elección (art. 14.3 TUE): la elección de los diputados al Parlamento Europeo «por sufragio universal directo, libre y secreto, para un mandato de cinco años».

5. Su composición (art. 14, apartados 2 y 4, TUE): está «compuesto por representantes de los ciudadanos de la Unión».

A. El número máximo de diputados europeos fue de 785 en 2007, y el mínimo fue de 705 en 2019. Desde 2024 son 720 diputados europeos.

B. La representación mínima y máxima por Estado miembro: «La representación de los ciudadanos será decrecientemente proporcional, con un mínimo de seis diputados por Estado miembro. No se asignará a ningún Estado miembro más de noventa y seis escaños».

C. La determinación del concreto número de diputados europeos: se efectuará mediante una decisión del Consejo Europeo adoptada por unanimidad, previa iniciativa del Parlamento Europeo y con su aprobación final. El número máximo de diputados (esto es, noventa y seis) es el que corresponde a Alemania, mientras que a España se le han atribuido entre 50 y 61 en las últimas décadas, y los Estados de menor población (Luxemburgo, Chipre, Malta o Estonia) tienen asignados seis.

D. La elección del Presidente y de la Mesa: se eligen por el Parlamento Europeo de entre sus miembros. El Presidente, que es quien representa a la institución, es elegido por un mandato de dos años y medio.

6. Su funcionamiento.

A. La norma rectora de funcionamiento del Parlamento Europeo es, además del Tratado de Funcionamiento de la Unión Europea, su reglamento interno, que debe ser aprobado por mayoría absoluta de sus miembros (art. 232 TFUE).

B. El Parlamento Europeo se reúne bien en comisiones parlamentarias especializadas en ámbitos de actividad o bien en pleno (que se celebra ordinariamente durante una semana al mes en Estrasburgo, si bien pueden celebrarse plenos adicionales en Bruselas). En todo caso, el Parlamento Europeo celebra «cada año un período de sesiones», reuniéndose «sin necesidad de previa convocatoria el segundo martes de marzo» (art. 229 TFUE).

C. El sistema de toma de decisiones (art. 231 TFUE).

a. La regla general: el Parlamento Europeo decide por mayoría de los votos emitidos, debiendo existir un quórum de un tercio del total de los diputados que conforman la Eurocámara.

b. En algunas ocasiones se exige una mayoría absoluta de la Cámara para adoptar la decisión (por ejemplo, cuando debe aprobar su propio reglamento interno, cuando el Parlamento Europeo debe votar en segunda lectura una propuesta de acto normativo tramitada por el procedimiento legislativo ordinario o cuando se elige al Presidente de la Comisión Europea).

III. EL CONSEJO EUROPEO

1. Su regulación: el art. 15 TUE y los arts. 235 y 236 TFUE.

2. Su naturaleza: es la institución máxima de cooperación política entre los Estados miembros de la Unión, al estar conformada por los Jefes de Estado o de Gobierno de todos ellos. En el caso español, el representante es el Presidente del Gobierno de la Nación.

3. Sus funciones (art. 15.1 TUE).

   A. Esta institución está encargada de dar a la Unión «los impulsos necesarios para su desarrollo», así como de definir «sus orientaciones y prioridades políticas generales».

   B. No ejercerá función legislativa alguna. No obstante, al final de cada cumbre europea del máximo nivel se emiten unas «conclusiones» que reflejan la posición del Consejo Europeo sobre los temas abordados en la misma.

4. Su composición (art. 15, apartados 2 y 3, TUE): 1) Los Jefes de Estado o de Gobierno de los Estados miembros; 2) El Presidente del Consejo Europeo; 3) El Presidente de la Comisión; 4) Participará en sus trabajos el Alto Representante de la Unión para Asuntos Exteriores y Política de Seguridad; 5) Cuando el orden del día así lo exija, cada uno de los miembros del Consejo Europeo podrá contar con la asistencia de un Ministro y el Presidente de la Comisión con la de uno de sus Comisarios, y 6) «El Consejo Europeo podrá invitar al Presidente del Parlamento Europeo a comparecer ante él» (art. 235.2 TFUE).

5. La toma de decisiones: 1) El Consejo Europeo, convocado por su Presidente, se reunirá necesariamente dos veces por semestre de manera ordinaria. No obstante, el Presidente del Consejo Europeo puede convocar también reuniones extraordinarias, y 2) El Consejo Europeo «se pronunciará por consenso», excepto cuando los Tratados prevean otra cosa. En este sentido, los arts. 235 y 236 TFUE regulan el sistema de votación y algunos tipos de mayorías (simple o cualificada) para determinadas cuestiones. En todo caso, ni el Presidente del Consejo Europeo ni el Presidente de la Comisión «participarán en las votaciones del Consejo Europeo cuando éste se pronuncie por votación» (art. 235.1, párrafo segundo, TFUE).

6. La Secretaría General del Consejo es el órgano de apoyo al Consejo Europeo (art. 235.4 TFUE).

7. El Presidente del Consejo Europeo (art. 15, apartados 5 y 6, TUE).

   A. Su elección y revocación (art. 15.5 TUE): será elegido por los miembros del Consejo Europeo «por mayoría cualificada para un mandato de dos años y medio, que podrá renovarse una sola vez». Su revocación, por «impedimento o falta grave», exigirá esta misma mayoría.

   B. Entre sus funciones se encuentran, además de la de presidir e impulsar los trabajos del Consejo Europeo, las siguientes: velar por la preparación y continuidad de los trabajos del Consejo Europeo (en cooperación con el Presidente de la Comisión y basándose en los trabajos del Consejo de Asuntos Generales); esforzarse por facilitar la cohesión y el consenso en el seno del Consejo Europeo; o presentar un informe al Parlamento Europeo al término de cada reunión del Consejo Europeo (art. 15.6 TUE).

   C. Sus incompatibilidades: «no podrá ejercer mandato nacional alguno» (art. 15.6, párrafo último, TUE).

IV. EL CONSEJO

1. Su regulación: el art. 16 TUE y los arts. 237 a 243 TFUE.

2. Su naturaleza: es la institución que representa de manera «ordinaria» a los Estados miembros de la Unión. Esta instancia de cooperación entre dichos Estados está conformada por un representante de cada uno de sus Gobiernos nacionales a nivel ministerial.

3. Sus funciones (art. 16.1 TUE).

   A. El ejercicio de la función legislativa y de la función presupuestaria (conjuntamente con el Parlamento Europeo). Como regla general (esto es, dentro del marco del procedimiento legislativo ordinario), el Consejo adopta las decisiones conjuntamente (codecide) con el Parlamento Europeo. Cuando el Consejo delibere y vote sobre un proyecto de acto legislativo «se reunirá en público» (art. 16.8 TUE).

   B. El ejercicio de funciones de definición de políticas y de coordinación (en las condiciones establecidas en los Tratados).

   C. Dentro de las líneas maestras fijadas por el Consejo Europeo procede al desarrollo de la política exterior y de seguridad común (PESC) de la Unión. En este ámbito las decisiones se toman por unanimidad.

D. La firma de los acuerdos internacionales (con Estados u organizaciones internacionales) en los que la Unión va a ser parte. Estos acuerdos requieren la autorización del Parlamento Europeo en aquellos asuntos en los que esta última institución tiene poder de codecisión.

E. Para la realización de sus funciones, el Consejo «podrá pedir a la Comisión que proceda a efectuar todos los estudios que él considere oportunos para la consecución de los objetivos comunes y que le someta las propuestas pertinentes» (art. 241 TFUE).

4. Su composición (art. 16.2 TUE): estará compuesto por un representante de cada Estado miembro, de rango ministerial, facultado para comprometer al Gobierno del Estado miembro al que represente y para ejercer el derecho de voto.

5. Su presidencia: la presidencia de las distintas formaciones del Consejo «será desempeñada por los representantes de los Estados miembros en el Consejo mediante un sistema de rotación». La excepción del Consejo de Asuntos Exteriores (art. 16.9 TUE). La duración de cada presidencia será de seis meses, siendo su función la organización, la convocatoria y la dirección de las distintas formaciones del Consejo. Con el objeto de asegurar una continuidad en el funcionamiento del Consejo, las presidencias semestrales trabajan en grupos de tres.

6. Su forma de reunión (art. 16, apartados 6, 7 y 8, TUE).

A. La preparación de los trabajos del Consejo: el papel del Comité de Representantes Permanentes de los Gobiernos de los Estados miembros (COREPER). Este Comité «se encargará de preparar los trabajos del Consejo y de realizar las tareas que éste le confíe» (art. 240 TFUE). El COREPER está conformado por los jefes («embajadores») de cada Representación Permanente de los Estados miembros ante la Unión, que actúan a modo de embajadas nacionales.

B. El Consejo se reúne previa convocatoria de su Presidente por su propia iniciativa, por la de uno de sus miembros o por la de la Comisión (art. 237 TFUE).

C. El Consejo se reúne en distintas formaciones según las materias que vayan a ser abordadas.

a. Las formaciones del Consejo previstas expresamente por el propio Tratado de la Unión Europea.

a.1. El Consejo de Asuntos Generales: 1) Habrá de velar «por la coherencia de los trabajos de las diferentes formaciones del Consejo», y 2) «Preparará las reuniones del Consejo Europeo y garantizará su actuación subsiguiente» (en contacto con el Presidente del Consejo Europeo y la Comisión).

a.2. El Consejo de Asuntos Exteriores: «elaborará la acción exterior de la Unión atendiendo a las líneas estratégicas definidas por el Consejo Europeo y velará por la coherencia de la acción de la Unión». Esta formación del Consejo no estará presidida por un ministro nacional del Estado miembro que ejerza la presidencia rotatoria del Consejo (como sucede generalmente), sino por el Alto Representante de la Unión para Asuntos Exteriores y Política de Seguridad. Para el desarrollo de la política exterior y de seguridad común (PESC), la Unión Europea cuenta con el Servicio Europeo de Acción Exterior.

b. Otras formaciones del Consejo, presididas por el ministro del Estado miembro que ejerza en ese momento la Presidencia del Consejo de la Unión, y que no están mencionadas nominativamente en los Tratados: el Consejo de Asuntos Económicos y Financieros (o Ecofin); el Consejo de Justicia y Asuntos de Interior; el Consejo de Empleo, Política Social, Salud y Consumidores; el Consejo de Competitividad (Mercado Interior, Industria, Investigación y Espacio); el Consejo de Transporte, Telecomunicaciones y Energía; el Consejo de Agricultura y Pesca; el Consejo de Medio Ambiente; o el Consejo de Educación, Juventud, Cultura y Deporte.

7. La toma de decisiones (art. 16, apartados 3, 4 y 5, TUE): el Consejo decidirá, como regla general, «por mayoría cualificada» (excepto cuando los Tratados dispongan otra cosa).

A. La definición de «mayoría cualificada» a efectos del Derecho europeo: «un mínimo del 55 por 100 de los miembros del Consejo que incluya al menos a quince de ellos y represente a Estados miembros que reúnan como mínimo el 65 por 100 de la población de la Unión» [art. 238.3.*a*) TFUE]. Esto significa que se utilizan dos parámetros para el sistema de votación: los Estados miembros y la población. La mayoría cualificada se consigue, por tanto, con 16 Estados miembros (de los 28 posibles) y con 329 millones de ciudadanos de la Unión (de un total aproximado a los 506 millones). En este orden de ideas, y a título ilustrativo, Alemania cuenta con más de 80 millones de personas (con un 15,93 por 100 del total de la población de la Unión), España con más de 46 millones (con un 9,24 por 100) y Malta con algo más 421.000 (con un 0,08 por 100).

B. La «minoría de bloqueo» para poder vetar una decisión: «Una minoría de bloqueo estará compuesta al menos por el número mínimo de miembros del Consejo que represente más del 35 por 100 de la población de los Estados miembros participantes, más un miembro, a falta de lo cual la mayoría cualificada se considerará alcanzada» [art. 238.3.*a*) TFUE]. Son necesarios, por tanto, cuatro Estados, que representen más del 35 por 100 del total de la población de la Unión.

C. Otros tipos de mayorías: el art. 238 TFUE.

8. Los órganos de apoyo al Consejo (art. 240 TFUE).

A. El Comité de Representantes Permanentes de los Gobiernos de los Estados miembros (COREPER).

B. La Secretaría General.

V. LA COMISIÓN EUROPEA

1. Su regulación: el art. 17 TUE y los arts. 244 a 249 TFUE.

2. Su naturaleza: es una institución de integración europea, plenamente independiente, que defiende los intereses propios de la Unión Europea en su conjunto.

3. Sus funciones (art. 17, apartados 1 y 2, TUE).

A. La promoción del interés general de la Unión y la toma de las iniciativas adecuadas con este fin.

B. La vigilancia sobre la aplicación de los Tratados y de los actos y las medidas adoptadas por las instituciones en virtud de éstos.

C. La supervisión de la aplicación del Derecho de la Unión bajo el control del Tribunal de Justicia de la Unión Europea. En caso de que la Comisión detecte un incumplimiento por parte de una institución europea o de un Estado miembro, la Comisión puede instar al sujeto incumplidor a la correcta aplicación del Derecho europeo y, si el incumplidor no corrige su comportamiento, puede acudir al Tribunal de Justicia.

D. La ejecución del presupuesto y la gestión de los programas europeos. Debe tenerse en cuenta que buena parte del gasto contemplado en el presupuesto de la Unión, así como la ejecución de un amplísimo número de políticas y de programas europeos, se realiza, bajo la supervisión de la Comisión, directamente por las Administraciones nacionales, regionales o locales. El Tribunal de Cuentas Europeo procede al control externo del gasto. Y el Parlamento Europeo aprueba finalmente la gestión de la Comisión, si considera correcto el informe anual que sobre esta cuestión debe ser elevado por el referido Tribunal de Cuentas Europeo.

E. La ejecución de funciones de coordinación, ejecución y gestión, de conformidad con las condiciones establecidas en los Tratados.

F. La asunción de la representación exterior de la Unión (con excepción de la política exterior y de seguridad común y de los demás casos previstos por los Tratados).

G. La adopción de las iniciativas de programación anual y plurianual de la Unión con el fin de alcanzar acuerdos interinstitucionales.

H. La iniciativa normativa de la Comisión: «Los actos legislativos de la Unión sólo podrán adoptarse a propuesta de la Comisión, excepto cuando los Tratados dispongan otra cosa. Los demás actos se adoptarán a propuesta de la Comisión cuando así lo establezcan los Tratados» (art. 17.2 TUE). Este derecho de iniciativa legislativa que tiene la Comisión debe ejercerse siempre con el objetivo de defender los intereses de la Unión en su conjunto y no los que sean particulares de los Estados que la conforman.

I. La presentación anual de «un informe general sobre las actividades de la Unión» (art. 249.2 TFUE).

4. El Presidente de la Comisión (art. 17, apartados 6 y 7, TUE y art. 248 TFUE).

A. Sus funciones: 1) La definición de las orientaciones con arreglo a las cuales la Comisión desempeñará sus funciones; 2) La determinación de la organización interna de la Comisión velando por la coherencia, eficacia y colegialidad de su actuación, y 3) El nombramiento de los Vicepresidentes, distintos del Alto Representante de la Unión para Asuntos Exteriores y Política de Seguridad, de entre los miembros de la Comisión.

B. Su elección: «Teniendo en cuenta el resultado de las elecciones al Parlamento Europeo y tras mantener las consultas apropiadas, el Consejo Europeo propondrá al Parlamento Europeo, por mayoría cualificada, un candidato al cargo de Presidente de la Comisión. El Parlamento Europeo elegirá al candidato por mayoría de los miembros que lo componen. Si el candidato no obtiene la mayoría necesaria, el Consejo Europeo propondrá en el plazo de un mes, por mayoría cualificada, un nuevo candidato, que será elegido por el Parlamento Europeo por el mismo procedimiento» (art. 17.7, párrafo primero, TUE).

5. El Alto Representante de la Unión para Asuntos Exteriores y Política de Seguridad (art. 18 TUE).

A. Sus funciones: 1) «Estará al frente de la política exterior y de seguridad común de la Unión. Contribuirá con sus propuestas a elaborar dicha política y la ejecutará como mandatario del Consejo. Actuará del mismo modo en relación con la política común de seguridad y defensa» (art. 18.2 TUE); 2) En el seno de la Comisión, habrá de velar «por la coherencia de la acción exterior de la Unión», encargándose «de las responsabilidades que incumben a la misma en el ámbito de las relaciones exteriores y de la coordinación de los demás aspectos de la acción exterior de la Unión» (art. 18.4 TUE).

B. Su elección: «El Consejo Europeo nombrará por mayoría cualificada, con la aprobación del Presidente de la Comisión, al Alto Representante de la Unión para Asuntos Exteriores y Política de Seguridad. El Consejo Europeo podrá poner fin a su mandato por el mismo procedimiento» (art. 18.1 TUE).

C. Sus cargos: 1) Es uno de los Vicepresidentes de la Comisión (art. 18.4 TUE), y 2) Es el presidente del Consejo de Asuntos Exteriores (art. 18.3 TUE).

6. Su composición: el Presidente, el Alto Representante de la Unión para Asuntos Exteriores y Política de Seguridad y los Comisarios.

A. Su selección: «Los miembros de la Comisión serán elegidos en razón de su competencia general y de su compromiso europeo, de entre personalidades que ofrezcan plenas garantías de independencia» (art. 17.3, párrafo segundo, TUE). En este contexto, «(E)l Consejo, de común acuerdo con el Presidente electo, adoptará la lista de las demás personalidades que se proponga nombrar miembros de la Comisión. Éstas serán seleccionadas, a partir de las propuestas presentadas por los Estados miembros…» (art. 17.7, párrafo segundo, TUE).

B. Su independencia e imparcialidad: «La Comisión ejercerá sus responsabilidades con plena independencia. […] los miembros de la Comisión no solicitarán ni aceptarán instrucciones de ningún gobierno, institución, órgano u organismo. Se abstendrán de todo acto incompatible con sus obligaciones o con el desempeño de sus funciones» (art. 17.3, párrafo tercero, TUE).

Esta misma nota de independencia de los miembros de la Comisión está reiterada en el Tratado de Funcionamiento de la Unión Europea en los términos siguientes: «Los miembros de la Comisión se abstendrán de todo acto incompatible con el carácter de sus funciones. Los Estados miembros respetarán su independencia y no intentarán influir en ellos en el desempeño de sus funciones.

Los miembros de la Comisión no podrán, mientras dure su mandato, ejercer ninguna otra actividad profesional, retribuida o no» (art. 245 TFUE).

C. Los actuales miembros de la Comisión: un nacional de cada Estado miembro, incluidos su Presidente y el Alto Representante de la Unión para Asuntos Exteriores y Política de Seguridad, que será uno de sus Vicepresidentes.

D. El voto de aprobación del Parlamento Europeo y el nombramiento por el Consejo Europeo (art. 17.7, párrafo último, TUE): «El Presidente, el Alto

Representante de la Unión para Asuntos Exteriores y Política de Seguridad y los demás miembros de la Comisión se someterán colegiadamente al voto de aprobación del Parlamento Europeo. Sobre la base de dicha aprobación, la Comisión será nombrada por el Consejo Europeo, por mayoría cualificada».

E. La finalización anticipada del mandato de los miembros de la Comisión: 1) El fallecimiento; 2) La dimisión voluntaria; 3) El cese («Todo miembro de la Comisión que deje de reunir las condiciones necesarias para el ejercicio de sus funciones o haya cometido una falta grave podrá ser cesado por el Tribunal de Justicia, a instancia del Consejo, por mayoría simple, o de la Comisión» —art. 248 TFUE—), y 4) «Un miembro de la Comisión presentará su dimisión si se lo pide el Presidente» (las especialidades para el Alto Representante de la Unión para Asuntos Exteriores y Política de Seguridad) (art. 17.6, párrafo último, TUE).

7. La responsabilidad política de la Comisión ante el Parlamento Europeo (art. 17.8 TUE): 1) La Comisión asiste a las sesiones del Parlamento Europeo, donde debe justificar sus políticas; 2) La Comisión debe responder a las preguntas escritas y orales formuladas por los diputados europeos, y 3) La «Comisión tendrá una responsabilidad colegiada ante el Parlamento Europeo», que «podrá votar una moción de censura contra la Comisión». La moción de censura está regulada en el art. 234 TFUE.

8. La Comisión en funciones: el despacho de los asuntos de administración ordinaria. En este sentido, el último párrafo del art. 246 TFUE dispone: «en caso de dimisión voluntaria de todos los miembros de la Comisión, éstos permanecerán en sus cargos y continuarán despachando los asuntos de administración ordinaria hasta que sean sustituidos, por el resto de su mandato…».

9. La duración del mandato de la Comisión: cinco años (art. 17.3, párrafo primero, TUE).

10. La Comisión dirige buena parte de la administración europea.

    A. Los caracteres de la Administración europea: «En el cumplimiento de sus funciones, las instituciones, órganos y organismos de la Unión se apoyarán en una administración europea abierta, eficaz e independiente» (art. 298.1 TFUE).

    B. La función pública europea: 1) Sobre las categorías de personal al servicio de la Comisión y de las restantes instituciones, organismos y órganos europeos: los administradores, los expertos, los traductores e intérpretes y el personal de secretaría; y 2) Sobre la selección de los empleados europeos: la Oficina Europea de Selección de Personal (o EPSO —en sus siglas en inglés—).

C. La estructura de la Administración europea: 1) La Secretaría General; 2) Las Direcciones Generales (por ejemplo, la Dirección General de Competencia), y 3) Los servicios (por ejemplo, el Servicio Jurídico o el Servicio de Traducción).

D. Las Agencias especializadas en un campo de gestión, científico o técnico específico: 1) Las agencias descentralizadas, dotadas de personalidad jurídica diferenciada de las instituciones. Pueden tener, como se ha avanzado, naturaleza científica (por ejemplo, la Oficina Comunitaria de Variedades Vegetales —OCVV—); otras de gestión (por ejemplo, para la gestión de la propiedad industrial —esto es, patentes, marcas, dibujos, modelos— se ha creado la Oficina de Armonización del Mercado Interior —OAMI—); otras en materia de seguridad ciudadana y de lucha contra la delincuencia organizada (por ejemplo, Europol); algunas otras en materia financiera (por ejemplo, la Autoridad Bancaria Europea o la Autoridad Europea de Valores y Mercados), etc.; 2) Las agencias ejecutivas que sirven para gestionar concretos programas europeos apoyando la labor de la Comisión (por ejemplo, la Agencia Ejecutiva de Investigación —AEI— o la Agencia Ejecutiva en el Ámbito Educativo, Audiovisual y Cultural —EACEA—), y 3) Las agencias europeas que operan en el ámbito de Euratom (por ejemplo, la Agencia de Abastecimiento de Euratom —AAE— o la Agencia de Cooperación de los Reguladores de la Energía —ACER—).

VI. EL TRIBUNAL DE JUSTICIA DE LA UNIÓN EUROPEA

1. Su regulación: el art. 19 TUE y los arts. 251 a 281 TFUE.

2. La garantía de la aplicación del Derecho de la Unión.

   A. El juez nacional como juez comunitario y la obligación de los Estados miembros de establecer «las vías de recurso necesarias para garantizar la tutela judicial efectiva en los ámbitos cubiertos por el Derecho de la Unión».

   B. La garantía última ofrecida por el «guardián» del Derecho de la Unión Europea: el Tribunal de Justicia de la Unión Europea. Esta institución garantiza la correcta e idéntica interpretación y aplicación del Derecho europeo en el conjunto de la Unión.

3. La estructura del Tribunal de Justicia de la Unión Europea (art. 19.1 TUE).

   A. El Tribunal de Justicia.

   B. El Tribunal General.

   C. Los tribunales especializados.

4. Las formaciones para la toma de decisiones del Tribunal de Justicia (art. 251 TFUE).

   A. Las Salas (tienen tres o cinco jueces en función de la importancia y/o de la complejidad del asunto).

   B. La Gran Sala (compuesta por trece jueces).

   C. El Pleno (compuesto por los veintisiete jueces).

5. La composición del Tribunal de Justicia de la Unión Europea: los Jueces y los Abogados Generales (art. 19.2 TUE). Los Letrados.

   A. Los Jueces: 1) El Tribunal de Justicia estará compuesto por un Juez por Estado miembro, esto es, en la actualidad hay veintisiete —que, en definitiva, conocen el ordenamiento jurídico del conjunto de los Estados que integran la Unión—; 2) Los Jueces, y los Abogados Generales, del Tribunal de Justicia serán elegidos de entre personalidades que ofrezcan plenas garantías de independencia y que reúnan las condiciones «requeridas para el ejercicio, en sus respectivos países, de las más altas funciones jurisdiccionales o que sean jurisconsultos de reconocida competencia» (art. 253, párrafo primero, TUE); 3) Serán nombrados de común acuerdo por los Gobiernos de los Estados miembros para un período de seis años (con una renovación parcial cada tres años); 4) Antes de su nombramiento, la idoneidad de los candidatos para el ejercicio de las funciones de Juez, y de Abogado General, debe ser verificada por un comité compuesto por siete personalidades jurídicas de reconocida competencia (art. 255 TFUE); 5) Los Jueces, y Abogados Generales, salientes podrán ser nombrados de nuevo (art. 253, párrafos primero, segundo y cuarto, TFUE).

   B. Los Abogados Generales (art. 252 TFUE): 1) Su número actual es de nueve, aunque dicho número es susceptible de ampliación por el Consejo, previa solicitud del Tribunal de Justicia; 2) Su función: «La función del Abogado General consistirá en presentar públicamente, con toda imparcialidad e independencia, conclusiones motivadas sobre los asuntos que, de conformidad con el Estatuto del Tribunal de Justicia de la Unión Europea, requieran su intervención»; 3) Su nombramiento y la duración de su mandato: sigue el mismo modelo establecido para los Jueces (art. 253, párrafo primero, TFUE).

   C. El Presidente del Tribunal de Justicia: es elegido por los Jueces, de entre ellos, por un período de tres años (siendo dicho mandato renovable) (art. 253, párrafo tercero, TFUE).

   D. El Tribunal de Justicia contará con un Secretario (art. 253, párrafo quinto, TFUE).

E. La composición del Tribunal General sigue, en sus líneas generales, la misma estructura que la referida para el Tribunal de Justicia: el art. 254 TFUE.

6. Las funciones del Tribunal de Justicia de la Unión Europea: la garantía del «respeto del Derecho en la interpretación y aplicación de los Tratados» (art. 19.1 TUE) y del resto del Derecho de la Unión.

Las competencias básicas del Tribunal General (art. 256 TFUE): 1) Sus competencias como tribunal de primera instancia; 2) Es competente para conocer de los recursos que se interpongan frente a las resoluciones de los tribunales especializados; 3) Conoce de las cuestiones prejudiciales en las materias que le atribuye el Estatuto regulador del Tribunal de Justicia de la Unión Europea, y 4) Las decisiones del Tribunal General pueden ser reexaminadas por el Tribunal de Justicia, teniendo en cuenta específicamente que este último Tribunal resuelve los recursos de casación frente a las sentencias adoptadas en primera instancia por el Tribunal General. Estos recursos de casación no permiten revisar los hechos declarados probados en primera instancia, sino que se limitan al análisis de «las cuestiones de Derecho».

Las competencias de los tribunales especializados (art. 257 TFUE): 1) La resolución «en primera instancia de determinadas categorías de recursos interpuestos en materias específicas»; 2) Contra estas resoluciones puede interponerse recurso de apelación (sobre cuestiones de hecho y de Derecho) o recurso de casación (limitado a cuestiones de Derecho) ante el Tribunal General; 3) Un supuesto de tribunal especializado: el Tribunal de la Función Pública. Este órgano jurisdiccional tiene encomendada la resolución de las controversias jurídicas entre la Unión y el personal a su servicio.

7. Tipos básicos de recursos ante el Tribunal de Justicia de la Unión Europea (art. 19.3 TUE y arts. 258 y ss. TFUE).

A. Tipología esencial (art. 19.3 TUE).

a. Sobre las distintas categorías de recursos interpuestos por una institución europea, por un Estado miembro o por personas físicas o jurídicas.

a.1. El recurso por incumplimiento o por infracción del Derecho europeo.

a.2. El recurso de anulación.

a.3. El recurso por omisión.

b. Las cuestiones prejudiciales: las cuestiones formuladas «con carácter prejudicial, a petición de los órganos jurisdiccionales nacionales, sobre la interpretación del Derecho de la Unión o sobre la validez de los actos adoptados por las instituciones».

B. El recurso por incumplimiento o por infracción del Derecho europeo (arts. 258 a 260 TFUE).

a. La legitimación activa: la Comisión o un Estado miembro.

b. Su objeto: la denuncia de que un Estado miembro «ha incumplido una de las obligaciones que le incumben en virtud de los Tratados».

c. El procedimiento previo a la vía jurisdiccional: 1) La emisión por parte de la Comisión de un «dictamen motivado», después de que el Estado miembro supuestamente incumplidor haya podido presentar las observaciones que hubiere estimado oportunas al respecto; 2) Si el Estado miembro no respetase los términos del dictamen en el plazo establecido por la Comisión, esta institución podrá interponer un recurso ante el Tribunal de Justicia de la Unión Europea, y 3) En el caso de que fuese un Estado miembro el que hubiese iniciado el procedimiento, y la Comisión no hubiese emitido dictamen motivado en el plazo de tres meses desde la fecha de la solicitud, el Estado miembro denunciante podrá plantear su queja ante el referido órgano jurisdiccional directamente.

d. La resolución del recurso por el Tribunal de Justicia de la Unión Europea y su ejecución: 1) El Tribunal declarará si el Estado ha incumplido o no; 2) En caso de que declare que ha existido incumplimiento, el Estado «estará obligado a adoptar las medidas necesarias para la ejecución de la sentencia del Tribunal»; 3) Si la Comisión considera que el Estado no ha adoptado tales medidas, ofrecerá al Estado la posibilidad de efectuar observaciones, y podrá someter el asunto al Tribunal. En todo caso, la Comisión fija el importe de la cantidad que debe ser pagada a tanto alzado o la multa coercitiva que debe soportar el Estado incumplidor en función de las circunstancias, y 4) Si el Tribunal de Justicia considera que ha habido un incumplimiento de la sentencia, podrá imponer al Estado incumplidor de la misma el pago de «una suma a tanto alzado o de una multa coercitiva».

C. El recurso de anulación (art. 263 TFUE).

a. La legitimación activa.

a.1. La regla general: un Estado miembro, el Consejo, la Comisión o el Parlamento Europeo.

a.2. Otras instituciones, organismos y órganos de la Unión que pueden acudir a este recurso para la salvaguarda de sus prerrogativas: el Tribunal de Cuentas Europeo, el Banco Central Europeo y el Comité de las Regiones.

a.3. La legitimación de toda persona física o jurídica: «contra los actos de los que sea destinataria o que la afecten directa e individualmente y contra los actos reglamentarios que la afecten directamente y que no incluyan medidas de ejecución».

b. Su objeto.

b.1. El control de la legalidad de los actos de la Unión. En este sentido, el párrafo primero del art. 263 TFUE dispone: «El Tribunal de Justicia de la Unión Europea controlará la legalidad de los actos legislativos, de los actos del Consejo, de la Comisión y del Banco Central Europeo que no sean recomendaciones o dictámenes, y de los actos del Parlamento Europeo y del Consejo Europeo destinados a producir efectos jurídicos frente a terceros. Controlará también la legalidad de los actos de los órganos u organismos de la Unión destinados a producir efectos jurídicos frente a terceros».

b.2. El alcance del control de legalidad: el Tribunal de Justicia de la Unión Europea es competente para pronunciarse «sobre los recursos por incompetencia, vicios sustanciales de forma, violación de los Tratados o de cualquier norma jurídica relativa a su ejecución, o desviación de poder».

c. El plazo de interposición: «Los recursos previstos en el presente artículo deberán interponerse en el plazo de dos meses a partir, según los casos, de la publicación del acto, de su notificación al recurrente o, a falta de ello, desde el día en que éste haya tenido conocimiento del mismo».

d. Los efectos de la Sentencia del Tribunal de Justicia de la Unión Europea en este tipo de asuntos (arts. 264 y 266 TFUE): 1) La nulidad de los actos contrarios a Derecho, esto es, si se estima el recurso, el acto impugnado no tendrá «valor ni efecto alguno»; 2) No obstante, el órgano jurisdiccional podrá indicar, «si lo estima necesario, aquellos efectos del acto declarado nulo que deban ser considerados como definitivos», y 3) La institución, órgano u organismo que dictó el acto declarado nulo por el Tribunal «estarán obligados a adoptar las medidas necesarias para la ejecución de la sentencia del Tribunal de Justicia de la Unión Europea», pudiéndose generar responsabilidad extracontractual de la Unión *ex* art. 340, párrafo segundo, TFUE.

Este párrafo segundo del art. 340 TFUE dispone: «En materia de responsabilidad extracontractual, la Unión deberá reparar los daños causados por sus instituciones o sus agentes en el ejercicio de sus funciones, de conformidad con los principios generales comunes a los Derechos de los Estados miembros».

D. El recurso por omisión (art. 265 TFUE).

a. La legitimación activa.

a.1. La regla general: los Estados miembros y las instituciones de la Unión.

a.2. La legitimación de los particulares: cualquier persona física o jurídica podrá recurrir en queja al Tribunal «por no haberle dirigido una de las instituciones, o uno de los órganos u organismos de la Unión, un acto distinto de una recomendación o de un dictamen».

b. Su objeto: «En caso de que, en violación de los Tratados, el Parlamento Europeo, el Consejo Europeo, el Consejo, la Comisión o el Banco Central Europeo se abstuvieren de pronunciarse, los Estados miembros y las demás instituciones de la Unión podrán recurrir al Tribunal de Justicia de la Unión Europea con objeto de que declare dicha violación. El presente artículo se aplicará, en las mismas condiciones, a los órganos y organismos de la Unión que se abstengan de pronunciarse».

c. Los requisitos previos para la interposición del recurso: 1) El requerimiento previo a la institución, órgano u organismo que no ha actuado para que efectivamente actúe, y 2) El plazo: «Si transcurrido un plazo de dos meses, a partir de dicho requerimiento, la institución, órgano u organismo no hubiere definido su posición, el recurso podrá ser interpuesto dentro de un nuevo plazo de dos meses».

d. Los efectos de la sentencia estimatoria de un recurso por omisión (art. 266 TFUE): la institución, órgano u organismo «cuya abstención haya sido declarada contraria a los Tratados, estarán obligados a adoptar las medidas necesarias para la ejecución de la sentencia del Tribunal de Justicia de la Unión Europea», pudiéndose generar responsabilidad extracontractual de la Unión *ex* art. 340, párrafo segundo, TFUE.

E. Las cuestiones prejudiciales (art. 267 TFUE).

a. Planteamiento general: los órganos judiciales nacionales de cada Estado miembro de la Unión son, además, jueces europeos, esto es, deben vigilar para que el Derecho europeo se aplique correctamente dentro de sus respectivos Estados. En este contexto, cuando un órgano judicial dude sobre la validez o sobre la interpretación de una norma europea aplicable al asunto que esté resolviendo en ese momento, puede en unos casos (o debe en otros) plantear una cuestión prejudicial ante el Tribunal de Justicia de la Unión Europea.

b. La legitimación para su planteamiento: los órganos judiciales nacionales.

b.1. La posibilidad de plantearlas: cualquier órgano judicial puede plantear una cuestión prejudicial «si estima necesaria una decisión al respecto para poder emitir su fallo».

b.2. La obligación de su planteamiento: un órgano judicial está obligado al planteamiento de una cuestión prejudicial cuando sus «decisiones no sean susceptibles de ulterior recurso judicial de Derecho interno».

c. Su objeto. Los dos tipos de cuestiones prejudiciales que deben ser resueltas por el Tribunal de Justicia de la Unión Europea:

c.1. Las cuestiones prejudiciales sobre la interpretación de los Tratados.

c.2. Las cuestiones prejudiciales sobre la validez e interpretación de los actos adoptados por las instituciones, órganos u organismos de la Unión.

F. Otros tipos de recursos judiciales: por ejemplo, los relativos a la indemnización por responsabilidad extracontractual de la Unión (art. 268, en relación con el art. 340, TFUE); o los referidos a los litigios entre la Unión y sus empleados (art. 270 TFUE).

VII. EL TRIBUNAL DE CUENTAS EUROPEO

1. Su regulación: los arts. 285 a 287 TFUE.

2. Su naturaleza: es la institución de la Unión Europea, dotada de independencia (tanto frente a las restantes instituciones de la Unión como frente a los gobiernos nacionales), que tiene como objeto realizar las funciones de fiscalización externa de las cuentas de la Unión.

3. Su composición (arts. 285 y 286 TFUE): 1) Está conformado por un nacional de cada uno de los Estados miembros; 2) Son elegidos por el Consejo (previa consulta al Parlamento Europeo) entre «personalidades que pertenezcan o hayan pertenecido en sus respectivos Estados a las instituciones de control externo o que estén especialmente calificadas para esta función»; 3) Su mandato es por un período de seis años, siendo renovable; 4) Los miembros del Tribunal de Cuentas Europeo ejercerán sus funciones con dedicación exclusiva y con plena independencia, sin poder solicitar ni recibir instrucciones de ningún gobierno ni de ningún organismo; 5) Los miembros del Tribunal de Cuentas Europeo eligen a su Presidente entre ellos por un período de tres años.

4. Sus funciones (art. 287, apartados 1 y 2, TFUE).

A. El examen de «las cuentas de la totalidad de los ingresos y gastos de la Unión», así como de cualquiera de los órganos y organismos creados por la propia Unión.

B. El examen de la legalidad y de la regularidad de los ingresos y gastos, garantizando una buena gestión financiera.

a. El control de los ingresos: «se efectuará sobre la base de las liquidaciones y de las cantidades entregadas a la Unión».

b. El control de los gastos: «se efectuará sobre la base de los compromisos asumidos y los pagos realizados».

C. La ayuda al Parlamento Europeo y al Consejo «en el ejercicio de su función de control de la ejecución del presupuesto» (art. 287.4, párrafo cuarto, TFUE).

D. El Tribunal de Cuentas Europeo carece de funciones jurisdiccionales.

5. Su funcionamiento (art. 287, apartados 3 y 4, TFUE).

A. «El control se llevará a cabo sobre la documentación contable y, en caso necesario, en las dependencias correspondientes de las otras instituciones de la Unión, en las dependencias de cualquier órgano u organismo que gestione ingresos o gastos en nombre de la Unión y en los Estados miembros, incluidas las dependencias de cualquier persona física o jurídica que perciba fondos del presupuesto».

B. El Tribunal de Cuentas Europeo ejerce su tarea en colaboración con las instituciones nacionales de control financiero externo, con las que cooperará «con espíritu de confianza y manteniendo su independencia».

C. En el ejercicio de su función emite informes y dictámenes. Entre estos documentos destaca su informe anual, que se elabora después de cada ejercicio presupuestario. Este informe se transmite a las diferentes instituciones de la Unión, además de publicarse en el Diario Oficial de la Unión Europea.

VIII. EL DEFENSOR DEL PUEBLO EUROPEO

1. Su regulación: el art. 228 TFUE.

2. Sus funciones: la investigación, con una total independencia, de la defectuosa o «mala» administración por parte de las instituciones, órganos y organismos de la Unión (con la salvedad del Tribunal de Justicia en el desempeño de su actividad jurisdiccional).

3. Su funcionamiento: 1) El Defensor del Pueblo Europeo realiza las investigaciones que considere adecuadas, bien por iniciativa propia, bien sobre la base de las reclamaciones recibidas por él directamente o a través de un miembro del Parlamento Europeo. Están legitimados para formular reclamaciones: cualquier ciudadano de

la Unión o cualquier persona física o jurídica que resida o tenga su domicilio social en un Estado miembro (art. 228.1 TFUE); 2) Tras la correspondiente investigación, si el Defensor del Pueblo Europeo comprueba un caso de mala administración, lo pondrá de manifiesto a la institución, órgano u organismo interesado, que dispondrá de un plazo de tres meses para exponer su posición al Defensor del Pueblo; 3) El Defensor del Pueblo Europeo remitirá a continuación un informe específico al Parlamento Europeo y a la institución, órgano u organismo interesado, y la persona de quien emane la reclamación será informada del resultado de estas investigaciones, y 4) El Defensor del Pueblo Europeo debe presentar anualmente al Parlamento Europeo un informe general sobre el resultado de sus investigaciones.

4. Su elección: es elegido por el Parlamento Europeo al comienzo de cada legislatura, pudiendo ser renovado en su mandato.

IX. EL COMITÉ ECONÓMICO Y SOCIAL EUROPEO

1. Su regulación: los arts. 300 a 304 TFUE.

2. Su naturaleza: es un organismo consultivo de la Unión Europea, conformado por representantes de la sociedad civil organizada, que asiste al Parlamento Europeo, al Consejo y a la Comisión (art. 300.1 TFUE). De esta forma, se pretende la implicación de la sociedad civil organizada en el proceso de construcción europea.

3. Su composición (arts. 300 a 303 TFUE): 1) Su composición ha oscilado entre 329 y 353 miembros provenientes de todos los Estados de la Unión; 2) Su procedencia: representantes de las organizaciones de empresarios, de trabajadores y de otros sectores representativos de la sociedad civil, en particular en los ámbitos socioeconómico, cívico, profesional y cultural; 3) En todo caso, los miembros se organizan en torno a tres grupos: empresarios, trabajadores y actividades varias; 4) La lista de miembros es adoptada por el Consejo a partir de las propuestas de cada Estado miembro; 5) Su mandato es por un período de cinco años, renovable; 6) El Presidente es elegido por todos los miembros del Comité, de entre ellos, por un período de dos años y medio; 7) Cuenta, además, con dos vicepresidentes; 8) Este Comité se reúne en pleno y en seis diferentes secciones especializadas (una de ellas es, por ejemplo, la Sección Especializada de Mercado Único, Producción y Consumo —INT—), además de en una comisión (la Comisión Consultiva de las Transformaciones Industriales —CCMI—); 9) Respecto a su estatus, los miembros del Comité ejercen sus funciones con plena independencia, en interés general de la Unión y no están sujetos a ningún mandato imperativo.

4. Sus funciones (art. 304 TFUE): sus funciones son de asesoramiento al Parlamento Europeo, al Consejo y a la Comisión en todos los casos en los que los Tratados así lo exigen, pero también en aquellos otros en los que las Altas Instituciones lo consideren oportuno. El Comité puede, asimismo, emitir dictámenes por propia iniciativa cuando lo juzgue oportuno.

X. EL COMITÉ DE LAS REGIONES

1. Su regulación: los arts. 300 y 305 a 307 TFUE.

2. Su naturaleza: es un organismo consultivo de la Unión Europea, conformado por representantes de los entes regionales y locales, que asiste al Parlamento Europeo, al Consejo y a la Comisión (art. 300.1 TFUE). De esta forma, los entes territoriales infraestatales cuentan con una voz dentro de la Unión para el diseño de las políticas y para la elaboración de las normas dentro de esta organización supranacional, así como para la defensa de los intereses y las necesidades de los entes regionales y locales en el seno de la misma.

3. Su composición: 1) En la actualidad cuenta con 353 miembros provenientes de todos los Estados de la Unión; 2) Su procedencia: representantes de los entes regionales y locales que sean titulares de un mandato electoral en un ente regional o local, o que tengan responsabilidad política ante una asamblea elegida; 3) La lista de miembros es adoptada por el Consejo a partir de las propuestas de cada Estado miembro; 4) Su mandato es por un período de cinco años, renovable; ahora bien, cuando termina su mandato en las instituciones regionales o nacionales de su Estado de origen, cesa automáticamente su correspondiente mandato como miembro del Comité —siendo sustituidos por los nuevos representantes de las instituciones regionales y locales durante el resto del mandato del Comité—; 5) Este Comité cuenta con un Presidente y con una Mesa, órganos estos que son elegidos por todos los miembros del Comité, de entre ellos, por un período de dos años y medio; 6) Este Comité se reúne en pleno y en seis diferentes comisiones especializadas (dos de ellas son, por ejemplo, la Comisión de Política de Cohesión Territorial —COTER— o la Comisión de Recursos Naturales —NAT—); 7) Respecto a su estatus, los miembros del Comité ejercen sus funciones con plena independencia, en interés general de la Unión y no están sujetos a ningún mandato imperativo. Tampoco pueden ser, simultáneamente, diputados en el Parlamento Europeo.

4. Sus funciones (art. 307 TFUE): son de asesoramiento al Parlamento Europeo, al Consejo y a la Comisión en todos los casos en los que los Tratados así lo exigen, pero también en aquellos otros en los que las Altas Instituciones lo consideren oportuno. El Comité puede, asimismo, emitir dictámenes por propia iniciativa cuando lo juzgue conveniente.

XI. EL BANCO CENTRAL EUROPEO

1. Su regulación: los arts. 127 a 133 y 282 a 284 TFUE.

2. Introducción a la distinción entre la Unión Económica y Monetaria y la zona Euro.

A. La Unión Económica y Monetaria (UEM).

a. Está conformada por todos los Estados miembros de la Unión Europea.

b. La pertenencia a la UEM conlleva la existencia de un cierto grado de coordinación de las políticas económicas y monetarias de dichos Estados.

c. Esta tarea de coordinación se realiza a través de una de las formaciones del Consejo, que reúne, por lo tanto, a los ministros encargados de la economía y de las finanzas de todos los Estados miembros de la Unión. Esta específica formación del Consejo es el Consejo de Asuntos Económicos y Financieros (también denominado «Ecofin»).

d. Los Estados miembros cuya moneda no es el euro y sus bancos centrales nacionales siguen manteniendo sus competencias soberanas en materia monetaria (art. 282.4 TFUE).

e. La fase más avanzada y final de la UEM es la adhesión de todos los Estados miembros de la Unión Europea a la zona Euro con la adopción de la moneda única (el euro).

B. La zona Euro.

a. Está conformada por los Estados miembros de la Unión Europea que han adoptado el euro como moneda común y única en todos ellos.

b. La pertenencia a la zona Euro obliga a una muy estrecha cooperación en política económica y, sobre todo, la sujeción a una política monetaria única fijada por el Banco Central Europeo.

c. El foro de toma de decisiones en el ámbito de la zona Euro es el Eurogrupo, que está constituido únicamente por los ministros de economía y de finanzas de los Estados miembros de la Unión que se han integrado en la zona Euro. A las reuniones del Eurogrupo asisten, asimismo, el Comisario de Asuntos Económicos y Monetarios y el presidente del Banco Central Europeo. Los miembros del Eurogrupo eligen a un presidente, cuyo mandato dura dos años y medio (art. 137 TFUE). Cuando se reúnen exclusivamente los Jefes de Estado o de Gobierno de los Estados miembros de la zona Euro, dicho órgano recibe la denominación de «Cumbre del Euro».

3. El Sistema Europeo de Bancos Centrales (SEBC) y el Eurosistema.

A. El Sistema Europeo de Bancos Centrales (SEBC).

a. Está constituido por el Banco Central Europeo y por los bancos centrales nacionales de todos los Estados miembros de la Unión Europea (art. 282.1 TFUE).

b. Está dirigido por el Consejo General del Sistema Europeo de Bancos Centrales: este órgano está formado por los gobernadores de los bancos centrales nacionales de los veintisiete Estados miembros de la Unión Europea, junto con el presidente y el vicepresidente del Banco Central Europeo.

c. Sus objetivos (art. 127 TFUE): 1) El objetivo principal consiste en el mantenimiento de la estabilidad de los precios (manteniendo una tasa de inflación de los precios algo inferior al 2 por 100 anual); 2) El apoyo a las políticas económicas generales de la Unión Europea en aras a contribuir a la consecución de sus objetivos; 3) La posesión y la gestión de las reservas oficiales de divisas de los Estados miembros; 4) La promoción del buen funcionamiento de los sistemas de pago; 5) La supervisión prudencial de las entidades de crédito y de la estabilidad del sistema financiero.

B. El Eurosistema.

a. Está constituido por el Banco Central Europeo y por los bancos centrales nacionales de los Estados miembros cuya moneda es el euro (art. 282.1 TFUE).

b. Su función principal: la dirección de la política monetaria de la Unión Europea (art. 282.1 TFUE).

4. La naturaleza del Banco Central Europeo: es una institución dotada de personalidad jurídica, independiente en el ejercicio de sus competencias y en la gestión de sus finanzas frente a las instituciones de la Unión Europea y con respecto a los Estados miembros de la Unión, y creada con el objetivo de dirigir la política monetaria de la zona Euro, autorizando la emisión de esta moneda (art. 282.3 TFUE).

5. Su régimen jurídico: su régimen jurídico específico está contenido en el Tratado de Funcionamiento de la Unión Europea (arts. 127 a 133, 138 y 282 a 284), así como en los Estatutos del Banco Central Europeo y del Sistema Europeo de Bancos Centrales, que figuran como Protocolo anexo a los Tratados (art. 129 TFUE).

6. Su régimen de independencia: la obligada independencia del Banco Central Europeo, de los bancos centrales nacionales y de los miembros de sus órganos rectores.

Precisa, en este sentido, el art. 130 TFUE que: 1) «[...] ni el Banco Central Europeo, ni los bancos centrales nacionales, ni ninguno de los miembros de sus órganos rectores podrán solicitar o aceptar instrucciones de las instituciones, órganos u organismos de la Unión, ni de los Gobiernos de los Estados miembros, ni de ningún otro órgano»; 2) «Las instituciones, órganos u organismos de la Unión, así como los Gobiernos de los Estados miembros, se comprometen a respetar este principio y a no tratar de influir en los miembros de los órganos rectores del Banco Central Europeo y de los bancos centrales nacionales en el ejercicio de sus funciones».

7. Sus funciones.

A. El Banco Central Europeo podrá adoptar todas las medidas necesarias para el desempeño de los cometidos que le otorgan los Tratados. Entre estas medidas se encuentra la autorización para la emisión de moneda.

Los apartados 1 y 2 del art. 128 TFUE disponen, en lo que aquí interesa, que: «1. El Banco Central Europeo tendrá el derecho exclusivo de autorizar la emisión de billetes de banco en euros en la Unión. El Banco Central Europeo y los bancos centrales nacionales podrán emitir billetes. Los billetes emitidos por el Banco Central Europeo y los bancos centrales nacionales serán los únicos billetes de curso legal en la Unión.

2. Los Estados miembros podrán realizar emisiones de moneda metálica en euros, para las cuales será necesaria la aprobación del Banco Central Europeo en cuanto al volumen de emisión…».

B. Las funciones consultivas del Banco Central Europeo: se consultará al Banco Central Europeo sobre todo proyecto normativo tanto de la Unión Europea como nacional que afecte a cualquier ámbito material de competencia de esta institución económica europea (arts. 127.4 y 282.5 TFUE).

C. El Banco Central Europeo remitirá un informe anual sobre las actividades del Sistema Europeo de Bancos Centrales y sobre la política monetaria del año precedente y del año en curso al Consejo Europeo, al Parlamento Europeo, al Consejo y a la Comisión (art. 284.3 TFUE).

D. Las funciones normativas del Banco Central Europeo (art. 132.1 TFUE): para el desarrollo de sus funciones esta institución puede elaborar reglamentos, adoptar decisiones y formular recomendaciones y dictámenes.

8. Sus órganos rectores.

A. El Comité Ejecutivo (art. 283.2 TFUE).

a. Su composición: «estará compuesto por el presidente, el vicepresidente y otros cuatro miembros».

b. Su elección: 1) «El presidente, el vicepresidente y los demás miembros del Comité Ejecutivo serán nombrados por el Consejo Europeo, por mayoría cualificada, de entre personas de reconocido prestigio y experiencia profesional en asuntos monetarios o bancarios, sobre la base de una recomendación del Consejo y previa consulta al Parlamento Europeo y al Consejo de Gobierno del Banco Central Europeo», y 2) «Sólo podrán ser miembros del Comité Ejecutivo los nacionales de los Estados miembros».

c. Su mandato: «Su mandato tendrá una duración de ocho años y no será renovable».

d. Sus funciones: 1) La realización de las operaciones cotidianas del Banco; 2) La preparación de las reuniones del Consejo de Gobierno del Banco; 3) La ejecución de la política monetaria, y 4) La realización de las tareas delegadas por el Consejo de Gobierno del Banco.

B. El Consejo de Gobierno (art. 283.1 TFUE).

a. Su composición: «estará formado por los miembros del Comité Ejecutivo del Banco Central Europeo y los gobernadores de los bancos centrales nacionales de los Estados miembros cuya moneda sea el euro».

b. Sus funciones: es el máximo órgano decisorio del Banco, que adopta las decisiones fundamentales en materia monetaria.

XII. EL BANCO EUROPEO DE INVERSIONES

1. Su regulación: los arts. 308 y 309 TFUE.

2. Su naturaleza: es un organismo dotado de personalidad jurídica que está conformado por los Estados miembros de la Unión, que cuentan cada uno de ellos con un representante en su Consejo de Administración al que se suma otro representante más de la Comisión. Este Banco, del que son accionistas los Estados miembros, pretende la financiación en el largo plazo de proyectos con relevancia para la Unión Europea.

3. Su misión (art. 309 TFUE): «contribuir al desarrollo equilibrado y estable del mercado interior en interés de la Unión, recurriendo a los mercados de capitales y a sus propios recursos». A tal fin, y sin carácter lucrativo, facilita préstamos y garantías para la realización de proyectos en todos los sectores de la economía, abarcando los siguientes vectores:

«*a*) proyectos para el desarrollo de las regiones más atrasadas;

b) proyectos que tiendan a la modernización o reconversión de empresas o a la creación de nuevas actividades inducidas por el establecimiento o el funcionamiento del mercado interior que, por su amplitud o naturaleza, no puedan ser enteramente financiados con los diversos medios de financiación existentes en cada uno de los Estados miembros;

c) proyectos de interés común a varios Estados miembros que, por su amplitud o naturaleza, no puedan ser enteramente financiados con los diversos medios de financiación existentes en cada uno de los Estados miembros».

XIII. EL SISTEMA COMPETENCIAL DE LA UNIÓN EUROPEA

1. La delimitación de las competencias de la Unión Europea: el principio de atribución (art. 5.1 TUE).

   A. Su concepto: «En virtud del principio de atribución, la Unión actúa dentro de los límites de las competencias que le atribuyen los Estados miembros en los Tratados para lograr los objetivos que éstos determinan» (art. 5.2 TUE). En este sentido, debe tenerse en cuenta que: «El alcance y las condiciones de ejercicio de las competencias de la Unión se determinarán en las disposiciones de los Tratados relativas a cada ámbito» (art. 2.6 TFUE).

   B. La cláusula residual: «Toda competencia no atribuida a la Unión en los Tratados corresponde a los Estados miembros» (art. 5.2, *in fine*, y art. 4.1 TUE).

2. La tipología de las competencias de la Unión Europea. Las competencias exclusivas y compartidas de la Unión en particular.

   A. Las competencias exclusivas de la Unión (arts. 2.1 y 3 TFUE).

      a. Su significado jurídico: «Cuando los Tratados atribuyan a la Unión una competencia exclusiva en un ámbito determinado, sólo la Unión podrá legislar y adoptar actos jurídicamente vinculantes, mientras que los Estados miembros, en cuanto tales, únicamente podrán hacerlo si son facultados por la Unión o para aplicar actos de la Unión» (art. 2.1 TFUE).

      b. Los ámbitos en los que la Unión tiene competencia exclusiva son los siguientes: «*a*) la unión aduanera; *b*) el establecimiento de las normas sobre competencia necesarias para el funcionamiento del mercado interior; *c*) la política monetaria de los Estados miembros cuya moneda es el euro; *d*) la conservación de los recursos biológicos marinos dentro de la política pesquera común; *e*) la política comercial común» (art. 3.1 TFUE).

   B. Las competencias compartidas de la Unión con los Estados Miembros (arts. 2.2 y 4 TFUE).

      a. Sobre su significado jurídico: el diferente concepto de competencias compartidas en el Derecho europeo y en el Derecho nacional español.

         a.1. En el Derecho español: las competencias compartidas significan que tanto el Estado como las Comunidades Autónomas pueden actuar sobre una materia simultáneamente. Eso sí, la materia se parte en dos (y cada Administración Territorial actúa en su parte) o bien se parte una función (la normativa) en dos (normalmente el Estado adopta la legislación básica y las Comunidades Autónomas dictan la normativa que desarrolla esa legislación básica).

a.2. En el ámbito del Derecho europeo (art. 2.2 TFUE). En el caso de las competencias compartidas pueden, a priori, actuar tanto la Unión Europea como los Estados, pero siguiendo estas reglas:

a.2.1. «Los Estados miembros ejercerán su competencia en la medida en que la Unión no haya ejercido la suya».

a.2.2. «Los Estados miembros ejercerán de nuevo su competencia en la medida en que la Unión haya decidido dejar de ejercer la suya».

b. Los ámbitos donde la Unión tiene competencias compartidas.

b.1. La cláusula general (art. 4.1 TFUE). La Unión dispondrá de competencia compartida con los Estados miembros cuando los Tratados le atribuyan una competencia que: 1) No sea de naturaleza exclusiva de la Unión (art. 3 TFUE), o 2) Que no sea de mero apoyo, coordinación o complemento de las acciones de los Estados miembros (art. 6 TFUE).

b.2. Los ámbitos principales en los que la Unión dispone de competencias compartidas son los siguientes: «*a*) el mercado interior; *b*) la política social, en los aspectos definidos en el presente Tratado; *c*) la cohesión económica, social y territorial; *d*) la agricultura y la pesca, con exclusión de la conservación de los recursos biológicos marinos; *e*) el medio ambiente; *f*) la protección de los consumidores; *g*) los transportes; *h*) las redes transeuropeas; *i*) la energía; *j*) el espacio de libertad, seguridad y justicia; *k*) los asuntos comunes de seguridad en materia de salud pública, en los aspectos definidos en el presente Tratado» (art. 4.2 TFUE).

b.3. Ámbitos en los que los Tratados prevén que puede actuar la Unión, «sin que el ejercicio de esta competencia pueda tener por efecto impedir a los Estados miembros ejercer la suya»: por un lado, «la investigación, el desarrollo tecnológico y el espacio» (art. 4.3 TFUE); y, por otro, «la cooperación para el desarrollo y [de] la ayuda humanitaria» (art. 4.4 TFUE).

C. Otros ámbitos de competencia de la Unión Europea.

a. La competencia para la definición por parte de la Unión de la política económica y de empleo, debiendo los Estados miembros coordinar sus respectivas políticas económicas y de empleo (arts. 2.3 y 5 TFUE).

b. La competencia de la Unión «para definir y aplicar una política exterior y de seguridad común, incluida la definición progresiva de una política común de defensa» (art. 2.4 TFUE).

c. Las competencias de la Unión para el desarrollo de acciones con la finalidad de brindar apoyo, coordinación o complemento a la acción de los Estados miembros, «sin por ello sustituir la competencia de éstos en dichos ámbitos» (art. 2, apartados 5 y 6, TFUE).

Los ámbitos en los que podrán operar estas competencias «en su finalidad europea» son: «*a*) la protección y mejora de la salud humana; *b*) la industria; *c*) la cultura; *d*) el turismo; *e*) la educación, la formación profesional, la juventud y el deporte; *f*) la protección civil; *g*) la cooperación administrativa» (art. 6 TFUE).

d. La cláusula residual del art. 352 TFUE: la atribución de competencias a la Unión Europea cuando una acción de ésta se considere necesaria, en el ámbito de las políticas definidas en los Tratados, para alcanzar uno de los objetivos fijados por éstos, sin que se hayan previsto en ellos los poderes de actuación necesarios a tal efecto.

El art. 352.1 TFUE prevé: «1. Cuando se considere necesaria una acción de la Unión en el ámbito de las políticas definidas en los Tratados para alcanzar uno de los objetivos fijados por éstos, sin que se hayan previsto en ellos los poderes de actuación necesarios a tal efecto, el Consejo adoptará las disposiciones adecuadas por unanimidad, a propuesta de la Comisión y previa aprobación del Parlamento Europeo. Cuando el Consejo adopte dichas disposiciones con arreglo a un procedimiento legislativo especial, se pronunciará también por unanimidad, a propuesta de la Comisión y previa aprobación del Parlamento Europeo».

3. La función de los principios de subsidiariedad y de proporcionalidad (art. 5, apartados 3 y 4, TUE).

A. La finalidad y el contenido del principio de subsidiariedad.

a. Su finalidad: sirve para determinar cuál es, de entre aquellas Administraciones que tienen atribuidas de manera genérica competencias sobre una misma materia (es decir, en supuestos de competencias compartidas), la Administración que en cada momento está llamada a actuar ante una situación dada.

b. Su contenido: deberá actuar aquella Administración que se encuentre en principio en una mejor posición relativa para hacerlo, prefiriéndose, siempre que ello sea posible, la acción estatal a la comunitaria europea, y sólo cuando los objetivos perseguidos no puedan ser alcanzados satisfactoriamente por una acción nacional se recurrirá a la comunitaria.

c. La regulación positiva del principio de subsidiariedad en el Tratado de la Unión Europea: «En virtud del principio de subsidiariedad, en los ámbitos que no sean de su competencia exclusiva, la Unión intervendrá sólo en caso de que, y en la medida en que, los objetivos de la acción pretendida no puedan ser alcanzados de manera suficiente por los Estados miembros, ni a nivel central ni a nivel regional y local, sino que puedan alcanzarse mejor, debido a la dimensión o a los efectos de la acción pretendida, a escala de la Unión» (art. 5.3 TUE).

B. El principio de proporcionalidad como complemento necesario del principio de subsidiariedad: «En virtud del principio de proporcionalidad, el contenido y la forma de la acción de la Unión no excederán de lo necesario para alcanzar los objetivos de los Tratados» (art. 5.4 TUE).

C. El procedimiento para la aplicación de los principios de subsidiariedad y de proporcionalidad.

a. Su regulación jurídica. La remisión por los apartados 3 y 4 del art. 5 TUE al correspondiente Protocolo del Tratado de Lisboa de 13 de diciembre de 2007: el Protocolo núm. 2, «Sobre la aplicación de los principios de subsidiariedad y de proporcionalidad».

b. La obligación de motivación de todos los proyectos de actos legislativos de la Unión Europea «en relación con los principios de subsidiariedad y de proporcionalidad». Esta motivación se efectuará a través de una ficha que incluirá: 1) Los elementos que permitan la evaluación del impacto financiero del acto legislativo proyectado; 2) Sus efectos sobre la normativa que han de aprobar los Estados miembros (incluida, en su caso, la legislación regional) para desarrollar la referida disposición europea; 3) Desde el punto de vista de la subsidiariedad, el conjunto de razones que permitan justificar que «un objetivo de la Unión puede alcanzarse mejor en el plano de ésta», razones que se «sustentarán en indicadores cualitativos y, cuando proceda, cuantitativos»; 4) Desde la perspectiva de la proporcionalidad, el proyecto justificará que cualquier carga, tanto administrativa como financiera, derivada del mismo para la Unión y los Estados miembros (en su esfera nacional, regional o local), «sea lo más reducida posible y proporcional al objetivo que se desea alcanzar» (art. 5).

c. El funcionamiento del procedimiento.

c.1. La obligación de que las instituciones europeas transmitan todos los proyectos de actos legislativos de la Unión Europea a los Parlamentos nacionales (art. 4).

c.2. El examen del respeto de los principios de subsidiariedad y de proporcionalidad por los Parlamentos nacionales (arts. 6 y 7.1).

c.2.1. Sobre el concepto de Parlamento nacional.

1) Es el Parlamento que representa al conjunto del Estado.

2) En los Parlamentos bicamerales, las competencias de examen corresponden a cada una de las Cámaras.

3) El papel de los Parlamentos regionales: en los Estados complejos (cuando, además del Parlamento nacional, los Parlamentos regionales dispongan de competencias legislativas), corresponde a cada Parlamento nacional o, en su caso, a cada Cámara del mismo «consultar, cuando proceda, a los Parlamentos regionales que posean competencias legislativas».

c.2.2. El resultado del examen: los Parlamentos nacionales o, en su caso, cada una de sus Cámaras podrán emitir «un dictamen motivado». En este documento se expondrán por los representantes de los pueblos de los Estados «las razones por las que considera(n) que el proyecto no se ajusta al principio de subsidiariedad».

c.2.3. El plazo para la emisión del «dictamen motivado»: ocho semanas desde la fecha de transmisión a los Parlamentos nacionales de un proyecto de acto normativo en las diferentes lenguas oficiales de la Unión.

c.2.4. Sus destinatarios: los Presidentes del Parlamento Europeo, del Consejo y de la Comisión. El Presidente del Consejo será el competente, a su vez, para remitir estos dictámenes a las restantes instituciones europeas o a los Gobiernos de los Estados miembros cuando el proyecto de acto legislativo haya partido de alguna de aquéllas o de un grupo de Estados.

c.2.5. El valor de los «dictámenes motivados»: 1) Cada uno de los Parlamentos nacionales dispone de dos votos para hacer valer su dictamen ante las instituciones europeas promotoras del proyecto de acto legislativo (o, en su caso, ante los Estados miembros); 2) En los sistemas parlamentarios bicamerales, cada una de las dos Cámaras dispondrá de un voto.

c.3. Los efectos jurídicos de los «dictámenes motivados» sobre el procedimiento legislativo europeo (art. 7).

c.3.1. Todas las instituciones europeas autoras del proyecto de acto legislativo (y, en su caso, los Estados miembros) tendrán en cuenta los «dictámenes motivados» remitidos por los Parlamentos nacionales.

c.3.2. Los concretos efectos jurídicos de los «dictámenes motivados» y las mayorías necesarias para que se produzcan: la necesidad de volver a estudiar el proyecto de acto legislativo por las instituciones europeas promotoras (o, en su caso, por los Estados miembros).

1) Las mayorías exigidas para el revisión del proyecto de acto legislativo por parte de las instituciones promotoras del mismo (o, eventualmente, por los Estados miembros): un tercio del total de los votos atribuidos a los Parlamentos nacionales (umbral que se reduce a un cuarto cuando el proyecto verse sobre algunos de los proyectos presentados en el espacio de libertad, segu-

ridad y justicia —art. 7.2 del Protocolo, en relación con el art. 76 TFUE—). En este tipo de supuestos, y tras el nuevo estudio, la institución europea promotora (o, en su caso, los Estados miembros), y siempre mediante una decisión motivada, «podrá mantener el proyecto, modificarlo o retirarlo».

2) En el marco del procedimiento legislativo ordinario, existe una regla de mayorías específicas: la mayoría simple de los votos atribuidos a los Parlamentos nacionales.

— En este caso, la Comisión —que es, necesariamente, la institución que ostenta la iniciativa normativa— deberá volver a estudiar el proyecto legislativo. Tras el nuevo estudio, la Comisión «podrá decidir mantener, modificar, o retirar la propuesta».

— Si la Comisión decide mantener la propuesta (justificando mediante un «dictamen motivado» el respeto por parte de la misma de los principios de subsidiariedad y de proporcionalidad), esta institución deberá remitir su dictamen, junto con los de los Parlamentos nacionales, al Legislador de la Unión (esto es, al Parlamento Europeo y al Consejo).

— El Legislador de la Unión analizará, antes de que termine la fase de primera lectura del procedimiento legislativo ordinario, la compatibilidad de la propuesta legislativa de la Comisión con los principios de subsidiariedad y de proporcionalidad.

— Las mayorías requeridas para que o bien el Consejo o bien el Parlamento Europeo decidan «desestimar» (rechazar) la propuesta legislativa: i) Una mayoría del 55 por 100 de los miembros del Consejo) o ii) Una mayoría de los votos emitidos en el Parlamento Europeo.

c.4. El Tribunal de Justicia de la Unión Europea es competente, a través de la técnica del recurso de anulación *ex* art. 263 TFUE, para pronunciarse sobre una eventual vulneración de los principios de subsidiariedad o de proporcionalidad por parte de un acto legislativo. Están legitimados para interponer este recurso los Estados miembros (a instancia bien de sus Gobiernos o bien de sus Parlamentos nacionales o de una de sus Cámaras) y el Comité de las Regiones (en el supuesto de actos legislativos para cuya elaboración los Tratados exijan específicamente su consulta) (art. 8).

c.5. La Comisión presentará un informe anual sobre la aplicación del art. 5 TUE a los Parlamentos nacionales y a las instituciones europeas (en concreto, al Consejo Europeo, al Parlamento Europeo, al Consejo, al Comité Económico y Social Europeo y al Comité de las Regiones) (art. 9).